Percorsi Giuffrè

Percorsi Giuffrè

ESAME AVVOCATO

- **CODICI ANNOTATI CON LA GIURISPRUDENZA**

CODICE CIVILE / Roberto Giovagnoli
CODICE PENALE / Giorgio Lattanzi
CODICE DI PROCEDURA CIVILE / Giovanni Novelli - Stefano Petitti - Stefano Filippini
CODICE DI PROCEDURA PENALE / Giorgio Lattanzi

- **ATTI GIUDIZIARI E PARERI LEGALI**

IL METODO PER LA PREPARAZIONE DELLE PROVE SCRITTE / Alberto Filippini
PARERI DI DIRITTO CIVILE / Alberto Filippini
PARERI DI DIRITTO PENALE / Alberto Filippini
ATTI GIUDIZIARI DI DIRITTO CIVILE, PENALE, AMMINISTRATIVO / Alberto Filippini

- **SPECIALI**

SPECIALE ESAME AVVOCATO / Alberto Filippini

- **MANUALI BREVI**

ORDINAMENTO FORENSE E DEONTOLOGIA / Remo Danovi
DIRITTO COSTITUZIONALE / Luca Mezzetti
DIRITTO CIVILE / Massimiliano Balloriani - Roberto De Rosa - Salvatore Mezzanotte
DIRITTO PENALE / Salvatore Donato Messina - Giorgia Spinnato
DIRITTO PROCESSUALE CIVILE / Dario Gramaglia
DIRITTO PROCESSUALE PENALE / Paolo Tonini
DIRITTO INTERNAZIONALE PRIVATO / Bruno Barel - Stefano Armellini
DIRITTO DELL'UNIONE EUROPEA / Antonio M. Calamia - Marcello Di Filippo - Simone Marinai
DIRITTO ECCLESIASTICO / Enrico Vitali - Antonio G. Chizzoniti
DIRITTO DEL LAVORO E DELLA PREVIDENZA SOCIALE / Antonio Di Stasi

CONCORSO MAGISTRATO ORDINARIO

- **CODICI**

CODICE CIVILE E LEGGI COMPLEMENTARI - CODICE DI PROCEDURA CIVILE / Roberto Giovagnoli
CODICE PENALE E LEGGI COMPLEMENTARI - CODICE DI PROCEDURA PENALE / Mario Lucio D'Andria
CODICE AMMINISTRATIVO / Roberto Chieppa

- **MANUALI**

MANUALE DI DIRITTO CIVILE / Mauro Paladini - Andrea Renda - Daniele Minussi
MANUALE DI DIRITTO AMMINISTRATIVO / Roberto Chieppa - Roberto Giovagnoli
MANUALE DI DIRITTO PENALE - PARTE GENERALE / Adelmo Manna

- **TEMI**

TEMI DI DIRITTO CIVILE, PENALE, AMMINISTRATIVO / Dario Simeoli

- **SPECIALI**

SPECIALE CONCORSO MAGISTRATURA / Serafino Ruscica

- **MANUALI BREVI**

DIRITTO COSTITUZIONALE / Luca Mezzetti
DIRITTO CIVILE / Massimiliano Balloriani - Roberto De Rosa - Salvatore Mezzanotte
DIRITTO PENALE / Salvatore Donato Messina - Giorgia Spinnato
DIRITTO PROCESSUALE CIVILE / Dario Gramaglia
DIRITTO PROCESSUALE PENALE / Paolo Tonini
DIRITTO INTERNAZIONALE PRIVATO / Bruno Barel - Stefano Armellini
DIRITTO DELL'UNIONE EUROPEA / Antonio M. Calamia - Marcello Di Filippo - Simone Marinai
DIRITTO DEL LAVORO E DELLA PREVIDENZA SOCIALE / Antonio Di Stasi
DIRITTO AMMINISTRATIVO / Roberto Chieppa - Roberto Giovagnoli

CONCORSO NOTAIO

- **CODICI**

CODICE NOTARILE / Angelo Busani - Emanuele Lucchini Guastalla

- **ATTI NOTARILI**

ATTI NOTARILI / Annamaria Ferrucci

DARIO GRAMAGLIA

MANUALE BREVE
DIRITTO PROCESSUALE CIVILE

TUTTO IL PROGRAMMA D'ESAME
CON DOMANDE E RISPOSTE COMMENTATE

GIUFFRÈ
GIUFFRÈ FRANCIS LEFEBVRE

ISBN 9788828827856

Redazione, editing e progetto
Giuffrè Francis Lefebvre S.p.A. - Milano

Concept e graphic design
Carmi e Ubertis Milano

Testo composto in
LinoLetter™ Font Family
(Linotype Design Studio, 1992)

Finito di stampare nel mese di marzo 2021 da
Galli Edizioni S.r.l. - Varese

XIII edizione

PRESENTAZIONE

Il manuale, giunto alla sua tredicesima edizione è stato rivisto ed aggiornato, in modo sostanziale rispetto alle edizioni precedenti, per offrire una trattazione organica ed esaustiva della materia e per consentire di acquisire una conoscenza completa, seppure sintetica, degli istituti. Esempi chiari e semplici aiutano a risolvere i problemi concreti che certi istituti a volte presentano. Pronunce giurisprudenziali recenti arricchiscono il manuale per consentire una preparazione più approfondita ed una immediata conoscenza del diritto vivente. Gli schemi riassuntivi, presenti in chiusura di ogni capitolo, sono predisposti in modo organico ed essenziale per fissare, con immediatezza, i concetti.

La parte finale, dedicata alle domande e risposte, è stata integralmente rinnovata per consentire di mettere alla prova la preparazione del candidato in una sorta di simulazione della prova orale.

Non è stata trattata ed esposta la normativa emessa nel periodo emergenziale da COVID-19 in quanto destinata ad incidere sul processo in via temporanea e, come tale, riguardante maggiormente l'aspetto pratico rispetto agli istituti processuali che, invece, continuano ad essere oggetto di conoscenza e formazione generale.

Appositi capitoli sono dedicati alla mediazione e alla negoziazione assistita; i procedimenti speciali e, in particolare l'opposizione a decreto ingiuntivo e l'arbitrato, sono stati trattati anche con spirito pratico.

L'esperienza maturata in seno alla commissione d'esame ha suggerito il taglio, diverso e particolare, dell'opera la quale non ha la pretesa di porsi sul medesimo piano dei manuali processualistici della dottrina classica.

Dario Gramaglia
febbraio 2021

HANNO COLLABORATO:

Simonetta Campi, svolge la professione di avvocato in Alba e si occupa prevalentemente di diritto commerciale e di diritto alimentare.

Luisa Dabbene, svolge la professione di avvocato in Alba e si occupa prevalentemente di diritto civile e di diritto di famiglia.

AVVERTENZE

In attuazione della legge delega 28 aprile 2016 n. 57, è stato emanato il d.lgs. 13 luglio 2017 n. 116 con il quale è stata introdotta la nuova figura dei giudici onorari di pace, con funzioni sia presso l'ufficio del giudice di pace sia presso "l'ufficio del processo" del tribunale. Sono state modificate le competenze del giudice di pace. Le nuove norme avrebbero dovuto trovare applicazione, in alcuni casi, a far data dal 31 ottobre 2021 e, in altri casi, a far data dal 31 ottobre 2025, ma non sono stati emanati i decreti del Ministro della giustizia di concerto con il Ministro dell'economia e delle finanze previsti e, conseguentemente, la data di entrata in vigore sarà prorogata. Nel testo viene pertanto presentata esclusivamente la normativa oggi applicabile.

Le modifiche introdotte dal d.l. 14 dicembre 2018 n. 135 si applicano alle esecuzioni iniziate successivamente alla data di entrata in vigore della legge di conversione (l. 11 febbraio 2019 n. 12) e dunque a far data dal 13 febbraio 2019.

La legge 12 aprile 2019 n. 31 sui procedimenti collettivi entra in vigore il 19 maggio 2021. Le nuove disposizioni si applicano alle condotte illecite poste in essere successivamente alla data di entrata in vigore della legge; per quelle poste in essere anteriormente continuano ad applicarsi gli artt. 139, 140 e 140-*bis* cod. consumo, benché abrogati.

Gli articoli citati senza alcuna ulteriore indicazione appartengono, di regola, al codice di procedura civile.

Le disposizioni normative emesse nel periodo emergenziale da COVID-19 per i processi civili hanno efficacia sino alla data del 30 aprile 2021, salvo proroga non nota al momento della stampa della presente edizione.

ABBREVIAZIONI

C.A.D.	Codice dell'amministrazione digitale: d.lgs. 7 marzo 2005, n. 82
CEDU	Corte Europea dei diritti dell'Uomo
c.c.	codice civile
cod. consumo	codice del consumo: d.lgs. 6 settembre 2005, n. 206
c.p.p.	codice di procedura penale
C.C.J.E.	Consiglio Consultivo dei Giudici Europei
Cost.	Costituzione
d.l.	decreto legge
d.lgs.	decreto legislativo
d.m.	decreto ministeriale
d.p.r.	decreto presidente della Repubblica
disp. att.	norme di attuazione, di coordinamento e transitorie del codice di procedura civile
l. cost.	legge costituzionale
l.f.	legge fallimentare: r.d. 16 marzo 1942, n. 267
ord. giud.	ordinamento giudiziario: r.d. 30 gennaio 1941, n. 12
Reg. CE	Regolamento del Parlamento Europeo e del Consiglio
T.U. spese di giustizia	testo unico delle spese di giustizia: d.p.r. 30 maggio 2002, n. 115
TCE	trattato istitutivo della Comunità Europea
TFUE	trattato sul funzionamento dell'Unione Europea
TUE	trattato sull'Unione Europea

INDICE SOMMARIO

CAPITOLO III
LA COMPETENZA

CAPITOLO IV
LE PARTI E I DIFENSORI

CAPITOLO V
IL PUBBLICO MINISTERO

CAPITOLO VI
IL GIUDICE E I SUOI AUSILIARI

CAPITOLO VII
GLI ATTI DEL PROCESSO

PARTE SECONDA
LA NEGOZIAZIONE ASSISTITA E LA MEDIAZIONE

CAPITOLO I
PROFILI GENERALI

CAPITOLO II
LA NEGOZIAZIONE ASSISTITA

CAPITOLO III
LA MEDIAZIONE

PARTE TERZA
IL PROCESSO ORDINARIO DI COGNIZIONE

CAPITOLO I
LA FASE DI INTRODUZIONE

CAPITOLO II
LA TRATTAZIONE E L'ISTRUZIONE PROBATORIA

CAPITOLO III
LA FASE DI DECISIONE

CAPITOLO IV

GLI EVENTI PARTICOLARI DEL PROCESSO

CAPITOLO V

IL PROCEDIMENTO DAVANTI AL GIUDICE DI PACE

CAPITOLO VI

LE IMPUGNAZIONI

CAPITOLO VII

L'APPELLO

CAPITOLO VIII

IL RICORSO PER CASSAZIONE

CAPITOLO IX

LA REVOCAZIONE

CAPITOLO X
L'OPPOSIZIONE DI TERZO

PARTE QUARTA
I PROCEDIMENTI SPECIALI (DI COGNIZIONE ORDINARIA)

CAPITOLO I
IL PROCESSO DEL LAVORO

CAPITOLO II

I PROCEDIMENTI IN MATERIA DI FAMIGLIA

CAPITOLO III

I PROCEDIMENTI DI INTERDIZIONE, INABILITAZIONE E AMMINISTRAZIONE DI SOSTEGNO

CAPITOLO IV

IL GIUDIZIO DI DIVISIONE

PARTE QUINTA
I PROCEDIMENTI SPECIALI (DI COGNIZIONE SOMMARIA)

CAPITOLO I
IL PROCEDIMENTO DI INGIUNZIONE

CAPITOLO II
IL PROCEDIMENTO PER CONVALIDA DI SFRATTO

CAPITOLO III
I PROCEDIMENTI CAUTELARI

CAPITOLO IV

I PROCEDIMENTI POSSESSORI

CAPITOLO V

I PROCEDIMENTI DI GIURISDIZIONE VOLONTARIA

CAPITOLO VI

IL PROCEDIMENTO SOMMARIO DI COGNIZIONE

CAPITOLO VII

L'AZIONE DI CLASSE E I PROCEDIMENTI COLLETTIVI

CAPITOLO VIII

LA SEMPLIFICAZIONE DEI RITI

PARTE SESTA

IL PROCESSO DI ESECUZIONE

CAPITOLO I

TITOLO ESECUTIVO E PRECETTO

CAPITOLO II

L'ESPROPRIAZIONE FORZATA

CAPITOLO III
L'ESECUZIONE IN FORMA SPECIFICA

CAPITOLO IV
LE OPPOSIZIONI

CAPITOLO V
LA SOSPENSIONE E L'ESTINZIONE DEL PROCESSO

PARTE SETTIMA
L'ARBITRATO

CAPITOLO I
LA CONVENZIONE E GLI ARBITRI

CAPITOLO II
IL PROCEDIMENTO ARBITRALE

CAPITOLO III
IL LODO

CAPITOLO IV
LE ALTRE FIGURE

PARTE OTTAVA
DOMANDE E RISPOSTE COMMENTATE

PARTE PRIMA

PROFILI GENERALI

CAPITOLO I

L'ATTIVITÀ GIURISDIZIONALE

1. Nozione e funzione.

1.1. *Considerazioni generali.*

La giurisdizione è una delle tre attività fondamentali dello Stato accanto alla legislazione e all'amministrazione. Viene normalmente definita come l'attività volta ad applicare la norma giuridica nel caso concreto e cioè l'attuazione del diritto mediante la cognizione, l'esecuzione e la cautela. Con l'attività legislativa lo Stato pone in essere le norme che compongono l'ordinamento giuridico, con l'attività di amministrazione lo Stato persegue gli interessi pubblici attraverso i propri enti; con l'attività giurisdizionale provvede alla tutela dei diritti e degli interessi.

Nell'ambito della giurisdizione si distinguono:

- **la giurisdizione costituzionale** cui è devoluto il sindacato di conformità delle leggi dello Stato e delle Regioni alle norme della Costituzione, i conflitti di attribuzione tra i poteri dello Stato e quelli tra lo Stato e le Regioni e tra le Regioni, il giudizio sulle accuse promosse contro il Presidente della Repubblica e il giudizio sulla ammissibilità del referendum abrogativo;
- **la giurisdizione civile** che si identifica con la tutela giurisdizionale dei diritti soggettivi dei privati e degli enti pubblici o comunque con la tutela delle posizioni di vantaggio tra privati come parte della dottrina la identifica;
- **la giurisdizione amministrativa** cui è affidata la tutela giurisdizionale delle posizioni di interesse legittimo nei confronti della pubblica amministrazione nonché quella di taluni diritti soggettivi per i quali il giudice amministrativo ha ricevuto una specifica attribuzione di cosiddetta giurisdizione esclusiva;
- **la giurisdizione contabile** in materia di controversie di contabilità pubblica e pensionistiche relative ad obbligazioni incidenti totalmente o parzialmente sul bilancio dello Stato;
- **la giurisdizione tributaria** cui sono devolute tutte le controversie aventi ad oggetto i tributi di ogni genere e specie;
- **la giurisdizione penale** che si identifica con la tutela degli interessi della

collettività e della loro salvaguardia, attraverso l'accertamento delle responsabilità penali e la conseguente irrogazione della pena.

Secondo la concezione dottrinaria che ha elaborato il principio dell'unità della giurisdizione, la giurisdizione civile ha portata generale residuale in quanto appartengono alla stessa tutte le materie non espressamente escluse.

1.2. *Caratteristiche fondamentali.*

L'attività giurisdizionale è **strumentale** rispetto ai diritti da tutelare: le **norme sostanziali** disciplinano in via primaria i diritti soggettivi sostanziali; le **norme processuali** sono strumentali in quanto disciplinano l'attività giurisdizionale apprestata per l'attuazione della tutela.

Ha **natura sostitutiva** in quanto gli organi cui è devoluta l'attività giurisdizionale si sostituiscono ai soggetti che avrebbero dovuto tenere il comportamento previsto dalla norma sostanziale, per realizzare, in via secondaria, la protezione degli interessi già lesi o l'accertamento degli stessi.

Il carattere fondamentale è quello della **terzietà** rispetto agli interessi in conflitto.

2. I principi costituzionali.

2.1. *Il giusto processo.*

La l. cost. 23 novembre 1999 n. 2, attraverso la modifica dell'art. 111 Cost., ha introdotto nella Costituzione il principio secondo cui la giurisdizione si attua mediante il **giusto processo**, regolato dalla legge. Con tale espressione vengono indicati i **c.d. diritti giudiziari inviolabili** e cioè quel complesso di garanzie volte ad assicurare l'effettiva imparzialità ed uguaglianza di trattamento agli utenti della giustizia, attraverso un processo improntato a principi di efficienza e di economicità e che quindi abbia una **durata ragionevole**. La dottrina ha osservato che il termine "giusto" sta a significare che nel processo non è sufficiente l'osservanza dei principi e delle regole processuali ma occorre recuperare l'aspetto etico del processo. La disciplina costituzionale del processo diventa pertanto lo strumento di attuazione della giurisdizione.

Secondo l'art. 111 Cost., comma 2, il processo è giusto quando si svolge nel **contraddittorio** tre le parti, in condizioni di **parità**, davanti a giudice **terzo e imparziale**. La legge ne assicura la **ragionevole durata**.

Il principio della "ragionevole durata" del processo trova la sua fonte nell'art. 6, comma 1, della Convenzione europea per la salvaguardia dei diritti dell'uomo che stabilisce "ogni persona ha diritto ad un'equa e pubblica udienza entro un termine ragionevole, davanti a un tribunale indipendente e imparziale costituito per legge, al fine della determinazione sia dei suoi diritti e dei suoi doveri di carattere civile, sia della fondatezza di ogni accusa penale che gli venga rivolta ...".

È la legge 24 marzo 2001 n. 89 (da ultimo modificata dalla legge 28 dicembre 2015 n. 208) che determina il termine ragionevole in anni tre per il primo grado di giudizio, in anni due per il secondo grado e in un anno per il giudizio di legittimità: il termine ragionevole è comunque rispettato se l'intero giudizio ha una durata inferiore a sei anni. Non si tiene conto, nel computo, del tempo in cui il processo è sospeso e di quello intercorso tra il giorno in cui inizia a decorrere il termine per proporre l'impugnazione e la proposizione della stessa.

La *Corte Costituzionale*, con la *sentenza 26 aprile 2018 n. 88*, ha accolto la questione di legittimità costituzionale dell'art. 4 della legge n. 89/2001, nella parte in cui non prevede che la domanda di equa riparazione possa essere proposta, una volta maturato il ritardo, in pendenza del procedimento nel cui ambito la violazione della ragionevole durata si assume essersi verificata.

A titolo di equa riparazione il giudice liquida una somma di denaro non inferiore a € 400,00 e non superiore a € 800,00, per ciascun anno, o frazione di anno superiore a sei mesi, che eccede il termine ragionevole di durata del processo. L'importo può essere incrementato o decurtato in base a particolari situazioni previste dalla legge. È stato previsto, infine, che il danno si presume insussistente quando la parte ha conseguito, per effetto della irragionevole durata del processo, vantaggi patrimoniali eguali o maggiori rispetto alla misura dell'indennizzo dovuto.

In ogni caso l'inosservanza del principio della ragionevole durata del processo non determina alcuna ragione di nullità del provvedimento ma può essere fonte di responsabilità disciplinare del magistrato (*Cass. civ.,* ***sez. un.****, 12 maggio 2008, n. 11655*).

Giurisprudenza

In tema di equa riparazione ai sensi della l. n. 89/2001, la intervenuta decadenza dalla possibilità di proporre la azione indennitaria, per mancato rispetto del termine semestrale ex art. 4 l. n. 89/2001, è rilevabile d'ufficio, anche in sede di legittimità, costituendo la definizione del processo presupposto entro detto termine una componente indefettibile del giudizio di equa riparazione, sia in negativo, quale causa preclusiva di una pronunzia sul merito della pretesa, sia in positivo, quale condizione di proponibilità della domanda, il cui rispetto va dimostrato dalla parte interessata a trarne beneficio. (*Cass. civ., sez. II, 4 marzo* ***2020****, n. 6081*).

2.2. *Il diritto di difesa.*

L'art. 24 Cost. sancisce che la difesa è **diritto inviolabile** in ogni stato e grado del procedimento e che tutti possono agire in giudizio per la tutela dei propri diritti e interessi legittimi. Tutte le parti hanno, quindi, il diritto di svolgere un **ruolo attivo** nel processo, in quanto destinati a subirne gli effetti. Tale diritto involge gli aspetti tecnici della difesa e garantisce a ciascuno dei destinatari del provvedimento del giudice di poter influire sul contenuto del medesimo.

La violazione del diritto di difesa è **rilevabile d'ufficio dal giudice**, come ad esempio nel caso in cui tra due o più parti sussista un conflitto di interesse e lo stesso procuratore abbia ricevuto mandato con un unico atto dalle stesse (*Cass., civ., sez. I, 25 settembre 2018, n. 22772*).

Il diritto di difesa non è garantito per tutte le articolazioni del processo previste dall'ordinamento, in quanto l'unico limite imposto al legislatore ordinario è costituito dal comma 7 dell'art. 111 Cost., il quale mira a garantire per ogni sentenza la possibilità del ricorso in cassazione per violazione di legge e non anche il doppio grado del giudizio di merito (*Cass. civ., sez. I, 18 gennaio 2008, n. 976*).

Giurisprudenza

L'omessa indicazione alle parti di una questione di fatto oppure mista di fatto e di diritto, rilevata d'ufficio, sulla quale si fondi la decisione, priva le parti del potere di allegazione e di prova sulla questione decisiva e, pertanto, comporta la nullità della sentenza (cd. "della terza via" o "a sorpresa") per violazione del diritto di difesa tutte le volte in cui la parte che se ne dolga prospetti, in concreto, le ragioni che avrebbe potuto fare valere qualora il contraddittorio sulla predetta questione fosse stato tempestivamente attivato (*Cass. civ., sez. III, 12 giugno **2020**, n. 11308*).

2.3. *Il principio del contraddittorio.*

Il principio del contraddittorio è intimamente connesso al diritto di azione costituzionalmente garantito e si correla, sul piano costituzionale, sia con la regola dell'uguaglianza affermata dall'art. 3 Cost., sia con il diritto di difesa. Il principio, già enunciato dall'art. 101, è stato consacrato nell'art. 111 Cost. quale articolazione del giusto processo. L'instaurazione del contraddittorio garantisce l'**effettiva partecipazione** delle parti al processo e si pone come presupposto imprescindibile del diritto di difesa. Il principio del contraddittorio non è riferibile solo all'atto introduttivo del giudizio, ma deve realizzarsi nella sua piena effettività durante tutto lo svolgimento del processo in quanto la violazione dello stesso dà luogo a nullità del procedimento civile (art. 156, comma 2) e della sentenza (art. 159, comma 1). La piena effettività è garantita dall'art. 101, comma 2, che prevede che quando il giudice ritiene di porre a fondamento della decisione una questione che ha rilevato d'ufficio, deve assegnare alle parti un termine, non inferiore a venti e non superiore a quaranta giorni, per il deposito in cancelleria di memorie contenenti osservazioni sulla questione stessa.

Il legislatore ha previsto che tale incombente è indispensabile: il giudice non può decidere ma deve riservare la decisione all'esito delle memorie. L'inosservanza determina la nullità della decisione.

La giurisprudenza ha però ristretto, con numerose pronunce l'ambito di applicazione del principio di cui all'art. 101, precisando che l'obbligo per il giudice di sollecitare la previa instaurazione del contraddittorio:

- non sussiste quando la questione che si pretende essere stata di ufficio rilevata sia in mero diritto e, quindi, di natura processuale
- non rileva, ove chi lamenti la violazione del principio non prospetti una specifica lesione del proprio diritto di difesa (*Cass. civ., sez. I, 24 maggio 2018, n. 12973*).

Nell'ambito del principio del contraddittorio rientra il divieto per il giudice di decidere la causa con **la sentenza cd. della "terza via"**, nozione riferita alle pronunce che definiscono, a sorpresa, una questione senza che la stessa sia stata sottoposta alle parti (*Cass. civ., sez. III, 21 gennaio **2020**, n. 1147*) ove comporti nuovi sviluppi della lite non presi in considerazione dalle stesse o una modificazione del quadro fattuale del giudizio.

Giurisprudenza

*L'omessa comunicazione al procuratore costituito dello spostamento d'ufficio dell'udienza già fissata determina la nullità di tutti gli atti successivi del processo e della sentenza che lo conclude per violazione del principio del contraddittorio, il quale è dettato nell'interesse pubblico al corretto svolgimento del processo e non nell'interesse esclusivo delle parti; ne consegue che, trattandosi di nullità assoluta e non relativa, non può ravvisarsi nella mancata tempestiva attivazione della parte una decadenza dall'eccezione di nullità per tacita rinuncia ex art. 157, comma 2, c.p.c., ma la successiva condotta processuale può eventualmente rilevare al fine di accertare l'insussistenza di un effettivo pregiudizio inferto al diritto di difesa (Cass. civ., sez. III, 16 novembre **2020**, n. 25861).*

2.4. *Il principio di parità delle parti.*

Il principio di parità delle parti è perno della disciplina del giusto processo *ex* art. 111, comma 2, prima parte Cost. Le parti di un processo si pongono in una posizione di **uguaglianza formale** in cui ciascuna di essa può esporre e far valere le proprie ragioni al giudice, conoscere le ragioni dell'altra parte e poter replicare, influendo così sull'esito del giudizio. Nel processo civile attore e convenuto hanno la piena parità delle armi.

2.5. *Il principio di imparzialità del giudice.*

Il processo deve svolgersi davanti a un giudice terzo e imparziale, principio che è ora enunciato dall'art. 111, comma 2 Cost. Imparzialità significa "**terzietà**" rispetto alle parti ovvero equidistanza dagli interessi che concretamente le stesse operano nel processo. Il giudice è infatti soggetto soltanto alla legge (art. 101 Cost.), è indipendente da ogni altro potere (art. 104 Cost.) ed è precostituito per legge (art. 25 Cost.).

2.6. *L'obbligo di motivazione.*

L'art. 111, comma 6 Cost. ha sancito che tutti i provvedimenti giurisdizionali devono essere motivati. Il C.C.J.E. con proprio parere del 18 dicembre 2008 è intervenuto sul tema sostenendo che la qualità della decisione dipende principalmente dalla **qualità della motivazione**, che deve essere adeguata, coerente, chiara e priva di ambiguità e contraddizioni, per consentire al lettore di seguire il ragionamento che ha portato il giudice alla decisione.

Il requisito della motivazione del provvedimento si raggiunge con la rappresentazione dei motivi di fatto e di diritto che hanno caratterizzato l'*iter* logico-intellettivo in base al quale il giudice è pervenuto all'emissione del provvedimento stesso.

Anche l'adozione del modello "semplificato" di decisione, di cui all'art. 281-*sexies*, non esonera comunque il giudice dall'obbligo di fornire alle parti una motivazione che consenta di ricostruire, sia pur sinteticamente, i fatti di causa, ed offra alla fattispecie concretamente esaminata una soluzione corretta sul piano logico-giuridico (*Cass. civ., sez. III, 12 giugno 2015, n. 12203*). È ritenuta legittima la **motivazione *per relationem*** della sentenza pronunciata in sede di gravame, purché il giudice d'appello, facendo proprie le argomentazioni del primo giudice, esprima, sia pure in modo sintetico, le ragioni della conferma della pronuncia in relazione ai motivi di impugnazione proposti, in modo che il percorso argomentativo desumibile attraverso la parte motiva delle due sentenze risulti appagante e corretto. Invece la sentenza motivata *per relationem*, mediante mera adesione acritica all'atto d'impugnazione, senza indicazione né della tesi in esso sostenuta, né delle ragioni di condivisione, è affetta da nullità, ai sensi dell'art. 360, comma 1, n. 4, per violazione dell'art. 132, comma 2, n. 4, in quanto corredata da motivazione solo apparente (*Cass. civ., sez. lav., 10 luglio **2020**, n. 14805*).

Giurisprudenza

*Qualora il giudice del merito aderisca al parere del consulente tecnico d'ufficio, non è tenuto ad esporne in modo specifico le ragioni poiché l'accettazione del parere, delineando il percorso logico della decisione, costituisce adeguata motivazione, non suscettibile di censure in sede di legittimità, ben potendo il richiamo, anche "per relationem" dell'elaborato, implicare una compiuta positiva valutazione del percorso argomentativo e dei principi e metodi scientifici seguiti dal consulente. Diversa è l'ipotesi in cui alle risultanze della consulenza tecnica d'ufficio siano state avanzate critiche specifiche e circostanziate, sia dai consulenti di parte che dai difensori: in tal caso il giudice del merito, per non incorrere nel vizio ex art. 360 c.p.c., n. 5, è tenuto a spiegare in maniera puntuale e dettagliata le ragioni della propria adesione all'una o all'altra conclusione (Cass. civ., sez. lav., 24 giugno **2020**, n. 12445).*

3. La giurisdizione civile.

La giurisdizione civile è esercitata dai giudici ordinari secondo le norme del codice di procedura civile salvo speciali disposizioni di legge, così come stabilisce l'art. 1. Sono **giudici ordinari**, secondo l'art. 1 ord. giud., il giudice di pace, il pretore, oggi sostituito dal giudice unico, il tribunale ordinario, la Corte d'appello, la Corte di cassazione. Anche la giurisdizione arbitrale interna rituale si considera ricompresa nell'ambito della giurisdizione ordinaria, in quanto l'arbitro emette una pronuncia equiparabile a quella del giudice ordinario (cfr. artt.

825 e 827 ss.). Sono **giudici speciali** gli organi giurisdizionali che non appartengono all'autorità giudiziaria ordinaria, che in base alla legge hanno il potere di decidere, con efficacia di giudicato, su determinate materie. Si considerano giudici speciali, ad esempio, il Consiglio di Stato e la Corte dei conti. Presso gli organi giudiziari ordinari possono essere istituite **sezioni specializzate** per determinate materie. Non si tratta tuttavia di giudici speciali ma di organi che nell'ambito degli uffici giudiziari ordinari sono strutturati e caratterizzati da una particolare composizione; secondo l'art. 102 Cost. possono, infatti, essere istituite sezioni specializzate con la partecipazione di cittadini idonei estranei alla magistratura. A tale categoria appartengono le sezioni specializzate agrarie presso i tribunali e le corti d'appello, i tribunali per i minorenni e i tribunali regionali delle acque (*Cass. civ.*, ***sez. un.***, *7 ottobre 2010, n. 20774*).

Con il decreto legge 24 gennaio 2012, n. 1, convertito, con modificazioni, in legge 24 marzo 2012 n. 27, le sezioni specializzate in materia di proprietà industriale ed intellettuale sono state diversamente denominate **sezioni specializzate in materia di impresa** (v. parte prima, cap. III, 3).

4. La giurisdizione comunitaria.

A norma dell'art. 267 TFUE (*ex* art. 234 TCE) il giudice nazionale può o deve (a seconda dei casi) rinviare alla Corte di giustizia le questioni di interpretazione del diritto comunitario primario e derivato o le questioni di validità degli atti comunitari derivati, qualora rilevanti ai fini della decisione da adottare. Si tratta del **rinvio pregiudiziale comunitario**.

Come ha avuto modo di precisare la Corte di giustizia, spetta agli Stati membri, in virtù del principio di leale cooperazione enunciato nell'art. 4, par. 3, 1° comma, TUE, assicurare l'applicazione e il rispetto del diritto dell'Unione, adottando le misure a tal fine necessarie. A garanzia di tali principi, i Trattati hanno istituito un sistema giurisdizionale, fondato sull'art. 19 TUE, volto ad assicurare la coerenza e l'unità nell'interpretazione del diritto dell'Unione, sistema di cui il rinvio pregiudiziale previsto dall'art. 267 TFUE costituisce la chiave di volta; quest'ultimo, infatti, mediante il dialogo tra i giudici nazionali e la Corte, permette di garantire la coerenza, la piena efficacia e l'autonomia di tale diritto nonché, in definitiva, il carattere peculiare dell'ordinamento istituito dai Trattati (*Corte giustizia UE, 6 marzo 2018, n. 284*). Spetta pertanto ai giudici nazionali valutare, tenendo conto della specificità di ogni causa, sia la rilevanza delle questioni sia la necessità di una pronuncia pregiudiziale all'emanazione della sentenza. In caso di rinvio non viene spostata la controversia davanti al giudice comunitario ma viene richiesto a tale organo una decisione al fine di eliminare il dubbio sull'interpretazione e validità della norma comunitaria. All'esito, il giudice nazionale è vincolato dall'interpretazione ricevuta.

5. La *perpetuatio iurisdictionis.*

L'art. 5 stabilisce che la giurisdizione e la competenza si determinano con riguardo alla legge vigente e allo stato di fatto esistente al momento della proposizione della domanda e non hanno rilevanza rispetto ad esse i successivi mutamenti della legge o dello stato medesimo. Si tratta del principio della ***perpetuatio iurisdictionis***, in virtù del quale si perpetuano per tutta la durata del giudizio la competenza e la giurisdizione possedute dal giudice nel momento in cui la domanda è proposta.

I criteri determinativi sono costituiti o da circostanze riguardanti il rapporto sostanziale dedotto in giudizio o da circostanze estranee a detto rapporto. Il **momento di proposizione della domanda** si individua:

- nel processo ordinario di cognizione: quando la domanda viene portata a conoscenza della controparte con la notificazione dell'atto introduttivo (la prima nell'ipotesi di domanda nei confronti di litisconsorti necessari);
- nel processo esecutivo dalla notificazione del pignoramento;
- nei procedimenti che si introducono con ricorso con il deposito del ricorso (ad es. nel rito del lavoro, nei procedimenti di urgenza, nel procedimento di ingiunzione) oppure con la notificazione dello stesso (ad es. nelle cause di separazione personale).

Peraltro il giudice privo di competenza o giurisdizione al tempo dell'instaurazione del giudizio, non può dichiarare il proprio difetto di competenza o giurisdizione ove sopravvenga nel corso del giudizio un criterio di collegamento tra la controversia e l'ufficio giudiziario adito e deve, quindi, pronunciare sul merito. Dunque il processo continua davanti al giudice adito non solo nel caso in cui questi cessi di esserlo per il sopravvenuto mutamento dello stato di fatto o della legge ma anche nel caso in cui sia divenuto successivamente competente per effetto del mutamento.

Giurisprudenza

L'incompetenza sussistente al momento della proposizione della domanda non può essere dichiarata ove il giudice sia diventato competente in forza di legge entrata in vigore nel corso del giudizio (Cass. civ., sez. VI, 12 novembre 2019, n. 29218).

6. Il difetto di giurisdizione.

Ai sensi dell'art. 37 il difetto di giurisdizione del giudice ordinario nei confronti della **pubblica amministrazione** o dei **giudici speciali** è rilevato, anche d'ufficio, in qualunque stato e grado del processo. La norma configura la giurisdizione del giudice ordinario come generale, salvi i casi in cui determinate norme limitino il suo potere di decidere le singole controversie.

Il **difetto assoluto di giurisdizione** è ravvisabile quando un giudice speciale affermi la propria giurisdizione nella sfera riservata al legislatore o alla discrezionalità amministrativa, ovvero, al contrario, la neghi sull'erroneo presupposto che la materia non possa formare oggetto in assoluto di cognizione giurisdizionale; il difetto relativo di giurisdizione è riscontrabile, invece, quando detto giudice abbia violato i c.d. limiti esterni della propria giurisdizione, pronunciandosi su materia attribuita alla giurisdizione ordinaria o ad altra giurisdizione speciale, ovvero negandola sull'erroneo presupposto che appartenga ad altri giudici. (*Cass. civ.*, ***sez. un.***, *27 novembre 2019, n. 31023*).

Occorre precisare che la giurisdizione si determina in base alla domanda e, ai fini del riparto tra giudice ordinario e giudice amministrativo, rileva non già la prospettazione delle parti, bensì il "*petitum*" sostanziale, il quale va identificato non solo e non tanto in funzione della concreta pronuncia che si chiede al giudice, ma anche e soprattutto in funzione della "*causa petendi*", ossia della intrinseca natura della posizione dedotta in giudizio ed individuata dal giudice (*Cass. civ.*, ***sez. un.***, *26 luglio 2019, n. 20403*).

Le ***sezioni unite*** con la *sentenza 9 ottobre 2008, n. 24883* hanno rivisto e contenuto, in senso restrittivo e residuale, la portata precettiva dell'art. 37, rispetto al tenore della disposizione, in considerazione del principio costituzionale di ragionevole durata del processo.

All'esito della nuova interpretazione della norma, la giurisprudenza successivamente formatasi ha ribadito che:

- il difetto di giurisdizione può essere eccepito dalle parti anche dopo la scadenza del termine previsto dall'art. 38 (non oltre la prima udienza di trattazione), fino a quando la causa non sia stata decisa nel merito in primo grado
- la sentenza di primo grado di merito può sempre essere impugnata per difetto di giurisdizione ma non dall'attore rimasto soccombente nel merito (*Cass. civ.*, ***sez. un.***, *31 dicembre 2018, n. 33685*)
- le sentenze di appello sono impugnabili per difetto di giurisdizione soltanto se sul punto non si sia formato il giudicato esplicito o implicito, operando la relativa preclusione anche per il giudice di legittimità
- il giudice può rilevare anche d'ufficio il difetto di giurisdizione fino a quando sul punto non si sia formato il giudicato esplicito o implicito.

L'art. 59 della legge 18 giugno 2009 n. 69 ha introdotto una norma generale in materia di giurisdizione, applicabile in materia civile, amministrativa, contabile, tributaria o di giudici speciali, stabilendo che il giudice che dichiara il proprio difetto di giurisdizione **è tenuto ad indicare**, se esistente, il giudice nazionale che ritiene munito di giurisdizione.

Se, entro il **termine perentorio di tre mesi** dal passaggio in giudicato della pronuncia, la domanda è riproposta al giudice ivi indicato, le parti, nel successivo processo, restano vincolate a tale indicazione e sono fatti salvi gli effetti, sostanziali e processuali, che la domanda avrebbe prodotto, se il giudice di cui è stata dichiarata la giurisdizione fosse stato adito sin dalla instaurazione del primo giudizio, ferme restando le preclusioni e le decadenze intervenute. Se la riassunzione non avviene entro il termine di tre mesi, il processo **si estingue** e l'estinzione è dichiarata, anche d'ufficio, alla prima udienza e impedisce la conservazione degli effetti, sostanziali e processuali, della domanda.

La pronuncia sulla giurisdizione resa invece dalle Sezioni unite della Corte di cassazione è **vincolante** per ogni giudice e per le parti, anche in altro processo. In caso contrario, il giudice davanti al quale la causa è riassunta può sollevare d'ufficio, con ordinanza, la questione di giurisdizione davanti alle Sezioni unite della Corte di cassazione, **fino alla prima udienza** fissata per la trattazione del merito. Restano, comunque, ferme le disposizioni sul regolamento preventivo di giurisdizione.

L'ultimo comma della nuova norma, stabilisce, infine, che, in caso di riproposizione della domanda davanti al giudice successivamente adito, le prove raccolte nel processo davanti al giudice privo di giurisdizione possono essere valutate come argomenti di prova.

L'art. 11 legge 31 maggio 1995, n. 218 (riforma del diritto internazionale privato) ha disciplinato il difetto di giurisdizione nei confronti del **convenuto straniero** o cittadino non residente né domiciliato in Italia. Il difetto di giurisdizione è rilevabile, in ogni stato e grado del processo, **d'ufficio** se il convenuto è contumace ovvero in caso di azioni reali aventi ad oggetto immobili situati all'estero ovvero se la giurisdizione italiana è esclusa da una norma internazionale; **su eccezione del convenuto** costituito, se non ha già espressamente o tacitamente accettato la giurisdizione italiana.

Giurisprudenza

*Il processo che, a seguito della pronuncia declinatoria della giurisdizione, si instaura per effetto della tempestiva riassunzione davanti al giudice indicato come munito di giurisdizione, non è un nuovo ed autonomo procedimento, ma la naturale prosecuzione dell'unico giudizio; rimane pertanto precluso alle parti, nel giudizio riassunto, sollevare la questione di giurisdizione, stante la formazione del giudicato interno sul punto (Cass. civ., **sez. un.**, 27 ottobre **2020**, n. 23599).*

7. Il regolamento di giurisdizione.

Ai sensi dell'art. 41, comma 1, finché la causa non sia decisa nel merito in primo grado, ciascuna parte può chiedere alle sezioni unite della Corte di cassazione che risolvano le **questioni di giurisdizione** di cui all'art. 37. Si tratta di uno strumento concesso ad ogni parte per provocare una decisione, definitiva e vincolante, da parte della suprema corte. Non è un mezzo di impugnazione in quanto non presuppone una pronuncia sulla giurisdizione ma solo una contestazione della stessa: in considerazione di questo suo carattere preventivo, la pronuncia può avvenire immediatamente, senza attendere la pronuncia del giudice adito e previene in questo modo l'impugnazione. Non dà luogo ad un nuovo grado di giudizio ma apre solo una parentesi che si inserisce nel corso del giudizio di primo grado. La proposizione del regolamento è una **facoltà per le parti** nel senso che se nessuna la esercita, il processo prosegue normalmente il suo corso e la pronuncia sulla giurisdizione avverrà secondo le regole ordinarie e soggetta ai normali mezzi di impugnazione.

La **legittimazione** a proporre regolamento di giurisdizione spetta a tutte le parti del giudizio di primo grado; è esclusa la proponibilità di ufficio. I presupposti sono la **pendenza di un processo** e la **mancanza di una decisione** nel giudizio.

È proposto con **ricorso** a norma degli artt. 365 ss., sottoscritto da un avvocato iscritto nell'apposito **albo speciale** per il patrocinio davanti alle giurisdizioni superiori, munito di procura speciale, a pena di inammissibilità e notificato alle altre parti del processo in quanto queste hanno diritto di partecipare. Una copia del ricorso è depositata, dopo la notifica alle altre parti, nella cancelleria del giudice davanti al quale pende la causa, che **sospende** il processo se non ritiene l'istanza manifestamente inammissibile o la contestazione della giurisdizione manifestamente infondata. Il ricorrente deve chiedere alla cancelleria del giudice, ai sensi dell'art. 369, ultimo comma, la trasmissione del fascicolo d'ufficio e depositare la relativa richiesta insieme con il ricorso per regolamento, a pena di improcedibilità.

La Corte pronuncia con **ordinanza in camera di consiglio**, così come prevede l'art. 375 n. 4. Se la Corte di cassazione dichiara la giurisdizione del giudice ordinario, le parti devono riassumere il processo entro il termine perentorio di sei mesi (art. 367, comma 2) dalla comunicazione della ordinanza, a pena di estinzione. Se invece la Corte riscontra il difetto di giurisdizione, si verifica la ***translatio iudicii*** dal giudice ordinario al giudice speciale: è stato infatti ritenuto di dare ingresso a tale principio in considerazione che il giusto processo non è diretto allo scopo di sfociare in una decisione di mero rito, ma di rendere una pronuncia di merito stabilendo chi ha torto e chi ha ragione.

La prosecuzione del giudizio va diversamente regolato a seconda che debba essere proposto davanti ad un giudice la cui giurisdizione abbia o meno le stesse caratteristiche della prima. Pertanto, laddove si passi da un giudizio di tipo impugnatorio ad un giudizio di cognizione o viceversa, l'atto di prosecuzione deve avere la forma di una riproposizione della domanda, con il necessario adattamento del *petitum*; se, invece, il giudizio prosegue verso un processo con le stesse caratteristiche, allora l'atto di prosecuzione assume la forma di un atto di riassunzione (*Cass. civ.*, ***sez. un.***, *15 dicembre 2016, n. 25837*).

Un caso speciale di regolamento di giurisdizione è quello previsto dall'art. 41, comma 2 che stabilisce che la pubblica amministrazione che non è parte in causa può chiedere, in ogni stato e grado del processo, che sia dichiarato dalle sezioni unite della Corte di cassazione il difetto di giurisdizione del giudice ordinario, a causa dei poteri attribuiti dalla legge all'amministrazione stessa, finché la giurisdizione non sia stata affermata con sentenza passata in giudicato. Si tratta di un **regolamento straordinario** volto a regolare i conflitti di attribuzione, strumento da non confondere con quello disciplinato dall'art. 134 Cost. Il ricorso è disciplinato dall'art. 368: la richiesta è fatta dal **prefetto** con decreto motivato, notificato alle parti e al procuratore della Repubblica presso il tribunale, se la causa pende davanti a questo, o al procuratore generale presso la Corte d'appello, se pende davanti alla Corte. Il pubblico ministero comunica il decreto del prefetto al capo dell'ufficio giudiziario davanti al quale pende la causa. Il processo è sospeso con decreto che è notificato alle parti. La Corte di cassazione è investita della questione di giurisdizione con ricorso notificato a cura della parte più diligente nel termine perentorio di 30 giorni dalla notificazione del decreto.

Un automobilista ricorre al giudice di pace avverso un verbale elevato dalla polizia stradale, limitatamente alla decurtazione dei punti patente. Il Ministero dell'Interno ricorre in Cassazione eccependo il difetto di giurisdizione, in quanto questione appartenente al giudice amministrativo. La Corte ha respinto il ricorso ritenendo sussistere la giurisdizione del giudice ordinario (*Cass. civ.*, ***sez. un.***, *29 luglio 2008, n. 20544*).

Giurisprudenza

La proposizione del regolamento di giurisdizione implica l'infrazionabilità delle questioni di giurisdizione, relative alle domande proposte dalle parti, sia a quella principale, che a quelle accessorie, dipendenti o alternative. La pronuncia dell'ordinanza di definizione di un conflitto negativo di giurisdizione, relativo alla domanda principale e la conseguente formazione di un giudicato interno, preclude, in ogni caso, sia la riproposizione della questione già esaminata, che la proposizione nuove ed ulteriori questioni di giurisdizione, inerenti le domande subordinate o accessorie (Cass. civ., ***sez. un.****, 24 giugno* ***2020****, n. 12479).*

SCHEMA 1 L'attività giurisdizionale

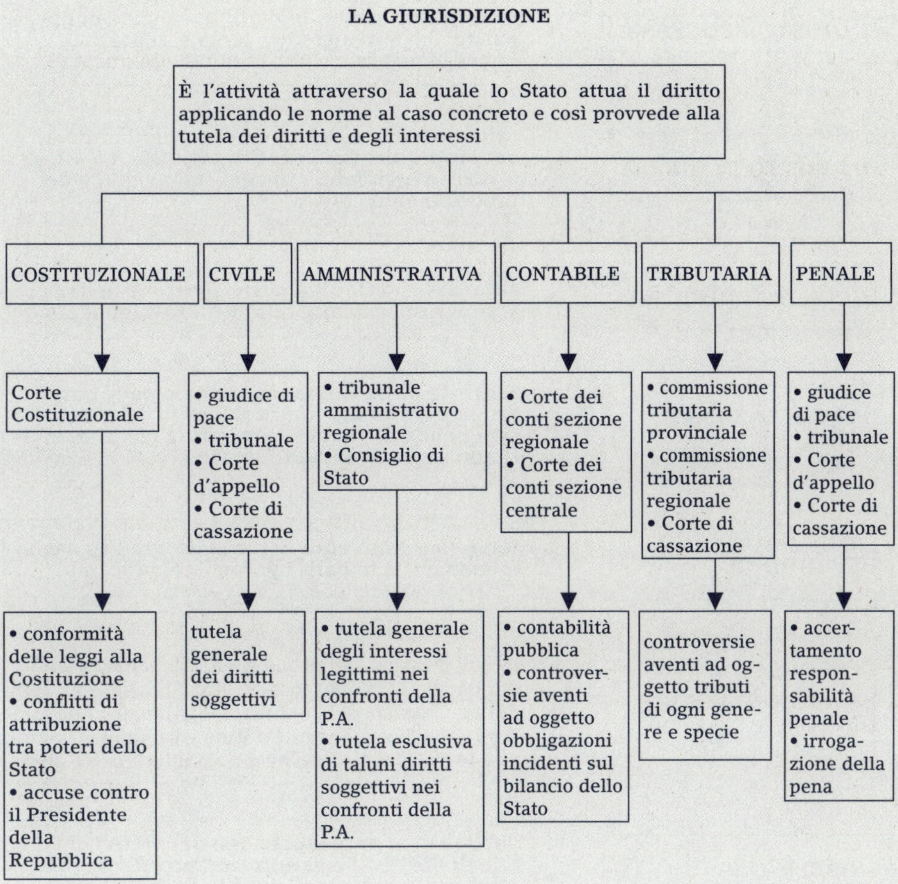

SCHEMA 2 I principi costituzionali

IL GIUSTO PROCESSO →	il processo è giusto quando si svolge nel **contraddittorio** tra le parti, in condizioni di **parità**, davanti a giudice terzo e imparziale. La legge ne assicura la **ragionevole durata**
IL DIRITTO DI DIFESA →	**tutti** possono agire in giudizio per la tutela dei propri diritti e interessi legittimi. La difesa è **diritto inviolabile** in ogni stato e grado del procedimento
IL CONTRADDITTORIO →	garanzia di **effettiva partecipazione** delle parti al processo, durante tutto il suo svolgimento
LA PARITÀ DELLE PARTI →	garanzia di **uguaglianza formale** delle parti con possibilità di influire sull'esito del giudizio esponendo al giudice le proprie ragioni e replicando a quelle dell'altra parte
L'IMPARZIALITÀ DEL GIUDICE →	**terzietà** ovvero **equidistanza** del giudice dagli interessi che le parti operano nel processo
LA RAGIONEVOLE DURATA →	durata massima del primo grado di giudizio **3 anni** durata massima del secondo grado di giudizio **2 anni** durata massima del giudizio di legittimità **1 anno**. Il termine di **ragionevole durata** è comunque rispettato se l'intero giudizio ha durata inferiore a **6 anni**
L'OBBLIGO DI MOTIVAZIONE →	obbligo di **rappresentazione dei motivi** di fatto e di diritto che caratterizzano l'*iter* logico-intellettivo in base al quale il giudice perviene all'emissione di ogni provvedimento

SCHEMA 3 La giurisdizione civile

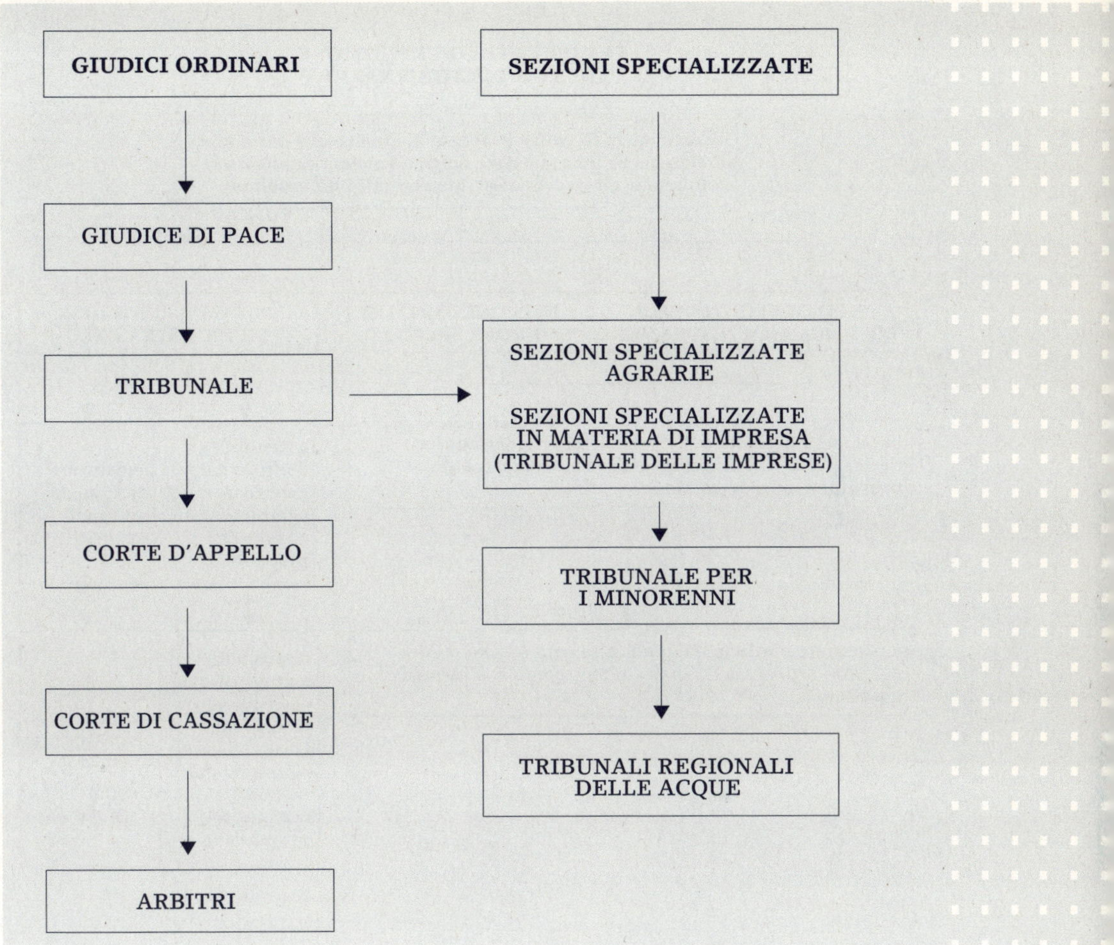

SCHEMA 4 Il difetto di giurisdizione

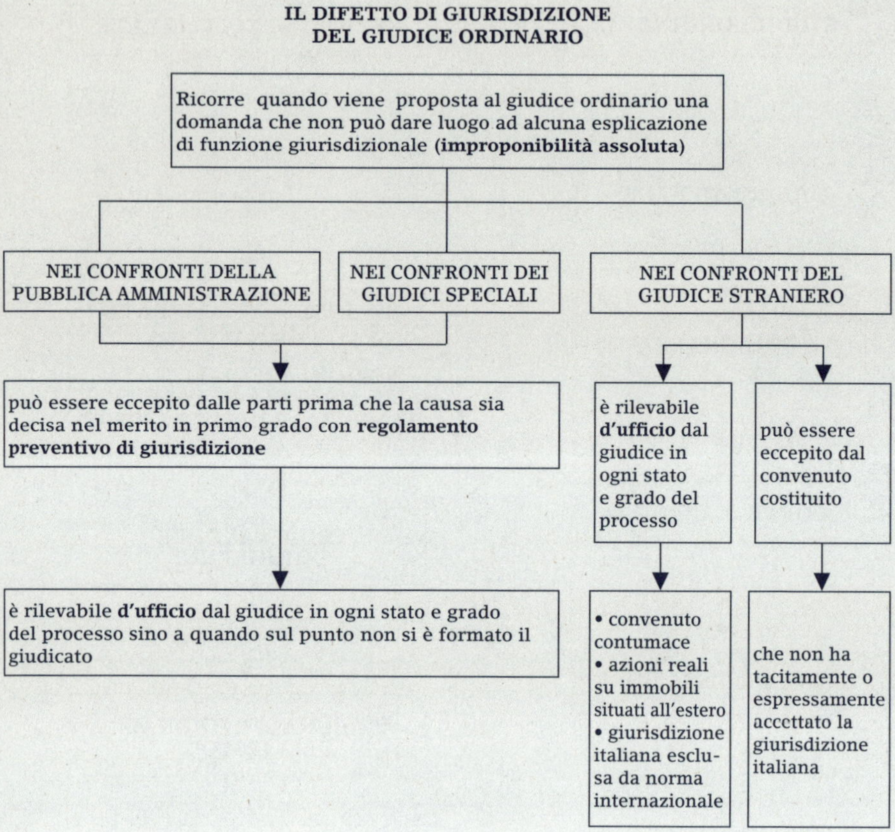

SCHEMA 5 Il regolamento di giurisdizione

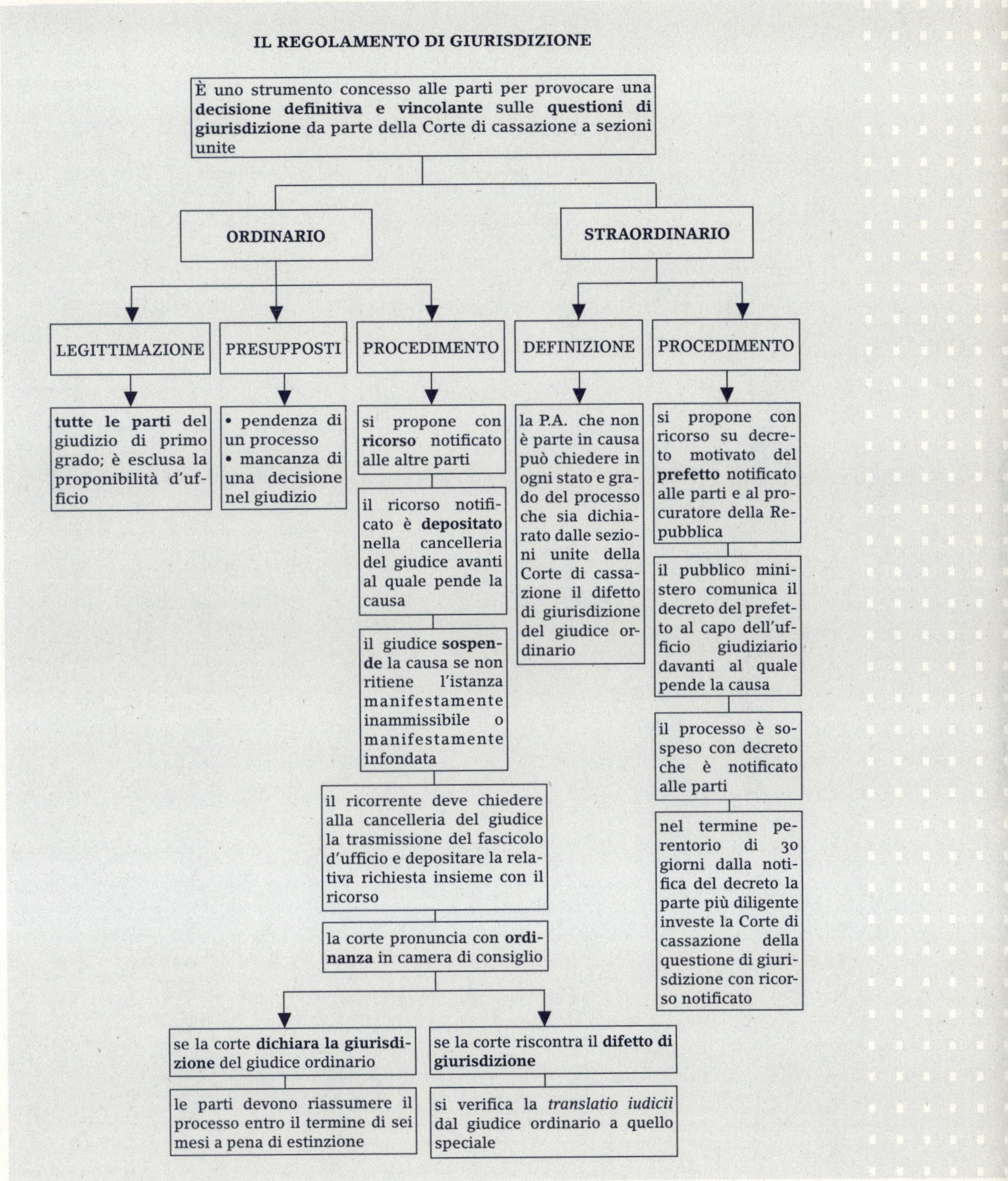

CAPITOLO II

IL PROCESSO CIVILE

1. I principi generali.

1.1. *Il principio della domanda.*

Ai sensi dell'art. 99 chi vuol far valere un diritto in giudizio deve proporre domanda al giudice competente. Il principio della domanda è consacrato altresì nell'art. 2907 c.c. in forza del quale alla tutela giurisdizionale dei diritti provvede l'autorità giudiziaria su domanda di parte e quando la legge lo dispone, anche su istanza del pubblico ministero o d'ufficio. Il potere giurisdizionale è dunque subordinato alla domanda di un soggetto estraneo all'attività giurisdizionale stessa. Il principio trova le sue fondamenta negli antichi brocardi ***nemo iudex sine actore*** e ***ne procedat iudex ex officio.*** Le ipotesi in cui il giudice provvede d'ufficio sono eccezionali e riguardano processi in cui l'attività giurisdizionale risponde non alla tutela del diritto ma all'esigenza di tutela di interessi generali (ad es. nel campo della volontaria giurisdizione); le ipotesi in cui il pubblico ministero può proporre la domanda al posto dell'avente diritto sono ugualmente eccezionali e stabilite dalla legge (art. 69).

Il principio della domanda assume anche la denominazione di **principio dispositivo sostanziale** quale espressione del potere esclusivo della parte di disporre della tutela giurisdizionale o di rinunciare una volta richiestala: a fronte di una situazione giuridica violata o pretesa, a fronte della scelta della parte di far valere o no tale situazione, si svolge il processo.

La domanda ha **effetti sostanziali** e conservativi (ad es. opponibilità della sentenza ai terzi aventi causa del convenuto, impedimento della decadenza ecc.) e attributivi, in quanto diretti a far conseguire all'attore vittorioso le stesse utilità che avrebbe conseguito ove il diritto fosse stato soddisfatto al momento stesso della domanda (ad es. la corresponsione degli interessi); ha inoltre **effetti processuali** in quanto la sua proposizione determina la pendenza del processo, la competenza e la giurisdizione.

Il principio della domanda, inserendosi nel processo, si estrinseca in quello della corrispondenza tra il chiesto e il pronunciato (v. parte prima, cap. II, 1.4).

1.2. *L'interesse ad agire.*

Ai sensi dell'art. 100 per proporre una domanda o per contraddire alla stessa è necessario avervi interesse. È per questo motivo che l'interesse ad agire è una **condizione dell'azione**. Secondo la giurisprudenza sussiste un interesse specifico alla tutela giurisdizionale ogni qualvolta l'esercizio dell'azione tenda ad un risultato conseguibile soltanto attraverso l'attività giudiziaria stessa. La carenza di interesse è rilevabile d'ufficio in ogni stato e grado del processo e trattasi di questione pregiudiziale al merito.

Giurisprudenza

Quando, nelle more del giudizio di legittimità avente ad oggetto l'affidamento di figlio minore ad uno degli ex coniugi a seguito di cessazione degli effetti civili del matrimonio, sopravvenga la maggiore età del figlio, il ricorso deve essere dichiarato inammissibile per sopravvenuta carenza di interesse del ricorrente all'impugnazione (Cass. civ., sez. I, 30 novembre ***2020****, n. 27235).*

1.3. *La legittimazione ad agire.*

La ***legitimatio ad causam***, attiva e passiva, consiste nella titolarità del potere e del dovere di promuovere o subire un giudizio in ordine al rapporto sostanziale dedotto in causa, mediante la deduzione di fatti in astratto idonei a fondare il diritto azionato, secondo la prospettazione dell'attore, prescindendo dall'effettiva titolarità del rapporto dedotto in causa, con conseguente dovere del giudice di verificarne l'esistenza in ogni stato e grado del procedimento. Da essa va tenuta distinta la titolarità della situazione giuridica sostanziale, attiva e passiva, vantata in giudizio la quale è considerata un elemento costitutivo della domanda ed attiene al merito della decisione, sicché spetta all'attore allegarla e provarla; la carenza di tale titolarità è rilevabile d'ufficio dal giudice se risultante dagli atti di causa (*Cass. civ., sez. II, 26 febbraio 2019, n. 5611*).

Fondandosi, quindi, la legittimazione ad agire o a contraddire, quale **condizione dell'azione**, sulla mera allegazione fatta in domanda, una concreta ed autonoma questione intorno ad essa si delinea solo quando l'attore faccia valere un diritto altrui, prospettandolo come proprio, ovvero pretenda di ottenere una pronunzia contro il convenuto pur deducendone la relativa estraneità al rapporto sostanziale controverso.

Il principio trova le sue radici nell'art. 24 Cost. (tutti possono agire in giudizio per la **tutela dei propri diritti**) e, *a contrario*, nell'art. 81 in base al quale, fuori dai casi espressamente previsti dalla legge, nessuno può far valere nel processo in nome proprio un diritto altrui.

Quest'ultima norma disciplina la **legittimazione straordinaria o sostituzione processuale** in base alla quale solo in determinati casi è consentito far valere in nome proprio diritti altrui o non esclusivamente propri. I casi in cui è ammessa la sostituzione sono tipici e sono individuati nel codice di procedura civile (ad es. l'assunzione della causa dal garante in luogo del garantito *ex* art.

108) e nell'ordinamento (ad es. il potere riconosciuto al creditore di esercitare l'azione surrogatoria *ex* art. 2900 c.c.).

La legittimazione straordinaria ricorre anche nell'ipotesi in cui le camere di commercio e le associazioni rappresentative dei consumatori e dei professionisti agiscono facendo ricorso all'azione inibitoria prevista dall'art. 139 cod. consumo. Si parla in tal caso di **tutela dei c.d. interessi diffusi**; l'art. 140-*bis* del codice del consumo consente di esperire le c.d. ***class actions*** (v. parte quinta, cap. VII).

Giurisprudenza

*La cancellazione della società dal registro delle imprese per trasferimento della sede sociale all'estero non implica la cessazione della sua attività, sicché tale società, non venendo meno, non perde la sua legittimazione processuale ad agire o resistere in giudizio (Cass. civ., sez. III, 12 febbraio **2020**, n. 3375).*

1.4. *Il principio di corrispondenza tra il chiesto e il pronunciato.*

Ai sensi dell'art. 112 il giudice deve pronunciare su tutta la domanda e non oltre i limiti di essa e non può pronunciare d'ufficio su eccezioni che possono essere proposte soltanto dalle parti.

La norma in esame sancisce:

- il dovere del giudice di pronunciare sul merito piuttosto che su questioni processuali e cioè sul *petitum* (l'oggetto del giudizio);
- il divieto di ultrapetizione ed extrapetizione;
- il potere del giudice di rilevare d'ufficio le eccezioni che non sono riservate all'iniziativa delle parti.

Al giudice spetta il potere di interpretare e qualificare la domanda al fine di valutare la **reale volontà della parte** quale desumibile dal complessivo comportamento processuale; l'interpretazione va condotta non solo con riguardo alla letterale formulazione della domanda ma altresì al suo contenuto sostanziale, da individuarsi attraverso un esame complessivo della domanda. L'allegazione di un fatto costitutivo, come di altra circostanza rilevante ai fini del decidere, non è necessario venga formulata nel contenuto narrativo dell'atto introduttivo o della memoria di costituzione del convenuto; per esprimerlo, non occorre l'uso di formule sacramentali o solenni, potendo desumersi anche dalle deduzioni istruttorie e dalle produzioni documentali (*Cass. civ., sez. lav., 9 luglio 2018, n. 17991*).

Per quanto attiene la **qualificazione della domanda**, il giudice, nell'indagine diretta all'individuazione del contenuto e della portata delle domande sottoposte alla sua cognizione, non è tenuto ad uniformarsi al tenore meramente letterale degli atti nei quali esse sono contenute, ma deve, per converso, avere riguardo al contenuto sostanziale della pretesa fatta valere, come desumibile dalla natura delle vicende dedotte e rappresentate dalla parte istante (*Cass. civ., sez. III, 21 maggio 2019, n. 13602*).

Il giudice ha il dovere di pronunciare ***iuxta petita*** e cioè nei limiti della domanda proposta, intesa in senso sostanziale. Sussiste il vizio di omessa pronunzia o di ultrapetizione in caso di omesso esame di una domanda o di pronunzia su una domanda non proposta. In particolare, ricorre:

- **omessa pronuncia** allorché risulti completamente omesso il provvedimento del giudice indispensabile per la soluzione del caso concreto (*Cass. civ., sez. II, 25 giugno **2020**, n. 12652*), come, ad esempio, se il giudice non provvede sulla domanda di restituzione delle somme corrisposte in esecuzione della sentenza di primo grado (*Cass. civ., sez. VI, 21 luglio **2020**, n. 15457*);
- **ultrapetizione** nell'ipotesi in cui il giudice di merito, interferendo nel potere dispositivo delle parti, alteri gli elementi obiettivi dell'azione — *petitum e causa petendi* — e, sostituendo i fatti costitutivi della pretesa, emetta un provvedimento diverso da quello richiesto, ovvero attribuisca o neghi un bene della vita diverso da quello conteso — *petitum* mediato — (*Cass. civ., sez. lav., 26 giugno **2020**, n. 12869*).

Sussiste il vizio di **extrapetizione** quando il giudice attribuisce alla parte un bene non richiesto perché non compreso neppure implicitamente o virtualmente nelle deduzioni o allegazioni (*Cass. civ., sez. I, 7 maggio 2019, n. 12014*), ad esempio, se il giudice, a fronte di una domanda di rilascio di un terreno per occupazione "*sine titulo*" accerta l'esistenza di una servitù di passaggio (*Cass. civ., sez. II, 9 ottobre 2017, n. 23548*).

Il giudice infine non può pronunciare d'ufficio su eccezioni che possono essere proposte soltanto dalle parti. La giurisprudenza di legittimità ha chiarito che l'art. 112 è una norma di rinvio alle disposizioni che prevedono, caso per caso, l'indispensabile iniziativa della parte.

Le eccezioni si distinguono in due categorie:

- **processuali** o di rito, quelle con cui si deduce il difetto di un presupposto del provvedimento (ad es. l'incompetenza del giudice o la carenza di legittimazione ad agire);
- **di merito o eccezioni in senso lato**, le quali consistono, secondo la definizione ricavabile con chiarezza dall'art. 2697 c.c., nella allegazione (se fatta dalla parte) o nella rilevazione (se fatta d'ufficio dal giudice) di fatti estintivi, modificativi o impeditivi del diritto dedotto in giudizio (*Cass. civ., sez. III, 6 maggio **2020**, n. 8525*). Diverse sono qualificate le eccezioni **in senso stretto** e cioè quelle riservate all'iniziativa della parte per legge o perché corrispondenti alla titolarità di un'azione costitutiva. L'ordinamento individua ipotesi di rilevabilità d'ufficio di meri fatti impeditivi o estintivi (ad es. la novazione oggettiva e il pagamento) e, al contrario, ipotesi in cui la inesistenza del titolo dipendente da situazioni giuridiche deve essere fatta valere dalla parte interessata (ad es. la prescrizione del diritto). In buona sostanza, nel nostro ordinamento le eccezioni in senso stretto, cioè quelle **rilevabili soltanto ad istanza di parte**, si identificano in quelle per le quali la legge espressamente riserva il potere di rilevazione alla parte (ad es. artt. 1242, 2938, 2969 c.c.).

Sono considerate eccezioni processuali in senso stretto: il difetto della giurisdizione nei confronti dello straniero, l'incompetenza territoriale semplice, di cosa giudicata, di nullità della citazione per inosservanza dei termini minimi a comparire o per mancanza dell'avvertimento di cui all'art. 163 n. 7, di tardività del disconoscimento della scrittura privata, di inammissibilità delle prove.

Sono considerate eccezioni di merito in senso stretto: quelle di prescrizione, di decadenza, di estinzione del diritto per rinuncia, di compensazione, di annullamento, di inadempimento, di vizi e difetti, di presupposizione contrattuale, di annullabilità del contratto per vizio del consenso, di concorso del fatto colposo del debitore.

Si segnala che la giurisprudenza ha più di recente ritenuto corretta la tesi che ammette la possibilità di rilevare d'ufficio le eccezioni in senso lato, anche in appello, che risultino documentate *ex actis*, indipendentemente da specifica allegazione di parte (*Cass. civ., sez. VI, 10 ottobre 2019, n. 25434*); secondo questa impostazione, dunque, le eccezioni in senso lato possono essere proposte dalla parte interessata anche in appello, a condizione che i fatti sui quali esse si fondano, quantunque non precedentemente allegati dalla stessa parte, emergano dagli atti di causa (*Cass. civ., sez. II, 20 giugno 2019, n. 16611*).

Giurisprudenza

La rilevazione ed interpretazione del contenuto della domanda è attività riservata al giudice di merito ed è sindacabile: a) *ove ridondi in un vizio di nullità processuale, nel qual caso è la difformità dell'attività del giudice dal paradigma della norma processuale violata che deve essere dedotto come vizio di legittimità* ex *art. 360, comma 1, n. 4, c.p.c.;* b) *qualora comporti un vizio del ragionamento logico decisorio, eventualità in cui, se la inesatta rilevazione del contenuto della domanda determina un vizio attinente alla individuazione del "petitum", potrà aversi una violazione del principio di corrispondenza tra chiesto e pronunciato, che dovrà essere prospettato come vizio di nullità processuale ai sensi dell'art. 360, comma 1, n. 4, c.p.c.;* c) *quando si traduca in un errore che coinvolge la "qualificazione giuridica" dei fatti allegati nell'atto introduttivo, ovvero la omessa rilevazione di un "fatto allegato e non contestato da ritenere decisivo", ipotesi nella quale la censura va proposta, rispettivamente, in relazione al vizio di "error in judicando", in base all'art. 360, comma 1, n. 3, c.p.c., o al vizio di "error facti", nei limiti consentiti dall'art. 360, comma 1, n. 5, c.p.c. (Cass. civ., sez. III, 10 giugno* ***2020****, n. 11103).*

1.5. *Il principio di legalità.*

Ai sensi dell'art. 113 nel pronunciare sulla causa, il giudice deve seguire le **norme del diritto**, salvo che la legge gli attribuisca il potere di decidere secondo equità. La norma enuncia il principio generale di legalità della decisione giudiziaria e si ricollega all'art. 101 Cost. e all'art. 112 che enuncia il dovere decisorio. In buona sostanza il giudice è tenuto a rispettare la norma positiva, generale e astratta e non può sostituirne altra desunta da fonti extralegali salvo autorizzazione, diretta o indiretta ma sempre espressa, della legge. Il giudice ha il potere-dovere di applicare non solo la legge dello Stato ma anche il diritto vigente nello Stato e cioè il diritto comunitario, le consuetudini, gli usi, le norme deontologiche. Il diritto deve essere applicato con riferimento al **momento della pronuncia** e non della domanda. Al giudice compete il potere di interpretare la norma da applicare, di sollevare anche d'ufficio la questione di legittimità della norma positiva innanzi alla Corte Costituzionale mentre non può rifiutarsi di applicare una norma da lui ritenuta sostanzialmente ingiusta, senza una conforme valutazione della Corte Costituzionale. Il giudice è libero, in applicazione del brocardo ***iura novit curia***, nell'individuazione e nell'interpretazione del diritto da applicare alla fattispecie; sul giudice grava pertanto la presunzione assoluta di conoscenza della norma, il che significa che, in capo alle parti, non vi è l'onere di provare l'esistenza della norma o di fornire i mezzi per conoscerla.

Al principio generale di decidere secondo diritto, si affianca, in via eccezionale, il potere di decidere **secondo equità**.

Il concetto di giudizio di equità non è univoco. Si ritiene che non sussista contrapposizione tra diritto ed equità, atteso che il giudizio di equità richiede pur sempre il riferimento ad una fattispecie normativa e la comparazione tra norma di legge ed eventuale criterio equitativo prescelto, il quale può operare, ove sia obiettivamente giustificata, una disparità di trattamento rispetto a quello che deriverebbe dall'applicazione delle norme di diritto.

Il giudizio di equità è consentito al giudice nelle ipotesi espressamente previste dalla legge (e cioè, ad es. nelle ipotesi di cui agli artt. 114, 432 e 1226 c.c.) e al giudice di pace in determinate cause così come stabilito dal comma 2 dell'art. 113.

Giurisprudenza

*Nella fase del giudizio di merito, il principio iura novit curia fonda il potere-dovere del giudice di acquisire i decreti ministeriali di rilevazione dei tassi soglia antiusura a prescindere dall'attività delle parti, atteso che tali atti realizzano una etero-integrazione delle leggi penali e civili che disciplinano in via generale la materia (Cass. civ., sez. III, 13 maggio **2020**, n. 8883).*

1.6. *Il principio di disponibilità delle prove.*

Ai sensi dell'art. 115, salvi i casi previsti dalla legge, il giudice deve porre a fondamento della decisione le prove proposte dalle parti o dal pubblico ministero, nonché i fatti non specificatamente contestati dalla parte costituita. Può tuttavia, senza bisogno di prova, porre a fondamento della decisione le nozioni di fatto che rientrano nella comune esperienza.

Il principio della disponibilità della prova, detto anche **principio dispositivo**, sancisce, dunque, uno dei principi cardine del processo civile nel senso che il potere inquisitorio del giudice è riservato ai casi tassativamente indicati dalla legge. È strettamente connesso al principio della distribuzione dell'onere della prova (art. 2697 c.c.). Sono le parti dunque che devono offrire i mezzi di prova al giudice, alle risultanze dei quali il giudice è vincolato nella propria decisione.

Alcune norme derogano al principio, attribuendo al giudice poteri officiosi di iniziativa istruttoria che si concretano, ad esempio, nel potere di disporre d'ufficio l'interrogatorio non formale delle parti (art. 117), nell'ordine di ispezione (art. 118), nel potere di disporre la consulenza tecnica (artt. 61 e 191), nella richiesta di informazioni alla pubblica amministrazione (art. 213), nel deferimento del giuramento suppletorio e di estimazione (artt. 240 e 241).

Non necessitano di prova, e quindi si considerano pacifici, i fatti allegati da una parte quando non sono contestati in modo specifico dall'altra parte costituita (art. 115, comma 1).

Per "nozioni di fatto" si intendono i c.d. **fatti notori** cioè quei fatti conosciuti dal giudice e dalle parti che possono essere utilizzati a prescindere dall'accertamento in sede istruttoria. Il fatto notorio, derogando al principio dispositivo delle prove e al principio del contraddittorio, va inteso in senso rigoroso e cioè come fatto acquisito alle conoscenze della collettività con tale grado di certezza da apparire incontestabile.

Non devono confondersi con i fatti notori le c.d. **massime di esperienza** e cioè le regole a contenuto generale, utilizzate dal giudice, indipendentemente dal caso concreto, fondate su ripetute esperienze e valevoli per nuovi casi.

Giurisprudenza

I fatti allegati da una parte possono considerarsi "pacifici", esonerando la stessa dalla necessità di fornirne la prova, solamente quando l'altra parte abbia impostato la propria difesa su argomenti logicamente incompatibili con il disconoscimento dei fatti medesimi, ovvero quando si sia limitata a contestarne esplicitamente e specificamente taluni soltanto, evidenziando in tal modo il proprio non interesse ad un accertamento degli altri (Cass. civ., sez. trib., 29 ottobre ***2020****, n. 23862).*

1.7. *Il principio della libera valutazione delle prove.*

Ai sensi dell'art. 116 il giudice deve valutare le prove secondo il suo **prudente apprezzamento**, salvo che la legge disponga altrimenti. Può desumere argomenti di prova dalle risposte che le parti gli danno, dal loro rifiuto ingiustificato a consentire le ispezioni che ha ordinato e in generale dal contegno delle parti nel processo.

La norma sancisce il principio della libera valutazione delle prove da parte del giudice. Il potere discrezionale riguarda però esclusivamente le prove libere, per le quali il giudice può formare il proprio convincimento in base al "prudente apprezzamento". L'inciso "salvo che la legge disponga altrimenti" riguarda infatti le prove legali, in relazione alle quali il giudice non può far altro che attenersi alle risultanze delle stesse, essendogli precluso qualunque apprezzamento diverso rispetto a quello già predeterminato dal legislatore.

Sono **prove legali** la confessione, il giuramento decisorio, l'atto pubblico, la scrittura privata autenticata o riconosciuta.

Prove libere sono quelle in cui la legge non ha predeterminato la valutazione e che, dunque, sono rimesse al prudente apprezzamento del giudice. Nella valutazione il giudice è libero di attingere il proprio convincimento da quelle prove che ritenga più attendibili ed idonee; ove i mezzi di prova acquisiti siano più di uno, dovrà fare una valutazione organica e complessiva e dalla concordanza o discordanza stabilire il grado di probabilità che permetta di accertare il fatto corollario di questa affermazione.

Tra gli altri elementi di prova su cui il giudice fonda il proprio convincimento vi sono le c.d. **prove atipiche** e cioè quegli elementi di prova non espressamente disciplinati dalla legge (ad es. documenti provenienti da terzi, prove raccolte in altri giudizi, certificazioni amministrative e autocertificazioni — v. parte terza, cap. II, 15).

Il comma 2 dell'art. 116 consente al giudice di desumere **argomenti di prova** da particolari situazioni aventi la propria origine nel processo. Ciò significa che gli stessi non hanno di per sé né valore né efficacia di prova bensì diventano elementi di valutazione di altre prove.

Giurisprudenza

*In tema di ricorso per cassazione, una questione di violazione o di falsa applicazione degli artt. 115 e 116 c.p.c. non può porsi per una erronea valutazione del materiale istruttorio compiuta dal giudice di merito, ma, rispettivamente, solo allorché si alleghi che quest'ultimo abbia posto a base della decisione prove non dedotte dalle parti, ovvero disposte d'ufficio al di fuori dei limiti legali o abbia disatteso, valutandole secondo il suo prudente apprezzamento, delle prove legali, ovvero abbia considerato come facenti piena prova, recependoli senza apprezzamento critico, elementi di prova soggetti invece a valutazione (Cass. civ., sez. lav., 31 agosto **2020**, n. 18135).*

1.8. *Il principio della soccombenza.*

Ai sensi dell'art. 91 il giudice con la sentenza che chiude il processo, condanna la **parte soccombente** al rimborso delle spese a favore dell'altra parte e ne liquida l'ammontare insieme con gli onorari di difesa.

Il principio si pone a salvaguardia del contendente vittorioso; non si tratta di una sanzione nei confronti di colui che ha agito o ha resistito in giudizio, bensì di una conseguenza oggettiva della soccombenza che deve essere irrogata sulla base dell'accertamento della stessa. Il principio non è totalmente vincolante per il giudice, il quale ha il potere discrezionale di adottare decisioni diversificate in ordine alla ripartizione del carico delle spese, trovando quale unico limite il divieto di condannare alle spese la parte totalmente vittoriosa. La soccombenza deve essere stabilita in base ad un criterio unitario e globale; la parte soccombente va identificata, alla stregua del principio di causalità sul quale si fonda la responsabilità del processo, in quella che, lasciando insoddisfatta una pretesa riconosciuta fondata o azionando una pretesa riconosciuta infondata, abbia dato causa alla lite. È stato altresì precisato che il principio della soccombenza va inteso nel senso che soltanto la **parte interamente vittoriosa** non può essere condannata, nemmeno per una minima quota, al pagamento delle spese stesse e il suddetto criterio non può essere frazionato secondo l'esito delle varie fasi del giudizio ma va riferito unitariamente all'esito finale della lite, senza che rilevi che in qualche grado o fase del giudizio la parte poi soccombente abbia conseguito un esito a lei favorevole.

In caso di **cessazione della materia del contendere** il giudice, ai fini della liquidazione delle spese, deve applicare il principio della **soccombenza virtuale** e quindi delibare il fondamento della domanda valutando le probabilità di accoglimento.

In caso di **conciliazione della causa**, le spese si intendono sempre compensate, salvo che le parti abbiano diversamente convenuto, dandone atto nel verbale di conciliazione (art. 92, comma 3).

Giurisprudenza

La statuizione di cessazione della materia del contendere comporta l'obbligo per il giudice di provvedere sulle spese processuali del giudizio secondo il principio della soccombenza virtuale, salva la facoltà di disporne motivatamente la compensazione, totale o parziale (Cass. civ., sez. VI, 14 luglio ***2020****, n. 14939).*

1.9. *Il principio di oralità.*

Ai sensi dell'art. 180 la trattazione della causa è orale.

La norma fissa il principio di oralità come **regola generale**, tuttavia suscettibile di eccezioni. Infatti ai sensi dell'art. 83-*bis* disp. att. il giudice può autorizzare la trattazione scritta. Il principio del contraddittorio si esplica dunque in forma orale o scritta.

La discussione in udienza pubblica assicura la realizzazione dei **principi di** oralità ed **immediatezza**, nonché del diritto di difesa e del principio fondamentale recato dall'art. 6, comma 1, Convenzione europea dei diritti dell'uomo, in tema di pubblicità del processo. Il principio di oralità trova la sua completa estrinsecazione negli artt. 281-*quinquies* e 281-*sexies* che disciplinano la fase decisoria con possibilità di trattazione mista o esclusivamente orale.

2. Le azioni.

L'azione è il diritto ad ottenere un provvedimento sul merito; esistono tanti tipi di azione quanti sono i tipi di attività di tutela giurisdizionale. È per questo motivo che la parte può dar corso ad un processo di cognizione, ad un processo di esecuzione e ad un processo cautelare nei quali fa valere il proprio diritto ad ottenere, rispettivamente, un provvedimento di merito, un'espropriazione forzata o un provvedimento di natura cautelare.

Nell'ambito delle **azioni di cognizione**, si distingue tra:

- azione **di mero accertamento**: quella che introduce un processo di cognizione destinato a chiudersi con una sentenza che accerti la sussistenza o meno di un rapporto giuridico;

- azione **di condanna**: quella che introduce un processo di cognizione destinato a chiudersi con una sentenza che, oltre ad accertare il diritto che si vuol far valere, ha un connotato ulteriore, destinato a costituire un titolo esecutivo e come tale idoneo ad introdurre, eventualmente, il processo di esecuzione forzata. Figure particolari sono la c.d. condanna generica prevista dall'art. 278 che consente la possibilità di ottenere una sentenza di condanna generica alla prestazione dovuta; la c.d. condanna condizionale che fa dipendere l'eseguibilità della sentenza dal verificarsi di una certa condizione; la c.d. condanna in futuro che permette di ottenere la condanna attuale ad una prestazione eseguibile solo dopo il decorso di un determinato termine;
- azione **costitutiva**: quella che introduce un processo di cognizione destinato a chiudersi con una sentenza che costituisce, modifica o estingue un rapporto giuridico, in funzione di quanto stabilito dall'art. 2908 c.c.

Per **azione esecutiva** si intende quella diretta alla tutela giurisdizionale mediante esecuzione forzata. Colui che ha un diritto certo, liquido ed esigibile, consacrato in un titolo esecutivo, può infatti promuovere un processo di esecuzione. Il titolo esecutivo è la condizione necessaria e sufficiente per dar luogo all'azione esecutiva, tesa a ottenere il soddisfacimento della pretesa dell'avente diritto.

L'**azione cautelare** è quella diretta alla tutela giurisdizionale mediante cautela, che ha funzione strumentale rispetto agli altri due tipi di attività giurisdizionale, essendo rivolta ad evitare che il diritto che si intende introdurre in un processo di cognizione sia in qualche modo pregiudicato dalla durata del processo. Il provvedimento cautelare mira ad assicurare gli effetti attraverso la tecnica della conservazione ovvero della anticipazione.

SCHEMA 6 I principi generali del processo civile

LA DOMANDA	l'autorità giudiziaria provvede alla tutela giurisdizionale su **domanda di parte** e solo eccezionalmente su istanza del pubblico ministero o d'ufficio
L'INTERESSE AD AGIRE	**interesse specifico** alla tutela giurisdizionale quando l'esercizio dell'azione tende ad un risultato conseguibile **esclusivamente** attraverso l'attività giudiziaria
LA LEGITTIMAZIONE	titolarità del **potere** e del **dovere** di promuovere o subire un giudizio in ordine al rapporto sostanziale dedotto in causa
LA CORRISPONDENZA TRA CHIESTO E PRONUNCIATO	il giudice deve pronunciare su **tutta la domanda** e non oltre i **limiti** di essa e non può pronunciare d'ufficio su eccezioni che possono essere proposte soltanto dalle parti
LA LEGALITÀ	il giudice deve seguire le **norme del diritto** salvo che la legge gli attribuisca il potere di decidere secondo **equità**
LA DISPONIBILITÀ DELLE PROVE	salvi i casi previsti dalla legge il giudice deve porre a **fondamento della decisione** le **prove proposte dalle parti** o dal pubblico ministero, nonché i **fatti non specificamente contestati** dalla parte costituita; può porre a fondamento della decisione, senza bisogno di prova le nozioni di fatto che rientrano nella comune esperienza
LA LIBERA VALUTAZIONE DELLE PROVE	il giudice deve valutare le prove libere secondo il suo **prudente apprezzamento**; può desumere argomenti di prova dalle risposte delle parti e dal loro contegno generale nel processo. I fatti non specificamente contestati sono pacifici.
LA SOCCOMBENZA	il giudice con la sentenza che chiude il processo condanna la **parte soccombente** al **rimborso delle spese** a favore dell'altra parte e ne liquida l'ammontare insieme con gli onorari di difesa
L'ORALITÀ	costituisce la **regola generale** per la trattazione del processo, suscettibile tuttavia di eccezioni: il principio del contraddittorio si esplica dunque in forma orale o scritta

SCHEMA 7 Le azioni

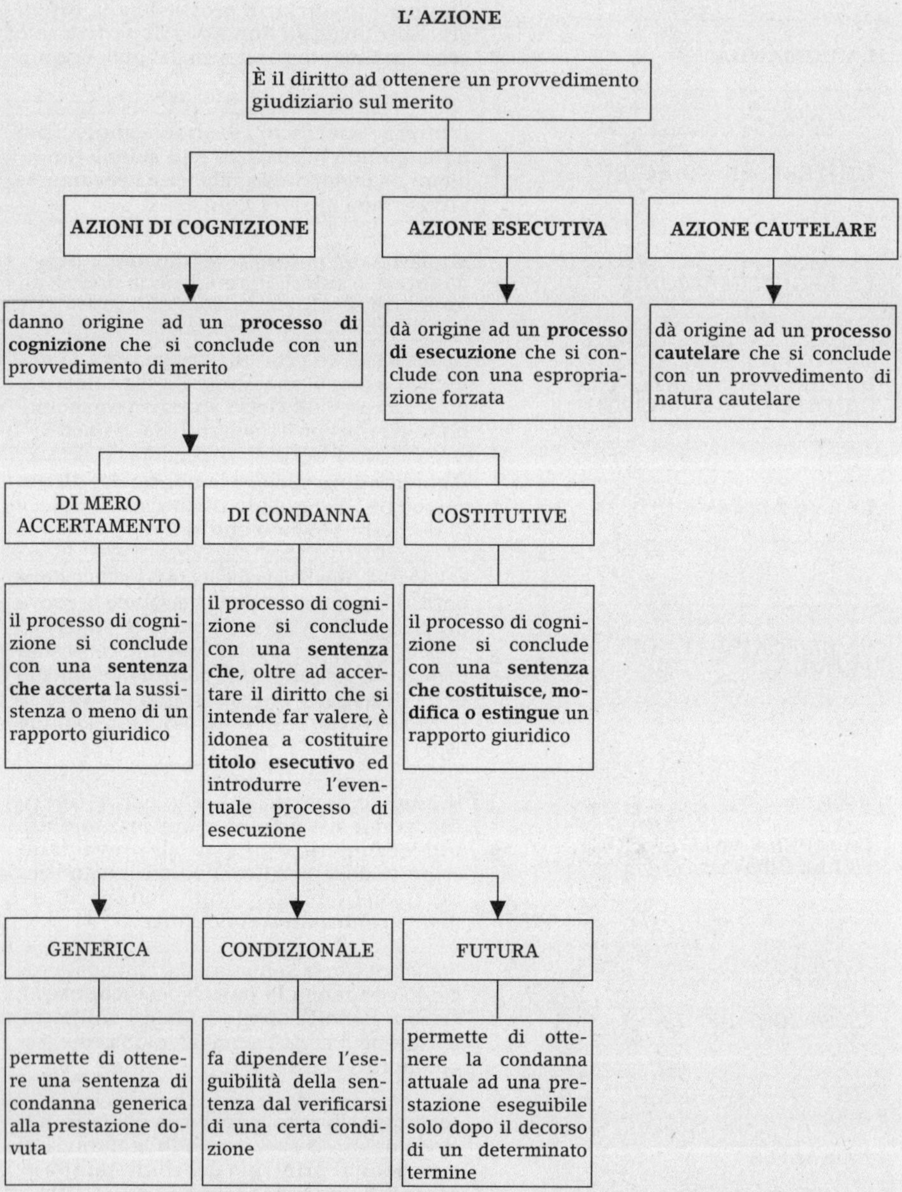

CAPITOLO III

LA COMPETENZA

1. Considerazioni generali.

La competenza è il riparto della giurisdizione tra i giudici ordinari: una volta individuata la sussistenza della giurisdizione, occorre identificare, tra la pluralità dei giudici ordinari esistenti, quale sia il giudice competente in relazione all'azione che si intende proporre. È per questo motivo che la dottrina più accreditata definisce la competenza come "la **misura della giurisdizione**" o meglio quella frazione di giurisdizione che in concreto spetta ad un determinato giudice rispetto ad una determinata causa.

La competenza si determina al **momento della domanda**, con riferimento alla legge vigente e allo stato di fatto esistente in quel momento. Infatti, così come per la giurisdizione, la legge codifica, anche per la competenza, il principio della *perpetuatio iurisdictionis*: il giudice competente, individuato in modo corretto nel momento in cui la domanda è proposta, conserva la competenza per tutta la durata del giudizio e sono quindi irrilevanti i mutamenti dello stato di fatto e della legge.

Nell'ordinamento giudiziario italiano esistono diversi tipi di giudici e, contemporaneamente, tanti giudici dello stesso tipo ed è per questo motivo che il legislatore si è posto il problema della **distribuzione della competenza**. Vi sono infatti giudici unipersonali, come il giudice di pace e il tribunale in composizione monocratica, e vi sono giudici collegiali, come il tribunale in composizione collegiale, la Corte d'appello e la Corte di cassazione; nello stesso tempo, vi sono una molteplicità di giudici di pace (uno in ogni circoscrizione territoriale delle ex preture), tantissimi tribunali (uno in ogni circondario), alcune corti d'appello (una in ogni distretto, non coincidente sempre con quello regionale) e una sola Corte di cassazione in Roma.

Il legislatore si è posto, quindi, il problema di distribuire verticalmente la competenza tra i giudici di tipo diverso e orizzontalmente la competenza tra i diversi giudici dello stesso tipo, in base dunque alla loro dislocazione sul territorio.

Sono estranei, invece, alla competenza le **ripartizioni interne** dei vari uffici: all'interno di uno stesso tribunale i poteri decisori sono ripartiti tra tribunale in composizione monocratica e tribunale in composizione collegiale.

Il codice di procedura civile, agli artt. 7 e ss., individua e disciplina i criteri di determinazione della competenza nel seguente modo: competenza per valore, competenza per materia, competenza per territorio.

2. La competenza per valore.

Ai sensi dell'art. 10 il valore della causa, ai fini della competenza, si determina dalla domanda a norma delle disposizioni seguenti.

La competenza per valore si basa pertanto sul **valore economico della causa**.

Il principio di ordine generale, secondo cui la competenza si determina dalla domanda, trova però, in alcune situazioni, una sua problematicità, nel senso che, a volte, il valore è di difficile determinazione o non può essere determinato perché non consiste, ad esempio, in una somma di denaro.

Il legislatore ha così dovuto far ricorso ad alcuni **correttivi**, in alcuni casi, affiancando il criterio per materia e, in altri casi, affidando tutte le cause di valore indeterminabile direttamente alla competenza di un giudice.

La regola fondamentale per determinare la competenza per valore è costituita da quella contenuta al comma 2 dell'art. 10, in base al quale le domande proposte nello stesso processo contro la medesima persona si sommano tra loro, e gli interessi scaduti, le spese e i danni anteriori alla proposizione si sommano con il capitale.

Il **criterio del cumulo** opera nell'ipotesi di domande formulate con lo stesso atto introduttivo del processo contro la medesima persona, mentre non trova applicazione quando una delle domande non abbia autonomia rispetto all'altra, costituendone un mero sviluppo per la completa attuazione del diritto azionato.

Nel giudizio avente ad oggetto un'azione di rivendica della proprietà il criterio non opera in relazione alla richiesta di rilascio del bene abusivamente posseduto dalla controparte; così pure il criterio del cumulo non opera nell'ipotesi in cui le domande siano proposte separatamente e successivamente riunite per connessione, in quanto ciascuno dei singoli procedimenti mantiene la propria individualità.

Per quanto attiene agli **interessi**, si intendono scaduti quelli già maturati e calcolati sino al giorno antecedente alla notificazione dell'atto introduttivo del giudizio o al deposito del ricorso. Il principio del cumulo viene applicato anche in relazione all'indennizzo che viene liquidato per adeguare il risarcimento alla effettiva entità del danno, nell'ipotesi di intervenuta svalutazione monetaria, ovviamente per quella parte che ha inciso nel periodo compreso tra l'evento e la domanda.

Per quanto attiene le **spese anteriori al giudizio**, che debbono essere sommate al capitale, sono quelle, di qualunque tipo, già sostenute e oggetto della domanda. Peraltro, la giurisprudenza non si è occupata molte volte di questo aspetto, se non per precisare che sono comprese quelle di istruzione preventiva, mentre non sono in esse comprese le spese liquidate nel decreto ingiuntivo, in quanto già sostenute dopo l'introduzione della domanda.

Il principio del cumulo, con spostamento della competenza al giudice superiore, non opera quando vi sia la c.d. **riserva di contenimento** e cioè quando l'attore dichiara, in modo non equivoco, di voler contenere il valore della domanda nei limiti di competenza del giudice adito.

In ogni caso, secondo il disposto dell'art. 14, se le cause sono relative a somme di denaro o a beni mobili, il valore si determina in base alla somma indicata o al valore dichiarato dall'attore; in mancanza la causa **si presume** di competenza del giudice adito.

Nel caso di somma di denaro in moneta estera, si deve fare riferimento al corso del cambio nel giorno della scadenza e del luogo di pagamento ovvero, se non scaduta, al corso del cambio al giorno della domanda.

Secondo quanto previsto dall'art. 14, comma 2, il convenuto **può contestare** il valore, come dichiarato o presunto, soltanto nella prima difesa: la norma deve essere coordinata con l'art. 38 che prevede che anche l'incompetenza per valore deve essere eccepita, a pena di decadenza, nella comparsa di risposta **tempestivamente depositata**, e cioè nei termini previsti per la costituzione del convenuto dall'art. 166. Non è sufficiente svolgere una semplice eccezione ma è necessaria una specifica impugnativa, diretta a dimostrare che il valore non rientra nella competenza del giudice adito. Infatti, il giudice deve decidere l'eccezione di incompetenza per valore immediatamente alla prima udienza, pronunciando ordinanza, in base a quello che risulta dagli atti.

La norma in esame precisa, infine, che se il convenuto non contesta il valore dichiarato o presunto, questo rimane fissato, anche agli effetti del merito nei limiti della competenza del giudice adito.

Il legislatore ha inoltre voluto disciplinare tutta una serie di ipotesi per rendere più semplice la determinazione del valore.

Ha così stabilito all'art. 11 che, se è chiesto da più persone o contro più persone l'adempimento per **quote di un'obbligazione**, il valore della causa si determina dall'intera obbligazione e cioè presuppone l'unicità del rapporto obbligatorio e la divisibilità dell'obbligazione. L'operatività della norma, che rappresenta l'eccezione rispetto alla regola prescritta dall'art. 10, postula che l'adempimento per quote sia chiesto con un'unica domanda giudiziale e che non può essere applicata analogicamente in altre ipotesi.

All'art. 12, il legislatore ha previsto che il valore delle cause relative all'esistenza, alla validità o alla risoluzione di un **rapporto giuridico obbligatorio** si determina in base a quella parte del rapporto che è in contestazione. La norma serve, ad esempio, a risolvere il problema della determinazione del valore nelle cause relative ad obbligazioni divisibili e nelle cause relative a contratti ad esecuzione continuata o periodica.

Il comma 2 della norma stabilisce che il valore delle cause per **divisione** si determina da quello della massa attiva da dividersi e deve essere applicato ogni qualvolta il giudizio abbia ad oggetto un patrimonio o una quota patrimoniale da dividere. Per la valutazione dei beni componenti la massa si applicano i criteri fissati dagli artt. 14 e 15, a seconda che si tratti di beni mobili o immobili.

L'art. 13 stabilisce invece il criterio di determinazione del valore delle cause relative a **prestazioni alimentari** periodiche e **rendite.** La norma stabilisce che nelle cause per prestazioni alimentari periodiche, se il titolo è controverso (e cioè se debba essere accertato o costituito), il valore si determina in base all'ammontare delle somme dovute per due anni. Secondo la giurisprudenza tale norma trova attuazione quando la contestazione investe il tema della decorrenza della cadenza temporale delle periodiche erogazioni o quando riguarda la misura o le modalità della prestazione.

Il comma 2 della norma prevede che nelle cause relative a **rendite perpetue**, se il titolo è controverso, il valore si determina cumulando venti annualità; nelle cause relative a **rendite temporanee o vitalizie**, cumulando le annualità domandate fino a un massimo di dieci. Secondo la giurisprudenza tale criterio si applica anche alle cause in materia di pensione di invalidità.

Il comma 3 della norma precisa che queste regole si applicano anche per determinare il valore delle cause relative al **diritto del concedente**. Secondo la giurisprudenza rientrano nella disciplina della norma tutte le controversie concernenti qualsiasi diritto nascente dall'enfiteusi a favore del proprietario.

Particolare importanza aveva, in passato, l'art. 15, il quale detta le regole per la determinazione del valore delle cause relative a **beni immobili**. Poiché però oggi il giudice di pace non ha competenza in materia immobiliare, in quanto in questa materia è sempre e comunque competente il tribunale, di fatto la norma ha perso una sua operatività e mantiene una valenza residuale esclusivamente ai fini della determinazione del valore del contributo unificato, da versare in sede di iscrizione a ruolo della causa.

Il legislatore ha infine ancora voluto, all'art. 17, dettare i criteri per la determinazione del valore per le cause relative all'**esecuzione forzata**.

La norma si riferisce alle cause di cognizione in opposizione all'esecuzione forzata, disciplinate dagli artt. 615, 619 e 512 (le quali possono spettare anche al giudice di pace, benché questi non abbia competenza né per l'esecuzione né per l'opposizione agli atti esecutivi), e prevede che il valore delle stesse si determina in base al credito per cui si procede. Per esso si intende la complessiva somma che il creditore pone a fondamento dell'azione esecutiva per ogni sua pretesa nascente dal titolo esecutivo, anche nell'ipotesi in cui la contestazione riguardi solo una parte (ad es. gli interessi e singole voci indicate nell'atto di precetto).

Nelle **opposizioni di terzo** (art. 619) la competenza si determina dal valore dei beni controversi, mentre per le cause relative a controversie sorte **in sede di distribuzione**, dal valore del maggiore dei crediti contestati.

Giurisprudenza

Al fine di stabilire la competenza per valore del giudice adito (nella specie, giudice di pace in base all'art. 113, comma 2, c.p.c.), la rivalutazione monetaria, ove richiesta in aggiunta alla somma capitale ed agli interessi sino al momento della proposizione della domanda, si cumula, ai sensi dell'art. 10, comma 2, c.p.c., con il capitale e gli interessi (Cass. civ., sez. VI, 28 agosto ***2020****, n. 17991).*

2.1. *L'individuazione del giudice competente per valore.*

La competenza per valore, determinata in base ai criteri descritti al paragrafo precedente, incontra però dei **limiti** stabiliti dall'art. 7, commi 1 e 2 in base ai quali il giudice di pace è competente per le cause relative a **beni mobili** di valore non superiore ad € 5.000,00, se non attribuite dalla legge alla competenza di altro giudice nonché per le cause di risarcimento del danno prodotto dalla **circolazione di veicoli e di natanti**, purché il valore della controversia non superi il valore di € 20.000,00. La giurisprudenza ha ritenuto che la norma attribuisce alla competenza per valore portata di canone attributivo dotato di valenza solo residuale, destinato, perciò, ad operare solo se la competenza non sia attribuita per materia o in via funzionale ad altro giudice. Per cause relative a beni mobili si intende tutte quelle nelle quali sono in discussione diritti reali o personali o potestativi riguardanti i beni che l'art. 812 c.c. non qualifica immobili.

Il concetto di "circolazione" è inteso in senso ampio e comprende la sosta del veicolo o la sua circolazione a motore spento e anche la circolazione di veicoli con guida di rotaie. La giurisprudenza ha avuto modo di precisare che se la domanda di risarcimento del danno da circolazione stradale è proposta al giudice di pace, senza determinazione del *quantum*, in applicazione dell'art. 14, si presume rientrare nella competenza del giudice adito quando non vi sia stata una tempestiva contestazione della competenza.

Ai sensi dell'art. 9 il tribunale è competente per ogni causa di valore indeterminabile e comunque per tutte le cause che non sono di competenza di altro giudice, con la conseguenza che quelle che non spettano per valore al giudice di pace debbono essere devolute al tribunale.

Giurisprudenza

In tema di annullamento delle deliberazioni delle assemblee condominiali, posta la sussistenza dell'interesse ad agire anche quando la relativa azione sia volta esclusivamente alla loro rimozione, ove il vizio abbia carattere meramente formale e la delibera impugnata non abbia "ex se" alcuna incidenza diretta sul patrimonio dell'attore, la domanda giudiziale appartiene alla competenza residuale del tribunale, non avendo ad oggetto la lesione di un interesse suscettibile di essere quantificato in una somma di denaro per il danno ingiustamente subito ovvero per la maggior spesa indebitamente imposta (Cass. civ., sez. VI, 20 luglio ***2020****, n. 15434).*

3. La competenza per materia.

Il legislatore ha individuato, peraltro, quando la causa riguarda determinate materie, il giudice competente, indipendentemente dal valore della causa stessa.

L'art. 7, comma 3 stabilisce infatti che il **giudice di pace** è competente, qualunque ne sia il valore:

- per le cause relative ad **apposizione di termini** ed osservanza delle **distanze** stabilite dalla legge, dai regolamenti o dagli usi riguardo al piantamento degli **alberi** e delle **siepi**. La giurisprudenza ha avuto modo di precisare che qualora si chieda contestualmente regolamento di confine e apposizione di termine su confine regolato, la prima azione assorbe l'altra escludendo la competenza per materia;
- per le cause relative alla **misura** e alle **modalità d'uso** dei servizi di condominio e di case. Per esse si intendono le cause che riguardano le riduzioni o limitazioni quantitative del diritto di godimento dei singoli condomini;
- per le cause relative a rapporti tra proprietari o detentori di immobili adibiti a civile abitazione in materia di **immissioni** di fumo o di calore, esalazioni, rumori, scuotimenti e simili propagazioni che superino la normale tollerabilità. La giurisprudenza di merito ha avuto modo di evidenziare che le controversie rientranti nell'ambito di tale competenza coincidono solo in parte con la previsione dell'art. 844 c.c. in quanto non comprendono le immissioni derivanti dalla produzione industriale, agricola e commerciale;
- per le cause relative agli interessi o accessori da ritardato pagamento di prestazioni previdenziali o assistenziali (art. 7, comma 3, n. 3-*bis* e 442, comma 3).

L'art. 9, comma 2 stabilisce che il **tribunale** è competente per tutte le cause che non sono di competenza di altro giudice ed è esclusivamente competente per le cause:

- in materia di **imposte e tasse**. Peraltro, per effetto dell'art. 12 della legge 28 dicembre 2001, n. 448, tutte le controversie aventi ad oggetto i tributi di ogni genere e specie sono attribuite alle **Commissioni tributarie**. La competenza residuale a favore del tribunale riguarda:

  1) l'opposizione avverso il provvedimento irrogativo di pena pecuniaria per violazione delle leggi finanziarie, ivi comprese quelle doganali,

  2) l'opposizione ad ingiunzione fiscale per il pagamento del canone di abbonamento alle trasmissioni radio televisive e della tassa di circolazione degli autoveicoli, nonché dei canoni relativi ad occupazione di spazi pubblici,

  3) i contributi spettanti ai consorzi di bonifica ed imposti ai proprietari per le spese di esecuzione, manutenzione ed esercizio delle opere di bonifica e di miglioramento fondiario;
- relative allo **stato** e alla **capacità delle persone** e ai diritti onorifici. Si tratta delle cause di interdizione, di inabilitazione, di adozione, di cittadinanza, di diritto al nome, allo pseudonimo e ai predicati nobiliari conservati come parte

del nome, di separazione dei coniugi, di scioglimento del matrimonio, di rettificazione degli atti dello stato civile;

- nelle quali è proposta **querela di falso**;
- di **esecuzione forzata**.

Il d.lgs. 1 settembre 2011, n. 150 sulla semplificazione dei riti (v. parte quinta, cap. VIII, 1) ha attribuito la competenza esclusiva generale al **giudice di pace** nei giudizi di opposizione in materia di codice della strada (art. 7) e nei giudizi di opposizione all'ordinanza-ingiunzione a sanzioni amministrative (art. 6). La medesima legge attribuisce al **tribunale** la competenza per l'opposizione ad ordinanza-ingiunzione, quando la sanzione è stata applicata per una violazione concernente disposizioni in materia:

- di tutela del lavoro, di igiene e di prevenzione degli infortuni sui luoghi di lavoro;
- di previdenza e assistenza obbligatoria;
- di tutela dell'ambiente dall'inquinamento, della flora, della fauna e delle aree protette;
- di igiene degli alimenti e delle bevande;
- valutaria;
- antiriciclaggio.

La competenza è pure del tribunale quando la sanzione pecuniaria, prevista o applicata, è superiore ad € 15.493,00 e quando è applicata una sanzione di natura diversa da quella pecuniaria (*Cass. civ., sez. VI, 23 febbraio 2018, n. 4425*).

L'art. 11 del d.lgs. 1 settembre 2011, n. 150 ha stabilito che tutte le controversie in materia di **contratti agrari** o conseguenti alla conversione dei contratti associativi in affitto sono di competenza delle sezioni specializzate agrarie di cui alla legge 2 marzo 1963, n. 320, ed assoggettate al rito del lavoro (v. parte quarta, cap. I, 10). Per la sussistenza della competenza del giudice specializzato è sufficiente che venga dedotta in giudizio, in via di azione o di eccezione, l'esistenza di un rapporto agrario, a meno che risulti manifesta *ictu oculi* la sua insussistenza.

Con il decreto legge 24 gennaio 2012, n. 1, convertito, con modificazioni, nella legge 24 marzo 2012, n. 27, è stato istituito il **tribunale delle imprese** in luogo delle sezioni specializzate in materia di proprietà industriale ed intellettuale. Il legislatore, apportando modificazioni al d.lgs. n. 168/2003, ha attributo alle nuove sezioni specializzate la competenza nelle seguenti materie:

- proprietà industriale e concorrenza sleale (controversie espressamente individuate dall'art. 134 d.lgs. n. 30/2005);
- diritto d'autore;
- antitrust e concorrenza (controversie individuate dall'art. 33 della legge 10 ottobre 1990 n. 287);
- violazione della normativa antitrust dell'Unione Europea;
- rapporti societari, azioni di responsabilità contro i componenti degli organi amministrativi e di controllo, opposizioni previste da tutta una serie di norme del codice civile in materia di società, trasferimento delle partecipazioni sociali, patti parasociali, rapporti tra società controllate, contratti di appalto di società con-

sorziate (controversie espressamente individuate dall'art. 3, comma 2 del d.lgs. n. 168/2003 nel nuovo testo modificato);

- controversie di cui al titolo VIII-*bis* del libro quarto (in vigore dal 19 ottobre 2020).

Le nuove sezioni specializzate in materia di impresa sono istituite presso i tribunali e le Corti d'appello aventi sede nel capoluogo di ogni regione. Fanno eccezione la Valle d'Aosta (con trasferimento di competenza al tribunale e alla Corte d'appello di Torino), la Lombardia (con l'istituzione della sezione specializzata anche presso il tribunale e la Corte d'appello di Brescia), la Sicilia (con l'istituzione della sezione specializzata anche presso il tribunale e la Corte d'appello di Catania) e il Trentino-Alto Adige (con l'istituzione della sezione specializzata anche presso il Tribunale di Bolzano e la Corte d'appello di Trento — sezione distaccata di Bolzano).

Al **tribunale per i minorenni** sono devoluti, ai sensi dell'art. 68 legge 4 maggio 1983, n. 184, i giudizi concernenti la dichiarazione di paternità o maternità naturale, quando si tratti di figli minori e a prescindere dall'età (minore o meno) del preteso genitore. La competenza spetta anche per tutte le cause previste dagli artt. 34, 35, 40 e 45 disp. att. c.c.

Giurisprudenza

L'amministratore unico e il consigliere di amministrazione di una società per azioni sono legati alla stessa da un rapporto di tipo societario che, in considerazione dell'immedesimazione organica tra persona fisica ed ente e dell'assenza del requisito della coordinazione, non è compreso fra quelli previsti dal n. 3 dell'art. 409 c.p.c., con la conseguenza che, in questa ipotesi, la cognizione della vertenza relativa all'azione di responsabilità esercitata contro di essi spetta alla sezione specializzata in materia di impresa di cui all'art. 3 d.lgs. n. 168/2003. Peraltro, ciò non esclude che, tra la detta società e la persona fisica che la rappresenta e gestisce, possa instaurarsi un autonomo, parallelo e diverso rapporto che assuma le caratteristiche di quello subordinato, parasubordinato o d'opera, con l'effetto che, in tali situazioni, la competenza a conoscere della medesima azione va riconosciuta al giudice del lavoro (Cass. civ., sez. VI, 13 gennaio ***2020****, n. 345).*

4. La competenza per territorio.

Come si è visto, vi sono nello Stato **vari giudici dello stesso tipo** dislocati in diverse circoscrizioni territoriali. Il legislatore ha dettato, pertanto, le regole dirette a determinare la scelta del luogo ove svolgere il processo e, quindi, predeterminare, tra i giudici dello stesso tipo, **quale di essi è competente** a decidere la causa. Gli artt. 18 e ss. individuano innanzitutto il foro generale delle persone fisiche, delle persone giuridiche e delle associazioni non riconosciute quindi fori alternativi, fori esclusivi e fori sussidiari. Attraverso queste regole si determina pertanto la competenza del giudice in rapporto al territorio o foro.

4.1. *Il foro generale.*

Ai sensi dell'art. 18 è competente il giudice del **luogo in cui il convenuto ha la residenza o il domicilio** e, se questi sono sconosciuti, quello del luogo in cui il convenuto ha **la dimora**. Se il convenuto non ha residenza né domicilio né dimora nello Stato o se la dimora è sconosciuta è competente il giudice del luogo in cui risiede l'attore. La residenza o il domicilio del convenuto sono fori elettivamente concorrenti: se non coincidono, l'attore può scegliere liberamente tra l'uno e l'altro. Per residenza si intende l'abituale volontaria dimora di una persona in un determinato luogo: la c.d. **residenza amministrativa** o anagrafica ha valore di presunzione semplice, superabile con ogni mezzo di prova e il trasferimento della stessa, se non denunciato nei modi prescritti dalla legge, non è opponibile ai terzi di buona fede. A differenza della residenza, il **domicilio** è una *res facti* ed è caratterizzato principalmente dall'elemento soggettivo e cioè dall'intenzione di costituire e mantenere in un determinato luogo il centro principale delle proprie relazioni famigliari, sociali, morali e giuridiche. Esso va desunto alla stregua di tutti quegli elementi di fatto che, direttamente o indirettamente, denuncino la presenza in un certo luogo di tale complesso di rapporti. La **dimora** è un semplice stato di fatto e interviene quale criterio sussidiario destinato ad operare quando residenza e domicilio del convenuto siano sconosciuti ovvero siano fuori del territorio dello Stato.

Ai sensi dell'art. 19 quando sia convenuta una **persona giuridica** è competente il giudice del luogo ove essa ha sede oppure ove ha uno stabilimento e un rappresentante autorizzato a stare in giudizio per l'oggetto della domanda. La norma riguarda sia le persone giuridiche di diritto pubblico sia quelle di diritto privato (associazioni riconosciute, società, fondazioni, cooperative ecc.). Per **sede** deve intendersi quella legale (art. 46 c.c.) e cioè quella risultante dall'atto costitutivo (art. 2328, comma 2, n. 2). Si presume la coincidenza della sede legale con la sede effettiva e cioè la sede principale dei rapporti giuridici dell'ente ovvero il luogo in cui avviene la normale conclusione dei contratti e il compimento degli atti giuridici da parte degli amministratori della società.

Ai sensi dell'art. 19, comma 2 le **società non aventi personalità giuridica**, le **associazioni non riconosciute** e i **comitati** (di cui agli artt. 36 e ss. c.c.) hanno sede dove svolgono attività in modo continuativo. Per essa si intende la sede effettiva (la quale può concorrere con la sede legale risultante dallo statuto o dall'atto costitutivo) e cioè quella ove si attua in via prevalente e stabile l'attività di organizzazione e gestione dell'ente. Nell'ipotesi di causa promossa contro società con sede all'estero o sconosciuta e priva in Italia di uno stabilimento o di un rappresentante autorizzato a stare in giudizio, secondo la giurisprudenza, si applica l'art. 18, comma 2, con competenza territoriale del giudice del luogo in cui risiede l'attore.

Ai sensi dell'art. 33 le cause contro **più persone** (che a norma degli artt. 18 e 19 dovrebbero essere proposte davanti a giudici diversi), se sono connesse per l'oggetto o per il titolo, possono essere proposte davanti al giudice del luogo di residenza o domicilio di una di esse, per essere decise nello stesso processo. In buona sostanza, in caso di litisconsorzio facoltativo la norma consente lo spostamento dell'ordinaria competenza per territorio, concedendo all'attore di scegliere liberamente fra i diversi fori generali dei convenuti.

4.2. *Il foro facoltativo.*

L'art. 20 stabilisce che per le cause relative a **diritti di obbligazione** è anche competente il giudice del luogo in cui è sorta o deve eseguirsi l'obbligazione dedotta in giudizio. Per le obbligazioni pecuniarie da adempiersi al domicilio del creditore, secondo il disposto dell'art. 1182, comma 3, c.c., si intendono esclusivamente quelle liquide (*Cass. civ., sez. VI, 2 settembre **2020**, n. 18236*). La norma prevede due fori facoltativi alternativi, concorrenti fra loro e con il foro generale *ex* artt. 18 e 19, ed è applicabile ogni volta che la domanda riflette un rapporto di obbligazione, qualunque ne sia la fonte.

Per **obbligazione dedotta in giudizio** si intende quella delle obbligazioni originarie scaturenti dal contratto sulla quale si contende, sia che se ne chieda l'adempimento, sia che l'obbligazione medesima costituisca *causa petendi* rispetto al contenuto specifico della domanda; se da un contratto derivano più obbligazioni, si intende dedotta in giudizio quella fatta valere come causa della domanda. Ne consegue che per:

- le **obbligazioni contrattuali**, il luogo si identifica con quello in cui è stato concluso il contratto da cui l'obbligazione stessa deriva;
- le **obbligazioni extracontrattuali**, derivanti da un fatto illecito, deve aversi riguardo al luogo in cui il fatto illecito si è verificato, perché ivi è sorta l'obbligazione risarcitoria; per quelle derivanti da un fatto lecito occorre, di volta in volta, individuare il collegamento con il territorio nel momento in cui l'obbligazione è sorta.

Per **luogo ove deve essere eseguita** l'obbligazione si intende quello stabilito dalla volontà delle parti: a tali fini assume rilievo il luogo in cui avrebbe dovuto essere adempiuta l'obbligazione dedotta in giudizio al momento della scadenza, mentre il successivo mutamento di tale luogo, per ragioni unilaterali del creditore, non incide sul criterio di collegamento, soltanto consentendo al debitore di pagare efficacemente nel nuovo luogo qualora questo gli sia stato indicato dalla parte. Se il luogo dell'adempimento non è determinato e non può desumersi dalla natura della prestazione o da altre circostanze, occorre fare riferimento a quanto stabilito dall'art. 1182, commi 2, 3 e 4 c.c.

L'art. 30 determina un ulteriore foro facoltativo in quanto stabilisce il **foro del domicilio eletto**, nel senso che chi ha eletto domicilio a norma dell'art. 47 c.c. può essere convenuto davanti al giudice del domicilio stesso. L'elezione di domicilio è un atto unilaterale da effettuarsi espressamente per iscritto. Si tratta di un foro concorrente con quello indicato dalla legge.

Giurisprudenza

Ai fini della determinazione della competenza territoriale in base al criterio del forum destinatae solutionis, la designazione contrattuale del luogo di adempimento dell'obbligazione di pagare il prezzo della compravendita di beni mobili presso l'acquirente, alla consegna della cosa, opera solo nell'ipotesi dell'adempimento, mentre nel caso di inadempimento, seguito da azione giudiziale del venditore, riprende vigore il regolamento legale del luogo di pagamento ex art. 1498 c.c., e, conseguentemente, detto luogo coincide con quello del domicilio del venditore creditore (Cass. civ., sez. VI, 23 settembre ***2020****, n. 19894).*

4.3. *Il foro esclusivo.*

Per alcune materie il legislatore ha determinato il foro esclusivo: un solo giudice è competente territorialmente e cioè:

- quello del **luogo dove è posto l'immobile o l'azienda**: per le cause relative a diritti reali su beni immobili, per le cause in materia di locazione e comodato di immobili e di affitto di aziende, nonché per le cause relative ad apposizione di termini ed osservanza delle distanze stabilite dalla legge, dai regolamenti o dagli usi riguardo al piantamento degli alberi e delle siepi (art. 21, comma 1). La norma si applica alle azioni reali immobiliari. Non è sufficiente che la domanda abbia una qualsiasi relazione giuridica con un immobile, ma occorre che sia connotata da una stretta connessione logica e giuridica con un diritto reale immobiliare; sono pertanto escluse le azioni personali immobiliari e comunque quelle che hanno per oggetto diritti obbligatori su beni immobili;
- quello del **luogo nel quale è avvenuto il fatto** denunciato: per le azioni possessorie e per la denuncia di nuova opera e di danno temuto (art. 21, comma 2);
- quello del **luogo dell'aperta successione**: per le cause ereditarie (art. 22) e cioè quelle relative alla petizione, divisione, crediti verso il defunto, ecc.;
- quello del **luogo dove ha sede la società**: per le cause tra soci (art. 23); la norma si applica anche dopo lo scioglimento della società, purché la domanda sia proposta entro un biennio dalla divisione;
- quello del **luogo dove si trovano i beni comuni o la maggior parte di essi**: per le cause tra condomini ovvero tra condomini e condominio, così come stabilisce l'art. 23, comma 1. La sfera di applicazione della norma non è limitata alle liti tra singoli condomini attinenti ai rapporti giuridici derivanti dalla proprietà delle parti comuni dell'edificio o dall'uso e godimento delle stesse, ma comprende qualsiasi controversia possa insorgere nell'ambito condominiale per ragioni afferenti al condominio, inclusa la causa promossa da un condomino per ottenere la condanna di un altro condomino al risarcimento del danno da infiltrazioni idriche provenienti dall'appartamento sovrastante, come pure la domanda con cui il condomino convenuto tenda a riversare sul condominio ogni responsabilità, sul presupposto della provenienza del danno da parti comuni dell'edificio (*Cass. civ., sez. VI, 12 gennaio 2015, n. 180*). La disposizione può,

però, essere derogata in presenza di un accordo tra le parti ovvero in presenza di una clausola inserita nel regolamento condominiale che stabilisca la competenza territoriale di un giudice diverso rispetto a quello del luogo nel quale si trova l'immobile (*Cass. civ., sez. VI, 25 agosto 2015, n. 17130*). La norma si applica anche dopo lo scioglimento del condominio, purché la domanda sia proposta entro un biennio dalla divisione;

- quello del **luogo di esercizio della tutela o dell'amministrazione**: per le cause relative alla gestione di una tutela o di un'amministrazione patrimoniale, conferita per legge o per provvedimento dell'autorità (art. 24);
- quello del **luogo dove ha sede l'ufficio dell'avvocatura dello Stato**, nel cui distretto si trova il giudice che sarebbe competente secondo le norme ordinarie: per le cause nelle quali è parte un'amministrazione dello Stato, a norma delle leggi speciali sulla rappresentanza e difesa dello Stato in giudizio e nei casi ivi previsti. Quando l'amministrazione è convenuta, tale distretto si determina con riguardo al giudice del luogo in cui è sorta o deve eseguirsi l'obbligazione o in cui si trova la cosa mobile o immobile oggetto della domanda. La norma non è estensibile alle cause con enti che abbiano soggettività giuridica formalmente distinta da quella dello Stato, anche se svolgono attività proprie dello Stato. È stata esclusa la regola del foro erariale nei giudizi in materia di sanzioni amministrative (*Cass. civ., sez. VI, 27 novembre 2018, n. 30647*);
- quello del **luogo in cui le cose si trovano**: per l'esecuzione forzata su cose mobili o immobili (art. 26);
- quello del **luogo ove risiede il debitore**: per l'esecuzione forzata su autoveicoli, motoveicoli e rimorchi (art. 26) e per l'espropriazione di crediti (art. 26-*bis*);
- quello del **luogo ove risiede il terzo debitore**: per l'espropriazione di crediti quando il debitore è una delle pubbliche amministrazioni indicate dall'art. 413, comma 5 (art. 26-*bis*);
- quello del **luogo dove l'obbligo deve essere adempiuto**: per l'esecuzione forzata degli obblighi di fare e di non fare (art. 26);
- quello del **luogo dell'esecuzione**: per le cause di opposizione all'esecuzione forzata di cui agli artt. 615 e 619 (art. 27, comma 1), salva la disposizione dell'art. 480, comma 3; in buona sostanza la mancata dichiarazione di residenza o di elezione di domicilio da parte del creditore procedente nell'atto di precetto comporta l'individuazione del *forum executionis* ai fini della proposizione dell'opposizione a precetto nel luogo in cui l'atto è stato notificato;
- quello **davanti al quale si svolge l'esecuzione**: per le cause di opposizione a singoli atti esecutivi (art. 27, comma 2).

L'art. 9 della legge n. 420/1998 ha introdotto l'art. 30-*bis* al fine di individuare il giudice competente nei **procedimenti contro un magistrato** e cioè quando questi assuma la qualità di parte processuale. La norma stabilisce che le cause, in cui sono comunque parti magistrati, che sarebbero di competenza di un ufficio giudiziario compreso nel distretto di Corte d'appello in cui il magistrato esercita le proprie funzioni, sono di competenza del giudice del capoluogo del distretto di

Corte d'appello vicino (determinato ai sensi dell'art. 11 c.p.p.). Se il magistrato convenuto in giudizio è venuto ad esercitare le proprie funzioni proprio nel distretto sopra determinato, è competente il giudice che ha sede nel capoluogo del diverso distretto di Corte d'appello, individuato con riferimento alla nuova destinazione.

L'art. 66-*bis* d.lgs. 6 settembre 2005, n. 206 fissa il **foro del consumatore** nel luogo di residenza o domicilio del consumatore se ubicati nel territorio dello Stato. Si tratta di una **competenza esclusiva speciale**, derogabile dalle parti soltanto con trattativa individuale in quanto la clausola contrattuale che preveda un luogo diverso, si presume vessatoria fino a prova contraria.

Anche il decreto legge 24 gennaio 2012 n. 1 ha determinato un foro esclusivo per tutta una serie di materie (proprietà industriale, concorrenza sleale, diritto d'autore, antitrust, rapporti societari, ecc...) istituendo il **tribunale delle imprese** (v. parte prima, cap. III, 3).

Il decreto legge n. 145/2013 ha introdotto per le controversie di cui all'art. 3, d.lgs. n. 168/2003 (rapporti societari, azioni di responsabilità contro i componenti degli organi amministrativi e di controllo, trasferimento delle partecipazioni sociali ...) nelle quali sia parte una società, in qualunque forma costituita, con sede all'estero, anche avente sedi secondarie con rappresentanza stabile nel territorio dello Stato, la competenza inderogabile dei tribunali di Bari, Cagliari, Catania, Genova, Milano, Napoli, Roma, Torino e Venezia per gli uffici giudiziari ricompresi nei rispettivi distretti.

Giurisprudenza

In tema di locazioni, la competenza territoriale del giudice del "locus rei sitae", come si ricava dagli artt. 21 e 447 bis c.p.c., ha natura inderogabile, con la conseguente invalidità di una eventuale clausola difforme, rilevabile "ex officio" anche in sede di regolamento di competenza (Cass. civ., sez. VI, 24 giugno ***2020****, n. 12404).*

4.4. *Il foro sussidiario.*

La competenza per territorio può essere derogata, secondo quanto stabilisce l'art. 28, per **accordo delle parti** che deve risultare da atto scritto e deve riferirsi ad uno o più affari. In questo modo le parti affidano la decisione della causa ad un giudice incompetente il quale diventa competente per scelta delle parti. L'accordo non opera però nei confronti del soggetto terzo estraneo all'accordo. Vi sono però alcuni casi nei quali non è possibile derogare ai fori stabiliti dalla legge e cioè nelle cause:

- in cui deve intervenire il pubblico ministero;
- di esecuzione forzata;
- di opposizione all'esecuzione forzata;
- relative a procedimenti cautelari e possessori;
- relative ai procedimenti in camera di consiglio;
- per ogni altro caso in cui l'inderogabilità sia disposta espressamente dalla legge.

Si tratta della **c.d. competenza per territorio inderogabile**.

Giurisprudenza

In tema di competenza per territorio, il foro convenzionale può ritenersi esclusivo solo in presenza di una dichiarazione espressa ed univoca da cui risulti, in modo chiaro e preciso, la concorde volontà delle parti, non solo di derogare alla ordinaria competenza territoriale, ma altresì di escludere la concorrenza del foro designato con quelli previsti dalla legge in via alternativa (Cass. civ., sez. VI, 2 ottobre ***2020****, n. 21010).*

5. La litispendenza.

Il legislatore ha previsto l'ipotesi in cui la **stessa causa** sia stata radicata davanti allo stesso giudice e davanti a giudici diversi. Nella prima ipotesi ha previsto che si proceda con la riunione (v. parte terza, cap. II, 2.3); nella seconda ha definito la situazione chiamandola litispendenza e ha previsto quale dei due giudici sia competente a deciderla.

La litispendenza può verificarsi solamente **tra giudici ordinari**; non è possibile tra giudici speciali né tra un giudice ordinario e un giudice speciale. Il concetto di "stessa causa" esprime l'identità di soggetti (*personae*), di oggetto (*petitum*) e titolo (*causa petendi*): se uno di essi è diverso, non si verifica la litispendenza. Il legislatore ha adottato per risolvere la competenza il **criterio della prevenzione**: ha previsto all'art. 39, comma 1 che è competente il giudice avanti il quale è stato radicato preventivamente il giudizio. La prevenzione è determinata dalla notificazione della citazione; se il procedimento è stato introdotto con un ricorso, il momento determinante è quello del deposito dello stesso nella cancelleria del giudice. La litispendenza può essere **eccepita dalle parti e rilevata d'ufficio** dal giudice in ogni stato e grado del processo, purché risulti acquisito al processo il documento idoneo a dimostrarlo. Deve essere pronunciata ovviamente in relazione alla situazione esistente al momento della pronuncia, tenendo conto degli eventi sopravvenuti ed incidenti sui rapporti processuali: non sussiste più litispendenza infatti, ove alla data della pronuncia, il primo giudizio non sia più pendente per intervenuta estinzione.

La litispendenza opera anche nel caso in cui le cause aventi ad oggetto la medesima domanda si trovino in gradi diversi (*Cass. civ., sez. VI, 31 luglio 2017, n. 19056*). Il giudice successivamente adito dichiara con ordinanza la litispendenza e ordina la **cancellazione della causa dal ruolo**; l'affermazione di litispendenza, configurando una statuizione sulla competenza, in senso lato, è impugnabile a norma dell'art. 42 con istanza di regolamento di competenza.

Tizio, architetto, che ha eseguito prestazioni professionali a favore di Caio notifica un atto di citazione con il quale chiede il pagamento delle stesse dinanzi al tribunale di Milano, foro del convenuto. Tizio notifica un secondo atto di citazione, tramite un diverso difensore, qualche mese dopo, con il quale chiama in giudizio Caio di fronte al tribunale di Roma, foro in cui deve essere estinta l'obbligazione e con il quale chiede il pagamento del medesimo suo credito. Il tribunale di Roma, giudice successivamente adito, dichiara la litispendenza in quanto per il criterio della prevenzione la medesima causa, avente identità di soggetti, *petitum* e *causa petendi* è già pendente avanti il tribunale di Milano.

Giurisprudenza

Nelle cause a litisconsorzio necessario, sussiste litispendenza, con conseguente eliminazione del giudizio successivamente proposto secondo il criterio della prevenzione, anche quando la prima domanda sia stata avanzata nei confronti di alcuni soltanto dei contraddittori necessari e quella successiva nei confronti di altri o di tutti, attesa la finalità, perseguita con la modifica dell'art. 39, comma 1, c.p.c., intervenuta con l'art. 45, comma 3, legge n. 69/2009, di evitare l'inutile duplicità di giudizi e il rischio che un medesimo rapporto sia regolato da statuti configgenti (Cass. civ., sez. trib., 2 novembre ***2020****, n. 24226).*

6. La continenza.

Il legislatore ha voluto anche disciplinare l'ipotesi di **litispendenza parziale** e cioè di continenza che sussiste, secondo la giurisprudenza, quando due cause siano caratterizzate da identità di soggetti (identità non esclusa, peraltro, dalla circostanza che in uno dei due giudizi sia presente anche un soggetto diverso) e di titolo e da una differenza quantitativa dell'oggetto, e anche quando fra le cause sussista un rapporto di interdipendenza (come nel caso in cui sono prospettate, con riferimento ad un unico rapporto negoziale, domande contrapposte o in relazione di alternatività e caratterizzate da una coincidenza soltanto parziale delle *causae petendi*) nonché quando le questioni, dedotte con la domanda anteriormente proposta, costituiscono il necessario presupposto per la definizione del giudizio successivo.

Pertanto, se il giudice preventivamente adito:

- **è competente** anche per la causa proposta successivamente: il giudice adito per secondo, ai sensi dell'art. 39, comma 2, deve dichiarare con ordinanza la continenza e fissare un termine perentorio entro il quale le parti debbono riassumere la causa davanti al primo giudice;
- **non è competente** anche per la causa successivamente proposta: è il primo giudice a dover dichiarare la continenza e fissare il termine perentorio per la riassunzione davanti al giudice adito per secondo.

Se entrambi i giudici sono competenti, si applica il criterio della prevenzione: il giudice che ravvisa la continenza tra la causa propostagli e altra precedentemente instaurata davanti ad altro giudice, deve verificare la competenza di quest'ultimo relativamente alla causa da rimettergli ma anche a quella presso di lui già pendente, estendendo la sua indagine a tutti i criteri di competenza. Ovviamente, se il giudice successivamente adito è investito di competenza funzionale e/o inderogabile, il criterio della prevenzione non è applicabile.

La questione di continenza è rilevabile **anche d'ufficio** ma occorre che siano stati prodotti in giudizio tutti gli atti indispensabili per l'esame comparativo delle due domande; al pari della litispendenza deve essere valutata in base alla situazione esistente al momento della pronuncia; se le due cause, tra loro in relazione di continenza, pendono in gradi diversi, non sono applicabili le disposizioni dell'art. 39, comma 2.

Anche l'ordinanza dichiarativa di continenza è impugnabile mediante regolamento di competenza.

Tizio conviene in giudizio Caio per far dichiarare la risoluzione per inadempimento di un contratto di compravendita di tessuti, intercorso con Caio, e condannarlo al risarcimento del danno; Caio richiede ad altro tribunale un decreto ingiuntivo contro Tizio per il pagamento del prezzo della merce compravenduta, che Tizio oppone. Sussiste la continenza (*Cass. civ., sez. III, 19 aprile 2001, n. 5837*).

Giurisprudenza

*In tema di continenza di cause, le norme dettate dall'art. 39 c.p.c. non operano sia con riguardo a cause pendenti in gradi diversi che nella ipotesi in cui la causa preveniente sia già in fase di decisione oppure sia stata decisa e non siano decorsi i termini per l'impugnazione, perché in entrambi i casi non sarebbe comunque più possibile procedere ad una trattazione congiunta; in tali ipotesi, l'esigenza di coordinamento sottesa alla disciplina dell'art. 39 c.p.c., comma 2, deve essere assicurata comunque ai sensi dell'art. 295 c.p.c., ossia a mezzo della sospensione della causa che avrebbe dovuto subire l'attrazione all'altra se avesse potuto operare detta disciplina, in attesa della definizione, con sentenza passata in giudicato, della causa che avrebbe esercitato l'attrazione (Cass. civ., sez. VI, 14 luglio **2020**, n. 14944).*

7. La connessione.

Il legislatore ha infine previsto l'ipotesi in cui quando almeno uno degli elementi identificativi — soggetti, *petitum* e *causa petendi* — sono comuni, vi sia la possibilità che le cause siano trattate nello stesso processo. In tal caso le cause si definiscono connesse. La dottrina distingue tra **connessione soggettiva** cioè quella che ricorre allorché più cause pendono tra le stesse parti e **connessione oggettiva** cioè quando più cause sono collegate dal *petitum* o dalla *causa petendi*. Ai sensi dell'art. 40, comma 1 se sono proposte davanti a giudici diversi più cause, le quali, per ragione di connessione, possono essere decise in un solo processo, il giudice fissa con ordinanza alle parti un termine perentorio per la riassunzione della causa accessoria davanti al giudice della causa principale e negli altri casi davanti a quello preventivamente adito. Il legislatore ha dunque distinto l'ipotesi in cui la connessione derivi da rapporto di accessorietà da tutti gli altri casi di connessione e cioè per garanzia, per pregiudizialità-dipendenza, per compensazione, per riconvenzione. La connessione non può essere eccepita dalle parti né rilevata d'ufficio dopo la prima udienza e la rimessione non può essere ordinata quando lo stato della causa principale o preventivamente proposta non consente l'esauriente trattazione e decisione delle cause connesse.

Occorre precisare che nei casi di connessione le regole di competenza possono essere derogate, in quanto il giudice competente per una delle cause connesse potrebbe non esserlo anche per l'altra o le altre. Il legislatore ha disciplinato i singoli casi.

Giurisprudenza

*Tra la causa avente ad oggetto un credito per prestazioni professionali svolte per la conclusione di un contratto preliminare e quella concernente la domanda di esecuzione specifica dell'obbligo di concludere il relativo contratto definitivo non sussiste alcuna delle ipotesi di connessione disciplinate dagli artt. 31 ss. c.p.c. che, sole, possono giustificare la rimessione della controversia a un diverso giudice ex art. 40 c.p.c. Non ricorrono, difatti, le fattispecie degli artt. 32 (cause di garanzia), 34 (accertamenti incidentali), 35 (eccezione di compensazione) e 36 (cause riconvenzionali) c.p.c. e non è riscontrabile un rapporto di accessorietà ai sensi dell'art. 31 c.p.c., per l'assenza di una consequenzialità storico-genetica o logico-giuridica tale per cui possa dirsi che la pretesa oggetto della causa accessoria (il credito per prestazioni professionali), pur essendo autonoma, trovi il suo titolo e la sua ragione giustificatrice in quella azionata nell'altro giudizio; inoltre, non opera connessione in base all'art. 33 c.p.c. per l'oggetto (non avendo i due diritti ad oggetto lo stesso bene o la medesima prestazione) o per il titolo, poggiando le due pretese su fatti costitutivi distinti (Cass. civ., sez. VI, 30 giugno **2020**, n. 12984).*

7.1. *Cause accessorie.*

Per **accessorietà** si intende il rapporto che ricorre quando tra le domande esiste un **rapporto di consequenzialità** logico-giuridica tale che la pretesa oggetto della causa accessoria, pur essendo autonoma, trovi il suo titolo e la sua ragione giustificatrice nella pretesa oggetto dell'altra causa; in buona sostanza la decisione sulla domanda accessoria dipende dalla decisione sull'altra.

Ai sensi dell'art. 31 la domanda accessoria può essere proposta al giudice territorialmente competente per la domanda principale affinché sia decisa nello stesso processo, osservata, quanto alla competenza per valore la disposizione dell'art. 10, comma 2. Con riguardo al territorio, il giudice competente per la causa principale è competente anche per quella accessoria; occorre però tenere presente, per quanto attiene la competenza per valore, che le due domande (principale e accessoria) si sommano tra loro, così come stabilisce appunto l'art. 10, comma 2.

7.2. *Cause di garanzia.*

Sono quelle azioni con le quali una parte, facendo valere un diritto nascente da contratto o dalla legge, chiede che le conseguenze della sua eventuale soccombenza ricadano su un terzo. Si distingue tra:

- **garanzia propria**: ricorre quando la causa principale e quella accessoria hanno lo stesso titolo ovvero quando sussiste connessione oggettiva tra i titoli delle due domande;
- **garanzia impropria**: si configura quando il convenuto tende a riversare su di un terzo le conseguenze del proprio inadempimento in base ad un titolo diverso da quello dedotto con la domanda principale ovvero in base ad un titolo connesso al rapporto principale solo in via occasionale o di fatto.

Ai sensi dell'art. 32 la domanda di garanzia può essere proposta al giudice competente per la causa principale affinché sia decisa nello stesso processo; qualora però la domanda di garanzia ecceda la competenza per valore del giudice adito, questi rimette entrambe le cause al giudice superiore assegnando alle parti un termine perentorio per la riassunzione. Secondo la giurisprudenza tale norma è applicabile solamente ai casi di garanzia propria.

Ricorre l'ipotesi di garanzia propria nella chiamata in garanzia per evizione a norma dell'art. 1483 n. 3 c.c. oppure nella chiamata in garanzia dell'assicuratore da parte dell'assicurato convenuto dal danneggiato (*Cass. civ.*, ***sez. un.***, *26 luglio 2004, n. 13968*).

7.3. *Accertamenti incidentali.*

Ai sensi dell'art. 34, il giudice, se per legge o per esplicita domanda di una delle parti, è necessario decidere con efficacia di giudicato una **questione pregiudiziale** che appartiene per materia o valore alla competenza di un giudice superiore, rimette tutta la causa a quest'ultimo, assegnando alle parti un termine perentorio per la riassunzione della causa davanti a lui.

La norma introduce il concetto di questione pregiudiziale, che consiste in quella questione **potenzialmente idonea a definire il giudizio** e che condiziona la decisione sull'azione principale. La dottrina ritiene che la questione pregiudiziale si inserisce come passaggio obbligato nell'iter logico-giuridico che conduce alla decisione sulla domanda principale e che conseguentemente il giudice deve affrontare per prima. Tra le questioni pregiudiziali che per legge devono essere decise con efficacia di giudicato, la giurisprudenza ravvisa le questioni di stato. Le questioni pregiudiziali possono essere sollevate anche dalle parti ma in modo esplicito e proposte, conseguentemente, a pena di decadenza nella comparsa di risposta.

Cosa diversa è il **punto pregiudiziale** e cioè quella questione che può essere risolta *incidenter tantum* e cioè senza alcuna efficacia di giudicato.

È questione pregiudiziale quella in cui, a fronte di una domanda di riscatto agrario da parte del coltivatore diretto, il proprietario del fondo, convenuto in giudizio, contesti l'esistenza di un contratto di affitto agrario: se la questione non è manifestamente infondata, la causa deve essere rimessa alla sezione specializzata agraria del tribunale affinché decida con efficacia di giudicato la sussistenza del contratto di affitto agrario.

Si ha punto pregiudiziale, risolvibile *incidenter tantum*, nell'ipotesi dell'Inps che richiede il pagamento di contributi previdenziali al datore di lavoro, adducendo che lo stesso avrebbe dissimulato rapporti di lavoro subordinato. L'accertamento dell'esistenza di lavoro subordinato è imprescindibile presupposto del rapporto previdenziale.

7.4. *Eccezione di compensazione.*

Ai sensi dell'art. 35 quando è opposto in compensazione **un credito** che è contestato ed eccede la competenza per valore del giudice adito, questi, se la domanda è fondata su titolo non controverso o facilmente accertabile, può decidere su di essa e rimettere le parti al giudice competente per la decisione relativa all'eccezione di compensazione, subordinando, quando occorre l'esecuzione della sentenza alla prestazione di una cauzione; altrimenti provvede a norma dell'art. 34.

Premesso che la compensazione è un istituto di diritto sostanziale che consiste in un modo di estinzione dell'obbligazione diverso dall'adempimento, il legislatore ha disciplinato il caso in cui il credito opposto in compensazione sia contestato e superi la competenza del giudice adito.

Se infatti il credito opposto non è contestato non si applica l'art. 35 in quanto non si determina alcuno spostamento di competenza, qualunque sia il valore del credito ed anche se superiore al limite di competenza assegnato al giudice adito. In tal caso la compensazione può essere dichiarata dal giudice con la domanda principale, senza che si sollevi una questione suscettibile di decisione con effetti di giudicato sul controcredito.

L'art. 35 si applica, dunque, quando il credito opposto in compensazione è contestato e supera la competenza del giudice adito.

Occorre distinguere, in questa ipotesi, se la domanda iniziale è fondata:

- su **titolo non controverso** o facilmente accertabile, il giudice decide la domanda attrice e rimette la causa al giudice superiore relativamente all'eccezione di compensazione subordinando, quando occorre, l'esecuzione della sentenza alla prestazione di una cauzione. Questa sentenza è considerata una sentenza di condanna con riserva: nel momento in cui il giudice superiore dovesse accertare e dichiarare l'esistenza del controcredito, la prima sentenza decadrà automaticamente;
- su **titolo controverso** o non facilmente accertabile, il giudice deve rimettere l'intera causa al giudice superiore affinché la decida in modo completo così come nell'ipotesi della questione pregiudiziale.

L'eccezione di compensazione non è rilevabile d'ufficio ma **su istanza di parte** e deve essere proposta a pena di decadenza nella comparsa di risposta; se dedotta in via subordinata, determina il rigetto di quella di prescrizione presuntiva proposta in via principale, in quanto costituisce implicita ammissione dell'esistenza del debito (*Cass. civ., sez. II, 31 gennaio 2019, n. 2970*).

7.5. *Causa riconvenzionale.*

Con la proposizione della domanda riconvenzionale il convenuto oppone all'attore una **controdomanda**, chiedendo un provvedimento positivo a sé favorevole e sfavorevole per l'attore. Il convenuto in questo modo amplia il rapporto processuale già instaurato. La domanda riconvenzionale deve **dipendere dal titolo** già dedotto in giudizio dall'attore e cioè è sufficiente che vi sia l'unicità del rapporto o della situazione giuridica da cui traggono origine le contrapposte pretese delle parti. In questi casi si applica l'art. 36 il quale prevede che il giudice competente per la causa principale **conosce anche** delle domande riconvenzionali che dipendono dal titolo dedotto in giudizio dall'attore o da quello che già appartiene alla causa come mezzo di eccezione, purché non eccedano la sua competenza per materia o valore; altrimenti applica le disposizioni degli artt. 34 e 35. Quando invece la domanda riconvenzionale è fondata su un **titolo non dipendente** da quello fatto valere dall'attore a fondamento della sua domanda e non eccede la competenza del giudice della causa principale, il giudice può autorizzare il *simultaneus processus*, sempre che sussista un collegamento oggettivo.

La domanda riconvenzionale deve essere proposta a pena di decadenza con la comparsa di risposta tempestivamente depositata.

A differenza della domanda riconvenzionale, l'**eccezione riconvenzionale** esprime una richiesta che, pur rimanendo nell'ambito della difesa, amplia il tema della controversia, senza tuttavia tendere ad altro fine che non sia quello della reiezione della domanda, opponendo al diritto fatto valere dall'attore un diritto idoneo a paralizzarlo.

7.6. *Le conseguenze sul piano processuale.*

Il *simultaneus processus* cui sono ispirate le norme sopra esaminate in materia di connessione, può trovare ostacolo nella diversità del rito previsto per una causa rispetto all'altra. Nel nostro ordinamento processuale civile vi sono infatti una pluralità di riti, quello ordinario, quello del lavoro e previdenza, quello locatizio, quello camerale, quello agrario ecc.; con l'art. 40 il legislatore ha dettato le regole processuali in ordine al rito da applicare e ha stabilito al comma 3 che nei casi previsti negli artt. 31, 32, 34, 35 e 36 le cause, **cumulativamente proposte** o successivamente riunite, devono essere trattate o decise con il rito ordinario, salva l'applicazione del solo rito speciale quando una di tale cause rientri fra quelle indicate negli artt. 409 e 442: in questa ipotesi si applica infatti il rito del lavoro.

Al comma 4 il legislatore ha previsto che qualora le cause connesse siano assoggettate a **differenti riti speciali** debbono essere trattate e decise con il rito previsto per quella tra esse in ragione della quale viene determinata la competenza o in subordine, con il rito previsto per la causa di maggior valore. Se invece la causa è trattata con un rito diverso da quello divenuto applicabile ai sensi del comma 3, il giudice, in applicazione del comma 5, dovrà provvedere a norma degli artt. 426, 427 e 439 e cioè con l'ordinanza di mutamento del rito. La legge istitutiva del giudice di pace ha introdotto infine ulteriori due commi all'art. 40 al fine di favorire la simultaneità della trattazione nonché la trattazione davanti al tribunale.

Il comma 6 stabilisce che se una causa di competenza del **giudice di pace** è connessa per i motivi di cui agli artt. 31, 32, 34, 35 e 36 con altra causa di competenza del tribunale, le relative domande possono essere proposte innanzi al tribunale affinché siano decise nel medesimo processo. Il comma 7 prevede che se le cause connesse ai sensi del comma 6 sono proposte davanti al giudice di pace e al tribunale, il giudice di pace deve pronunciare anche d'ufficio la connessione a favore del tribunale.

Le ordinanze che pronunciano sulla connessione sono impugnabili con il **regolamento necessario di competenza**.

8. L'incompetenza.

Già si è detto che il momento di determinazione della competenza è quello della proposizione della domanda e con riguardo a quanto affermato nella stessa.

Ai sensi dell'art. 38:

- l'incompetenza per materia, quella per valore e quella per territorio devono essere eccepite, a pena di decadenza, nella comparsa di risposta (art. 38, comma 1);
- l'incompetenza per materia, quella per valore e quella per territorio, nei casi previsti dall'art. 28, sono rilevate d'ufficio non oltre la prima udienza di cui all'art. 183 (art. 38, comma 3).

Il momento preclusivo per sollevare l'eccezione di incompetenza è, dunque, la costituzione in giudizio **tempestiva** e cioè nella comparsa di risposta depositata non oltre i termini di decadenza e preclusione, previsti dalle varie norme in base ai diversi riti processuali (ad es. per il rito ordinario i termini di cui all'art. 166, per il rito del lavoro i termini di cui all'art. 416).

Il giudice deve rilevare **d'ufficio** l'incompetenza per materia, per valore e per territorio nei casi previsti dall'art. 28, non oltre l'udienza di cui all'art. 183, pronunciando **ordinanza** avente natura decisoria, statuendo sulle spese del procedimento (*Cass. civ., sez. VI, 26 giugno 2019, n. 17187*).

Nell'ipotesi in cui il giudice, decidendo la causa, riterrà fondata l'eccezione di incompetenza (che aveva ritenuto infondata in sede di prima valutazione con prosecuzione della causa) dovrà pronunciare, sempre e comunque, ordinanza; il provvedimento affermativo della propria competenza potrà avvenire con ordinanza o con sentenza con la quale viene deciso anche il merito della causa.

Tizio conviene Caio in giudizio avanti il giudice di pace; Caio si presenta personalmente e chiede un rinvio, fatti salvi i diritti di prima udienza, che il giudice accorda. Alla udienza successiva Caio si costituisce con il proprio difensore il quale solleva eccezione di incompetenza per valore. La Suprema Corte ha ritenuto l'inammissibilità e tardività della eccezione, ribadendo che il rito davanti al giudice di pace è caratterizzato dallo stesso regime di preclusioni che assiste il procedimento davanti al tribunale, le cui disposizioni sono pur sempre applicabili in mancanza di diversa disciplina e non sono derogabili neppure da parte del giudice con il differimento ad altra della prima udienza.

L'incompetenza per territorio, come già precisato, deve essere eccepita a pena di decadenza nella comparsa di risposta ma **si ha per non proposta** se non contiene l'indicazione del giudice che la parte ritiene competente. La contestazione deve riguardare tutte le ipotesi di foro facoltativo e l'indicazione di ciascun giudice che si ritiene competente (*Cass. civ., sez. III, 18 giugno 2019, n. 16284*); soltanto se è specifica e completa evita che la competenza del giudice adito rimanga radicata in base al criterio non contestato.

Una volta sollevata l'eccezione si aprono due strade.

- Se le parti costituite **aderiscono** all'eccezione di incompetenza territoriale derogabile, il giudice prende atto dell'accordo e deve limitarsi a disporre con ordinanza la cancellazione della causa dal ruolo, senza emettere alcun provvedimento decisorio, nemmeno in ordine alle spese; la competenza del giudice individuato dalle parti rimane ferma e queste avranno l'onere di riassumere la causa di fronte a lui entro tre mesi dalla cancellazione della causa dal ruolo. Se la riassunzione non avviene nel termine indicato, l'accordo sulla competenza viene meno e il processo si estingue.
- Se le parti costituite **non aderiscono** all'eccezione di incompetenza territoriale derogabile così pure nell'ipotesi in cui è stata sollevata l'eccezione di incompetenza per materia, per valore o per territorio inderogabile, occorre che la relativa statuizione avvenga con ordinanza.

L'art. 38, comma 4 prevede che le questioni di incompetenza sono decise in base a **quello che risulta dagli atti** e, quando sia reso necessario dall'eccezione del convenuto o dal rilievo del giudice, assunte sommarie informazioni.

Giurisprudenza

L'eccezione di incompetenza non può essere sollevata in via solo gradata rispetto alla richiesta di accoglimento o di rigetto delle domande di merito proposte dalle parti nel giudizio, tenuto conto dell'indefettibile carattere preliminare dell'eccezione stessa e della manifesta incompatibilità, sul piano logico e giuridico, tra la richiesta di una pronunzia sul merito, in via principale — che implica il riconoscimento dell'esistenza in concreto della "potestas judicandi" del giudice adito — e la proposizione di un'eccezione di incompetenza dello stesso giudice, da esaminarsi solo nell'ipotesi di pronuncia sfavorevole alla parte che l'ha sollevata; ne consegue che deve intendersi come non proposta l'eccezione di incompetenza formulata in via di appello incidentale e condizionata all'accoglimento dell'appello principale (Cass. civ., sez. VI, 23 luglio ***2020****, n. 15818).*

9. Il regolamento di competenza.

Il regolamento di competenza è un **mezzo di impugnazione** ed ha la funzione di investire la Corte di cassazione del potere di individuare definitivamente il giudice competente: di conseguenza, onde evitare che la sua designazione sia ulteriormente posta in discussione nell'ambito della stessa controversia, l'esame della Corte regolatrice si estende anche a profili diversi da quelli espressamente devoluti dalla parte ovvero esaminati dalla sentenza impugnata e quindi la valutazione della Corte comprende ogni elemento utile fino a quel momento acquisito al processo, senza alcun vincolo di qualificazione, ragione o prospettazione che del rapporto dedotto in causa abbia fatto l'attore con l'atto introduttivo.

Il legislatore ha previsto due ipotesi di regolamento di competenza, su istanza di parte (che può essere necessario o facoltativo) e d'ufficio.

Le disposizioni in esame **non si applicano** nei giudizi davanti al **giudice di pace**: i provvedimenti che decidono la competenza sono sempre appellabili davanti al tribunale, sia che abbiano deciso la sola competenza sia che abbiano deciso competenza e merito, nei limiti di cui all'art. 339 (*Cass. civ., sez. III, 18 febbraio* ***2020****, n. 4001*).

9.1. *Il regolamento necessario.*

L'art. 42 stabilisce che il collegio pronuncia **ordinanza** quando decide soltanto questioni di competenza; tutte le decisioni sulla competenza debbono, pertanto, essere assunte con la forma dell'ordinanza.

Il regolamento necessario di competenza è l'unico mezzo di impugnazione dell'ordinanza che abbia **deciso esclusivamente sulla competenza**, sia in senso positivo sia in senso negativo. Ai sensi dell'art. 42 infatti l'ordinanza che, pronunciando sulla competenza, anche ai sensi degli artt. 39 e 40, non decida il merito della causa e i provvedimenti che dichiarano la sospensione del processo ai sensi dell'art. 295, possono essere impugnati **soltanto** con istanza di regolamento di competenza.

Sono pronunce impugnabili con il rimedio in oggetto **anche le ordinanze** rese ai sensi dell'art. 39 (e cioè quando il giudice dichiara la litispendenza o la continenza) e ai sensi dell'art. 40 (e cioè quando il giudice dichiara la connessione).

Il regolamento necessario di competenza è esteso anche al provvedimento che dispone la **sospensione del processo** *ex* art. 295 e cioè nel caso in cui si verta nell'ipotesi di sospensione necessaria del processo, vale a dire quando debba essere risolta una controversia dalla cui definizione dipende la decisione della causa. Il rimedio è esperibile solo nei confronti dei provvedimenti che hanno dichiarato la sospensione.

Se il regolamento di competenza non viene proposto, la competenza così come statuita rimane ferma: il giudice a cui è rimessa la causa non potrà esaminare nuovamente la questione di competenza ma dovrà decidere il merito.

Giurisprudenza

Il regolamento necessario di competenza non è ammesso contro il diniego di sospensione del processo, poiché la formulazione letterale dell'art. 42 c.p.c., di carattere eccezionale, prevede un controllo immediato solo sulla legittimità del provvedimento che tale sospensione concede. Questa disciplina non si pone in contrasto con l'art. 6 CEDU in quanto contempera l'esigenza di effettività della tutela giurisdizionale con quella di efficienza della giurisdizione, garantendo, da un lato, il diritto della parte che si vede respingere la richiesta di sospensione di impugnare, comunque, sul punto, la decisione che ha definito il giudizio non sospeso e, dall'altro, la durata ragionevole del processo (Cass. civ., sez. VI, 28 settembre ***2020****, n. 20344).*

9.2. *Il regolamento facoltativo.*

In base all'art. 43 il provvedimento che ha pronunciato sulla competenza insieme col merito può essere impugnato:

- con l'istanza di regolamento di competenza al fine di chiedere la verifica della sola pronuncia sulla competenza;
- con i mezzi ordinari, quando insieme con la pronuncia sulla competenza si impugna quella sul merito.

Si tratta di una **scelta facoltativa** rimessa alle parti nel senso che non costituisce l'unico mezzo di impugnazione. La decisione sulla competenza può anche essere implicita quando cioè il giudice abbia omesso il merito ritenendosi competente su quella domanda per la quale vi era stata invece l'eccezione di competenza. Il regolamento facoltativo è ammesso contro le **sentenze non definitive** ma non è possibile la riserva di impugnazione.

In buona sostanza, la parte può impugnare la statuizione sulla competenza con il regolamento di competenza oppure può impugnare la statuizione sulla competenza e sul merito proponendo il gravame ordinario. Se è proposta dapprima istanza di regolamento, i termini per proporre impugnazione ordinaria vengono sospesi fintantoché non vi sia stata la decisione della Corte di cassazione sulla competenza; se è stata proposta dapprima l'impugnazione ordinaria, la successiva proposizione del regolamento determina la sospensione necessaria, ai sensi dell'art. 48, così come prevede l'art. 43, comma 3.

Giurisprudenza

Il regolamento di competenza è finalizzato a determinare quale sia il giudice competente a decidere una determinata causa di merito sicché, sia esso necessario o facoltativo, presuppone che una questione di competenza sia stata — anche solo implicitamente — definita con un provvedimento avente natura di sentenza, ipotizzandosi o sostenendosi la competenza di un giudice ordinario diverso da quello adito; in particolare, ai fini della impugnabilità con regolamento facoltativo di competenza, per "decisione di merito" si intende non soltanto una pronuncia sul rapporto sostanziale dedotto in giudizio, in contrapposizione ad una pronuncia sul rapporto processuale, ma anche la risoluzione di questioni diverse da quella sulla competenza, di carattere sostanziale o processuale, pregiudiziali di rito o preliminari di merito, salvo che dal contenuto della pronuncia risulti che l'esame di tali questioni sia stato compiuto solo incidentalmente, in funzione della decisione sulla competenza e senza pregiudizio per l'esito definitivo della controversia (Cass. civ., sez. II, 7 ottobre ***2020****, n. 21530).*

9.3. *Il regolamento d'ufficio.*

Ai sensi dell'art. 45 quando, in seguito alla ordinanza che dichiara la competenza del giudice adito per ragioni di materia o per territorio nei casi di cui all'art. 28, la causa nei termini di cui all'art. 50 è riassunta davanti ad altro giudice, questi, se ritiene di essere a sua volta incompetente, **richiede d'ufficio** il regolamento di competenza.

Si verte nell'ipotesi in cui il giudice ha pronunciato esclusivamente sulla competenza e le parti non hanno proposto il regolamento necessario di competenza: la statuizione (come già illustrato precedentemente) non può essere messa in discussione in quanto il giudice a cui è rimessa la causa mediante riassunzione deve decidere necessariamente il merito. Così si esprime infatti l'art. 44. Le due norme fanno però salvi i casi in cui si tratti di competenza per materia o per territorio inderogabile: in questi **due soli casi** il giudice al quale è rimessa la causa può richiedere d'ufficio il regolamento di competenza, ovviamente se ritiene di essere a sua volta incompetente. Si tratta del **conflitto negativo virtuale di competenza**, in quanto due giudici si ritengono entrambi incompetenti a decidere la causa nel merito. Mancando però l'istanza di parte non può essere considerato mezzo di impugnazione. Il giudice pronuncia ordinanza con la quale dispone la rimessione del fascicolo di ufficio alla cancelleria della Corte di cassazione (art. 47, comma 4), ma non oltre la prima udienza di trattazione, essendogli altrimenti preclusa la possibilità di sollevare il conflitto di competenza (*Cass. civ., sez. VI, 29 ottobre 2019, n. 27731*).

Giurisprudenza

La preclusione di cui all'art. 38, comma 3, c.p.c. (il quale dispone che l'incompetenza per materia, per valore e per territorio inderogabile sono eccepite o rilevate entro l'udienza di trattazione) trova applicazione anche nelle ipotesi di regolamento di competenza d'ufficio proposto dal giudice di secondo grado ai sensi dell'art. 45 c.p.c., con la conseguenza che detto regolamento, dovendo immediatamente seguire al rilievo dell'incompetenza, deve essere richiesto entro il termine di esaurimento delle attività di trattazione contemplate dall'art. 350 c.p.c., ossia prima che il giudice del gravame provveda all'eventuale ammissione delle prove a norma dell'art. 356 c.p.c., ovvero — in caso di non espletamento di attività istruttoria — prima che proceda ad invitare le parti alla precisazione delle conclusioni e a dare ingresso alla fase propriamente decisoria (Cass. civ., ***sez. un.****, 18 giugno* ***2020****, n. 11866).*

9.4. *Il procedimento.*

Il regolamento di competenza si propone con **ricorso**, con l'indicazione del motivo con cui si esplica in modo chiaro la questione di competenza da sottoporre all'esame. Per quanto attiene la sottoscrizione, il procedimento avanti la Corte di cassazione richiede normalmente che l'avvocato che lo propone abbia **procura speciale** e sia abilitato al patrocinio avanti le giurisdizioni superiori: la Corte stessa ha chiarito che tali condizioni sono richieste se il ricorso è proposto da un procuratore diverso da quello che ha rappresentato la parte nel giudizio di merito mentre se è il medesimo non occorre procura speciale né la speciale abilitazione (*Cass. civ., 19 marzo 2012, n. 4345*).

Il ricorso deve essere **notificato a tutte le parti** del processo, tranne quelle che hanno aderito al ricorso mediante sottoscrizione dello stesso. La mancata notificazione del ricorso ad alcuna delle parti non comporta l'inammissibilità ma l'esigenza di integrazione del contraddittorio.

Il termine di trenta giorni per la proposizione è **perentorio** e decorre dalla comunicazione dell'ordinanza che ha pronunciato sulla competenza o dalla notificazione dell'impugnazione ordinaria nel caso previsto nell'art. 43, comma 2.

Se il provvedimento è stato pronunciato in udienza il termine decorre dalla stessa udienza (*Cass. civ., sez. VI, 2 agosto 2019, n. 20833*).

In mancanza della comunicazione di cancelleria e in assenza di notificazione, il ricorso può essere proposto entro il termine lungo di cui all'art. 327 (*Cass. civ., sez. II, 16 marzo 2018, n. 6538*). Ai sensi dell'art. 47, comma 3 la parte che propone l'istanza, nei cinque giorni successivi all'ultima notificazione del ricorso alle parti, deve chiedere ai cancellieri degli uffici davanti ai quali pendono i processi che i relativi **fascicoli** siano rimessi alla cancelleria della Corte di cassazione. Nel termine perentorio di venti giorni dalla stessa notificazione deve **depositare** nella cancelleria il ricorso con i documenti necessari, tra cui a pena di improcedibilità la copia autentica del provvedimento impugnato. Solo questo termine è perentorio: se non viene osservato è causa di improcedibilità del ricorso.

La norma non prevede il ricorso incidentale né le formalità di costituzione per le controparti: si intende che queste possono depositare controricorso o memorie difensive nel medesimo termine di venti giorni.

Il **regolamento d'ufficio** è richiesto con ordinanza dal giudice il quale dispone la **rimessione del fascicolo** d'ufficio alla cancelleria della Corte di cassazione (art. 47, commi 4 e 5). Le parti, alle quali è notificato il ricorso o comunicata l'ordinanza del giudice, possono, nei venti giorni successivi, depositare nella cancelleria della Corte di cassazione scritti difensivi e documenti.

Ai sensi dell'art. 48 i processi relativamente ai quali è chiesto il regolamento di competenza **sono sospesi** dal giorno in cui è presentata l'istanza al cancelliere a norma dell'articolo precedente o dalla pronuncia dell'ordinanza che richiede il regolamento. Il giudice può autorizzare il compimento degli atti che ritiene urgenti.

La dottrina definisce questo un caso di **sospensione impropria** in quanto il processo è sospeso solo in apparenza: continua infatti davanti alla Corte di cassazione per lo svolgimento della fase speciale, in attesa della decisione definitiva sulla questione di competenza. L'effetto sospensivo deve essere dichiarato dal giudice il quale non ha poteri discrezionali ma è obbligato in tal senso; peraltro la mancata sospensione non produce, di per sé, la nullità degli atti processuali compiuti. La giurisprudenza ha precisato che la nullità si verifica solo nel caso in cui il regolamento si concluda con l'affermazione della competenza di un giudice diverso da quello che ha pronunciato il provvedimento impugnato. Il giudice del processo sospeso può autorizzare, su istanza di parte, il compimento di **atti indilazionabili**, nelle forme proprie del particolare provvedimento di urgenza richiestogli: tale provvedimento, in quanto destinato ad esaurirsi con la definizione della fase sospensiva e non avendo contenuto decisorio, non può essere impugnato.

9.5. *L'ordinanza di regolamento e la riassunzione della causa.*

La Corte di cassazione si pronuncia sul regolamento di competenza con rito camerale. Ai sensi dell'art. 49 il regolamento è pronunciato con ordinanza in **camera di consiglio** entro i venti giorni successivi alla scadenza del termine previsto nell'art. 47, ultimo comma: il procedimento è molto snello e rapido, tanto che non è neppure prevista la discussione orale.

La Corte di cassazione statuisce **esclusivamente** sulla competenza, esaurendo la questione sotto tutti i possibili profili, indipendentemente dal fatto che l'impostazione della causa e lo stesso provvedimento impugnato abbiano ristretto l'indagine solo ad un aspetto particolare della questione ed anche in base a motivi diversi da quelli esposti nel ricorso proposto dalla parte. Nell'ipotesi di regolamento di competenza esperito avverso un'ordinanza di sospensione *ex* art. 295, con l'accoglimento del ricorso, la Cassazione deve limitarsi a disporre la prosecuzione del giudizio di merito, non occorrendo che sia annullata l'ordinanza sospensiva.

Con la medesima ordinanza la Corte di cassazione dà, inoltre, i **provvedimenti necessari** per la prosecuzione del processo davanti al giudice che dichiara competente e rimette, quando occorre, le parti in termini affinché provvedano alla loro difesa e deve provvedere sulle **spese** del relativo procedimento, condannando al rimborso il ricorrente, ove disattenda il ricorso, ovvero l'altra parte, se lo accolga; tale pronuncia deve riguardare anche le spese relative al giudizio di merito quando dichiari una diversa competenza rispetto a quella indicata dal provvedimento impugnato; se invece il regolamento non viene accolto, la pronuncia impugnata rimane ferma sia in ordine alla statuizione della competenza sia in ordine alle spese.

La **riassunzione** deve avvenire nel termine fissato dalla Corte oppure, in mancanza, entro tre mesi dalla comunicazione della ordinanza da parte della cancelleria (art. 50). L'atto deve essere notificato a norma degli artt. 170 e 125 disp. att. al procuratore costituito. Se la riassunzione avviene nel termine indicato, il **processo continua** davanti al nuovo giudice. Questi ovviamente **è vincolato** dalla decisione per quanto riguarda la competenza e dovrà decidere il merito. Se la riassunzione non avviene entro il termine indicato, il processo si estingue, ma la pronuncia che regola la competenza permane anche se il processo in corso si estingue, così come stabilisce l'art. 310, comma 2.

In caso di rigetto del regolamento proposto d'ufficio, la competenza rimane ferma in capo al giudice che lo ha sollevato: in questo caso la Corte non deve fissare alcun termine di riassunzione in quanto il processo non prosegue di fronte ad un nuovo giudice ma di fronte a quello che lo ha sollevato. In questi casi si applica l'art. 297 che disciplina la prosecuzione del processo di fronte allo stesso giudice.

SCHEMA 8 La determinazione del valore ai fini della competenza

GIUDIZI DI COGNIZIONE
- REGOLA GENERALE → valore della domanda dell'attore per capitale, interessi, spese e danni anteriori alla proposizione
- QUOTE DI OBBLIGAZIONI TRA PIÙ PARTI → valore dell'intera obbligazione
- RAPPORTI OBBLIGATORI → valore di quella parte del rapporto che è in contestazione
- DIVISIONI → valore della massa attiva da dividersi

GIUDIZI DI OPPOSIZIONE ALL'ESECUZIONE FORZATA
- OPPOSIZIONE ALL'ESECUZIONE → valore del credito per cui si procede
- OPPOSIZIONI DI TERZI → valore dei beni controversi
- CONTROVERSIE IN SEDE DI DISTRIBUZIONE → valore del maggiore dei crediti contestati

CAUSE RELATIVE A
- PRESTAZIONI ALIMENTARI PERIODICHE → valore delle somme dovute per due anni
- RENDITE PERPETUE → valore del cumulo di venti annualità
- RENDITE VITALIZIE O TEMPORANEE E DIRITTO DEL CONCEDENTE → valore delle annualità domandate fino ad un massimo di dieci
- SOMME DI DENARO O BENI MOBILI → somma indicata o valore dichiarato dall'attore
  - in mancanza di dichiarazione la causa si presume di competenza del giudice adito
- BENI IMMOBILI
  - PROPRIETÀ → reddito dominicale e rendita catastale moltiplicati per 200
  - USUFRUTTO USO ABITAZIONE → reddito dominicale e rendita catastale moltiplicati per 100
  - SERVITÙ → reddito dominicale e rendita catastale moltiplicati per 50 con riferimento al fondo servente

SCHEMA 9 Il giudice competente per valore e per materia

COMPETENZA PER VALORE

- BENI MOBILI E RAPPORTI OBBLIGATORI →
  - GIUDICE DI PACE – fino ad € 5.000,00
  - TRIBUNALE – oltre ad € 5.000,00
- RISARCIMENTO DEL DANNO DA CIRCOLAZIONE VEICOLI E NATANTI →
  - GIUDICE DI PACE – fino ad € 20.000,00
  - TRIBUNALE – oltre ad € 20.000,00
- BENI IMMOBILI → TRIBUNALE – senza limite di valore

COMPETENZA PER MATERIA

- GIUDICE DI PACE →
  - apposizione di termini e osservanza delle distanze per alberi e siepi
  - misura e modalità d'uso dei servizi di condominio
  - immissioni, esalazioni, rumori, scuotimenti
  - interessi o accessori da ritardato pagamento di prestazioni previdenziali o assistenziali
  - opposizione a verbale di violazione del codice della strada
  - altre materie (d.lgs. n. 150/2011)
- TRIBUNALE →
  - imposte e tasse (residuale rispetto alle commissioni tributarie)
  - stato e capacità delle persone
  - querela di falso
  - esecuzione forzata
  - SEZIONI AGRARIE – contratti agrari
  - TRIBUNALE DELLE IMPRESE –
    - proprietà industriale
    - concorrenza sleale
    - diritto d'autore
    - antitrust
    - rapporti societari in genere

OPPOSIZIONE A ORDINANZA INGIUNZIONE (d.lgs. n. 150/2011)

- GIUDICE DI PACE → competenza generale ad eccezione dei casi previsti dalla legge di competenza del tribunale
- TRIBUNALE →
  - tutela del lavoro, igiene e prevenzione degli infortuni
  - previdenza e assistenza obbligatoria
  - sanzioni superiori ad € 15.439,00
  - tutela dell'ambiente e dell'inquinamento
  - igiene degli alimenti e delle bevande
  - materia valutaria
  - antiriciclaggio
  - sanzione di natura diversa da quella pecuniaria

SCHEMA 10 La competenza per territorio

FORO GENERALE	PERSONE FISICHE	• residenza, domicilio, dimora del convenuto • residenza dell'attore se tutti i luoghi sono all'estero o sconosciuti
	PERSONE GIURIDICHE	• sede legale • stabilimento o sede effettiva e rappresentante a stare in giudizio
	ENTI PRIVI DI PERSONALITÀ GIURIDICA	luogo in cui svolgono l'attività in modo continuativo
FORO ALTERNATIVO	DIRITTI DI OBBLIGAZIONE	• luogo in cui è sorta l'obbligazione • luogo in cui deve eseguirsi l'obbligazione
	ELEZIONE DI DOMICILIO	luogo del domicilio eletto con atto scritto (art. 47 c.c.)
FORO ESCLUSIVO	DIRITTI REALI SU BENI IMMOBILI E AFFITTO D'AZIENDA	luogo in cui è posto l'immobile o l'azienda
	AZIONI POSSESSORIE, DENUNCIA NUOVA OPERA E DANNO TEMUTO	luogo in cui si è verificato il fatto
	CAUSE EREDITARIE	luogo in cui si è aperta la successione
	CAUSE TRA SOCI E CONDOMINI	• luogo in cui ha sede la società • luogo in cui si trovano i beni comuni
	GESTIONE TUTELARE E AMMINISTRAZIONE PATRIMONIALE	luogo in cui si esercita la tutela o l'amministrazione
	CAUSE IN CUI È PARTE UNA AMMINISTRAZIONE DELLO STATO	luogo in cui ha sede l'ufficio dell'avvocatura dello stato nel cui distretto si trova il giudice che sarebbe competente secondo le norme ordinarie
	ESECUZIONE FORZATA – SU COSE MOBILI O IMMOBILI	luogo in cui le cose si trovano
	ESECUZIONE FORZATA – SU AUTOVEICOLI E CREDITI	luogo in cui risiede il debitore
	ESECUZIONE FORZATA – SU CREDITI SE IL DEBITORE È UNA P.A.	luogo in cui risiede o ha sede il terzo debitore
	ESECUZIONE FORZATA – OBBLIGHI DI FARE E NON FARE	luogo in cui l'obbligo deve essere eseguito
	OPPOSIZIONE ALL'ESECUZIONE E AGLI ATTI ESECUTIVI	luogo dell'esecuzione
	CAUSE IN CUI È PARTE UN MAGISTRATO	capoluogo del distretto di Corte d'appello determinato *ex* art. 111 c.p.p. in ragione del distretto in cui il magistrato esercita le proprie funzioni
	CAUSE IN CUI E' PARTE UN CONSUMATORE	luogo in cui è residente o domiciliato il secondo le norme ordinarie consumatore nel territorio dello Stato
FORO SUSSIDIARIO	CAUSE IN CUI IL FORO È STABILITO PER ACCORDO DELLE PARTI	luogo stabilito dalle parti nei limiti previsti dalla legge con atto scritto e con riferimento ad uno o più affari determinati

SCHEMA 11 L'incompetenza

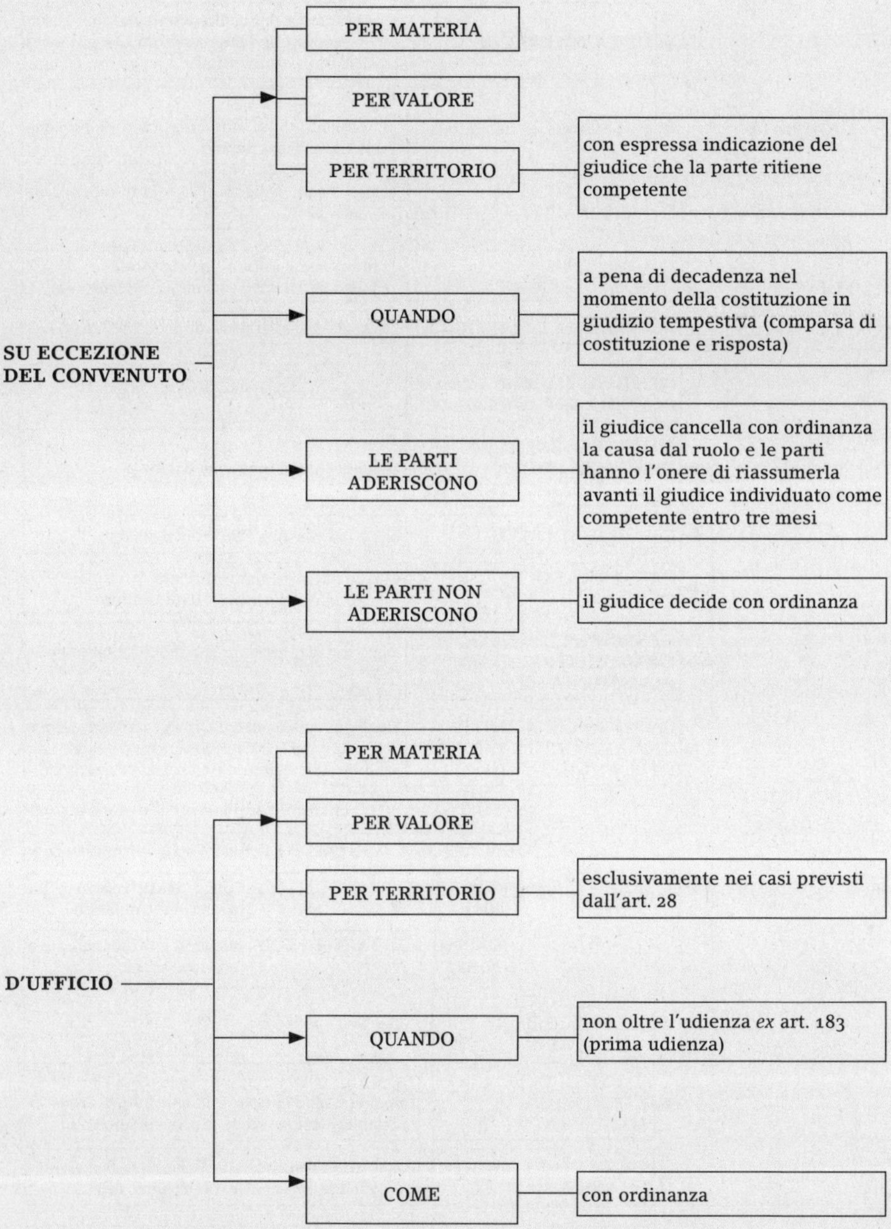

SCHEMA 12 Il regolamento di competenza

IL REGOLAMENTO DI COMPETENZA

È un **mezzo di impugnazione** con la funzione di investire la Corte di cassazione del potere di individuare definitivamente il **giudice competente**

SU ISTANZA DI PARTE

NECESSARIO

rappresenta l'**unico mezzo di impugnazione**
• delle ordinanze che decidono esclusivamente sulla competenza
• delle ordinanze con le quali il giudice dichiara la litispendenza, la continenza, la connessione
• dei provvedimenti che dispongono la sospensione necessaria del processo

FACOLTATIVO

rappresenta un **mezzo di impugnazione facoltativo** dei provvedimenti che pronunciano sulla competenza unitamente al al merito, al fine di chiedere la verifica della sola pronuncia sulla competenza

IL PROCEDIMENTO

è assoggettato al **rito camerale**; si propone con **ricorso** alla Corte di cassazione che deve essere notificato a **tutte le parti del processo** che non hanno aderito al ricorso stesso nel termine perentorio di **trenta giorni** dalla comunicazione dell'ordinanza che decide sulla competenza o dalla comunicazione dell'impugnazione ordinaria (art. 43 comma 2)

- entro **cinque giorni** dalla notifica la parte che propone l'istanza deve chiedere che i **fascicoli** dei processi pendenti siano rimessi alla cancelleria della Corte di cassazione
  - dal giorno dell'istanza al cancelliere il **processo è sospeso**
- entro **venti giorni** dalla notifica la parte che propone l'istanza deve deve depositare nella cancelleria della Corte di cassazione **il ricorso** con **i documenti** necessari, a pena di **improcedibilità**

D'UFFICIO

è richiesto dal **giudice** avanti il quale la causa è stata riassunta in seguito all'ordinanza che ha dichiarato l'incompetenza per materia o per territorio inderogabile quando lo stesso giudice si ritiene a sua volta **incompetente**

il giudice formula la richiesta con **ordinanza** comunicata alle parti con la quale dispone la remissione fascicolo d'ufficio alla cancelleria della Corte di cassazione

dalla pronuncia dell'ordinanza il **processo è sospeso**

---

le parti alle quali è notificato il ricorso o comunicata l'ordinanza possono nei venti giorni giorni successivi depositare nella cancelleria della Corte di cassazione controricorso, scritti difensivi e documenti

la Corte di cassazione pronuncia esclusivamente sulla competenza con **ordinanza** in **camera di consiglio** senza discussione orale e dà i **provvedimenti necessari** per la prosecuzione del processo davanti al giudice che dichiara competente. Provvede sulle spese del procedimento

CAPITOLO IV

LE PARTI E I DIFENSORI

1. Considerazioni generali.

Benché negli articoli del codice di procedura civile si faccia spesso riferimento al termine **parte**, non vi è espresso da alcun articolo il relativo concetto. La dottrina attribuisce al termine parte molteplici significati e qualifica:

- i soggetti, diversi dagli organi giurisdizionali, che agiscono o sono chiamati a contraddire in un processo;
- i soggetti destinatari degli effetti del processo, cioè coloro che acquistano diritti, oneri ed obblighi esclusivamente dal processo;
- i soggetti destinatari degli effetti della sentenza ossia i soggetti titolari della situazione sostanziale oggetto del processo, i quali rappresentano pertanto la parte in senso sostanziale.

Altra dottrina, molto più semplicemente, definisce:

- parte **in senso formale** chi compie gli atti del processo;
- parte **in senso processuale** in stretta correlazione con l'aspetto processuale della capacità giuridica;
- parte **in senso sostanziale** chi è destinatario degli effetti del processo e cioè del provvedimento finale del giudice.

Sta di fatto che nel processo le parti assumono il nome a seconda dell'attività esercitata, cosicché vi è un attore e un convenuto, un ricorrente e un resistente, un appellante e un appellato, un terzo chiamato e un terzo intervenuto.

2. La capacità processuale.

Ai sensi dell'art. 75 sono capaci di **stare in giudizio** le persone che hanno il libero esercizio dei diritti che vi si fanno valere. Le persone che non hanno il libero esercizio dei diritti non possono stare in giudizio se non rappresentate, assistite o autorizzate secondo le norme che regolano la loro capacità. Le persone giuridiche stanno in giudizio per mezzo di chi le rappresenta a norma della legge o dello statuto. Le associazioni e i comitati che non sono persone giuridiche, stanno in giudizio per mezzo delle persone indicate negli artt. 36 e ss. c.c.

La norma individua quindi il concetto di **capacità processuale**, individuando i soggetti legittimati a stare in giudizio direttamente o tramite un loro sostituto. La norma è strettamente correlata con i concetti:

- di **capacità giuridica**: l'idoneità a divenire titolari di diritti e di doveri e nel nostro ordinamento per le persone fisiche è attribuita dal legislatore per il solo fatto della nascita (il concetto di capacità giuridica discende dall'art. 1 c.c.);
- di **capacità di agire**: l'idoneità a compiere validamente atti giuridici che consentono al soggetto di acquisire ed esercitare diritti o di assumere e adempiere gli obblighi (il concetto di capacità di agire discende dall'art. 2 c.c.).

La capacità processuale comprende il concetto di capacità giuridica, mentre non sempre coincide con la capacità di agire, in quanto l'ordinamento pone, in alcuni casi, limitazione all'esercizio dei diritti (ad es. in capo al curatore fallimentare o in capo al tutore). La capacità processuale sussiste, dunque, in capo a chiunque abbia il libero esercizio dei diritti che si fanno valere nel processo e che, dunque, hanno la capacità di stare in giudizio.

L'incapacità legale dà luogo all'**incapacità processuale**: poiché l'incapacità processuale è collegata all'incapacità legale di agire di diritto sostanziale e non nella mera incapacità naturale, l'incapace naturale conserva la piena capacità processuale fino a quando non sia stato dichiarato interdetto o inabilitato.

Secondo la giurisprudenza, la questione relativa al **difetto di legittimazione processuale**, pur essendo rilevabile d'ufficio, deve essere coordinata con il sistema di preclusioni, in forza del quale l'assenza dei poteri rappresentativi, in primo grado, va contestata non oltre l'udienza di trattazione mentre, in appello, può essere inserita tra i motivi di impugnazione (*Cass. civ., sez. III, 19 dicembre 2019, n. 33769*). Il vizio può essere sanato, con efficacia retroattiva, per effetto della spontanea costituzione del soggetto dotato dell'effettiva rappresentanza della parte.

Le persone, quindi, che non hanno il libero esercizio dei diritti, possono stare in giudizio solo se:

- **rappresentate** (ad es. lo scomparso sta in giudizio in persona del curatore — art. 48 c.c.; il minore sta in giudizio in persona dei genitori — art. 316 c.c.; l'interdetto sta in giudizio in persona del tutore — art. 357 c.c.);
- **assistite** (ad es. l'emancipato sta in giudizio con l'assistenza del curatore — art. 394 c.c.; l'inabilitato sta in giudizio con l'assistenza del curatore — art. 415 c.c.);
- **autorizzate** (ad es. i genitori del minore per gli atti eccedenti l'ordinaria amministrazione stanno in giudizio previa autorizzazione del giudice tutelare — art. 320, comma 3 c.c.; il tutore non può promuovere giudizi se non autorizzato dal giudice tutelare — art. 374, n. 5 c.c.; il tutore dell'interdetto non può promuovere giudizi se non autorizzato dal giudice tutelare — art. 424 c.c.; il curatore fallimentare sta in giudizio previa autorizzazione del giudice delegato — art. 25 l.f.).

Le **persone giuridiche** stanno in giudizio sempre in persona di coloro che hanno il potere di rappresentarle e di agire in loro nome; quando la rappresentanza sia contestata, il soggetto che si è costituito in giudizio allegando la propria qualità di legale rappresentante di una persona giuridica, pubblica o privata, ha l'onere di dare la prova di tale qualità.

Per quanto attiene le **società**, l'art. 2384 c.c. dispone che il potere di rappresentanza attribuito agli amministratori dallo statuto o dalla deliberazione di nomina è generale; le limitazioni ai poteri degli amministratori che risultano dallo statuto o da una decisione degli organi competenti non sono opponibili ai terzi, anche se pubblicate, salvo che si provi che questi abbiano intenzionalmente agito a danno della società. Nel momento in cui la società è stata cancellata dal registro delle imprese, ai sensi dell'art. 2495, comma 2, c.c. si verifica la sua estinzione irreversibile e conseguentemente la perdita della capacità processuale in capo al rappresentante della stessa.

Per quanto attiene le **persone giuridiche pubbliche**, la capacità processuale dello Stato è attribuita all'organo di vertice, cioè al Ministro (dell'amministrazione che è parte del giudizio secondo quanto disposto dalla legge 25 marzo 1958, n. 260), che sta in giudizio a mezzo dell'Avvocatura dello Stato cui è attribuita la rappresentanza processuale delle amministrazioni statali. Per gli altri enti la legittimazione è di regola attribuita dalla legge e dagli statuti rispettivamente al Sindaco e al Presidente (che rappresentano il comune e la provincia o la regione).

Per gli **enti privi di personalità giuridica**, l'art. 75, comma 3 attribuisce la capacità processuale alle associazioni non riconosciute e ai comitati ma la norma deve essere interpretata in modo estensivo fino a ricomprendere tutti gli enti collettivi, titolari di rapporti giuridici autonomi, quali il condominio, i consorzi, le società di persone ecc. Le associazioni non riconosciute, a norma dell'art. 36 c.c., possono stare in giudizio mediante coloro ai quali, secondo gli accordi costitutivi o statutari, è conferita la presidenza o la direzione, mentre le persone che agiscono in nome e per conto di tali associazioni senza siffatta investitura sono bensì responsabili delle obbligazioni assunte, ai sensi dell'art. 38 c.c., ma sono prive della *legitimatio ad processum* relativamente alle associazioni stesse (*Cass. civ., sez. II, 19 novembre 2007, n. 23953*). Sono considerate associazioni non riconosciute i partiti politici, il gruppo parlamentare, i sindacati. È stato invece ritenuto che non hanno legittimazione ad agire le rappresentanze sindacali aziendali e i consigli di fabbrica.

Per quanto riguarda le **società di persone** (società semplice, società in nome collettivo, società in accomandita semplice), anche se sprovviste di personalità giuridica, costituiscono pur sempre un centro di interessi dotato di una propria sostanziale autonomia e quindi di una propria capacità processuale: le stesse agiscono quindi sul piano processuale attraverso i loro organi.

Un delegato della direzione nazionale di un partito politico propone opposizione avverso una cartella esattoriale emessa a fronte di sanzioni per affissione non autorizzata di manifesti di propaganda. Il Tribunale dichiara improponibile il ricorso per difetto di legittimazione processuale. La Corte di cassazione conferma la sentenza in quanto la persona che aveva proposto l'opposizione non era il presidente né altra figura qualificata dagli atti di autonomia interna (*Cass. civ., sez. II, 23 agosto 2007, n. 17921*).

Giurisprudenza

*La mancanza di autorizzazione del giudice delegato al curatore perché intraprenda un giudizio, concernendo un'attività svolta nell'esclusivo interesse del fallimento procedente, è suscettibile di sanatoria con effetto "ex tunc", anche mediante successiva autorizzazione nel corso del processo, purché l'inefficacia degli atti non sia stata nel frattempo già accertata e sanzionata dal giudice (Cass. civ., sez. VI, 23 giugno **2020**, n. 12252).*

2.1. *La rappresentanza del procuratore e dell'institore.*

Il legislatore ha voluto disciplinare anche le modalità di attribuzione della legittimazione processuale in capo a colui chiamato a rappresentare l'interessato nel processo, in forza di un rapporto di rappresentanza (art. 77): la regola è quella che il **procuratore generale** e quello **preposto** a determinati affari possono stare in giudizio e rappresentare il proponente solamente se il potere è stato loro conferito espressamente per iscritto. La giurisprudenza ha avuto modo di precisare che non è possibile conferire legittimamente la **rappresentanza processuale** separatamente dalla **rappresentanza sostanziale**; il conferimento di tale potere di rappresentanza sostanziale, tuttavia, non esige la previa individuazione dei rapporti controversi che ne formano l'oggetto, ma può validamente essere attribuito con riferimento ad un coacervo di rapporti omogenei e litigiosi.

Dunque, in buona sostanza, chi non è investito di poteri di rappresentanza sostanziale, nel senso che non ha il potere di **disporre del diritto**, non può essere investito di poteri di rappresentanza processuale; nello stesso senso il conferimento di una procura generale o speciale *ad negotia* non comporta, di per sé, l'automatica attribuzione anche della rappresentanza volontaria processuale, per la cui sussistenza, invece, è necessario uno specifico ed espresso mandato, da redigersi in forma scritta.

Il potere di rappresentanza si presume, però, conferito per **atti urgenti** e per le misure cautelari: si tratta di una presunzione *juris tantum*, così come previsto in favore del procuratore generale di chi non ha residenza o domicilio nello Stato e a favore dell'institore e cioè a colui che è preposto dal titolare all'esercizio di un'impresa commerciale secondo quanto previsto dagli artt. 2203 e 2204 c.c.

Il difetto di legittimazione processuale è **rilevabile d'ufficio** in ogni stato e grado del processo, ma può essere **sanato** con la ratifica da parte del preponente, nei limiti di cui all'art. 182. La giurisprudenza ha però precisato che colui che agisce in giudizio per far valere un diritto altrui ma prospettandolo come proprio non può giovarsi dell'eventuale ratifica del suo operato da parte del vero titolare di quel diritto, in quanto una ratifica è concepibile soltanto nel caso di chi agisca in nome e per conto di altri senza averne i poteri.

Giurisprudenza

Nelle società di capitali il potere di rappresentanza spetta agli amministratori i quali possono conferirlo, in base allo statuto o alle determinazioni dell'organo deliberativo, anche a soggetti che siano preposti a un settore con poteri di rappresentanza sostanziale o inseriti con carattere sistematico nella gestione sociale o in un suo ramo (Cass. civ., sez. II, 25 giugno ***2020****, n. 12640).*

2.2. *Il curatore speciale.*

Ai sensi dell'art. 78, se manca la persona a cui spetta la rappresentanza o l'assistenza e vi sono ragioni di urgenza, può essere nominato all'incapace, alla persona giuridica o all'associazione non riconosciuta un curatore speciale che lo rappresenti o assista finché subentri colui al quale spetta la rappresentanza o l'assistenza. Si procede altresì alla nomina di un curatore speciale al rappresentato quando vi è conflitto di interessi con il rappresentante.

Il legislatore con questa norma ha voluto dare risposta a tutti quei casi in cui vi è una **situazione transitoria e straordinaria** di mancanza di una persona a cui spetti la rappresentanza o l'assistenza dell'incapace, della persona giuridica e dell'associazione non riconosciuta e attribuire, in questo modo, la legittimazione processuale ad agire e resistere in giudizio. Il curatore speciale rimane in carica **per tutto il periodo** di durata della situazione straordinaria fintantoché non venga meno la situazione stessa e quindi subentri la persona a cui spetta la rappresentanza o l'assistenza. In questo periodo il curatore è legittimato al compimento di ogni atto e non solo per quelli urgenti.

La nomina di curatore speciale, di cui al comma 2 della norma citata, prescinde dal requisito dell'urgenza richiedendo come presupposto una situazione di conflitto di interessi fra rappresentante e rappresentato.

La nomina, come prevede l'art. 79, può essere richiesta:

- dal pubblico ministero;
- dalla persona che deve essere rappresentata o assistita, sebbene incapace;
- dai suoi prossimi congiunti;
- dal rappresentante, in caso di conflitto di interessi;
- da qualunque altra parte in causa che vi abbia interesse.

L'istanza, ai sensi dell'art. 80, si propone al giudice di pace o al presidente dell'ufficio giudiziario davanti al quale si intende proporre la causa. Il giudice assunte le opportune informazioni e sentite possibilmente le persone interessate, provvede con **decreto**, comunicato al pubblico ministero affinché quest'ultimo provochi, quando occorre, i provvedimenti per la costituzione della normale rappresentanza o assistenza dell'incapace, della persona giuridica o dell'associazione non riconosciuta.

Giurisprudenza

La verifica del conflitto di interessi tra chi è incapace di stare in giudizio personalmente ed il suo rappresentante legale va operata in concreto, alla stregua degli atteggiamenti assunti dalle parti nella causa, e non in astratto, ponendosi una diversa soluzione in contrasto con il principio della ragionevole durata del processo. Il conflitto di interessi deve essere, concreto, diretto ed attuale, e sussiste se al vantaggio di un soggetto corrisponde il danno dell'altro: il conflitto di interessi nel rapporto processuale tra genitore esercente la potestà e figlio è ipotizzabile non già in presenza di un interesse comune, sia pure distinto ed autonomo, di entrambi al compimento di un determinato atto, ma soltanto allorché i due interessi siano nel caso concreto incompatibili tra loro, nel senso che l'interesse del rappresentante, rispetto all'atto da compiere, non si concili con quello del rappresentato (Cass. civ., sez. I, 14 agosto ***2020****, n. 17179).*

2.3. *La sostituzione processuale.*

Ai sensi dell'art. 81 fuori dai casi espressamente previsti dalla legge, nessuno può far valere nel processo **in nome proprio un diritto altrui**. Si tratta della norma di chiusura: la sostituzione processuale è ammessa esclusivamente nei casi espressamente previsti dalla legge; il legislatore ha voluto dunque escludere l'applicazione analogica.

Già si è trattato l'istituto nell'esaminare la legittimazione ad agire (v. parte prima, cap. II, 1.3.), cui si rimanda.

3. Il litisconsorzio.

Il legislatore ha disciplinato le ipotesi in cui vi è **comunanza della lite** con altri soggetti e, cioè, quando le parti nel processo sono più di quelle due normalmente esistenti, vale a dire attore e convenuto. Con gli artt. 102 e 103 ha distinto le ipotesi del litisconsorzio necessario e del litisconsorzio facoltativo.

Ai sensi dell'art. 102 se la decisione non può pronunciarsi che in confronto di più parti, queste debbono agire o essere convenute nello stesso processo. Se questo è promosso da alcune o contro alcune soltanto di esse, il giudice ordina l'integrazione del contraddittorio in un termine perentorio da lui stabilito. È questa la fattispecie del **litisconsorzio necessario** che ricorre nei casi espressamente previsti dalla legge. La giurisprudenza ha avuto modo di precisare che ricorre una ipotesi di litisconsorzio necessario solo allorquando l'azione tenda alla costituzione o al mutamento di un rapporto plurisoggettivo unico oppure all'adempimento di una prestazione inscindibile, incidente su una situazione giuridica inscindibilmente comune a più soggetti. Costituisce indirizzo consolidato il principio secondo cui l'accertamento del vizio di difetto dell'integrità del litisconsorzio necessario sul piano sostanziale riveste carattere di pregiudizialità assoluta e comporta la nullità della sentenza di primo e secondo grado (*Cass. civ.*, ***sez. un.***, *26 settembre 2019, n. 24068*).

L'amministratore del condominio conviene in giudizio un condomino lamentando che questi ha eseguito lavori nella sua proprietà che hanno comportato la modifica delle parti comuni. Il condomino eccepisce di non essere unico proprietario ma con altri eredi che non sono stati chiamati in giudizio. È ipotesi di litisconsorzio necessario (*Cass. civ., sez. II, 28 febbraio 2018, n. 4685*).

L'ordine di **integrazione del contraddittorio** è emesso dal giudice e deve essere eseguito nel termine perentorio da lui stabilito: ciò significa che se il termine non viene osservato il processo si estingue o comunque la domanda deve essere dichiarata improcedibile. Si ritiene che la sentenza pronunciata senza che abbiano partecipato al giudizio tutti i litisconsorzi necessari, sia *inutiliter data*, intesa come nullità suscettibile di acquisire autorità di cosa giudicata tra le parti, ma non nei confronti dei soggetti pretermessi.

Diversa la fattispecie del **litisconsorzio facoltativo**, disciplinato dall'art. 103, in forza del quale più parti possono agire o essere convenute nello stesso processo, quando sussiste

- **connessione oggettiva propria**: le cause sono connesse per l'oggetto o per il titolo oppure quando, nell'unicità del fatto storico, permane l'autonomia dei rispettivi titoli del rapporto giuridico e della *causa petendi*; ad esempio, nel caso di più danneggiati nello stesso sinistro;
- **connessione oggettiva impropria**: in mancanza di una vera e propria connessione, è opportuno che identiche questioni siano decise in un unico processo per ragioni di economia processuale e di uniformità delle decisioni; ad esempio, nel caso di ricorso proposto da più dipendenti statali contro i mancati rimborsi di IRPEF sulle indennità di buonuscita.

In buona sostanza questa ipotesi di litisconsorzio ricorre quando esistono ragioni che rendono opportuna la partecipazione di più parti allo stesso processo. Il legislatore ha voluto, però, prevedere che il giudice può disporre la separazione delle cause quando vi è istanza di tutte le parti oppure quando la decisione congiunta ritardi o renda più gravoso il processo. L'emissione del provvedimento di separazione può essere emesso in sede di istruzione o in sede di decisione della causa.

Giurisprudenza

Quando risulta integrata la violazione delle norme sul litisconsorzio necessario, non rilevata né dal giudice di primo grado, che non ha disposto l'integrazione del contraddittorio, né da quello di appello, che non ha provveduto a rimettere la causa al primo giudice ai sensi dell'art. 354, comma 1, c.p.c., resta viziato l'intero processo e s'impone, in sede di giudizio di cassazione, l'annullamento, anche d'ufficio, delle pronunce emesse ed il conseguente rinvio della causa al giudice di prime cure, a norma dell'art. 383, comma 3, c.p.c. (Cass. civ., sez. II, 23 ottobre ***2020****, n. 23315).*

3.1. *L'intervento volontario.*

Il legislatore ha voluto dare la possibilità ai terzi di intervenire in un processo già in corso tra altre parti, per far valere un diritto in conflitto con esse o con alcune di queste o per sostenere le ragioni di una o più parti. Ai sensi dell'art. 105 infatti, ciascuno può intervenire in un processo tra altre persone per far valere, in confronto di tutte le parti o di alcune di esse, un diritto relativo all'oggetto o dipendente dal titolo dedotto nel processo medesimo. Può, altresì, intervenire per sostenere le ragioni di alcune delle parti quando vi ha un proprio interesse. La norma dà luogo, pertanto, alle ipotesi di:

- intervento **principale o litisconsortile** quando colui che interviene fa valere, attraverso una domanda proposta **nei confronti di tutte le altre parti** un proprio diritto autonomo e prevalente rispetto a quello dedotto in giudizio;
- intervento **adesivo autonomo** quando colui che interviene fa valere un proprio diritto autonomo attraverso una domanda proposta **nei confronti di una sola delle parti**;
- intervento **adesivo dipendente** quando colui che interviene non fa valere alcun diritto proprio, ma ha solo **interesse a sostenere le ragioni** di una delle parti. L'interesse deve essere non di mero fatto, ma giuridico nel senso che tra adiuvante ed adiuvato deve sussistere un vero e proprio rapporto giuridico sostanziale. Ad esempio, è stato ritenuto tale quello effettuato dal creditore concorrente nel giudizio proposto dal curatore per far valere l'azione revocatoria fallimentare.

L'art. 268 stabilisce che l'intervento può aver luogo sino a che non vengono precisate le conclusioni e che il terzo non può compiere atti che al momento dell'intervento non sono più consentiti ad alcuna altra parte, salvo che comparisca volontariamente per l'integrazione necessaria al contraddittorio. La giurisprudenza è ormai consolidata nel ritenere che chi interviene volontariamente in un processo già pendente ha sempre la facoltà di formulare domande nei confronti delle altre parti, quand'anche sia ormai spirato il termine di cui all'art. 183 per la fissazione del *thema decidendum* ma, dovendo **accettare il processo** nello stato in cui si trova, non può dedurre — ove sia già intervenuta la relativa preclusione — nuove prove (*Cass. civ.,* ***sez. un.****, 19 febbraio* ***2020****, n. 4250*).

L'intervento avviene presentando in udienza o depositando in cancelleria una comparsa formata a norma dell'art. 167, così come stabilisce l'art. 267.

La giurisprudenza ha avuto modo di precisare che l'atto di intervento volontario deve essere notificato alla parte rimasta contumace quando contiene una domanda nei confronti di questa, ma la nullità, in caso di omissione, non può essere rilevata d'ufficio ma solo eccepita dal contumace successivamente costituitosi.

Giurisprudenza

Il diritto che, ai sensi dell'art. 105, comma 1, c.p.c., il terzo può far valere in un giudizio pendente tra altre parti deve essere relativo all'oggetto sostanziale dell'originaria controversia, da individuare con riferimento al "petitum" ed alla "causa petendi", ovvero dipendente dal titolo dedotto nel processo medesimo a fondamento della domanda giudiziale originaria, restando irrilevante la mera identità di alcune questioni di diritto, la quale, configurando una connessione impropria, non consente l'intervento del terzo nel processo, ferma restando la facoltà del giudice di merito, in caso di bisogno, di disporre la separazione successivamente all'intervento, allo scopo di evitare cause congestionate dal numero eccessivo delle parti. (Cass. civ., sez. III, 10 giugno ***2020****, n. 11085).*

3.2. *L'intervento coatto.*

Il legislatore ha disciplinato in modo distinto due figure di intervento coatto, su istanza di parte e per ordine del giudice. L'intervento **su istanza di parte** è disciplinato dall'art. 106 il quale prevede che ciascuna parte può chiamare nel processo un terzo al quale ritiene comune la causa o dal quale pretende essere garantita. Sussiste la comunanza di causa quando ricorre connessione per l'oggetto o per il titolo tra il diritto dedotto in giudizio e quello del terzo chiamato; la chiamata in garanzia è quella in cui la parte chiede che un altro soggetto lo tenga indenne dagli effetti negativi della sentenza (v. parte prima, cap. III, 4).

L'art. 269 stabilisce le modalità della chiamata del terzo, a seconda della posizione della parte:

- il **convenuto** che intende chiamare il terzo deve, a pena di decadenza, farne dichiarazione nella comparsa di risposta e chiedere al giudice istruttore lo spostamento della prima udienza proprio allo scopo di consentire la citazione del terzo nel rispetto dei termini minimi di comparizione; il giudice con decreto fisserà la data della nuova udienza e il convenuto dovrà notificare la citazione al terzo;
- per l'**attore** l'esigenza di chiamare il terzo in causa sorge a seguito delle difese svolte dal convenuto: sarà suo onere chiedere l'autorizzazione al giudice istruttore nella prima udienza e se consentita dovrà notificare al terzo la citazione entro il termine perentorio stabilito dal giudice e nel rispetto dei termini minimi di comparizione.

L'intervento **per ordine del giudice**, ai sensi dell'art. 107, può avvenire quando questi ritiene opportuno che il processo si svolga nei confronti di un terzo al quale la causa è comune e quindi ne ordina l'intervento. Non si tratta del caso del litisconsorzio necessario di cui all'art. 102, comma 2, ma di un **potere discrezionale** del giudice di ordinare alle parti di chiamare in causa un terzo quando ritenga sussistere la comunanza di causa: si tratta di ipotesi peraltro di scarsa applicazione pratica. L'art. 270 prevede che la chiamata del terzo può essere ordinata in ogni momento e per un'udienza appositamente fissata; se nessuna delle parti provvede alla citazione del terzo, il giudice dispone con ordinanza non impugnabile la cancellazione della causa dal ruolo.

Giurisprudenza
In tema di chiamata in causa di un terzo su istanza di parte, al di fuori delle ipotesi di litisconsorzio necessario, è discrezionale il provvedimento del giudice di fissazione di una nuova udienza per consentire la citazione del terzo; ne consegue che, sebbene sia stata tempestivamente chiesta dal convenuto tale chiamata ex art. 269 c.p.c., in manleva o in regresso, il giudice può rifiutare di fissare una nuova prima udienza per la costituzione del detto terzo (Cass. civ., sez. III, 13 febbraio ***2020****, n. 3692).*

3.3. *L'estromissione.*

Il legislatore ha introdotto due figure di estromissione e cioè di **uscita dal processo** di una parte originaria o intervenuta o chiamata. Ai sensi dell'art. 108 se il garante comparisce e accetta di assumere la causa **in luogo del garantito**, questi può chiedere, qualora le altre parti non si oppongano, la propria estromissione che è disposta dal giudice con ordinanza; la sentenza di merito pronunciata nel giudizio spiega però i suoi effetti anche contro l'estromesso. La dottrina ritiene che il garantito, a seguito della sua estromissione, perde la qualità di parte in senso processuale, ma non la qualità di parte in senso sostanziale, proprio perché rimane soggetto agli effetti di merito della sentenza pronunciata dopo la sua estromissione e che la norma sia applicabile solamente alle ipotesi di garanzia propria (ad es. la garanzia per evizione) e non in quella impropria in quanto, in questo secondo caso, il garante è totalmente estraneo alla causa principale.

Ai sensi dell'art. 109 se si contende a quale di più parti spetta una prestazione e l'obbligato si dichiara pronto a eseguirla a favore di chi ne ha diritto, il giudice può ordinare il deposito della cosa o della somma dovuta e, dopo il deposito può estromettere l'obbligato dal processo. È questa la figura dell'**estromissione dell'obbligato**.

Si tratta in ogni caso di due figure poco utilizzate nel processo.

3.4. *La successione nel processo.*

Il legislatore ha voluto disciplinare anche la posizione della parte quando muore o viene meno per altre cause: con l'art. 110 ha previsto che il processo è proseguito dal **successore universale** o in suo confronto. La legittimazione a proseguire il processo compete pertanto all'erede e non al semplice chiamato all'eredità; non compete neppure all'esecutore testamentario. La norma deve essere coordinata con il fenomeno dell'interruzione del processo, disciplinato dal legislatore dagli artt. 299 e ss. La morte della parte o la sua estinzione comportano, infatti, l'**interruzione del processo**, che riprende o con la costituzione spontanea da parte del successore o con la riassunzione del processo se effettuata dall'altra parte nei confronti del successore.

Il soggetto che si costituisce in giudizio ha l'onere di fornire la prova della sua qualità di successore a titolo universale solamente se vi sia contestazione ad opera delle altre parti; se più sono gli eredi, sussiste litisconsorzio necessario tra gli stessi. La norma si riferisce anche ai mutamenti delle **persone giuridiche** verificatesi, durante il processo, per estinzione. Così si ritiene operante la norma nel caso di fusione delle società mediante incorporazione: la società assoggettata a fusione si estingue e la società incorporante subentra, nei rapporti ad essa relativi, per successione a titolo universale. Non si ritiene, invece, applicabile la norma alla trasformazione di una ditta individuale o di una società in nome collettivo in società di capitali e neppure nell'ipotesi di cessione di azienda.

Un'altra ipotesi di successione è quella, disciplinata dall'art. 111, **a titolo particolare** nel diritto controverso. La norma stabilisce che, se nel corso del processo si trasferisce il diritto controverso per atto tra vivi a titolo particolare, il processo prosegue tra le parti originarie: rientrano nella norma tutte le ipotesi di trasferimento a titolo derivativo. Il legislatore ha consentito alla parte l'alienazione del diritto ma ha sancito l'inopponibilità all'altra parte e ha disposto che il processo prosegue tra le parti originarie. Si tratta di un caso di **legittimazione straordinaria**: la parte continua ad essere tale nel processo per far valere un diritto che non è più suo, ma conserva la legittimazione ad agire. Se il trasferimento a titolo particolare avviene a causa di morte, il processo è proseguito dal successore universale o in suo confronto. Il comma 3 della norma prevede che in ogni caso il successore a titolo particolare può intervenire o essere chiamato nel processo, e, se le parti vi consentono, l'alienante o il successore universale può essere estromesso. La sentenza pronunciata contro questi ultimi spiega sempre i suoi effetti anche contro il successore a titolo particolare ed è anche da lui impugnabile, salve le norme sull'acquisto in buona fede dei mobili e sulla trascrizione. In buona sostanza l'alienante rimane nel processo come litisconsorte necessario fino a quando non ne sia stato estromesso.

Giurisprudenza

Poiché la morte di una parte nel corso del giudizio di primo grado determina la trasmissione della sua legittimazione processuale attiva e passiva agli eredi, questi vengono a trovarsi nella posizione di litisconsorti necessari per ragioni processuali (indipendentemente, cioè, dalla scindibilità o meno del rapporto sostanziale), sicché in fase di appello deve essere ordinata d'ufficio l'integrazione del contraddittorio nei confronti di ciascuno di essi; in mancanza, il procedimento di appello e la sentenza che lo definisce sono affetti da nullità assoluta, rilevabile di ufficio in ogni stato e grado e quindi anche in sede di legittimità, ove la non integrità del contraddittorio emerga "ex se" dagli atti senza necessità di nuovi accertamenti (Cass. civ., sez. VI, 5 novembre ***2020****, n. 24639).*

4. I difensori.

L'art. 24 Cost. sancisce che la difesa è diritto inviolabile e che tutti possono agire in giudizio per la tutela dei propri diritti e interessi legittimi. In realtà, tale dichiarazione di principio trova un limite nell'art. 82 che prevede che davanti al giudice di pace le parti possono stare in giudizio **personalmente** se il valore della causa non eccede euro 1.100 (oppure se autorizzata dal giudice stesso in considerazione della natura e dell'entità della causa), mentre, negli altri casi, le parti non possono stare in giudizio se non con il ministero o con l'assistenza di un **difensore**. La scelta compiuta dal legislatore di consentire alla parte di stare in giudizio personalmente nei processi più semplici e comunque di modesto valore (anche nelle cause di lavoro ogni volta che la causa non ecceda il valore di euro 129,11) nonché nei procedimenti di volontaria giurisdizione, nel procedimento di insinuazione al passivo del credito nelle procedure concorsuali e in alcuni procedimenti di opposizione a sanzioni amministrative, è stata avallata dalla *Corte Costituzionale* con la *sentenza 16 marzo 1971, n. 47*, in quanto il processo è tecnico.

Il difensore è pertanto un elemento essenziale e indispensabile del processo; senza di lui, la parte non può agire in giudizio né difendersi; senza di lui, non può compiere atti processuali né presentare le proprie istanze al giudice. Il difensore è, dunque, il **portavoce del cliente** davanti al giudice: se la parte, infatti, può solo rispondere al giudice quando viene interrogata liberamente (art. 185) e quando risponde all'interrogatorio formale (art. 231), è il difensore che rappresenta al giudice le **posizioni di fatto e di diritto** in cui si trova il cliente, nel corso di tutto il processo, sia oralmente all'udienza, sia mediante gli scritti difensivi.

Al difensore sono attribuiti:

- poteri di **rappresentanza**;
- poteri di **difesa**;
- poteri di **assistenza** della parte.

L'avvocato può assistere la parte in tutti quegli atti che questa può compiere da sola, può rappresentare la parte in virtù della procura che gli è stata conferita e cioè compiere e ricevere nel suo interesse tutti gli atti del processo che dalla legge non sono a essa espressamente riservati e, infine, può difendere, per ciò intendendosi la **difesa tecnica**, quale momento fondamentale del diritto inviolabile di difesa. Quando esercita "l'assistenza" l'avvocato opera in persona propria, a favore della parte e cioè "parla e scrive a favore", come sostenuto da autorevole dottrina.

Quando la parte o la persona che la rappresenta ha le qualità necessarie per esercitare l'ufficio di difensore con procura presso il giudice adito, può stare in giudizio senza il ministero di altro difensore, come stabilisce l'art. 86. Vi è in questo caso l'esenzione dall'onere del ministero del difensore e non è neppure necessaria una procura a sé stesso, essendo sufficiente la dichiarazione di possedere la qualifica professionale.

La legge 24 febbraio 1997, n. 27 ha soppresso la figura del procuratore legale con la conseguenza che, oggi, a seguito del superamento dell'esame, avviene l'iscrizione nell'**unico albo degli avvocati**, la cui attività può essere esercitata dinanzi a tutti gli uffici giudiziari della Repubblica e può esplicarsi in difesa, assistenza e rappresentanza delle parti, senza limitazioni territoriali.

Davanti alla Corte di cassazione la parte può stare in giudizio esclusivamente con il ministero di un avvocato iscritto nell'**albo speciale** previsto dall'art. 33 r.d.l. 27 novembre 1933, n. 1578, tenuto dal Consiglio nazionale forense.

Unificate le distinte carriere di avvocato e procuratore, nell'ambito dell'ordinamento professionale, la distinzione operata dal legislatore di difensore procuratore e di avvocato è rimasta solamente "in via astratta", in considerazione che gli artt. 82, 83 e 84 disciplinano l'onere del patrocinio, la procura alle liti e i poteri del difensore mentre l'art. 87 prevede che la parte può farsi assistere da uno o più avvocati. In buona sostanza, l'avvocato funge anche da procuratore e se il mandato alle liti è conferito a più difensori, ciascuno di loro ha pieni poteri di rappresentanza processuale.

4.1. *La procura alle liti.*

Ai sensi dell'art. 83 quando la parte sta in giudizio con il ministero di un difensore, questi deve essere munito di procura che può essere:

- **generale** alle liti (*ad lites*), quando si riferisce ad una serie indefinita di liti o a tutte le possibili liti che un cliente possa avere e deve essere conferita con atto pubblico o con scrittura privata autenticata, così come tassativamente stabilito dall'art. 83, comma 2;
- **speciale** alle liti (*ad litem*), quando si riferisce ad una lite ben determinata e può essere conferita nelle forme sopra descritte o apposta anche in determinati atti processuali con sottoscrizione autenticata dal difensore. È quella che viene normalmente denominata **"delega"** e che può essere apposta esclusivamente negli atti indicati dall'art. 83, comma 3, e cioè in calce o a margine dell'atto di citazione, del ricorso, del controricorso, della comparsa di risposta o di intervento, del precetto o della domanda di intervento nell'esecuzione. Tale elencazione è stata per molto tempo ritenuta tassativa dalla giurisprudenza, mentre, ultimamente, la stessa ne ammette l'apposizione in calce ad un atto diverso da quelli elencati, purché sia idonea a raggiungere lo scopo di instaurare un valido rapporto processuale, depositandola al momento della costituzione in giudizio e sempre che la controparte non abbia sollevato specifiche contestazioni sulla sua regolarità. La procura si considera apposta in calce anche se rilasciata su foglio separato che sia però congiunto materialmente all'atto cui si riferisce. La procura può essere rilasciata anche su **documento informatico** separato, sottoscritto con firma digitale e congiunto all'atto cui si riferisce mediante strumenti informatici, individuati con apposito decreto del Ministero della giustizia. Se la procura alle liti è stata conferita su supporto cartaceo, il difensore che si costituisce attraverso strumenti telematici è tenuto a trasmettere la copia informatica in forma autenticata con firma digitale, ovviamente nel rispetto della normativa.

La procura speciale si presume conferita soltanto per un determinato grado del processo, quando nell'atto non è espressa volontà diversa.

La procura può essere rilasciata anche a **più difensori**, non essendovi alcuna limitazione numerica (a differenza del processo penale, dove l'imputato può essere assistito solo da due difensori e la parte civile da un solo difensore).

Nel caso in cui si rappresenta una **persona giuridica**, la giurisprudenza non ritiene necessario che si faccia menzione nella procura del potere rappresentativo di chi rilascia la procura, purché la qualità di titolare dell'organo rappresentativo del sottoscrittore sia desumibile dal contesto dell'atto. Il mutamento della persona fisica investita della rappresentanza processuale di una persona giuridica non incide però sulla regolarità del procedimento (iniziato in forza di procura rilasciata dal precedente rappresentante), in quanto non fa venir meno, retroattivamente, la regolarità del mandato *ad litem* a suo tempo conferito, essendo il conferimento un atto riferibile all'ente e non alla persona fisica che a suo tempo la rappresentava.

In tutti i casi, deve essere apposta la **data di rilascio** della procura, anche se la mancanza non ne determina l'inammissibilità, purché la prova dell'anteriorità del mandato sia evincibile dalla menzione espressa nel testo dell'atto. La norma prevede che **l'autografia della parte** deve essere certificata dal difensore. In dottrina si sostiene che il termine "certificata", utilizzato dal legislatore nell'articolo (in luogo di "autenticata", cfr. art. 2703 c.c.), consente che la firma può non essere apposta alla presenza del difensore, e quindi anche dalla **parte residente all'estero**. La giurisprudenza ha precisato che, quando l'autentica della sottoscrizione sia stata effettuata da un difensore esercente in Italia, il rilascio del mandato e l'autentica devono presumersi avvenuti nel territorio dello Stato, anche qualora il mandante risieda all'estero, in difetto di prova contraria da parte di chi ne contesti la validità (*Cass. civ., sez. lav., 23 ottobre 2018, n. 26828*), che può essere desunta da vari elementi nonché dal comportamento processuale della parte. È valida la procura alle liti conferita per atto pubblico rogato da notaio in un paese aderente alla convenzione dell'Aja 5 ottobre 1961, corredato dalla c.d. *apostille*, contestualmente autenticata, anche se non in lingua italiana (*Cass. civ., sez. I, 11 giugno 2018, n. 15073*).

Quando la parte era già costituita con un difensore che ha dismesso o al quale è stato revocato il mandato, il nuovo difensore può farsi rilasciare la procura a margine della memoria di nomina, così come stabilisce l'art. 83, comma 3.

In ogni caso, se il giudice rileva un vizio che determina la nullità della procura al difensore, dovrà essere assegnato un termine per il rilascio della procura o per la rinnovazione della stessa, così come prevede l'art. 182, comma 2. L'osservanza del termine sana i vizi.

Giurisprudenza

La procura rilasciata al difensore per il giudizio di cognizione deve essere intesa non solo come volta al conseguimento del provvedimento giurisdizionale favorevole, attributivo alla parte vittoriosa dal bene oggetto della controversia, ma anche all'attuazione concreta del comando giudiziale, cioè al conseguimento di quel bene attraverso l'esecuzione forzata, quando manchi la spontanea ottemperanza della controparte (Cass. civ., sez. VI, 28 ottobre ***2020****, n. 23753).*

Non è tassativa l'elencazione degli atti processuali, sui quali può essere apposta la procura speciale alle liti, contenuta nell'art. 83, comma 3, c.p.c., purché l'atto sia *depositato al momento della costituzione in giudizio (v. l'art. 125 c.p.c.) e la controparte non abbia sollevato specifiche contestazioni sulla regolarità del mandato. Occorre, però, che si tratti pur sempre di "atto processuale", sia pure nella nozione lata, riferita cioè a qualunque elemento del processo di realizzazione della tutela giurisdizionale (Cass. civ., sez. III, 4 novembre **2020**, n. 24472).*

4.2. *I poteri del difensore.*

Ai sensi dell'art. 84 il difensore può compiere e ricevere, nell'interesse della parte, tutti gli **atti del processo** che dalla legge non sono ad essa espressamente riservati. Lo *ius postulandi* comporta il potere di rappresentare la parte in giudizio ma non certo di compiere, in nome e per conto della stessa, attività di tipo diverso da quelle strettamente processuali, ancorché strumentali al positivo esito della controversia.

La giurisprudenza ha, infatti, avuto modo di affermare che la procura alle liti abilita il difensore, per la discrezionalità tecnica che gli spetta nell'impostazione della lite, a scegliere, in relazione anche agli sviluppi della causa, la condotta processuale da lui ritenuta più rispondente agli interessi del proprio rappresentato ma non gli conferisce il potere di compiere atti che importino disposizione del diritto in contesa. Solo la parte, infatti, può disporre del proprio diritto e, dunque, il difensore, in mancanza di espressa previsione nella procura, non può conciliare o comporre amichevolmente la lite, rinunciare all'azione o alla domanda riconvenzionale. In particolare è stato precisato che il difensore può modificare la domanda in sede di precisazione delle conclusioni ma non può rinunciare validamente agli atti del giudizio o alla domanda o ad un capo di essa, se non è munito di procura speciale ai sensi dell'art. 306, comma 2 (*Cass. civ., sez. III, 8 ottobre 2019, n. 25045*).

Il difensore di una parte appellata si costituisce nel giudizio di appello in forza di procura apposta in calce alla copia notificata dell'atto di appello e propone appello incidentale. Il giudice di appello dichiara l'inammissibilità dell'appello incidentale perché la procura rilasciata in calce alla copia notificata dell'atto di appello, in mancanza di espressa previsione, non abilitava il difensore alla proposizione dell'impugnazione incidentale. La Corte ha risolto il contrasto ed ha accolto il ricorso, ritenendo che tra i poteri che la legge attribuisce al difensore munito di procura, è compreso non solo quello di proporre domande riconvenzionali ma anche quello di proporre l'appello incidentale (*Cass. civ.*, ***sez. un.***, *14 settembre 2010, n. 19510*).

Non sempre la procura abilita il difensore alla chiamata del terzo, in quanto la giurisprudenza in alcuni casi richiede il rilascio di una nuova e diversa procura (v. parte terza, cap. I, 6).

Al difensore munito di procura la legge attribuisce il potere di certificazione di conformità degli atti notificati e di attestazione della conformità degli atti depositati telematicamente (artt. 16-*decies* e 16-*undecies* d.l. 18 ottobre 2012, n. 179).

Giurisprudenza

*Qualora la trasformazione di una società in altra, verificatasi nel corso del giudizio di primo grado non sia stata dichiarata dal difensore di questa ai sensi dell'art. 300 del codice di procedura civile, detto difensore, munito di procura anche per il giudizio di appello, legittimamente — in forza dell'ultrattività della procura conferitagli da colui che è stato il legale rappresentante della società incorporata — propone l'atto di impugnazione in nome della stessa società (Cass. civ., sez. III, 26 maggio **2020**, n. 9697).*

4.3. *Revoca e rinuncia alla procura.*

Ai sensi dell'art. 85 la procura può essere sempre revocata e il difensore può sempre rinunciarvi, ma la revoca e la rinuncia non hanno effetto nei confronti dell'altra parte finché non sia avvenuta la **sostituzione del difensore**. La norma ha voluto distinguere tra effetti interni ed effetti esterni in conseguenza della revoca o della rinuncia.

Tra parte e difensore, con il conferimento della procura, sorge infatti il **contratto di patrocinio**, riconducibile al contratto di prestazione d'opera intellettuale di cui agli artt. 2229 e ss. c.c. ed era necessario evitare che gli effetti interni della revoca e della rinuncia alla procura producessero ostacolo al proseguimento del processo. In buona sostanza, mentre nella disciplina sostanziale è previsto che chi ha conferito i poteri può revocarli (o chi li ha ricevuti, dismetterli) con efficacia immediata, nella **disciplina processuale**, invece, né la revoca né la rinuncia privano — di per sé — il difensore della capacità di compiere o di ricevere atti. La giustificazione di tale diversa disciplina consegue dal fatto che i poteri attribuiti dalla legge processuale al procuratore non sono quelli che liberamente determina chi conferisce la procura, ma — come quelli in cui si concreta lo *ius postulandi* — sono attribuiti dalla legge al procuratore che la parte si limita a designare. In base all'art. 85, ciò che priva il procuratore della capacità di compiere o ricevere atti, non sono dunque la revoca o la rinuncia di per sé soli, bensì il fatto che alla revoca o alla rinuncia si accompagni la sostituzione del difensore. Neppure la cessazione di fatto dell'attività professionale fa venir meno lo *jus postulandi*: solo la cancellazione dall'albo determina la decadenza del professionista dall'ufficio di procuratore e avvocato e fa venir meno la legittimazione a compiere e ricevere atti processuali per conto del cliente (*Cass. civ.*, ***sez. un.***, *10 gennaio 2019, n. 487*).

È per questo motivo che revoca e rinuncia non danno luogo all'**interruzione del processo**, che si verifica solamente in caso di morte o di radiazione o cancellazione dall'albo.

Giurisprudenza

Né la revoca, né la rinuncia alla procura privano il difensore delle capacità di compiere o ricevere atti processuali. In base all'art. 85 c.p.c., ciò che priva il procuratore della capacità di compiere o ricevere atti non sono la revoca o la rinuncia di per sé sole, bensì il fatto che alla revoca o alla rinuncia si accompagni la sostituzione del difensore (Cass. civ., sez. VI, 23 giugno ***2020****, n. 12249).*

5. I doveri delle parti e dei difensori.

Le parti e i loro difensori hanno il dovere di comportarsi in giudizio con **lealtà e probità**: lo impone l'art. 88. Il dovere di lealtà e probità è richiamato per l'avvocato tra i doveri fondamentali del codice deontologico. Se il giudice riscontra violazioni all'obbligo di lealtà e probità è tenuto, d'ufficio a riferirne all'ordine professionale affinché venga irrogata la **sanzione disciplinare** prevista dalla legge professionale.

La violazione dei doveri di lealtà e probità processuale di cui alla norma può riscontrarsi in tutto ciò che turba la piena e regolare applicazione del principio del contraddittorio, come il portare a conoscenza del giudice fonti di prova ed allegazioni giuridiche in condizioni tali che l'avversario non ne abbia notizia, o non l'abbia in tempo utile per rispondere; il sottrarre al proprio fascicolo un atto o documento ormai acquisito al processo che possa giovare all'avversario; impedire all'altra parte, con atto proprio, di servirsi di un mezzo di prova di cui potrebbe disporre; il rifiuto di rispondere alle sollecitazioni di chiarimenti del giudice e comunque utilizzare, sotto il velo della legalità formale, i mezzi apprestati dall'ordinamento in modo distorto, al fine di accelerare o ritardare la definizione del giudizio.

Se invece è la **parte** che viola il dovere di lealtà e probità, il giudice può condannarla alle **spese** anche non ripetibili arrecate all'avversario, come previsto dall'art. 92.

Il decoro del procedimento e la serenità del giudizio valorizzano il diritto di difesa e di critica: è per questo motivo che l'art. 89 fa divieto alle parti e ai loro difensori di usare **espressioni sconvenienti od offensive** negli scritti presentati e nei discorsi pronunciati davanti al giudice. Sono considerate tali quelle che risultano superflue nel contesto del sistema difensivo o caratterizzate da una certa gratuità rispetto ai fini della dialettica processuale; non sono considerate tali quelle espressioni che sebbene rivolte in forma passionale e anche scomposta, non rivelino intento gratuitamente denigratorio nei confronti della controparte.

Il comma 2 dell'art. 89 stabilisce le **sanzioni** in caso di violazione dell'obbligo: il giudice, in ogni stato dell'istruzione, può disporre con ordinanza che si cancellino le espressioni sconvenienti od offensive e, con la sentenza che decide la causa, può inoltre assegnare alla persona offesa una somma a titolo di risarcimento del danno anche non patrimoniale sofferto, quando le espressioni offensive non riguardano l'oggetto della causa. Il giudice quindi ha un potere d'ufficio di emettere l'ordinanza di cancellazione in tutti i casi di abuso del diritto di difesa e di critica.

5.1. *La condanna alle spese.*

Ogni parte deve **anticipare** le spese degli atti processuali che compie: ciascuna parte provvede alle spese degli atti processuali che compie e di quelli che chiede e le anticipa per gli atti necessari al processo quando l'anticipazione è posta a suo carico dalla legge o dal magistrato; deve assolvere gli oneri fiscali, i diritti di cancelleria, i compensi dovuti agli ufficiali giudiziari; corrispondere gli onorari ai propri difensori e consulenti tecnici. Il principio, benché sia stato abrogato l'art. 90, è disciplinato dall'art. 8 T.U. spese di giustizia.

Si tratta di un **carico provvisorio** perché ai sensi dell'art. 91 il giudice, con la sentenza che chiude il processo davanti a lui, condanna la parte soccombente al rimborso delle spese a favore dell'altra parte e ne liquida l'ammontare insieme con gli onorari di difesa. Nelle cause in cui le parti possono stare in giudizio senza il ministero o l'assistenza del difensore (art. 82, comma 1) le spese, le competenze e gli onorari liquidati dal giudice non possono superare il valore della domanda. Eguale provvedimento emette nella ordinanza il giudice che regola la competenza. Se le parti soccombenti sono più, il giudice, in forza di quanto previsto dal successivo art. 97, condanna ciascuna di esse alle spese in proporzione del rispettivo interesse nella causa.

La norma stabilisce il **principio della soccombenza**: la parte vittoriosa deve essere sollevata dal carico delle spese che ha anticipato nel corso del processo (v. parte prima, cap. II, 1.8).

La condanna alle spese può essere contenuta nelle sentenze e nelle ordinanze che chiudono il processo: non sono tali, in quanto non definitive, le ordinanze istruttorie, le sentenze non definitive, la condanna generica *ex* art. 278, la pronuncia che decide sulla denuncia di nuova opera con rimessione delle parti davanti al giudice competente. Anche ove la parte non abbia presentato apposita istanza, la giurisprudenza ritiene che sia consentita la **pronuncia d'ufficio** sulle spese, data la sua natura accessoria e consequenziale; se però la parte vittoriosa esprime volontà contraria, è ravvisabile una rinuncia al dovuto.

Le spese della consulenza tecnica d'ufficio, disposta nel corso del processo, rientrano tra i costi processuali e come tali suscettibili di regolamento (*Cass. civ., sez. I, 10 giugno **2020**, n. 11068*).

Giurisprudenza consolidata ritiene che, in base al principio di causalità, il rimborso delle spese processuali sostenute dal terzo chiamato in garanzia dal convenuto deve essere posto a carico dell'attore qualora la chiamata in causa si sia resa necessaria in relazione alle tesi sostenute dall'attore stesso e queste siano risultate infondate; il rimborso rimane, invece, a carico della parte che ha chiamato o fatto chiamare in causa il terzo qualora l'iniziativa del chiamante, rivelatasi manifestamente infondata o palesemente arbitraria, concreti un esercizio abusivo del diritto di difesa (*Cass. civ., sez. III, 6 dicembre 2019, n. 31889*).

Quando la pubblica amministrazione sta in giudizio avvalendosi di un funzionario appositamente delegato, la stessa non può ottenere la condanna del soccombente al pagamento degli onorari di avvocato, difettando le relative qualità nel funzionario amministrativo che sta in giudizio, per cui sono, in tal caso, liquidabili in favore dell'ente le spese, diverse da quelle generali, che abbia concretamente affrontato in quel giudizio (*Cass. civ., sez. lav., 3 febbraio **2020**, n. 2362*).

È onere del difensore, nel momento in cui la causa passa in decisione, di depositare la **nota delle spese** (v. parte terza, cap. III, 7),

Giurisprudenza

*Il mancato regolamento delle spese di un procedimento contenzioso da parte del giudice — che, ai sensi dell'art. 91 c.p.c., avrebbe dovuto provvedervi in sentenza o in altro provvedimento decisorio emesso a definizione del procedimento — integra un vizio di omessa pronunzia riparabile solo con l'impugnazione, se il giudice non ha statuito sulle spese nemmeno in parte motiva (Cass. civ., sez. VI, 18 febbraio **2020**, n. 3968).*

5.2. *La compensazione delle spese.*

Il giudice può compensare, parzialmente o per intero, le spese tra le parti quando:

- vi è **soccombenza reciproca**: cioè in caso di rigetto della domanda principale e di quella riconvenzionale. Non ricorre ipotesi di soccombenza reciproca qualora la parte attrice sia rimasta vittoriosa in misura più o meno significativamente inferiore rispetto all'entità del bene, che attraverso il processo ed in forza della pronuncia giurisdizionale si proponeva di conseguire. In base all'interpretazione corrente, la reciproca soccombenza va ravvisata sia in ipotesi di pluralità di domande contrapposte formulate nel medesimo processo fra le stesse parti, sia in ipotesi di accoglimento parziale dell'unica domanda proposta, tanto allorché quest'ultima sia stata articolata in più capi, dei quali siano stati accolti solo alcuni, quanto nel caso in cui sia stata articolata in un unico capo e la parzialità abbia riguardato la misura meramente quantitativa del suo accoglimento. In ogni caso si tratta di una **facoltà** discrezionale affidata alla valutazione del giudice di merito, non censurabile ove non sia stato violato il principio generale di cui all'art. 91;
- vi è **assoluta novità** della questione trattata;
- vi è **mutamento della giurisprudenza** rispetto alle questioni dirimenti;
- sussistono **gravi ed eccezionali ragioni** da evidenziare nella motivazione-(*Cass. civ., sez. VI, 3 luglio **2020**, n. 13706*);
- le parti **si sono conciliate**, salvo che le stesse abbiano diversamente convenuto nel processo verbale di conciliazione (art. 92, comma 3). La giurisprudenza ha successivamente precisato che la compensazione delle spese di lite può essere disposta (oltre che nel caso della soccombenza reciproca), soltanto nell'eventualità di assoluta novità della questione trattata o di mutamento della giurisprudenza rispetto alle questioni dirimenti o nelle ipotesi di sopravvenienze relative a tali questioni e di assoluta incertezza che presentino la stessa,

o maggiore, gravità ed eccezionalità delle situazioni tipiche espressamente previste dall'art. 92, comma 2, c.p.c. (*Cass. civ., sez. VI, 18 febbraio 2019, n. 4696*).

Giurisprudenza

La compensazione, totale o parziale, delle spese di lite può essere disposta, oltre che in caso di soccombenza reciproca, solo nelle ipotesi di assoluta novità della questione trattata, di mutamento della giurisprudenza rispetto alle questioni dirimenti o nelle ipotesi di sopravvenienze relative a questioni dirimenti e in quelle di assoluta incertezza, che presentino la stessa, o maggiore, gravità ed eccezionalità delle ipotesi tipiche espressamente previste dall'art. 92, comma 2, c.p.c. (Cass. civ., sez. VI, 20 febbraio ***2020****, n. 4303).*

5.3. *La condanna di rappresentanti o curatori.*

Ai sensi dell'art. 94 gli eredi beneficiati, i tutori, i curatori e in generale coloro che rappresentano o assistono la parte in giudizio possono essere condannati **personalmente**, per motivi gravi che il giudice deve specificare nella sentenza, alle spese dell'intero processo o di singoli atti, anche in solido con la parte rappresentata o assistita. La giurisprudenza ha precisato che i gravi motivi sono da identificarsi dal giudice in modo specifico, per la loro concreta esistenza, nella trasgressione del dovere di lealtà e probità di cui all'art. 88 ovvero nella mancanza della normale prudenza che caratterizza la responsabilità processuale aggravata di cui all'art. 96, comma 2 *(Cass. civ., sez. VI, 20 maggio* ***2020****, n. 9203)*.

5.4. *La responsabilità aggravata.*

Il legislatore ha voluto disciplinare anche le ipotesi in cui la parte agisce o resiste nel processo con **mala fede o colpa grave** prevedendo l'ipotesi della responsabilità aggravata. Ai sensi dell'art. 96, comma 1 se risulta che la parte soccombente ha agito o resistito in giudizio con mala fede o colpa grave, il giudice, su istanza dell'altra parte, la condanna, oltre che alle spese, al risarcimento dei danni che liquida, anche di ufficio, nella sentenza. Se le parti soccombenti sono più, il giudice, secondo quanto previsto dal successivo art. 97, condanna ciascuna di esse ai danni, in proporzione del rispettivo interesse nella causa. Si tratta della c.d. **lite temeraria** che è connessa con la violazione degli obblighi di correttezza processuale, consistente nell'utilizzazione del processo a scopi diversi da quelli cui esso è preordinato e va ravvisata nella coscienza della infondatezza della domanda e delle tesi sostenute, ovvero nel difetto della normale diligenza per l'acquisizione di detta consapevolezza, non già nella mera opinabilità del diritto fatto valere. La norma si pone con carattere di specialità rispetto all'art. 2043 c.c.: la responsabilità processuale aggravata, pur rientrando concettualmente nel genere della responsabilità per fatti illeciti, ricade interamente, in tutte le sue ipotesi, sotto la disciplina dell'art. 96, senza la possibilità di configurare un concorso, anche alternativo, tra i due tipi di responsabilità.

Ai fini della condanna è necessaria altresì la totale soccombenza e l'**esistenza del danno**: il giudice, infatti, non può liquidarlo neppure equitativamente se la parte non ha fornito gli elementi probatori indispensabili o se dagli atti non risultino elementi idonei ad identificarlo.

Una seconda ipotesi di sanzione per responsabilità aggravata è quella per **difetto di normale prudenza**: l'art. 96, comma 2 stabilisce, infatti, che il giudice che accerta l'inesistenza del diritto per cui è stato eseguito un provvedimento cautelare o trascritta domanda giudiziaria o iscritta ipoteca giudiziale oppure iniziata o compiuta l'esecuzione forzata, su istanza della parte danneggiata condanna al risarcimento dei danni l'attore o il creditore procedente, che ha agito senza la normale prudenza.

Ai fini della configurabilità di questa responsabilità, il giudice deve verificare, con valutazione *ex ante*, la consapevolezza dell'interessato della presumibile infondatezza della propria pretesa, dando rilievo, oltre che agli orientamenti giurisprudenziali esistenti al momento della proposizione della domanda, anche ad eventuali esiti alterni delle fasi di merito, e all'esito di eventuali istanze cautelari o volte alla sospensione dell'esecutività della sentenza. In caso di trascrizione della domanda giudiziale, deve accertare se la trascrizione sia stata effettuata fuori dai casi consentiti o imposti dalla legge, o se fosse consentita o obbligatoria, non potendosi considerare violazione dell'obbligo di agire con la normale prudenza l'esclusivo dato della avvenuta trascrizione della domanda giudiziale nel caso in cui essa sia imposta dalla legge allo scopo di rendere opponibile ai terzi l'esito positivo del giudizio (*Cass. civ., sez. III, 9 novembre 2017, n. 26515*).

I danni da risarcire sono di qualsiasi tipo, concretantisi in perdite e/o mancate acquisizioni patrimoniali (danno emergente e lucro cessante), purché causati da uno dei comportamenti tipizzati nella norma, con la conseguenza che devono essere tutti richiesti e liquidati nella stessa sentenza che decide il merito della causa, secondo le prove fornite all'uopo dalla parte od anche d'ufficio dal giudice, sulla base delle risultanze di causa o secondo nozioni di comune esperienza od in via equitativa.

Il comma 3 dell'art. 96 concede al giudice la facoltà di condannare la parte soccombente al pagamento, a favore della controparte, di una **somma equitativamente determinata**. La norma estende a tutti i gradi del giudizio lo strumento deflattivo del contenzioso per evitare la proposizione di giudizi ai soli fini dilatori. La *Corte Costituzionale con sentenza 6 giugno 2019 n. 139* ha ritenuto inammissibile la questione di legittimità costituzionale della norma; secondo la giurisprudenza successivamente formatasi, la disposizione non presenta connotati di irragionevolezza ma riflette una delle possibili scelte del legislatore che ha ritenuto di sanzionare il comportamento processuale abusivo, fungendo da deterrente al ripetersi di una siffatta condotta (*Cass. civ., sez. VI, 3 giugno 2020, n. 10524*).

Giurisprudenza

In tema di responsabilità aggravata ex art. 96, comma 3, c.p.c., costituisce abuso del diritto di impugnazione, integrante colpa grave, la proposizione di un ricorso *per cassazione basato su motivi manifestamente infondati, in ordine a ragioni già formulate nell'atto di appello, espresse attraverso motivi inammissibili, poiché pone in evidenza il mancato impegno della doverosa diligenza ed accuratezza nel reiterare il gravame (Cass. civ., sez. II, 16 ottobre **2020**, n. 22588).*

6. La distrazione delle spese.

Il legislatore ha introdotto uno **strumento di difesa** a favore del difensore che ha anticipato le spese e non ha riscosso gli onorari prevedendo l'istituto della distrazione delle spese. Ai sensi dell'art. 93, infatti, il difensore con procura può chiedere che il giudice, nella stessa sentenza in cui condanna alle spese, distragga in favore suo e degli altri difensori gli onorari non riscossi e le spese che dichiara di aver anticipato. Non sono previste forme ed oneri particolari da rispettare per l'istanza e, in caso di accoglimento, il difensore diventa titolare di un **credito autonomo** nei confronti della controparte in ordine al rimborso delle spese; se la sentenza che ha disposto la distrazione viene annullata o riformata, il difensore distrattario, legittimato passivo per il capo della distrazione è tenuto a restituire le somme corrispostegli dal soccombente.

Al debito del soccombente verso il procuratore dell'altra parte si affianca, in via alternativa, quello del cliente e rimane integra la facoltà del procuratore di rivolgersi a questi ultimo, se lo ritenga più conveniente, con salvezza del diritto del cliente di farsi rimborsare dalla controparte soccombente.

Il comma 2 della norma prevede, però, che, finché il difensore non abbia conseguito il rimborso che gli è stato attribuito, la parte può chiedere al giudice, con le forme stabilite per la correzione delle sentenze, la revoca del provvedimento, qualora dimostri di aver soddisfatto il credito del difensore per gli onorari e le spese.

Giurisprudenza

*La richiesta di distrazione delle spese proposta dal difensore in suo favore deve ritenersi validamente formulata anche qualora essa difetti della esplicita dichiarazione del medesimo in ordine alla avvenuta anticipazione delle spese ed alla mancata riscossione degli onorari, in quanto quest'ultima può ritenersi implicitamente contenuta nella domanda stessa di distrazione delle spese (Cass. civ., sez. VI, 6 febbraio **2020**, n. 2798).*

SCHEMA 13 Il litisconsorzio

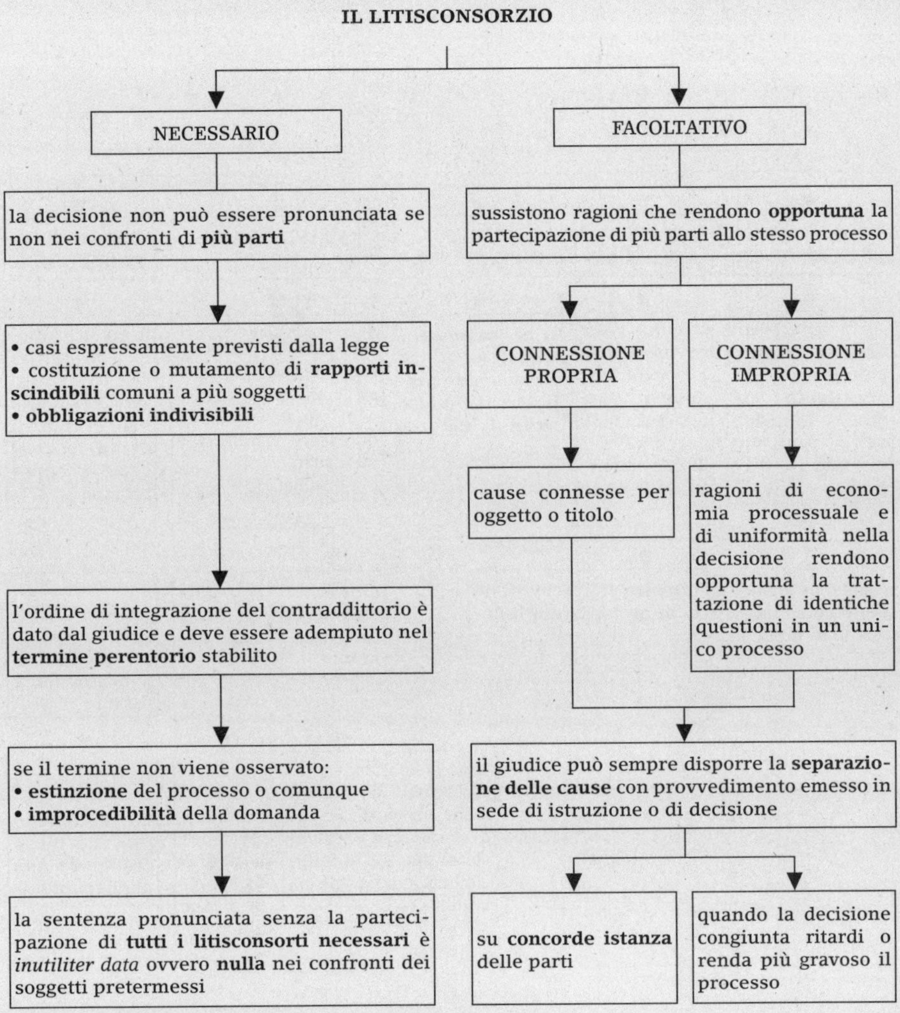

SCHEMA 14 L'intervento

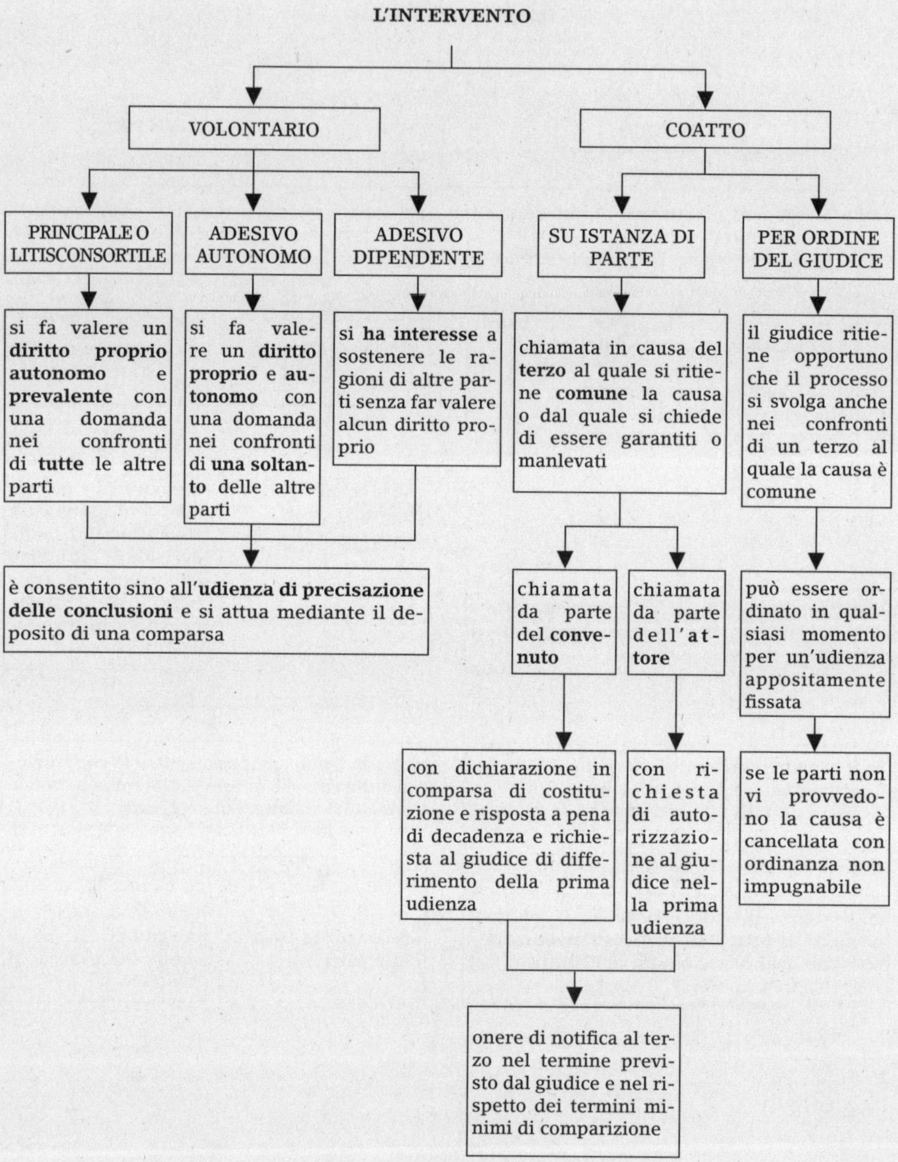

SCHEMA 15 L'estromissione

L'ESTROMISSIONE

È l'uscita dal processo di una delle parti originarie, intervenute o chiamate in causa

DEL GARANTITO

quando il garante comparisce e accetta di assumere la causa **in luogo del garantito** questi può chiedere la propria estromissione dal giudizio qualora le altre parti non si oppongano

DELL'OBBLIGATO

quando si contende a quale di più parti spetta una prestazione e l'obbligato si dichiara pronto ad eseguirla a favore di chi ne ha diritto il giudice dopo il deposito della cosa o della somma dovuta può estromettere **l'obbligato** dal giudizio

il giudice dispone l'estromissione con **ordinanza** ma la **sentenza di merito** pronunciata nel giudizio spiega i propri effetti anche nei confronti della parte estromessa

SCHEMA 16 La successione nel processo

LA SUCCESSIONE NEL PROCESSO

È il venir meno di una delle parti del processo per decesso o per altre cause

A TITOLO UNIVERSALE

a seguito del **decesso** di una delle parti del processo lo stesso è proseguito dal **successore universale** o in suo confronto

A TITOLO PARTICOLARE

quando nel corso del processo si trasferisce il diritto controverso per **atto tra vivi a titolo particolare** il processo **prosegue tra le parti originarie**

il **successore a titolo particolare** può **intervenire** o **essere chiamato** nel processo

se le parti del processo vi consentono l'alienante o il successore universale possono **essere estromessi**

SCHEMA 17 I difensori

GIUDICE DI PACE

- la parte può stare in giudizio **personalmente** →
  - cause il cui valore **non** eccede € 1.100,00
  - cause in cui, in considerazione della loro natura ed entità, il giudice **autorizza** espressamente
  - cause di **opposizione** ad **ordinanza-ingiunzione**
- è necessario il ministero o assistenza di un **difensore** → cause il cui valore **eccede** € 1.100,00 salvo espressa autorizzazione del giudice a stare in giudizio personalmente

TRIBUNALE

- la parte può stare in giudizio **personalmente** →
  - cause in materia di **lavoro, locazione, affitto** e **comodato** il cui valore non eccede € 129,11
  - procedimenti di **volontaria giurisdizione**
  - procedimenti di **insinuazione al passivo** nelle procedure concorsuali
  - procedimenti di **opposizione** a **sanzioni amministrative**
- è necessario il ministero o assistenza di un **difensore** → tutti gli altri tipi di cause

CORTE D'APPELLO

- è **sempre** necessario il ministero o l'assistenza di un **difensore**

CORTE DI CASSAZIONE

- è sufficiente il ministero o assistenza di un **difensore** → regolamento di **competenza**
- è **necessario** il ministero di un **avvocato iscritto nell'apposito albo** → **tutti** gli altri tipi di cause

In deroga ai principi sopra enunciati, la parte può **sempre** stare in giudizio personalmente quando ha le qualità necessarie per esercitare **l'ufficio di difensore** con procura presso il giudice adito

SCHEMA 18 La procura alle liti

LA PROCURA

REQUISITI

- deve essere conferita con atto pubblico o scrittura privata autenticata
- deve essere apposta la data di rilascio
- può essere revocata e il difensore può rinunciarvi
- può essere rilasciata a più difensori

GENERALE

si riferisce ad una **serie indefinita** di liti o a tutte le possibili liti

deve **necessariamente** essere rilasciata con atto **pubblico** o **scrittura privata autenticata**

SPECIALE

si riferisce ad una **lite definita** e determinata

- può essere apposta anche in determinati **atti processuali** (in calce o a margine) con autografia della parte certificata dal difensore
- si considera apposta in calce anche se rilasciata su **foglio separato** che sia congiunto materialmente all'atto cui si riferisce
- può essere rilasciata su **documento informatico** separato sottoscritto con **firma digitale** congiunto all'atto cui si riferisce mediante strumenti informatici
- si presume conferita per un **determinato grado del processo** se nell'atto non è espressa una diversa volontà
- se è conferita su **supporto cartaceo** e il difensore si costituisce attraverso **strumenti telematici** deve essere trasmessa la **copia informatica** autenticata con **sottoscrizione digitale**

SCHEMA 19 I poteri e i doveri delle parti e dei difensori

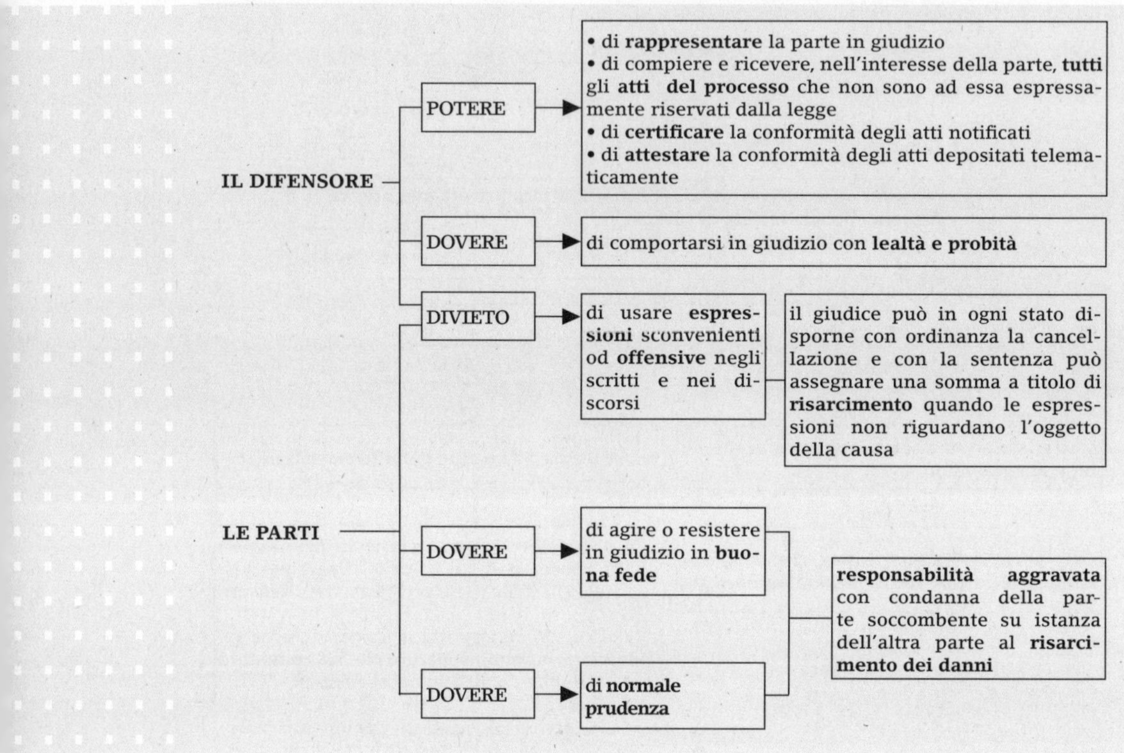

CAPITOLO V

IL PUBBLICO MINISTERO

1. Considerazioni generali.

Sebbene il processo civile sia improntato alla iniziativa e alla domanda formulata dalle parti, il legislatore ha previsto, oltre a quella delle parti e del giudice, un'altra figura: il **pubblico ministero**, rappresentato

- davanti al tribunale, dal procuratore della Repubblica;
- davanti alla Corte d'appello, dal procuratore generale presso la Corte medesima;
- davanti alla Corte di cassazione, dal procuratore generale presso la stessa.

Al pubblico ministero il legislatore ha attribuito poteri identici a quelli delle parti e cioè la possibilità di agire e di resistere: l'art. 69 prevede, infatti, che il pubblico ministero **esercita l'azione civile** nei casi stabiliti dalla legge; l'art. 75 ord. giud. ribadisce il principio stabilendo che il pubblico ministero esercita l'azione civile ed interviene nei processi civili nei casi stabiliti dalla legge; in mancanza del suo intervento, quando è richiesto dalla legge, l'udienza non può aver luogo.

La funzione assegnata al p.m. è quella di tutelare **diritti ed interessi di rilevanza pubblica**; rappresenta la collettività in quanto, ai sensi dell'art. 73 ord. giud., veglia all'osservanza delle leggi, alla pronta e regolare amministrazione della giustizia, alla tutela dei diritti dello Stato, delle persone giuridiche e degli incapaci, richiedendo, nei casi di urgenza, i provvedimenti cautelari che ritiene necessari.

La norma citata attribuisce al p.m. azione diretta per fare eseguire ed osservare le leggi d'ordine pubblico e che interessano i diritti dello Stato, sempre che tale azione non sia dalla legge ad altri organi attribuita. Molteplici sono i casi di azione civile del p.m.: può presentare l'istanza per la dichiarazione di fallimento (art. 6 l.f.), può promuovere il procedimento di cui all'art. 2409 c.c. nei confronti degli amministratori e sindaci delle s.p.a., può presentare l'istanza al tribunale per la nomina di un curatore dello scomparso (art. 48 c.c.) e per l'interdizione o l'inabilitazione di un minore o di un maggiore di età (art. 417 c.c.). Il p.m. può proporre altresì tutta una serie di cause in materia di brevetti e di cui alla relativa legge speciale.

In buona sostanza il p.m. svolge un compito istituzionale e ha un ruolo di controllo, in **assoluta indipendenza** da qualsiasi altro organo; nel processo civile diventa parte in senso meramente formale e non può essere posto sullo stesso piano giuridico delle parti private. È per questo che non può mai essere condannato alle spese.

2. I casi di intervento.

Il legislatore ha previsto tutta una serie di casi nei quali l'intervento del p.m. è obbligatorio prevedendo che addirittura, in mancanza del suo intervento, l'udienza non possa aver luogo (art. 75 ord. giud.).

I casi di **intervento obbligatorio** sono elencati dall'art. 70 e sono:

- **nelle cause che egli stesso potrebbe proporre**: sono compresi tutti i procedimenti, anche quelli non contenziosi, che prevedono che il p.m. può presentare l'istanza o il ricorso;
- **nelle cause matrimoniali**, comprese quelle di separazione personale dei coniugi: sono quelle in cui è in discussione il vincolo matrimoniale, nelle quali si controverte della sua nullità o annullabilità, dello scioglimento o cessazione degli effetti civili. L'art. 5, comma 5 della legge 1 dicembre 1970 n. 898 assegna al p.m. il potere di proporre impugnazione alla sentenza di divorzio limitatamente agli interessi patrimoniali dei figli minori o legalmente incapaci. L'intervento del p.m. nelle cause di separazione personale tra coniugi assolve il **ruolo di garanzia** in quanto materia sottratta alla disponibilità delle parti. Non sono considerate cause di separazione e dunque non è obbligatorio l'intervento del p.m., quelle relative alla modificazione delle condizioni di separazione in ordine al mantenimento dei figli minori e all'affidamento all'uno o all'altro coniuge;
- **nelle cause riguardanti lo stato e la capacità delle persone**: si tratta delle cause in cui la contestazione ha per oggetto lo stato della persona, inteso come complesso di diritti e doveri che si ricollegano alla qualità di una persona, in quanto gli stessi si riflettono direttamente nella sfera giuridica della collettività. Cause relative alla capacità della persona sono quelle nelle quali si discute di uno stato permanente e duraturo di incapacità dei soggetti processuali. Non rientrano tra queste le cause di interdizione e di inabilitazione in quanto trattandosi di cause che il p.m. può proporre, rientrano nella fattispecie superiore;
- **negli altri casi previsti dalla legge**: la giurisprudenza ha individuato tali casi, ad esempio, nel giudizio di omologazione del concordato preventivo, nei giudizi elettorali, nei giudizi di nullità di brevetto per marchio;
- **davanti alla Corte di cassazione**: l'art. 76 ord. giud. stabilisce che il pubblico ministero presso la Corte di cassazione interviene e conclude in tutte le udienze penali e in tutte le udienze dinanzi alle sezioni unite civili e nelle udienze pubbliche dinanzi alle sezioni semplici, ad eccezione di quelle che si

svolgono dinanzi alle sezioni cd. filtro e dinanzi alle sezioni semplici con rito camerale (v. parte terza, cap. VIII, 7). Nel chiedere l'accoglimento o il rigetto del ricorso, il p.m. esprime una *opinio iuris*, ai fini di una **corretta applicazione della legge**.

I casi di intervento obbligatorio sono sanzionati dalla **nullità rilevabile d'ufficio**. L'art. 158 assimila il vizio per mancato intervento del p.m. a quelli relativi alla costituzione del giudice. Si tratta di una nullità insanabile, rilevabile d'ufficio, in ogni stato e grado, in quanto vizio attinente alla regolare costituzione del rapporto processuale.

Affinché possa intervenire, l'art. 71 prevede che il giudice, davanti al quale è proposta la causa, deve ordinare la **comunicazione degli atti** al pubblico ministero. Non vi sono forme particolari da osservare per la comunicazione in quanto è sufficiente la materiale trasmissione degli atti. È in tal modo che il p.m. viene informato del procedimento in corso e posto in grado di svolgere l'attività che ritiene più opportuna: nella pratica giudiziaria la comunicazione assume un rilievo decisivo in quanto è sufficiente ad integrare il requisito della partecipazione. È irrilevante che, in concreto, il p.m. non partecipi alle udienze o non assuma conclusioni, ovvero non partecipi ai singoli atti istruttori, in quanto tali opzioni rientrano nella scelta discrezionale del p.m.: solo a questi spetta di eccepire o meno l'eventuale inefficacia degli atti compiuti prima della sua chiamata in causa.

Il legislatore ha previsto ipotesi di **intervento facoltativo**: l'art. 70, comma 3 stabilisce, infatti, che può intervenire in ogni altra causa in cui ravvisa un pubblico interesse, la cui esistenza è rimessa all'**apprezzamento discrezionale** del p.m., non censurabile in alcun modo. Così pure il giudice, ogni qualvolta ravvisi la sussistenza di un pubblico interesse a fronte del quale il p.m. può intervenire, provvederà a darne comunicazione (art. 71, comma 2).

Giurisprudenza

L'obbligatorietà dell'intervento del pubblico ministero, nel caso del giudizio di falso ai sensi dell'art. 221, ultimo comma, c.p.c., impone la comunicazione della pendenza della causa, per metterlo in grado d'intervenire, mentre la concreta assunzione di conclusioni e partecipazione ai singoli atti istruttori, per i quali non si richiede un formale avviso, rientra nelle scelte discrezionali del medesimo pubblico ministero, al quale soltanto spetta di eccepire o meno l'eventuale inefficacia degli atti compiuti prima della sua chiamata in causa (Cass. civ., sez. VI, 23 giugno ***2020****, n. 12254).*

3. I poteri.

L'art. 72 attribuisce i poteri che competono al pubblico ministero.

Nelle cause che egli avrebbe potuto proporre, il pubblico ministero ha gli stessi poteri che competono alle parti e li esercita nelle forme che la legge stabilisce per queste ultime. Può pertanto formulare domande, proporre eccezioni di carattere processuale e sostanziale, produrre documenti, dedurre prove, assumere conclusioni, proporre impugnazione.

Negli altri casi di intervento previsti nell'art. 70, tranne che nelle cause davanti alla Corte di cassazione, il p.m. ha poteri più limitati in quanto può produrre documenti, dedurre prove e prendere conclusioni nei limiti delle domande proposte dalle parti. Poiché comunque il suo intervento è sempre caratterizzato dall'assoluta indipendenza e quale garante della legge, egli può formulare conclusioni anche opposte rispetto a quelle precisate dalle parti. In tali casi però l'intervento è condizionato alla disponibilità del processo da parte delle stesse parti e, conseguentemente, il pubblico ministero non ha alcun potere di accettare od opporsi alla rinuncia delle parti agli atti del giudizio.

Le **modalità di intervento** sono disciplinate dagli artt. 2 e 3 disp. att.: davanti al giudice istruttore avviene nei modi previsti nell'art. 267 e cioè presentando in udienza o depositando in cancelleria una comparsa; davanti al collegio avviene mediante comparsa da depositarsi in cancelleria o all'udienza; quando interviene all'udienza prende oralmente le sue conclusioni.

L'art. 72, comma 3 e 4 attribuisce al pubblico ministero il potere di **proporre impugnazione** contro le sentenze relative a cause matrimoniali e contro le sentenze che dichiarano l'efficacia o l'inefficacia di sentenze straniere, relative a cause matrimoniali; in entrambi i casi, salvo che per quelle di separazione personale dei coniugi.

La facoltà di impugnazione spetta tanto al p.m. presso il giudice che ha pronunciato la sentenza quanto a quello presso il giudice competente a decidere sull'impugnazione. Il termine decorre dalla comunicazione della sentenza a norma dell'art. 133, fatti salvi i casi di revocazione di cui all'art. 397.

4. L'astensione del pubblico ministero.

Ai sensi dell'art. 73 ai magistrati del pubblico ministero che intervengono nel processo civile si applicano le disposizioni relative all'astensione dei giudici ma non quelle relative alla ricusazione. La norma rinvia a quanto previsto dall'art. 51 e assimila la figura del p.m. a quella del giudice: entrambi, infatti, sono organi dello Stato. L'inosservanza del dovere di astensione implica **responsabilità disciplinare** in quanto violazione di un dovere di ufficio.

SCHEMA 20 Il pubblico ministero

IL PUBBLICO MINISTERO

- POTERI →
  - esercizio dell'azione civile nei casi stabiliti dalla legge
  - intervento nei processi civili nei casi stabiliti dalla legge
- FUNZIONE →
  - tutela di diritti ed interessi di **rilevanza pubblica**
  - **rappresentanza** della collettività
  - **controllo** in assoluta indipendenza dagli altri organi del processo
- CASI DI INTERVENTO OBBLIGATORIO →
  - cause che egli stesso potrebbe proporre
  - cause **matrimoniali**
  - cause riguardanti **stato** e **capacità** delle persone
  - **altri casi** previsti dalla legge
  - udienze in Corte di cassazione ad eccezione delle udienze filtro
  - — **nullità insanabile** rilevabile d'ufficio in ogni stato e grado
- CASI DI INTERVENTO FACOLTATIVO →
  - ogni altra causa in cui ravvisi un **pubblico interesse** secondo il **proprio apprezzamento** discrezionale e incensurabile

CAPITOLO VI

IL GIUDICE E I SUOI AUSILIARI

1. Considerazioni generali.

Il giudice ordinario, in funzione di quanto previsto dall'art. 1 esercita la giurisdizione civile. L'art. 1 ord. giud. stabilisce altresì che la **giustizia**, nella materia civile è **amministrata**:

- dal giudice di pace;
- dal tribunale ordinario;
- dalla Corte d'appello;
- dalla Corte di cassazione;
- dal tribunale per i minorenni.

L'ordine giudiziario (art. 4 ord. giud.) è costituito dagli uditori, dai giudici di ogni grado (magistrati di tribunale, magistrati di Corte d'appello, magistrati di Corte di cassazione); appartengono all'ordine giudiziario come magistrati onorari i giudici di pace, i giudici onorari di tribunale, i vice procuratori, gli esperti del tribunale ordinario e della sezione di Corte d'appello per i minorenni.

Gli uffici del **giudice di pace** hanno sede nei comuni elencati nella tabella allegata alla l. 21 novembre 1991 n. 374 con competenza territoriale sul circondario ivi rispettivamente indicato; è giudice onorario di primo grado, dura in carica quattro anni e può essere confermato per altri due mandati di eguale periodo; quando all'ufficio sono assegnati più giudici, il più anziano per le funzioni giudiziarie esercitate svolge compiti di coordinamento. È giudice di primo grado ma solo in determinate materie e con limitata competenza per valore.

Il tribunale ordinario ha sede in ogni capoluogo determinato nell'apposita tabella annessa all'ordinamento giudiziario; è diretto dal presidente del tribunale e ad esso sono addetti più giudici, uno o più presidenti di sezione e giudici onorari. È giudice di primo grado e giudice di appello avverso le sentenze del giudice di pace. Ai sensi dell'art. 50-*bis* giudica **in composizione collegiale**:

- nelle cause nelle quali è obbligatorio l'intervento del p.m., salvo che sia altrimenti disposto;
- nelle cause di opposizione, impugnazione, revocazione e in quelle conse-

guenti a dichiarazioni tardive di credito di cui alla legge fallimentare e alle altre leggi speciali disciplinanti la liquidazione coatta amministrativa;

- nelle cause devolute alle sezioni specializzate;
- nelle cause di omologazione del concordato fallimentare e del concordato preventivo;
- nelle cause di impugnazione delle deliberazioni dell'assemblea e del consiglio di amministrazione, nonché nelle cause di responsabilità da chiunque promosse contro gli organi amministrativi e di controllo, i direttori generali, i dirigenti preposti alla redazione dei documenti contabili societari e i liquidatori delle società, delle mutue assicuratrici e società cooperative, delle associazioni in partecipazione e dei consorzi;
- nelle cause di impugnazione dei testamenti e di riduzione per lesione di legittima;
- nelle cause di cui alla legge 13 aprile 1988, n. 117 (responsabilità civile dei magistrati);
- nelle cause di cui all'art. 140-*bis* del codice del consumo, di cui al d.lgs. 6 settembre 2005, n. 206;
- nei procedimenti in camera di consiglio disciplinati dagli artt. 737 e ss., salvo che sia altrimenti disposto.

Fuori dai casi previsti, il tribunale giudica **in composizione monocratica** e quindi anche nei giudizi di appello avverso le sentenze del giudice di pace.

Eventuali vizi derivanti dalla mancata osservanza delle disposizioni relative alla composizione dell'organo giudicante non sono vizi attinenti alla costituzione del giudice e non determinano nullità insanabili, ma nullità sanabili in base al principio della conversione in motivi di gravame stabilito dall'art. 161, comma 1 (*Cass. civ., sez. I, 21 ottobre 2019, n. 26729*).

Il tribunale per i minorenni è costituito in ogni sede di Corte d'appello o di sezione distaccata; è composto da un magistrato di Corte d'appello che lo presiede, da un magistrato di tribunale e da due esperti, un uomo e una donna ai quali è conferito il titolo di giudice onorario.

La Corte d'appello ha sede nel capoluogo dei distretti indicati nell'apposita tabella annessa all'ordinamento giudiziario; esercita la giurisdizione, in materia civile, nelle cause di appello delle sentenze pronunciate in primo grado dai tribunali, delibera in camera di consiglio nei casi previsti e conosce degli altri affari ad essi deferiti dalle leggi. La Corte d'appello è **suddivisa in sezioni**; il presidente presiede la prima sezione e può presiedere anche le altre sezioni; le sezioni sono presiedute da presidenti di sezione; i giudici delle corti d'appello hanno il titolo di consiglieri. La Corte d'appello giudica col numero invariabile di tre votanti.

La Corte Suprema di cassazione è l'organo supremo della giustizia: assicura l'esatta osservanza e l'uniforme interpretazione della legge, l'unità del diritto oggettivo nazionale, il rispetto dei limiti delle diverse giurisdizioni; regola i conflitti di competenza e di attribuzioni ed adempie gli altri compiti ad essa conferiti dalla legge. Ha sede in Roma e ha giurisdizione su tutto il territorio dello Stato. È

costituita in sezioni e composta da un primo presidente, da presidenti di sezione e da consiglieri. Il primo presidente presiede le udienze a sezioni unite e le adunanze solenni e può presiedere le udienze delle singole sezioni. A ciascuna delle sezioni civili è preposto un presidente di sezione e possono essere assegnati altri presidenti di sezione. Giudica, in ciascuna sezione, col numero invariabile di cinque votanti; giudica a sezioni unite col numero invariabile di nove votanti. Il collegio a sezioni unite in materia civile è composto da magistrati appartenenti alle sezioni civili.

Giurisprudenza

*Non può essere considerato affetto da nullità il procedimento nel cui ambito un giudice onorario di tribunale abbia proceduto anche all'audizione del richiedente la protezione e abbia, successivamente, rimesso la causa per la decisione al collegio della sezione specializzata in materia di immigrazione (Cass. civ., sez. I, 13 ottobre **2020**, n. 22050).*

2. Le garanzie di imparzialità.

Il giudice deve essere terzo e imparziale, in base al principio enunciato dall'art. 111, comma 2 Cost.

Imparzialità significa "**terzietà**" rispetto alle parti ovvero **equidistanza** dagli interessi che concretamente le stesse operano nel processo. Il giudice è infatti soggetto soltanto alla legge (art. 101 Cost.), è indipendente da ogni altro potere (art. 104 Cost.) ed è precostituito per legge (art. 25 Cost.). Non può pertanto giudicare quando ha rapporti con una delle parti; in tal caso il giudice è chiamato ad astenersi in base alla sua iniziativa spontanea oppure a fronte della contestazione della parte che ha motivo di dubitare della sua imparzialità.

Gli istituti della astensione e della ricusazione si applicano nel processo di cognizione di primo grado, ai procedimenti di impugnazione, di esecuzione, ai giudizi cautelari e sommari, ai procedimenti di giurisdizione volontaria e in camera di consiglio, ai giudizi arbitrali, ai processi disciplinati da leggi speciali. La giurisprudenza ha precisato che non è possibile l'astensione o la ricusazione di un intero organo giudiziario mentre è ammissibile la declaratoria di incompatibilità di tutti i componenti di un collegio, considerati *uti singuli*.

Le norme sull'astensione e sulla ricusazione del giudice si affiancano alle incompatibilità di servizio, configurate dagli artt. 16 e 17 ord. giud. ed alle incompatibilità organiche (sede, parentela con titolari di altri uffici giudiziari o professionisti) previsti dagli artt. 18 e 19 ord. giud.

2.1. *L'astensione del giudice.*

Il legislatore ha disciplinato l'astensione del giudice prevedendone casi in cui è obbligatoria (in forza di una presunzione *juris et de jure*) ed altri in cui è facoltativa.

I casi di obbligatorietà sono dettati dall'art. 51; il giudice ha l'**obbligo di astenersi**:

- se ha **interesse** nella causa o in altra vertente su identica questione di diritto;
- se egli stesso o il coniuge è parente fino al quarto grado o **legato da vincoli** di affiliazione o è convivente o commensale abituale di una delle parti o di alcuno dei difensori;
- se egli stesso o il coniuge ha **causa pendente** o **grave inimicizia** o rapporti di credito o debito con una delle parti o alcuno dei suoi difensori;
- se ha dato **consiglio** o prestato **patrocinio** nella causa o ha deposto in essa come **testimone** oppure ne ha conosciuto come magistrato in altro grado del processo o come arbitro o vi ha prestato assistenza come consulente tecnico;
- se è **tutore**, curatore, amministratore di sostegno, procuratore, agente o datore di lavoro di una delle parti; se, inoltre, è **amministratore** o gerente di un ente, di un'associazione anche non riconosciuta, di un comitato, di una società o stabilimento che ha interesse nella causa.

La dottrina e la giurisprudenza considerano questi **motivi tassativi**; vi è, peraltro, la tendenza a superare il principio di tassatività applicando da un lato, i principi di incompatibilità del giudice penale, così come elaborati dalla Corte Costituzionale con riferimento all'art. 34 c.p.p. e dall'altro, l'art. 6 della convenzione per la salvaguardia dei diritti dell'uomo, così come interpretati dalla Corte Europea.

La norma non prevede il **procedimento** di astensione obbligatoria né quale sia l'autorità compente a valutare la sussistenza. Peraltro l'art. 78 disp. att. stabilisce che il giudice istruttore che riconosce l'esistenza di un motivo di astensione è tenuto a farne espressa dichiarazione o istanza scritta al presidente del tribunale appena ricevuto il decreto di nomina; se il motivo di astensione sorge dopo che l'istruzione è iniziata, il giudice è tenuto a darne notizia al capo dell'ufficio giudiziario competente, dichiarando o chiedendo di astenersi.

I casi di **astensione facoltativa** non sono invece predeterminati, in quanto l'art. 51, comma 2 prevede che in ogni altro caso in cui esistono **gravi ragioni di convenienza**, il giudice può richiedere al capo dell'ufficio, l'autorizzazione ad astenersi; quando l'astensione riguarda il capo dell'ufficio l'autorizzazione è chiesta al capo dell'ufficio superiore. Si tratta, pertanto, di tutti quei casi in cui il giudice, in base alla sua coscienza, ritiene di non essere sereno nella decisione della causa con pericolo di imparzialità.

Giurisprudenza

Nel procedimento per revocazione di una sentenza, ai sensi dell'art. 391 c.p.c., il relatore che abbia formulato una proposta non può essere ricusato dalla parte invocando l'art. 51, comma 4, c.p.c., ossia affermando la sua partecipazione a precedente fase del giudizio (Cass. civ., sez. VI, 5 febbraio ***2020****, n. 2720).*

2.2. *La ricusazione del giudice.*

Quando è fatto obbligo al giudice di astenersi, ogni parte può proporne la

ricusazione mediante ricorso contenente i motivi specifici e i mezzi di prova, in base a quanto previsto dall'art. 52, comma 1. Parte della dottrina considera il potere di ricusazione un diritto di natura processuale; altra parte l'esercizio di un interesse legittimo.

L'istanza di ricusazione si propone con **ricorso** che, sottoscritto dalla parte o dal difensore, deve essere depositato in cancelleria due giorni prima dell'udienza, se al ricusante è già noto il nome dei giudici che sono chiamati a trattare o a decidere la causa; in caso contrario, prima dell'inizio della trattazione o discussione. Il termine è considerato perentorio. La ricusazione **sospende il processo**: secondo la giurisprudenza prevalente la sola proposizione del ricorso non determina automaticamente la sospensione, in quanto compete al giudice una sommaria delibazione della sua ammissibilità, all'esito della quale, ove risulti evidente la carenza dei requisiti formali di legge per l'ammissibilità dell'istanza, il procedimento può continuare.

Ai sensi dell'art. 53 sull'istanza di ricusazione **decide** il presidente del tribunale, se è ricusato un giudice di pace; il collegio, se è ricusato uno dei componenti del tribunale o della Corte. La giurisprudenza ha avuto modo di precisare che qualora venga ricusato l'intero collegio, competente a decidere è lo stesso collegio ma in diversa composizione; ove venga comunque meno il numero legale per decidere sull'istanza, si dovrà ricorrere all'istituto della supplenza o dell'applicazione di altri magistrati in base a quanto previsto dagli artt. 105 e 110 ord. giud.

La decisione è pronunciata con **ordinanza non impugnabile**, udito il giudice ricusato e assunte, quando occorre, le prove offerte. Il provvedimento non è impugnabile e non è stato ritenuto neppure ammissibile il ricorso straordinario *ex* art. 111 Cost. L'ordinanza che accoglie il ricorso designa il giudice che deve sostituire quello ricusato, mentre l'ordinanza di inammissibilità o di rigetto provvede sulle spese e può condannare la parte che l'ha proposta a una pena pecuniaria.

Sarà onere delle parti provvedere alla riassunzione della causa nel termine perentorio di sei mesi.

Giurisprudenza

L'ordinanza di rigetto dell'istanza di ricusazione non è impugnabile con il ricorso straordinario per Cassazione: essa infatti, pur avendo natura decisoria (atteso che decide su un'istanza diretta a far valere concretamente l'imparzialità del giudice, la quale costituisce non soltanto un interesse generale dell'amministrazione della giustizia, ma anche, se non soprattutto, un diritto soggettivo della parte)manca tuttavia del necessario carattere della definitività, in quanto la non impugnabilità "ex se" dell'ordinanza non esclude che il suo contenuto sia suscettibile di essere riesaminato nel corso dello stesso processo attraverso il controllo sulla pronuncia resa dal (o col concorso del) "iudex suspectus". L'eventuale vizio causato dalla incompatibilità del giudice invano ricusato si converte in motivo di nullità dell'attività spiegata dal giudice stesso, e quindi di gravame della sentenza da lui emessa (Cass. civ., sez. I, 7 settembre ***2020****, n. 18611).*

2.3. *La responsabilità civile del giudice.*

La responsabilità civile del giudice, i cui limiti erano configurati dagli artt. 55 e 56 (abrogati in seguito al referendum popolare del novembre 1987), **si estende** direttamente allo Stato in funzione di quanto disposto dall'art. 28 Cost. ed è disciplinata dalla legge 13 aprile 1988, n. 117, come modificata dalla legge 27 febbraio 2015, n. 18.

L'art. 2 della legge citata prevede che chi ha subito un danno ingiusto per effetto di un comportamento, di un atto o di un provvedimento giudiziario posto in essere dal magistrato con **dolo o colpa grave** nell'esercizio delle sue funzioni ovvero per diniego di giustizia, può agire contro lo Stato per ottenere il risarcimento dei danni patrimoniali e anche di quelli non patrimoniali. Non dà luogo a responsabilità l'attività di interpretazione di norme di diritto né quella di valutazione del fatto e delle prove, fatti salvi i casi di dolo e le ipotesi di cui ai commi 3 (colpa grave) e 3-*bis*. Costituisce **colpa grave** la violazione manifesta della legge nonché del diritto dell'Unione europea, il travisamento del fatto o delle prove, ovvero l'affermazione di un fatto la cui esistenza è incontrastabilmente esclusa dagli atti del procedimento o la negazione di un fatto la cui esistenza risulta incontrastabilmente dagli atti del procedimento ovvero l'emissione di un provvedimento cautelare personale o reale fuori dai casi consentiti dalla legge oppure senza motivazione.

Il concetto di **diniego di giustizia** è contenuto nell'art. 3 della legge citata e sussiste in caso di rifiuto, omissione o ritardo del magistrato nel compimento di atti del suo ufficio quando, trascorso il termine di legge per il compimento dell'atto, la parte ha presentato istanza per ottenere il provvedimento e sono decorsi inutilmente, senza giustificato motivo, trenta giorni dalla data di deposito in cancelleria.

L'**azione di risarcimento** del danno contro lo Stato deve essere esercitata nei confronti del Presidente del Consiglio dei Ministri, avanti al tribunale del capoluogo ove ha sede la Corte d'appello del distretto più vicino a quello in cui è compreso l'ufficio giudiziario al quale apparteneva il magistrato al momento del fatto.

Il magistrato il cui comportamento, atto o provvedimento rileva in giudizio, non può essere chiamato in causa ma può intervenire in ogni fase e grado del procedimento, ai sensi dell'art. 105.

In caso di accoglimento della domanda, il Presidente del Consiglio dei ministri, entro due anni dal risarcimento, ha l'obbligo di esercitare l'**azione di rivalsa** nei confronti del magistrato nel caso di diniego di giustizia, ovvero nei casi in cui la violazione manifesta della legge nonché del diritto dell'Unione europea ovvero il travisamento del fatto o delle prove sono stati determinati da dolo o negligenza inescusabile. La misura della rivalsa non può superare una somma pari alla metà di una annualità dello stipendio ma tale limite non si applica al fatto commesso con dolo.

Se invece il danno è stato subito in conseguenza di un **fatto costituente reato**, commesso dal magistrato nell'esercizio delle sue funzioni, il danneggiato ha diritto al risarcimento nei confronti non solo dello Stato ma anche dello stesso magistrato, secondo le norme ordinarie.

Giurisprudenza

In tema di responsabilità civile dei magistrati, nell'ipotesi di domanda di risarcimento per danno attribuito a provvedimento della Corte di cassazione che abbia deciso la causa nel merito, il termine di decadenza di cui all'art. 4, comma 2, della l. n. 117/1988 decorre dalla pubblicazione del provvedimento sull'istanza di revocazione ai sensi dell'art. 391-bis c.p.c., anche se dichiarata inammissibile per estraneità al parametro legale dell'errore di fatto, ovvero, se il rimedio della revocazione non sia stato esperito, dal provvedimento asseritamente fonte del danno, salvo, in quest'ultimo caso, la valutazione da parte del giudice dell'azione di responsabilità civile della ricorrenza dei presupposti per proporre la revocazione e, in caso positivo, la dichiarazione di inammissibilità della domanda per mancato esperimento del rimedio di cui all'art. 391-bis c.p.c. (Cass. civ., ***sez. un.****, 24 novembre* ***2020****, n. 26672).*

3. Gli assistenti del giudice.

3.1. *Il cancelliere*

Ogni Corte, tribunale ed ufficio del giudice di pace ha una cancelleria; il personale delle cancellerie fa parte dell'ordine giudiziario (artt. 3 e 4 ord. giud.).

Il cancelliere ha quale compito primario quello di provvedere alla **documentazione degli atti**. Ai sensi dell'art. 57 il cancelliere documenta a tutti gli effetti, nei casi e modi previsti dalla legge, le attività proprie, quelle degli organi giudiziari e quelle delle parti; assiste il giudice in tutti gli atti nei quali deve essere formato processo verbale; quando il giudice provvede per iscritto, salvo che la legge disponga altrimenti, il cancelliere stende la scrittura e vi appone la sua sottoscrizione dopo quella del giudice. Gli atti redatti dal cancelliere o formati con il suo concorso, costituiscono **atti pubblici**. L'attività di assistenza è espressamente prevista dagli artt. 126 e 130 per la sottoscrizione del processo verbale di udienza: la mancata assistenza, peraltro, non comporta inesistenza o nullità dell'atto in quanto la funzione del cancelliere ha soltanto **natura integrativa** di quella del giudice.

Al cancelliere sono devolute altresì **funzioni di certificazione** in quanto attende al rilascio di copie ed estratti autentici dei documenti prodotti e ha **funzioni pubbliche** in quanto deve provvedere all'iscrizione delle cause a ruolo, alla formazione del fascicolo d'ufficio, alla conservazione dei fascicoli delle parti, alle comunicazioni e alle notificazioni prescritte dalla legge o dal giudice, nonché alle altre incombenze che la legge gli attribuisce tra le quali la tenuta dei registri di cancelleria, la raccolta delle sentenze, dei decreti di ingiunzione e dei processi verbali di conciliazione (artt. 28 e ss. disp. att.) e adempimenti fiscali sull'imposta di registro (d.p.r. n. 131/1986) e di spese di giustizia.

L'art. 745 prevede la possibilità di ricorrere al giudice di pace, al presidente del tribunale o della Corte presso il quale il cancelliere esercita le sue funzioni, nel caso di **rifiuto** o di **ritardo**, da parte dello stesso, al rilascio di copie degli atti.

3.2. *L'ufficiale giudiziario.*

Alle corti e ai tribunali sono addetti ufficiali giudiziari, aiutanti ufficiali giudiziari e coadiutori degli uffici notificazioni, esecuzioni e protesti; gli ufficiali giudiziari sono **ausiliari dell'ordine giudiziario** (artt. 3 e 4 ord. giud.).

L'ufficiale giudiziario, in forza di quanto previsto dall'art. 59, assiste il giudice in udienza, provvede all'esecuzione dei suoi ordini, esegue la notificazione degli atti e attende alle altre incombenze che la legge gli attribuisce. Peraltro l'assistenza dell'ufficiale giudiziario all'udienza è prassi ormai desueta: l'assenza non è infatti motivo di nullità degli atti svolti all'udienza.

I compiti principali sono senz'altro quelli consistenti nell'**attività di notificazione**, provocata a richiesta di parte o del p.m. o del cancelliere e in quella di organo esecutivo dei provvedimenti del giudice.

3.3. *La responsabilità del cancelliere e dell'ufficiale giudiziario.*

Ai sensi dell'art. 60 l'ufficiale giudiziario e il cancelliere sono **civilmente responsabili**:

- quando **senza giusto motivo** ricusano di compiere gli atti che sono loro legalmente richiesti oppure omettono di compierli nel termine che, su istanza di parte, è fissato dal giudice dal quale dipendono o dal quale sono stati delegati;
- quando hanno compiuto un atto nullo con **dolo o colpa grave**.

La norma deve essere coordinata con l'art. 162, comma 2 in forza del quale se la nullità degli atti del processo è imputabile al cancelliere o all'ufficiale giudiziario il giudice, col provvedimento con il quale pronuncia la nullità pone le spese della rinnovazione a carico del responsabile e su istanza di parte, con la sentenza che decide la causa, può condannarlo al risarcimento dei danni.

4. Gli ausiliari del giudice.

4.1. *Il consulente tecnico*

La figura del consulente tecnico è disciplinata dagli artt. 61 e ss. nel capo terzo delle disposizioni generali e dagli artt. 191 e ss. nella sezione terza del libro secondo, nonché dagli artt. 13 e ss. disp. att.

Ai sensi dell'art. 61 il giudice, quando è necessario può farsi assistere per il compimento di singoli atti o per tutto il processo, da uno o più consulenti di **particolare competenza tecnica** con la finalità di aiutarlo nella valutazione di elementi acquisiti o nella soluzione di questioni di fatto che presuppongano cognizioni di ordine tecnico e non giuridico (*Cass. civ., sez. III, 8 febbraio 2019, n. 3717*), necessarie per giungere alla decisione della controversia. Il consulente è dunque un **ausiliario del giudice** che egli chiama per avere relazioni e pareri che non sono però vincolanti in quanto nel nostro ordinamento vige il principio *judex peritus peritorum*, in virtù del quale è consentito al giudice di merito disattendere le argomentazioni tecniche svolte dal consulente tecnico d'ufficio nella relazione.

Il consulente non deve essere legato a nessuna delle parti del processo, analogamente a quanto è prescritto per il giudice, al fine di garantire la sua terzietà e imparzialità (*Cass. civ., sez. lav., 30 ottobre 2019, n. 27916*).

La scelta dei consulenti tecnici, a norma dell'art. 61, comma 2 deve essere normalmente fatta tra le persone iscritte in albi speciali che sono istituiti presso ogni tribunale, così come disciplinato dagli artt. 13 e ss. disp. att. L'albo è diviso in categorie in base ai **settori di competenza**; è tenuto dal presidente del tribunale e possono ottenere l'iscrizione coloro che sono forniti di speciale competenza tecnica in una determinata materia. L'albo è permanente e soggetto a revisione ogni quattro anni e il presidente del tribunale è tenuto a vigilare sulla trasparenza del conferimento degli incarichi (art. 23 disp. att.). Peraltro la nomina di un consulente non iscritto nel relativo albo non produce nullità del processo in quanto le norme hanno carattere ordinatorio e non cogente. All'atto dell'assunzione dell'incarico egli è tenuto a prestare il **giuramento** di bene e fedelmente adempiere le funzioni affidategli al solo scopo di far conoscere al giudice la verità, secondo la formula prevista dall'art. 193 (v. parte terza, cap. II, 14).

Il consulente ha l'**obbligo di prestare il suo ufficio**, tranne nel caso in cui il giudice riconosca che ricorre un giusto motivo di astensione. Il consulente che non ritiene di accettare l'incarico o quello che, obbligato a prestare il suo ufficio intende astenersi, ai sensi dell'art. 192, comma 2 deve farne immediata istanza al giudice che l'ha nominato almeno tre giorni prima dell'udienza di comparizione; nello stesso termine le parti possono proporre le loro istanze di ricusazione per i motivi indicati nell'art. 51.

Il consulente tecnico, poiché svolge nel processo una pubblica funzione nell'interesse generale e superiore della giustizia ha l'obbligo di bene e fedelmente adempiere le funzioni affidategli (*Cass. civ., sez. II, 8 ottobre 2019, n. 25022*); per questi motivi ha **responsabilità penale, civile e disciplinare**, applicandosi, secondo la previsione dell'art. 64, le disposizioni del codice penale relative ai periti (reati di peculato, concussione, corruzione, rifiuto di uffici legalmente dovuti e naturalmente false perizie). La norma stessa stabilisce che in ogni caso il consulente tecnico che incorre in **colpa grave** nell'esecuzione degli atti che gli sono richiesti, è punito con l'arresto fino a un anno o con l'ammenda fino a euro 10.329,00. In ogni caso è tenuto al risarcimento dei danni causati alle parti. Gli artt. 19 e ss. disp. att. prevedono l'apertura del procedimento disciplinare per il consulente che non ha ottemperato agli obblighi derivanti dagli incarichi ricevuti.

Giurisprudenza

Il giudice del merito non è tenuto a giustificare diffusamente le ragioni della propria adesione alle conclusioni del consulente tecnico d'ufficio, ove manchino contrarie argomentazioni delle parti o esse non siano specifiche, potendo, in tal caso, limitarsi a riconoscere quelle conclusioni come giustificate dalle indagini svolte dall'esperto e dalle spiegazioni contenute nella relativa relazione, ma non può esimersi da una più puntuale motivazione, allorquando le critiche mosse alla consulenza siano specifiche e tali, se fondate, da condurre a una decisione diversa da quella adottata. In particolare il giudice di merito, quando aderisce alle conclusioni del consulente tecnico che nella relazione abbia tenuto conto, replicandovi, dei rilievi dei consulenti di parte, esaurisce l'obbligo della motivazione con l'indicazione delle fonti del suo convincimento, e non deve necessariamente soffermarsi anche sulle contrarie allegazioni dei consulenti tecnici di parte, che, sebbene non espressamente confutate, restano implicitamente disattese perché incompatibili, senza che possa configurarsi vizio di motivazione, in quanto le critiche di parte, che tendono al riesame degli elementi di giudizio già valutati dal consulente tecnico, si risolvono in mere argomentazioni difensive (Cass. civ., sez. I, 10 giugno ***2020****, n. 11081).*

4.2. *Il custode.*

Nella categoria degli ausiliari del giudice rientra anche il custode la cui figura è prevista dall'art. 65 per la **conservazione** e l'**amministrazione** dei beni pignorati o sequestrati, quando la legge non dispone altrimenti. La dottrina ha giustamente osservato che la qualità di custode si assume *ope legis* (ad es. nell'espropriazione immobiliare, il debitore è nominato custode dei beni pignorati; nell'espropriazione presso terzi, il terzo è soggetto agli obblighi che la legge impone al custode) o per nomina (ad es. da parte dell'ufficiale giudiziario che procede al pignoramento o al sequestro conservativo mobiliare).

È tenuto ad esercitare la custodia da **buon padre di famiglia** così come stabilisce l'art. 67, comma 2 tanto che la violazione colposa dei doveri inerenti alla custodia di cose pignorate o sequestrate costituisce **reato** (art. 335 c.p.). Il custode è sottoposto anche a responsabilità civile in quanto è comunque tenuto al risarcimento dei danni alle parti, sempre che non abbia esercitato la stessa da buon padre di famiglia, anche per colpa lieve. Può altresì essere condannato dal giudice, se non esegue l'incarico assunto, a una pena pecuniaria e può essere sostituito in ogni tempo dal giudice, d'ufficio o su istanza di parte come prevede l'art. 66.

Ha diritto al compenso previsto dall'art. 65, comma 2, da stabilirsi con decreto dal giudice dell'esecuzione, nel caso di nomina fatta dall'ufficiale giudiziario e in ogni altro caso dal giudice che lo ha nominato.

Giurisprudenza

Il custode di beni sottoposti a sequestro giudiziario, in quanto rappresentante di ufficio, nella sua qualità di ausiliario del giudice, di un patrimonio separato, costituente centro di imputazione di rapporti giuridici attivi e passivi, risponde direttamente degli atti compiuti in tale veste, anche se in esecuzione di provvedimenti del giudice ai sensi dell'art. 676 c.p.c., ed è pertanto legittimato a stare in giudizio, attivamente e passivamente, limitatamente alle azioni relative a tali rapporti, attinenti alla custodia ed amministrazione dei beni sequestrati (Cass. civ., sez. II, 14 giugno 2019, n. 16057).

4.3. *Gli altri ausiliari.*

Ai sensi dell'art. 68 nei casi previsti dalla legge o quando ne sorge necessità, il giudice, il cancelliere o l'ufficiale giudiziario può farsi assistere da **esperti** in una determinata arte o professione e, in generale, da persona idonea al compimento di atti che egli non è in grado di compiere da solo. Il giudice può commettere ad un notaio il compimento di determinati atti e può sempre richiedere l'assistenza della forza pubblica.

Si tratta di ausiliari che vengono temporaneamente incaricati per esercitare una **funzione pubblica nel processo**. È questo il caso dell'interprete o del traduttore, dell'esperto indicato dall'art. 261, comma 3, nominati dal giudice; dell'esperto nominato dall'ufficiale giudiziario per la stima dei beni pignorati *ex* art. 518 o per la stima in sede di inventario *ex* art. 773.

La figura del notaio, ausiliario del giudice, è prevista nelle ipotesi di delega delle operazioni di vendita dei beni immobiliari *ex* artt. 591-*bis* e 591-*ter*.

Essi hanno diritto ad un compenso, determinato dal giudice con decreto.

SCHEMA 21 La composizione del tribunale

IL TRIBUNALE IN MATERIA CIVILE DECIDE

IN COMPOSIZIONE COLLEGIALE

- nelle cause in cui è **obbligatorio l'intervento del P.M.**
- nelle cause di opposizione, impugnazione, revocazione e in quelle conseguenti a dichiarazioni tardive di crediti di cui alla **legge fallimentare** e alle altre leggi speciali disciplinanti la **liquidazione coatta amministrativa**
- nelle cause devolute alle **sezioni specializzate**
- nelle cause di omologazione del **concordato fallimentare** e del concordato preventivo
- nelle cause di **impugnazione delle deliberazioni** dell'assemblea e del consiglio di amministrazione
- nelle cause di responsabilità da chiunque promosse contro gli **organi amministrativi e di controllo**, i dirigenti preposti alla redazione dei documenti contabili societari e i liquidatori delle società, delle mutue assicuratrici e società cooperative, delle associazioni in partecipazione e dei consorzi
- nelle cause di impugnazione dei **testamenti** e di **riduzione** per lesione di legittima
- nelle cause di cui alla legge n. 117/1988 (**responsabilità dei magistrati**)
- nelle cause di cui all'art. 140-*bis* del codice del consumo
- nei procedimenti in **camera di consiglio** di cui agli artt. 737 e ss., salvo che sia altrimenti disposto

IN COMPOSIZIONE MONOCRATICA

in tutti gli altri casi, compresi i giudizi di appello avverso le sentenze del giudice di pace

SCHEMA 22 Le garanzie di imparzialità del giudice

LE GARANZIE DI IMPARZIALITÀ

- **ASTENSIONE**
  - il giudice è chiamato ad astenersi dalla decisione in base alla **propria iniziativa spontanea**
    - **OBBLIGATORIA**
      - se ha interesse nella causa o in altra vertente su identica questione di diritto
      - se egli stesso o la moglie è parente, convivente o commensale abituale di una delle parti o dei difensori
      - se egli stesso o la moglie ha causa pendente, inimicizia, rapporti di debito o credito con una delle parti o dei difensori
      - se ha dato consiglio o prestato patrocinio nella causa o ha deposto in essa come testimone o ne ha conosciuto come magistrato, arbitro o consulente tecnico
      - se è tutore, curatore, amministratore di sostegno, procuratore, agente o datore di lavoro di una delle parti
      - se è amministratore o gerente di un ente, associazione, comitato, società che ha interesse nella causa
    - **FACOLTATIVA**
      - in ogni altro caso in cui esistono gravi ragioni di convenienza, previa autorizzazione del capo dell'ufficio
- **RICUSAZIONE**
  - il giudice è chiamato ad astenersi dalla decisione a fronte della **contestazione della parte** che ha motivo di dubitare della sua imparzialità
    - **IL PROCEDIMENTO**
      - si propone con **ricorso** contenente i **motivi specifici** sottoscritto dalla parte e dal difensore
      - il ricorso deve essere depositato **due giorni** prima dell'udienza (termine perentorio) ovvero prima dell'inizio della trattazione o discussione
      - la ricusazione **sospende** il processo
      - sull'istanza decide il presidente del tribunale se è ricusato un giudice di pace
      - decide il collegio se è ricusato un componente del tribunale o della Corte d'appello
      - decide il collegio in composizione differente se è ricusato l'intero collegio
      - la decisione è pronunciata con **ordinanza** non impugnabile neppure con ricorso straordinario *ex* art. 111 Cost.
      - l'ordinanza che accoglie il ricorso designa il giudice che deve sostituire quello ricusato con onere delle parti di riassumere il processo nel termine perentorio di tre mesi
      - l'ordinanza di inammissibilità o rigetto del ricorso provvede sulle spese e può prevedere a carico di chi l'ha proposto una pena pecuniaria
- **INCOMPATIBILITÀ ORGANICHE E DI SERVIZIO**

SCHEMA 23 Gli assistenti e gli ausiliari del giudice

IL CANCELLIERE	• documentazione degli atti relativamente alle attività proprie degli organi giudiziari e delle parti • assistenza al giudice nella redazione del processo verbale e nella redazione degli atti scritti • funzione di certificazione (rilascio di copie ed estratti autentici) • funzioni pubbliche (iscrizione delle cause a ruolo, formazione dei fascicoli d'ufficio, comunicazioni e notificazioni) • tenuta dei registri di cancelleria • raccolta delle sentenze, decreti di ingiunzione e processi verbali di conciliazione • adempimenti fiscali (imposta di registro e spese di giustizia)
L'UFFICIALE GIUDIZIARIO	• assistenza al giudice in udienza ed esecuzione dei suoi ordini • notificazione degli atti a richiesta di parte, del P.M. o del cancelliere
IL CONSULENTE TECNICO	• redazione di relazioni o pareri di particolare competenza tecnica su richiesta del giudice con finalità di aiuto nella valutazione di elementi acquisiti o nella soluzione di questioni che necessitano di conoscenze specifiche • compimento di indagini commesse dal giudice con obbligo di fornire chiarimenti ove richiesti
IL CUSTODE	conservazione ed amministrazione dei beni pignorati o sottoposti a sequestro
GLI ALTRI AUSILIARI (NOTAIO, INTERPRETE, TRADUTTORE)	compiti specifici assegnati dal giudice in relazione alle loro competenze professionali specifiche (traduzioni, inventario e stima dei beni, operazioni di vendita ...)

CAPITOLO VII

GLI ATTI DEL PROCESSO

1. Considerazioni generali.

Il processo civile è composto da tutta una serie di atti. Il legislatore ha stabilito con l'art. 121 la **libertà delle forme**: gli atti del processo possono, infatti, essere compiuti nella forma più idonea al raggiungimento del loro scopo, ovviamente quando la legge non richiede forme determinate. Ha previsto con l'art. 122 che in tutto il processo deve essere utilizzata la **lingua italiana**. La giurisprudenza ha avuto modo di osservare che la regola dell'obbligatorietà riguarda esclusivamente gli atti processuali in senso stretto, e cioè i provvedimenti del giudice, gli atti e le memorie redatti dai difensori delle parti ed i verbali di causa, ma non i documenti esibiti dalle parti (*Cass. civ., sez. III, 12 marzo 2013, n. 6093*). Peraltro, non viola il principio dell'obbligatorietà, il provvedimento del giudice che rechi, nella motivazione, citazioni di fonti di conoscenza in lingua inglese di facile comprensibilità (*Cass. civ., sez. I, 16 settembre 2019, n. 22979*). Disciplina derogatoria è prevista per i processi che si svolgono nella regione Trentino Alto Adige.

La norma stabilisce anche che, quando deve essere sentita una persona che non conosce la lingua italiana, il giudice può nominare un **interprete**, il quale è tenuto a prestare giuramento davanti al giudice di adempiere fedelmente l'ufficio; così pure l'art. 123 prevede la possibilità per il giudice di nominare un **traduttore** quando occorre procedere all'esame di documenti scritti in lingua diversa da quella italiana.

L'art. 124 detta le regole, infine, di comportamento per il giudice quando deve sentire un sordo, un muto o un sordomuto: in tal caso, le interrogazioni e le risposte possono essere fatte per iscritto e occorrendo il giudice può nominare un interprete.

A decorrere dal 31 dicembre 2014 sono diventate pienamente operative le disposizioni di cui all'art. 16-*bis*, comma 1, d.l. n. 179/2012 che prevedono il deposito degli atti processuali e dei documenti, da parte dei difensori delle parti precedentemente costituite, esclusivamente con modalità telematiche in tutti i procedimenti civili, contenziosi o di volontaria giurisdizione, innanzi al tribunale; a decorrere dal 30 giugno 2015 l'obbligo è stato esteso ai predetti procedimenti innanzi alle Corti d'appello. Il deposito telematico di ogni atto diverso da quelli previsti dal comma 1 della disposizione citata è sempre ammesso. Si ha pertanto il seguente regime (facoltà/obbligo):

- atto introduttivo/primo difensivo: avanti al tribunale e alla Corte d'appello il deposito può avvenire in modo telematico o cartaceo a scelta della parte
- atto endoprocessuale: avanti al tribunale e alla Corte d'appello il deposito deve avvenire in modo esclusivamente telematico.

A decorrere dal 31 marzo 2015 nei procedimenti di espropriazione forzata il deposito della nota di iscrizione a ruolo ha luogo esclusivamente con modalità telematiche.

In base al comma 7 dell'art. 16-*bis*, il deposito è tempestivamente eseguito quando la ricevuta di avvenuta consegna è generata entro la fine del giorno di scadenza, con proroga di diritto del giorno di scadenza se il termine scade in un giorno festivo ovvero, in caso di atti processuali da compiersi fuori udienza, di sabato, come precisato dalla circolare emanata dal Ministero della giustizia, Direzione Generale della Giustizia Civile in data 23 ottobre 2015.

L'osservanza delle regole tecniche, dettate dalla normativa secondaria ad integrazione della normativa primaria, è condizione indispensabile per il raggiungimento dello scopo dell'atto processuale depositato in via telematica. È per questo motivo che non sono ammesse forme alternative (ad esempio l'invio dell'atto mediante una pec ordinaria alla cancelleria); ciò non costituisce un inutile formalismo né integra violazione del principio del giusto processo in quanto, al contrario, la precisa regolamentazione dell'uso di strumenti informatici e telematici nel processo civile e il conseguenziale rispetto della relativa regolamentazione, sono in grado di assicurare la certezza legale e, quindi, la sicura dimostrabilità, della presa di contatto tra la parte e l'ufficio giudiziario e della messa a disposizione dell'atto processuale alle altre parti, alle quali l'atto stesso potrà essere accessibile solo ove validamente inserito in quella procedura telematica (*Cass. civ., sez. I, 23 luglio* ***2020****, n. 15771*).

Giurisprudenza

In materia di datazione del deposito telematico di un atto giudiziario, la data della generazione della ricevuta di consegna è l'unica idonea a stabilire la data di effettivo deposito di un atto, a nulla rilevando che la ricevuta dell'esito dei controlli automatici proveniente dal server della cancelleria possa essere successiva (Cass. civ., sez. III, 9 ottobre ***2020****, n. 21931).*

Ai sensi del d.l. n. 179/2012, art. 16-bis, comma 7, conv., con modificazioni, nella l. n. 221/2012, il deposito con modalità telematiche si ha per avvenuto al momento in cui viene generata la ricevuta di avvenuta consegna da parte del gestore di posta elettronica certificata del Ministero della giustizia, sicché da quel momento, essendosi perfezionato il deposito, non residua pertanto alcuno spazio per un rifiuto di ricezione degli atti per irregolarità fiscale degli stessi, ai sensi del d.P.R. n. 115/2002, art. 285 (Cass. civ., sez. III, 11 novembre ***2020****, n. 25289).*

2. I requisiti indispensabili.

L'art. 125 è considerato una delle norme più importanti, in quanto nel disciplinare il **contenuto degli atti processuali**, il legislatore ha molto spesso fatto riferimento a questa norma, la quale stabilisce che la citazione, il ricorso, la comparsa, il controricorso, il precetto debbono indicare:

- l'**ufficio giudiziario**;
- le **parti**;
- l'**oggetto**;
- le **ragioni** della domanda;
- le **conclusioni** o l'istanza;
- la **sottoscrizione** della parte, sia nell'originale sia nelle copie da notificare, se sta in giudizio personalmente oppure del difensore, il quale deve, altresì, indicare il proprio codice fiscale e il numero di fax.

La sottoscrizione è un **requisito essenziale** ma la giurisprudenza ha distinto tra originale dell'atto e copia dell'atto da notificare. Se manca la sottoscrizione sull'originale dell'atto, si verifica la nullità insanabile: la sottoscrizione attiene allo *ius postulandi* e cioè alla proposizione della domanda al giudice; conseguentemente, neppure la costituzione in giudizio dell'altra parte può sanare la nullità. Se manca la sottoscrizione sulla copia dell'atto da notificare, ma non sull'originale, non si determina alcuna nullità ma soltanto una **mera irregolarità** se la provenienza dell'atto del difensore (munito di procura) emerge in modo inequivocabile e sempre cha la copia contenga la riproduzione della procura con la sottoscrizione per autentica apposta dal difensore; in caso contrario l'atto è nullo. Il requisito della sottoscrizione è soddisfatto anche dall'apposizione di una sigla anziché della firma per esteso.

La norma prevede, altresì, che la **procura** al difensore dell'attore può essere rilasciata in data posteriore alla notificazione dell'atto, purché anteriormente alla costituzione della parte rappresentata: tale disposizione non si applica quando la legge richiede che la citazione sia sottoscritta dal difensore munito di mandato speciale, come nell'ipotesi di proposizione della querela di falso o del ricorso per Cassazione.

3. Il processo verbale.

Già si è detto che il processo civile è improntato alla **oralità**. Proprio per questo motivo è sorta la necessità di prevedere le modalità di **documentazione dell'attività** svolta dalle parti in modo orale di fronte al giudice in udienza. L'art. 126 prevede che il processo verbale deve contenere l'indicazione delle persone intervenute e delle circostanze di luogo e di tempo, nelle quali sono compiuti gli atti che documenta; deve inoltre contenere la descrizione delle attività svolte, delle rilevazioni fatte e le dichiarazioni ricevute. Deve essere sottoscritto dal cancelliere il quale, se vi sono altri intervenuti, dà loro lettura del processo verbale.

Per le modalità di **compilazione** del verbale la dottrina fa riferimento a quanto disposto dall'art. 136 c.p.p. il quale dispone che il verbale contiene la menzione del luogo, della data, dell'ora in cui è stato aperto e chiuso, le generalità delle persone ecc. La sottoscrizione da parte del cancelliere conferisce al processo verbale la qualità di **atto pubblico**. La giurisprudenza aveva in un primo momento negato la possibilità di proporre la querela di falso civile ma ha modificato il proprio orientamento nel senso di ritenerla ammissibile.

Il legislatore ha quindi previsto precise modalità per lo **svolgimento dell'udienza**: il giudice deve essere assistito dal cancelliere il quale redige il processo verbale (art. 130), documentando tutto quanto è avvenuto. Nella prassi giudiziaria, però, raramente ciò accade: quasi mai il cancelliere assiste il giudice; il processo verbale viene predisposto in modo molto sommario o dai difensori delle parti o dal giudice, anche telematicamente.

4. Le udienze.

L'udienza è la **sede naturale** in cui il processo si svolge davanti al giudice. L'udienza **è diretta** dal giudice singolo o dal presidente del collegio; il giudice che la dirige può fare o prescrivere quanto occorre affinché la trattazione delle cause avvenga in modo ordinato e proficuo, regola la discussione, determina i punti sui quali essa deve svolgersi e la dichiara chiusa quando la ritiene sufficiente (art. 127). L'**udienza di discussione** è pubblica, a pena di nullità; il giudice che la dirige può disporre che si svolga a porte chiuse, se ricorrono ragioni di sicurezza dello stato, di ordine pubblico o di buon costume. Il giudice esercita i poteri di polizia per il mantenimento dell'ordine e del decoro e può allontanare chi contravviene alle sue prescrizioni (art. 128). Chi interviene o assiste all'udienza non può portare armi o bastoni, deve restare a capo scoperto e in silenzio. È vietato fare segni di approvazione o disapprovazione o cagionare in qualsiasi modo disturbo (art. 129).

Il **principio di pubblicità** delle attività processuali è espressione di civiltà giuridica ed è sancito dall'art. 6 della Convezione Europea per la salvaguardia dei diritti e delle libertà fondamentali dell'uomo e dall'art. 14 del patto internazionale dei diritti civili e politici; è pubblica solamente l'udienza di discussione. La nullità della sentenza relativa ad una causa la cui udienza di discussione si sia tenuta non in pubblico ma in camera di consiglio, non può essere rilevata d'ufficio ma solo dalle parti nella prima difesa successiva alla notizia della nullità.

5. I termini.

Il processo civile è composto da tutta una serie di atti e le parti hanno il corrispondente diritto e potere di compiere gli stessi: ciò ha reso necessario pertanto stabilire i termini e cioè il **periodo di tempo** per compiere validamente i singoli atti del processo. Secondo la definizione dell'art. 152 i termini sono:

- **legali** (quando stabiliti dalla legge); sono ordinatori, tranne che la legge li dichiari espressamente perentori;
- **giudiziari** (quando stabiliti dal giudice).

La dottrina compie un'ulteriore ripartizione tra termini:

- **dilatori** (periodo di tempo solo decorso il quale l'attività può compiersi);
- **acceleratori** (periodo di tempo entro il quale l'attività deve o può essere compiuta).

La distinzione più importante è però quella tra:

- **perentori**, e cioè i termini che sono dichiarati tali dalla legge, la cui inosservanza determina l'estinzione del processo o la decadenza da una facoltà processuale;
- **ordinatori**, e cioè quelli dettati per regolare l'attività processuale, senza che la loro scadenza comporti automaticamente decadenza.

La giurisprudenza ha precisato che sebbene l'art. 152 disponga che i termini stabiliti dalla legge sono ordinatori, salvo che questa li dichiari espressamente perentori, non si può da tale norma dedurre che, ove manchi un'esplicita dichiarazione in tal senso, debba senz'altro escludersi la perentorietà del termine; nulla vieta infatti di indagare se, a prescindere dal dettato della norma, un termine, per lo scopo che persegue e la funzione che adempie, debba essere rigorosamente osservato, e sia quindi perentorio.

I termini processuali ordinatori possono essere **prorogati**, anche d'ufficio dal giudice, ma ciò è possibile soltanto prima della loro scadenza (art. 154), con la conseguenza che il loro decorso, senza la presentazione di un'istanza di proroga, determina gli stessi effetti preclusivi della scadenza dei termini perentori ed impedisce la concessione di un nuovo termine.

I termini perentori non possono essere abbreviati o prorogati, nemmeno sull'accordo delle parti (art. 153, comma 1) ma la parte può chiedere di essere rimessa in termini qualora dimostri di essere incorsa in decadenze per causa ad essa non imputabile (art. 153, comma 2).

Un termine legale perentorio è quello fissato dall'art. 305: è la legge che stabilisce che il processo deve essere proseguito o riassunto entro il termine perentorio di tre mesi dall'interruzione, pena la sua estinzione.

Un termine legale ordinatorio è quello fissato dall'art. 415, comma 4, in materia di controversie di lavoro: la legge assegna al ricorrente, per la notificazione del ricorso e del decreto giudiziale di fissazione dell'udienza di discussione al convenuto, il termine di dieci giorni; la sua inosservanza non produce alcuna decadenza né implica alcuna conseguenza sulla validità della *vocatio in ius*, a condizione che risulti garantito al convenuto il termine per la sua costituzione in giudizio non inferiore ai trenta giorni, come stabilito dal comma 5 della stessa norma (ovvero a quaranta giorni nell'ipotesi prevista dal successivo comma 6).

Un termine giudiziario perentorio è quello fissato dall'art. 102, comma 2: è il giudice che stabilisce il termine perentorio entro il quale deve essere integrato il contraddittorio nell'ipotesi di litisconsorzio necessario.

Un termine giudiziario ordinatorio è quello fissato dall'art. 203, comma 2 per l'assunzione delle prove fuori dalla circoscrizione del tribunale: il giudice fissa il temine entro il quale la prova deve assumersi, ma tale termine può essere prorogato, prima della sua scadenza.

Giurisprudenza

La rimessione in termini per causa non imputabile (ex artt. 184-bis e 153 c.p.c.) postula un fatto impeditivo estraneo alla volontà della parte che presenti i caratteri dell'assolutezza e non della mera difficoltà e si ponga in rapporto causale determinante con il verificarsi della decadenza, sicché essa non è invocabile quando la difesa della parte che abbia revocato il mandato al proprio difensore è assicurata da quello stesso difensore, fintanto che la parte stessa non provvederà a sostituirlo e ciò in ossequio alla previsione di cui all'art. 85 c.p.c. il quale risponde all'esigenza fondamentale del processo di impedire che questo abbia ad arrestarsi per effetto della revoca o rinuncia (Cass. civ., sez. VI, 23 giugno ***2020****, n. 12249).*

5.1. *Il computo dei termini.*

Il legislatore ha fissato anche le **modalità di computo** dei termini. Se si tratta di termini **a mesi o ad anni**, si osserva il calendario comune (art. 155, comma 2), prescindendo dal numero dei giorni di cui è composto ogni singolo mese od anno: la scadenza del termine coincide con lo spirare del giorno numericamente corrispondente a quello di decorrenza del termine. Nel computo dei termini **a giorni o ad ore**, in applicazione del brocardo *dies a quo non computatur in termino*, si escludono il giorno o l'ora iniziali (art. 155, comma 1).

I **giorni festivi** si computano sempre nel termine, tranne nel caso in cui sia festivo quello di scadenza: in tal caso la scadenza è prorogata di diritto al primo giorno seguente non festivo. Sono qualificati giorni festivi: le domeniche, il primo giorno dell'anno, l'Epifania, il 25 aprile, il lunedì di Pasqua, il primo maggio, il 2 giugno, il 15 agosto, il giorno di Ognissanti e nel mese di dicembre i giorni 8, 25 e 26. La proroga di cui sopra si applica anche ai termini per il compimento degli atti processuali svolti fuori dell'udienza che scadono nella giornata del sabato.

Più complesso il computo dei termini **a ritroso**: ad esempio l'art. 166 stabilisce che il convenuto deve costituirsi in giudizio almeno venti giorni prima dell'udienza di comparizione fissata nell'atto di citazione. In tali casi occorre considerare il *dies ad quem*, a cominciare dal quale il termine decorre a ritroso. Deve essere computato il giorno di costituzione in applicazione del brocardo *dies ad quem computatur in termino*. La giurisprudenza ritiene che non si applica la proroga: ove si verifichi la coincidenza con il giorno festivo, la scadenza del termine rimane anticipata al giorno precedente non festivo.

Nei termini a ritroso, lo slittamento contemplato all'art. 155, commi 4 e 5, va inteso come necessariamente riferito al giorno cronologicamente precedente non festivo rispetto al giorno festivo o al sabato in cui cada il termine di compimento dell'atto.

La Corte di cassazione aveva fissato l'udienza in camera di consiglio per il giorno 3 marzo 2017; il termine di cinque giorni, per il deposito delle memorie *ex* art. 380-*bis*, scadeva il giorno domenica 26 febbraio 2017. Il ricorrente aveva depositato la memoria il giorno lunedì 27 febbraio 2017. La Corte ha ritenuto la stessa tardiva, in quanto, in applicazione dell'art. 155, comma 4 e comma 5, la memoria doveva essere depositata il giorno venerdì 24 febbraio 2017; diversamente avrebbe prodotto l'effetto contrario dell'abbreviazione dell'intervallo di cinque giorni, in pregiudizio delle esigenze di difesa (*Cass. civ., sez. VI, 14 settembre 2017, n. 21335*).

5.2. *La sospensione feriale dei termini.*

La legge 7 ottobre 1969, n. 742 regolamenta la sospensione dei termini in ambito feriale; l'art. 1 dispone che il decorso dei termini processuali relativi alle giurisdizioni ordinarie ed a quelle amministrative è **sospeso di diritto** dal 1° agosto al 31 agosto di ciascun anno e riprende a decorrere dalla fine del periodo di sospensione. Ove il decorso abbia inizio durante il periodo di sospensione, l'inizio stesso è differito alla fine di detto periodo.

Tutti i termini sono pertanto sospesi durante tale periodo e riprendono a decorrere dalla fine del periodo di sospensione.

L'art. 3 della legge stabilisce in modo tassativo che in materia civile, l'art. 1 non si applica alle cause ed ai procedimenti indicati nell'art. 92 ord. giud., nonché alle controversie previste dagli artt. 429 e 459. **Non si applica**, pertanto, la sospensione dei termini a:

- cause relative ad **alimenti** (escluse quelle concernenti la misura dell'assegno di mantenimento dei figli e quelle di separazione dei coniugi e di divorzio);
- procedimenti **cautelari** (fase sommaria);
- cause di **sfratto**;
- cause di **opposizione all'esecuzione**;
- controversie relative alla **dichiarazione** e alla **revoca** del **fallimento**;
- cause in materia di **lavoro** e **previdenziale**;
- cause in materia **agraria**.

Giurisprudenza

Ai sensi della l. 7 ottobre 1969, n. 742, artt. 1 e 3, e del r.d. 30 gennaio 1941, n. 12, art. 92, la sospensione dei termini processuali nel periodo feriale non si applica alle opposizioni esecutive, riferendosi tale disciplina al processo di opposizione all'esecuzione in ogni sua fase, compreso il giudizio di cassazione, a prescindere dal contenuto della sentenza e dai motivi di impugnazione, ed operando, al riguardo, il principio dell'apparenza, per cui il regime di impugnazione, e, di conseguenza, anche le norme relative al computo dei termini per impugnare, vanno individuati in *base alla qualificazione che il giudice "a quo" abbia dato all'azione proposta in giudizio e non in base al rito applicabile (Cass. civ., sez. VI, 18 giugno **2020**, n. 11780).*

*La deroga della sospensione dei termini processuali nel periodo feriale, di cui all'art. 1 l. n. 742/1969 prevista per le cause inerenti ad obblighi alimentari, non può essere estesa alle cause di separazione giudiziale dei coniugi, ancorché pendenti in fase d'impugnazione con riguardo anche alle statuizioni adottate in materia di alimenti (Cass. civ., sez. I, 7 settembre **2020**, n. 18612).*

6. I provvedimenti del giudice.

Gli atti giuridici processuali che provengono dal giudice si chiamano provvedimenti: con gli stessi il giudice assolve alla sua funzione decisoria giurisdizionale. L'art. 131 individua **tre tipi** di provvedimenti del giudice stabilendo al comma 1 che la legge prescrive in quali casi il giudice pronuncia:

- **sentenza**, cioè il provvedimento tipico con il quale il giudice decide la controversia;
- **ordinanza**, cioè il provvedimento tipico con il quale il giudice istruisce la causa e quando decide soltanto questioni di competenza;
- **decreto**, cioè il provvedimento ordinatorio che non richiede, di regola, alcuna motivazione.

La norma prevede al comma 2 che, in mancanza di prescrizioni, i provvedimenti sono dati in qualsiasi **forma idonea** al raggiungimento del loro scopo, ma si esclude in giurisprudenza la possibilità per il giudice di emettere atti atipici.

La giurisprudenza ha avuto modo di precisare che al fine di stabilire se un provvedimento abbia natura di sentenza o di ordinanza, è decisiva non già la forma adottata ma il suo **contenuto** (cosiddetto principio della prevalenza della sostanza sulla forma); in particolare, al fine di stabilire se un determinato provvedimento abbia carattere di sentenza o di ordinanza e sia, pertanto, soggetto o meno ai mezzi di impugnazione previsti per le sentenze, è necessario avere riguardo agli **effetti giuridici** che esso è destinato a produrre; ne consegue che deve essere definito come sentenza il provvedimento con il quale il giudice definisce la controversia soggetta al suo giudizio, sia sotto il profilo sostanziale, sia sotto il profilo processuale; mentre non è definibile come sentenza il provvedimento adottato in ordine all'ulteriore corso del giudizio, anche se con esso siano state decise questioni di merito o di procedura, essendo tali questioni soggette al successivo riesame in sede decisoria (*Cass. civ., sez. I, 19 febbraio 2018, n. 3945*).

I provvedimenti del giudice depositati con modalità telematiche sono redatti in forma sintetica (art. 16-*bis* d.l. 18 ottobre 2012 n. 179).

L'art. 131, comma 3 stabilisce che quando i provvedimenti sono emessi **in via collegiale** deve essere compilato un sommario processo verbale, il quale deve contenere la menzione dell'unanimità della decisione o del dissenso, succintamente motivato, che qualcuno dei componenti del collegio, da indicarsi nominativamente, abbia eventualmente espresso su ciascuna delle questioni decise. Il verbale, redatto dal meno anziano dei componenti togati del collegio e **sottoscritto** da tutti i componenti del collegio stesso, è conservato a cura del presidente in **plico sigillato** presso la cancelleria dell'ufficio. Il comma è stato inserito dall'art. 16 della legge 13 aprile 1988 n. 177 sulla responsabilità civile dei magistrati, ma è stato ritenuto incostituzionale — in quanto in contrasto con l'art. 97 Cost. — nella parte in cui imponeva in ogni caso la compilazione del verbale, senza cioè rimettere alla discrezione dei singoli componenti il collegio, la possibilità di evitare la verbalizzazione. È pertanto **facoltà** del membro del collegio dissenziente di chiedere la redazione del verbale.

6.1. *La sentenza.*

La sentenza è considerato l'atto giurisdizionale per eccellenza, consistendo nel **provvedimento tipico** con il quale si attua la funzione della giurisdizione. A seconda del contenuto le sentenze si distinguono in **sentenze di merito** (di accoglimento o di rigetto della domanda) e in **sentenze di rito** (incidenti solamente sul processo). Comunemente la dottrina individua:

- sentenza di **mero accertamento**, quando viene accertato un diritto di una delle parti, che era contestato;
- sentenza di **condanna**, quando oltre ad accertare il diritto, accorda ad una delle parti tutela suscettibile di esecuzione forzata. La giurisprudenza ritiene che nel nostro ordinamento sono ammesse, in omaggio al criterio della economia dei giudizi, le cosiddette sentenze **condizionate**, nelle quali l'efficacia della condanna è subordinata al sopraggiungere di un determinato evento futuro ed incerto, o di un termine prestabilito o di una controprestazione specifica, sempre che il verificarsi della circostanza tenuta presente non debba essere controllato da altri accertamenti di merito in un ulteriore giudizio di cognizione, ma possa essere semplicemente fatto valere in sede esecutiva mediante opposizione all'esecuzione;
- sentenza **costitutiva**, quando l'accertamento del diritto comporta una modificazione giuridica.

La legge distingue tra sentenze **definitive** (art. 279, comma 2) cioè quelle che definiscono il giudizio e **non definitive** cioè quelle con cui, pur non concludendo il giudizio, il giudice decide una parte della controversia (una questione di merito o una o più questioni pregiudiziali).

La sentenza è pronunciata "in nome del popolo italiano", reca l'intestazione "Repubblica Italiana" (art. 132) e deve contenere:

- l'**indicazione del giudice** che l'ha pronunciata: trattasi della specificazione dell'ufficio giudiziario territoriale e dei singoli giudici del collegio. È considerata nulla la sentenza alla cui deliberazione abbia partecipato un giudice che non era stato presente alla discussione della causa; è considerata inesistente quella pronunciata da un collegio diverso da quello che aveva trattenuto la causa in decisione;

- l'**indicazione delle parti e dei loro difensori**: ha funzione puramente indicativa; la mancanza o l'incompletezza può essere sanata con il procedimento di correzione, sempre che in altra parte della sentenza sia possibile individuare i soggetti del processo;
- **le conclusioni del p.m. e quelle delle parti:** la mancanza, l'incompletezza o l'erroneità di trascrizione non comporta nullità;
- la concisa esposizione delle **ragioni di fatto e di diritto** della decisione; l'art. 118, comma 1, disp.att., specifica che devono essere esposti i fatti rilevanti della causa e le ragioni giuridiche su cui la decisione si fonda, facendo riferimento anche a precedenti giurisprudenziali conformi. Anche se succinta, la motivazione deve comunque sussistere in funzione dell'obbligo sancito dall'art. 111 Cost.; si manifesta nell'*iter* logico-intellettivo che il giudice ha seguito per pervenire alla decisione. I requisiti sono la **sufficienza** (esistente quando la motivazione è idonea a consentire l'individuazione dell'*iter* logico-giuridico e quando il giudice ha preso in considerazione le argomentazioni delle parti), la **logicità** (sussistente quando la motivazione non è contraddittoria e cioè è coerente) e l'**ordine** (sussistente quando nella sua interpretazione è possibile ricostruire l'*iter* logico-giuridico seguito dal giudice);
- il **dispositivo**: il provvedimento in concreto adottato dal giudice, che ha la funzione di esprimere in forma riassuntiva la decisione (*Cass. civ., sez. VI, 16 ottobre 2019, n. 26236*);
- la **data della deliberazione**: la mancanza o la irregolarità non determina nullità ma semplice errore materiale;
- la **sottoscrizione del giudice**: costituisce requisito inderogabile ai fini della validità della pronuncia; al suo difetto assoluto consegue la nullità insanabile della sentenza, rilevabile anche d'ufficio dal giudice del gravame. La sentenza emessa dal giudice collegiale è sottoscritta soltanto dal presidente e dal giudice estensore; se il presidente non può sottoscrivere per morte o per altro impedimento, ai sensi dell'art. 132, comma 2 la sentenza deve essere sottoscritta dal componente più anziano del collegio, purché prima della sottoscrizione sia menzionato l'impedimento; se l'estensore non può sottoscrivere la sentenza per morte o altro impedimento è sufficiente la sottoscrizione del solo presidente, purché prima della sottoscrizione sia menzionato l'impedimento.

Una delle questioni più controverse è quella della **motivazione apparente**. Secondo la giurisprudenza (*Cass. civ.,* ***sez. un.***, *3 novembre 2016, n. 22232*) è tale quella che, pur essendo graficamente (e, quindi, materialmente) esistente, come parte del documento in cui consiste il provvedimento giudiziale, non rende tuttavia percepibili le ragioni della decisione, perché consiste di argomentazioni obiettivamente inidonee a far conoscere l'*iter* logico seguito per la formazione del convincimento, di talché essa non consente alcun effettivo controllo sull'esattezza e sulla logicità del ragionamento del giudice. Sostanzialmente omogenea a questa è la **motivazione perplessa e incomprensibile**: in entrambi i casi, l'anomalia motivazionale, implicante una violazione di legge costituzionalmente rilevante, integra un *error in procedendo* e, in quanto tale, comporta la nullità della sentenza impugnata per cassazione.

Il Codice dell'Amministrazione digitale consente al giudice di sottoscrivere la sentenza con **firma digitale**; in tali casi la firma non è visibile, ma la presenza della "coccardina" sulla copia cartacea e la firma digitale del cancelliere, ne comprovano l'autenticità.

Il deposito e la pubblicazione della sentenza coincidono e si realizzano nel momento in cui il cancelliere procede al deposito ufficiale con l'inserimento del dispositivo nell'elenco cronologico (*Cass. civ., sez. II, 9 ottobre 2018, n. 24891*); la comunicazione della sentenza (art. 136) avviene mediante biglietto contenente il testo integrale della sentenza, in via telematica (v. parte prima, cap. VII, 7).

La comunicazione non è idonea a far decorrere i termini per le impugnazioni di cui all'art. 325 e cioè il termine breve, salvo che norme speciali stabiliscano diversamente, come, ad esempio, nel caso di reclamo avverso la sentenza dichiarativa di fallimento (*Cass. civ., sez. I, 20 maggio 2016, n. 10525*).

Giurisprudenza

*Nelle ipotesi in cui la decisione è deliberata quando il decidente, per essere collocato a riposo, esce dall'ordine giudiziario, essa risulta pronunciata a non iudice ed è, perciò, nulla ai sensi dell'art. 161, comma 2, c.p.c. (Cass. civ., sez. I, 26 febbraio **2020**, n. 5137).*

6.2. *L'ordinanza.*

È il provvedimento più ricorrente nel corso del processo: la legge prevede che tutti i provvedimenti del giudice istruttore, salvo che la legge disponga altrimenti, hanno la forma dell'ordinanza (art. 176, comma 1); il giudice dispone con ordinanza quando deve emanare **provvedimenti ordinatori** (ad es. l'ammissione di prove, la riunione di cause, la sospensione del processo) o deve risolvere provvisoriamente **questioni** o **difficoltà** sorte nel corso del processo. Molteplici sono i tipi di ordinanza:

- **di incompetenza**: il giudice pronuncia ordinanza quando decide soltanto questioni di competenza, come risulta dalla nuova formulazione dell'art. 279;
- **istruttoria**: quella prevista, ad esempio dall'art. 183, comma 7, con la quale il giudice provvede sulle richieste istruttorie fissando l'udienza per l'assunzione dei mezzi di prova;
- **collegiale**: quella prevista, ad esempio dall'art. 348, comma 2, con la quale il collegio dispone il rinvio della causa se l'appellante già costituito non compare alla prima udienza;
- **revocabile e modificabile**: quella prevista, ad esempio dall'art. 186-*ter*, con la quale il giudice pronuncia ordinanza ingiunzione di pagamento o di consegna;
- **reclamabile**: quella prevista, ad esempio dall'art. 669-*octies*, con la quale il giudice accoglie la domanda di provvedimento cautelare, che è reclamabile ai sensi dell'art. 669-*terdecies*;

- **non impugnabile**: quella prevista, ad esempio dall'art. 367, con la quale il giudice sospende il processo di merito quando è stato proposto regolamento di giurisdizione ai sensi dell'art. 41.

Ai sensi dell'art. 134, l'ordinanza è succintamente motivata; se è pronunciata in udienza è inserita nel processo verbale; se è pronunciata fuori udienza è scritta in calce al processo verbale oppure in foglio separato munito della data e della sottoscrizione del giudice o, quando questo è collegiale, del presidente.

L'art. 177 fissa il principio che le ordinanze, comunque motivate, non possono mai pregiudicare la decisione della causa; possono essere **sempre modificate o revocate** dal giudice che le ha pronunciate tranne:

- quelle pronunciate sull'accordo delle parti, in materia della quale queste possono disporre; sono tuttavia revocabili dal giudice istruttore o dal collegio quando vi sia l'accordo di tutte le parti;
- quelle dichiarate espressamente non impugnabili dalla legge;
- quelle per le quali la legge predisponga uno speciale mezzo di reclamo.

Il cancelliere deve darne comunicazione alle parti solamente quando l'ordinanza è pronunciata **fuori udienza** (se resa in udienza è infatti già conosciuta dalle parti presenti e da quelle che dovevano comparirvi come prevede l'art. 176, comma 2), salvo che la legge ne prescriva la notificazione. L'omissione della comunicazione ad una delle parti costituite determina nullità del provvedimento qualora la parte non sia comparsa all'udienza successiva. In alcuni casi la legge prevede non sufficiente la comunicazione, ma onera il cancelliere di notificarla a mezzo ufficiale giudiziario, come, ad esempio, previsto dall'art. 237 per l'ordinanza collegiale che ammette il giuramento.

La Corte d'appello, in una controversia celebrata con il rito del lavoro, si ritira in camera di consiglio e dà lettura, al termine della stessa, dell'ordinanza alle ore 22.50, in assenza dei legali delle parti, rinviando per l'espletamento delle prove ammesse ad alcuni mesi di distanza. Alla successiva udienza decide la causa con declaratoria di decadenza dalla prova per mancata presentazione della parte e dei testi. La Corte di cassazione ha confermato la sentenza in quanto, a mente dell'art. 176, le ordinanze pronunciate dal giudice in udienza ed inserite nel processo verbale a norma dell'art. 134 si reputano conosciute sia dalle parti presenti sia da quelle che avrebbero dovuto intervenire, e pertanto non devono essere comunicate a queste ultime dal cancelliere.

6.3. *Il decreto.*

Il decreto è considerato il provvedimento giudiziale più semplice; è pronunciato generalmente **in assenza di contraddittorio** e anche d'ufficio; **non necessita di motivazione**, salvo che la stessa sia prescritta espressamente dalla legge. L'art. 135 stabilisce che il decreto è pronunciato d'ufficio o su istanza anche verbale della parte. Se è pronunciato su ricorso, è scritto in calce al medesimo. Quando l'istanza è proposta verbalmente se ne redige processo verbale e il decreto è inserito nello stesso. È datato ed è sottoscritto dal giudice o dal presidente se il decreto è collegiale. La legge prevede che il giudice emette decreto in una molteplicità di ipotesi.

Il presidente del tribunale emette decreto quando a seguito dell'iscrizione a ruolo di una causa designa il giudice istruttore (art. 168-*bis*) oppure quando fissa la data di comparizione dei coniugi a fronte di una domanda di separazione personale (art. 706).

Il giudice emette decreto quando attribuisce efficacia di titolo esecutivo al processo verbale di conciliazione formato dal consulente tecnico (art. 199, comma 2) oppure quando accoglie il ricorso per ingiunzione (art. 641).

Il decreto è motivato quando il giudice rigetta la domanda di ingiunzione (art. 640, comma 2).

7. Le comunicazioni.

Il cancelliere è tenuto a comunicare la sentenza e le ordinanze alle parti; l'art. 136 disciplina in concreto le **modalità** delle comunicazioni, quelle che il cancelliere effettua in modo autonomo, in quanto espressamente previste dalla legge, e quelle ordinate dal giudice. La norma prevede che il cancelliere effettua le comunicazioni (prescritte dalla legge o dal giudice) con **biglietto di cancelleria** al pubblico ministero, alle parti, al consulente, agli altri ausiliari del giudice e ai testimoni. Il biglietto è consegnato dal cancelliere al destinatario che ne rilascia **ricevuta** o trasmesso a mezzo posta elettronica certificata o a mezzo telefax oppure all'ufficiale giudiziario per la notifica. La norma deve essere coordinata con l'art. 16 del d.l. 18 ottobre 2012, n. 179 che ha previsto che alle parti sia comunicato anche il testo integrale del provvedimento (*Cass. civ., sez. lav., 4 gennaio 2019, n. 83*) e che tutte le comunicazioni e notificazioni a cura della cancelleria devono essere effettuate esclusivamente per via telematica all'indirizzo di posta elettronica certificata e, in mancanza dello stesso in capo al destinatario, mediante deposito in cancelleria. Il biglietto, in tal caso, come prevede l'art. 45 disp. att. è costituito dal messaggio di posta elettronica certificata, formato ed inviato nel rispetto della normativa concernente la trasmissione e la ricezione dei documenti informatici.

La giurisprudenza ha precisato che le comunicazioni di cancelleria devono essere eseguite esclusivamente presso l'indirizzo PEC del difensore della parte, potendosi derogare (con biglietto a mezzo telefax o con rimessione all'ufficiale giudiziario per la notifica) solo ove non sia possibile effettuare la comunicazione a mezzo PEC per causa non imputabile al destinatario (*Cass. civ., sez. II, 10 maggio 2018, n. 11316*).

In un procedimento di appello in materia di lavoro, la cancelleria aveva comunicato all'avvocato ricorrente il decreto di fissazione dell'udienza di prima comparizione a mezzo PEC all'indirizzo comunicato dal consiglio dell'Ordine al Ministero della Giustizia.

Il difensore non aveva consultato la posta elettronica certificata e non aveva, quindi, effettuato la notifica alla controparte entro il termine minimo fissato dall'art. 435, comma 3. La Corte d'appello aveva dichiarato improcedibile l'appello. La Cassazione ha confermato la sentenza in quanto ogni avvocato è responsabile della gestione della propria PEC, nel senso che se non la apre ne risente le conseguenze (*Cass. civ., sez. lav., 2 luglio 2014, n. 15070*).

8. Le notificazioni.

Ai sensi dell'art. 137 le notificazioni sono eseguite, quando non è disposto altrimenti, dall'ufficiale giudiziario, su istanza di parte o su richiesta del pubblico ministero o del cancelliere. In forza di quanto previsto dall'art. 147 le notificazioni non possono farsi prima delle ore 7 e dopo le ore 21. L'ufficiale giudiziario esegue la notificazione mediante consegna al destinatario di **copia conforme** all'originale dell'atto da notificarsi. Se la notificazione non può essere eseguita in mani proprie del destinatario, tranne che nel caso previsto dal comma 2 dell'art. 143, l'ufficiale giudiziario consegna o deposita la copia dell'atto da notificare in busta che provvede a sigillare e su cui trascrive il numero cronologico della notificazione, dandone atto nella relazione in calce all'originale e alla copia dell'atto stesso. Sulla busta non sono apposti segni o indicazioni dai quali possa desumersi il contenuto dell'atto.

La notificazione è, dunque, un atto dell'ufficiale giudiziario ed è un atto del processo, in quanto in tal modo vi è un soggetto che attesta che il destinatario ha ricevuto l'atto o che sono state compiute le varie formalità previste dalle norme successive, affinché l'atto processuale possa ritenersi portato a conoscenza del destinatario.

Il procedimento di notificazione è distinto in **tre fasi**:

- fase di **impulso**: consiste nella richiesta della notificazione, che compete non solo alla parte, ma anche al suo procuratore; è ritenuta inesistente se la notificazione è effettuata ad istanza del domiciliatario ed in genere da qualsiasi soggetto diverso dalla parte o da difensore munito di mandato. La mancata indicazione della parte istante dà luogo a nullità solo quando non sia desumibile dal contesto dell'atto colui che ha richiesto la notificazione;
- fase di **trasmissione e consegna**: non tutti gli ufficiali giudiziari sono competenti a notificare l'atto (in quanto ciascuno ha una propria sfera di attribuzione) ma solamente l'ufficiale giudiziario del mandamento nel cui territorio deve essere consegnato l'atto oppure quello della sede dell'ufficio giudiziario competente per l'atto stesso; nel primo caso, l'ufficiale giudiziario può avvalersi del servizio postale se la notificazione deve eseguirsi fuori del comune di sua

residenza; nel secondo caso, la notifica a mezzo posta è obbligatoria quando deve avvenire fuori del territorio del mandamento. La notifica compiuta dall'ufficiale giudiziario incompetente è nulla, ma la **nullità** è **sanabile** con il raggiungimento dello scopo cui l'atto è destinato. Scopo della notifica è quello di portare l'atto a conoscenza del destinatario: se le forme sono rispettate, vi è una presunzione assoluta di conoscenza indipendentemente dalla conoscenza effettiva;

- fase di **certificazione**: è quella descritta dall'art. 148. L'ufficiale giudiziario attesta, nella propria relazione redatta in calce all'originale e anche alla copia, che egli ha consegnato al destinatario una copia conforme all'originale, indicando la persona cui è stata consegnata la copia, la qualità, il luogo della consegna, le ricerche effettuate. La difformità dell'atto consegnato rispetto all'originale comporta nullità, se il destinatario deduca e dimostri che l'incompletezza gli abbia precluso la compiuta conoscenza dell'atto. La relazione, in quanto atto pubblico, fa piena prova, fino a querela di falso di tutto ciò che è certificato dall'ufficiale giudiziario.

8.1. *Alle persone.*

La notificazione al destinatario **persona fisica** è disciplinato dagli artt. 138 e ss.: deve essere eseguita di regola mediante consegna della copia nelle **mani proprie** del destinatario presso la casa di abitazione oppure, se ciò non è possibile, ovunque l'ufficiale giudiziario lo trovi, nell'ambito della circoscrizione dell'ufficio giudiziario al quale è addetto. La consegna a mani proprie determina la certezza della presa di conoscenza dell'atto. Se il destinatario rifiuta di ricevere la copia, l'ufficiale giudiziario ne dà atto nella relazione e la notificazione si considera come effettuata a mani proprie.

L'ufficiale giudiziario deve ricercare il destinatario presso la sua casa di **abitazione** (quella dove il destinatario abita in modo stabile); se ivi non lo trova la notificazione può essere compiuta dove ha la **residenza** o l'**ufficio** o **esercita** l'industria o il commercio. Per la determinazione del luogo di residenza deve aversi riguardo alla residenza effettiva, la cui prova può essere desunta da qualsiasi idonea fonte di convincimento in quanto le risultanze anagrafiche hanno mero valore presuntivo.

Se il destinatario non viene trovato in nessuno di questi luoghi, l'ufficiale giudiziario consegna copia dell'atto a una **persona di famiglia** o **addetta** alla casa, all'ufficio o all'azienda, purché non minore di 14 anni o non palesemente incapace; in mancanza la copia è consegnata al **portiere** dello stabile dove è l'abitazione, l'ufficio o l'azienda e, quando anche il portiere manca, a un **vicino** di casa che accetti di riceverla. Il portiere o il vicino deve sottoscrivere una ricevuta e l'ufficiale giudiziario dà notizia al destinatario dell'avvenuta notificazione dell'atto, a mezzo lettera raccomandata (art. 139).

La giurisprudenza ha avuto modo di precisare che l'art. 139 non dispone alcun ordine da seguire nelle ricerche del luogo, potendo scegliere di eseguire la notifica presso la casa di abitazione o l'ufficio, purché si tratti di luogo situato nel

Comune di residenza del destinatario, con la conseguenza che la notifica effettuata con le modalità previste dall'art. 143, quando è noto il luogo di lavoro del destinatario, è nulla *(Cass. civ., sez. III, 9 aprile 2019, n. 9793)*.

Quando invece non è noto il comune di residenza, la notificazione si effettua nel comune di dimora e, se anche questa è ignota, nel comune di domicilio.

In caso di **irreperibilità** o di **rifiuto** o di **incapacità** di ricevere la copia da parte delle persone sopraindicate, l'ufficiale giudiziario, previa descrizione delle infruttuose ricerche del destinatario, deve provvedere alle formalità previste dall'**art. 140 e cioè**:

- **deposito** della copia nella casa del comune dove la notificazione deve eseguirsi;
- **affissione** di avviso del deposito in busta chiusa e sigillata alla porta dell'abitazione o dell'ufficio o dell'azienda del destinatario;
- notizia per **raccomandata** con avviso di ricevimento.

Le notifiche ai sensi dell'art. 140 c.p.c., all'esito della sentenza della *Corte Costituzionale n. 3/2010*, si perfezionano per il notificante nel momento in cui vengono completate le attività sopra descritte mentre per il destinatario decorsi dieci giorni dalla spedizione della raccomandata informativa da parte dell'ufficiale giudiziario o comunque nel minor termine costituito dall'effettivo ricevimento della raccomandata informativa. Il ricevimento della raccomandata informativa è reputato idoneo a realizzare, non l'effettiva conoscenza, ma la conoscibilità del deposito dell'atto presso la casa comunale e a porre il destinatario in condizione di ottenere la consegna e di predisporre le proprie difese nel rispetto dei termini eventualmente pendenti per la reazione giudiziale (*Cass. civ., sez. II, 4 marzo **2020**, n. 6089*).

Se **non sono conosciuti la residenza**, la dimora e il domicilio del destinatario e non è stato nominato il procuratore previsto dall'art. 77, l'ufficiale giudiziario deve provvedere alle formalità previste dall'**art. 143**, mediante deposito di copia dell'atto nella casa comunale dell'ultima residenza o, se questa è ignota, in quella del luogo di nascita del destinatario. Se non sono noti né il luogo dell'ultima residenza né quello di nascita, l'ufficiale giudiziario consegna una copia dell'atto al pubblico ministero, insieme alla nota prevista dall'art. 49 disp. att. che quest'ultimo trasmetterà al ministero degli affari esteri o al comando militare posto nella circoscrizione del tribunale. La giurisprudenza ritiene applicabile questa disposizione se il notificante ignori l'effettiva residenza, dimora o domicilio del destinatario e non sia in grado di conoscerla facendo uso della diligenza resa opportuna nel caso concreto; grava sull'istante l'onere di provare di aver fatto tutto il possibile per rintracciare il notificando, non essendo elemento sufficiente l'infruttuosità delle ricerche anagrafiche. La notificazione si ha per eseguita decorsi venti giorni dal compimento delle formalità.

Se invece il destinatario ha **eletto domicilio** presso una persona o un ufficio, si segue la regola stabilita dall'art. 141: la notificazione degli atti può essere fatta mediante consegna di copia alla persona o al capo dell'ufficio in qualità di domiciliatario, nel luogo indicato nell'elezione. L'elezione di domicilio rilevante per questo tipo di notificazione è quella compiuta dalla parte con un **atto distinto**, rispetto al conferimento della procura alla liti; conserva la sua validità per ogni stato e grado del giudizio, a meno che non risulti espressamente il contrario. È questa un'ipotesi facoltativa di notificazione. Quando invece l'elezione di domicilio è stata inserita **in un contratto**, la notificazione presso il domiciliatario è obbligatoria, se così è stato espressamente dichiarato. La norma prevede che la consegna nelle mani della persona o del capo dell'ufficio, presso i quali si è eletto domicilio, equivale a consegna nelle mani proprie del destinatario. Ovviamente, la notificazione nel domicilio eletto non può essere fatta se è chiesta dal domiciliatario oppure se questi è morto, oppure si è trasferito fuori della sede indicata o è cessato l'ufficio.

Quando il destinatario non ha residenza, dimora o domicilio nello Stato, non ha eletto domicilio, non ha costituito un procuratore a norma dell'art. 77, si applica l'**art. 142:** l'atto è notificato dall'ufficiale giudiziario mediante spedizione al destinatario per mezzo della posta con raccomandata e mediante consegna di altra copia al pubblico ministero, che ne cura la trasmissione al ministero degli affari esteri per la consegna alla persona alla quale è diretta. Queste disposizioni si applicano però solamente nei casi in cui sia impossibile eseguire la notificazione in uno dei modi consentiti dalle convenzioni internazionali. Si applica normalmente la **Convenzione dell'Aja** del 15 novembre 1965 che prevede una procedura uniforme: consegna di due copie dell'atto all'ufficiale giudiziario con eventuale traduzione; spedizione dell'atto da parte dell'ufficiale giudiziario all'autorità centrale dello stato di destinazione insieme alla domanda di notifica redatta su un modulo uniforme in lingua francese od inglese.

La notificazione negli stati membri dell'Unione Europea deve, però, avvenire in base alla **Convenzione di Bruxelles** del 26 maggio 1997, ratificata dallo Stato italiano con legge 19 ottobre 1999, n. 422: il Reg. CE n. 1393/2007 indica le disposizioni da seguire a seconda dello Stato d'origine e dello Stato richiesto.

Giurisprudenza

Nel caso di notifica ai sensi dell'art. 140 c.p.c., la relazione dell'ufficiale circa l'effettiva residenza (o dimora o domicilio) del destinatario dell'atto, presso l'indirizzo indicato dal notificante, costituisce mera presunzione, superabile con qualsiasi mezzo di prova, senza necessità di ricorrere alla querela di falso (Cass. civ., sez. VI, 18 maggio ***2020****, n. 9049).*

8.2. *Alle persone giuridiche.*

La notificazione alle **persone giuridiche** si esegue nella loro **sede** (art. 145), sia essa legale sia effettiva: la prima è quella risultante dall'atto costitutivo (artt. 2328, 2463 e 2521 c.c.) e come tale dichiarata al registro delle imprese; la seconda coincide con il luogo nel quale si svolge la preminente attività direttiva ed amministrativa dell'impresa, cioè il posto stabilmente utilizzato per l'accentramento degli organi e degli uffici societari. La notifica è valida se in uno di tali luoghi viene consegnata la copia dell'atto:

- al rappresentante legale;
- alla persona incaricata di ricevere le notificazioni, per ciò intendendosi colui che ha l'incarico di curare la ricezione della corrispondenza;
- ad altra persona addetta alla sede;
- al portiere dello stabile in cui è situata la sede;
- in caso di impossibilità, alla persona fisica, indicata nell'atto da notificare, che rappresenta l'ente, a mani proprie ovvero a norma degli artt. 140 o 143.

Alle società **non aventi personalità giuridica** (società semplici, società in nome collettivo e società in accomandita semplice), alle associazioni non riconosciute e ai comitati di cui agli artt. 36 e ss. c.c., la notificazione si effettua con le medesime modalità indicate per le persone giuridiche, ma esclusivamente nella sede indicata nell'art. 19, comma 2 c.c. e cioè dove l'ente svolge attività in modo continuativo. In alternativa la notifica è valida se effettuata alla persona fisica che rappresenta l'ente, sempre che nell'atto da notificare ne sia indicata la qualità e risultino specificati residenza, domicilio e dimora abituale. Anche in questa ipotesi, se la notificazione non può essere eseguita come previsto, l'ufficiale giudiziario può notificare l'atto anche ai sensi degli artt. 140 o 143.

Giurisprudenza

*Ai fini della validità della notifica alle persone giuridiche, nonché alle società non aventi personalità giuridica, l'erronea indicazione della persona fisica come rappresentante legale non dà luogo a nullità tranne che non vi sia incertezza sull'ente destinatario dell'atto. L'art. 145 c.p.c. in tema di notificazione alle persone giuridiche, infatti, non prevede come necessaria l'indicazione della persona fisica del rappresentante dell'ente (Cass. civ., sez. III, 15 gennaio **2020**, n. 532).*

8.3. *Alle amministrazioni dello Stato.*

La legge speciale disciplina la notificazione alle amministrazioni dello Stato: in tutti i casi in cui l'amministrazione deve essere rappresentata dall'**Avvocatura dello Stato**, l'atto introduttivo del giudizio deve essere notificato al Ministro competente presso l'ufficio dell'Avvocatura dello Stato nel cui distretto ha sede l'autorità giudiziaria adita; ogni altro atto giudiziario e le sentenze devono essere notificati presso l'Avvocatura dello Stato nel cui distretto ha sede l'ufficio giudiziario dove pende la causa o che ha pronunciato la decisione. È nulla la notificazione eseguita direttamente presso l'amministrazione interessata o presso una sede dell'Avvocatura dello Stato diversa da quella competente a ricevere l'atto; la nullità è sanabile dalla costituzione in giudizio.

In tutti gli altri casi e, cioè quando l'amministrazione non deve essere rappresentata dall'Avvocatura dello Stato, le notificazioni, in base all'art. 144, si fanno direttamente presso l'amministrazione destinataria, a chi la rappresenta nel luogo in cui risiede il giudice davanti al quale si procede, mediante consegna di copia nella sede dell'ufficio al titolare o alle persone indicate nell'art. 145.

Per quanto attiene le notifiche a mezzo posta elettronica certificata è stato ritenuto che la notifica eseguita all'indirizzo PEC dell'Avvocatura dello Stato contenuto nell'IPA oppure comunicato ai fini delle comunicazioni istituzionali non è valida (*Cass. civ., sez. III, 8 febbraio 2019, n. 3709*).

8.4. *Ai militari in servizio.*

Se il destinatario dell'atto è un militare in attività di servizio e la notificazione non è eseguita a mani proprie, in base a quanto previsto dagli artt. 138 e 139, la notificazione si effettua mediante consegna di una copia al **pubblico ministero** che ne cura l'invio al comandante del corpo al quale il militare appartiene. La giurisprudenza ha, però, stabilito che è valida la notifica anche a mezzo del servizio postale.

8.5. *A mezzo del servizio postale e a mezzo PEC.*

La notificazione, secondo quanto dispone l'art. 149, può effettuarsi anche a mezzo postale raccomandato. La legge 20 novembre 1982, n. 890 integra la disposizione codicistica, disciplinando le modalità di spedizione e nello specifico la consegna del plico da parte dell'agente postale. Si tratta di disposizioni modificate più volte nel corso degli anni.

L'art. 149 stabilisce che la notifica si perfeziona, per il soggetto notificante, al momento della consegna del plico all'ufficiale giudiziario e, quindi da tale data si considera assolto l'onere della notificazione ad ogni effetto di legge, come ad esempio per evitare una decadenza o interrompere una prescrizione; per il destinatario la notifica si perfezione, invece, dal momento in cui lo stesso ha la legale conoscenza dell'atto, nei modi previsti dalla legge.

L'ufficiale giudiziario presenta all'operatore postale la copia dell'atto da notificare in busta chiusa: compete, pertanto, all'operatore postale la consegna del plico che deve avvenire, sempre e comunque, a mani proprie del destinatario ovvero a persona di famiglia che conviva anche temporaneamente con lui ovvero addetta alla casa o al servizio del destinatario. In loro assenza la consegna deve avvenire al portiere dello stabile. Con la **consegna del plico** e l'apposizione della data sull'avviso di ricevimento – che costituisce prova dell'eseguita notificazione – si perfeziona il procedimento notificatorio. Se il piego non viene consegnato personalmente al destinatario dell'atto, l'operatore postale dà notizia a quest'ultimo dell'avvenuta notificazione dell'atto a mezzo di lettera raccomandata.

Se il destinatario o la persona cui la legge consente la consegna, **ricevono il piego ma rifiutano di sottoscrivere** l'avviso di ricevimento, l'operatore postale ne fa menzione sull'avviso di ricevimento, apponendo sul medesimo la data e la propria firma. Il piego e l'avviso sono restituiti al mittente. La notificazione si ha per eseguita nella data suddetta.

Se **il destinatario rifiuta il piego**, l'operatore postale ne fa menzione sull'avviso di ricevimento che viene restituito al mittente, unitamente al piego. La notificazione si ha per eseguita nella data suddetta.

Se **le persone abilitate** a ricevere il piego in luogo del destinatario **rifiutano di riceverlo**, il piego è depositato presso l'ufficio dell'operatore postale e, quindi, viene dato avviso al destinatario dell'avvenuto deposito (in busta chiusa a mezzo lettera raccomandata con avviso di ricevimento) con avvertimento che la notificazione si ha comunque per eseguita trascorsi dieci giorni dalla data di spedizione della stessa.

In caso di **temporanea assenza del destinatario** e in mancanza delle persone cui la legge consente la consegna, il plico è depositato presso l'ufficio dell'operatore postale e viene dato avviso al destinatario dell'avvenuto deposito (in busta chiusa a mezzo lettera raccomandata con avviso di ricevimento) con avvertimento che la notificazione si ha comunque per eseguita trascorsi dieci giorni dalla data di spedizione della stessa.

In entrambi questi ultimi due casi, ovviamente, la notificazione si ha per eseguita dalla data del ritiro del piego, se anteriore al termine di dieci giorni sopra indicato.

Infine, l'art. 149-*bis* stabilisce le modalità di notificazione a mezzo **posta elettronica certificata**: se non è fatto espresso divieto dalla legge, l'ufficiale giudiziario può procedere alla notifica trasmettendo copia informatica dell'atto sottoscritta con firma digitale all'indirizzo del destinatario risultante da pubblici elenchi o comunque accessibili alle pubbliche amministrazioni (art. 16-*ter* del decreto legge 18 ottobre 2012, n. 179). L'ufficiale giudiziario redige la relazione di notificazione su un documento informatico separato, che sottoscrive con firma digitale e nella quale indica l'indirizzo PEC al quale l'atto è stato inviato.

La notifica si intende perfezionata nel momento in cui il gestore rende disponibile il documento informatico nella casella di posta elettronica certificata del destinatario.

L'ufficiale giudiziario consegna quindi alla parte che ha richiesto la notificazione, l'atto notificato unitamente alla relazione di notificazione e le ricevute di invio e di consegna.

Se il destinatario non possiede un indirizzo di posta elettronica, la notificazione non può che effettuarsi in formato cartaceo, come prevede l'art. 138, comma 3.

Giurisprudenza

In tema di notificazione al difensore mediante posta elettronica certificata, nel momento in cui il sistema genera la ricevuta di accettazione e di consegna del messaggio nella casella del destinatario, si determina una presunzione di conoscenza dell'atto, analoga a quella prevista, per le dichiarazioni negoziali, dall'art. 1335 c.c.; spetta quindi al destinatario, in un'ottica collaborativa, rendere edotto tempestivamente il mittente incolpevole delle difficoltà di cognizione del contenuto della comunicazione o di presa visione degli allegati trasmessi via PEC, legate all'utilizzo dello strumento telematico, onde fornirgli la possibilità di rimediare all'inconveniente, sicché all'inerzia consegue il perfezionamento della notifica (Cass. civ., sez. lav., 21 febbraio ***2020****, n. 4624).*

8.6. *Per pubblici proclami e altre forme ordinate dal giudice.*

Quando la notificazione deve essere effettuata a un **rilevante numero di destinatari** o di soggetti difficilmente identificabili, l'ufficiale giudiziario può eseguire la notificazione per pubblici proclami, previa autorizzazione del capo dell'ufficio giudiziario davanti al quale si procede. Il procedimento di notificazione è disciplinato dall'art. 150 che è norma, peraltro, di scarsa applicazione pratica.

Il giudice infine può prescrivere, anche d'ufficio, con decreto steso in calce all'atto, che la notificazione sia eseguita in modo diverso da quanto stabilito dalla legge e anche per mezzo telegramma collazionato con avviso di ricevimento, quando particolari circostanze o esigenze di maggior celerità lo consigliano o sussistono circostanze di riservatezza o di tutela della dignità. La disposizione dettata dall'art. 151 è di scarsa applicazione pratica e viene utilizzata nei procedimenti cautelari e di urgenza.

Giurisprudenza

La normativa di cui all'art. 150 c.p.c. introduce nell'ordinamento processuale italiano la possibilità di promuovere giudizi ordinari di cognizione contro intere categorie o ceti di persone non tutte identificate nominativamente ed anzi identificate solo in base a certe qualificazioni o a certe situazioni in cui si possono trovare. Con la conseguenza che, dovendosi ritenere che la notificazione produce la conoscenza legale sostenuta da un notevole grado di probabilità dell'acquisizione di conoscenza effettiva da parte del destinatario, il giudizio introdotto con la citazione notificata per pubblici proclami presenta un contraddittorio pienamente e legalmente integro, anche quando gli effettivi destinatari della notifica, per qualche ragione, pur sempre addebitabile agli stessi, non sono venuti a conoscenza dell'atto così notificato (Cass. civ., sez. II, 12 settembre 2019, n. 22782).

8.7. *Da parte dell'avvocato.*

L'avvocato, munito di procura alle liti a norma dell'art. 83, può eseguire la notificazione di atti in materia civile, amministrativa e stragiudiziale a mezzo del servizio postale, secondo le modalità previste dalla legge 20 novembre 1982, n. 890.

La facoltà di notificazione è stata infatti riconosciuta all'avvocato dalla legge 21 gennaio 1994, n. 53, come modificata dal d.l. 24 giugno 2014, n. 90.

È necessaria l'autorizzazione del consiglio dell'Ordine per:

- le notificazioni a mezzo del servizio postale ai soggetti interessati
- le notificazioni mediante consegna diretta se il destinatario sia un altro avvocato, che abbia la qualità di domiciliatario di una parte e sia iscritto nello stesso albo del notificante. In tal caso, l'originale e la copia dell'atto devono essere previamente vidimati e datati dal consiglio dell'Ordine, nel cui albo entrambi gli avvocati sono iscritti (art. 4 legge 21 gennaio 1994, n. 53).

Senza necessità di autorizzazioni particolari, la notificazione può essere effettuata a mezzo della posta elettronica certificata in presenza di queste condizioni:

- se l'avvocato possiede un indirizzo PEC, risultante da pubblici elenchi
- se il destinatario ha un indirizzo PEC, risultante da pubblici elenchi
- se l'avvocato è munito di dispositivo di firma digitale
- se l'avvocato è munito di procura alle liti.

La legge consente di notificare **tre tipologie di oggetti informatici**:

- documenti informatici: creati direttamente dall'avvocato (ad es. atto di citazione, atto di precetto) in forma elettronica, sottoscritti digitalmente;
- copie informatiche di atti originariamente formati su supporto analogico: riproduzioni informatiche di atti originali in forma cartacea (ad es. il titolo munito della formula esecutiva), ottenute tramite la scansione del documento stesso con asseverazione di conformità nella relata di notifica;
- copie informatiche degli atti e dei provvedimenti presenti nei fascicoli informatici.

L'atto nativo digitale notificato deve essere ritualmente sottoscritto con firma digitale, potendo la mancata sottoscrizione determinare la nullità dell'atto stesso, fatta salva la possibilità di ascriverne, comunque, la paternità certa, in applicazione del principio del raggiungimento dello scopo (*Cass. civ.*, ***sez. un.***, *24 settembre 2018, n. 22438*).

Alla notificazione effettuata con modalità telematiche si applica l'art. 147. È stato ritenuto costituzionalmente illegittimo l'art. 16-*septies*, d.l. 18 ottobre 2012, n. 179 nella parte in cui prevede che, se la notifica è eseguita dopo le ore 21,00, si perfeziona per il notificante alle ore 7,00 del giorno successivo, anziché al momento di generazione della predetta ricevuta (*Corte Cost., 9 aprile 2019, n. 75*).

L'avvocato nel corso del procedimento di notificazione è considerato pubblico ufficiale ad ogni effetto (art. 6 legge 21 gennaio 1994, n. 53); in caso di abusi o irregolarità è soggetto a responsabilità anche disciplinare.

Giurisprudenza

In applicazione della generale regola della scissione soggettiva degli effetti della notificazione, la notifica telematica ex art. 3-bis, comma 3, l. n. 53/1994 si perfeziona nei confronti del mittente il giorno stesso in cui è eseguita tutte le volte in cui la ricevuta di accettazione sia rilasciata entro le ore 24.00 (Cass. civ., sez. VI, 14 ottobre ***2020****, n. 22136).*

9. La nullità degli atti processuali.

Mentre nel diritto sostanziale vi è la contrapposizione tra nullità e annullabilità, nel processo civile il legislatore ha disciplinato esclusivamente la nullità degli atti processuali, collegata a vizi degli stessi; il principio fondamentale è quello della tassatività. In base all'art. 156, comma 1 non può essere infatti pronunciata la nullità per inosservanza di forma di alcun atto del processo, se la nullità non è comminata dalla legge e se l'atto ha raggiunto lo scopo a cui è destinato (comma 3). Può tuttavia essere pronunciata quando l'atto manca dei requisiti formali indispensabili per il raggiungimento dello scopo (comma 2).

La **nullità formale** (cioè per inosservanza di forme) può essere dunque pronunciata:

- se è comminata dalla legge;
- se l'atto manca dei requisiti formali indispensabili per il raggiungimento dello scopo. Per scopo dell'atto si intende lo scopo obiettivo dell'atto stesso inteso dalla dottrina come funzione tecnica che la legge gli ha assegnato nella disciplina del processo: ad esempio, scopo della notificazione dell'atto di citazione, contenente la *vocatio in ius*, è l'instaurazione del contraddittorio.

Le nullità si distinguono in

- **assolute**: quelle previste dalla legge e che, come tali, possono anche essere pronunciate d'ufficio. L'art. 158 dichiara insanabile la nullità derivante da vizi relativi alla costituzione del giudice o all'intervento del pubblico ministero;
- **relative**: quelle che possono essere pronunciate solo su istanza di parte. Solo la parte nel cui interesse è posto il requisito può eccepire la nullità e può farlo solamente nella prima istanza o difesa successiva all'atto o alla notizia di esso, non può essere opposta dalla parte che vi ha dato causa né da quella che vi ha rinunciato anche tacitamente (art. 157).

Sono ritenute nullità relative: l'irrituale produzione di un documento; l'irrituale espletamento della consulenza tecnica d'ufficio; la deposizione testimoniale di un soggetto incapace; la firma illeggibile di colui cha ha conferito la procura alla lite.

Le conseguenze delle nullità sono disciplinate dall'art. 159 e cioè:

- la nullità di un atto non importa quella degli atti precedenti, né di quelli successivi che ne sono indipendenti;
- la nullità di una parte dell'atto non colpisce le altre parti che ne sono indipendenti;
- se il vizio impedisce un determinato effetto, l'atto può tuttavia produrre quelli per cui è idoneo.

Il giudice che pronuncia la nullità deve disporre, quando sia possibile, la **rinnovazione** degli atti ai quali la nullità si estende. Ad esempio il giudice quando rileva la nullità della citazione, nella contumacia del convenuto, dispone la rinnovazione entro un termine perentorio (art. 164).

Giurisprudenza

La sentenza che dispone il rinvio a norma dell'art. 383, comma 1, c.p.c. (cosiddetto rinvio proprio o prosecutorio), contiene una statuizione di competenza funzionale nella parte in cui individua l'ufficio giudiziario davanti al quale dovrà svolgersi il giudizio rescissorio (che potrà essere lo stesso che ha emesso la pronuncia cassata o un ufficio territorialmente diverso, ma sempre di pari grado) e una statuizione sull'alterità del giudice rispetto ai magistrati persone fisiche che hanno pronunciato il provvedimento cassato. Ne consegue che, se il giudizio viene riassunto davanti all'ufficio giudiziario individuato nella sentenza della Corte di cassazione, indipendentemente dalla sezione o dai magistrati che lo trattano, non sussiste un vizio di competenza funzionale, che non può riguardare le competenze interne tra sezioni o le persone fisiche dei magistrati; se, invece, il giudizio di rinvio si svolge davanti allo stesso magistrato persona fisica (in caso di giudizio monocratico) o davanti a un giudice collegiale del quale anche uno solo dei componenti aveva partecipato alla pronuncia del provvedimento cassato, essendo violata la statuizione sull'alterità, sussiste una nullità attinente alla costituzione del giudice, ai sensi dell'art. 158 c.p.c. senza che occorra fare ricorso alla ricusazione (art. 52 c.p.c.), essendosi già pronunciata la sentenza cassatoria sull'alterità (Cass. civ., sez. II, 9 ottobre ***2020****, n. 21854).*

9.1. *La nullità della notificazione.*

La notificazione è nulla se non sono osservate le disposizioni circa la persona alla quale deve essere consegnata la copia o se vi è incertezza assoluta sulla persona cui è fatta o sulla data, salvo l'applicazione degli artt. 156 e 157. La disposizione dell'art. 160 non ha carattere tassativo e, dunque, **sussiste la nullità della notificazione** ogni qualvolta manchi un requisito formale necessario al raggiungimento dello scopo; quando, ad esempio, non sia stato rispettato il luogo in cui è da eseguire la notifica (*Cass. civ., sez. III, 8 marzo 2019, n. 6743*), quando manchi l'avviso di ricevimento della lettera raccomandata contenente la copia dell'atto (*Cass. civ., sez. I, 5 aprile 2017, n. 8812*) oppure quando manchi l'invio della lettera raccomandata al destinatario in caso di consegna al vicino di casa o al portiere dello stabile (*Cass. civ., sez. II, 21 ottobre 2009, n. 22343*) o comunque in difformità del modello legale (*Cass. civ., sez. II, 26 agosto 2019, n. 21704*).

Il codice non contempla la categoria dell'**inesistenza della notificazione**, principio che è stato elaborato dalla giurisprudenza per le ipotesi residuali e talmente radicali da non essere state prese in considerazione dal legislatore. Si ha, infatti, inesistenza della notificazione, oltre che nell'ipotesi di mancanza materiale dell'atto da notificare, nelle sole ulteriori ipotesi in cui venga posta in essere un'attività priva degli elementi costitutivi essenziali, idonei a rendere qualificabile il suo prodotto come notificazione (*Cass. civ., sez. II, 7 maggio* ***2020****, n. 8645*). Sulla base di questo principio, è stata riconosciuta l'inesistenza nell'ipotesi di notificazione eseguita da soggetto incompetente, di notificazione richiesta da soggetto privo di mandato oppure in mancanza della relata di notifica ovvero della sua sottoscrizione da parte dell'agente postale e della data di consegna del plico (*Cass. civ., sez. trib., 8 novembre 2013, n. 25138*).

La nullità o l'inesistenza della notificazione possono essere rilevate d'ufficio dal giudice ovvero eccepite dal soggetto nei cui confronti la nullità ha prodotto effetti (ossia il destinatario dell'atto) ma non dalle altre parti del processo. La distinzione è di fondamentale importanza in quanto mentre la nullità è sanabile, essendo suscettibile di rinnovazione, all'inesistenza della notifica non è possibile porre rimedio nemmeno con la costituzione del destinatario.

La nullità può essere sanata, e non può più essere pronunciata, quando la notificazione ha **raggiunto lo scopo cui era destinata**, ossia la conoscenza dell'atto notificato al destinatario, oppure quando è stato **rinnovato l'atto** da notificare. La sanatoria ha efficacia retroattiva ed esclude ogni decadenza (*Cass. civ., sez. I, 9 febbraio 2018, n. 3240*). Tuttavia, in caso di mancata, invalida o non tempestiva rinnovazione, non può essere concesso un ulteriore termine e la sanatoria resta preclusa in via definitiva.

Giurisprudenza

In tema di notificazione a mezzo posta, che non si esaurisce con la spedizione dell'atto, ma si perfeziona con la consegna del relativo plico al destinatario da parte dell'agente postale, l'avviso di ricevimento, prescritto dall'art. 149, comma 2, c.p.c., è il solo documento idoneo a provare sia la consegna, sia la data di questa, sia l'identità della persona a mani della quale è stata eseguita la consegna; ne consegue che la mancanza di firma dell'agente postale sull'avviso di ricevimento del piego raccomandato rende inesistente, e non soltanto nulla, la notificazione, rappresentando la sottoscrizione l'unico elemento valido a riferire la paternità dell'atto all'agente notificante (Cass. civ., sez. trib., 19 agosto ***2020****, n. 17373).*

9.2. *La nullità della sentenza.*

La sentenza può essere viziata da una **nullità derivata**, per nullità di atti precedenti che la sentenza presuppone, ripercuotendosi fino alla sentenza in applicazione dell'art. 159 o da **nullità propria**, conseguente la violazione delle regole sulla formazione della sentenza. Il legislatore ha previsto il principio di **conversione dei vizi di nullità** in motivi di impugnazione e cioè la nullità della sentenza — soggetta ad appello e a ricorso per Cassazione — può essere fatta valere soltanto nei limiti e secondo le regole proprie di questi mezzi di impugnazione (art. 161). In buona sostanza non vi è nessun altro mezzo per far valere la nullità delle sentenze se non con l'impugnazione: la decadenza dall'impugnazione (per mancato rispetto dei termini o delle modalità) comporta che la nullità non può più essere rilevabile con conseguente sanatoria, in quanto la sentenza passa in giudicato.

Se la sentenza manca della sottoscrizione del giudice, la disposizione di cui all'art. 161, comma 1 non si applica in quanto la sentenza è inesistente, essendo affetta da nullità insanabile; è valida se firmata digitalmente (v. parte prima, cap. VII, 6.1).

Giurisprudenza

La sentenza emessa da un magistrato diverso da quello che, a seguito della precisazione delle conclusioni, ha trattenuto la causa in decisione, deve ritenersi nulla, perché deliberata da un soggetto che è rimasto estraneo alla trattazione della causa. Qualora si renda necessario procedere alla sostituzione del magistrato che *ha già trattenuto la causa in decisione, non è sufficiente un decreto del capo dell'Ufficio che dispone la sostituzione, ma il nuovo giudice nominato deve convocare le parti dinanzi a sé perché precisino nuovamente le conclusioni (Cass. civ., sez. VI, 6 febbraio **2020**, n. 2779).*

*In grado di appello, il collegio che delibera la decisione deve essere composto dagli stessi giudici dinanzi ai quali è stata compiuta l'ultima attività processuale (cioè la discussione o la precisazione delle conclusioni), conseguendone la nullità della sentenza nel caso di mutamento della composizione del collegio medesimo (Cass. civ., sez. VI, 23 luglio **2020**, n. 15660).*

SCHEMA 24 I termini, il computo e la sospensione feriale

I TERMINI
- LEGALI — stabiliti dalla legge
  - ORDINATORI — possono essere prorogati prima della loro scadenza
  - PERENTORI — non possono essere abbreviati o prorogati neppure con l'accordo delle parti l'inosservanza determina l'estinzione del processo o la decadenza da una facoltà processuale
- GIUDIZIALI — stabiliti dal giudice

IL COMPUTO
- A GIORNI O AD ORE — si escludono il giorno e l'ora iniziali
- A MESI O AD ANNI — si utilizza il calendario comune a prescindere dal numero di giorni di ogni singolo mese o anno
  - • i **giorni festivi** si computano sempre nel termine salvo che coincidano con il giorno di scadenza; in tal caso la stessa è **prorogata di diritto** al **primo giorno** seguente **non festivo**
  - • nel calcolo **a ritroso** non si applica tale proroga; ove si verifichi la scadenza nel giorno festivo, la stessa è **anticipata al** giorno precedente **non festivo**

LA SOSPENSIONE FERIALE
- il decorso dei termini processuali relativi alle giurisdizioni ordinarie ed a quelle amministrative **è sospeso di diritto dall'1 agosto al 31 agosto** di ciascun anno e riprende a decorrere alla fine del periodo; ove il decorso abbia inizio **durante** il periodo di sospensione, lo stesso è differito al termine del periodo stesso
- ECCEZIONI IN MATERIA CIVILE
  - • cause relative ad **alimenti** (escluse quelle concernenti la misura dell'assegno di mantenimento dei figli, di separazione dei coniugi e di divorzio
  - • **procedimenti cautelari** (fase sommaria)
  - • cause di **sfratto**
  - • cause di **opposizione all'esecuzione**
  - • controversie relative alla **dichiarazione** e alla **revoca del fallimento**
  - • cause in materia di **lavoro e previdenziale**
  - • cause in materia **agraria**

SCHEMA 25 I provvedimenti del giudice

- **LA SENTENZA** — provvedimento tipico col quale si decide la controversia
  - TIPOLOGIA →
    - definitiva o non definitiva
    - di merito o di rito
    - di accoglimento o di rigetto
    - di mero accertamento
    - di condanna
    - costitutiva
  - REQUISITI →
    - indicazione del giudice
    - indicazione delle parti e loro difensori
    - conclusioni delle parti e del P.M.
    - concisa esposizione delle ragioni di fatto e di diritto della decisione
    - dispositivo
    - data
    - sottoscrizione
  - PUBBLICAZIONE → avviene mediante deposito in in cancelleria con apposizione della data e sottoscrizione del cancelliere
  - COMUNICAZIONE → alle parti mediante biglietto contenente il testo integrale ovvero a mezzo telefax o posta elettronica certificata
- **L'ORDINANZA** — provvedimento tipico col quale si istruisce la causa o si decidono le sole questioni di competenza con obbligo di succinta motivazione
  - TIPOLOGIA →
    - istruttoria
    - collegiale o monocartica
    - in udienza o fuori udienza
    - revocabile, modificabile e impugnabile oppure non impugnabile
  - REVOCABILITÀ → ad eccezione di
    - quelle pronunciate su accordo delle parti se non vi è accordo anche sulla revoca
    - quelle espressamente dichiarate dalla legge non impugnabili
    - quelle per le quali la legge prevede uno speciale mezzo di reclamo
  - COMUNICAZIONE →
    - avviene da parte del cancelliere alle parti solamente se pronunciata fuori udienza e salvo che la legge ne prescriva la notifica
    - l'omissione della comunicazione ad una delle parti costituite determina la nullità del provvedimento qualora la parte non compaia all'udienza successiva
- **IL DECRETO** — provvedimento ordinario che non richiede motivazione
  - TIPOLOGIA →
    - d'ufficio
    - su istanza di parte scritta o orale

SCHEMA 26 Le comunicazioni e le notificazioni

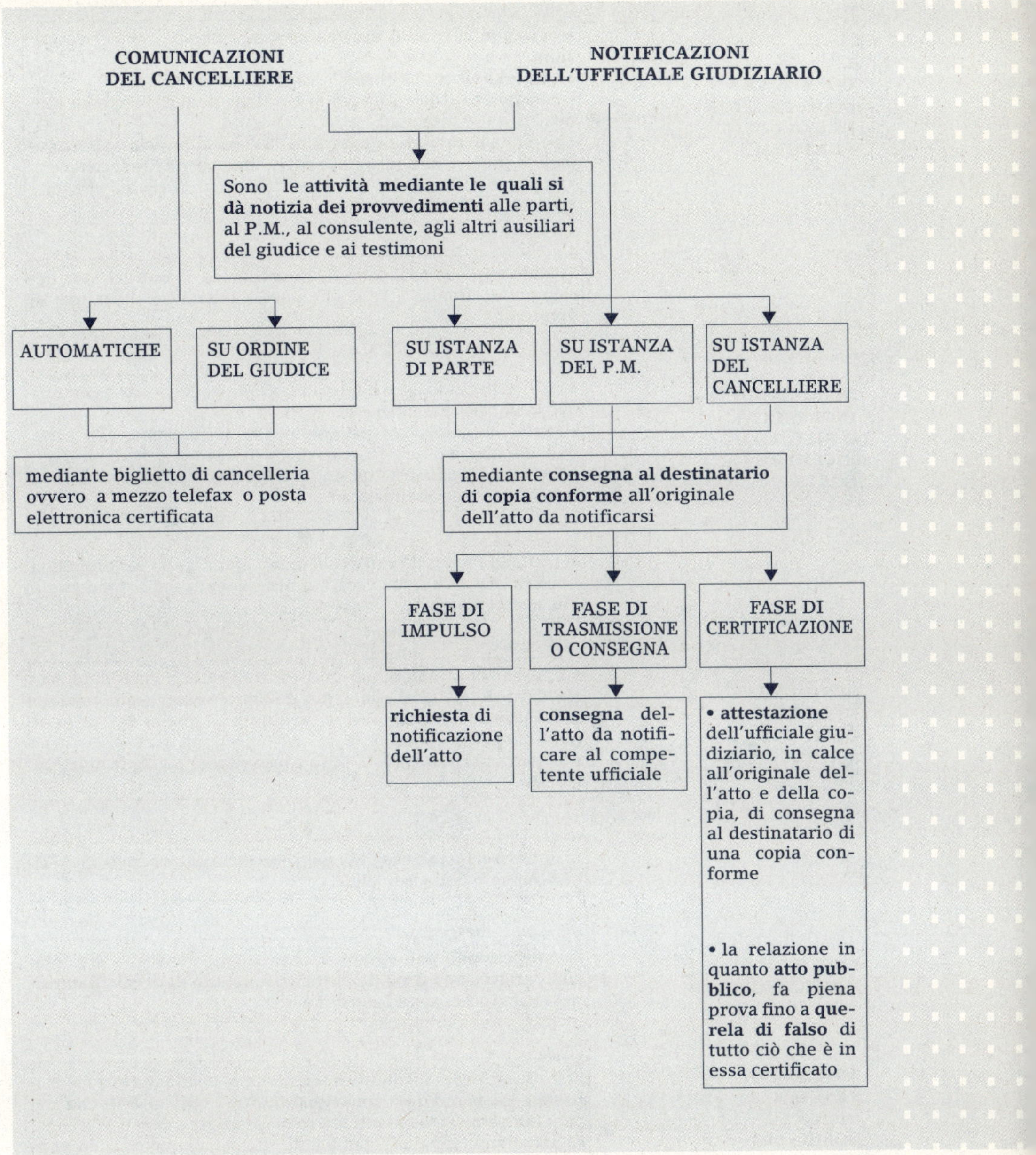

SCHEMA 27 La notificazione alla persona fisica

CONSEGNA A MANI PROPRIE DELLA COPIA CONFORME →

- **ovunque si trovi il destinatario** nell'ambito della circoscrizione
- **casa di abitazione** (luogo di stabile dimora)
- **residenza, ufficio** o luogo in cui il destinatario esercita l'industria o il commercio
- **persona di famiglia** o **addetta alla casa**, all'ufficio o all'azienda non minore di anni 14 ovvero non palesemente incapace
- **portiere** dello stabile ove è l'abitazione, l'ufficio o l'azienda
- **vicino di casa** che accetti di ricevere l'atto

↓

quando **non è noto il comune di residenza**, la notifica si fa nel comune di **dimora** e se anche questa è ignota nel comune di **domicilio**

IRREPERIBILITÀ INCAPACITÀ O RIFIUTO DI RICEVERE LA COPIA →

- l'ufficiale giudiziario **deposita la copia** nella casa del comune ove la notificazione deve eseguirsi
- l'ufficiale giudiziario **affigge avviso del deposito** alla porta dell'abitazione o dell'ufficio o dell'azienda del destinatario
- l'ufficiale giudiziario **dà notizia del deposito** al destinatario con lettera raccomandata a.r.

↓

si tratta di **formalità tutte essenziali** ai fini della **validità** della notifica che si ha per eseguita al momento della **spedizione** della raccomandata

RESIDENZA, DIMORA E DOMICILIO SCONOSCIUTI →

- in assenza di nomina di un procuratore l'ufficiale giudiziario deve **depositare** una copia dell'atto nella casa comunale **dell'ultima residenza** ovvero, se ignota, in quella del **luogo di nascita** del destinatario
- se entrambi sono ignoti, deve **consegnare** una copia dell'atto al P.M.

↓

la notifica si ha per eseguita nel ventesimo giorno successivo al compimento delle formalità

ELEZIONE DI DOMICILIO →

la notificazione può essere fatta mediante consegna di copia alla persona o al capo dell'ufficio in qualità di **domiciliatario** nel luogo indicato nell' elezione

ASSENZA DI RESIDENZA, DIMORA E DOMICILIO NELLA REPUBBLICA →

l'atto è notificato mediante **spedizione** al destinatario a mezzo posta raccomandata e **consegna** di altra copia al P.M. che ne cura la trasmissione al **ministero degli affari esteri** per la consegna alla persona alla quale è diretta solamente quando non sia possibile eseguire la notificazione in uno dei modi consentiti dalle **convenzioni internazionali**

SCHEMA 28 La notificazione alle persone giuridiche

LA NOTIFICAZIONE

- ALLE PERSONE GIURIDICHE
  - nella loro **sede** mediante consegna della copia conforme al **rappresentante** o alla **persona incaricata** di ricevere le notificazioni ovvero, in mancanza, ad altra persona **addetta** alla sede stessa o al **portiere** dello stabile in cui è la sede
  - a norma degli artt. 138, 139 e 141, alla **persona fisica** che rappresenta l'ente qualora nell'atto ne sia indicata la **qualità** e risultino **residenza, domicilio** e **dimora abituale**
    - in subordine, la notificazione alla persona fisica indicata nell'atto che rappresenta l'ente può essere eseguita anche a norma degli artt. 140 o 143
- ALLE SOCIETÀ NON AVENTI PERSONALITÀ GIURIDICA ALLE ASSOCIAZIONI NON RICONOSCIUTE, AI COMITATI
  - a norma degli artt. 138, 139 e 141, alla **persona fisica** che rappresenta l'ente qualora nell'atto ne sia indicata la **qualità** e risultino **residenza, domicilio** e **dimora abituale**
  - nella **sede** indicata nell'art. 19 (luogo dove l'ente svolge l'attività in modo continuativo) mediante consegna della copia conforme al rappresentante o alla persona incaricata di ricevere le notificazioni, o, in mancanza, ad altra persona addetta alla sede ovvero al portiere dello stabile in cui essa si trova

SCHEMA 29 La notificazione alle amministrazioni dello Stato e ai militari in servizio

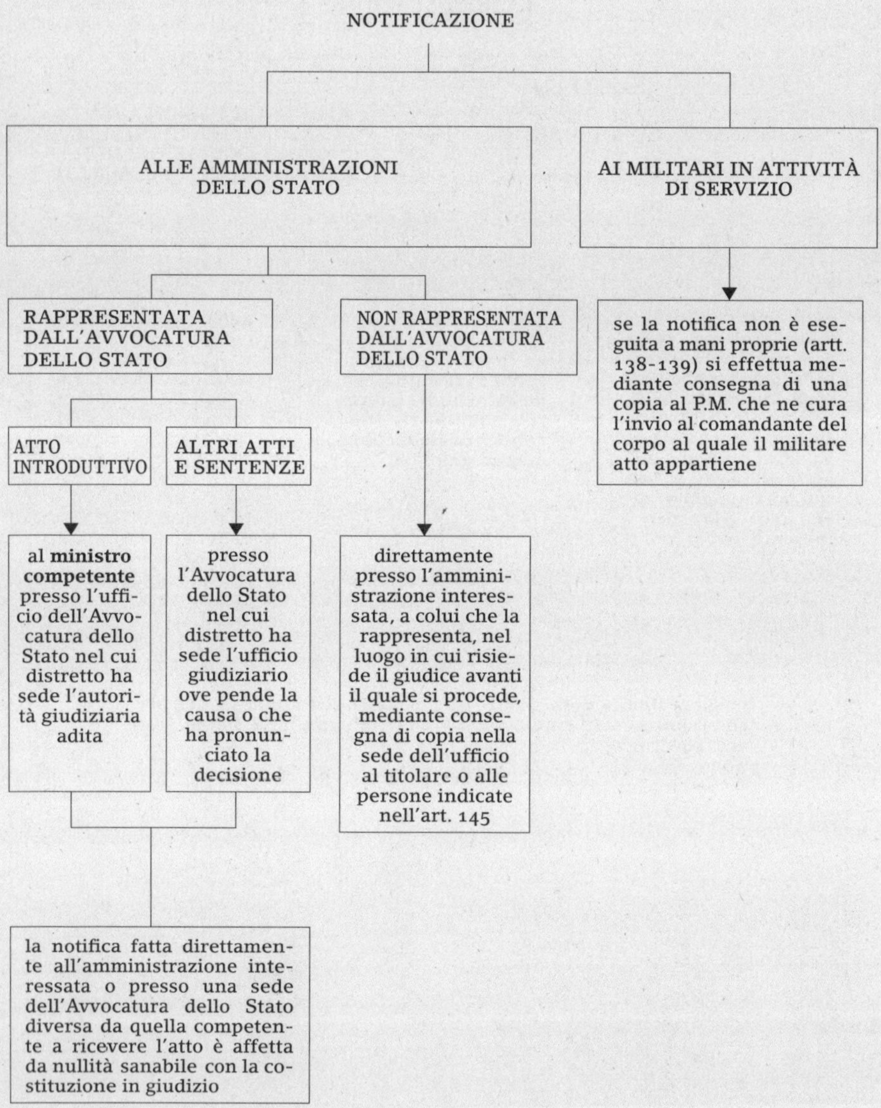

SCHEMA 30 La notificazione a mezzo del servizio postale, per pubblici proclami e in altre forme ordinate dal giudice

A MEZZO DEL SERVIZIO POSTALE

- CONSEGNA DEL PLICO ALL'UFFICIALE GIUDIZIARIO → per il soggetto notificante la notifica si perfeziona al momento della **consegna del plico all'ufficiale giudiziario** e l'onere della notifica è assolto ad ogni effetto di legge
- CONSEGNA DEL PLICO ALL'OPERATORE POSTALE → l'ufficiale presenta all'operatore postale la copia dell'atto in busta chiusa da notificare al destinatario
- CONSEGNA DEL PLICO AL DESTINATARIO → la consegna al destinatario compete **all'operatore postale** e deve avvenire sempre e comunque a mani proprie del destinatario ovvero a persona di famiglia convivente o addetta alla casa al servizio del destinatario o, in assenza al portiere dello stabile. La consegna del plico e l'apposizione della data sull'avviso di ricevimento costituiscono **prova** della eseguita **notificazione**. Se il plico non è consegnato personalmente al destinatario l'operatore postale dà notizia allo stesso dell'avvenuta notificazione con lettera raccomandata
- RIFIUTO DI SOTTOSCRIVERE L'AVVISO DI RICEVIMENTO O DI RICEVERE IL PLICO → l'operatore postale fa menzione del rifiuto sull'avviso di ricevimento che è restituito al mittente apponendo la data e la propria firma. La notifica si ha per eseguita **nella suddetta data**. Se è rifiutato il plico, anch'esso è **restituito al mittente** unitamente all'avviso
- RIFIUTO DELLE PERSONE ABILITATE A RICEVERE IL PLICO E TEMPORANEA ASSENZA DEL DESTINATARIO E DI ALTRE PERSONE ABILITATE → il plico è **depositato** presso l'ufficio dell'operatore postale e viene dato avviso del deposito al destinatario con lettera raccomandata a.r. e con avvertimento che la notifica si ha comunque per **eseguita** trascorsi **dieci giorni** dalla data di spedizione della raccomandata. La notifica si ha per eseguita alla data del **ritiro del plico** da parte del destinatario in ufficio, se avvenuto prima del termine di dieci giorni

PER PUBBLICI PROCLAMI → quando deve essere effettuata ad un **rilevante numero di destinatari** o di soggetti difficilmente identificabili, previa autorizzazione del capo dell'ufficio giudiziario avanti il quale si procede, **sentito il P.M.**

ALTRE FORME ORDINATE DAL GIUDICE → il giudice può prescrivere, anche d'ufficio, con **decreto** steso in calce all'atto, che la notifica venga eseguita **in modo diverso** da quello stabilito dalla legge, quando **particolari circostanze** o esigenze di maggiore celerità lo consigliano o sussistono circostanze di **riservatezza** o di tutela della dignità

SCHEMA 31 La notifica da parte dell'avvocato

SOGGETTO NOTIFICANTE → AVVOCATO MUNITO DI PROCURA ALLE LITI
- → qualifica di **Pubblico Ufficiale** ad ogni effetto
- → **responsabilità** per irregolarità, anche disciplinare

OGGETTO DELLA NOTIFICA
- → ATTI IN MATERIA CIVILE, AMMINISTRATIVA, STRAGIUDIZIALE
- → OGGETTI INFORMATICI →
  - **documenti creati** dall'avvocato in forma elettronica e sottoscritti digitalmente
  - **copie informatiche** di atti originariamente analogici e di atti cartacei con dichiarazione di conformità
  - **copie informatiche** di atti e provvedimenti presenti nel fascicolo informatico

MODALITÀ DI NOTIFICA
- → A MEZZO SERVIZIO POSTALE
- → CONSEGNA DIRETTA AD AVVOCATO DEL MEDESIMO ORDINE
  - (entrambe) → **autorizzazione** del cons. dell'Ordine di appartenenza del notificante
  - → **vidimazione** da parte dell'Ordine di appartenenza degli atti da notificare
- → A MEZZO PEC →
  - senza necessità di autorizzazione
  - indirizzo **PEC** notificante
  - dispositivo **firma digitale** notificante
  - **indirizzo PEC** destinatario

TEMPO DELLA NOTIFICA →
- dalle ore 7.00 alle ore 21.00 (art. 147)
- se effettuata dopo le 21.00 si perfeziona alle ore 7.00 del giorno successivo

NULLITÀ → RILEVABILE D'UFFICIO →
- mancanza dei **requisiti soggettivi ed oggettivi**
- inosservanza **disposizioni previste dalla legge**
- **incertezza sulla persona** cui è consegnata la copia dell'atto
- **incertezza sulla data** della notifica

SCHEMA 32 La nullità degli atti processuali

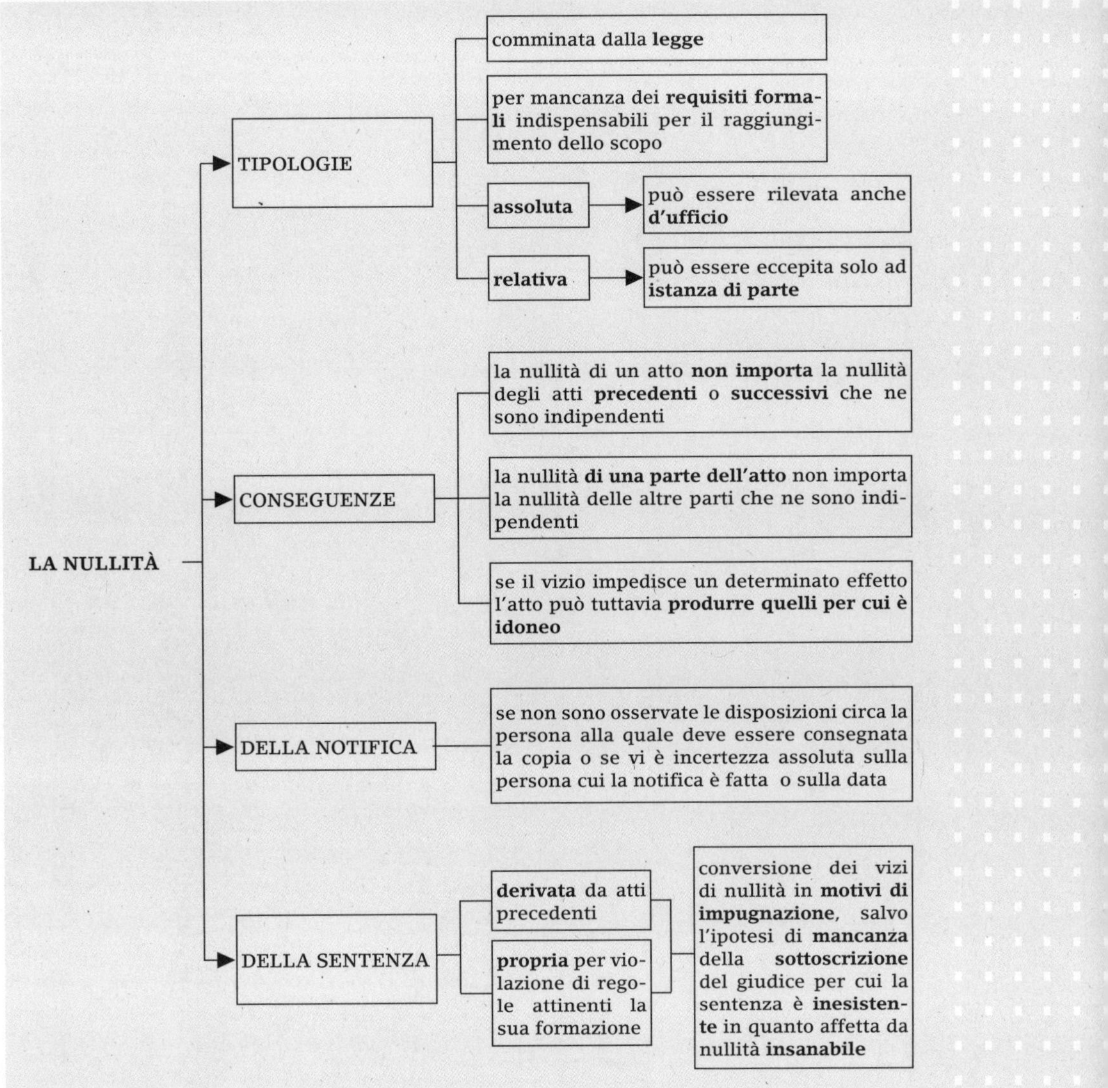

PARTE SECONDA

LA NEGOZIAZIONE ASSISTITA E LA MEDIAZIONE

CAPITOLO I

PROFILI GENERALI

1. Considerazioni generali.

La direttiva 2008/52/CE ha imposto agli stati membri l'introduzione di disposizioni legislative regolamentari e amministrative in materia di controversie transfrontaliere; nel nostro ordinamento la legge 18 giugno 2009, n. 69 ha conferito al Governo la delega in materia di mediazione e di conciliazione delle controversie civili e commerciali, dettando una serie di principi e criteri direttivi cui attenersi.

Con il d.lgs. 4 marzo 2010, n. 28 è stata data attuazione all'art. 60 della legge 18 giugno 2009 n. 69, con cui era stata conferita la delega ed è stata introdotta la mediazione nei suoi tre tipi (facoltativa, obbligatoria e giudiziale o delegata); con il d.m. 18 ottobre 2010, n. 180 del ministro della Giustizia è stato emanato il relativo regolamento.

La *Corte Costituzionale con sentenza 6 dicembre 2012, n. 272* ha dichiarato l'illegittimità costituzionale dell'art. 5, comma 1, per violazione degli artt. 76 e 77 Cost. e, conseguentemente, l'illegittimità costituzionale di tutte le parti della legge in cui si faceva riferimento al carattere obbligatorio della mediazione in quanto il legislatore non aveva rispettato i principi posti nella legge delega.

Con il d.l. 21 giugno 2013, n. 69 è stata reintrodotta la mediazione obbligatoria e sono state modificate alcune delle norme della legge istitutiva, prevedendo un periodo di sperimentazione di quattro anni; con la l. 21 giugno 2017, n. 96, di conversione del d.l. 24 aprile 2017, n. 50 è stata disposta la conclusione della sperimentazione e la disciplina è stata definitivamente stabilizzata nell'ordinamento.

Riprendendo la definizione contenuta nella direttiva europea, per mediazione si intende un procedimento strutturato nel quale due o più parti tentano, con l'assistenza di un mediatore, di raggiungere un accordo per la risoluzione di una controversia. Il legislatore ha definito "**mediazione**" l'attività svolta da un terzo imparziale, finalizzata ad assistere due o più soggetti nella ricerca di un accordo amichevole per la composizione di una controversia, anche con formulazione di una proposta per la risoluzione della stessa. A sua volta **mediatore** è la persona o le persone fisiche che, individualmente o collegialmente, svolgono la mediazione ma senza il potere di rendere giudizi o decisioni vincolanti per le parti. Il mediatore può, pertanto, esclusivamente sollecitare le parti nella ricerca della soluzione negoziale, formulando, se le parti gliene fanno concorde richiesta, una proposta per giungere alla conciliazione e cioè alla composizione della controversia.

La dottrina ha evidenziato che non è corretto parlare di un procedimento di mediazione, in quanto ciò che le parti fanno insieme al mediatore è nient'altro che un percorso per tentare di comporre una controversia.

Con il d.l. 12 settembre 2014, n. 132 è stato introdotto il nuovo procedimento di **negoziazione assistita**, quale ulteriore strumento alternativo alla risoluzione delle controversie nella sua sede ordinaria e cioè nel processo. La negoziazione assistita consiste nella sottoscrizione di una **convenzione di negoziazione**, vale a dire un accordo in forma scritta, con il quale le parti convengono di cooperare in buona fede e con lealtà per risolvere in via amichevole la controversia tramite l'assistenza di avvocati. In alcune ipotesi la procedura di negoziazione assistita è obbligatoria, in quanto costituisce condizione di procedibilità della domanda giudiziale; negli altri casi è facoltativa. Il legislatore ha introdotto anche alcune disposizioni specifiche per la negoziazione assistita in tema di famiglia.

È stata dichiarata inammissibile la questione di legittimità costituzionale dell'art. 3, comma 1, secondo e terzo periodo del d.l. 12 settembre 2014, n. 132 sollevata in riferimento agli artt. 3, 77 e 24 Cost. (*Corte Costituzionale, 12 dicembre 2019, n. 266*). Non sono, però, state abrogate e, dunque, non sono precluse, le negoziazioni volontarie e paritetiche relative alle controversie civili e commerciali e le procedure di reclamo previste dalle carte dei servizi. Le negoziazioni volontarie sono quelle conseguenti l'inserimento di una clausola di mediazione o conciliazione all'interno di un contratto o di un atto costitutivo societario.

Le norme sulla mediazione e sulla negoziazione assistita si applicano alle controversie civili e commerciali, vertenti su **diritti disponibili**, in quanto l'art. 1966 c.c. stabilisce che la transazione è nulla se ha ad oggetto diritti indisponibili.

2. L'obbligo di informazione in capo all'avvocato.

Sia le norme in materia di mediazione sia quelle in materia di negoziazione assistita, prevedono l'**obbligo** per l'avvocato di informare l'assistito della possibilità di avvalersi del procedimento di mediazione e delle agevolazioni fiscali relative, nonché della possibilità di ricorrere alla convenzione di negoziazione. Entrambe le disposizioni si accompagnano all'art. 27 del codice deontologico, così come modificato con delibera del Consiglio nazionale forense del 23 febbraio 2018, il quale stabilisce l'obbligo per l'avvocato di informare la parte assistita, chiaramente, all'atto dell'incarico, della possibilità di avvalersi del procedimento di negoziazione assistita e, per iscritto, della possibilità di avvalersi del procedimento di mediazione. Vi è, quindi, oggi un vero e proprio **dovere** in capo all'avvocato, la cui inosservanza comporta, sul piano civilistico, la possibile annullabilità del contratto (*Cass. civ., sez. II, 5 dicembre 2019, n. 31852*) e, sul piano deontologico, l'instaurazione di un procedimento disciplinare con le relative sanzioni.

L'informativa deve essere chiara ed esaustiva, deve indicare i casi in cui l'esperimento del procedimento di mediazione e di negoziazione assistita sono condizione di procedibilità della domanda giudiziale, deve essere sottoscritta dall'assistito e allegata all'atto introduttivo dell'eventuale giudizio. La **mancata allegazione**, secondo la dottrina, non avrebbe alcuna conseguenza invalidante né del contratto di patrocinio né della procura *ad litem* né dell'atto introduttivo, avendo il legislatore previsto che sarà il giudice ad informare la parte della facoltà di chiedere la mediazione.

Giurisprudenza

Nell'adempimento dell'incarico professionale conferitogli, l'obbligo di diligenza da osservare ai sensi del combinato disposto di cui agli artt. 1176, comma 2 e 2236 c.c. impone all'avvocato di assolvere, sia all'atto del conferimento del mandato che nel corso dello svolgimento del rapporto, anche ai doveri di sollecitazione, dissuasione e informazione del cliente. Egli è tenuto a rappresentare a quest'ultimo tutte le questioni di fatto e di diritto, comunque insorgenti, ostative al raggiungimento del risultato o comunque produttive del rischio di effetti dannosi, di richiedergli gli elementi necessari o utili in suo possesso, a sconsigliarlo dall'intraprendere o proseguire un giudizio dall'esito probabilmente sfavorevole (Cass. civ., sez. III, 19 luglio 2019, n. 19520).

SCHEMA 33 L'obbligo di informazione in capo all'avvocato

- OBBLIGO - DOVERE PER L'AVVOCATO DI INFORMARE L'ASSISTITO
  - per iscritto della possibilità di avvalersi del procedimento di **mediazione** e delle relative agevolazioni fiscali
  - della possibilità di ricorrere alla **convenzione** di **negoziazione** assistita
  - delle **caratteristiche** e dell'importanza della **controversia**
  - delle attività da espletare
  - delle iniziative e delle **possibili soluzioni**
  - della possibilità di avvalersi dei **percorsi alternativi** al contenzioso giudiziario

- INOSSERVANZA E CONSEGUENZE
  - possibile **annullabilità del contratto** (piano civilistico)
  - instaurazione **procedimento disciplinare** (piano deontologico)

- CARATTERISTICHE DELL'INFORMATIVA
  - deve essere **chiara ed esaustiva**
  - deve contenere l'indicazione dei casi in cui l'esperimento del procedimento di mediazione o di negoziazione assistita è **condizione di procedibilità** della domanda giudiziale
  - deve essere **sottoscritta** dall'assistito ed **allegata** all'atto introduttivo dell'eventuale giudizio

CAPITOLO II

LA NEGOZIAZIONE ASSISTITA

1. Casi di obbligatorietà.

La legge prevede che l'esperimento del procedimento di negoziazione assistita è **condizione di procedibilità** della domanda nei seguenti casi:

- risarcimento del danno da circolazione di veicoli e natanti;
- domanda di pagamento, a qualsiasi titolo, di somme di denaro inferiori a euro cinquantamila, a meno che la controversia rientri in quelle già assoggettate al procedimento di mediazione obbligatoria e che concerna obbligazioni discendenti da contratti conclusi tra professionisti e consumatori.

L'obbligatorietà della negoziazione assistita in materia di danni da circolazione stradale è stata sottoposta al vaglio della Corte Costituzionale in relazione all'obbligatorietà dell'invio della messa in mora di cui agli artt. 145, 148 e 149 del d.lgs. 7 settembre 2005 n. 209. La Corte ha dichiarato non fondata la questione di legittimità costituzionale sollevata, ritenendo che la messa in mora (prevista dal Codice delle assicurazioni private) e la negoziazione assistita non sono un "inutile doppione" in quanto hanno contenuto e assolvono a funzioni diverse e, utilmente, complementari (*Corte Costituzionale, 7 luglio 2016, n. 162*).

La condizione di procedibilità della domanda giudiziale si considera avverata se l'invito rivolto all'altra parte non è seguito da adesione o rifiuto, entro trenta giorni dalla sua ricezione oppure quando è decorso il termine, fissato dalle parti nella convenzione stessa, per la sua conclusione. L'**improcedibilità** deve essere eccepita dal convenuto, a pena di decadenza o rilevata d'ufficio dal giudice, non oltre la prima udienza. Il giudice, quando rileva che la negoziazione assistita è già iniziata, ma non si è conclusa, fissa la successiva udienza dopo la scadenza del termine previsto dalle parti nella convenzione. Allo stesso modo provvede quando la negoziazione non è stata esperita, assegnando contestualmente alle parti il termine di quindici giorni per la comunicazione dell'invito.

Al di fuori dei casi sopra indicati la negoziazione assistita è, dunque, facoltativa.

Il legislatore ha previsto che lo svolgimento della negoziazione assistita non preclude la concessione di provvedimenti urgenti e cautelari né la trascrizione della domanda giudiziale e che sono esclusi dalla condizione di procedibilità i seguenti procedimenti:

- di ingiunzione, inclusa l'opposizione;
- di consulenza tecnica preventiva ai fini della composizione della lite di cui all'art. 696-*bis*;
- di opposizione o incidentali di cognizione relativi all'esecuzione forzata;
- in camera di consiglio;
- nell'azione civile esercitata nel processo penale;
- quando la parte può stare in giudizio personalmente.

2. Il procedimento.

È l'avvocato che deve promuovere la negoziazione assistita inoltrando alla controparte l'**invito a stipulare la convenzione** mediante comunicazione scritta che deve contenere:

- l'oggetto della controversia;
- l'avvertimento che la mancata risposta all'invito, entro trenta giorni dalla ricezione, o il suo rifiuto può essere valutato dal giudice ai fini delle spese del giudizio e di quanto previsto dagli artt. 96 e 642, comma 1;
- la firma del cliente, certificata nell'autografia dallo stesso difensore.

È stato osservato in dottrina che, poiché il giudice ha soltanto la facoltà di valutare la mancata risposta o il rifiuto ai fini delle spese del giudizio, non vi sarebbe alcun obbligo in capo alla parte che riceve l'invito né di rispondere né di partecipare, in quanto la violazione dell'art. 4 non comporta alcuna sanzione obbligatoria.

L'invito a stipulare la convenzione di negoziazione assistita è equiparato alla domanda giudiziale per quanto attiene gli effetti sulla prescrizione e sulla decadenza. In analogia a quanto stabilito dall'art. 2943 c.c. (la prescrizione è interrotta dal momento della notificazione dell'atto con cui si inizia un giudizio), dal momento della comunicazione dell'invito si producono sulla prescrizione gli effetti della domanda giudiziale. Dalla stessa data è impedita, ma per una sola volta, la decadenza; se però l'invito è rifiutato o non è accettato nel termine sopra indicato, la domanda giudiziale deve essere proposta entro il medesimo termine di decadenza decorrente dal rifiuto, dalla mancata accettazione nel termine o dalla dichiarazione di mancato accordo certificata dagli avvocati.

3. La convenzione di negoziazione.

Ricevuto l'invito e comunicata l'adesione al procedimento di negoziazione, spetta agli avvocati delle parti stipulare la convenzione di negoziazione assistita, con la quale le parti convengono di cooperare in buona fede e con lealtà per risolvere in via amichevole la controversia proprio tramite l'assistenza dei loro difensori. Per le amministrazioni pubbliche è fatto obbligo di affidare la convenzione alla propria avvocatura, ove presente. Facendo riferimento a quanto statuito dalla Corte di Giustizia in tema di mediazione (v. parte seconda, cap. III, 4), giurisprudenza di merito ha disapplicato la norma che impone l'assistenza di un avvocato nella negoziazione assistita per violazione del principio comunitario della tutela giurisdizionale effettiva (*Trib. Verona, 16 gennaio* ***2020***).

La convenzione deve:

- essere stipulata in **forma scritta**, a pena di nullità;
- indicare il **termine concordato** dalle parti, che non può essere inferiore ad un mese ma non superiore a tre mesi, prorogabile per ulteriori trenta giorni su accordo delle parti;
- precisare l'**oggetto della controversia**, che non deve riguardare diritti indisponibili o vertere in materia di lavoro;
- essere redatta dagli avvocati (uno o più) che assistono le parti;
- essere sottoscritta dalle parti con **autografia certificata** dagli avvocati medesimi.

In considerazione degli obblighi e delle prescrizioni indicate nell'art. 9 della legge, è opportuno che la convenzione contenga, anche, le seguenti ulteriori precisazioni:

- che i difensori delle parti non potranno essere nominati arbitri nelle controversie aventi il medesimo oggetto o comunque connesse;
- che i difensori e le parti sono obbligati a comportarsi con lealtà e a tenere riservate le informazioni ricevute;
- che le dichiarazioni rese e le informazioni acquisite nel corso del procedimento non potranno essere utilizzate nel giudizio avente in tutto o in parte il medesimo oggetto;
- che i difensori delle parti e coloro che partecipano al procedimento non possono essere tenuti a deporre sul contenuto delle dichiarazioni rese e delle informazioni acquisite;
- che a tutti coloro che partecipano al procedimento si applicano le disposizioni dell'art. 200 c.p.p. (segreto professionale) e si estendono le garanzie previste per il difensore dall'art. 103 c.p.p. (garanzie di libertà del difensore) in quanto applicabili;
- che la violazione del divieto di assumere la nomina di arbitro e degli obblighi di lealtà e riservatezza costituisce per l'avvocato illecito disciplinare.

4. L'esito della convenzione e l'esecutività dell'accordo.

Stipulata la convenzione, le parti, con l'assistenza dei loro avvocati, procedono dunque con la negoziazione per cercare di risolvere in via amichevole la controversia. Non vi sono particolari forme da adottare oppure modalità predeterminate delle sessioni che le stesse dovranno tenere né tantomeno gli incontri dovranno essere verbalizzati, in quanto le uniche regole da seguire sono la lealtà e la correttezza; lo spirito della negoziazione è, infatti, quello di **ricercare un**

accordo, che o viene raggiunto nel termine fissato dalle parti o non viene raggiunto.

Se **l'accordo non viene raggiunto**, gli avvocati delle parti sono tenuti a redigere la dichiarazione di mancato accordo e a sottoscriverla. A questo punto le parti sono libere di procedere in giudizio.

Se **l'accordo viene raggiunto**, è compito degli avvocati

- predisporre il testo dell'accordo che compone la controversia che deve essere sottoscritto dalle parti e dagli stessi;
- certificare l'autografia delle firme e che l'accordo è conforme alle norme imperative e all'ordine pubblico;
- trasmetterne copia al consiglio dell'Ordine circondariale del luogo ove l'accordo è stato raggiunto ovvero a quello di appartenenza (la ragione dell'obbligo è esclusivamente fissato ai fini di monitoraggio).

Se però le parti concludono un contratto o un **atto soggetto a trascrizione**, la sottoscrizione del processo verbale di accordo deve essere autenticata da un pubblico ufficiale a ciò autorizzato, perché diversamente non è possibile procedere alla trascrizione.

L'accordo costituisce titolo esecutivo e per l'iscrizione di ipoteca giudiziale. Il legislatore, peraltro, non ha previsto con quale modalità e da chi potrà essere apposta la formula esecutiva di cui all'art. 475, essendosi limitato a prevedere che l'accordo dovrà essere integralmente trascritto nel precetto ai sensi dell'art. 480.

Un libero professionista notifica ad un condominio un atto di precetto in virtù di un titolo esecutivo costituito da accordo raggiunto con l'amministratore del condominio a seguito di negoziazione assistita. Il condominio propone opposizione sostenendo che l'accordo non ha efficacia di titolo esecutivo stante l'assenza della necessaria dichiarazione da parte degli avvocati della conformità dell'accordo alle norme imperative e all'ordine pubblico. Il Tribunale accoglie l'opposizione sul rilievo che la certificazione di conformità dell'avvocato, richiesta dalla norma, è indispensabile e che, in mancanza, l'accordo non costituisce titolo esecutivo (*Trib. Roma, sez. IV, 17 giugno 2019, n. 12727*).

Si segnala infine che l'art. 5, comma 4 del d.l. 12 settembre 2014, n. 132 prevede che costituisce illecito deontologico per l'avvocato impugnare un accordo alla cui redazione ha partecipato.

Giurisprudenza

In tema di negoziazione assistita, ove l'accordo tra i coniugi comprenda il trasferimento di uno o più diritti reali su beni immobili, la disciplina di cui all'art. 6 d.l. n. 132/2014, conv. in l. n. 162/2014, deve integrarsi con quella di cui all'art. 5, comma 3, del medesimo d.l., per cui, per procedere alla trascrizione dell'accordo di separazione contenente un trasferimento immobiliare, è necessaria l'autenticazione da parte del pubblico ufficiale a ciò autorizzato (Cass. civ., sez. II, 21 gennaio ***2020****, n. 1202).*

SCHEMA 34 La negoziazione assistita

DEFINIZIONE → consiste nella sottoscrizione di una **convenzione di negoziazione** ossia un accordo in **forma scritta** con il quale le parti convengono di cooperare in **buona fede** e con **lealtà** per risolvere in via amichevole la controversia tramite l'assistenza di avvocati

CASI DI OBBLIGATORIETÀ →
- **l'esperimento del procedimento** è **condizione di procedibilità** della domanda
- risarcimento del danno da **circolazione di veicoli e natanti**
- pagamento a qualsiasi titolo di somme di denaro **inferiori a € 50.000,00** con esclusione delle controversie già assoggettate al procedimento di mediazione obbligatoria e che concernono obbligazioni discendenti da contratti tra professionisti e consumatori

PROCEDIMENTI ESCLUSI DALLA CONDIZIONE DI PROCEDIBILITÀ →
- di ingiunzione, inclusa l'opposizione
- di consulenza tecnica preventiva
- di opposizione o incidentali di cognizione relativi all'esecuzione forzata
- in camera di consiglio
- nell'azione civile esercitata nel processo penale
- nei quali la parte può stare in giudizio personalmente

PROCEDIMENTO → l'avvocato che deve promuovere la negoziazione assistita invita la controparte a stipulare la convenzione mediante lettera che deve contenere l'**oggetto della controversia**, l'**avvertimento** che la mancata risposta all'invito entro 30 giorni o il rifiuto può essere valutato dal giudice ai fini delle spese del giudizio, **la firma del cliente certificata** dal difensore
- la parte che riceve l'invito comunica l'**adesione** → gli avvocati stipulano la **convenzione di negoziazione**
- la parte che riceve l'invito lo **rifiuta** o **non risponde** entro 30 giorni → la condizione di procedibilità è **avverata** e il procedimento è **concluso**

LA CONVENZIONE DI NEGOZIAZIONE → **ELEMENTI ESSENZIALI**
- **forma scritta** a pena di nullità
- indicazione del **termine** concordato (da 1 a 3 mesi prorogabile di 30 giorni)
- **oggetto** della controversia (esclusi diritti indisponibili e materia di lavoro)
- redazione da parte dei difensori
- **sottoscrizione** delle parti certificata

ESITO DELLA CONVENZIONE
- l'accordo viene raggiunto → è compito degli avvocati predisporre il testo dell'accordo e sottoscriverlo con le parti; certificare le sottoscrizioni e la conformità dell'accordo alle **norme imperative e al buon costume**; trasmetterne copia al Consiglio dell'Ordine di appartenenza o del luogo dell'accordo
- l'accordo **non** viene raggiunto → è compito degli avvocati redigere la dichiarazione di **mancato accordo** e sottoscriverla; le parti sono **libere** di agire in giudizio

ESECUTIVITÀ DELL'ACCORDO → l'accordo costituisce **titolo esecutivo** e per l'iscrizione di ipoteca giudiziale, deve essere trascritto integralmente nel precetto (art. 480)

CAPITOLO III

LA MEDIAZIONE

GUIDA **1.** La mediazione: obbligatoria, facoltativa e disposta dal giudice **2.** Gli organismi di mediazione **3.** Il mediatore **4.** Il procedimento **5.** L'esito **6.** La mancata partecipazione **7.** Il regime delle spese e le agevolazioni fiscali

1. La mediazione: obbligatoria, facoltativa e disposta dal giudice.

Il legislatore ha previsto tre tipi di mediazione: obbligatoria, in quanto imposta a pena di improcedibilità, facoltativa, in quanto liberamente scelta dalle parti e giudiziale o delegata, in quanto disposta dal giudice nel corso del processo.

L'esperimento del procedimento di mediazione è **condizione di procedibilità** della domanda giudiziale in tutta una serie di **materie**, espressamente individuate:

- condominio;
- diritti reali;
- divisione;
- successioni ereditarie;
- patti di famiglia;
- locazione;
- comodato;
- affitto di azienda;
- risarcimento del danno derivante da responsabilità medica e sanitaria;
- risarcimento del danno derivante da diffamazione con il mezzo della stampa o con altro mezzo di pubblicità;
- contratti assicurativi, bancari e finanziari.

L'improcedibilità deve essere **eccepita** dal convenuto — a pena di decadenza — o rilevata d'ufficio dal giudice, non oltre la prima udienza. In tali casi, il giudice assegna alle parti il termine di quindici giorni per la presentazione della domanda di mediazione e fissa la successiva udienza dopo almeno tre mesi, tempo massimo di durata del procedimento di mediazione, previsto dall'art. 6 del d.lgs. n. 28/2010.

Lo svolgimento della mediazione non preclude la concessione dei provvedimenti urgenti né la trascrizione della domanda giudiziale; **sono esclusi** dalla condizione di procedibilità i seguenti procedimenti:

- di ingiunzione, inclusa l'opposizione, fino alla pronuncia sulle istanze di concessione e sospensione della provvisoria esecuzione;

- per convalida di licenza o sfratto, fino al mutamento del rito di cui all'art. 667;
- di consulenza tecnica preventiva di cui all'art. 696-*bis*;
- possessori, fino alla pronuncia di cui all'art. 703, comma 3;
- di opposizione o incidentali di cognizione relativi all'esecuzione forzata;
- in camera di consiglio;
- nell'azione civile esercitata nel processo penale.

Si tratta di procedimenti posti a presidio di interessi per i quali il preventivo tentativo obbligatorio di mediazione sarebbe stato inutile o controproducente mentre invece la tutela giurisdizionale è in grado di assicurarne una celere soddisfazione. Nelle controversie soggette a mediazione obbligatoria, i cui giudizi vengano introdotti con richiesta di decreto ingiuntivo, una volta instaurato il relativo giudizio di opposizione e decise le istanze di concessione o sospensione della provvisoria esecuzione del decreto, l'onere di promuovere la procedura di mediazione è a carico della parte opposta; ne consegue che, ove essa non si attivi, alla pronuncia di improcedibilità di cui all'art. 5, comma 1-*bis* d.lgs. n. 28/2010, consegue la revoca del decreto ingiuntivo (*Cass. civ.,* ***sez. un.****, 18 settembre* ***2020****, n. 19596*).

Al di fuori delle materie sopra riportate, la mediazione è **facoltativa**.

Tuttavia se trova riscontro in una clausola prevista all'interno di un contratto, di uno statuto o di un atto costitutivo e il tentativo non è stato esperito, il giudice o l'arbitro, su eccezione di parte, contenuta nella prima difesa, assegna alle parti il termine di quindici giorni per la presentazione della domanda di mediazione e fissa la successiva udienza dopo la scadenza del termine di tre mesi, pari alla durata massima del procedimento.

L'art. 5, comma 2 del d.lgs. n. 28/2010 prevede, altresì, che il giudice, anche nel giudizio d'appello, valutata la natura della causa, lo stato dell'istruzione e il comportamento delle parti, può — fino all'udienza di precisazione delle conclusioni o, comunque, prima della discussione della causa (se tale udienza non è prevista) — disporre l'esperimento del procedimento di mediazione. Si tratta di un'altra ipotesi di mediazione obbligatoria in quanto l'esperimento è condizione di procedibilità della domanda giudiziale anche in sede di appello (*Cass. civ., sez. III, 13 dicembre 2019, n. 32797*). Il giudice fissa la successiva udienza, dopo la scadenza del termine di tre mesi.

La disposizione non si applica ai procedimenti già elencati al capitolo precedente.

Giurisprudenza

In tema di mediazione obbligatoria ex art. 5, comma 1-bis, del d.lgs. n. 28/2010, il preventivo esperimento del procedimento di mediazione è condizione di procedibilità della domanda, ma l'improcedibilità deve essere eccepita dal convenuto, a pena di decadenza, o rilevata d'ufficio dal giudice, non oltre la prima udienza; ove ciò non avvenga, il giudice d'appello può disporre la mediazione, ma non vi è obbligato, neanche nelle materie indicate dallo stesso art. 5, comma 1-bis, atteso che in grado d'appello l'esperimento della mediazione costituisce condizione di procedibilità *della domanda solo quando è disposta discrezionalmente dal giudice, ai sensi dell'art. 5, comma 2 (Cass. civ., sez. III, 10 novembre **2020**, n. 25155).*

*Nella mediazione obbligatoria, prevista dal d.lgs. n. 28/2010, il provvedimento giudiziale che, nel disporre l'esperimento del procedimento, ometta l'indicazione del termine per la presentazione della relativa domanda è inficiato da mera irregolarità formale, posto che non si determina alcuna incertezza in capo alle parti essendo la durata di detto termine stabilita in misura fissa dalla legge (Cass. civ., sez. VI, 6 febbraio **2020**, n. 2775).*

2. Gli organismi di mediazione.

Il procedimento di mediazione deve essere svolto presso un ente, pubblico o privato, iscritto nell'apposito registro degli organismi e, come tale, abilitato. Il ministro della Giustizia con il d.m. 18 ottobre 2010, n. 180 ha emanato il regolamento recante la determinazione dei criteri e delle modalità di iscrizione e di tenuta del registro, che è stato modificato con il d.m. 6 luglio 2011, n. 145.

L'organismo di mediazione, per essere riconosciuto, deve possedere professionalità ed efficienza e i requisiti seguenti:

- **capacità finanziaria** e cioè possedere un capitale non inferiore a quello necessario per la costituzione di una società a responsabilità limitata;
- **capacità organizzativa** e cioè svolgere l'attività in almeno due regioni o almeno due provincie della medesima regione anche attraverso accordi con altri organismi;
- **polizza assicurativa** di importo non inferiore ad euro cinquecentomila per la responsabilità a qualunque titolo derivante dallo svolgimento dell'attività di mediazione;
- **onorabilità** dei soci, associati, amministratori e rappresentanti;
- **trasparenza** amministrativa e contabile;
- garanzie di indipendenza, imparzialità e riservatezza;
- almeno cinque mediatori;
- una sede.

Anche i consigli degli Ordini degli Avvocati possono istituire organismi di mediazione presso ciascun tribunale, avvalendosi di proprio personale e utilizzando i locali messi a disposizione dal presidente del tribunale. La costituzione dell'organismo, in tal caso, è più semplice in quanto è necessario solamente aver contratto la polizza assicurativa e avere mediatori abilitati. Anche i consigli degli altri ordini professionali possono costituire organismi di mediazione, per le materie riservate alla loro competenza, previa autorizzazione del ministro della Giustizia, in applicazione dell'art. 19 del d.lgs. n. 28/2010.

Ogni organismo deve, altresì, adottare un proprio regolamento, avente i contenuti previsti dall'art. 7 del d.m. n. 180/2010, al quale le parti dovranno fare riferimento per seguire il procedimento di mediazione.

3. Il mediatore.

Il mediatore è la persona, o le persone fisiche, che individualmente o collegialmente, svolgono la mediazione.

Il regolamento, contenuto nel d.m. 18 ottobre 2010, n. 180, stabilisce che per rivestire la qualifica di mediatore è necessario:

- il possesso di un titolo di studio non inferiore al diploma di laurea triennale, ovvero — in alternativa — l'iscrizione ad un ordine o collegio professionale;
- il possesso di una specifica formazione ed aggiornamento almeno biennale acquisita presso un ente di formazione iscritto nell'apposito elenco tenuto presso il Ministero;
- il possesso di alcuni requisiti di onorabilità;
- il possesso di conoscenze linguistiche, per far parte degli organismi esperti nella materia internazionale.

Il d.m. 6 luglio 2011, n. 145 ha previsto che il mediatore dovrà, altresì, partecipare, nel biennio di aggiornamento e in forma di tirocinio assistito, ad almeno venti casi di mediazione svolti presso organismi iscritti nell'apposito registro. Gli stessi sono tenuti a consentire, gratuitamente e disciplinandolo nel proprio regolamento, il tirocinio assistito.

L'art. 16, comma 4-*bis* del citato d.m. prevede che gli avvocati iscritti all'albo sono di diritto mediatori, con obblighi di formazione ed aggiornamento nell'ambito dei percorsi formativi professionali forensi.

Il mediatore non può essere iscritto in più di cinque organismi di mediazione; è tenuto all'obbligo di riservatezza, gli è fatto divieto di assumere diritti o obblighi connessi, direttamente o indirettamente, con gli affari trattati e di percepire compensi direttamente dalle parti.

Il dovere principale del mediatore è, però, quello di imparzialità, tanto che è tenuto a sottoscrivere, per ciascun affare per il quale è designato, apposita dichiarazione, secondo le formule previste dal regolamento di procedura adottato dall'organismo, così come previsto dall'art. 14 del d.lgs. n. 28/2010. Il mediatore ha diritto di percepire il compenso, a titolo di onorario, direttamente dall'organismo di mediazione che lo ha nominato.

4. Il procedimento.

Secondo quanto previsto dall'art. 4, comma 1, d.lgs. n. 28/2010, la domanda di mediazione deve essere presentata presso un organismo avente sede nel luogo del giudice competente per territorio per la successiva controversia. In caso di più domande relative alla medesima controversia, la mediazione si svolge avanti l'organismo ove è stata depositata la prima istanza.

L'istanza deve indicare il nominativo delle parti, l'oggetto e le ragioni della pretesa; il responsabile dell'organismo designa un mediatore che potrà anche essere indicato da entrambe le parti. L'art. 7, comma 5, d.m. n. 180/2010 stabilisce, infatti, che, all'interno dei propri regolamenti, gli organismi devono prevedere la possibilità per le parti di scegliere il mediatore. Il primo incontro tra le parti, deve svolgersi, presso la sede dell'organismo o nel luogo indicato dal regolamento di procedura dell'organismo stesso, entro **trenta giorni** dal deposito della domanda.

La domanda deve essere **comunicata**, insieme alla data del primo incontro, all'altra parte dalla segreteria dell'organismo, con ogni mezzo idoneo ad assicurarne la ricezione e, quindi, con lettera raccomandata o all'indirizzo di posta elettronica certificata. La comunicazione può avvenire anche a cura della parte istante: ciò significa che, in base a particolari esigenze di urgenza, la parte istante potrà provvedere direttamente senza attendere l'adempimento amministrativo. Dal momento della comunicazione alle parti, la domanda di mediazione produce sulla prescrizione gli effetti della domanda giudiziale; dalla stessa data impedisce, altresì, la decadenza per una sola volta.

Secondo l'art. 8 d.lgs. n. 28/2010, il procedimento di mediazione non è soggetto ad alcuna formalità ma è **obbligatoria l'assistenza dell'avvocato** sin dal primo incontro, con ciò assicurando alle parti un'idonea tutela del diritto di difesa; la Corte di Giustizia ha, però, ritenuto contraria al diritto dell'unione europea la norma che impone l'assistenza dell'avvocato nella mediazione di controversie nelle quali sono parti i consumatori (*Corte giustizia UE, sez. I, 14 giugno 2017, n. 75*); la giurisprudenza ha precisato che **è necessaria la comparizione personale delle parti** davanti al mediatore; la parte può anche farsi sostituire da un proprio rappresentante sostanziale, eventualmente nella persona dello stesso difensore che l'assiste nel procedimento di mediazione, purché dotato di apposita procura sostanziale (*Cass. civ., sez. III, 27 marzo 2019, n.8473*).

Nel **primo incontro** il mediatore chiarisce alle parti la funzione e le modalità di svolgimento della mediazione e, quindi, invita le stesse ad esprimersi sulla possibilità di iniziare la procedura di mediazione. In caso positivo procede con lo svolgimento, senza formalità; in caso negativo redige il relativo verbale. Quando l'esperimento del procedimento di mediazione è condizione di procedibilità, la condizione si considera, in questo momento, comunque avverata.

Entrambe le parti possono depositare memorie e documenti, non per dimostrare le proprie ragioni, bensì per mettere il mediatore nella condizione di conoscere il merito della vicenda e consentirgli di comprendere al meglio le rispettive posizioni al fine della ricerca di un accordo: l'**obiettivo primario** del mediatore è quello di condurre le parti ad un accordo amichevole di definizione della controversia, componendo i rispettivi interessi. È per questo motivo che al mediatore è consentito di incontrare, anche individualmente, le parti tenendo sessioni separate al fine di individuare i rispettivi interessi e, successivamente, comporli.

Qualora l'esame della controversia richieda specifiche competenze tecniche, l'organismo può nominare uno o più **mediatori ausiliari** e solo nell'ipotesi in cui ciò non sia possibile, potrà avvalersi dell'ausilio di esperti iscritti negli albi dei consulenti presso i tribunali.

Qualora le parti non raggiungano l'accordo, il mediatore può formulare una **proposta di conciliazione**, possibilità che si trasforma in obbligo solo quando le parti ne facciano concorde richiesta. La proposta di conciliazione deve essere **comunicata per iscritto** alle parti, le quali, entro sette giorni, devono far pervenire, sempre per iscritto al mediatore, l'accettazione o il rifiuto. In mancanza di risposta nel termine, la proposta si intende rifiutata.

Se tutte le parti aderiscono alla proposta, si forma **processo verbale** sottoscritto dalle parti e dal mediatore, il quale certifica l'autografia delle sottoscrizioni medesime. Se la conciliazione non riesce, il mediatore forma processo verbale, sottoscritto dalle parti e dal mediatore stesso, con l'indicazione della proposta. Nello stesso verbale, il mediatore dà atto della mancata partecipazione di una delle parti al procedimento. Il processo verbale è depositato presso la segreteria dell'organismo e ne è rilasciata copia alle parti che lo richiedono.

Il comma 20-*bis* dell'art. 83 del d.l. 17 marzo 2020, n. 28, ha disposto che gli incontri di mediazione possono essere svolti, con il preventivo consenso di tutte le parti, in via telematica mediante sistemi di videoconferenza. Tutti gli atti sono sottoscritti con firma digitale.

Il procedimento di mediazione deve avere una durata non superiore a tre mesi, che decorrono dalla data di deposito della domanda di mediazione, ovvero dalla scadenza del termine fissato dal giudice per il deposito della stessa. Il termine non è soggetto a sospensione feriale e non è perentorio: il legislatore non ha previsto alcuna eventuale conseguenza derivante dall'infruttuoso decorso. Inoltre il periodo di durata previsto per lo svolgimento del procedimento di mediazione non si computa ai fini del computo del termine oltre il quale la durata del processo è da ritenersi irragionevole ai sensi della legge 24 marzo 2001, n. 89.

Giurisprudenza

Ai sensi del comma 3 dell'art. 71 quater disp. att. c.c. l'amministratore di condominio è legittimato a partecipare alla procedura di mediazione obbligatoria solo previa delibera assembleare di autorizzazione, non rientrando tra le sue attribuzioni, in assenza di apposito mandato, il potere di disporre dei diritti sostanziali rimessi alla mediazione. Ne consegue che la condizione di procedibilità delle "controversie in materia di condominio" non può dirsi realizzata qualora l'amministratore partecipi all'incontro davanti al mediatore sprovvisto (come nella specie) della previa delibera assembleare, da assumersi con la maggioranza di cui all'art. 1136, comma 2, c.c., non essendo in tal caso possibile iniziare la procedura di mediazione e procedere al relativo svolgimento, come suppone il comma 1 dell'art. 8 del d.lgs. n. 28/2010 (Cass. civ., sez. VI, 8 giugno ***2020****, n. 10846).*

5. L'esito.

La fase conclusiva del procedimento può avere tre possibili esiti:

- le parti con l'intervento e l'aiuto del mediatore raggiungono un accordo amichevole per la composizione bonaria della controversia e si forma processo verbale dell'avvenuto accordo;

- le parti accettano la proposta del mediatore e si forma processo verbale dell'avvenuto accordo;
- la conciliazione non riesce o per mancata partecipazione di una delle parti o perché non è stato raggiunto un accordo e in tal caso il mediatore forma processo verbale.

Il **verbale di accordo**, poiché è un atto che è espressione dell'autonomia negoziale delle parti, può comprendere qualunque pattuizione, purché questa non sia contraria all'ordine pubblico ed al buon costume e, quindi, anche oltre i limiti della controversia. Con la conciliazione, infatti, le parti possono regolamentare liberamente i loro rapporti passati e futuri, non dovendo essere osservato il principio di corrispondenza tra il chiesto e il pronunciato che l'art. 112 impone al giudice e all'arbitro.

Se, con l'accordo, le parti concludono un contratto o un atto soggetto a trascrizione di cui all'art. 2643 c.c., la sottoscrizione del verbale, per potersi procedere alla trascrizione, deve essere autenticata da un pubblico ufficiale a ciò autorizzato.

Il legislatore ha previsto che, in caso di inadempimento, la parte adempiente potrà avvalersi del verbale di accordo in sede esecutiva, non solo perché costituisce **titolo esecutivo** ma, altresì, perché può contenere il pagamento di una somma di denaro per ogni violazione o inosservanza degli obblighi stabiliti ovvero per il ritardo nel loro adempimento. Se l'accordo è sottoscritto da tutte le parti aderenti la mediazione e dai rispettivi avvocati, il verbale costituisce titolo esecutivo senza necessità di ulteriori attività in quanto gli avvocati attestano e certificano la conformità dell'accordo alle norme imperative ed all'ordine pubblico: in tal caso, l'accordo deve essere integralmente trascritto nel precetto.

In tutti gli altri casi, per acquistare efficacia di titolo esecutivo, l'accordo conciliativo deve essere omologato, su istanza di parte, dal presidente del tribunale ovvero, nell'ipotesi di controversie transfrontaliere (art. 2 direttiva 2008/52/CE del Parlamento Europeo e del Consiglio 21 maggio 2008), dal presidente del tribunale nel cui circondario l'accordo deve essere eseguito. Il verbale omologato costituisce titolo esecutivo idoneo per ogni tipo di esecuzione, oltre che per l'iscrizione di ipoteca giudiziale.

6. La mancata partecipazione.

Il legislatore ha inserito una norma di chiusura che, in linea teorica, può assicurare l'effettività del procedimento di mediazione. L'art. 8, comma 4-*bis*, d.lgs. n. 28/2010 stabilisce che, nel successivo giudizio, il giudice può desumere argomenti di prova, ai sensi dell'art. 116, comma 2, se la parte non ha partecipato al procedimento di mediazione senza giustificato motivo.

Inoltre, il giudice condanna la parte costituita che, nei casi di obbligatorietà della mediazione non ha partecipato al procedimento senza giustificato motivo, al versamento a favore dello Stato di una somma pari al contributo unificato dovuto.

7. Il regime delle spese e le agevolazioni fiscali.

L'art. 13 d.lgs. n. 28/2010 ha introdotto un meccanismo di incentivo alla mediazione legato alle spese del processo eventualmente instaurato dopo l'insuccesso della stessa, prevedendo un particolare regime per le spese.

La parte, ancorché vittoriosa, che ha rifiutato la proposta è soggetta, **se vi è piena coincidenza** tra proposta e provvedimento che definisce il giudizio, a:

- esclusione dalla ripetizione delle spese sostenute dopo la formulazione della proposta;
- condanna al rimborso delle spese sostenute dalla parte soccombente dopo la formulazione della proposta;
- condanna al versamento a favore dello Stato di un importo pari al contributo unificato;
- condanna al pagamento delle spese di mediazione (indennità corrisposta al mediatore e compenso all'esperto ove nominato);
- applicabilità degli artt. 92 e 96.

Se **non vi è piena coincidenza** e ricorrono gravi ed eccezionali ragioni, può essere soggetta a:

- esclusione dalla ripetizione delle spese di mediazione (indennità corrisposta al mediatore e compenso all'esperto, ove nominato).

Per agevolare il ricorso alla mediazione e per raggiungere uno degli obiettivi per cui è stata concepita e cioè quello di operare una riduzione della domanda di giustizia, il legislatore ha previsto un regime di **esenzione fiscale**, che è integrale con riferimento all'imposta di bollo e parziale con riferimento all'imposta di registro. L'art. 17, comma 2, d.lgs. n. 28/2010 prevede espressamente che tutti gli atti, documenti e provvedimenti relativi al procedimento di mediazione, sono esenti dall'imposta di bollo e da ogni spesa, tassa o diritto di qualsiasi specie o natura; inoltre il verbale di accordo è esente dall'imposta di registro entro il limite di valore di € 50.000,00; se il valore è superiore l'imposta è dovuta per la parte eccedente.

Ulteriore agevolazione è in forma di **credito di imposta**: alle parti, che corrispondono le indennità agli organismi di mediazione, è riconosciuto un credito di imposta, in base alle modalità espressamente previste:

- pari all'indennità stessa fino alla concorrenza di € 500,00, in caso di successo della mediazione;
- pari alla metà, in caso di insuccesso della mediazione.

Il regime fiscale agevolato è limitato agli atti relativi al procedimento in quanto il trattamento tributario agevolativo, avente natura eccezionale, è di stretta interpretazione e non è suscettibile di applicazione analogica. Pertanto, il regime agevolato non si applica all'atto notarile di compravendita immobiliare stipulato separatamente, sia pur all'esito di un accordo conciliativo raggiunto in mediazione. Non è quindi possibile applicare il regime agevolato previsto per l'accordo conciliativo all'atto notarile con cui le parti successivamente hanno disposto il trasferimento dell'immobile. L'atto notarile successivo alla procedura di mediazione con l'ex coniuge non è esente da imposta di registro e catastale (*Cass. civ., sez. trib., 16 giugno **2020**, n. 11617*).

L'informativa che l'avvocato è tenuto a fornire all'atto del conferimento dell'incarico ai sensi dell'art. 4 del d.lgs. n. 28/2010 deve comprendere anche le agevolazioni fiscali.

SCHEMA 35 La mediazione

LA MEDIAZIONE

È l'attività svolta da un terzo imparziale finalizzata ad assistere due o più soggetti nella ricerca di un **accordo amichevole** per la **composizione di una controversia civile** o **commerciale** vertente su **diritti disponibili** anche con la formulazione di una **proposta** per la risoluzione della stessa

- FACOLTATIVA
  - in quanto **liberamente scelta** dalle parti
- OBBLIGATORIA
  - in quanto **imposta dalla legge** a pena di improcedibilità della relativa domanda giudiziale
    - SI APPLICA NEI PROCEDIMENTI DI
      - condominio
      - diritti reali
      - divisione
      - successioni ereditarie
      - patti di famiglia
      - locazione
      - comodato
      - affitto di azienda
      - risarcimento danni da responsabilità medica e sanitaria
      - risarcimento danni da diffamazione a mezzo stampa o altro mezzo di pubblicità
      - contratti assicurativi, bancari, finanziari
    - NON SI APPLICA NEI PROCEDIMENTI
      - di ingiunzione, inclusa l'opposizione, fino alla pronuncia sulle istanze di concessione e sospensione della provvisoria esecuzione
      - per convalida di licenza o sfratto, fino al mutamento del rito
      - di consulenza tecnica preventiva di cui all'art. 696-*bis*
      - possessori, fino alla pronuncia di cui all'art. 703, comma 3
      - di opposizione o incidentali relativi all'esecuzione forzata
      - in camera di consiglio
      - di cui all'azione civile esercitata nell'azione penale
- GIUDIZIALE O DELEGATA
  - in quanto **disposta dal giudice** nel corso del processo
    - il giudice, valutata la natura della causa, lo stato dell'istruzione e il comportamento delle parti, fino all'udienza di precisazione delle conclusioni o comunque prima della discussione della causa, può disporre che le parti procedano alla **mediazione**
    - il giudice fissa **successiva udienza** dopo il termine di **tre mesi**

SCHEMA 36 Gli organismi di mediazione

L'ORGANISMO DI MEDIAZIONE

- REQUISITI →
  - professionalità ed efficienza
  - capacità finanziaria
  - capacità organizzativa
  - polizza assicurativa
  - onorabilità dei soci
  - trasparenza amministrativa e contabile
  - garanzie di indipendenza, imparzialità e riservatezza
  - iscrizione di almeno cinque mediatori
  - sede
- ISCRIZIONE → nell'apposito **registro degli organismi** di mediazione
- ORDINI DEGLI AVVOCATI →
  - possono istituire organismi presso ciascun tribunale valendosi di personale proprio e utilizzando i locali messi a disposizione dal presidente
  - è necessario solamente aver contratto polizza assicurativa e avere **mediatori abilitati**
- REGOLAMENTO → deve essere adottato da ciascun organismo e ad esso le parti dovranno fare riferimento per seguire il procedimento
- INDENNITÀ → devono essere versate all'organismo dalle parti (le quali sono tenute al pagamento in solido) e consistono nelle spese di **avvio del procedimento** e nelle spese di **mediazione**

IL MEDIATORE

- DEFINIZIONE → persona o persone fisiche, terze ed imparziali, che individualmente o collegialmente svolgono **l'attività di mediazione** finalizzata ad assistere le parti, sia nella ricerca di un accordo **amichevole**, sia nella **formulazione** di una proposta conciliativa, per la risoluzione di una controversia
- REQUISITI →
  - titolo di studio non inferiore a diploma di laurea triennale o iscrizione ad un ordine o collegio professionale
  - specifica formazione ed aggiornamento biennale
  - requisiti di onorabilità
  - conoscenze linguistiche (per gli organismi esperti in materia internazionale)
- ISCRIZIONE → in non più di cinque organismi di mediazione
- OBBLIGO → di riservatezza
- DIVIETO →
  - di assumere diritti o obblighi connessi, direttamente o indirettamente, con gli affari trattati
  - di percepire compensi direttamente dalle parti
- DOVERE → di imparzialità
- DIRITTO → di percepire il compenso, a titolo di onorario, direttamente dall'organismo di mediazione che lo ha nominato

SCHEMA 37 Il procedimento

- **LA DOMANDA**
  - PROPOSIZIONE → mediante **istanza scritta** ad un organismo di mediazione territorialmente competente
  - REQUISITI →
    - indicazione dell'organismo al quale è rivolta
    - nominativo delle **parti**
    - **oggetto** della pretesa
    - **ragioni** della pretesa
- **LA DURATA**
  - MASSIMA DI TRE MESI DECORRENTI →
    - dalla **data di deposito** della domanda di mediazione
    - dalla **scadenza del termine** fissato dal giudice per il deposito della stessa
- **LO SVOLGIMENTO**
  - FASE INTRODUTTIVA →
    - designazione del **mediatore**
    - fissazione del **primo incontro**
    - comunicazione all'altra parte con **ogni mezzo idoneo**
    - dal momento della comunicazione l'istanza produce gli effetti della domanda giudiziale sulla **prescrizione** e impedisce **la decadenza** per una sola volta
  - FASE DI TRATTAZIONE →
    - le parti possono depositare **memorie e documenti**
    - l'incontro è improntato all'**oralità** e alla **concentrazione**
    - al mediatore è consentito incontrare le parti anche separate
    - possibilità di nomina di uno o più mediatori ausiliari o esperti
    - se le parti non raggiungono l'accordo il mediatore **può** formulare una proposta di conciliazione
    - se le parti lo richiedono il mediatore **deve formulare** una proposta di conciliazione
    - la proposta è comunicata per iscritto alle parti le quali hanno 7 giorni per accettare o rifiutare
  - FASE CONCLUSIVA
    - → le parti si accordano o aderiscono alla proposta — si forma **processo verbale**
    - → le parti non si accordano o non aderiscono alla proposta — si forma **processo verbale negativo**
- **IL VERBALE DI ACCORDO**
  - CONTENUTO →
    - **qualsiasi pattuizione** purché non contraria all'**ordine pubblico** e al buon costume
    - contratto o atto soggetto a trascrizione
  - EFFICACIA DI TITOLO ESECUTIVO →
    - se è **sottoscritto** dalle **parti** e dai rispettivi **avvocati**
    - negli altri casi, previa **omologa**
- **LA MANCATA PARTECIPAZIONE SENZA GIUSTIFICATO MOTIVO**
  - CONSEGUENZE →
    - il giudice può desumere **argomenti di prova**
    - versamento a favore dello Stato di una somma pari al valore del **contributo unificato**

PARTE TERZA

IL PROCESSO ORDINARIO DI COGNIZIONE

CAPITOLO I

LA FASE DI INTRODUZIONE

1. Considerazioni generali.

L'atto introduttivo del giudizio di cognizione e cioè la domanda giudiziale è l'atto di citazione avendo il legislatore preferito questa forma a quella del ricorso, forma prevista per instaurare i procedimenti speciali, con fissazione diretta della data di prima udienza. L'esposizione degli elementi costitutivi dell'azione (c.d. *editio actionis*) e la chiamata in giudizio della controparte (c.d. *vocatio in ius*) rappresentano il perno e il fondamento della citazione. La notificazione dell'atto di citazione produce effetti giuridici di carattere processuale (la pendenza della lite o litispendenza) e di carattere sostanziale (interruzione della prescrizione *ex* art. 2943 c.c. e impedimento del verificarsi della decadenza).

I soggetti fondamentali del processo sono tre:

- il giudice competente, cioè l'organo giudiziario cui viene chiesta la tutela giurisdizionale;
- l'attore, cioè la parte che svolge la domanda giudiziale;
- il convenuto, cioè la parte nei cui confronti è rivolta la domanda giudiziale.

2. L'atto di citazione.

In base a quanto disposto dall'art. 163 l'atto di citazione deve contenere:

- l'**indicazione del tribunale** davanti al quale la domanda è proposta: l'individuazione del giudice funzionalmente competente per materia oppure per valore e territorio deve essere effettuata in applicazione degli artt. 7 e 9 e quindi degli artt. da 10 a 17, nonché di quelli previsti dagli artt. 21 e ss.;
- il nome, il cognome, la residenza e il codice fiscale dell'**attore**; se è persona giuridica, un'associazione non riconosciuta o un comitato, la denominazione deve essere accompagnata dall'indicazione dell'organo o ufficio che ne ha la rappresentanza in giudizio;
- il nome, il cognome, il codice fiscale e la residenza o domicilio o dimora del **convenuto** e delle persone che rispettivamente li rappresentano o li assistono;

se è una persona giuridica, un'associazione non riconosciuta o un comitato, la denominazione deve essere accompagnata dall'indicazione dell'organo o ufficio che ne ha la rappresentanza in giudizio;

- la determinazione della cosa **oggetto della domanda**: con riguardo alla modalità dell'indicazione del ***petitum*** non occorrono forme sacramentali essendo sufficiente che l'oggetto della domanda possa essere chiaramente individuato nella parte espositiva dell'atto introduttivo;
- l'esposizione dei fatti e degli elementi di diritto costituenti le **ragioni della domanda**: la ***causa petendi*** idonea ad identificare la domanda è costituita dall'insieme delle circostanze di fatto contenute nell'atto di citazione e dei documenti ad esso allegati (*Cass. civ., sez. VI, 5 febbraio 2019, n. 3363*) che la parte pone a base della propria richiesta; l'enunciazione delle ragioni di diritto circoscrive la cognizione del giudice, nella misura in cui essa stia a significare che la parte medesima ha inteso trarre dai fatti esposti soltanto quelle, e non altre, conseguenze giuridiche;
- le relative **conclusioni**: la formulazione sintetica e globale della domanda e cioè il provvedimento richiesto con la sentenza;
- l'indicazione specifica dei **mezzi di prova** e dei documenti che offre in comunicazione: la prescrizione del n. 5 della norma è svuotata di efficacia pratica, in quanto l'omissione non comporta nullità della citazione e la parte può comunque dedurli con le successive memorie ai sensi dell'art. 183, anche se è onere della parte fissare il *thema probandum* già con l'atto introduttivo;
- il nome e il cognome del **procuratore** (che indica il proprio codice fiscale, l'indirizzo PEC e il numero di fax ai sensi dell'art. 125, comma 1) e l'indicazione della procura, qualora questa sia già stata rilasciata: l'art. 125, comma 2 concede, infatti, la facoltà di rilascio della procura al difensore dell'attore in data posteriore alla notificazione, ma anteriormente alla costituzione della parte rappresentata;
- l'indicazione del giorno dell'**udienza** di comparizione: deve essere identificato in base ai termini minimi di comparizione che devono essere concessi al convenuto, previsti dall'art. 163-*bis* per il tribunale e dall'art. 318, comma 2 per il giudice di pace e tenendo presente che il presidente del tribunale stabilisce, all'inizio dell'anno giudiziario, i giorni della settimana e le ore delle udienze destinate esclusivamente alla prima comparizione delle parti, secondo un calendario che ai sensi dell'art. 80 disp. att. viene affisso in tutte le sale di udienza. Ove il giorno indicato in citazione non coincida con quello in cui il giudice istruttore designato tiene le udienze di prima comparizione, l'udienza sarà rinviata d'ufficio a quella immediatamente successiva (art. 168-*bis*, comma 4);
- l'**invito** al convenuto **a costituirsi** nel termine di venti giorni prima dell'udienza indicata ai sensi e nelle forme stabilite dall'art. 166, ovvero di dieci giorni prima in caso di abbreviazione dei termini: l'omissione è causa di nullità della citazione (art. 164, comma 1). L'art. 70-*ter* disp. att. prevede la possibilità di indicare nell'atto di citazione l'invito al convenuto a notificare la comparsa di risposta al difensore dell'attore, ai sensi dell'art. 4 del d.lgs. 17 gennaio 2003, n. 5

(rito societario). Peraltro l'abrogazione del rito da parte della legge 18 giugno 2009, n. 69 rende l'art. 70-*ter* disp. att. di fatto non più applicabile.

- l'**invito** al convenuto **a comparire** nell'udienza indicata dinanzi al giudice designato ai sensi dell'art. 168-*bis*;
- l'**avvertimento** che la costituzione, oltre i suddetti termini, implica le decadenze di cui agli artt. 38 e 167: l'omissione è causa di nullità della citazione (art. 164, comma 1) ma non dinanzi al giudice di pace;
- la **sottoscrizione** della parte o del suo difensore a norma dell'art. 125: la mancanza nell'originale comporta l'inesistenza dell'atto senza possibilità di successiva sanatoria; la mancanza nella copia notificata non incide sulla validità della citazione, se alla controparte sono forniti sufficienti elementi per acquisire la certezza della rituale provenienza da quel difensore.

Nell'atto di citazione viene richiesto il risarcimento "dei danni subiti e subendi" in conseguenza di un intervento chirurgico. Nei primi due gradi di giudizio il risarcimento viene negato. Per la Corte di Cassazione, investita del ricorso, la domanda di risarcimento del danno così concepita è *tamquam non esset*. Chi infatti domanda in giudizio il risarcimento del danno ha l'onere di descrivere nell'atto di citazione, in modo completo, i pregiudizi dei quali chiede il ristoro e non limitarsi a formule vuote e stereotipe che non assolvono quanto richiesto dai numeri 3 e 4 dell'art. 163 (*Cass. civ., sez. III, 30 giugno 2015, n. 13328*).

L'art. 14, comma 2 T.U. spese di giustizia stabilisce un'ulteriore indicazione dell'atto di citazione: la dichiarazione di valore del processo da formularsi nelle conclusioni, ai fini del **versamento del contributo unificato**. La direzione generale della giustizia civile ha chiarito che può considerarsi valida la dichiarazione del valore del procedimento anche se resa a parte e dunque al di fuori dell'atto introduttivo, purché la medesima sia antecedente all'iscrizione a ruolo della causa e sia sottoscritta dal difensore.

Giurisprudenza

L'atto di citazione — anche se invalido come domanda giudiziale e, dunque, inidoneo a produrre effetti processuali — può tuttavia valere come atto di costituzione in mora ed avere, perciò, efficacia interruttiva della prescrizione qualora, per il suo specifico contenuto e per i risultati a cui è rivolto, possa essere considerato come richiesta scritta di adempimento rivolta dal creditore al debitore (*Cass. civ., sez. III, 8 gennaio* ***2020****, n. 124*).

2.1. *I termini per comparire.*

Tra il giorno della notificazione della citazione e quello dell'udienza di comparizione debbono intercorrere, in base a quanto disposto dall'art. 163-*bis*, **termini liberi non minori** di novanta giorni, se il luogo della notificazione si trova in Italia e di centocinquanta giorni, se si trova all'estero. Poiché i termini sono liberi devono essere computati escludendo sia il *dies a quo* (giorno del perfezionamento della notificazione) sia il *dies ad quem* (giorno dell'udienza di comparizione). Occorre tener conto anche della sospensione feriale dei termini (v. parte prima, cap. VII, 5.2). Nelle cause che richiedono pronta spedizione, il presidente può, su istanza dell'attore e con decreto motivato steso in calce all'originale e alle copie della citazione, **abbreviare** fino alla metà i termini indicati dal comma 1.

Se il termine assegnato dall'attore eccede il minimo indicato dal comma 1 dell'art. 163-*bis*, il convenuto, costituendosi prima della scadenza del termine minimo, può chiedere al presidente che, sempre osservata la misura di quest'ultimo termine, l'udienza per la comparizione delle parti sia fissata con congruo anticipo su quella indicata dall'attore. Il presidente provvede con decreto.

2.2. *La nullità della citazione.*

La disciplina dettata dal nuovo testo dell'art. 164 opera una distinzione quanto alle conseguenze della costituzione del convenuto, giacché mentre i vizi afferenti alla *vocatio in ius* sono sanati con effetto *ex tunc*, quelli relativi alla *editio actionis* sono sanati con effetto *ex nunc* (*Cass. civ., sez. VI, 1 ottobre 2018, n. 23667*). È questa la distinzione fondamentale contenuta nella norma.

Sono **vizi relativi alla *vocatio in ius***:

- omissione o assoluta incertezza sul giudice adito;
- omissione o assoluta incertezza sulla persona dell'attore o del convenuto;
- mancanza dell'indicazione della data della prima udienza;
- mancanza dell'avvertimento di cui all'art. 163 n. 7;
- assegnazione di termini a comparire inferiori a quelli previsti dalla legge.

Le **conseguenze** sono stabilite dall'art. 164, commi 2 e 3: se il convenuto **non si costituisce** in giudizio, il giudice rilevata la nullità ne dispone d'ufficio la rinnovazione entro un termine perentorio; la rinnovazione sana i vizi e gli effetti sostanziali e processuali della domanda si producono sin dal momento della prima notificazione; se la rinnovazione non viene eseguita il giudice ordina la cancellazione della causa dal ruolo e il processo si estingue. Se il convenuto **si costituisce** ed eccepisce l'inosservanza dei termini a comparire o la mancanza dell'avvertimento previsto dal n. 7 dell'art. 163, il giudice fissa una nuova udienza nel rispetto dei termini; se però, costituendosi, oltre ad eccepire la nullità della citazione per violazione del termine di comparizione e a chiedere la fissazione di altra udienza nel rispetto del termine ai sensi dell'art. 164, comma 3, svolge anche le sue difese, non sussiste il presupposto per l'applicazione, appunto, dell'art. 164, comma 3, dal momento che la seconda udienza si trova ad essere priva di scopo, con conseguente sanatoria della nullità (*Cass. civ., sez. III, 27 aprile 2017, n. 10400*).

Sono **vizi relativi alla *editio actionis***:

- omissione o assoluta incertezza sulla determinazione della cosa oggetto della domanda;

omissione o assoluta incertezza dell'esposizione dei fatti e degli elementi di diritto costituenti le ragioni della domanda.

Le **conseguenze** sono stabilite dall'art. 164, comma 5: se il convenuto **non si costituisce** in giudizio, il giudice, rilevata la nullità, fissa all'attore un termine perentorio per rinnovare la citazione con le integrazioni necessarie La rinnovazione sana i vizi e gli effetti sostanziali e processuali della domanda si producono dalla notifica della citazione rinnovata (*ex nunc*); se la rinnovazione non viene eseguita il giudice ordina la cancellazione della causa dal ruolo e il processo si estingue. Se il convenuto **si costituisce** in giudizio, il giudice fissa all'attore un termine perentorio per integrare la domanda: in tal caso, gli effetti sostanziali e processuali si producono dalla data dell'integrazione, con efficacia *ex nunc*. In tal caso, il convenuto ha la possibilità di proporre nuovamente le sue difese con il deposito di una nuova comparsa di risposta. Se l'attore non provvede alla notificazione il processo si estingue.

Giurisprudenza

In caso di nullità dell'atto di citazione, dopo che la parte ne abbia eseguito la rinnovazione in conformità al provvedimento del giudice, questi può rilevare un'ulteriore causa di nullità, diversa da quella precedentemente riscontrata, ed emettere un nuovo ordine di rinnovazione, non sussistendo una norma che lo impedisca, né essendo prevista una limitazione quantitativa alle rinnovazioni, purché siano effettuate nel rispetto del termine perentorio assegnato dal giudice o dalla legge (*Cass. civ., sez. VI, 21 febbraio* ***2020****, n. 4710*).

2.3. *La costituzione dell'attore.*

Una volta eseguita la notifica dell'atto di citazione, l'attore, in base all'art. 165, entro dieci giorni dalla notificazione ovvero entro cinque giorni nel caso di abbreviazione dei termini, deve procedere alla **iscrizione della causa a ruolo**, depositando in cancelleria la nota di iscrizione e il proprio fascicolo. La costituzione è l'atto col quale la parte completa l'instaurazione del processo, investendo il giudice della causa. La nota di iscrizione della causa nel ruolo generale deve essere redatta secondo quanto previsto dall'art. 71 disp. att. e dalla circolare del Ministero della Giustizia 2 agosto 2000, n. 2: è stato istituito un modello unico di nota, sulla quale devono essere indicate le parti, le generalità e il codice fiscale della parte che iscrive la causa a ruolo, del procuratore che si costituisce, dell'oggetto della domanda, della data di notificazione della citazione e dell'udienza fissata per la prima comparizione delle parti; deve essere indicato l'oggetto del processo. Deve essere allegata la ricevuta del versamento del contributo unificato.

La legge prevede che deve anche essere depositato il proprio **fascicolo**, contenente l'originale della citazione e i documenti offerti in comunicazione. Ai sensi dell'art. 74 disp. att., gli atti e i documenti debbono essere inseriti in sezioni separate del fascicolo e deve essere predisposto il relativo indice, che deve essere sottoscritto dal cancelliere previo controllo della regolarità anche fiscale degli atti e dei documenti. La costituzione può avvenire tramite procuratore o può essere compiuta personalmente dall'attore, quando la parte può stare in giudizio personalmente, ma in tal caso deve dichiarare la residenza o eleggere domicilio nel comune ove ha sede il tribunale. La Corte di cassazione a sezioni unite ha composto il contrasto esistente in giurisprudenza sull'interpretazione dell'art. 165: a fronte dell'interpretazione liberale che riteneva che il termine per la costituzione dell'attore dovesse decorrere dall'ultima delle notifiche dell'atto di citazione si contrapponeva la tesi restrittiva secondo la quale il termine decorreva invece dalla prima delle notificazioni. La Corte ha ritenuto che, poiché la causa può essere iscritta a ruolo anche "con velina", l'iscrizione deve avvenire entro dieci giorni dalla prima notificazione in quanto anche più funzionale all'esercizio del diritto di difesa di ognuno dei convenuti (*Cass. civ., sez. III, 20 maggio 2016, n. 10412*).

Il fascicolo di parte non può essere ritirato in mancanza di autorizzazione del giudice e deve essere nuovamente depositato ogni volta che il giudice lo disponga (art. 169, comma 1).

Gli artt. 74 disp. att. e 169 non sono stati integrati né modificati alla luce delle norme che consentono il deposito telematico degli atti processuali, rendendo di fatto tali disposizioni prive di portata giuridica.

Giurisprudenza

Deve escludersi che sia inesistente o inefficace l'iscrizione a ruolo eseguita dall'attore prima della notificazione della citazione introduttiva della lite e, dunque, che sia affetta da nullità insanabile la costituzione dello stesso attore, perché, nonostante l'inversione dell'ordine temporale stabilito dalla legge per le due attività processuali, non viene meno la possibilità di collegarle e ricondurle entrambe al medesimo ed unico procedimento (Cass. civ., sez. VI, 15 settembre ***2020****, n. 19118).*

3. La formazione del fascicolo e la designazione del giudice.

All'atto della costituzione dell'attore e della presentazione della nota di iscrizione a ruolo, il cancelliere iscrive la causa nel ruolo generale e contemporaneamente forma il fascicolo d'ufficio in base a quanto disposto dall'art. 168 e dall'art. 36 disp. att.: il fascicolo riceve la numerazione del **ruolo generale** sotto la quale è stata iscritta la causa. All'interno del fascicolo il cancelliere inserisce la nota di iscrizione a ruolo, la copia dell'atto di citazione e quindi provvederà ad inserirvi, nel prosieguo del processo, la copia di tutti gli atti delle parti, i provvedimenti del giudice e i processi verbali di udienza e la copia del dispositivo delle sentenze.

Se l'attore non ha provveduto alla costituzione, è il convenuto che ha l'onere di depositare la nota di iscrizione a ruolo e solo in quel momento è formato il fascicolo d'ufficio.

Comunque formato il fascicolo d'ufficio, il cancelliere è tenuto a **presentarlo** al presidente del tribunale, il quale, con decreto, **designa il giudice** davanti al quale le parti debbono comparire, a meno che ritenga di procedere egli stesso all'istruzione. Nei tribunali divisi in più sezioni, il presidente assegna la causa ad una di esse e il presidente della sezione provvede, sempre con decreto, alla designazione del giudice istruttore. L'art. 168-*bis* al comma 3 prevede che, a questo punto, il cancelliere iscrive la causa sul ruolo della sezione e sul ruolo del giudice istruttore al quale è trasmesso il fascicolo. Se il giudice istruttore non tiene udienza nel giorno fissato nell'atto di citazione, la comparizione delle parti è d'ufficio rimandata alla udienza immediatamente successiva da lui tenuta (art. 168-*bis*, comma 4); in ogni caso, il giudice istruttore può differire, con proprio decreto, la data della prima udienza fino ad un massimo di quarantacinque giorni (art. 168-*bis*, comma 5): il cancelliere ha l'onere di comunicare alle parti costituite la nuova data della prima udienza.

Giurisprudenza

L'iscrizione della causa a ruolo avviene, a norma degli artt. 168 c.p.c. e 72 disp. att. (applicabili anche al giudizio dinanzi al giudice di pace), su iniziativa del convenuto solo se questi si costituisce quando non si è costituito l'attore, onde l'iscrizione non può essere effettuata su richiesta della parte convenuta qualora l'attore si sia già costituito ed abbia presentato la nota di iscrizione a ruolo, determinando la formazione del fascicolo di ufficio, al quale va unito il fascicolo del convenuto che si costituisce successivamente. Ne consegue che in caso di duplice iscrizione della causa a ruolo, ove le due udienze di prima comparizione ed il giudice istruttore non vengano a coincidere e i due processi non vengano riuniti, l'unica iscrizione che dà luogo a un processo regolare è quella effettuata dall'attore per prima, in quanto solo rispetto a questa il meccanismo processuale consente una valida instaurazione del contraddittorio e l'esercizio del diritto di difesa. Pertanto, qualora non venga disposta la riunione e il procedimento iscritto per secondo prosegua fino alla sentenza in assenza dell'attore, erroneamente considerato non costituito, sono nulle l'attività processuale compiuta e la sentenza emanata (Cass. civ., sez. III, 9 novembre ***2020****, n. 24974).*

4. La costituzione del convenuto.

La parte chiamata in giudizio deve provvedere alla sua costituzione con il **deposito della comparsa di risposta**, considerato l'atto fondamentale di difesa e necessariamente contrapposto alla citazione. L'art. 167 prevede infatti che nella comparsa di risposta il convenuto deve proporre **tutte le sue difese**, prendendo posizione, in maniera precisa e non limitata a una generica contestazione (*Cass. civ., sez. I, 9 agosto 2019, n. 21227*), sui fatti posti dall'attore a fondamento della domanda: i **fatti non specificatamente contestati** dalla parte costituita sono posti a fondamento della decisione, ai sensi dell'art. 115, comma 1.

La costituzione deve avvenire, in base a quanto disposto dall'art. 166, depositando nella cancelleria del giudice adito il proprio fascicolo contenente la comparsa di risposta, osservando il termine di almeno **venti giorni prima** dell'udienza di comparizione fissata dall'attore nell'atto di citazione (almeno dieci giorni prima nel caso di abbreviazione dei termini) o di quella fissata dal giudice istruttore a norma dell'art. 168-*bis*, comma 5 e cioè quella differita dal giudice istruttore con decreto.

La giurisprudenza ha precisato che il differimento dell'udienza di prima comparizione deve avvenire con decreto emesso entro cinque giorni dalla presentazione del fascicolo e il differimento dell'udienza non può essere superiore ai quarantacinque giorni: in tal caso, il termine di costituzione del convenuto è differito, stante la previsione di cui all'art. 166 c.p.c. a venti giorni prima di tale udienza. Se, però, il decreto di differimento dell'udienza intervenga, in modo abnorme rispetto all'ordinaria previsione di legge, e cioè quando il termine per la costituzione del convenuto è già scaduto, il differimento dell'udienza non determina la rimessione in termini del convenuto ai fini della sua tempestiva costituzione e, di conseguenza, restano ferme le decadenze già maturate a suo carico, ai sensi dell'art. 167 (*Cass. civ., sez. III, 3 febbraio* ***2020****, n. 2394*).

Nell'ipotesi, invece, in cui l'udienza sia stata differita d'ufficio a norma dell'art. 168-*bis*, comma 4, la costituzione deve avvenire nei venti giorni antecedenti all'udienza di comparizione fissata in atto di citazione. Per il calcolo del termine deve computarsi il giorno di costituzione in base alla regola generale per i termini a ritroso (*dies a quo non computatur in termino, dies ad quem computatur in termino*): il giorno dell'udienza di comparizione indicata nell'atto di citazione, ovvero quello differito ai sensi dell'art. 168-*bis*, comma 5, è il *dies a quo* e come tale non computabile; il ventesimo giorno precedente l'udienza stessa è il *dies ad quem* e come tale computabile in quanto termine non libero (*Cass. civ., sez. III, 30 aprile 2012, n. 6601*).

La **comparsa di risposta** deve avere i requisiti di forma stabiliti, per tutti gli atti di parte, dall'art. 125 (v. parte prima, cap. VII, 2). Il convenuto nella stessa, a pena di decadenza, deve proporre

- le eventuali **domande riconvenzionali**: quando il convenuto, traendo occasione dalla domanda contro di lui proposta, oppone una contro-domanda e cioè chiede un provvedimento positivo sfavorevole all'attore che va oltre il rigetto della domanda principale. Diverso è il contenuto della **eccezione riconvenzionale**, considerata tale, invece, l'istanza del convenuto diretta a far valere un suo diritto al solo scopo di escludere l'efficacia giuridica dei fatti o titoli dedotti dall'attore, ossia al fine di ottenere il rigetto della domanda. Il legislatore ha previsto che si applica alla domanda riconvenzionale la disciplina della **nullità** dell'atto di citazione per i vizi inerenti alla *editio actionis* e ha disposto che se è omesso o risulta assolutamente incerto l'oggetto o il titolo della domanda riconvenzionale, il giudice, rilevata la nullità, fissa al convenuto un termine perentorio per integrarla: restano ferme le decadenze maturate e salvi i diritti acquisiti anteriormente all'integrazione;
- le **eccezioni di incompetenza** per materia, per valore e per territorio, indicando il giudice ritenuto territorialmente competente (art. 38, comma 1);
- le **eccezioni processuali non rilevabili d'ufficio**: sono tali quelle menzio-

nate dall'art. 279, comma 1 e 2 e cioè, ad esempio, l'eccezione di inosservanza dei termini minimi a comparire o la mancanza dell'avvertimento, l'eccezione di disconoscimento della scrittura privata, l'eccezione di estinzione del processo;

- le **eccezioni di merito non rilevabili d'ufficio**: sono tali quelle in senso stretto, tra cui l'eccezione di prescrizione, l'eccezione di compensazione, l'eccezione di annullabilità del contratto.

Si tratta di un vero e proprio onere che, se non assolto nel termine di costituzione di cui sopra, comporta preclusione e inammissibilità delle domande e delle eccezioni, dichiarata dal giudice anche d'ufficio. Il convenuto, dunque, con la comparsa di risposta esercita il proprio diritto di difesa in modo completo: l'art. 167 prevede ancora che, nella stessa, devono essere indicate le generalità e il codice fiscale, nonché i mezzi di prova e depositati i documenti offerti in comunicazione; non sono, però, state previste decadenze e, pertanto, l'inosservanza dell'onere di allegazione probatoria non sarebbe in alcun modo sanzionata.

La comparsa di risposta deve essere inserita nel **fascicolo di parte** che il convenuto — così come l'attore — ha l'onere di formare e depositare all'atto di costituzione: all'interno dovrà allegare la copia dell'atto di citazione notificato, la procura e il fascicolo dei documenti. Se la causa non è stata iscritta a ruolo dall'attore, il convenuto costituendosi in giudizio ha l'onere di iscrivere la causa, presentando la nota di iscrizione a ruolo (art. 168, comma 1).

Giurisprudenza

Il differimento della prima udienza ex art. 168-bis, comma 5, c.p.c. intervenuto dopo la scadenza del termine per la costituzione del convenuto ex art. 166 c.p.c. non determina la rimessione in termini dello stesso convenuto ai fini della sua tempestiva costituzione e, di conseguenza, restano ferme le decadenze già maturate a suo carico ai sensi dell'art. 167 c.p.c. (*Cass. civ., sez. III, 3 febbraio **2020**, n. 2394*).

5. La tardiva costituzione delle parti.

Se, dopo la notificazione della citazione, nessuna delle parti si è costituita entro la data della prima udienza e la causa quindi non è stata iscritta a ruolo, in forza di quanto previsto dall'art. 171, comma 1, si applica l'art. 307: il processo rimane in uno **stato di quiescenza**; potrà essere riassunto entro il **termine perentorio** di tre mesi, decorrente dalla scadenza del termine per la costituzione del convenuto a norma dell'art. 166; in mancanza si verificherà l'estinzione.

Se si è costituito tardivamente l'attore ma non il convenuto, alla prima udienza il giudice dovrà ordinare la cancellazione della causa dal ruolo.

Se l'attore si è costituito nel termine previsto, il convenuto può costituirsi successivamente fino alla prima udienza, ma restano ferme le decadenze in cui è incorso (art. 171, comma 2).

Se entrambe le parti si costituiscono tardivamente e dimostrino la comune volontà di dare impulso al processo, regolarizzando in tal modo la costituzione del rapporto processuale, la cancellazione della causa dal ruolo non potrà essere dichiarata (*Cass. civ., 17 febbraio 2014, n. 3626*).

6. La chiamata del terzo.

Se il **convenuto** intende chiamare un terzo in causa deve **dichiararlo espressamente** nella comparsa di risposta, a pena di decadenza, e quindi deve provvedere ai sensi dell'art. 269. Tale norma prevede, infatti, che il convenuto deve chiedere al giudice lo spostamento della prima udienza, allo scopo di consentire la citazione del terzo nel rispetto dei termini dell'art. 163-*bis*. Il giudice provvede in tal caso, con **decreto**, a fissare la data della nuova udienza, decreto che è comunicato dal cancelliere alle parti costituite. Anche la chiamata del terzo soggiace, dunque, alle preclusioni stabilite dall'art. 167, nel senso che, se la costituzione in giudizio avviene oltre i termini, la chiamata del terzo è inammissibile, in quanto tardiva.

Se invece a seguito delle difese svolte dal convenuto nella comparsa di risposta, sorge l'**interesse dell'attore** a chiamare in causa un terzo, sarà onere dell'attore stesso chiederne l'autorizzazione al giudice istruttore, a pena di decadenza, nella prima udienza (art. 269, comma 3). Il giudice provvede, in tal caso, a fissare una nuova udienza per consentire la citazione del terzo nel rispetto dei termini dell'art. 163-*bis*.

Altre ipotesi di chiamata del terzo sono quella prevista dall'art. 102, comma 2 (litisconsorzio necessario) e quella prevista dall'art. 107 (ordine del giudice), la cui disciplina è stata già trattata e a cui si rinvia (v. parte prima, cap. IV, 3 e 3.2). Occorre solamente aggiungere che, in tale ipotesi, si applica l'art. 270: il giudice fissa un'apposita udienza e la citazione del terzo è a carico della **parte più diligente**, a meno che non sia stata espressamente fissata a carico di una delle parti.

Sia che avvenga da parte del convenuto sia che avvenga da parte dell'attore o per ordine del giudice, la chiamata del terzo si effettua con **atto di citazione** che deve avere tutti i requisiti già esaminati. Il legislatore ha previsto l'onere per la parte, che chiama in causa il terzo, di depositare la citazione notificata entro il termine previsto dall'art. 165 e cioè nei dieci giorni successivi a quello in cui è avvenuta la notificazione: si tratta peraltro di un termine ordinatorio, in quanto la violazione non incide sulla validità del rapporto processuale.

È stato risolto il contrasto esistente sulla necessità o meno di una nuova, specifica procura per chiamare un terzo in giudizio al fine di proporre una domanda di garanzia impropria; la *Corte di cassazione* a ***sezioni unite*** — con la *sentenza 14 marzo 2016 n. 4906* — ha stabilito che la procura alle liti, conferita in termini ampi e comprensivi (ad esempio "con ogni facoltà") è idonea ad attribuire al difensore il potere di esperire tutte le necessarie iniziative per la tutela dell'interesse della parte assistista, inclusa la chiamata del terzo a garanzia cd. impropria.

Giurisprudenza

In tema di chiamata in causa di un terzo su istanza di parte, al di fuori delle ipotesi di litisconsorzio necessario, è discrezionale il provvedimento del giudice di fissazione di una nuova udienza per consentire la citazione del terzo; ne consegue che, sebbene sia stata tempestivamente chiesta dal convenuto tale chiamata ex art. 269 c.p.c., in manleva o in regresso, il giudice può rifiutare di fissare una nuova prima udienza per la costituzione del detto terzo (Cass. civ., sez. III, 13 febbraio ***2020****, n. 3692).*

7. La costituzione dei terzi chiamati o intervenuti.

I terzi chiamati nel processo devono costituirsi in giudizio, in base a quanto disposto dall'art. 271, osservando le modalità stabilite dagli artt. 166 e 167 per il convenuto: **deposito della comparsa di risposta** nel termine di venti giorni antecedenti l'udienza per la quale sono stati citati. Se a sua volta il terzo intende chiamare in causa un terzo, deve farne dichiarazione, a pena di decadenza, nella comparsa di risposta ed essere autorizzato dal giudice, così come il convenuto, ai sensi dell'art. 269, comma 3. Anche il terzo ha l'onere di prendere posizione sui fatti posti dall'attore a fondamento della domanda e ovviamente, su quelli posti a fondamento della chiamata.

I terzi che intendono intervenire **volontariamente** nel processo (v. parte prima, cap. IV, 3.1), secondo quanto previsto dall'art. 267, devono costituirsi presentando in udienza o depositando in cancelleria una comparsa formata a norma dell'art. 167, i documenti e la procura. Se la costituzione non è avvenuta in udienza, il cancelliere dà notizia dell'intervento alle altre parti costituite.

Dispone l'art. 272 che le **questioni relative all'intervento** sono decise dal collegio insieme col merito, salvo che il giudice istruttore disponga a norma dell'art. 187, comma 2. Il significato di tale norma sta nel fatto che, poiché nessuno può impedire a un terzo di intervenire nel processo o ad una parte di chiamare il terzo, il controllo sulla legittimazione del terzo (salvo il caso in cui vi è stata l'autorizzazione preventiva da parte del giudice e cioè nell'ipotesi in cui la chiamata del terzo sorga a seguito delle difese svolte dal convenuto) è demandato in sede di decisione totale o pregiudiziale della causa, per esigenze di speditezza del processo: quando il giudice deciderà il merito deciderà, dunque, anche ogni questione relativa all'intervento del terzo.

8. Le notificazioni e comunicazioni in corso di causa.

L'art. 170 individua nel procuratore costituito il destinatario di tutte le comunicazioni e notificazioni compiute nel corso del processo; le parti infatti stanno in giudizio a mezzo del loro procuratore legalmente esercente. In base alle nuove norme, le comunicazioni di cancelleria avvengono con modalità telematiche (v.

parte prima, cap. VII, 7); la nuova legge professionale (art. 7 della legge 7 dicembre 2012, n. 247) stabilisce, infatti, che gli ordini professionali presso cui i singoli avvocati sono iscritti devono tenere un apposito elenco contenente gli indirizzi di posta elettronica comunicati dagli iscritti al fine di consentire notifiche di atti e comunicazioni per via telematica da parte degli uffici giudiziari.

È rimasta in vigore la previsione (contenuta nell'art. 82 r.d. 22 gennaio 1934, n. 37) che gli avvocati, i quali esercitano il proprio ufficio in un giudizio che si svolge fuori dalla circoscrizione del tribunale al quale sono assegnati, devono, all'atto della costituzione, eleggere domicilio nel luogo ove ha sede l'autorità giudiziaria presso la quale il giudizio è in corso, perché, in mancanza, si intende domiciliato nella cancelleria del giudice, ove si eseguono le comunicazioni e le notificazioni.

La giurisprudenza ha ritenuto, però, che, a seguito dell'introduzione del domicilio digitale, che corrisponde all'indirizzo PEC che ciascun avvocato ha indicato al Consiglio dell'ordine di appartenenza, non è più possibile procedere alle notificazioni in cancelleria a meno che l'indirizzo PEC non sia accessibile per cause imputabili al destinatario (*Cass. civ., sez. VI, 23 maggio 2019, n. 14140*).

Giurisprudenza

La regola stabilita dall'art. 138, comma 1, c.p.c., secondo cui l'ufficiale giudiziario può sempre eseguire la notificazione mediante consegna nelle mani proprie del destinatario, ovunque lo trovi, è applicabile anche nei confronti del difensore di una delle parti in causa, essendo quest'ultimo, dopo la costituzione in giudizio della parte a mezzo di procuratore, l'unico destinatario delle notificazioni da eseguirsi nel corso del procedimento (art. 170, comma 1, c.p.c.), sicché, al fine della decorrenza del termine per l'impugnazione, è valida la notifica della sentenza effettuata a mani proprie del procuratore costituito, ancorché in luogo diverso da quello in cui la parte abbia, presso il medesimo, eletto domicilio (Cass. civ., ***sez. un.***, *19 marzo* ***2020***, *n. 7454).*

SCHEMA 38 Il contenuto dell'atto di citazione

INDICAZIONE DEL TRIBUNALE	ovvero dell'**ufficio giudiziario** avanti il quale è proposta la domanda
INDICAZIONE DELL'ATTORE E DEL CONVENUTO	PERSONA FISICA → nome, cognome, residenza, codice fiscale, domicilio o dimora per il solo convenuto, eventuali rappresentanti, tutori o curatori
	PERSONA GIURIDICA → denominazione o ditta, organo o ufficio che ne ha la rappresentanza in giudizio
DETERMINAZIONE DELLA COSA OGGETTO DELLA DOMANDA	petitum
ESPOSIZIONE DEI FATTI E DEGLI ELEMENTI DI DIRITTO	costituenti le ragioni della domanda (causa petendi)
CONCLUSIONI	indicazione delle richieste sulle quali provvedere nella sentenza
INDICAZIONE SPECIFICA DEI MEZZI DI PROVA E DEI DOCUMENTI	l'omissione non comporta la nullità della citazione e la parte può comunque dedurli con le successive memorie
INDICAZIONE DEL PROCURATORE	l'art. 125, comma 2, concede la facoltà di rilascio della procura al difensore dell'attore **in data posteriore** alla notifica ma **anteriore alla costituzione**
INDICAZIONE DEL GIORNO DELL'UDIENZA DI COMPARIZIONE	deve essere individuato in base ai **termini minimi di comparizione** e al **calendario** delle udienze di prima comparizione
INVITO AL CONVENUTO	a costituirsi nel **termine di 20 giorni prima** dell'udienza (ovvero 10 nel caso di abbreviazione dei termini) nelle forme di legge
	a **comparire nell'udienza** indicata dinanzi al giudice istruttore nel rispetto dei termini di comparizione
AVVERTIMENTO AL CONVENUTO	che la costituzione oltre i suddetti termini implica le **decadenze** di cui agli artt. 167 e 38
SOTTOSCRIZIONE	della **parte** o del suo **difensore**
DICHIARAZIONE	del **valore del procedimento** ai fini del versamento del **contributo unificato**

SCHEMA 39 La nullità dell'atto di citazione

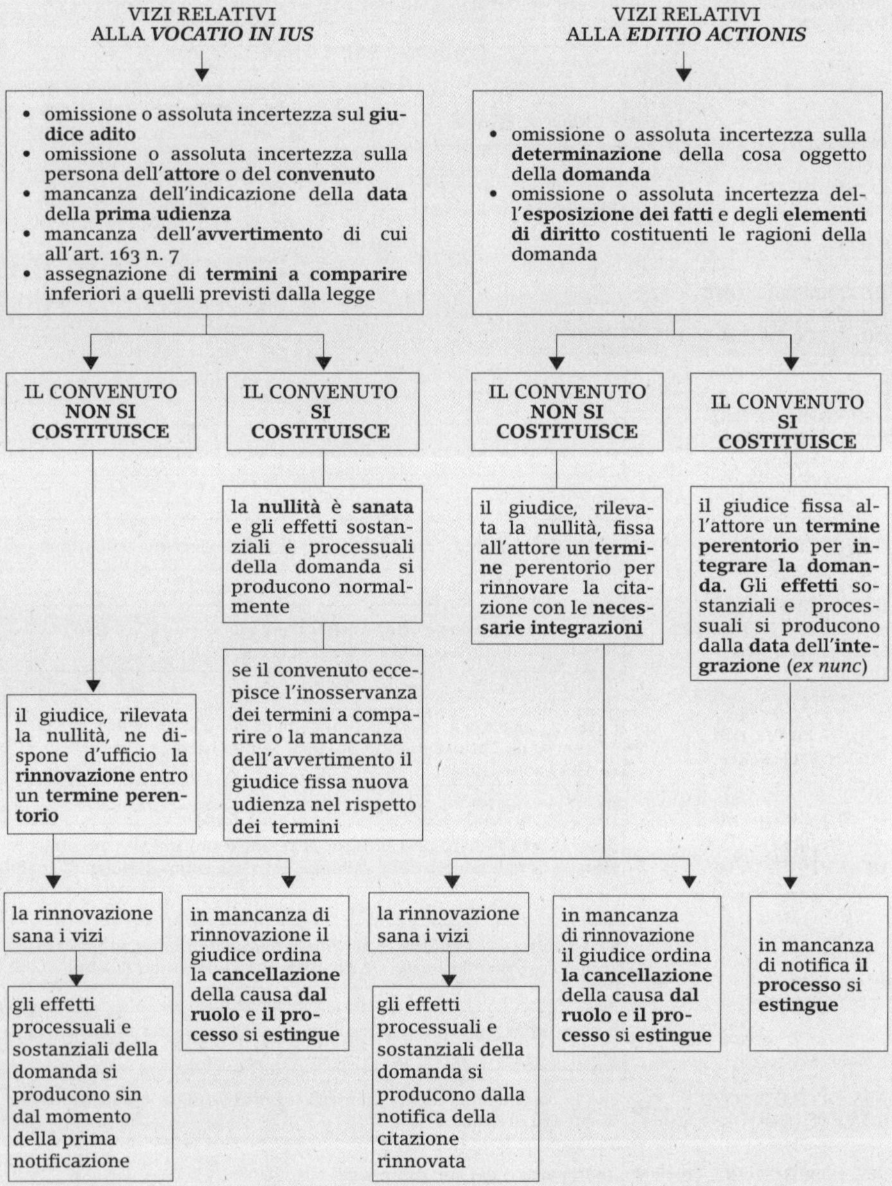

SCHEMA 40 La costituzione in giudizio, la formazione del fascicolo e la designazione del giudice

LA COSTITUZIONE IN GIUDIZIO

È l'atto con il quale la parte completa l'instaurazione del giudizio investendo il giudice della causa

DELL'ATTORE

nel termine di **10 giorni** dalla **notifica**

mediante **deposito** della nota di iscrizione e del fascicolo di parte con l'atto di citazione notificato e i documenti

il cancelliere iscrive la causa a ruolo, attribuisce il numero di ruolo generale e forma il fascicolo d'ufficio

DEL CONVENUTO

almeno **20 giorni** prima dell'udienza fissata dall'attore

mediante deposito della **comparsa di costituzione** e del fascicolo di parte contenente i documenti, la copia dell'atto di citazione e la procura

il convenuto deve proporre tutte le sue difese, prendere posizione sui fatti dedotti dall'attore e indicare i mezzi di prova

a pena di **decadenza** il convenuto deve

- proporre le domande **riconvenzionali**
- proporre le eccezioni di **incompetenza** per materia, valore e territorio
- proporre le eccezioni processuali e di merito **non rilevabili d'ufficio**
- dichiarare di voler chiamare in causa un terzo chiedendo il differimento della prima udienza

DEI TERZI

nel termine di **20 giorni** antecedenti l'udienza per la quale sono stati chiamati

mediante deposito della **comparsa di costituzione** e del fascicolo di parte con i documenti

il terzo deve prendere posizione sui fatti posti a fondamento della chiamata e della domanda principale

il cancelliere dà notizia della costituzione o dell'intervento alle parti costituite

SCHEMA 41 La ritardata costituzione in giudizio

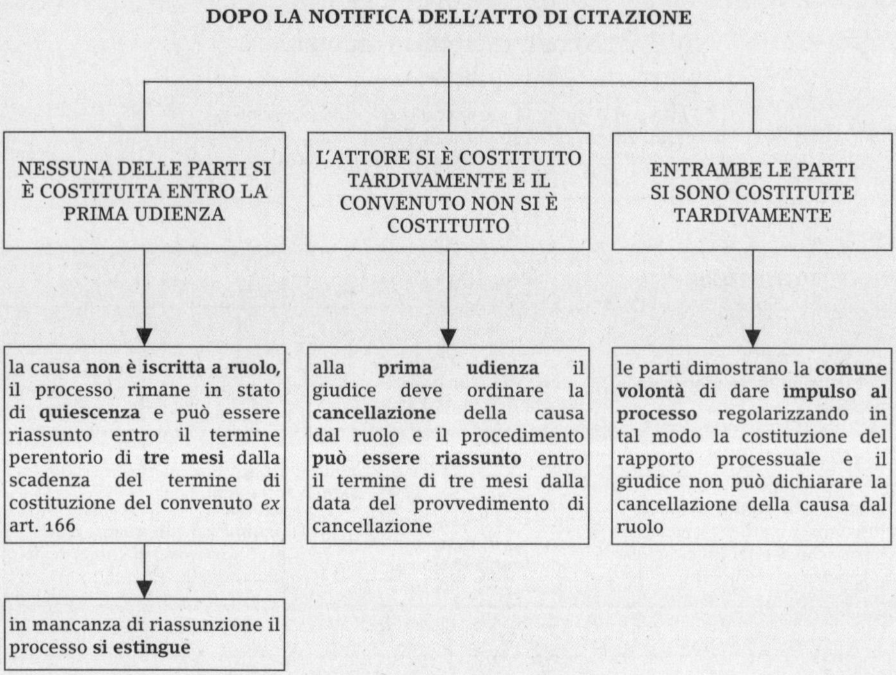

SCHEMA 42 La chiamata del terzo (v. anche Schema 14)

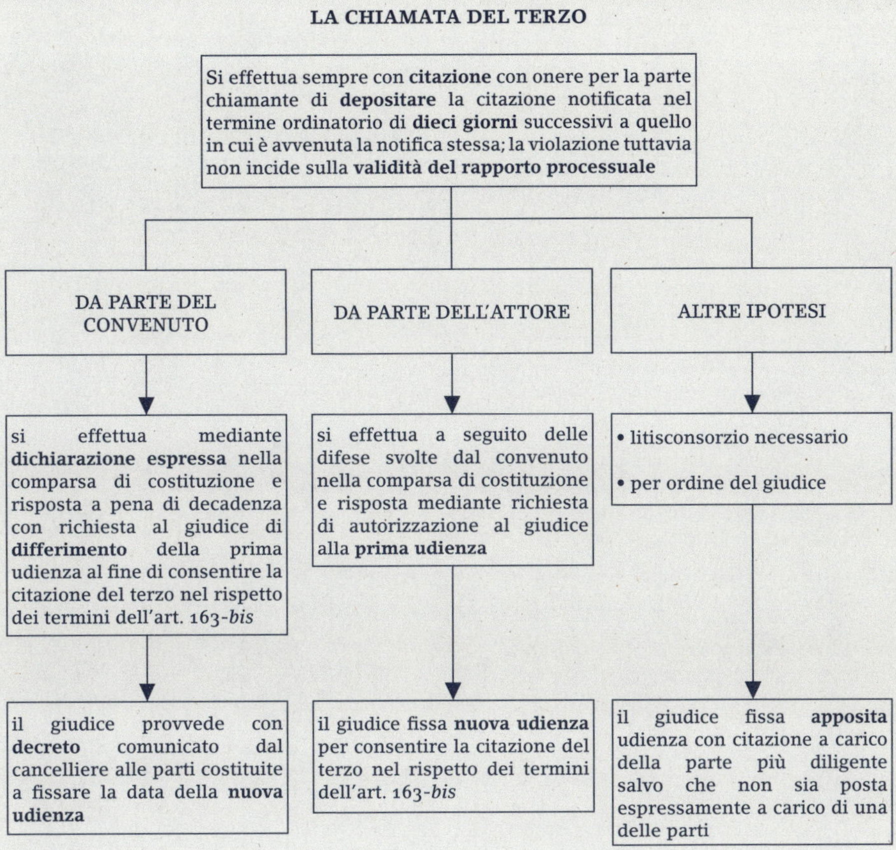

CAPITOLO II

LA TRATTAZIONE E L'ISTRUZIONE PROBATORIA

1. Considerazioni generali.

Avvenuta l'introduzione della causa con la notifica dell'atto di citazione, con la costituzione del convenuto e dei terzi chiamati e l'instaurazione del processo mediante l'iscrizione a ruolo e la designazione del giudice, si apre la seconda fase denominata dal capo secondo del libro secondo del codice di procedura civile, "dell'istruzione della causa". In realtà, si distingue tra la fase della trattazione e quella dell'istruzione probatoria, anche se il legislatore ha accorpato in un'unica norma (art. 183) la loro disciplina. Regola generale della trattazione della causa è il **principio di oralità**, fissato dall'art. 180; le parti possono depositare nel corso del processo le comparse e le memorie scritte previste dalla legge e quelle autorizzate dal giudice, il quale stabilisce quale delle parti deve comunicare per prima la propria comparsa e il termine entro il quale l'altra parte deve rispondere (art. 83-*bis*, disp. att.). Il giudice esercita, infatti, tutti i poteri intesi al più **sollecito e leale** svolgimento del procedimento; fissa le udienze successive e i termini entro i quali le parti debbono compiere gli atti processuali (art. 175), fissa l'ordine di trattazione delle cause (art. 83 disp. att.). Le udienze del giudice istruttore **non sono pubbliche** (solo quella di discussione è pubblica *ex* art. 128): per ciascuna causa sono ammessi davanti al giudice i difensori delle parti e le parti stesse, le quali debbono **assistere in silenzio**, salvo che non ottengano dal giudice, a mezzo del proprio difensore, l'autorizzazione ad interloquire (art. 84 disp. att.). Le parti e i loro difensori **non possono dettare** le loro deduzioni nel processo verbale se non sono autorizzati dal giudice (art. 84, comma 3 disp. att.).

Tutti i provvedimenti del giudice istruttore, salvo che la legge disponga altrimenti, hanno la forma dell'ordinanza: quelle pronunciate in udienza si ritengono conosciute dalle parti presenti e da quelle che dovevano comparirvi; quelle pronunciate fuori udienza sono comunicate dal cancelliere alle parti costituite (art. 176).

2. La prima udienza di comparizione e trattazione.

La trattazione del processo inizia con la prima udienza di comparizione delle parti, la cui disciplina complessa è contenuta nell'art. 183, nella quale il giudice deve compiere tutta una serie di **attività preliminari** e cioè:

- verifica d'ufficio la **regolarità del contraddittorio** e, quando occorre, pronuncia l'ordine di integrazione del litisconsorzio necessario (art. 102, comma 2), l'ordine di rinnovazione della citazione nulla (art. 164), l'ordine di integrazione della domanda riconvezionale nulla del convenuto (art. 167), l'invito a completare o a mettere in regola gli atti o i documenti difettosi (art. 182, comma 1), come ad esempio a depositare la procura speciale alle liti enunciata ma non prodotta (*Cass. civ., sez. I, 11 marzo **2020**, n. 6884*); assegna alle parti un termine per regolarizzare il difetto di rappresentanza, di assistenza o di autorizzazione ovvero un vizio che determina la nullità della procura al difensore (art. 182, comma 2); ordina di rinnovare la notifica nulla al convenuto in seguito alla sua mancata costituzione (art. 291). In tal caso fissa una nuova udienza di trattazione;
- può rilevare d'ufficio l'**incompetenza** per materia, quella per valore e quella per territorio inderogabile (art. 38, comma 3);
- in caso di richiesta congiunta delle parti deve fissare una nuova udienza e **ordina la comparizione personale delle parti** al fine di interrogarle liberamente e provocarne la conciliazione (art. 185);
- può richiedere alle parti, sulla base dei fatti allegati, i **chiarimenti necessari** e indicare le **questioni rilevabili d'ufficio** delle quali ritiene opportuna la trattazione;
- dichiara la contumacia del convenuto (art. 171, comma 3) o quella dell'attore (art. 290).

Nelle cause in cui il tribunale giudica in composizione monocratica, il giudice, valutata la complessità della lite e dell'istruzione probatoria può disporre, previo contraddittorio anche mediante trattazione scritta, con ordinanza non impugnabile, che il processo prosegua con il **rito sommario di cognizione** (v. parte quinta, cap. VI).

Il nuovo art. 183-*bis* prevede, infatti, che in questo caso, il giudice invita le parti ad indicare, a pena di decadenza, nella stessa udienza, i mezzi di prova, ivi compresi i documenti, di cui intendono avvalersi e la relativa prova contraria. Se richiesta, può fissare una nuova udienza e termine perentorio:

- non superiore a quindici giorni per l'indicazione dei mezzi di prova e produzioni documentali;
- di ulteriori dieci giorni per le sole indicazioni di prova contraria.

Nella prima udienza di comparizione, o a quella fissata dal giudice per la comparizione personale, le parti possono svolgere **attività difensiva** e cioè

- l'attore può proporre le domande e le eccezioni che sono conseguenza della domanda riconvenzionale o delle eccezioni proposte dal convenuto. In buona sostanza, l'attore può proporre anche una domanda di accertamento incidentale o una *reconventio reconventionis* nell'ipotesi in cui il convenuto abbia contestato l'esistenza del diritto pregiudiziale, oltre a tutte le eccezioni;

- l'attore può chiedere di essere autorizzato a chiamare un terzo in causa se l'esigenza è sorta dalle difese del convenuto;
- tutte le parti possono precisare e modificare le domande, le eccezioni e le conclusioni già formulate: si tratta dello *ius corrigendi;*
- tutte le parti, se in accordo tra loro, possono chiedere che il giudice istruttore fissi la comparizione personale delle stesse per l'interrogatorio libero e il tentativo di conciliazione;
- tutte le parti possono chiedere che il giudice conceda i termini perentori per il deposito delle memorie previste dall'art. 183, comma 6.

Giurisprudenza

La questione relativa alla corretta instaurazione del contraddittorio è pregiudiziale rispetto a quella di competenza, ma anche a quella di giurisdizione, essendo necessario strutturare in modo compiuto il contraddittorio prima di procedere all'esame di qualsiasi altra questione (*Cass. civ., sez. VI, 12 marzo **2020**, n. 7055*).

2.1. *La mancata comparizione delle parti.*

Il legislatore ha disciplinato anche le **vicende anomale** dell'udienza di prima comparizione prevedendo all'art. 181 che

- se **nessuna delle parti compare** alla prima udienza, il giudice fissa un'udienza successiva di cui il cancelliere dà comunicazione alle parti costituite; se nuovamente nessuna delle parti si presenta a questa nuova udienza il giudice ordina la cancellazione della causa dal ruolo e dichiara l'estinzione del processo;
- se l'**attore costituito non compare** alla prima udienza e il convenuto non chiede che si proceda in assenza di lui, il giudice fissa una nuova udienza della quale il cancelliere dà comunicazione all'attore; se nuovamente l'attore non compare a questa nuova udienza il giudice ordina che la causa sia cancellata dal ruolo e dichiara l'estinzione del processo, a meno che il convenuto non chieda che si proceda in assenza dell'attore.

2.2. *La contumacia.*

La mancata costituzione di una parte comporta l'applicabilità delle norme del procedimento in contumacia stabilite dagli artt. 290 e ss. Si verifica la

- **contumacia dell'attore** quando il convenuto si è costituito entro il termine fissato dall'art. 166 e l'attore non si è costituito nel termine di cui all'art. 171, ultimo comma: in presenza di queste condizioni, se il convenuto ne fa richiesta il giudice ordina che sia proseguito il giudizio e dà le disposizioni previste nell'art. 187 (e cioè rimettendo la causa a sentenza se ritiene che la stessa sia matura per la decisione di merito). Se, invece, il convenuto non ne fa richiesta dispone che la causa sia cancellata dal ruolo e, in tal caso, il processo si estingue;
- **contumacia del convenuto** quando questi non si è costituito e la notifica-

zione dell'atto di citazione è regolare e ovviamente è avvenuta la tempestiva costituzione da parte dell'attore (se infatti neppure l'attore si è costituito, la causa non è stata iscritta a ruolo e il processo rimane in uno stato di quiescenza). Se, invece, il giudice rileva un vizio che importa nullità nella notificazione della citazione, fissa all'attore un termine perentorio per rinnovarla, fissando una nuova udienza: se neppure a tale udienza il convenuto si costituisce, il giudice emette ordinanza con cui dichiara la contumacia; se invece l'ordine di rinnovazione della citazione non è stato eseguito dall'attore o questi non vi ha provveduto entro il termine perentorio, il giudice ordina la cancellazione della causa dal ruolo e il processo si estingue.

Le norme in materia del **procedimento contumaciale** prevedono altresì che

- il contumace **può costituirsi in ogni momento** del processo fino all'udienza di precisazione delle conclusioni, mediante il deposito di una comparsa, della procura e dei documenti ovvero mediante comparizione all'udienza; in tal caso, però, le sue facoltà processuali sono ridotte a causa delle **preclusioni** che si sono già verificate nel processo.

In ogni caso:

- il contumace che si costituisce **può disconoscere** nella prima udienza o nel termine assegnatogli dal giudice le scritture contro di lui prodotte;
- il contumace che si costituisce **può chiedere** al giudice **di essere rimesso in termini** e, cioè, di essere ammesso a compiere le attività che gli sono ormai precluse ma è tenuto a dimostrare cha la nullità della citazione o della sua notificazione gli ha impedito di avere conoscenza del processo o che la costituzione è stata impedita da causa a lui non imputabile. Il giudice se ritiene verosimili i fatti allegati ammette la prova dell'impedimento e, quindi, provvede sulla rimessione in termini delle parti;
- l'ordinanza che ammette l'interrogatorio formale o il giuramento deve essere **notificata personalmente** al contumace nei termini che il giudice fissa nell'ordinanza stessa e in tal caso, se il contumace non si presenta, il giudice può ritenere come ammessi i fatti dedotti nell'interrogatorio (art. 232) o la sua soccombenza rispetto alla domanda o al punto di fatto relativamente al quale il giuramento è stato ammesso (art. 239);
- le comparse contenenti **domande nuove** o riconvenzionali devono essere notificate personalmente al contumace;
- le altre comparse si considerano comunicate con il **deposito** in cancelleria e con l'apposizione del visto del cancelliere sull'originale;
- nessun altro atto deve essergli notificato né comunicato;
- la sentenza deve essere notificata alla parte **personalmente**.

Giurisprudenza

In tema di processo civile, l'art. 293, comma 2, c.p.c., nel prevedere che il contumace possa costituirsi anche mediante "comparizione all'udienza", non si riferisce alla comparizione personale del medesimo contumace, ma a quella del suo difensore munito di valida procura; né, con riferimento al giudizio di secondo grado, la *costituzione della parte appellata nel solo subprocedimento relativo ai provvedimenti sull'esecuzione provvisoria della sentenza può valere per la fase di merito (Cass. civ., sez. III, 11 marzo **2020**, n. 7020).*

*L'erronea dichiarazione di contumacia di una delle parti non incide sulla regolarità del processo e non determina un vizio della sentenza, deducibile in sede di impugnazione, se non abbia provocato, in concreto, alcun pregiudizio allo svolgimento dell'attività difensiva (Cass. civ., sez. lav., 27 febbraio **2020**, n. 5408).*

2.3. *La riunione di procedimenti.*

Il legislatore ha disciplinato le ipotesi in cui pendano **contemporaneamente** più procedimenti relativi alla stessa causa o a cause connesse e ha previsto che in tal caso si può procedere alla riunione. La dottrina ritiene che si tratti di una semplice anomalia processuale, essendo la fattispecie della riunione estranea al concetto di competenza, in quanto coinvolge questioni che attengono alla sfera dei compiti e delle attribuzioni fra le sezioni o fra magistrati di un medesimo ufficio giudiziario. È per questo motivo che la giurisprudenza ritiene non impugnabile con il regolamento di competenza il provvedimento con il quale venga accolta o rigettata l'istanza di riunione di cause (da ultimo *Cass. civ., sez. VI, 16 giugno **2020**, n. 11634*).

L'art. 273 prevede che, se più procedimenti relativi alla stessa causa pendono **davanti allo stesso giudice**, questi, anche d'ufficio, ne ordina la riunione. Non si tratta dell'ipotesi della litispendenza di cui all'art. 39 in quanto la norma presuppone la diversità dei giudici dinanzi ai quali sia stata proposta la stessa causa. Se, invece, la stessa causa pende **davanti a due giudici** o a due sezioni diverse dello stesso tribunale, il giudice istruttore o il presidente della sezione deve riferirne al presidente il quale sentite le parti ordina con decreto la riunione determinando la sezione o designando il giudice davanti al quale il procedimento deve proseguire. Si tratta in entrambi i casi di un provvedimento ordinatorio che può essere revocato con conseguente separazione delle cause riunite.

Il giudice deve seguire la medesima procedura sopra descritta quando si tratta di procedimenti relativi a cause connesse che pendono contemporaneamente davanti a lui (art. 274). Se invece pendono davanti a giudici diversi o ad altra sezione dello stesso tribunale, compete al presidente del tribunale sentire le parti e ordinare che le cause siano chiamate alla medesima udienza davanti allo stesso giudice o alla stessa sezione per i provvedimenti opportuni. In questa seconda ipotesi, il provvedimento di riunione non è più scelta discrezionale del presidente (come nel caso di cui all'art. 273), bensì del giudice innanzi al quale i procedimenti sono pendenti, con la conseguenza che l'esercizio o il mancato esercizio del potere di riunione è **insindacabile** in sede di gravame. Le cause riunite mantengono la **propria autonomia** sia sotto il profilo dell'efficacia delle prove raccolte in ciascun giudizio sia relativamente all'autonoma impugnabilità delle singole statuizioni (*Cass. civ., sez. lav., 27 luglio **2020**, n. 15977*).

2.4. *L'udienza per il tentativo di conciliazione.*

In caso di **richiesta congiunta** delle parti, il giudice, in base a quanto stabilito dall'art. 185, fissa la comparizione delle medesime al fine di interrogarle liberamente e di provocarne la conciliazione e ha la facoltà di disporre la comparizione personale a norma dell'art. 117. In base a quest'ultima disposizione infatti il giudice, in qualunque stato e grado del processo, ha facoltà di ordinare la comparizione personale delle parti in contraddittorio tra loro per interrogarle liberamente sui fatti della causa.

L'**interrogatorio libero** è cosa diversa dall'interrogatorio formale, mezzo di prova esperibile solamente ad iniziativa di parte e diretto a provocare la confessione giudiziale della parte. La funzione dell'interrogatorio libero è quella di rispondere alle domande del giudice che egli ritiene di proporre: le dichiarazioni delle parti che scaturiscono da tale interrogatorio non hanno però efficacia di tipo confessorio, ma hanno efficacia di argomento di prova in quanto dirette esclusivamente a coadiuvare il giudice nella formazione del proprio convincimento.

Quando è disposta la comparizione personale delle parti, secondo quanto previsto dall'art. 185, comma 1, le parti hanno facoltà di farsi rappresentare da un procuratore generale o speciale, il quale deve essere innanzitutto a conoscenza dei fatti di causa. Infatti, la mancata conoscenza, senza giustificato motivo, dei fatti della causa da parte del procuratore, è valutata ai sensi dell'art. 116, comma 2 e cioè come argomento di prova; il procuratore deve essere munito di procura conferita con atto pubblico o scrittura privata autenticata (anche da parte del difensore), la quale attribuisca il potere di conciliare o transigere la controversia. Scopo infatti dell'udienza *ex* art. 185 è quella di provocare la conciliazione della lite e cioè giungere alla definizione della controversia mediante la sottoscrizione di un verbale nel quale si dà atto della convenzione conclusa tra le parti. Il verbale di conciliazione costituisce titolo esecutivo e può essere redatto anche con strumenti informatici.

Il tentativo di conciliazione non riuscito può, per espressa disposizione di cui all'art. 185, comma 2, essere rinnovato in qualunque momento dell'istruzione: ciò significa che le parti possono richiedere, in qualunque udienza, fino alla rimessione della causa in decisione, la fissazione dell'incombente e il giudice può disporlo quando ritiene opportuno.

L'art. 185-*bis* prevede il potere-dovere del giudice di rivolgere alle parti una proposta transattiva o conciliativa alla prima udienza ovvero sino a quando è esaurita l'istruzione. Il rifiuto della stessa, senza giustificato motivo, costituisce comportamento valutabile dal giudice ai fini del giudizio.

L'ingiustificato rifiuto della proposta conciliativa formulata dal giudice ha incidenza sulla condanna alle spese alla luce di quanto previsto dall'art. 91, comma 1.

All'udienza, presenti le parti personalmente ed i rispettivi difensori, il giudice formula una proposta transattiva, accettata dalle parti, come riportato e attestato nello stesso verbale. L'udienza era rinviata per la sola sottoscrizione del verbale di conciliazione. Alla successiva udienza una delle parti rifiuta di procedere alla sottoscrizione. Secondo la Corte di Cassazione, seppure non sia stato sottoscritto il processo verbale di conciliazione, è stato stipulato il negozio di transazione, il quale diversamente dal negozio di conciliazione giudiziale, non richiede formalità *ad substantiam* ma unicamente la forma scritta a fini di prova, come dispone l'art. 1967 c.c. Il verbale di udienza costituisce atto scritto idoneo alla prova dell'eventuale raggiunta transazione sul diritto in contestazione (*Cass. civ., sez. lav., 26 ottobre 2017, n. 25472*).

Secondo il nuovo testo dell'art. 88, II comma, disp. att., il verbale d'udienza contenente gli accordi e il verbale di conciliazione possono essere redatti anche con strumenti informatici e la sottoscrizione delle parti è sostituita da apposita dichiarazione del giudice.

2.5. *Le memorie* ex *art. 183, comma 6.*

Se le parti hanno ottenuto dal giudice la concessione dei **termini perentori** per depositare le memorie previste dall'art. 183, comma 6, avranno la facoltà e non l'obbligo di depositarle. La norma prevede la possibilità di depositare **tre memorie** e cioè:

- memorie *ex* art. **183, comma 6, n. 1**: ciascuna parte può esercitare lo *ius poenitendi*, precisando o modificando le domande, le eccezioni e le conclusioni già proposte. Per modificazione e precisazione della domanda si intende un semplice aggiustamento della domanda proposta, e cioè l'*emendatio libelli* e non la trasformazione in una domanda nuova. Si ha, infatti, *mutatio libelli* quando si avanza una pretesa obiettivamente diversa da quella originaria, introducendo nel processo un *petitum* diverso e più ampio oppure una *causa petendi* fondata su situazioni giuridiche non prospettate prima e particolarmente su un fatto costitutivo radicalmente diverso, di modo che si ponga al giudice un nuovo tema di indagine e si spostino i termini della controversia, con l'effetto di disorientare la difesa della controparte e alterare il regolare svolgimento del processo.

La giurisprudenza ritiene che la modificazione della domanda è consentita sempre che rimangano immutate le parti del giudizio e la vicenda sostanziale oggetto dello stesso (*Cass. civ., sez. III, 27 maggio 2019, n. 14369*), sulla scia dell'intervento delle sezioni unite che, in precedenza, avevano precisato che la modificazione della domanda può riguardare anche uno o entrambi gli elementi identificativi della medesima sul piano oggettivo (*petitum* e *causa petendi*).

La giurisprudenza ha precisato che la memoria di cui all'art. 183, comma 6, n. 1, consente all'attore di precisare e modificare solo le domande "già proposte", ma non di proporre le domande e le eccezioni che siano conseguenza della domanda riconvenzionale o delle eccezioni formulate dal convenuto, le quali vanno invece proposte a pena di decadenza entro la prima udienza di trattazione (*Cass. civ., sez. VI, 26 novembre 2019, n. 30745*).

Un imprenditore esercente l'attività di noleggio di camper conviene in giudizio la propria compagnia di assicurazioni esponendo di aver noleggiato un camper ad un cliente, il quale aveva denunciato il furto del mezzo — coperto dalla polizza assicurativa a garanzia dei danni da furto — e chiede la condanna della società convenuta al pagamento dell'indennizzo contrattualmente dovuto. La compagnia si costituisce ed eccepisce l'esistenza di molti dubbi sul fatto che il veicolo fosse stato effettivamente rubato, ovvero non fosse stato piuttosto fraudolentemente occultato dall'utilizzatore. L'attore replica, con la prima memoria di cui all'art. 183 c.p.c., comma 6, che il contratto prevedeva comunque la garanzia sia per i rischi di furto, sia per il rischio di appropriazione indebita, e chiede la condanna dell'assicuratore al pagamento dell'indennizzo contrattualmente previsto per questa seconda ipotesi di rischio. Il Tribunale rigetta le domande attoree ritenendole non provate; la Corte d'appello, adita dal soccombente, condivide l'opinione del primo giudice circa l'assenza di prova dell'effettivo avverarsi di un furto e quanto alla domanda di pagamento dell'indennizzo contrattualmente previsto per il rischio di "appropriazione indebita" ne rileva la novità e la dichiara inammissibile. La Corte di Cassazione dopo aver rilevato che la modificazione della domanda, in quanto conseguenza dell'eccezione formulata dal convenuto, doveva avvenire entro la prima udienza e non con la memoria di cui all'art. 183, comma 6 n. 1, ha accolto il ricorso con rinvio per esame di altra questione decisiva.

Le memorie devono essere depositate entro il termine di trenta giorni;

- memorie *ex* art. **183, comma 6, n. 2**: ciascuna parte può replicare alle domande ed eccezioni nuove o modificate dall'altra parte e può proporre le eccezioni che sono conseguenza delle domande e delle eccezioni medesime. Con la stessa memoria le parti debbono provvedere ad articolare i mezzi di prova e produrre i documenti. Debbono essere depositate entro il termine di trenta giorni dalla scadenza della memoria precedente. Con tale memoria si verificano le preclusioni istruttorie;
- memorie *ex* art. **183, comma 6, n. 3**: ciascuna parte può replicare alle prove dedotte dalle controparti, indicando le prove contrarie. Debbono essere depositate entro il termine di venti giorni dalla scadenza della memoria precedente.

Il giudice può rilevare d'ufficio la tardiva proposizione di una domanda nuova, dovendosi escludere, alla luce del regime delle preclusioni, che alla mancata opposizione della controparte consegua la tacita accettazione del contraddittorio in ordine a tale domanda (*Cass. civ., sez. II, 31 maggio 2017, n. 13769*); è stato altresì precisato che la parte, incorsa in decadenza nella produzione di un documento, possa poi aggirare la sanzione processuale mediante l'allegazione tardiva del medesimo documento ad atti processuali compiuti nelle successive fasi processuali (*Cass. civ., sez. III, 20 marzo 2017, n. 7055*).

L'art. 183, comma 7, prevede che il giudice a questo punto deve provvedere sulle richieste istruttorie, fissando direttamente l'udienza per l'assunzione dei mezzi di prova: ciò significa che all'udienza di prima comparizione, nel concedere i termini, per il deposito delle memorie, il giudice può riservarsi di decidere, senza fissare altra udienza. È invalsa, invece, la **prassi giudiziaria** che il giudice nel concedere il termine per le memorie, fissa una nuova udienza di trattazione, alla quale le parti non possono compiere nessun'altra attività, se non quella di richiamare le istanze istruttorie già proposte.

Giurisprudenza

*Nel processo civile di cognizione, ciò che rende ammissibile l'introduzione in giudizio da parte dell'attore di un diritto diverso da quello originariamente fatto valere oltre la barriera preclusiva segnata dall'udienza ex art. 183 c.p.c. è il carattere della teleologica "complanarità", dovendo pertanto tale diritto attenere alla medesima vicenda sostanziale già dedotta, correre tra le stesse parti, tendere alla realizzazione (almeno in parte) dell'utilità finale già avuta di mira con l'originaria domanda (salva la differenza tecnica di "petitum" mediato) e rivelarsi di conseguenza incompatibile con il diritto per primo azionato (Cass. civ., sez. VI, 7 settembre **2020**, n. 18546).*

3. L'ordinanza di rimessione della causa a decisione.

Scaduti i termini per il deposito delle memorie o, in caso di mancanza di richiesta dei termini per il loro deposito direttamente all'udienza di prima comparizione, il giudice istruttore se ritiene che la causa non abbia necessità dell'assunzione di mezzi di prova e sia **matura per la decisione di merito** rimette le parti davanti al collegio (se in materia per il quale è attribuita la competenza del tribunale collegiale) ovvero davanti a sé stesso (art. 187).

Provvede in modo analogo quando, se la loro decisione può **definire il giudizio**, ritiene che debba essere decisa:

- una questione di merito avente carattere preliminare, ad esempio l'eccezione di prescrizione o di difetto di legittimazione ad agire;
- una questione attinente alla giurisdizione;
- una questione attinente alla competenza; peraltro, nei giudizi istaurati dopo il 4 luglio 2009, l'incompetenza deve essere dichiarata con ordinanza alla prima udienza;
- altre questioni pregiudiziali, ad esempio questioni di capacità o di legittimità processuale.

Giurisprudenza

In caso di rimessione della causa a sentenza ai sensi dell'art. 187 c.p.c. per la decisione di una questione preliminare di merito o pregiudiziale di rito, il collegio è investito del potere di decisione dell'intera controversia e, in mancanza di conclu-

sioni istruttorie, deve decidere la causa allo stato delle emergenze istruttorie eventualmente esistenti (Cass. civ., sez. II, 20 agosto ***2020****, n. 17450).*

4. L'ordinanza di ammissione delle prove.

Fissato il *thema decidendum* e il *thema probandum* dalle parti mediante l'atto introduttivo e la comparsa di risposta e le eventuali memorie di cui sopra, il processo entra nella **fase istruttoria** vera e propria attraverso l'emanazione da parte del giudice dell'ordinanza di ammissione delle prove, sulla base di quelle richieste dalle parti e ritenute ammissibili e rilevanti, come prevede l'art. 183, comma 7. **Ammissibilità** del mezzo di prova significa che sussistono le condizioni previste dalla legge per il suo esperimento (ad es. che non sussistono le condizioni di esclusione o limitazione previste dagli artt. 2721 e ss. c.c.); **rilevanza** del mezzo di prova significa che le circostanze di fatto che costituiscono l'oggetto della prova sono utili al processo e rilevanti per il giudizio finale: se effettivamente provate hanno portata decisiva per la decisione. È questo il momento più delicato del processo: le parti hanno l'onere di richiedere mezzi di prova che siano ammissibili e rilevanti e che come tali possano essere ammessi dal giudice; se i mezzi di prova richiesti non sono ammissibili o rilevanti e non sono ammessi dal giudice, la parte può veder condizionata la decisione della causa.

L'attore non ha prove documentali per dimostrare il proprio diritto di credito e può contare solamente sulla prova testimoniale; se le prove che sono dedotte non sono ammissibili e rilevanti e come tali non sono ammesse dal giudice, l'attore non assolve al proprio onere probatorio e la domanda sarà rigettata. È per questo motivo che si ritiene normalmente che l'ammissione o meno della prova può implicare in tutto o in parte la decisione della causa.

L'art. 183, comma 8, prevede che, nel caso in cui il giudice dispone d'ufficio mezzi di prova (come ad esempio il giuramento suppletorio, l'ispezione di cose o l'interrogatorio libero), deve essere concesso un termine perentorio a ciascuna parte per dedurre i mezzi di prova che si rendono necessari in relazione a quelli disposti d'ufficio ed un secondo termine per depositare memorie di replica.

L'art. 81-*bis* disp. att. stabilisce che il giudice quando provvede sulle richieste istruttorie, sentite le parti e tenuto conto della natura, dell'urgenza e della complessità della causa, fissa il calendario delle udienze, indicando gli incombenti che saranno espletati in ciascuna di esse, compresa la rimessione della causa a decisione. Il mancato rispetto dei termini fissati nel calendario può costituire violazione disciplinare in capo al giudice, al difensore ed al consulente tecnico d'ufficio.

I termini possono comunque essere prorogati, anche d'ufficio, quando sussistono gravi motivi sopravvenuti. La norma, che fa riferimento esplicito al principio di ragionevole durata del processo, ha lo scopo di accelerare il processo stesso, responsabilizzando tutte le parti.

Giurisprudenza

I limiti legali di ammissibilità della prova orale non operano quando la stessa sia diretta non già a contestare il contenuto di un documento, ma a renderne esplicito il significato; in particolare il divieto dell'ammissione della prova testimoniale stabilito dall'art. 2722 c.c., in ordine ai patti aggiunti o contrari al contenuto negoziale di un documento, riguarda solo gli accordi diretti a modificare, ampliandolo o restringendolo, il contenuto del negozio, mentre non investe la prova diretta ad individuarne la reale portata attraverso l'accertamento degli elementi di fatto che determinarono il consenso dei contraenti (*Cass. civ., sez. II, 27 maggio* ***2020****, n. 9952).*

5. L'assunzione dei mezzi di prova.

L'assunzione dei mezzi di prova è **attività riservata** al giudice. L'art. 188 fissa, infatti, il principio che il giudice istruttore provvede all'assunzione di mezzi di prova; l'art. 202 ribadisce che il giudice istruttore, quando dispone mezzi di prova, se non può assumerli nella stessa udienza, stabilisce il tempo, il luogo e il modo dell'assunzione. Con il termine assunzione si intende l'acquisizione al processo della **prova costituenda**, in contrapposizione alla **prova precostituita** e, cioè, quella documentale che essendo già formata può entrare nel processo con l'esibizione e la produzione. Il legislatore ha fissato poche regole generali, che ha approfondito nel disciplinare le modalità di assunzione di ogni singolo mezzo di prova. Regola fondamentale è che le parti possono assistere personalmente all'assunzione dei mezzi di prova (art. 206), espressione del principio generale del contraddittorio. Autorevole dottrina ha sostenuto che la norma non costituisce deroga all'art. 82 con la conseguenza che, fuori dai casi in cui è ammessa la comparizione personale delle parti, la facoltà di assistere personalmente spetta alle sole parti costituite a mezzo del procuratore.

Il giudice **dirige la formazione** del processo verbale che documenta l'assunzione del mezzo di prova, nel quale le dichiarazioni delle parti e dei testimoni sono riportate in prima persona e dagli stessi sottoscritte; il giudice quando lo ritiene opportuno, nel riportare le dichiarazioni descrive il **contegno** della parte e del testimone (art. 207). Il processo verbale costituisce "**la prova della prova**", fonte primaria di convincimento del giudice; il contegno delle parti e del testimone potrà costituire, a sua volta, argomento di prova ai sensi dell'art. 116, comma 2. La giurisprudenza ha ritenuto che vizi di forma quali la mancata partecipazione del cancelliere all'udienza, la sua mancata sottoscrizione, l'omissione o l'errore sulla data non producano la nullità né del processo verbale né degli atti compiuti all'udienza ma semplici irregolarità. Il verbale di udienza costituisce **atto pubblico**, che fa fede fino a querela di falso della sua provenienza da parte del pubblico ufficiale che lo forma e delle dichiarazioni rese dalle persone intervenute.

L'art. 208 fissa il principio della **decadenza dall'assunzione** della prova: se la parte, su istanza della quale deve iniziarsi o proseguire la prova, non si presenta, il giudice la dichiara decaduta dal diritto di farla assumere, salvo che l'altra parte presente non ne chieda l'assunzione. L'assunzione dei mezzi di prova è, infatti, soggetta al **principio dell'impulso di parte**: ovvio il corollario che, se la parte non si presenta e non vi sia l'istanza dell'altra parte, si verifica la decadenza. La norma non disciplina, però, l'ipotesi di mancata comparizione di tutte le parti all'udienza: in tal caso il giudice deve applicare l'art. 309 e cioè dare atto della mancata presenza e provvedere a norma del comma 1 dell'art. 181, vale a dire fissare un'udienza successiva di cui il cancelliere darà comunicazione alle parti. Parte della dottrina ritiene che il giudice, nel fissare la data della nuova udienza, debba dare atto anche dell'intervenuta decadenza. La parte può, però, nell'udienza successiva sempre chiedere al giudice la revoca dell'ordinanza che ha pronunciato la sua decadenza dal diritto di assumere la prova, ovviamente se fondata su una **causa non imputabile** alla parte; in tal caso il giudice dispone la revoca dell'ordinanza e provvederà all'assunzione della prova (art. 208, comma 2).

Su tutte le questioni che sorgono nel corso dell'assunzione dei mezzi di prova, il giudice pronuncia con ordinanza (art. 205), che è immediatamente esecutiva, revocabile e modificabile, come tutte le ordinanze del giudice.

Al termine dell'assunzione o quando, dichiarata la decadenza, non vi sono altri mezzi di prova da assumere ovvero quando il giudice ritenga superflua, per i risultati già raggiunti, l'ulteriore assunzione, il giudice dichiara chiusa l'assunzione stessa (art. 209). Se ben precisi sono i casi di conclusione dell'assunzione o di decadenza dall'assunzione, in quanto ricondotti ad ipotesi fattuali non contestabili, la superfluità dell'ulteriore assunzione è rimessa alla discrezionalità del giudice, il cui provvedimento, se non congruamente motivato, è censurabile in cassazione.

5.1. *Fuori della circoscrizione del tribunale.*

Se i mezzi di prova debbono assumersi fuori dalla circoscrizione del tribunale, il giudice istruttore delega a procedervi il giudice istruttore del luogo in cui deve essere assunta la prova, salvo che le parti richiedano concordemente (e il presidente del tribunale consenta) che vi si trasferisca il giudice stesso (art. 203). Si fa luogo, in questo modo, alla **prova delegata**, trasferendo avanti ad altro giudice una parte del processo e cioè quella relativa all'assunzione del mezzo di prova. Il giudice ha, al riguardo, un potere di valutazione discrezionale fondata su considerazioni relative al miglior reperimento della prova o a ragioni di economia e speditezza; perciò il giudice, anche in caso di espressa richiesta di parte, ha la facoltà e non l'obbligo di disporre l'assunzione per delega di alcuni mezzi di prova e così pure il provvedimento di delega può essere pronunciato anche d'ufficio.

Il giudice, nell'ordinanza di delega, fissa al giudice delegato il **termine** entro il quale la prova deve assumersi, termine che ha carattere ordinatorio, nel senso che può essere prorogato su istanza proposta dalle parti direttamente o a mezzo del giudice delegato (art. 203, comma 4); l'istanza deve essere presentata prima che il termine fissato dal giudice sia scaduto con la conseguenza che l'istanza presentata successivamente alla sua scadenza comporta la **decadenza** della parte dal diritto di far assumere la prova delegata, e non soltanto dal diritto di far assumere, per delega, la prova medesima.

Il giudice delegato non viene investito direttamente dal giudice delegante, ma esclusivamente tramite istanza della parte interessata: questa deve, infatti, presentare ricorso al giudice delegato affinché, con ordinanza, fissi l'udienza per l'assunzione del mezzo di prova nel termine fissato dal giudice delegante. La stessa parte ha l'onere, altresì, di notificare alle altre parti costituite il ricorso e l'ordinanza di fissazione dell'udienza da parte del giudice delegato. Al giudice delegato spettano tutti i poteri del giudice istruttore (art. 205) ed assunta la prova è tenuto a **rimettere d'ufficio** il processo verbale al giudice delegante. Il difensore della parte può assistere all'assunzione delle prove che si eseguono fuori della circoscrizione del tribunale e può anche incaricare un procuratore del luogo mediante delega scritta (art. 108 disp. att.).

5.2. *Le rogatorie.*

L'art. 204 disciplina le rogatorie all'estero stabilendo che le rogatorie dei giudici italiani alle **autorità estere** per l'esecuzione dei provvedimenti istruttori sono trasmesse per via diplomatica, mentre quando la rogatoria riguarda cittadini italiani residenti all'estero, il giudice istruttore delega il console competente che provvede a norma della legge consolare.

Per quanto attiene le rogatorie alle autorità estere, le modalità debbono essere ricercate nelle convenzioni di diritto internazionale; per gli Stati membri della Comunità Europea trova applicazione il **Reg. CE n. 1206/2001**. Oggetto della rogatoria possono essere tutti i provvedimenti istruttori, come, ad esempio, l'audizione in qualità di teste di un cittadino straniero o l'espletamento di una consulenza tecnica. Il giudice deve, invece, ricorrere alla delega consolare quando l'assunzione riguardi un cittadino italiano residente all'estero: si ritiene che, in tal caso, il giudice non abbia un potere discrezionale ma sia obbligato a ricorrere alla rogatoria.

Stante il richiamo contenuto nella norma agli ultimi tre commi dell'art. 203, il giudice è tenuto a fissare il termine entro il quale la prova deve assumersi (che può essere prorogato) e l'udienza di comparizione delle parti per la prosecuzione del giudizio.

6. L'ordine di esibizione.

Ai sensi dell'art. 210, il giudice istruttore, su istanza di parte, può ordinare all'altra parte o a un terzo di esibire in giudizio un documento o altra cosa di cui ritenga necessaria l'acquisizione al processo.

L'esibizione rientra tra i normali mezzi di prova, posti a disposizione della parte al fine di acquisire al processo una prova documentale. Per l'ordine di esibizione è necessaria l'**istanza di parte**, non rientrando lo stesso nell'ambito delle iniziative probatorie del giudice, a differenza, ad esempio, dell'ispezione: presuppone la deduzione che i documenti da esibirsi contengano la prova di uno o più fatti controversi della causa, mentre l'ordine non può essere emesso a fronte di una deduzione di carattere esplorativo e cioè al solo scopo di indagare il contenuto del documento. Occorre, inoltre, il requisito dell'**indispensabilità** del documento stesso sia in rapporto alla prova da fornire sia nel senso che la prova del fatto che si intende dimostrare non sia acquisibile *aliunde*. La necessarietà dell'acquisizione, dettata dalla norma, attribuisce, tuttavia, al giudice un ampio potere discrezionale nell'impartire o meno l'ordine di esibizione, sempre che l'esibizione non comporti grave danno per la parte o per il terzo e senza che costringa questi ultimi a violare il segreto professionale o il segreto d'ufficio.

L'istanza di esibizione deve contenere, ai sensi dell'art. 94 disp. att., la **specifica indicazione** del documento o della cosa e, quando è necessario, l'offerta della prova che la parte o il terzo li possiede.

Se l'ordine di esibizione è rivolto **alla parte** e la stessa non vi ottempera, il giudice, pur non potendo disporre l'esecuzione coattiva, può trarre da tale comportamento argomento di prova ai sensi dell'art. 116, 2 comma.

Se l'ordine di esibizione è rivolto **ad un terzo**, l'art. 211 dispone che il giudice deve cercare di conciliare nel miglior modo possibile l'interesse della giustizia con i diritti del terzo, e, prima di ordinare l'esibizione, può disporre che il terzo sia citato in giudizio, assegnando alla parte istante un termine per provvedervi. In ogni caso, il terzo, ai sensi dell'art. 211, comma 2 può sempre fare opposizione contro l'ordinanza di esibizione, intervenendo nel giudizio prima della scadenza del termine assegnatogli. Sia nel caso che il terzo venga citato sia in caso di intervento, si instaura un giudizio incidentale che, secondo la dottrina, si conclude con ordinanza revocabile, mentre l'orientamento giurisprudenziale prevalente attribuisce al provvedimento contenuto e natura di sentenza.

Nel corso di un procedimento il giudice ordina ad entrambe le parti del giudizio di esibire gli estratti dei reciproci conti correnti bancari. Una sola parte provvede in conformità mentre l'altra non vi ottempera. Il giudice però non tiene conto di tale comportamento. La Corte di cassazione ha annullato la sentenza: l'inosservanza dell'ordine di esibizione di documenti integra un comportamento dal quale il giudice può desumere argomenti di prova ai sensi dell'art. 116, comma 2, tanto più quando la richiesta è di tipo simmetrico ed una parte l'abbia lealmente eseguita e l'altra no (*Cass. civ., sez. VI, 11 gennaio 2016, n. 225*).

Ai sensi dell'art. 212, il giudice può disporre che, in sostituzione dell'originale, si esibisca una copia anche fotografica o un estratto autentico del documento e all'uopo può nominare un notaio o un esperto per l'eventuale formazione.

Non bisogna dimenticare, infine, che l'art. 2711, comma 2, c.c., consente al giudice di disporre d'ufficio l'esibizione, in deroga a quanto previsto in generale dalle norme processuali, nelle controversie relative allo scioglimento della società, alla comunione dei beni e alla successione per causa di morte.

Giurisprudenza

A fronte di una presunzione di corretta contabilizzazione dei costi, in caso di contestazione, spetta al consumatore provare, anche per presunzione, la presenza di elementi anomali idonei ad inficiare e annullare la garanzia di corretta contabilizzazione. In caso di mancato deposito dei tabulati da parte del gestore telefonico, spetta al consumatore chiedere l'ordine di esibizione della documentazione ex art. 210 c.p.c. (Cass. civ., sez. III, 14 febbraio 2019, n. 4323).

6.1. *La richiesta di informazioni.*

Fuori dei casi previsti negli artt. 210 e 211, il giudice può richiedere d'ufficio alla **pubblica amministrazione** le informazioni scritte relative agli atti e documenti dell'amministrazione stessa che è necessario acquisire nel processo. Si tratta di un potere discrezionale concesso al giudice che può esercitare d'ufficio ma solamente quando sia necessario acquisire informazioni relative a dati o documenti che la parte sia impossibilitata a fornire e dei quali solo la p.a. sia in possesso proprio in relazione all'attività da essa svolta.

La richiesta d'informazione non può essere diretta alle autorità straniere o alle parti private. La posizione della pubblica amministrazione deve ritenersi assimilabile a quella del terzo cui sia ordinata l'esibizione di un documento o di una cosa e il suo rifiuto di fornire informazioni è legittimo solo nei casi in cui ne risultasse violato il **segreto d'ufficio**.

La richiesta di informazioni è disposta con ordinanza. Le informazioni si acquisiscono al processo con l'inserzione nel fascicolo d'ufficio della nota inviata dalla pubblica amministrazione, così come previsto dall'art. 96 disp. att.

Giurisprudenza

*In tema di prova civile, la conformità della riproduzione cartacea delle risultanze di un sito internet può essere oggetto di contestazione ai sensi dell'art. 2712 c.c. e delle norme del codice dell'amministrazione digitale, ma al giudice è sempre consentito anche d'ufficio ai sensi dell'art. 447 bis, comma 3, c.p.c., se applicabile — l'accertamento della contestata conformità con qualunque mezzo di prova, inclusa la richiesta di informazioni al gestore del servizio ai sensi dell'art. 213 c.p.c. ovvero, come nella specie, mediante verifica diretta del sito (Cass. civ., sez. III, 26 agosto **2020**, n. 17810).*

7. La verificazione della scrittura privata disconosciuta.

La scrittura privata ha valore di prova legale precostituita. Infatti, ai sensi dell'art. 2702 c.c. fà piena prova fino a querela di falso della provenienza delle dichiarazioni da chi l'ha sottoscritta se colui contro il quale la scrittura è prodotta ne riconosce la sottoscrizione ovvero se questa è legalmente considerata come riconosciuta. L'art. 2703 c.c. stabilisce che si ha per riconosciuta la sottoscrizione autenticata dal notaio o da altro pubblico ufficiale a ciò autorizzato. Il valore di prova legale della scrittura privata riconosciuta, o da considerarsi tale, è limitato alla provenienza della dichiarazione del sottoscrittore e non si estende al contenuto della medesima e cioè alla veridicità delle dichiarazioni in essa rappresentate o alla falsità materiale della scrittura: per rompere tale collegamento è necessaria, infatti, la querela di falso. Il legislatore ha previsto un particolare procedimento per dare valore alla scrittura privata quando questa è disconosciuta. Il soggetto che intende contestare l'**autenticità della sottoscrizione** della scrittura privata è tenuto pertanto a disconoscerla: colui contro il quale è prodotta una scrittura privata, se intende disconoscerla, è tenuto a **negare formalmente** la propria scrittura o la propria sottoscrizione. Negare formalmente significa che la parte deve eccepire in modo specifico e determinato, all'interno di un atto processuale, che la scrittura o la sottoscrizione non gli appartiene. Ovviamente ciò non è possibile se la sottoscrizione della scrittura è autenticata, in quanto l'art. 2703 c.c. prevede espressamente che la stessa si ha per riconosciuta. Gli eredi o aventi causa invece possono limitarsi a dichiarare di **non conoscere** la scrittura o la sottoscrizione dell'autore.

L'art. 215 pone il secondo principio e cioè che la scrittura privata prodotta in giudizio **si ha per riconosciuta**:

- se la parte alla quale la scrittura è attribuita o contro la quale è prodotta è **contumace**, salva la disposizione dell'art. 293, comma 3. È necessario però che la scrittura sia indicata nell'atto di citazione e prodotta contestualmente alla costituzione in giudizio dell'attore; se prodotta successivamente è necessario che sia notificato al contumace il verbale contenente la menzione della produzione della scrittura. L'art. 293, comma 3, prevede che in ogni caso il contumace che si costituisce può disconoscere nella prima udienza o nel termine assegnatogli dal giudice istruttore, le scritture contro di lui prodotte;
- se la parte comparsa **non la disconosce** o non dichiara di non conoscerla nella prima udienza o nella prima risposta successiva alla produzione. Vi sono pertanto vere e proprie preclusioni. In buona sostanza, se l'attore, costituendosi, produce il documento, al convenuto incombe l'onere di disconoscerlo nella comparsa di risposta; se il convenuto produce il documento nella comparsa di risposta, incombe all'attore l'onere di disconoscerlo all'udienza di prima comparizione delle parti; se il documento è prodotto con una delle memorie di cui all'art. 183, comma 6, incombe all'altra parte l'onere di disconoscerlo nella memoria successiva.

L'onere di disconoscimento sussiste anche nell'ipotesi di produzione di una **copia** fotografica o fotostatica. L'art. 215, comma 2 prevede, infine, che nelle ipotesi in cui è concesso di produrre la scrittura in copia autentica, come, ad esempio, quella rilasciata dall'ufficio del registro con annotazione di conformità all'originale, la parte entro lo stesso termine previsto per il disconoscimento, può chiedere al giudice che sia fissato un ulteriore termine per deliberare.

Ove il disconoscimento sia avvenuto al di fuori delle ipotesi sopra previste si verifica l'ipotesi della **tardività del disconoscimento**, che non è rilevabile d'ufficio, ma deve essere eccepita dalla parte che ha prodotto la scrittura tardivamente disconosciuta.

Una volta effettuato il disconoscimento della scrittura privata, la parte cha ha prodotto lo scritto può scegliere se rinunciare ad avvalersene (la scrittura infatti rimane priva di efficacia probatoria) oppure può domandare la **verificazione**. In tal caso l'art. 216 stabilisce che la parte deve proporre i mezzi di prova che ritiene utili, producendo o indicando le scritture che possono servire di comparazione. Si apre in questo modo il **procedimento incidentale** di verificazione della scrittura privata disconosciuta.

L'istanza per la verificazione può anche proporsi, **in via principale**, con citazione quando la parte dimostra di avervi interesse. La giurisprudenza ha ritenuto sussistere l'interesse in colui che abbia acquistato un immobile con scrittura privata non autenticata e desideri un titolo valido idoneo per la trascrizione. La domanda di verificazione in via principale comporta, pertanto, l'instaurazione di un procedimento destinato a concludersi con una sentenza di accertamento. Il legislatore ha, però, previsto che se il convenuto, in questo procedimento, riconosce la scrittura, tornando in questo modo sui suoi passi rispetto al procedimento nel quale aveva disconosciuto la scrittura, le spese sono poste a carico dell'attore.

Richiesta la verificazione della scrittura privata, il giudice istruttore è tenuto a disporre le cautele opportune per la **custodia del documento**, affidandolo al cancelliere dopo averlo espunto dal fascicolo di parte, nel quale era stato prodotto dalla parte. Il documento viene normalmente conservato in busta chiusa dal cancelliere. Contestualmente, il giudice è tenuto a stabilire il termine per il deposito in cancelleria delle scritture di comparazione; se queste si trovano presso depositari pubblici o privati e l'asportazione non ne è vietata, il giudice può disporne il deposito in cancelleria, altrimenti può disporre l'ispezione diretta (art. 218). Il giudice determina le scritture che debbono servire di **comparazione** e a tale fine ammette:

- quelle sulle quali vi è **accordo delle parti**;
- quelle la cui provenienza è **riconosciuta**;
- quelle la cui provenienza è **accertata** per sentenza o per atto pubblico.

La giurisprudenza ha precisato che non possono essere adoperate come comparazione altre scritture (riconosciute soltanto tacitamente *ex* art. 215 per il mancato disconoscimento da parte di colui cui sono attribuite).

Il giudice infine nomina, quando occorre, un **consulente tecnico** e provvede all'ammissione delle altre prove. Si tratta di un provvedimento discrezionale nel senso che il giudice non è tenuto a disporre necessariamente una consulenza tecnica grafologica per accertare l'autenticità della scrittura qualora possa desumere la veridicità del documento attraverso la comparazione di esso con altre scritture incontestabilmente provenienti dalla medesima parte e ritualmente acquisite al processo. Inoltre, può ordinare alla parte di scrivere sotto dettatura, anche alla presenza del consulente tecnico (art. 219). Si tratta del **saggio grafico**: la parte cha ha disconosciuto la propria sottoscrizione o la propria scrittura (e cioè il testo olografo) può essere chiamato dal giudice a scrivere determinate parole o frasi (le stesse o altre contenute nel documento disconosciuto) o a apporre la propria sottoscrizione in modo ripetuto, in modo abbreviato o per esteso, al fine di raccogliere elementi di veridicità della scrittura disconosciuta. Se la parte invitata a comparire personalmente non si presenta o rifiuta di scrivere senza giustificato motivo, ai sensi dell'art. 219, comma 2 la scrittura può ritenersi riconosciuta. Ovviamente, tale ipotesi non ricorre se la mancata comparizione è dettata da ragioni che giustificano l'impossibilità a comparire.

La previsione contenuta nell'art. 220, con riferimento alla rimessione al collegio della pronuncia sull'istanza di verificazione dell'autenticità di scrittura privata, deve essere coordinata con le disposizioni del d.lgs. n. 51 del 1998 che ha istituito il tribunale in composizione monocratica, con la conseguenza che, nelle controversie attribuite a detto giudice (e sottratte alla c.d. riserva di collegialità, di cui all'art. 50-*bis*), esso è legittimato, ai sensi del nuovo art. 281-*quater*, a decidere le cause, in persona del giudice designato in virtù dell'art. 168-*bis*, con tutti i poteri del collegio. Il comma 2 del medesimo articolo prevede, infine, che con la sentenza che dichiara la scrittura o la sottoscrizione di mano della parte che l'ha negata, il giudice può condannare quest'ultima a una **pena pecuniaria**, da intendersi quale sanzione in estensione della responsabilità per lite temeraria sancita dall'art. 96.

In relazione alle prove digitali (ad esempio i file contenenti filmati, registrazioni audio, pagine web, ecc.), la giurisprudenza ha stabilito che la **registrazione su nastro magnetico** di una conversazione può costituire fonte di prova, ai sensi dell'art. 2712 c.c., se colui contro il quale la registrazione è prodotta non contesti che la conversazione sia realmente avvenuta, né che abbia avuto il tenore risultante dal nastro, e sempre che almeno uno dei soggetti, tra cui la conversazione si svolge, sia parte in causa (*Cass. civ., sez. II, 9 gennaio 2019, n. 313*); la contestazione deve avvenire nel rispetto delle preclusioni processuali dettate dagli artt. 167 e 183.

Per quanto riguarda il **messaggio di posta elettronica** (cd. e-mail), privo di firma elettronica, la giurisprudenza ha precisato che tale documento informatico non ha l'efficacia della scrittura privata prevista dall'art. 2702 c.c., quanto alla riferibilità al suo autore apparente, in quanto l'art. 21 C.A.D. la attribuisce solo al documento sottoscritto con firma elettronica avanzata, qualificata o digitale (*Cass. civ., sez. VI, 6 febbraio 2019, n. 3540*); il primo è, dunque, liberamente valutabile dal giudice, ai sensi dell'art. 20 C.A.D., in ordine all'idoneità a soddisfare il requisito della forma scritta, in relazione alle sue caratteristiche oggettive di qualità, sicurezza, integrità ed immodificabilità.

È stato, altresì, precisato che lo "***short message service***" ("SMS") contiene la rappresentazione di atti, fatti o dati giuridicamente rilevanti ed è riconducibile nell'ambito dell'art. 2712 c.c., con la conseguenza che forma piena prova dei fatti e delle cose rappresentate se colui contro il quale viene prodotto non ne contesti la conformità ai fatti o alle cose medesime. Tuttavia, l'eventuale disconoscimento di tale conformità non ha gli stessi effetti di quello della scrittura privata previsto dall'art. 215 c.p.c., comma 2, poiché, mentre, nel secondo caso, in mancanza di richiesta di verificazione e di esito positivo della stessa, la scrittura non può essere utilizzata, nel primo non può escludersi che il giudice possa accertare la rispondenza all'originale anche attraverso altri mezzi di prova, comprese le presunzioni (*Cass. civ., sez. I, 17 luglio 2019, n. 19155*).

Giurisprudenza

Il disconoscimento della conformità di una copia fotostatica all'originale di una scrittura, infatti, non ha gli stessi effetti del disconoscimento previsto dall'art. 215, comma 2, c.p.c., perché mentre quest'ultimo, in mancanza di richiesta di verificazione e di esito positivo di questa, preclude l'utilizzazione della scrittura, il primo non impedisce che il giudice possa accertare la conformità all'originale anche attraverso altri mezzi di prova, comprese le presunzioni. Ne deriva che l'avvenuta produzione in giudizio della copia fotostatica di un documento, se impegna la parte contro la quale il documento prodotto a prendere posizione sulla conformità della copia all'originale, tuttavia, non vincola il giudice all'avvenuto disconoscimento della riproduzione, potendo egli apprezzarne l'efficacia rappresentativa (Cass. civ., sez. III, 5 maggio ***2020****, n. 8481).*

La contestazione della conformità all'originale di un documento prodotto in copia non può avvenire con clausole di stile e generiche o onnicomprensive, ma va operata — a pena di inefficacia — in modo chiaro e circostanziato, attraverso l'indicazione specifica sia del documento che si intende contestare, sia degli aspetti per i quali si assume differisca dall'originale (Cass. civ., sez. II, 7 febbraio ***2020****, n. 2908).*

8. La querela di falso.

Poiché il giudizio di verificazione concerne soltanto la falsità della sottoscrizione o della scrittura, il legislatore ha previsto che quando si intendono contestare le risultanze di un atto pubblico o della scrittura privata riconosciuta, autenticata o verificata, è necessario esperire la querela di falso. Secondo l'accezione comunemente ritenuta in dottrina la falsità è intesa come **discordanza tra la realtà e l'apparenza** del documento e può consistere nel:

- falso **materiale** (quando investe la sua materialità estrinseca, nei modi della contraffazione e dell'alterazione);
- falso **ideologico** (quando investe il contenuto intrinseco e cioè le dichiarazioni dell'autore dello scritto), ravvisabile, normalmente, solamente negli atti pubblici.

Il giudizio civile di falso e il **procedimento penale di falso** sono sostanzialmente differenti tra loro: il primo tende a far accertare la non rispondenza al vero di un determinato documento; il secondo anche ad identificare l'autore al fine di assoggettarlo alle pene stabilite dalla legge. Ovviamente, può esservi pregiudizialità: il giudice civile è obbligato infatti a sospendere il giudizio civile sulla querela quando sia iniziato il processo penale (art. 295), in considerazione dell'efficacia propria della sentenza penale nel giudizio civile ai sensi dell'art. 654 c.p.p. La giurisprudenza ha precisato che nel caso in cui il procedimento penale si concluda con decreto di archiviazione o con estinzione del reato per amnistia, ben può essere proposta la querela di falso civile.

Secondo la giurisprudenza, alla parte nei cui confronti venga prodotta una scrittura privata, deve ritenersi consentita sia la facoltà di disconoscerla — così facendo carico alla controparte di chiederne la verificazione addossandosi il relativo onere probatorio — sia la possibilità alternativa, senza riconoscere, né espressamente, né tacitamente, la scrittura medesima, di proporre querela di falso, al fine di contestare la genuinità del documento per il conseguimento di un risultato più ampio e definitivo, quello cioè della completa rimozione del valore del documento con effetti *erga omnes* e non nei soli riguardi della controparte (*Cass. civ., sez. VI, 23 luglio* ***2020****, n. 15823*).

Nell'ipotesi di **biancosegno prefirmato** e cioè di riempimento di un foglio firmato in bianco, la querela di falso è esperibile, secondo giurisprudenza costante, solamente quando il riempimento non è autorizzato e non quando il riempimento è contrario ai patti intercorsi tra le parti (*Cass. civ., sez. III, 23 aprile* ***2020****, n. 8105*).

La querela di falso può proporsi tanto in via principale quanto in corso di causa, in qualunque stato e grado di giudizio, finché la verità del documento non sia stata accertata con sentenza passata in giudicato. L'art. 221, comma 2 prevede che la querela, a pena di nullità, deve:

- contenere l'indicazione degli elementi e delle prove della falsità;
- essere proposta personalmente dalla parte oppure a mezzo di procuratore speciale;
- essere proposta con atto di citazione o con dichiarazione da unirsi al verbale di udienza.

Se la querela di falso è proposta **in via principale**, la competenza territoriale va individuata in base ai criteri di collegamento di cui agli artt. 18 e 19 c.p.c., in considerazione del fatto che nel relativo processo è obbligatorio l'intervento del pubblico ministero e che, pertanto, la competenza per territorio ha carattere inderogabile (*Cass. civ., sez. VI, 1 giugno* ***2020****, n. 10361*).

Quando la querela è proposta **in corso di causa**, il giudice interpella la parte cha ha prodotto il documento se intende valersene in giudizio: se la risposta è negativa, il documento non è utilizzabile in causa; se è affermativa il giudice, se ritiene il documento rilevante, autorizza la presentazione della querela nella stessa udienza o in una successiva, ammette i mezzi istruttori che ritiene idonei e dispone i modi e i termini della loro assunzione (art. 222). La mancata comparizione o la mancata risposta della parte che ha prodotto la scrittura, equivale a risposta negativa, atteso che è richiesta alla parte un'esplicita conferma della volontà di servirsene. Quando la parte interpellata risponde positivamente, il giudice è pertanto chiamato a una **preliminare delibazione** circa la rilevanza del documento impugnato e circa l'esistenza dei presupposti rituali della querela. La negata autorizzazione da parte del giudice è considerata un'ordinanza istruttoria e non impedisce la proposizione della querela in via principale o la riproponibilità in via incidentale in base ad altre ragioni.

Prescrive l'art. 223 che nell'udienza in cui è presentata la querela, si forma processo verbale di deposito del documento impugnato nelle mani del cancelliere. Poiché è obbligatorio l'intervento nel processo del **pubblico ministero** (art. 221, comma 3), il verbale è redatto in presenza di questi e delle parti, deve contenere la descrizione dello stato in cui il documento si trova, con indicazione delle cancellature, abrasioni, aggiunte, scritture interlineari e di ogni altra particolarità che vi si riscontra (art. 223, comma 2). Il giudice, il pubblico ministero e il cancelliere appongono la firma sul documento di cui il giudice può anche ordinare copia fotografica. Il cancelliere non può rilasciare copia del documento depositato senza decreto di autorizzazione del giudice (art. 100 disp. att.). Se invece il documento impugnato di falso si trova presso un depositario, il giudice istruttore può ordinarne il sequestro con le forme previste nel codice di procedura penale (sono ritenute applicabili le norme sul sequestro penale con funzione istruttoria e non quelle sul sequestro conservativo penale). Peraltro, la legge non commina alcuna sanzione di nullità per il mancato adempimento di tale incombente.

Sulla querela di falso **pronuncia sempre il collegio**: la querela di falso rientra, infatti, nella riserva di collegialità di cui all'art. 50-*bis*. Il giudice può rimettere le parti al collegio per la decisione sulla querela indipendentemente dal merito. In tal caso, il giudice può disporre, su istanza di parte, che la trattazione della causa continui davanti a sé relativamente a quelle domande che possono essere decise indipendentemente dal documento impugnato. Stabilisce l'art. 226 che, con la sentenza che rigetta la querela di falso, il collegio ordina la restituzione del documento e dispone che, a cura del cancelliere, sia fatta menzione della sentenza sull'originale o sulla copia che ne tiene luogo e condanni inoltre la parte querelante ad una pena pecuniaria; quando accerta la falsità il collegio dà le disposizioni di cui all'art. 480 c.p.p., norma peraltro abrogata e oggi sostituita dall'art. 537 c.p.p. La sentenza non è provvisoriamente esecutiva (art. 227).

Giurisprudenza

Nell'ambito di uno stesso processo, qualora sia già stato utilizzato il disconoscimento, cui sia seguita la verificazione, la querela di falso è inammissibile se proposta al solo scopo di neutralizzare il risultato della verificata autenticità della sottoscrizione e non, invece, per contestare la verità del contenuto del documento (Cass. civ., sez. III, 17 febbraio ***2020****, n. 3891).*

9. L'interrogatorio formale.

L'interrogatorio formale è il mezzo istruttorio col quale una parte intende provocare la **confessione giudiziale** dell'altra parte su un fatto a questa sfavorevole. Non è un mezzo di difesa propria e ovviamente la parte non può chiedere il proprio interrogatorio, ma solo quello della **parte avversa**, affinché questa renda confessione nel processo. La confessione è, infatti, la dichiarazione che una parte fa della verità di fatti ad essa sfavorevoli e favorevoli all'altra parte (art. 2730 c.c.); può essere giudiziale o stragiudiziale (per gli effetti cfr. art. 2735 c.c.). La confessione giudiziale è quella resa in giudizio e costituisce piena prova contro colui che l'ha fatta (art. 2733 c.c.); può essere spontanea (quando è contenuta in qualsiasi atto processuale firmato dalla parte personalmente, escluso il verbale di interrogatorio libero), come prescrive l'art. 229, oppure provocata dall'interrogatorio formale, come prescrive l'art. 228.

Stabilisce l'art. 230 che l'interrogatorio deve essere dedotto per **articoli separati e specifici**; il carattere di specificità sta ad indicare che l'interrogatorio può essere deferito solo su un punto oggetto di diretta contestazione tra la parte che lo deferisce e la parte che risponde; non può vertere su fatti relativi a diritti indisponibili né tantomeno su fatti che non siano di diretta conoscenza dell'interrogando. La valutazione del giudice in ordine all'ammissibilità ed alla rilevanza di un interrogatorio formale va effettuata, ai sensi dell'art. 187, sulla base del contenuto dei capitoli in rapporto ai termini della controversia. È il giudice che provvede all'assunzione dell'interrogatorio e nel corso dell'espletamento non possono farsi domande su **fatti diversi** da quelli formulati nei capitoli, ad eccezione delle domande su cui le parti concordano e che il giudice ritiene utili. Il giudice può sempre chiedere i **chiarimenti opportuni** sulle risposte date (art. 230, comma 3).

La parte interrogata deve rispondere personalmente: non può, infatti, essere reso dal difensore in quanto tale o dal suo procuratore speciale, mentre il divieto non si estende al rappresentante dell'incapace o della persona giuridica il quale è legittimato a confessare nei limiti dei suoi poteri (art. 2731 c.c.). La parte non può servirsi di scritti preparati, ma il giudice può consentire alla parte di valersi di **note o appunti**, quando deve fare riferimento a nomi o a cifre, o quando particolari circostanze lo consigliano (art. 231).

Se la parte non si presenta o se si presenta rifiuta di rispondere senza giustificato motivo, l'art. 232 stabilisce che il giudice, valutato ogni altro elemento di prova, può ritenere **come ammessi** i fatti dedotti nell'interrogatorio; se, però, riconosce giustificata la mancata presentazione della parte, il giudice può disporre l'assunzione dell'interrogatorio anche fuori della sede giudiziale. Ovviamente se la parte è contumace deve alla stessa essere notificata l'ordinanza che ammette l'interrogatorio e fissa la data di assunzione.

Giurisprudenza

In sede di giudizio di legittimità, per poter contestare il valore confessorio di una dichiarazione di parte resa in sede di interrogatorio formale è necessario riportare il contenuto del quesito capitolato ex *art. 230 del codice di procedura civile, che costituisce la premessa logica e formale della risposta resa dal dichiarante e ciò al fine di vagliare la sussistenza della consapevolezza del confidente di rendere una dichiarazione a sé sfavorevole (Cass. civ., sez. III, 28 febbraio 2019, n. 5838).*

10. Il giuramento.

Secondo la definizione dell'art. 2736 c.c. il giuramento è di due specie:

- **decisorio** quando una parte lo deferisce all'altra per farne dipendere la decisione totale o parziale della causa;
- **suppletorio** quando è deferito d'ufficio dal giudice ad una delle parti al fine di decidere la causa quando la domanda o le eccezioni non sono pienamente provate, ma non sono del tutto sfornite di prova ovvero quello che è deferito al fine di stabilire il valore della cosa domandata, se non si può accertarlo altrimenti.

Dispone l'art. 233 che il giuramento decisorio può essere deferito **in qualunque stato della causa** davanti al giudice con dichiarazione fatta all'udienza dalla parte o dal procuratore munito di mandato speciale o con atto sottoscritto dalla parte. Deve essere formulato in articoli separati, in modo chiaro e specifico. Fondamentale è il requisito della **decisorietà** che sussiste quando il giuramento ha ad oggetto circostanze dalle quali dipende la decisione di uno o più capi della domanda ovvero quando riguardi anche solo un punto particolare della controversia dotato di propria autonomia, dovendo invece essere escluso quando serva solo ad acquisire elementi di giudizio da cui desumere i fatti risolutivi della controversia. La **delazione** del giuramento è atto riservato alla parte o al suo procuratore speciale: è inammissibile pertanto quello deferito dal procuratore *ad litem* privo di mandato speciale.

L'ammissibilità del giuramento è decisa dal giudice con ordinanza; così pure le contestazioni sorte tra le parti. Al riguardo l'art. 237 stabilisce che queste sono decise dal collegio; tuttavia nei giudizi decisi dal giudice in funzione di giudice unico, è sempre questo giudice a decidere sulle contestazioni. L'ordinanza ammissiva del giuramento deve essere notificata personalmente alla parte chiamata a giurare.

La parte cui è stato deferito il giuramento può **prestarlo** (art. 238), **astenersene** (art. 239) o **riferirlo** (art. 234) cioè sfidare l'altra parte a giurare il fatto contrario a quello proposto. In tal caso, non è più richiesta l'ammissione da parte del giudice, ma la dichiarazione di riferimento produce immediatamente effetto.

La parte cha ha deferito o riferito il giuramento decisorio non può più revocarlo quando l'avversario dichiara di essere pronto a prestarlo (art. 235), a meno che il giudice, avvalendosi dei poteri di cui all'art. 236, abbia modificato la formula.

La **prestazione** del giuramento è atto personale della parte ed avviene alla presenza del giudice, il quale ammonisce il giurante sull'importanza morale dell'atto e sulle conseguenze penali delle dichiarazioni false e quindi lo invita a giurare, secondo la formula stabilita dall'art. 238. Se la parte alla quale il giuramento decisorio è deferito non si presenta senza giustificato motivo all'udienza o, comparendo rifiuta di prestarlo, in base a quanto previsto dall'art. 239, soccombe rispetto alla domanda o al punto di fatto relativamente al quale il giuramento è stato ammesso; del pari soccombe la parte avversaria, se rifiuta di prestare il giuramento che le è riferito. Se la mancata comparizione della parte è giustificata, il giudice provvede a norma dell'art. 232, comma 2 e cioè disponendo per l'assunzione del giuramento anche fuori della sede giudiziaria.

Il **giuramento suppletorio** ha carattere residuale e sussidiario: il giudice ha piena discrezionalità nella valutazione sia dell'opportunità del giuramento suppletorio sia della scelta della parte cui deferirlo sia della mancanza di piena prova, del fatto. La giurisprudenza ha ritenuto che a giustificare l'ammissione del giuramento suppletorio non occorra neppure l'esistenza di un principio di prova ma siano sufficienti indizi e argomenti di prova, anche se non diano luogo a presunzioni gravi, precise e concordanti. Il provvedimento ammissivo del giuramento suppletorio ha natura di ordinanza, non impugnabile e revocabile dal giudice che l'ha emessa; nelle cause riservate alla decisione collegiale può essere deferito esclusivamente dal collegio (art. 240).

Si distingue dal suppletorio il **giuramento estimatorio**: il primo riguarda la verità di un fatto e presuppone una *semiplena probatio*; il secondo serve ad accertare il valore della cosa domandata quando non sia possibile accertarla altrimenti (art. 241): in questo caso, il giudice deve anche determinare la somma fino a concorrenza della quale il giuramento avrà efficacia.

Completano le norme in materia di giuramento le disposizioni contenute nell'art. 242, secondo le quali il giuramento deferito d'ufficio a una delle parti non può da questa essere riferito all'altra e nell'art. 243 secondo cui la prestazione del giuramento deferito d'ufficio avviene secondo le disposizioni relative al giuramento decisorio.

Giurisprudenza

*In materia di giuramento decisorio, devono essere notificati personalmente alla parte chiamata a prestarlo, pure se non contumace e salvo che sia stata presente alla loro emissione, anche i provvedimenti di rinvio dell'udienza fissata per la sua assunzione, pur se l'anteriore notifica del provvedimento ammissivo l'abbia posta in condizione di conoscere i termini del giuramento; ne consegue che, in assenza di regolare notificazione del rinvio, la soccombenza non si produce se la parte non si presenta, perché l'art. 239 c.p.c. collega l'effetto solo alla mancata comparizione senza giustificato motivo del delato, o al suo rifiuto di prestare il giuramento (Cass. civ., sez. II, 25 agosto **2020**, n. 17718).*

11. La prova per testimoni.

La prova testimoniale è la narrazione, effettuata al giudice, di fatti storici che riguardano la causa da parte di un terzo che deve essere imparziale e attendibile. Non tutti i fatti possono essere **oggetto** di prova testimoniale, in quanto vi sono norme che richiedono la forma scritta *ad substantiam* per la validità dell'atto (art. 1350 c.c.) ed altre norme che richiedono la forma scritta *ad probationem*, nel senso che il fatto contenuto nell'atto può essere provato solamente con la produzione del relativo documento. Non è questa la sede per esaminare tali aspetti che sono trattati dal diritto sostanziale, compresi i limiti di ammissibilità, i divieti e le relative eccezioni (art. 2721 e ss. c.c.).

Le norme di diritto processuale stabiliscono le **modalità** di deduzione, di ammissione e di assunzione della prova. La prova per testimoni deve essere, infatti, dedotta mediante **indicazione specifica dei fatti**, formulati in articoli separati e delle persone da interrogare (art. 244). In buona sostanza, i fatti devono essere individuati nei loro elementi essenziali, al fine di consentire al giudice un giudizio preliminare sulla rilevanza della prova e per mettere in grado la parte contro la quale essa è diretta di formulare un'adeguata prova contraria. Se difetta il requisito della specificità la prova è inammissibile: se il giudice, infatti, non può valutarne la rilevanza non può far altro che dichiarare la prova irrilevante e quindi inammissibile. L'**indicazione dei testimoni** da interrogare può avvenire mediante individuazione diretta delle persone ovvero mediante individuazione indiretta delle stesse tramite la funzione espletata nell'ufficio o nell'ente di cui fanno parte a condizione che sia possibile identificare in modo certo la persona che si intende chiamare come testimone.

La prova testimoniale deve avere per oggetto non apprezzamenti o giudizi, ma **fatti obiettivi**: il testimone non deve e non può dare un'interpretazione soggettiva o indiretta delle circostanze di fatto, non può esprimere apprezzamenti tecnici o giuridici ma deve esclusivamente narrare al giudice i fatti specifici a sua conoscenza. È onere della parte formulare i **capitoli di prova** mediante articoli separati, al fine di fissare i termini precisi della testimonianza, capitoli che non è necessario che il giudice ripeta nell'ordinanza che ammette la prova (art. 102 disp. att.). Con tale ordinanza il giudice esclude le prove testimoniali in contrasto con le norme di diritto sostanziale e con il requisito della specificità, può correggere i capitoli, non per ampliare l'oggetto delle deduzioni, ma solo per escludere quelli inammissibili. Compete al giudice altresì il potere di **riduzione delle liste** dei testimoni sovrabbondanti, sulla base di un potere proprio discrezionale ed insindacabile; compete altresì il potere di escludere i testimoni che non possono essere sentiti per legge, mentre la rinuncia fatta da una parte all'audizione dei testimoni da essa indicata non ha effetto a meno che le altre parti aderiscano e il giudice autorizzi (art. 245).

Come già detto, il teste deve essere imparziale: in virtù del principio *nemo testis in causa propria* non può, infatti, essere assunto come testimone la persona che ha un interesse nella causa, inteso come interesse giuridico, personale, concreto ed attuale che comporta o una legittimazione principale a proporre l'azione ovvero una legittimazione secondaria ad intervenire nel giudizio già proposto (*Cass. civ., sez. lav., 21 ottobre 2015, n. 21418*). In tal caso si verifica l'**incapacità**

a testimoniare (art. 246): la relativa eccezione deve essere sollevata in sede di assunzione della prova o nella prima difesa successiva, anche quando, prima della sua assunzione, sia già stata dedotta l'incapacità. Se il giudice ha respinto l'eccezione, la stessa deve essere nuovamente riproposta in sede di precisazione delle conclusioni in quanto, in caso contrario, l'eccezione si intende rinunciata con impossibilità di farla valere in appello. La deposizione resa da persone incapaci dà luogo ad una nullità relativa che rimane sanata per aquiescenza proprio in virtù della mancata deduzione tempestiva da parte dell'interessato in sede di espletamento della prova (*Cass. civ., sez. II, 23 novembre 2016, n. 23896*).

Il legislatore aveva altresì previsto l'impossibilità per il coniuge, parenti e affini di testimoniare, in virtù della loro presumibile parzialità dettata appunto dai rapporti personali particolarmente qualificati: l'art. 247 è però stato dichiarato costituzionalmente illegittimo con sentenza della *Corte Costituzionale n. 248 del 23 luglio 1974*: è lasciata ora al prudente apprezzamento del giudice la valutazione dell'efficacia probatoria di questa testimonianza (*Cass. civ., sez. VI, 4 gennaio 2019, n. 98*).

Non vi sono **limiti di età** per rendere testimonianza: se però il testimone è minore di anni 14, non presta giuramento. Poiché l'art. 248 (che disciplinava l'audizione dei minori) è stato dichiarato costituzionalmente illegittimo con sentenza della *Corte Costituzionale 11 giugno 1975, n. 139*, la giurisprudenza ritiene che poiché l'audizione dei minori avviene senza giuramento, gli stessi non diventano testimoni in senso stretto, ma sono abilitati a rendere dichiarazioni e chiarimenti con la conseguenza che il giudice dovrà essere più attento nel valutarne l'attendibilità.

Il testimone ha il **dovere di deporre**: se infatti rifiuta o rende falsa testimonianza o è reticente, soggiace alle sanzioni penali previste dagli artt. 366, comma 3 e 372, c.p.; il giudice può infatti denunciarlo al pubblico ministero al quale trasmette copia del processo verbale (art. 256). Il testimone ha quindi il dovere di dire la verità, tanto che viene ammonito dal giudice sull'importanza giuridica e morale del giuramento.

Il testimone può esercitare la **facoltà di astensione**: l'art. 249 stabilisce infatti che si applicano le disposizioni degli artt. 200 (segreto professionale), 201 (segreto d'ufficio) e 202 (segreto di Stato) c.p.p. Inoltre le Convenzioni Internazionali riconoscono la facoltà di invocare il diritto di astensione previsto dalla legge dello Stato procedente. La facoltà di astensione si esercita con dichiarazione fatta dal testimone al giudice in udienza.

È onere della parte interessata intimare i testimoni, ammessi dal giudice, a comparire all'udienza fissata per l'espletamento della prova. L'**intimazione** può avvenire mediante atto notificato da parte dell'ufficiale giudiziario oppure dal difensore stesso attraverso l'invio di copia dell'atto mediante lettera raccomandata o mezzo telefax o posta elettronica certificata. La norma (art. 250) deve essere inoltre coordinata con gli artt. 103 e 104 disp. att.: l'intimazione deve essere notificata almeno sette giorni prima dell'udienza e in caso di **omessa citazione**, senza giustificato motivo, la parte viene dichiarata decaduta dalla prova anche d'ufficio, salvo che l'altra parte dichiari di avere interesse all'audizione. Se il testimone regolarmente intimato non si presenta, il giudice può ordinare una nuova intimazione oppure disporre l'accompagnamento coatto: in tal caso con ordinanza può condannare il teste a una sanzione pecuniaria (art. 255).

Ogni testimone è esaminato **in modo separato**: i testimoni non possono, dunque, essere presenti nell'aula e, quindi, non possono assistere alle deposizioni degli altri testimoni (art. 251, comma 1). Il giudice è tenuto a identificare i testimoni mediante l'invito a dichiarare le generalità e le cause di incapacità (per rapporti di parentela, affinità, affiliazione, dipendenza, interesse) al fine di individuare possibili ragioni di parzialità e valutare la loro attendibilità: a tal fine le parti possono fare osservazioni e il teste è tenuto a fornire tutti i chiarimenti necessari; di entrambi si fa menzione nel processo verbale (art. 252).

Le modalità con le quali il giudice interroga il testimone sono contenute nell'art. 253: l'**assunzione della prova** è compito esclusivo del giudice in quanto né le parti, né i difensori, né il pubblico ministero possono interrogare direttamente il teste avendo la sola facoltà di domandare al giudice di rivolgere al teste domande utili a chiarire i fatti. Le **domande** di chiarimento, d'ufficio o su istanza di parte, possono concernere anche circostanze non espressamente dedotte purché attinenti ai fatti articolati nei capitoli di prova. Il giudice, però, non può supplire alle deficienze del mezzo istruttorio interrogando i testi su **fatti diversi** da quelli dedotti. L'inosservanza delle formalità di assunzione della prova comporta nullità non rilevabile d'ufficio, ma solo su istanza di parte che deve essere immediatamente dedotta dalla parte interessata nella prima udienza o difesa successiva. La giurisprudenza ha precisato che le domande devono vertere su fatti specifici, non devono essere suggestive, non devono nuocere alla sincerità delle risposte, non devono sollecitare giudizi di natura tecnica né apprezzamenti personali. Il teste, infatti, non deve dare un'interpretazione soggettiva o indiretta, ma deve rispondere in modo specifico sui fatti.

Una donna nell'accedere alla sala di un museo scivolava, cadeva a terra e riportava lesioni. L'unico teste presente al fatto, in sede di deposizione testimoniale, affermava che il pavimento era scivoloso. La Corte d'appello, come pure il tribunale, aveva ritenuto tale testimonianza priva di valore, in quanto il teste aveva espresso un giudizio sulla causa della caduta e respinto la domanda per mancanza di prova. La Cassazione ha ritenuto che, benché i giudizi non possano costituire oggetto di prova, essendo vietato demandare ai testi la valutazione dei fatti, quando si tratti di apprezzamenti di assoluta immediatezza, praticamente inscindibili dalla percezione dello stesso fatto storico, essi possono concorrere al convincimento del giudice e ha quindi cassato la sentenza (*Cass. civ., sez. III, 22 aprile 2009, n. 9526*).

L'art. 253, comma 3, richiama la disposizione dell'art. 231: il teste deve quindi rispondere personalmente ed oralmente alle domande e non può servirsi di scritti preparati.

All'esito della prova testimoniale il giudice può disporre di **richiamare** i testimoni per esaminarli nuovamente al fine di chiarire la loro deposizione o di correggere irregolarità oppure può disporre il **confronto** dei testimoni (quando vi sono divergenze fra le deposizioni di due o più testimoni, art. 254) oppure può disporre l'escussione dei testimoni ritenuti in un primo tempo superflui o dei quali ha consentito la rinuncia; può chiamare d'ufficio a deporre i **testimoni di riferimento** e cioè le persone alle quali un altro teste già escusso si sia riferito per la conoscenza dei fatti. In tal caso, la citazione del teste deve avvenire a cura della parte più diligente; se nessuna delle parti vi provvede, l'ordinanza che dispone l'assunzione può essere revocata.

Diversa dalla testimonianza di riferimento è la **testimonianza *de relato*** che si verifica quando il teste depone su fatti non da lui percepiti direttamente, ma che gli sono stati riferiti da altre persone: il fatto riferito dal teste, come a lui narrato da un terzo, risulta, pertanto, in via puramente indiretta. In tema di rilevanza probatoria delle deposizioni di persone che hanno solo una conoscenza indiretta di un fatto controverso, occorre distinguere i testimoni:

- *"de relato" actoris*, i quali depongono su fatti e circostanze di cui sono stati informati dal soggetto medesimo che ha proposto il giudizio, così che la rilevanza del loro assunto è sostanzialmente nulla (*Cass. civ., sez. III, 23 marzo 2017, n. 7414*), in quanto vertente sul fatto della dichiarazione di una parte del giudizio e non sul fatto oggetto dell'accertamento, che costituisce il fondamento storico della pretesa;
- *"de relato" in genere*, i quali depongono, invece, su circostanze che hanno appreso da persone estranee al giudizio, quindi sul fatto della dichiarazione di costoro, e la rilevanza delle loro deposizioni si presenta attenuata perché indiretta, ma, ciononostante, può assumere rilievo ai fini del convincimento del giudice, nel concorso di altri elementi oggettivi e concordanti che ne suffragano la credibilità (*Cass. civ., sez. III, 24 settembre 2015, n. 18896*).

Giurisprudenza

In sede di assunzione della prova testimoniale, il giudice del merito non è un mero registratore passivo di quanto dichiarato dal testimone, ma un soggetto attivo partecipe dell'escussione, al quale l'ordinamento attribuisce il potere-dovere, non solo di sondare con zelo l'attendibilità del testimone, ma anche di acquisire da esso tutte le informazioni indispensabili per una giusta decisione, sicché egli non può, senza contraddirsi, dapprima, astenersi dal rivolgere al testimone domande a chiarimento, e, successivamente, ritenerne lacunosa la deposizione perché carente su circostanze non capitolate, sulle quali nessuno ha chiesto al testimone di riferire; in tale ipotesi, pertanto, la devalutazione della testimonianza fondata sul rilievo che il teste si è limitato a confermare la rispondenza al vero delle circostanze dedotte nei capitoli di prova senza aggiungere dettagli mai richiestigli, riposa su argomenta-

*zioni tra loro logicamente inconciliabili, sì da costituire motivazione solo apparente (Cass. civ., sez. VI, 28 agosto **2020**, n. 17981).*

11.1. *La testimonianza scritta.*

La legge 18 giugno 2009 n. 69 ha inserito gli artt. 257-*bis* e 103-*bis*, disp. att., con i quali è stata introdotta nell'ordinamento processuale la **testimonianza scritta**, prima non consentita. La dichiarazione scritta di carattere assertivo, proveniente da un terzo, era vietata in quanto volta ad eludere il principio per cui la prova si deve formare nel contraddittorio delle parti; così pure la giurisprudenza riteneva che non poteva essere utilizzata neanche come indizio.

Il principio non è stato modificato, nel senso che non è stata introdotta la testimonianza del sistema anglosassone (che si forma prima del giudizio) e neppure sono consentite le indagini investigative, previste dal codice di procedura penale. Il legislatore ha, infatti, previsto che la testimonianza scritta si forma **all'interno del processo**, in quanto è il giudice che la deve ammettere e vi deve essere l'**accordo delle parti**; benché le parti siano in accordo, è il giudice che, nell'ambito delle sue facoltà discrezionali, può disporre o meno l'assunzione, tenuto conto della natura della causa e di ogni altra circostanza. La deposizione scritta non è libera, ma è predeterminata su un modello appositamente predisposto, a meno che non riguardi documenti di spesa, già depositati dalle parti.

Il giudice, con il provvedimento che l'ammette, dispone che la parte che ha richiesto l'assunzione predisponga il **modello di testimonianza**, in conformità ai capitoli ammessi, sui quali il teste è chiamato a fornire, per iscritto e nel termine fissato, le risposte.

Il modello di testimonianza deve avere le caratteristiche previste dall'art. 103-*bis*, disp. att. e cioè deve:

- essere conforme al modello approvato con decreto del Ministro della giustizia;
- essere sottoscritto in ogni suo foglio dalla parte che ne ha curato la compilazione;
- contenere gli estremi del procedimento e dell'ordinanza di ammissione;
- avere idonei spazi per l'inserimento delle complete generalità del testimone, della sua residenza e domicilio e del recapito telefonico;
- contenere l'ammonimento e la formula di giuramento di cui all'art. 251;
- contenere l'avviso in ordine alla facoltà di astenersi ai sensi degli artt. 200, 201 e 202 c.p.p.;
- avere lo spazio per la sottoscrizione obbligatoria;
- contenere l'invito a dichiarare gli eventuali rapporti personali con le parti e quelli di cui all'art. 252, comma 1;
- contenere la trascrizione dei quesiti ammessi, con l'avvertenza che le risposte devono essere specifiche e pertinenti a ciascuna domanda e che il teste deve

precisare se ha avuto conoscenza dei fatti, oggetto della testimonianza, in modo diretto o indiretto.

Il testimone è tenuto ad apporre, di seguito e al termine di ogni risposta, senza lasciare spazi vuoti, la propria sottoscrizione, **autenticata** da un segretario comunale o dal cancelliere di un ufficio giudiziario. Il legislatore ha precisato che l'autentica è gratuita ed esente da imposte di bollo e diritti.

A questo punto, il testimone è tenuto a spedire, **in busta chiusa**, con plico raccomandato o consegna alla cancelleria del giudice, la propria deposizione. Se il testimone non spedisce o non consegna le risposte scritte nel termine stabilito, può essere condannato dal giudice alla pena pecuniaria prevista dall'art. 255, comma 1, per il teste non comparso.

Il giudice, esaminate le risposte o le dichiarazioni, **può sempre disporre** che il testimone sia chiamato a deporre davanti a lui o in prova delegata.

Se invece la testimonianza ha ad oggetto documenti di spesa già depositati dalle parti, la deposizione può essere resa senza la necessità del modello, ma, semplicemente, mediante **dichiarazione sottoscritta** dal testimone e trasmessa al difensore della parte, nel cui interesse la prova è stata ammessa.

Il ministro della Giustizia, con decreto 17 febbraio 2010, ha approvato il modello di testimonianza scritta, con le relative istruzioni per la sua compilazione.

12. L'ispezione.

L'ispezione giudiziale è uno dei mezzi di prova che il giudice può **disporre d'ufficio**. L'art. 118 prevede, infatti, che il giudice può ordinare alle parti e ai terzi di consentire sulla loro persona o sulle cose in loro possesso le ispezioni che appaiono indispensabili per conoscere i fatti della causa, purché ciò possa compiersi senza grave danno per la parte o per il terzo e senza costringerli a violare uno dei segreti ora previsti dagli artt. 200, 201 e 202. È necessario che sussista l'**indispensabilità** e cioè un'esigenza particolarmente qualificata nel senso che solo attraverso l'esperimento dell'ispezione si possa arrivare alla conoscenza di determinati fatti. L'ispezione giudiziale può essere **reale** (se ha per oggetto una cosa, mobile o immobile) o **personale** (se ha per oggetto il corpo di una persona): poiché all'ispezione procede personalmente il giudice (art. 259), questi può astenersi dal partecipare all'ispezione corporale e disporre che vi proceda il consulente tecnico, nominato appositamente. Regole particolari sono dettate dal legislatore in quanto deve eseguirsi nel rispetto del diritto alla riservatezza garantito dell'art. 13 Cost. e con ogni cautela diretta a garantire il rispetto della persona (art. 260). L'attività di ispezione, sia che venga espletata dal giudice o dal consulente nominato, deve essere documentata in apposito verbale; nel corso della stessa il giudice può sentire testimoni per informazioni e dare i provvedimenti necessari per l'esibizione della cosa o per accedere alla località (art. 262).

12.1. *Le riproduzioni e gli esperimenti.*

L'art. 261 prevede il potere del giudice di disporre riproduzioni fotografiche e rilevazioni cinematografiche o altre che richiedono l'impiego di mezzi, strumenti o procedimenti meccanici, nonché di disporre l'**esperimento giudiziale** e cioè il controllo di possibilità o verifica di una massima d'esperienza. Le riproduzioni e gli esperimenti disposti dal giudice differiscono sotto il profilo funzionale dalle riproduzioni meccaniche disciplinate dall'art. 2712 c.c.: i primi si formano nel corso del processo ad iniziativa del giudice, le seconde sono precostituite al processo ad iniziativa della parte o del terzo e formano piena prova se la parte contro cui sono prodotte non ne disconosce la conformità alle cose e ai fatti da esse rappresentati.

13. Il rendimento dei conti.

Il procedimento di rendimento dei conti ha funzione ausiliaria e strumentale in quanto necessariamente collegato ad un rapporto giuridico fondamentale da cui scaturisce il diritto principale. Il giudice può ordinare la presentazione di un conto quando è necessaria la presentazione dei dati contabili e dei risultati finali dell'attività compiuta da una parte (ad es. un tutore, un custode, un curatore fallimentare, un amministratore di società di persone) affinché questa dia spiegazione di tutti gli elementi di fatto funzionali alla individuazione ed al vaglio delle modalità di esecuzione dell'incarico, al fine di stabilire se l'operato sia stato adeguato o meno a criteri di buona amministrazione. Quando il giudice emette l'ordine, il conto deve essere depositato in cancelleria con i **documenti giustificativi**, almeno cinque giorni prima dell'udienza fissata per la discussione. Qualora la parte obbligata renda il conto in modo lacunoso e incompleto, il giudice può integrare la prova, anche d'ufficio, mediante una consulenza contabile o il giuramento.

Se il conto è **accettato** dalla parte che ne ha fatto richiesta, il giudice ne dà atto nel processo verbale e ordina il pagamento delle somme che risultano dovute con ordinanza non impugnabile e che costituisce titolo esecutivo (art. 263). Infatti, in tal modo, non vi è controversia e quindi il giudice chiude l'oggetto del contendere: infatti, la revisione del conto approvato può essere chiesta solo in caso di errore materiale, omissione, falsità o duplicazione di partite (art. 266).

Se invece il conto **non** è **accettato** dalla parte che lo ha richiesto e viene impugnato dalla stessa, questa ha l'onere di specificare le partite che intende contestare: a questo punto o le parti si accordano (e quindi il giudice provvede con l'ordinanza non impugnabile costituente titolo esecutivo) oppure si apre il procedimento istruttorio destinato a concludersi con sentenza. Al giudice è quindi attribuita la facoltà discrezionale di ammettere il creditore a determinare con **giuramento estimatorio** le somme a lui dovute (art. 265, comma 1); lo stesso è ammissibile:

- se la parte tenuta al rendiconto non lo presenta;

- se la parte tenuta al rendiconto presenta un conto generico e inidoneo;
- se la parte tenuta al rendiconto lo presenta ma rimane contumace.

L'art. 265, comma 2 prevede infine la possibilità per il giudice di ordinare il **giuramento suppletorio**: la parte tenuta a rendere il conto può essere richiesta di asseverare con giuramento le partite per le quali non si può (ad es. per smarrimento) o non si suole (ad es. per impossibilità morale) richiedere ricevuta; il giudice può anche ammetterle, senza giuramento, se le ritiene verosimili e ragionevoli.

La giurisprudenza ha precisato che nel giudizio di rendiconto, promosso nei confronti del soggetto obbligato alla presentazione del conto al fine di ottenere il pagamento del saldo di gestione, tale soggetto è tenuto, a prescindere dalla sua formale funzione di convenuto, a fornire tutti gli elementi utili per la ricostruzione della gestione stessa ed in tal caso spetta a chi contrasti le sue affermazioni documentate dimostrare la loro erroneità, mentre alla lacunosità o incompletezza delle prove fornite dalle parti sopperisce comunque l'istruttoria disposta di ufficio dal giudice (*Cass. civ., sez. III, 22 novembre 2019, n. 30506*).

14. La consulenza tecnica.

La disciplina della consulenza tecnica è inserita nel primo paragrafo della sezione terza del capo secondo del codice, dedicata all'istruzione probatoria. La stessa, peraltro, pur appartenente all'istruzione probatoria, **non è** configurata come un **mezzo di prova** ma come un **mezzo di indagine o istruttorio**, la cui finalità propria è quella di aiutare il giudice nella valutazione degli elementi acquisiti o nella soluzione di questioni che comportino specifiche conoscenze, tanto è vero che il giudice può recepire per *relationem* le conclusioni ed i passi salienti di cui dichiari di condividere il merito (*Cass. civ., sez. III, 20 aprile* ***2020****, n. 7947*).

La consulenza può costituire, dunque, fonte oggettiva di prova tutte le volte che opera come strumento di accertamento di situazioni di fatto rilevabili esclusivamente attraverso il ricorso a determinate cognizioni tecniche. Peraltro, anche in questa ipotesi, la consulenza non può mai essere disposta al fine di esonerare la parte dal fornire la prova di quanto assume ed è quindi legittimamente negata qualora la parte tenda con essa a supplire alla deficienza delle proprie allegazioni o offerte di prova, ovvero di compiere una indagine esplorativa alla ricerca di elementi, fatti o circostanze non provati.

Il giudice può nominare il consulente, o più consulenti tecnici (ma solo in casi di grave necessità o quando la legge espressamente lo dispone), **in qualunque momento** del processo e ciò fa con ordinanza istruttoria, sempre revocabile e modificabile. Sul provvedimento di nomina, sull'attività, sull'astensione e ricusazione e sulla responsabilità del consulente si rinvia a quanto già trattato nell'apposito paragrafo (parte prima, cap. VI, 4).

Il consulente deve compiere **le indagini** che gli sono commesse dal giudice;

può compierle da solo o insieme con il giudice; può essere autorizzato a domandare chiarimenti alle parti, ad assumere informazioni da terzi, a eseguire piante, calchi e rilievi; è tenuto a fornire, in udienza e in camera di consiglio, i chiarimenti che il giudice gli richiede a norma degli artt. 194 e 197. È fatto a lui divieto di compiere indagini esplorative su fatti mai ritualmente allegati dalle parti, pena la nullità del mezzo di prova, non sanabile dall'acquiescienza delle parti e rilevabile d'ufficio, per violazione del principio dispositivo e delle regole sulle acquisizioni documentali (*Cass. civ., sez. III, 6 dicembre 2019, n. 31886*). È consentito derogare unicamente quando l'accertamento di determinate situazioni di fatto possa effettuarsi soltanto con l'ausilio di speciali cognizioni tecniche: in questo caso è consentito al consulente tecnico **acquisire dai terzi** la prova di fatti tecnici accessori e secondari oppure elementi di riscontro della veridicità delle prove già prodotte dalle parti.

Le parti possono nominare un loro consulente tecnico entro il termine assegnato dal giudice. **Il consulente tecnico di parte**, oltre ad assistere a tutte le operazioni del consulente d'ufficio, partecipa all'udienza e alla camera di consiglio ogni volta che vi interviene il consulente del giudice, per chiarire e svolgere le sue osservazioni sui risultati delle indagini tecniche. La nomina del consulente di parte è una mera facoltà della parte; la sua relazione scritta costituisce semplice allegazione difensiva a contenuto tecnico, priva di autonomo valore probatorio: il giudice, infatti, può disattenderne le conclusioni senza obbligo di analizzarle e confutarle e senza perciò incorrere in vizio di motivazione; viceversa, può trarne spunto per argomentazioni o per ricavarne argomenti indiziari o per valutare l'opportunità di rinnovare la consulenza o addirittura per trarne argomento per la sua decisione. Le spese della consulenza di parte, purché documentate, sono comprese tra le spese processuali al cui rimborso la parte vittoriosa ha diritto.

Le attività del consulente devono essere espletate con il coinvolgimento delle parti per non implicare la lesione del diritto di difesa, pena la nullità della consulenza stessa (*Cass. civ., sez. III, 18 novembre* **2020**, *n. 26304*). Il consulente è tenuto a trasmettere la relazione alle parti costituite nel termine stabilito dal giudice in sede di udienza di giuramento, affinché le stesse gli trasmettano le proprie osservazioni nel termine, pure preventivamente, fissato dal giudice. Quindi dovrà depositare in cancelleria la relazione contenente anche una **sintetica valutazione** delle osservazioni delle parti. La disposizione è tesa alla celerità del processo in modo da evitare, come spesso avviene, contestazioni e osservazioni dopo il deposito della relazione, con conseguente necessità di affidare al consulente un supplemento di indagine o convocarlo a chiarimenti: è il consulente che risponde in via preventiva alle contestazioni delle parti. Le contestazioni relative alle nullità della consulenza vanno proposte, a pena di decadenza, nella prima istanza o difesa utile successive al loro verificarsi, ai sensi dell'art. 157, comma 2, con la conseguenza che, in mancanza della tempestiva deduzione, la nullità resta sanata (*Cass. civ., sez. II, 2 settembre 2019, n. 21957*).

Il consulente tecnico può conciliare le parti. Se gli è stato affidato dal giudice l'incarico dell'esame contabile (art. 198), redige processo verbale dell'avvenuta **conciliazione**, il quale sottoscritto dalle parti e dal consulente tecnico, viene inserito nel fascicolo d'ufficio; in tal caso, il giudice attribuisce con decreto efficacia di titolo esecutivo.

Se le parti invece si sono conciliate in una controversia estranea a quella contabile, la relativa convenzione stipulata davanti al consulente ha natura di transazione conclusa tra le parti al di fuori del processo ed il giudice non può dichiararla esecutiva se non mediante un provvedimento abnorme ricorribile per cassazione ex art. 111 Cost.

Giurisprudenza

In tema di consulenza tecnica di ufficio, il secondo termine previsto dall'art. 195 c.p.c., comma 3, così come modificato dalla l. n. 69/2009, svolge, ed esaurisce, la sua funzione nel sub-procedimento che si conclude con il deposito della relazione dell'ausiliare, sicché, in difetto di esplicita previsione in tal senso, la mancata prospettazione al consulente tecnico di ufficio di rilievi critici non preclude alla parte di arricchire e meglio specificare le relative contestazioni difensive nel successivo corso del giudizio e, quindi, anche in sede di gravame, laddove tale accertamento sia stato posto a base della decisione di primo grado (Cass. civ., sez. lav., 8 settembre ***2020****, n. 18657).*

Rientra nel potere del consulente tecnico d'ufficio attingere aliunde notizie e dati non rilevabili dagli atti processuali quando ciò sia indispensabile per espletare convenientemente il compito affidatogli sempre che non si tratti di fatti costituenti materia di onere di allegazione e di prova delle parti poiché, in tal caso, l'attività svolta dal consulente finirebbe per supplire impropriamente al carente espletamento, ad opera delle stesse, dell'onere probatorio, in violazione dell'art. 2697 c.c. Le indagini così svolte dal consulente tecnico, peraltro, possono concorrere alla formazione del convincimento del giudice, a condizione, però, che ne siano indicate le fonti, in modo che le parti siano messe in grado di effettuarne il controllo, a tutela del principio del contraddittorio (Cass. civ., sez. II, 5 febbraio ***2020****, n. 2671).*

15. Le prove atipiche nel processo.

In mancanza di una norma di chiusura sulla tassatività tipologica dei mezzi di prova che ne escluda la rilevanza di altri non espressamente previsti dall'ordinamento, l'evoluzione della società e della cultura giuridica ha portato all'elaborazione del concetto di **prova atipica**: con tale termine si intende, comunemente, il mezzo di prova non tipicizzato, in quanto non previsto dall'ordinamento nella parte specificamente dedicata ai mezzi istruttori.

La dottrina e la giurisprudenza (il tema è stato anche oggetto di un apposito incontro di studio da parte del Consiglio Superiore della Magistratura) concordano sulla **legittimità dell'ingresso** delle prove atipiche nel processo e sul riconoscimento della loro rilevanza, con la conseguenza che il giudice può porre a fondamento della propria decisione anche prove non tipizzate, sempre che siano esaminate unitamente ad altre, espressamente previste e già raccolte nel medesimo processo.

Le prove atipiche costituiscono strumenti che, se pure funzionalmente non specificamente formati per un'utilizzazione probatoria, sono comunque già previsti dal legislatore, per cui l'atipicità deve essere individuata, non tanto nella loro estraneità all'ordinamento giuridico quanto, piuttosto, nel fatto che vengono utilizzate per una finalità diversa da quella per cui sono stati specificamente creati.

Rientrano nel concetto di prove atipiche le

- **prove raccolte in altro processo civile**: consistono essenzialmente nei **verbali di qualunque prova** assunta in altro processo tra le stesse parti o comunque nei confronti di almeno uno dei soggetti del giudizio. La giurisprudenza, pacificamente orientata nel senso della libera utilizzazione di tali mezzi di prova, salvo esplicito divieto di legge, attribuisce loro **valenza probatoria indiziaria** (*Cass. civ., sez. I, 10 ottobre 2018, n. 25067*). Con riferimento specifico all'efficacia delle prove assunte in un **giudizio straniero** — in assenza di norme che possano aiutare l'interprete — pare ragionevole ritenere che le stesse debbano essere sottoposte ad un esame da parte del giudice di merito italiano, in ordine alla compatibilità del mezzo di prova con i principi dell'ordinamento. Soltanto nell'ipotesi di esito positivo, potranno essere valutate alla stregua degli altri **elementi indiziari**;
- **sentenze civili rese in altri giudizi**: sono equiparate dalla giurisprudenza a tutti gli altri documenti ordinari. Sotto il profilo sostanziale, è opportuno ricordare che secondo l'art. 2909 c.c. "L'accertamento contenuto nella sentenza passata in giudicato fa stato ad ogni effetto tra le parti, i loro eredi o aventi causa": ciò comporta che la sentenza emessa in altro giudizio civile, ma tra le stesse parti, ha evidentemente **efficacia vincolante** anche nel processo in cui viene prodotta ed il giudice può tenere conto non solo del contenuto della stessa ma anche del materiale probatorio raccolto in tale altro giudizio (*Cass. civ., sez. III, 15 maggio 2018, n. 11753*). Qualora la produzione avvenga da parte di un soggetto diverso — da coloro i quali hanno partecipato al giudizio in cui si è giunti a quella decisione — lo stesso potrà invocarne la c.d. **efficacia indiretta**, con facoltà di far valere non solo l'efficacia del contenuto, ma anche la rilevanza dei mezzi istruttori in quella sede esperiti;
- **sentenze penali o atti di altri procedimenti penali**: alcuni atti, o addirittura la sentenza conclusiva di un giudizio penale, possono influire in un giudizio civile pendente tra le stesse o altre parti. Ove si invochi l'**efficacia di cosa giudicata** di una pronuncia penale intervenuta tra le medesime parti, la problematica esula dall'ambito delle prove atipiche, attesa la ben differente efficacia del giudicato penale nell'ambito del giudizio civile. Ove, invece, si invochi solamente l'incidenza di una sentenza o di **prove** assunte in un procedimento penale, la giurisprudenza ritiene che le prove, se ritualmente prodotte, possano validamente trovare ingresso nel processo civile, e sono liberamente valutabili ai sensi dell'art. 116 (*Cass. civ., sez. II, 4 luglio 2019, n. 18025*) con riguardo all'effi-

cacia della decisione, si è attribuita identica valenza indiziaria, tanto alla **sentenza di patteggiamento**, quanto alla **sentenza non passata in giudicato**;

- **perizie stragiudiziali e consulenze tecniche di parte**: la **perizia giurata**, posta in essere da tecnici al di fuori del giudizio e quindi depositata dalla parte nell'interesse della quale la stessa è stata predisposta, non è dotata di efficacia di prova vera e propria, neppure rispetto ai fatti che il consulente asserisce di aver accertato: ha valore di mero **indizio** al pari di ogni altro documento proveniente da terzi. Anche la **consulenza tecnica di parte**, ovvero quella resa da un tecnico nominato da ciascuno dei contraddittori, al fine di seguire le operazioni svolte dal consulente tecnico d'ufficio, ha valore di mero indizio (*Cass. civ., sez. trib., 21 novembre 2019, n. 30364*);
- **scritture provenienti da terzi**: sono prive del valore probatorio delle normali scritture private. È considerato terzo qualsiasi soggetto portatore di un interesse giuridicamente perfetto e differenziato da quello delle altre parti del rapporto, tale da rendere possibile la configurazione di un conflitto, anche solo potenziale, con queste ultime. Questi documenti (con le dichiarazioni in essi contenute), ai quali non può negarsi legittimo ingresso nel processo, possono essere liberamente apprezzati dal giudice del merito nel loro **valore indiziario** e — in concorso con altre circostanze o in assenza di contestazioni — possono formare fonte di convincimento (*Cass. civ., sez. II, 7 ottobre **2020**, n. 21554*);
- **scritture contenenti dichiarazioni provenienti dalla parte**: la problematica relativa alla c.d. **autocertificazione** è stata oggetto di una significativa evoluzione giurisprudenziale. Il più recente orientamento, condiviso anche in dottrina, è nel senso di ammettere piena efficacia probatoria — fino a contraria risultanza — alla dichiarazione sostitutiva dell'atto di notorietà di cui alle leggi n. 15/1968 e n. 241/1990, solamente nei confronti della pubblica amministrazione ed in determinate attività o procedure amministrative escludendo, fuori dei predetti casi, qualsiasi valenza probatoria, neppure a carattere meramente indiziario. (*Cass. civ., 26 febbraio 2014, n. 4556*);
- **certificazioni amministrative**: gli atti e i certificati della pubblica amministrazione, essendo assistiti da una presunzione di legittimità, cui è applicabile lo speciale regime di cui agli artt. 2699 e segg., c.c., in difetto di prova contraria, possono essere posti a base della decisione (*Cass. civ., sez. lav., 20 novembre 2017, n. 27471*);
- **verbali della pubblica amministrazione**: se redatti da organi della pubblica amministrazione, fanno piena prova, fino a querela di falso, soltanto per quanto concerne i fatti materiali che il pubblico ufficiale afferma di avere personalmente compiuto o constatato, mentre, per ciò che concerne tutte le altre circostanze, comprese le dichiarazioni rese al pubblico ufficiale che ha redatto l'atto, non possono offrire al giudice che un materiale indiziario, la cui attendibilità può essere contrastata mediante prova contraria.

Giurisprudenza

Nel processo civile gli sms e le mail hanno piena efficacia di prova. Per il disconoscimento di queste comunicazioni colui contro il quale esse sono prodotte deve dimostrare, con elementi concreti e in maniera circostanziata ed esplicita, la non rispondenza con la realtà (Cass. civ., sez. I, 17 luglio 2019, n.19155).

16. La prova scientifica nel processo.

L'ulteriore evoluzione del dibattito in ordine alle prove atipiche ha condotto parte della dottrina ad affrontare il tema dell'**uso probatorio della scienza**, riconoscendo l'utilità della stessa nel processo, quale strumento idoneo per l'accertamento giudiziale dei fatti.

Quanto all'individuazione della scienza c.d. rilevante, non sussistono dubbi in ordine alle c.d. **scienze dure** come la fisica, la chimica, la matematica, l'ingegneria, la biologia, la genetica, con la conseguenza che — nei casi in cui nozioni fornite da queste scienze siano rilevanti per stabilire, valutare ed interpretare fatti che debbono essere accertati in un giudizio civile — il giudice provvede a munirsi delle necessarie consulenze tecniche. La consulenza tecnica costituisce infatti il canale tipico attraverso il quale le prove scientifiche vengono acquisite al giudizio civile. Maggiori problemi si pongono, invece, quando si tratta delle c.d. **scienze sociali** o umane, come la psicologia, la psichiatria, l'economia, la sociologia, la critica letteraria, l'estetica o la scienza delle religioni, le cui nozioni spesso vengono ricondotte alle nozioni del senso comune piuttosto che a quelle di specifiche aree scientifiche, con la conseguenza che, in questi casi, il giudice tende a ricorrere alla propria scienza privata (fatti notori o massime di esperienza), piuttosto che alle competenze di consulenti tecnici.

Una delle situazioni in cui si fa ormai comunemente ricorso alla prova scientifica è quella in cui si tratta di accertare l'identità di un soggetto, come nei casi di attribuzione della paternità. La prova scientifica in questione è infatti il **test del Dna.**

Un'altra situazione che può assumere rilevanza ai fini della scientificità della prova è quella in cui si tratti di stabilire se un soggetto sia o meno **capace di intendere e di volere**. Le norme in materia non escludono che il giudice possa acquisire una valutazione scientifica delle condizioni mentali dell'interessato, disponendo l'espletamento di una consulenza tecnica ovvero facendosi assistere dal consulente nell'esame del soggetto in questione.

In altre situazioni è la specifica **natura del fatto da provare** a suscitare problemi in ordine all'uso probatorio di nozioni scientifiche. Si pensi all'ipotesi in cui si tratta di determinare l'entità di danni derivanti dall'uso di medicinali dannosi o dall'esposizione a materiali tossici ed in particolare quando questi fatti abbiano dato origine a danni di massa, subiti da gruppi o pluralità di soggetti, oppure ancora all'ipotesi in cui venga in gioco la c.d. perdita di *chance*. Il ricorso alla prova scientifica, in queste situazioni consente, infatti, di stabilire, attraverso l'impiego probatorio di dati statistici, gradi di probabilità più o meno elevati sulla base dei quali accertare i fatti da provare.

Poiché il canale tipico attraverso il quale le prove scientifiche possono venire acquisite al giudizio civile è la consulenza tecnica, di fatto, la decisione in ordine all'ingresso o meno della prova scientifica nel processo è rimessa alla valutazione discrezionale del giudice, il quale soltanto è chiamato a decidere in ordine all'opportunità o meno di avvalersi, ai fini della decisione, dell'ausilio di consulenti esperti in determinate materie.

Il giudice è, in ogni caso, tenuto a verificare il fondamento, sul piano scientifico, di una consulenza che presenti devianze dalla scienza medica ufficiale (*Cass. civ., 6 novembre 2014, n. 23662*).

17. L'integrazione dei provvedimenti istruttori.

Tutti i provvedimenti istruttori che non contengono la fissazione dell'udienza successiva o del termine entro il quale le parti sono tenute a compiere gli atti processuali, possono essere integrati. L'art. 289, inserito dal legislatore nel capo riguardante la correzione delle sentenze e delle ordinanze, ma che per maggior completezza e ordine è qui opportuno trattare, prevede che l'integrazione avviene, su ricorso della parte, diretto al giudice istruttore o, in mancanza, al presidente del collegio (art. 122 disp. att.) o d'ufficio, entro il termine perentorio di sei mesi dall'udienza in cui i provvedimenti furono pronunciati oppure dalla loro notificazione o comunicazione. L'integrazione è disposta con decreto da comunicarsi a tutte le parti a cura del cancelliere.

18. L'ordinanza per il pagamento di somme non contestate.

È il primo dei tre provvedimenti, previsti dalla legge, a contenuto anticipatorio e avente natura di condanna.

Ai sensi dell'art. 186-*bis*, su **istanza di parte** il giudice istruttore può disporre, fino al momento della precisazione delle conclusioni, il pagamento delle somme non contestate dalle parti costituite. L'istanza può essere proposta, senza formule sacramentali, anche oralmente, in udienza o in forma scritta. Qualora sia stata proposta fuori udienza, la norma in oggetto dispone che il giudice è tenuto a disporre la comparizione delle parti e ad assegnare il termine per la notificazione.

Presupposto dell'ordinanza è la **non contestazione** delle somme: dottrina e giurisprudenza si sono poste il problema di dare un'interpretazione all'espressione utilizzata dal legislatore e cioè se la non contestazione involga il diritto di credito pecuniario o i suoi fatti costitutivi, ovvero riguardi la mancata proposizione di eccezioni di merito dirette a far valere la rilevanza di fatti impeditivi, modificativi, estintivi o diritti incompatibili. Sta di fatto che la non contestazione è tradizionalmente individuata come un comportamento processuale rilevante, consistente in una mera assenza di difesa, con la conseguenza di rendere pacifici i fatti allegati dalla controparte.

Il secondo comma dell'art. 186-*bis*, dispone che l'ordinanza costituisce **titolo**

esecutivo e conserva la sua efficacia in caso di estinzione del processo. L'ordinanza, però, non costituisce titolo per iscrivere ipoteca giudiziale. Riferendosi la norma all'estinzione del processo in termini generici, si ritiene che ciò comprenda sia l'ipotesi di estinzione per inattività delle parti sia quella per rinuncia agli atti.

La natura **anticipatoria** e **provvisoria** del provvedimento trova conferma nel richiamo operato dal terzo comma dell'art. 186-*bis*, che dispone che l'ordinanza è soggetta alla disciplina delle ordinanze revocabili di cui agli artt. 177, commi 1 e 2, e 178, comma 1. Si tratta, dunque, di un **provvedimento endoprocessuale**, privo di decisorietà, in quanto revocabile e modificabile sia in corso di causa, da parte dello stesso giudice che lo ha emesso, sia in sentenza, da parte del giudice che decide la causa. L'ordinanza, infatti, non è vincolante, relativamente alla debenza delle somme di cui viene ordinato il pagamento, poiché solo la sentenza che definisce il giudizio determina l'ammontare del debito, in relazione al quale il debitore può agire in restituzione, *ex* art. 2033 c.c., per le maggiori somme eventualmente corrisposte (*Cass. civ., sez. I, 25 maggio 2005, n. 11023*).

Non è previsto alcun rimedio impugnatorio esperibile avverso l'ordinanza né tanto meno avverso il diniego di pronuncia dell'ordinanza stessa da parte del giudice.

19. L'ordinanza-ingiunzione.

La seconda ipotesi di provvedimento anticipatorio di condanna a cognizione sommaria è prevista dall'art. 186-*ter*, in base al quale fino al momento della precisazione delle conclusioni, quando ricorrono i presupposti di cui all'art. 633, primo comma, numero 1), e secondo comma, e di cui all'art. 634, la parte può chiedere al giudice istruttore, in ogni stato del processo, di pronunciare, con ordinanza, **ingiunzione di pagamento o di consegna**.

A differenza dell'ordinanza *ex* art. 186-*bis*, l'ordinanza in esame può essere pronunciata anche se le somme sono contestate e anche se la parte è contumace, ma solo se ricorrono i **presupposti** per ottenere il **decreto ingiuntivo** e cioè che il richiedente, da un lato, faccia valere un diritto di credito di una somma di denaro liquida ed esigibile o di una determinata quantità di cose mobili fungibili o la consegna di una cosa mobile determinata e, dall'altro, disponga di prova scritta.

Anche tale ordinanza può essere richiesta oralmente in udienza, oppure fuori udienza con istanza in forma scritta, in ogni stato del processo: in questo caso il giudice dispone la comparizione delle parti ed assegna il termine per la notificazione.

L'ordinanza-ingiunzione non è munita di efficacia esecutiva immediata *ex lege*, in quanto, ai sensi del secondo comma dell'art. 186-*ter*, può essere dichiarata **provvisoriamente esecutiva**, nei confronti del contumace, ove ricorrano i presupposti di cui all'art. 642 e cioè quando il credito è fondato su cambiale, assegno, certificato di liquidazione di borsa o atto ricevuto da notaio o altro pubblico ufficiale autorizzato, nonché, nei confronti della controparte costituita, anche ove ricorrano i presupposti di cui all'art. 648, primo comma e cioè nei casi in cui la stessa abbia proposto opposizione con eccezioni non fondate su prova scritta o di pronta soluzione. La provvisoria esecutorietà non può essere mai disposta ove la controparte abbia disconosciuto la scrittura privata prodotta contro di lei o abbia proposto querela di falso.

In forza del richiamo dell'ultimo comma dell'art. 641, l'ordinanza deve contenere, in ogni caso, la pronuncia in ordine alle spese a favore della parte richiedente.

Se la parte contro cui è pronunciata l'ingiunzione è **contumace**, l'ordinanza, così come previsto dal quinto comma della norma, deve essere notificata nel termine di sessanta giorni dalla pronuncia, a pena di inefficacia, stante il richiamo espresso all'art. 644, e deve contenere l'espresso avvertimento che, ove la parte non si costituisca entro venti giorni dalla notifica, diverrà esecutiva, ai sensi dell'art. 647.

L'ordinanza è soggetta alla disciplina delle ordinanze revocabili di cui agli artt. 177 e 178, primo comma, ossia è **revocabile** e **modificabile** da parte del giudice fino alla pronuncia della sentenza, cui le sorti dell'ordinanza stessa sono strettamente legate.

Il quarto comma dell'art. 186-*ter*, dispone che, se il processo si estingue, l'ordinanza che, non ne sia già munita, acquista efficacia esecutiva ai sensi dell'art. 653, primo comma.

A differenza dell'ordinanza pronunciata ai sensi dell'art. 186-*bis*, l'ordinanza ingiunzione dichiarata esecutiva costituisce titolo per l'iscrizione dell'ipoteca giudiziale.

20. L'ordinanza successiva alla chiusura dell'istruzione.

Ai sensi dell'art. 186-*quater*, esaurita l'istruzione, il giudice istruttore, su istanza della parte che ha proposto domanda di condanna al pagamento di somme ovvero alla consegna o al rilascio di beni, può disporre con ordinanza il **pagamento** ovvero la **consegna** o il **rilascio**, nei limiti in cui ritiene già raggiunta la prova. Si tratta di un provvedimento che è potenzialmente conclusivo del primo grado del processo e che può essere emesso, solo dopo che si è **conclusa l'istruttoria** e prima dell'udienza di precisazione delle conclusioni. Il provvedimento è ammesso in tutti i casi in cui la domanda attiene al pagamento di somme o alla consegna o al rilascio di bene. Non può essere pronunciato nel processo del lavoro e in appello, mentre è controverso se possa essere ammesso nel procedimento in materia di locazioni e nel processo possessorio.

L'istanza può essere formulata in udienza ovvero per iscritto. Mentre nella formulazione degli artt. 186-*bis* e 186-*ter* è stata inserita l'ipotesi di proposizione dell'istanza fuori udienza, con fissazione di udienza di comparizione delle parti e termine per la notificazione, tale previsione non compare nel testo dell'art.

186-*quater*. Ciononostante l'ordinanza non potrà che essere emessa nel contraddittorio delle parti, con applicazione analogica del procedimento previsto per le altre ordinanze anticipatorie.

L'ordinanza pronuncia anche sulle **spese processuali** ed è **titolo esecutivo** e acquista l'efficacia della sentenza impugnabile sull'oggetto dell'istanza in due casi

- se il processo si estingue
- se la parte intimata non notifica, entro trenta giorni, ricorso con il quale chiede che sia pronunciata la sentenza; tale termine decorre dalla pronuncia, se l'ordinanza è stata emessa in udienza, ovvero dalla comunicazione, se la stessa è stata emessa fuori udienza.

Il ricorso col quale si richiede la pronuncia della sentenza deve essere indirizzato al giudice del procedimento, notificato alla controparte e depositato in cancelleria. In tal caso, il giudice dovrà pronunciare la sentenza e nella stessa potrà revocare l'ordinanza emessa.

Giurisprudenza

L'ordinanza ex art. 186-quater c.p.c. che abbia pronunciato solo su alcune domande o capi della domanda, se non è richiesta dalla parte intimata la pronuncia della sentenza, produce gli effetti di una sentenza definitiva sull'intero oggetto del giudizio; ne consegue che le parti possono impugnarla in ragione del loro interesse a una diversa pronuncia, ed il giudice di secondo grado, se richiesto, deve provvedere anche sulle domande o sui capi della domanda per i quali è mancata una decisione di merito, mentre la sentenza successivamente pronunciata dal tribunale nello stesso giudizio è nulla, ma l'appello su quest'ultima decisione, limitato a contestare soltanto tale vizio processuale e non il merito della sentenza, deve essere dichiarato inammissibile, perché l'errore denunciato non potrebbe comportare una rimessione al primo giudice ai sensi degli artt. 353 e 354 c.p.c. (Cass. civ., sez. I, 28 maggio ***2020****, n. 10097).*

SCHEMA 43 La prima udienza di comparizione e trattazione

UDIENZA DI COMPARIZIONE DELLE PARTI

IL GIUDICE

- verifica d'ufficio la **regolarità del contraddittorio** e quando occorre pronuncia:
  - l'ordine di integrazione del litisconsorzio necessario
  - l'ordine di rinnovazione della citazione nulla
  - l'ordine di integrazione della domanda riconvenzionale nulla
  - l'invito a completare o a mettere in regola gli atti o i documenti difettosi
  - l'assegnazione alle parti di un termine per regolarizzare il difetto di rappresentanza, di assistenza, di autorizzazione o di procura
  - l'ordine di rinnovazione della notifica nulla al convenuto in seguito alla sua mancata costituzione

↓

può rilevare d'ufficio l'**incompetenza** per materia, per valore e per territorio inderogabile

↓

in caso di richiesta congiunta, deve fissare nuova udienza e ordinare la **comparizione personale delle parti** per interrogarle liberamente e provocarne la conciliazione (art. 185)

↓

può richiedere alle parti, sulla base dei fatti allegati, i **chiarimenti** necessari e indicare le **questioni rilevabili d'ufficio** delle quali ritiene opportuna la trattazione

↓

dichiara la **contumacia** del convenuto o dell'attore

↓

nelle cause in cui il tribunale giudica in composizione monocratica, valutata la complessità della lite e dell'istruzione probatoria, può disporre, con **ordinanza non impugnabile**, che il processo prosegua con il **rito sommario di cognizione**

L'ATTORE

può proporre le **domande** e le **eccezioni** che sono **conseguenza** della domanda riconvenzionale o delle eccezioni proposte dal convenuto

↓

può chiedere di essere autorizzato a **chiamare un terzo** in causa se l'esigenza è sorta dalle difese del convenuto

TUTTE LE PARTI

possono **precisare** e **modificare** le domande, le eccezioni e le conclusioni già formulate (*ius corrigendi*)

↓

se in accordo tra loro possono **chiedere** che il giudice fissi la **comparizione personale** delle stesse per l'interrogatorio libero e il tentativo di conciliazione

↓

possono **chiedere** che il giudice conceda i termini perentori per il deposito delle **memorie** di cui all'art. **183, comma 6**

SCHEMA 44 La contumacia

DELL'ATTORE → si verifica quando il convenuto si è costituito entro il termine fissato dall'art. 166 e l'attore non si è costituito entro quello di cui all'art. 171 ultimo comma

- il convenuto ne fa richiesta e il giudice ordina la prosecuzione del giudizio
- il convenuto non ne fa richiesta e il giudice dispone la cancellazione della causa dal ruolo e il processo si estingue

DEL CONVENUTO → si verifica quando il convenuto **non si costituisce** nonostante la regolarità della notifica dell'atto di citazione e la **tempestiva costituzione** dell'attore

LA COSTITUZIONE TARDIVA → il contumace può costituirsi in **qualsiasi momento del processo** fino all'udienza di precisazione delle conclusioni mediante deposito di **comparsa**, procura e documenti ovvero mediante **comparizione all'udienza**. In tal caso le sue facoltà processuali sono limitate per effetto delle **preclusioni** che si sono già verificate nel processo

- nella prima udienza o nel termine assegnato dal giudice può **disconoscere** le scritture contro di lui prodotte
- può chiedere di essere **rimesso in termini**

GLI ATTI CHE DEVONO ESSERE COMUNICATI PERSONALMENTE AL CONTUMACE →

- ordinanza ammissiva dell'**interrogatorio formale** o del **giuramento**
- comparse contenenti **domande nuove o riconvenzionali**
- verbale d'udienza contenente la menzione della produzione di **scrittura privata** attribuitagli

GLI ALTRI ATTI → tutte le altre comparse si considerano comunicate con il **deposito** in cancelleria
nessun ulteriore atto deve essergli notificato o comunicato

LA SENTENZA → la sentenza che definisce il giudizio deve essere **notificata personalmente** alla parte contumace

SCHEMA 45 La riunione

LA RIUNIONE

Le cause riunite mantengono la **propria autonomia** sia sotto il profilo dell'**efficacia delle prove** raccolte in ciascun giudizio sia sotto il profilo dell'**autonoma impugnabilità** delle **singole statuizioni**

insindacabilità del potere di riunione in sede di gravame: il provvedimento con il quale viene accolta o respinta l'istanza di riunione non è impugnabile con il **regolamento di competenza**

- PIÙ PROCEDIMENTI RELATIVI ALLA STESSA CAUSA O RELATIVI A CAUSE CONNESSE PENDONO AVANTI LO STESSO GIUDICE
  - il giudice **anche d'ufficio** ne ordina la riunione
- ALTRO PROCEDIMENTO RELATIVO ALLA STESSA CAUSA PENDE AVANTI ALTRO GIUDICE O SEZIONE DELLO STESSO TRIBUNALE
  - il giudice o il presidente della sezione deve **riferirne al** presidente, il quale, sentite le parti, **ordina la riunione** con decreto determinando la sezione o designando il giudice davanti al quale il procedimento deve proseguire
- ALTRO PROCEDIMENTO RELATIVO A CAUSA CONNESSA PENDE AVANTI ALTRO GIUDICE O SEZIONE DELLO STESSO TRIBUNALE
  - il presidente del tribunale, sentite le parti, ordina che le cause siano chiamate alla **medesima** udienza davanti allo **stesso giudice** o alla stessa sezione per i provvedimenti opportuni
    - il **provvedimento di riunione** compete al giudice innanzi al quale i procedimenti sono chiamati

SCHEMA 46 La comparizione personale delle parti e il tentativo di conciliazione

SU RICHIESTA CONGIUNTA DELLE PARTI →	• il giudice dispone la **comparizione personale** al fine di interrogare le parti liberamente e provocarne la conciliazione definendo la controversia • il giudice formula alle parti una **proposta transattiva o conciliativa** • le parti hanno facoltà di farsi rappresentare da un **procuratore generale o speciale** che sia a conoscenza di causa munito di procura a conciliare o transigere la controversia • la **mancata conoscenza dei fatti di causa** da parte del procuratore è valutata ai sensi dell'art. 116
PER INIZIATIVA DEL GIUDICE →	• il giudice in **qualunque stato e grado** ha facoltà di ordinare la comparizione personale in contraddittorio per interrogarle liberamente sui fatti di causa • il giudice formula alle parti una **proposta transattiva o conciliativa** • le parti possono farsi assistere dai **difensori**
CONCILIAZIONE DELLA LITE →	• si perfeziona mediante sottoscrizione di un **verbale** nel quale si dà atto della **convenzione conclusa** tra le parti • il verbale di conciliazione costituisce **titolo esecutivo**
MANCATA CONCILIAZIONE →	il tentativo può essere **rinnovato** su **istanza concorde** delle parti in **qualsiasi momento dell'istruzione** sino alla rimessione della causa in decisione

SCHEMA 47 Le memorie *ex* art. 183, comma 6

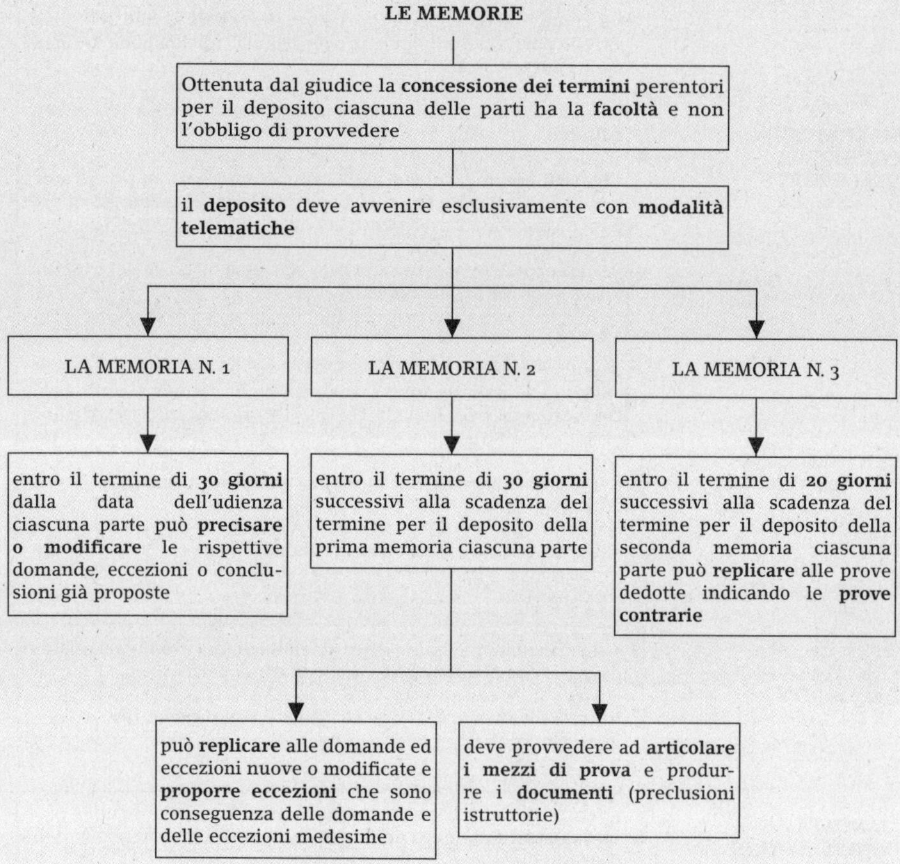

SCHEMA 48 I provvedimenti sulle istanze istruttorie e il potere di disporre d'ufficio mezzi di prova

L'ORDINANZA DI AMMISSIONE DELLE PROVE

- viene emessa dal giudice, **scaduti i termini per il deposito delle memorie** sulla base delle **prove richieste dalle parti** ed esperita eventualmente l'udienza interlocutoria
- viene emessa in quanto sussistono le **condizioni previste dalla legge** per l'esperimento delle prove
- viene emessa in quanto le circostanze di fatto che costituiscono l'**oggetto della prova** sono **utili al processo** e **rilevanti** per il giudizio finale

L'ORDINANZA DI RIMESSIONE DELLE PARTI AVANTI IL GIUDICE

- viene emessa scaduti i termini per il deposito delle memorie o, in mancanza di richiesta dei termini per il loro deposito, direttamente all'udienza di prima comparizione quando il giudice ritiene che la causa **non abbia necessità dell'assunzione di mezzi di prova** e sia **matura per la decisione di merito**
- viene emessa quando il giudice ritiene che debba essere decisa
  - una questione **di merito** avente carattere **preliminare**
  - una questione attinente alla **giurisdizione**
  - una questione attinente alla **competenza**
  - altre **questioni pregiudiziali**
- può avere ad oggetto la rimessione delle parti avanti **il collegio** oppure avanti il **giudice istruttore**

IL POTERE DEL GIUDICE DI DISPORRE D'UFFICIO

- MEZZI DI PROVA
- PROVA TESTIMONIALE → è il giudice che formula i capitoli di prova quando le parti nell'esposizione dei fatti si sono riferite a persone che appaiono in grado di conoscere la verità
- PROCEDIMENTO → il giudice concede **un termine perentorio alle parti** per dedurre i mezzi di prova resi necessari in relazione a quelli disposti d'ufficio
  → il giudice concede un **secondo termine** per depositare **memorie di replica**
  → scaduti i termini il giudice emette l'ordinanza di ammissione delle prove

SCHEMA 49 L'assunzione dei mezzi di prova e la decadenza

L'ASSUNZIONE DEI MEZZI DI PROVA

è attività riservata al giudice che consiste nell'acquisizione al processo delle prove costituende

IL PROCEDIMENTO

le parti possono assistere **personalmente** all'assunzione dei mezzi di prova solo se costituite a mezzo di difensore (salvo i casi in cui è ammessa la comparizione personale)

il giudice **dirige la formazione del processo verbale** nel quale sono riportate le dichiarazioni delle parti e dei testimoni in prima persona

il verbale costituisce **atto pubblico** che fa fede, fino a **querela di falso**, della sua provenienza dal pubblico ufficiale che lo forma e delle **dichiarazioni rese** dalle persone intervenute

sulle questioni che insorgono **nel corso** dell'assunzione dei mezzi di prova, il giudice pronuncia **con ordinanza** immediatamente esecutiva, revocabile e modificabile

il giudice dichiara **chiusa l'assunzione**
- al termine dell'assunzione stessa
- quando, dichiarata la decadenza, non vi sono altri mezzi di prova da assumere
- quando il giudice ritiene superflua l'ulteriore assunzione

LA DECADENZA DALL'ASSUNZIONE DEI MEZZI DI PROVA

manca la parte su istanza della quale deve iniziarsi o proseguire l'assunzione → **la decadenza** è **dichiarata** d'ufficio dal giudice

mancano tutte le parti → il giudice applica l'art. 309 e fissa nuova udienza

la parte nell'udienza successiva può sempre chiedere al giudice la **revoca dell'ordinanza** che ha pronunciato la **decadenza dal diritto** di assumere la prova

nell'ipotesi di revoca dell'ordinanza, il giudice **provvede all'assunzione**

SCHEMA 50 L'assunzione dei mezzi di prova fuori della circoscrizione del tribunale e le rogatorie

L'ASSUNZIONE DEI MEZZI DI PROVA FUORI DELLA CIRCOSCRIZIONE

IL GIUDICE SI TRASFERISCE

su istanza concorde delle parti e previo consenso del presidente del tribunale

LA PROVA DELEGATA

il giudice **delega** a procedere alla assunzione il giudice del luogo in cui la prova deve essere assunta

il **giudice** dispone il termine entro il quale la prova deve essere assunta

la **parte interessata** deve
- presentare ricorso al giudice delegato affinché fissi l'udienza per l'assunzione
- notificare alle parti costituite il ricorso e l'ordinanza di fissazione dell'udienza

il **difensore della parte**
- può assistere all'assunzione della prova delegata
- può incaricare un procuratore del luogo mediante delega scritta

il **giudice delegato**
- detiene **tutti i poteri** del giudice delegante
- assunta la prova **deve rimettere** d'ufficio il **processo verbale** al delegante

LE ROGATORIE

rappresentano le deleghe dei giudici italiani alle **autorità estere** per l'**esecuzione** dei mezzi istruttori quando riguardano

CITTADINI STRANIERI

le rogatorie sono trasmesse per via **diplomatica** secondo le modalità previste nelle convenzioni di diritto internazionale

CITTADINI ITALIANI RESIDENTI ALL'ESTERO

il giudice delega il **console** competente che provvede a norma della legge consolare

il giudice fissa il **termine** entro il quale la prova deve essere assunta e l'udienza di comparizione delle parti per la **prosecuzione del giudizio**

SCHEMA 51 I mezzi di prova codificati

- **L'ORDINE DI ESIBIZIONE**
  - ALLA PARTE → se la parte non vi ottempera il giudice può trarre dal comportamento **argomenti di prova**
  - AD UN TERZO → il giudice deve conciliare l'interesse della giustizia con i diritti del terzo che può sempre fare opposizione
- **LA RICHIESTA DI INFORMAZIONI ALLA P.A.** — il giudice può richiedere **d'ufficio** con ordinanza alla P.A. le **informazioni scritte** relative ad atti e documenti dell'amministrazione stessa che **è necessario** acquisire al processo
- **LA VERIFICA DELLA SCRITTURA PRIVATA DISCONOSCIUTA** — quando colui **contro il quale è prodotta** la scrittura privata ne **contesta formalmente** la propria scrittura o la propria sottoscrizione, la parte che ha prodotto lo scritto deve proporre i mezzi di prova che ritiene utili ed indicare le scritture che possono servire **di comparazione** onde dare valore allo scritto
- **LA QUERELA DI FALSO** — quando si intendono contestare le risultanze di un **atto pubblico** o di una scrittura privata riconosciuta, autenticata o verificata deve essere proposto il procedimento di **querela di falso** con querela contenente l'indicazione degli elementi e delle prove della falsità
- **L'INTERROGATORIO FORMALE** — è il mezzo istruttorio col quale una parte intende provocare la **confessione giudiziale** di un'altra parte su di un fatto a quest'ultima sfavorevole e deve essere dedotto per **articoli separati e specifici**. È condotto dal giudice e la parte deve rispondere **personalmente** senza potersi avvalere di scritti
- **IL GIURAMENTO**
  - DECISORIO → è il giuramento deferito da una delle parti ad un'altra per farne dipendere la decisione totale o parziale della causa
  - SUPPLETORIO → ha carattere residuale e sussidiario ed è deferito d'ufficio dal giudice ad una delle parti per decidere la causa
- **LA PROVA PER TESTIMONI** — rappresenta la **narrazione al giudice dei fatti storici** che riguardano la causa da parte di **un terzo**, imparziale ed attendibile (testimone). Deve essere dedotta mediante indicazione specifica dei fatti in articoli separati e devono essere indicate le persone da interrogare. L'esame dei testimoni **è condotto dal giudice** ed il testimone deve rispondere personalmente ed oralmente dopo aver letto la **formula di impegno** a dire la verità
- **L'ISPEZIONE GIUDIZIALE** — è uno dei mezzi di prova che il giudice **può disporre d'ufficio** ordinando alle parti o ai terzi di consentire **sulla loro persona** o sulle **cose** in loro possesso le ispezioni che appaiono indispensabili per conoscere **i fatti della causa**
- **LE RIPRODUZIONI E GLI ESPERIMENTI** — le prime consistono in rilievi, calchi e riproduzioni anche fotografiche di oggetti, documenti o luoghi ovvero rilevazioni cinematografiche o altre che richiedono l'impiego di mezzi, **strumenti o procedimenti meccanici**. I secondi consistono nella **riproduzione di un fatto** attraverso la rilevazione fotografica o cinematografica disposta dal giudice nel corso del processo.
- **IL RENDIMENTO DEI CONTI** — consiste in un procedimento con funzione ausiliaria e strumentale che può essere ordinato dal giudice qualora si renda necessaria la presentazione dei dati contabili e dei **risultati finali** dell'attività compiuta da una delle parti al fine di stabilire l'**adeguatezza dell'operato**

SCHEMA 52 La consulenza tecnica (v. anche Schema 23)

- **DEFINIZIONE** — nel codice di rito non è configurabile come **mezzo di prova** ma qualificata dalla giurisprudenza come **mezzo di indagine** o **istruttorio** finalizzato ad aiutare il giudice nella valutazione degli **elementi acquisiti** o nella soluzione di **particolari questioni** che richiedono **specifiche conoscenze**

- **NOMINA DEL CONSULENTE** — il giudice provvede alla **nomina di uno o più consulenti** tecnici in qualunque momento del processo con **ordinanza istruttoria** sempre modificabile e revocabile fissando l'**udienza** nella quale questi deve comparire

- **ASTENSIONE E RICUSAZIONE** — il consulente tecnico che **non ritiene di accettare** l'incarico o intende astenersi dal prestare l'ufficio deve darne comunicazione al giudice che l'ha nominato almeno **tre giorni prima dell'udienza** di comparizione; nel medesimo termine le parti devono depositare le loro **istanze di ricusazione**.

- **GIURAMENTO** — all'udienza di comparizione il giudice ricorda al consulente tecnico l'**importanza delle funzioni** che è chiamato ad adempiere e ne riceve **il giuramento** di bene e fedelmente adempiere all'espletamento dell'incarico al **solo scopo** di far conoscere al giudice la **verità**

- **ATTIVITÀ**
  - DA SÉ SOLO → il consulente deve farne **relazione** nella quale inserisce anche le **osservazioni** e le istanze delle parti che deve essere depositata in cancelleria nel **termine fissato dal giudice**
  - CON IL GIUDICE → si forma processo verbale **delle indagini** ma il giudice può anche disporre che il consulente rediga relazione scritta
  - AUTORIZZAZIONI → il consulente può essere autorizzato
    - a chiedere **chiarimenti alle parti**
    - ad assumere **informazioni da terzi**
    - a eseguire **piante, calchi e rilievi**
  - INTERVENTO → le parti possono sempre intervenire alle operazioni personalmente o a mezzo dei propri consulenti o difensori e possono presentare istanze

- **TENTATIVO DI CONCILIAZIONE**
  - LE PARTI SI CONCILIANO → si redige **processo verbale della conciliazione** sottoscritto dalle parti e dal consulente ed inserito nel **fascicolo d'ufficio**
  - LE PARTI NON SI CONCILIANO → il consulente espone i risultati delle indagini e il suo parere in una relazione che deposita in cancelleria nel termine fissato dal giudice

- **CONSULENTE DI PARTE** — può essere nominato da ciascuna delle parti nel termine fissato dal giudice ed assiste a **tutte le operazioni del consulente d'ufficio**; partecipa alle udienze alle quali interviene il consulente del giudice. La sua **relazione scritta** costituisce mera allegazione difensiva a contenuto tecnico priva di **autonomo valore probatorio**

SCHEMA 53 Le prove atipiche e la prova scientifica

PROVE RACCOLTE IN ALTRO PROCESSO CIVILE	consistono essenzialmente nei **verbali di qualunque prova** assunta in altro processo tra le stesse parti o comunque nei confronti di almeno uno dei soggetti del giudizio (**valenza probatoria indiziaria**)
SENTENZE CIVILI RESE IN ALTRI GIUDIZI	se rese in altro giudizio tra le stesse parti hanno **efficacia vincolante**
SENTENZE PENALI O ATTI DI ALTRI PROCEDIMENTI PENALI	consistono essenzialmente nelle **sentenze** o nei **verbali di prove** assunte in un procedimento penale (**valenza probatoria indiziaria**)
PERIZIE STRAGIUDIZIALI E CONSULENZE TECNICHE DI PARTE	consistono essenzialmente nelle **perizie giurate** poste in essere da tecnici al di fuori del giudizio ovvero nelle **consulenze tecniche di parte** (**valenza probatoria di mero indizio**)
SCRITTURE PROVENIENTI DA TERZI	consistono essenzialmente nelle **scritture private** provenienti da soggetti portatori di un interesse giuridicamente perfetto ma differenziato da quello delle altre parti del giudizio (**valenza probatoria indiziaria**)
SCRITTURE CONTENENTI DICHIARAZIONI PROVENIENTI DALLA PARTE	consistono essenzialmente nei **documenti di c.d. autocertificazione** (nota di trascrizione, certificato di iscrizione alla camera di commercio, cartella clinica, attestazione amministrativa, scritture contabili imprenditoriali). **Efficacia probatoria piena**.
VERBALI DELLA P.A.	consistono essenzialmente nei **verbali** redatti da **organi della P.A.** (**efficacia probatoria piena** per quanto concerne i fatti che il P.U. afferma avere personalmente compiuto)
LA PROVA SCIENTIFICA	consiste essenzialmente nell'**utilizzo probatorio delle scienze** (dure e sociali) quali strumenti idonei per l'accertamento giudiziale dei fatti attraverso il canale della consulenza tecnica d'ufficio (test DNA, perizia psicologica o psichiatrica, relazioni statistiche)

SCHEMA 54 I provvedimenti di condanna a contenuto anticipatorio

L'ORDINANZA PER IL PAGAMENTO DELLE SOMME NON CONTESTATE

- il giudice su **istanza di parte** può disporre sino alla precisazione delle conclusioni il pagamento delle **somme non contestate** dalle parti costituite
- non può mai essere pronunciata contro la **parte contumace**
- costituisce titolo esecutivo ma non titolo per l'iscrizione di ipoteca giudiziale
- in caso di estinzione del processo conserva la **propria efficcacia**
- è soggetta alla disciplina delle **ordinanze revocabili**

L'ORDINANZA-INGIUNZIONE

- il giudice su **istanza di parte** può disporre sino alla precisazione delle conclusioni quando ricorrono i **presupposti per ottenere il decreto ingiuntivo** l'ingiunzione di pagamento o di consegna
- è soggetta alla disciplina delle **ordinanze revocabili** e può essere pronunciata contro la **parte contumace**
- in caso di estinzione del processo, qualora non ne sia già munita, acquista efficacia di **titolo esecutivo** e costituisce titolo per l'iscrizione di ipoteca giudiziale

L'ORDINANZA SUCCESSIVA ALLA CHIUSURA DELL'ISTRUZIONE

- il giudice **conclusa l'istruttoria** e prima della precisazione delle conclusioni può disporre su istanza di parte il pagamento di somme ovvero il rilascio di beni **nei limiti** in cui ritiene **già raggiunta la prova**
- non può essere pronunciata nel processo del lavoro e in appello
- costituisce **titolo esecutivo** ed è revocabile con la sentenza che definisce il giudizio
- se il processo **si estingue** o se la parte intimata non chiede che sia pronunciata sentenza acquista efficacia di **sentenza non impugnabile**

CAPITOLO III

LA FASE DI DECISIONE

1. La precisazione delle conclusioni.

Il giudice istruttore, esaurita l'istruzione (art. 188) ovvero quando ritiene la causa matura per la decisione, senza necessità dell'assunzione di mezzi di prova ovvero quando ritiene che debba essere decisa separatamente una questione preliminare, idonea a definire il giudizio, ovvero una questione di giurisdizione o altre pregiudiziali (art. 187), invita le parti a precisare le conclusioni, al fine di fissare in modo definitivo le domande, sulla base degli elementi emersi nel corso della trattazione e dell'istruzione. La **precisazione delle conclusioni** deve avvenire nei limiti di quelle formulate negli atti introduttivi o a norma dell'art. 183 (art. 189, comma 1): la facoltà di modificare le domande, le eccezioni e le conclusioni già formulate, infatti, può essere effettuata solamente nella prima udienza di trattazione o nel termine fissato dal giudice ai sensi dell'art. 183, comma 6 e, conseguentemente, in sede di precisazione, le parti possono esclusivamente rinunciare a qualcuna delle conclusioni già formulate o ridurre la domanda o al limite effettuare l'*emendatio libelli*, se la stessa consiste in una precisazione migliore. La giurisprudenza ritiene vi sia **preclusione assoluta di domande nuove**, che non può essere superata dall'accettazione del contraddittorio ad opera della controparte, essendo la norma ispirata ad esigenze di ordine pubblico processuale. Se le parti intendono richiedere la pronuncia secondo equità (art. 114), la richiesta deve essere espressa in sede di precisazione (art. 112 disp. att.).

Se una delle parti non si presenta all'udienza ovvero omette di precisare, la giurisprudenza ritiene che si debba far riferimento alle conclusioni già formulate e che, in ogni caso, ciò non comporta alcuna nullità.

La mancata riproposizione, in sede di precisazione, di una domanda in precedenza formulata non autorizza alcuna presunzione di rinuncia in capo a colui che ebbe originariamente a proporla, essendo necessario accertare se, dalla valutazione complessiva della condotta processuale della parte o dalla stretta connessione della domanda non riproposta con quelle esplicitamente reiterate, emerga una volontà inequivoca di insistere sulla domanda pretermessa, integrando l'omissione una **mera presunzione di abbandono** (*Cass. civ., sez. III, 15 gennaio* ***2020****, n. 538*); la mancata riproposizione di una eccezione ne comporta l'abbandono (*Cass. civ., sez III, 13 settembre 2019, n. 22887*).

La parte, invece, che si sia vista rigettare le proprie richieste istruttorie, ha l'onere di reiterarle al momento della precisazione delle conclusioni poiché, diversamente, le stesse debbono intendersi rinunciate; tale onere non può considerarsi assolto attraverso il richiamo generico al contenuto dei precedenti atti difensivi (*Cass. civ., sez. II, 31 maggio 2019, n. 15029*).

Le conclusioni si precisano in apposita udienza fissata dal giudice o anche nella stessa in cui il giudice invita le parti a farlo, a verbale o con foglio separato da allegare al verbale o con apposita memoria.

Giurisprudenza

In caso di mancata partecipazione del procuratore di una parte all'udienza di precisazione delle conclusioni, debbono intendersi richiamate le richieste precedentemente formulate, ivi comprese le istanze istruttorie che la parte abbia reiterato dopo che ne sia stata rigettata l'ammissione (*Cass. civ., sez. III, 20 novembre* ***2020****, n. 26523*).

2. La rimessione a decisione.

La causa è rimessa a decisione, davanti al giudice stesso (quando giudica in composizione monocratica, art. 281-*quater*) ovvero davanti al collegio, (quando il tribunale giudica in composizione collegiale, art. 189): in ogni caso, la rimessione **investe** il tribunale di **tutta la causa**.

Il tribunale giudica in composizione collegiale in tutte le cause di cui all'art. 50-*bis* (v. parte prima, cap. VI, 1), nonché quando decide il giudizio incidentale di cui alla querela di falso. Quando il collegio rileva che una causa, rimessa davanti a lui per la decisione, deve essere decisa dal tribunale in composizione monocratica, rimette la causa davanti al giudice istruttore, con ordinanza non impugnabile, perché provveda alla decisione (art. 281-*septies*); viceversa, quando il giudice monocratico rileva che una causa deve essere decisa dal collegio, provvede alla rimessione della stessa (art. 281-*octies*). In caso di connessione tra cause che debbono essere decise dal tribunale in composizione collegiale e cause che debbono essere decise dal tribunale in composizione monocratica, il giudice istruttore ne ordina la riunione e le rimette al collegio, il quale pronuncia su tutte le domande, a meno che ritenga di separarle a norma dell'art. 279, comma 2, n. 5 (art. 281-*novies*). L'inosservanza di tali regole dà luogo a nullità da far valere con i motivi di appello: peraltro, il giudice d'appello, rilevata la nullità, sarà tenuto esclusivamente a rinnovare la decisione, non potendo rimetterla al giudice di primo grado.

Giurisprudenza

*Il mancato reperimento nel fascicolo di parte, al momento della decisione, di alcuni documenti ritualmente prodotti, deve presumersi espressione, in mancanza della denunzia di altri eventi, di un atto volontario della parte, che è libera di ritirare il proprio fascicolo e di omettere la restituzione di esso o di alcuni dei documenti in esso contenuti. Ne consegue che è onere della parte dedurre l'incolpevole mancanza (ove ciò non risulti in maniera palese anche in assenza della parte e di una sua espressa segnalazione in tal senso) e che il giudice è tenuto ad ordinare la ricerca o disporre la ricostruzione della documentazione mancante ove risulti l'involontarietà della mancanza, dovendo, negli altri casi, decidere sulla base delle prove e dei documenti sottoposti al suo esame al momento della decisione (Cass. civ., sez. VI, 9 giugno **2020**, n. 10945).*

3. Le comparse conclusionali e memorie.

Precisate le conclusioni, le parti possono depositare le comparse conclusionali entro il **termine perentorio** di sessanta giorni dalla rimessione della causa al collegio e le memorie di replica entro i venti giorni successivi (art. 190, comma 1). I termini non possono essere modificati dal giudice, se non abbreviati a venti giorni per le conclusionali (art. 190, comma 2), e sono perentori, nel senso che il tardivo deposito preclude l'esame degli atti. La **mancata assegnazione** alle parti del termine per lo scambio delle comparse conclusionali e delle memorie, o la pronunzia della sentenza prima della scadenza dei termini già assegnati, previsti dall'art. 190, comporta la nullità della sentenza, risultando perciò solo impedito ai difensori l'esercizio, nella sua completezza, del diritto di difesa (*Cass. civ., sez. VI, 18 febbraio **2020**, n. 4125*), essendo stato superato il precedente orientamento in base al quale era necessario verificare la sussistenza, in concreto, del pregiudizio subito.

Nelle comparse conclusionali le parti possono esclusivamente illustrare le domande e le eccezioni proposte, le loro ragioni in fatto e in diritto, anche con **nuovi argomenti** e nuovi riferimenti dottrinali e giurisprudenziali, ma non possono affrontare questioni non precedentemente dedotte.

Trattandosi di atti endoprocedimentali, le conclusionali e le repliche devono essere depositate esclusivamente con modalità telematiche. Le parti, possono non depositarle, in quanto non è un obbligo, ma una facoltà: la dottrina ritiene, però, che la parte che non ha depositato la comparsa conclusionale non possa depositare le note di replica.

Giurisprudenza

*Nel processo civile, una volta rimessa la causa in decisione la parte può depositare la memoria di replica prevista dall'art. 190 c.p.c. anche se prima non ha depositato la comparsa conclusionale, non essendovi alcuna norma nel codice di rito che condizioni il diritto di replica all'avvenuta illustrazione delle proprie difese mediante la detta comparsa (Cass. civ., sez. I, 7 febbraio **2020**, n. 2976).*

4. La decisione del collegio.

La sequenza sopra descritta è quella normale e maggiormente utilizzata; peraltro, ciascuna delle parti, nel precisare le conclusioni, può chiedere che la causa sia discussa oralmente dinanzi al collegio (art. 275, comma 2): la norma prevede che le parti devono depositare comunque le difese scritte (comparse conclusionali e note di replica) e che la richiesta di **discussione orale** deve essere riproposta al presidente del tribunale alla scadenza del termine per il deposito delle repliche. A questo punto, il presidente fissa con decreto la data dell'udienza di discussione da tenersi entro sessanta giorni. All'udienza, dopo che il giudice istruttore fa la relazione sulla causa, le parti possono discutere oralmente.

Con la legge di stabilità 2016 è stato introdotto nella legge 24 marzo 2001 n. 89 ("legge Pinto") il nuovo art. 1-*ter*, stabilendo che il giudice, quando ritiene che la causa può essere decisa a seguito di trattazione orale, rimette la causa al collegio fissando l'udienza collegiale per la precisazione delle conclusioni e per la discussione orale. Al di là che la norma è stata inserita in una legge speciale anziché nel codice di procedura civile, sta di fatto che il modello decisorio di trattazione orale (previsto dall'art. 281-*sexies*, già di pertinenza esclusiva del giudice monocratico) è ora utilizzabile anche quando il tribunale giudica in composizione collegiale.

In tutti i casi sopra elencati, la decisione viene adottata dal collegio in segreto, in camera di consiglio, sotto la direzione del presidente: l'art. 276 prevede che gradatamente sono decise le questioni pregiudiziali proposte dalle parti e rilevabili d'ufficio e, quindi, il merito della causa. In applicazione del principio processuale della **ragione più liquida**, desumibile dagli artt. 24 e 111 Cost., la causa può essere decisa sulla base della questione ritenuta di più agevole soluzione (*Cass. civ., sez. V, 9 gennaio 2019, n. 363*). Nel **decidere il merito**, il collegio deve decidere tutte le domande proposte e le relative eccezioni, definendo in tal modo il giudizio (art. 277, comma 1). Si attua, in questo modo, il principio di corrispondenza tra chiesto e pronunciato, la cui violazione comporta omessa pronuncia o pronuncia *ultra* o *extra petita*. La giurisprudenza ha però precisato che il mancato rispetto dell'ordine delle questioni di cui all'art. 276 non genera alcuna nullità della sentenza. Il criterio della ragione più liquida risponde, infatti, più che a ragioni di economia processuale, all'esigenza di escludere la formazione del giudicato implicito su questioni di merito diverse da quelle che sono state effettivamente esaminate e decise ai fini della definizione della controversia. Tale esigenza rappresenta un corollario della possibilità (prevista dagli artt. 187, comma 2 e 279, comma 2, n. 2, seconda ipotesi) di definire il giudizio su questioni di merito che presuppongono l'esistenza del diritto controverso (e, quindi, siano concettualmente successive al relativo accertamento) senza, tuttavia, procedere all'accertamento del diritto e, quindi, senza precludere la possibilità che a tale accertamento, positivo o negativo, si proceda in altra sede e per altri fini (*Cass. civ., sez. II, 20 aprile **2020**, n. 7941*). Con altra decisione ha statuito che l'ordine di trattazione delle questioni, imposto dall'art. 276, comma 2, mentre lascia libero il giudice di trascegliere, tra varie questioni di merito, quella che ritiene "più liquida", gli impone per contro di esaminare per prime le questioni pregiudiziali di rito rispetto a quelle di merito. La violazione di tale regola costituisce una causa di nullità del procedimento, che resta tuttavia sanata se non venga fatta valere con l'impugnazione o, nel caso in cui la parte che ne risulti svantaggiata sia quella vittoriosa in primo grado ed appellata, con l'appello incidentale (*Cass. civ., sez. VI, 26 novembre 2019, n. 30745*).

Il collegio può limitare la decisione ad alcune domande, se riconosce che per esse soltanto non sia necessaria un'ulteriore istruzione e se la loro sollecita definizione è di interesse apprezzabile per la parte (art. 277, comma 2). Si tratta, ovviamente, dell'esercizio di un potere discrezionale che compete al collegio, il quale, in tal modo, deroga al principio di concentrazione della decisione.

La decisione è, comunque, presa a **maggioranza** di voti: il primo a votare è il relatore, quindi, l'altro giudice e infine il presidente (art. 276, comma 3). Se intorno ad una questione si prospettano più soluzioni e non si forma la maggioranza alla prima votazione, il presidente mette ai voti due delle soluzioni per escluderne una, quindi mette ai voti la non esclusa e quella eventualmente restante e così successivamente finché le soluzioni siano ridotte a due, sulle quali avviene la votazione definitiva. Si può, in tal modo, arrivare a decisione: chiusa la votazione, il presidente scrive e sottoscrive il dispositivo mentre la stesura della motivazione è di competenza del relatore a meno che il presidente non creda di stenderla egli stesso o affidarla ad altro giudice (art. 276, comma 5).

La sentenza diventa **giuridicamente esistente** solamente con il deposito in cancelleria. È in questo modo che la sentenza è resa pubblica (art. 133). L'art. 275 al comma 1, prevede che la sentenza è depositata in cancelleria entro sessanta giorni dal deposito delle repliche; al comma 4 prevede il medesimo termine dalla data dell'udienza di discussione: il termine è comunque ordinatorio.

Giurisprudenza

*L'accertamento in ordine al momento in cui la sentenza è divenuta conoscibile attraverso il deposito ufficiale in Cancelleria, comportante l'attribuzione del numero cronologico si rende necessario solo ove vi sia incertezza e scissione tra la data del deposito e quella di pubblicazione (Cass. civ., sez. VI, 30 giugno **2020**, n. 12978).*

5. La decisione del tribunale in composizione monocratica.

Le disposizioni sopra riportate si osservano anche quando la causa è di competenza del tribunale in composizione monocratica: il giudice unico decide, infatti, con tutti i poteri del collegio (art. 281-*quater*). Peraltro, la fase preliminare alla decisione può avvenire in tre modi diversi e cioè:

- a seguito di **trattazione scritta**: il giudice fatte precisare le conclusioni, dispone lo scambio delle comparse conclusionali e delle memorie di replica e, quindi, decide la causa depositando la sentenza nei trenta giorni successivi;

- a seguito di **trattazione mista**: il giudice, fatte precisare le conclusioni, se una delle parti lo richiede, dispone lo scambio delle sole comparse conclusionali, fissa l'udienza di discussione orale non oltre trenta giorni dalla scadenza del loro termine e, quindi, decide la causa depositando la sentenza nei trenta giorni successivi;
- a seguito di **trattazione orale**: il giudice, fatte precisare le conclusioni, può ordinare la discussione orale della causa nella stessa udienza o, su istanza di parte, in un'udienza successiva e, quindi, decide la causa immediatamente, al termine della stessa udienza. In tal caso, il giudice dà lettura del dispositivo e della concisa esposizione delle ragioni di fatto e di diritto. La scelta di pervenire a questa modalità di decisione compete esclusivamente al giudice con la conseguenza che le parti non hanno alcuna possibilità né di chiedere né di opporsi a tale scelta, se non quella di chiedere ed ottenere un rinvio della discussione ad una successiva udienza.

Mentre per le prime due ipotesi la sentenza è **pubblicata** con il deposito in cancelleria, nel terzo caso, la sentenza si intende pubblicata con la sottoscrizione da parte del giudice del verbale che la contiene ed è, immediatamente, depositata in cancelleria.

Giurisprudenza

La sentenza pronunciata ai sensi dell'art. 281-sexies c.p.c., integralmente letta in udienza e sottoscritta dal giudice con la sottoscrizione del verbale che la contiene, deve ritenersi pubblicata e non può essere dichiarata nulla nel caso in cui il cancelliere non abbia dato atto del deposito in cancelleria e non via abbia apposto la data e la firma immediatamente dopo l'udienza, invero, la previsione normativa dell'immediato deposito in cancelleria del provvedimento è finalizzata a consentire, da un lato, al cancelliere il suo inserimento nell'elenco cronologico delle sentenze, con l'attribuzione del relativo numero identificativo e, dall'altro, alle parti di chiederne il rilascio di copia, eventualmente, in forma esecutiva (*Cass. civ., sez. III, 28 gennaio* ***2020****, n. 1929*).

6. La condanna generica.

Quando è stato instaurato un giudizio per ottenere la condanna del convenuto, il giudice può pronunciare sentenza di condanna generica alla prestazione dovuta, disponendo con ordinanza la prosecuzione del processo per la liquidazione (art. 278). Occorrono le seguenti condizioni:

- la **sussistenza del diritto**: la giurisprudenza ritiene sufficiente l'accertamento di un fatto potenzialmente dannoso (ad es. il ritardo nella restituzione della cosa data in comodato o locata);
- la **quantità** della prestazione dovuta **ancora controversa**: sarà oggetto di liquidazione nella fase successiva;
- l'**istanza** di parte.

Quando pronuncia sentenza di condanna generica non definitiva, il giudice può concedere una **provvisionale** e cioè condannare il debitore al pagamento di una somma di denaro nei limiti della quantità per cui ritiene già raggiunta la prova (art. 278, comma 2).

Giurisprudenza

Qualora la parte civile abbia infruttuosamente esercitato l'azione civile in sede penale, nel giudizio di rinvio disposto dal giudice di legittimità ai sensi dell'art. 622 c.p.p. in seguito ad annullamento della sentenza penale per i soli effetti civili, il contenuto della domanda della parte civile non può essere ridotto o ampliato, né il giudice del rinvio può ammettere domande nuove volte ad ottenere la liquidazione del danno, ove in sede penale la parte civile abbia chiesto solamente una condanna generica, al di fuori dell'ipotesi di cui all'art. 539 c.p.p., riflettente la fattispecie di cui all'art. 278 c.p.c. relativa alla pronuncia non definitiva con riserva al prosieguo per la liquidazione dei danni (Cass. civ., sez. III, 15 ottobre 2019, n. 25918).

7. La redazione della nota spese.

L'art. 75 disp. att., prevede che il difensore, al momento del passaggio in decisione della causa, deve unire al fascicolo di parte la nota delle spese. Il giudice, infatti, chiudendo il processo davanti a lui, con la sentenza, deve provvedere anche in ordine alle spese, ponendole a carico della parte soccombente o, eventualmente, compensandole tra le parti, in applicazione dell'art. 91 (v. parte prima, cap. II, 1.8). La liquidazione delle spese deve avvenire anche nel dispositivo della sentenza; nell'ipotesi in cui, nella motivazione il giudice abbia espresso la volontà di addossarle al soccombente ma non ne abbia poi fatta menzione nel dispositivo, la parte interessata deve fare ricorso alla procedura della correzione degli errori materiali (*Cass. civ.*, **sez. un.**, *21 giugno 2018, n. 16415*).

Poiché il giudice **liquida** l'ammontare delle spese insieme con gli onorari di difesa, la norma prevede, espressamente, che la nota delle spese deve essere redatta, indicando, in modo distinto e specifico, gli onorari e le spese, con riferimento all'articolo della **tariffa vigente** al momento della prestazione, applicando lo scaglione di valore della controversia fissato sulla base del criterio del *disputatum* (ossia di quanto richiesto nell'atto introduttivo del giudizio); in caso di accoglimento solo in parte della domanda, il giudice può applicare il criterio del *decisum*, salvo che la riduzione della somma attribuita non consegua ad un adempimento intervenuto, nel corso del processo (*Cass. civ., sez. II, 9 settembre 2019, n. 22462*).

La liquidazione del compenso avviene in base al d.m. 10 marzo 2014, n. 55, ma il giudice, se intende determinare le spese in misura inferiore rispetto a quelle indicate nella notula prodotta, ha l'onere di **dare adeguata motivazione** della eliminazione e della riduzione di voci da lui operata, allo scopo di consentire l'accertamento della conformità della liquidazione a quanto risulta dagli atti ed alle tariffe, in relazione alla inderogabilità dei relativi minimi (*Cass. civ., sez. II, 29 ottobre* **2020**, *n. 23919*). In caso di difesa di più parti aventi identica posizione processuale e costituite con lo stesso avvocato, è dovuto un compenso unico (*Cass. civ., sez. VI, 10 ottobre 2017, n. 23729*).

È principio divenuto pacifico in giurisprudenza che, quando la Pubblica Amministrazione sta in giudizio avvalendosi di un funzionario appositamente delegato, la stessa non può ottenere la condanna del soccombente al pagamento dei diritti di procuratore e degli onorari di avvocato, difettando le relative qualità nel funzionario amministrativo che sta in giudizio, per cui sono, in tal caso, liquidabili in favore dell'ente le spese, diverse da quelle generali, che abbia concretamente affrontato in quel giudizio e purché risultino da apposita nota (*Cass. civ, sez. VI, 1 dicembre **2020**, n. 27444*).

Giurisprudenza

In tema di liquidazione delle spese processuali successiva al d.m. n. 55/2014, (che detta i criteri da applicare nel regolare le spese di causa, mentre il d.m. n. 140/2012, regola la materia dei compensi tra professionista e cliente), non sussistendo più il vincolo legale della inderogabilità dei minimi tariffari, i parametri di determinazione del compenso per la prestazione defensionale in giudizio e le soglie numeriche di riferimento costituiscono criteri di orientamento e individuano la misura economica standard del valore della prestazione professionale; pertanto, il giudice è tenuto a specificare i criteri di liquidazione del compenso solo in caso di scostamento apprezzabile dai parametri medi, fermo restando che il superamento dei valori minimi stabiliti in forza delle percentuali di diminuzione incontra il limite dell'art. 2233 c.c., comma 2, il quale preclude di liquidare somme praticamente simboliche, non consone al decoro della professione (*Cass. civ., sez. VI, 25 maggio **2020**, n. 9542*).

La nota spese ex art. 75 disp. att. c.p.c. funge da limite al potere del giudice di liquidazione dei compensi alla parte vittoriosa in quanto, quando la parte presenta la nota spese specificando la somma domandata, il giudice non può attribuire alla parte, a titolo di rimborso delle spese, una somma di entità superiore. Tale valenza vincolante della nota spese permane anche nel caso in cui medio tempore siano stati modificati per legge i parametri cui il giudice è tenuto a fare riferimento, in difetto di una specifica attività della parte interessata (*Cass. civ., sez. VI, 5 marzo **2020**, n. 6345*).

8. La provvisoria esecutorietà.

La sentenza di primo grado è provvisoriamente esecutiva tra le parti. La norma (art. 282) è stata introdotta con lo spirito di conferire maggiore rapidità al processo e quale deterrente nei confronti di impugnazioni infondate e meramente dilatorie. La giurisprudenza ritiene che la disciplina dell'esecuzione provvisoria trova legittima attuazione soltanto con riferimento alle sentenze di condanna, le uniche idonee, per loro natura, a costituire titolo esecutivo, postulando il concetto stesso di esecuzione un'esigenza di adeguamento della realtà al *decisum* che, evidentemente, manca sia nelle pronunce di natura costitutiva sia in quelle di accertamento (*Cass. civ., sez. III, 20 febbraio 2018, n. 4007*). Peraltro, la sentenza di primo grado può, comunque, venire utilizzata come titolo esecutivo per le statuizioni condannatorie ivi contenute, sia che essa abbia a presupposto un'azione di condanna, sia che essa abbia a presupposto un'azione costitutiva (*Cass. civ., sez. I, 29 luglio 2011, n. 16737*).

La parte che subisce l'esecuzione provvisoria, se non ottiene la sospensione (v. parte terza, cap. VII, 10), in caso di riforma della sentenza può ottenere direttamente la condanna alla restituzione da parte del giudice superiore, a fronte di domanda formulata con l'atto di gravame (*Cass. civ., sez. I, 29 ottobre* ***2020***, *n. 23972*).

Giurisprudenza

In tema di scioglimento della comunione mediante assegnazione ex art. 720 c.c. con determinazione di (o condanna al) conguaglio a carico dell'assegnatario, quest'ultimo capo di sentenza non è suscettibile di esecuzione provvisoria ex art. 282 c.p.c. e, quindi, di essere azionato come titolo esecutivo prima del passaggio in giudicato della statuizione sull'assegnazione, che ha natura costitutiva, in quanto ad essa legato da nesso di corrispettività ancorché non di stretta sinallagmaticità (Cass. civ., sez. III, 30 gennaio 2019, n. 2537).

9. La notificazione della sentenza.

La notificazione della sentenza svolge il ruolo di una **provocazione ad esercitare il diritto di impugnazione** ed è espressione di un potere unilaterale di modificazione giuridica, riferito al termine concesso a controparte per impugnare: a norma del combinato disposto dell'art. 285 e dell'art. 326, comma 1, decorre dalla data di notificazione il termine breve per l'impugnazione (v. parte terza, cap. VI, 2), decorso il quale la sentenza passa in giudicato, producendo l'effetto previsto dall'art. 2909 c.c.

È per questo motivo che l'art. 285 prescrive che la notifica deve essere fatta a norma dell'art. 170 e cioè al **procuratore costituito**, in modo da porre questi in condizione di percepire non solo il contenuto del provvedimento ma la chiara intenzione del notificante di sollecitare la valutazione tecnica ai fini dell'eventuale impugnazione della sentenza. La giurisprudenza ha chiarito, al riguardo, che è indispensabile che la notificazione sia eseguita nei confronti del procuratore della parte o della parte presso il suo procuratore, nel domicilio eletto o nella residenza dichiarata; diversamente la notifica alla parte, senza espressa menzione — nella relata di notificazione — del suo procuratore quale destinatario anche solo presso il quale quella è eseguita, non è idonea a far decorrere il termine breve di impugnazione, neppure se eseguita in luogo che sia al contempo sede di una pubblica amministrazione, sede della sua avvocatura interna e domicilio eletto per il giudizio, non potendo surrogarsi l'omessa indicazione della direzione della notifica al difensore con la circostanza che il suo nominativo risulti dall'epigrafe della sentenza notificata, per il carattere neutro o non significativo di tale sola circostanza (*Cass. civ.*, ***sez. un.***, *30 settembre* ***2020***, *n. 20866*).

La notificazione al procuratore costituito deve avvenire nel **domicilio eletto** da questi al momento della costituzione in giudizio ovvero, in caso di trasferimento dello studio, al domicilio reale del medesimo, risultante dall'albo ovvero dagli atti processuali (*Cass. civ., sez. lav., 30 ottobre 2019, n. 27911*). Se il procuratore ha rappresentato nel giudizio più persone, è sufficiente la consegna di una sola copia per tutte le parti (*Cass. civ., sez. I, 29 settembre* ***2020***, *n. 20527*). Nell'ipotesi in cui una parte sia assistita nel giudizio da più difensori, è sufficiente notificare la sentenza al procuratore, presso il quale è stato eletto domicilio; nell'ipotesi in cui l'unico procuratore sia deceduto, la sola forma possibile di notificazione è quella effettuata alla parte personalmente.

In relazione alla notificazione effettuata presso il domicilio digitale la giurisprudenza non è ancora univoca avendo fornito al riguardo diverse interpretazioni, specie in caso di mancata elezione di domicilio nel luogo dove ha sede l'autorità dinanzi alla quale pende il giudizio.

Se, invece, la parte intende mettere in esecuzione la sentenza, la stessa deve essere notificata direttamente alla parte personalmente, così come prevede l'art. 479. Tale modalità di notificazione non è idonea, quindi, a far decorrere il termine breve dell'impugnazione, né per il notificante, né per il notificato.

Se, dopo la chiusura della discussione, si è avverato uno degli eventi previsti nell'art. 299, la notificazione della sentenza può essere effettuata, anche a norma dell'art. 303, comma 2, a coloro ai quali spetta stare in giudizio; se, invece, si è avverato uno dei casi previsti nell'art. 301, la notificazione della sentenza deve essere effettuata alla parte personalmente (art. 286).

Importante tenere presente che la notificazione della sentenza ha **efficacia bilaterale**, nel senso che il termine breve decorre anche nei confronti del notificante, dalla data in cui la notifica viene eseguita nei confronti del destinatario (*Cass. civ.*, ***sez. un.***, *4 marzo 2019, n. 6278*); il notificante, pertanto, subisce gli effetti dell'attività sollecitatoria che ha imposto all'altra parte.

Giurisprudenza

Si ritiene opportuno trasmettere il procedimento alla sezione quarta, competente in diritto del lavoro, affinché si pronunci sulla questione giuridica che si pone relativa alla notifica della sentenza di primo grado ai fini del decorso del termine breve per la proposizione dell'appello e, specificamente, alla validità o meno della notifica eseguita all'indirizzo PEC del primo avvocato, co-difensore, nominato in atti come domiciliatario fisico e senza indicazione dell'indirizzo PEC, in presenza di una dichiarazione in atti degli altri due co-difensori che avevano espressamente chiesto di ricevere eventuali comunicazioni a mezzo fax o al proprio indirizzo di posta elettronica certificata (Cass. civ., sez. VI, 3 agosto ***2020***, *n. 16581).*

10. Il procedimento di correzione.

Gli artt. 287 e 288 disciplinano il procedimento di correzione delle **sentenze** e delle **ordinanze irrevocabili** che risultano affette da **omissioni** o **errori materiali** o **di calcolo** e, cioè da quegli errori che attengono alla formazione dell'atto o del documento, la cui semplice lettura rende palese e rilevabile *ictu oculi* la divergenza tra l'idea e la rappresentazione. Sono ritenuti tali quelli che consistono in una mera disattenzione o svista e cioè l'inserimento nell'intestazione della sentenza del nominativo di un magistrato diverso da quello indicato nel verbale di udienza ovvero dei dati anagrafici di una delle parti o dei loro difensori.

Si tratta di un **procedimento semplificato**, che si conclude con un provvedimento di carattere amministrativo che ha come scopo di ripristinare quanto si è inteso dichiarare e quanto formalmente dichiarato. A seguito della pronuncia della *Corte Costituzionale del 10 novembre 2004, n. 335* (che ha dichiarato l'illegittimità costituzionale dell'art. 287, limitatamente alle parole "contro le quali non sia stato proposto appello"), sono state riconosciute come suscettibili di correzione anche le sentenze di primo grado indipendentemente dal fatto che la sentenza venga appellata o meno.

Competente a pronunciare il provvedimento di correzione è lo **stesso giudice** che ha emesso il provvedimento viziato da errore materiale, salvo il caso in cui sia già stato proposto appello per cui il potere di correzione spetta al giudice di secondo grado, che provvederà nel corso del giudizio di appello o con la sentenza che pronuncia sull'impugnazione.

Il procedimento di correzione ha inizio con **l'istanza di parte**, non essendo ammissibile una correzione d'ufficio. Ai sensi dell'art. 288, se tutte le parti concordano nel chiedere la stessa correzione, il giudice provvede con decreto. Se, invece, l'istanza è proposta da una sola delle parti, deve essere instaurato il contraddittorio: il giudice, con decreto, fissa l'udienza nella quale le parti debbono comparire davanti a lui. Ricorso e decreto si notificano a norma dell'art. 170, comma 1 e 3 e cioè presso il procuratore costituito; se però la correzione è chiesta un anno dopo la pubblicazione della sentenza, il ricorso e il decreto debbono essere notificati alle altre parti personalmente (art. 288, comma 3). All'esito dell'udienza, il giudice provvede con ordinanza da annotarsi, da parte del cancelliere, sull'originale del provvedimento. L'ultimo comma dell'art. 288, dispone che le sentenze possono essere impugnate relativamente alle parti corrette nel termine ordinario decorrente dal giorno in cui è stata notificata l'ordinanza di correzione.

Giurisprudenza

Il procedimento per la correzione degli errori materiali di cui all'art. 287 c.p.c. è esperibile per ovviare ad un difetto di corrispondenza fra l'ideazione del giudice e la sua materiale rappresentazione grafica, chiaramente rilevabile dal testo stesso del provvedimento mediante il semplice confronto della parte del documento che ne è inficiata con le considerazioni contenute nella motivazione, senza che possa incidere sul contenuto concettuale e sostanziale della decisione (Cass. civ., sez. lav., 11 agosto ***2020****, n. 16877).*

SCHEMA 55 La precisazione delle conclusioni, la rimessione a decisione, le comparse conclusionali e le memorie di replica, la redazione della nota spese

LA PRECISAZIONE DELLE CONCLUSIONI

- QUANDO
  - esaurita l'istruttoria
  - ritenuta la causa matura per la decisione senza necessità di assunzione dei mezzi di prova
  - deve essere decisa separatamente una questione preliminare idonea a definire il giudizio, una questione di giurisdizione o competenza o altre pregiudiziali
- DOVE
  - in **apposita udienza** o in quella in cui il giudice invita le parti a farlo
- COME
  - a **verbale**
  - con foglio **separato** da allegare al verbale
  - con apposita **memoria**
  - nei limiti di quelle fissate negli atti introduttivi (preclusione assoluta di **domande nuove**)

LA RIMESSIONE A DECISIONE

- DAVANTI AL GIUDICE UNICO
  - se il giudice rileva che la causa rimessa avanti a se stesso deve essere decisa dal collegio provvede alla remissione della stessa con ordinanza
- DAVANTI AL COLLEGIO
  - tutte le cause di cui all'art. 50-*bis*
  - giudizio incidentale di querela di falso
  - giudizio incidentale di verificazione di scrittura privata
  - se il collegio rileva che la causa rimessa avanti a se stesso deve essere decisa dal tribunale in composizione monocratica provvede alla remissione della stessa avanti il giudice unico con ordinanza
- CONNESSIONE
  - di cause che debbono essere decise in composizione collegiale e cause che debbono essere decise in composizione monocratica: il giudice ne ordina la **riunione** e le rimette al collegio

LE COMPARSE CONCLUSIONALI

- TERMINI
  - possono essere depositate dalle parti entro il **termine perentorio di 60 giorni** dalla rimessione della causa a decisione
- DEPOSITO
  - in cancelleria avviene esclusivamente con modalità telematiche
- TARDIVITÀ
  - il tardivo deposito **ne preclude l'esame**

LE MEMORIE DI REPLICA

- TERMINI
  - possono essere depositate dalle parti entro il **termine perentorio di 20 giorni** successivi alla scadenza di quello per il deposito delle comparse conclusionali
- DEPOSITO
  - in cancelleria avviene esclusivamente con modalità telematiche
- TARDIVITÀ
  - il tardivo deposito **ne preclude l'esame**

LA NOTA SPESE

- REDAZIONE
  - deve essere redatta indicando in modo specifico e distinto gli onorari e le spese
- DEPOSITO
  - deve essere unita al fascicolo di parte al momento del passaggio in decisione della causa

SCHEMA 56 La decisione, la condanna generica, la provvisoria esecutorietà, la notificazione e la correzione della sentenza

- LA DECISIONE
  - DEL COLLEGIO
    - discussione orale con deposito difese scritte
    - il presidente fissa con decreto l'**udienza di discussione** nella quale il giudice fa la **relazione della causa**
    - il collegio delibera la decisione in segreto in **camera di consiglio**
    - la decisione è presa a **maggioranza dei voti**
    - **il presidente** sottoscrive il dispositivo mentre la stesura della motivazione è di competenza del relatore
  - DEL GIUDICE UNICO
    - a seguito di **trattazione scritta** (comparse conclusionali e repliche)
    - a seguito di **trattazione mista** (comparse conclusionali e discussione orale)
    - a seguito di **trattazione orale** (discussione orale)
- LA CONDANNA GENERICA
  - QUANDO: è già accertata la sussistenza del diritto ma la quantità della prestazione dovuta è ancora controversa
  - COME: su istanza di parte con sentenza
- LA PROVVISORIA ESECUTORIETÀ
  - DELLA SENTENZA DI PRIMO GRADO: la parte che subisce l'esecuzione provvisoria, nel caso di **riforma della sentenza**, può ottenere la **restituzione** da parte del giudice superiore
- LA NOTIFICAZIONE
  - DECORRENZA TERMINE DI IMPUGNAZIONE: la notifica deve essere effettuata al **procuratore** costituito nel **domicilio eletto**
  - ESECUZIONE: la notifica deve essere effettuata direttamente alla **parte personalmente**
- LA CORREZIONE
  - QUANDO: **sentenze** o **ordinanze irrevocabili** risultano affette da **omissioni, errori materiali o di calcolo**
  - COME: con istanza al giudice che ha emesso il provvedimento o al giudice superiore qualora sia già stato proposto appello
  - SU ACCORDO DELLE PARTI: il giudice provvede alla correzione con **decreto**
  - SU ISTANZA DI UNA PARTE: il giudice fissa **udienza** con **decreto** alla quale le parti devono comparire e all'esito dell'udienza il giudice provvede con **ordinanza da annotare sull'originale** del provvedimento

CAPITOLO IV

GLI EVENTI PARTICOLARI DEL PROCESSO

1. Considerazioni generali.

L'obiettivo della parte che ha instaurato un processo è quello di giungere alla sua conclusione, e cioè di ottenere il provvedimento richiesto da parte del giudice. Nel corso del processo si verificano, però, eventi che non consentono di pervenire alla conclusione del processo immediatamente, ma solo dopo che le cause ostative sono state rimosse. In altri casi, il processo non giunge alla decisione finale per volontà delle parti o per eventi che si verificano nel suo corso. Il legislatore ha previsto e disciplinato questi eventi particolari del processo, dedicando loro gli artt. da 295 a 310.

2. La sospensione del processo.

Il processo può essere sospeso dal giudice in ogni caso in cui egli stesso o altro giudice deve risolvere una controversia, dalla cui definizione dipende la decisione della causa (art. 295). Si tratta della **c.d. sospensione necessaria del processo** che, in base alla giurisprudenza, è tale soltanto quando la previa definizione di un'altra controversia civile, penale o amministrativa, pendente davanti ad un altro giudice, sia imposta da un'espressa disposizione di legge ovvero qualora, per il suo carattere pregiudiziale, costituisca l'indispensabile antecedente logico-giuridico dal quale dipende la decisione della causa pregiudicata ed il cui accertamento deve essere effettuato in virtù di una previsione di legge o della domanda di una delle parti con efficacia di giudicato.

Il rapporto di pregiudizialità tra le due cause deve essere **concreto ed attuale**, nel senso che la causa ritenuta pregiudiziale deve essere pendente (*Cass. civ., sez. VI, 31 agosto **2020**, n. 18082*).

Per quanto riguarda la sospensione per **pregiudizialità penale**, la giurisprudenza segue un indirizzo restrittivo, in base al quale l'unico mezzo preventivo di coordinamento tra il processo civile e quello penale è costituito dall'art. 75 c.p.p., il quale esaurisce ogni possibile ipotesi di sospensione del giudizio civile per pregiudizialità ponendosi come eccezione al principio generale di autonomia.

Per quanto riguarda la sospensione per **pregiudizialità civile**, la giurisprudenza ritiene che possa essere disposta soltanto qualora i giudizi pendenti di fronte a giudici diversi siano legati da un rapporto di pregiudizialità c.d. tecnica o giuridica, la quale determina un conflitto di giudicati, e non qualora sussista la mera pregiudizialità logica, che si traduce nel possibile contrasto circa gli effetti pratici dell'una o dell'altra sentenza. Ovviamente è necessario che le parti dei due processi siano le stesse, non potendo configurarsi un rapporto di pregiudizialità nell'ipotesi di cause pendenti tra soggetti diversi. Se, infatti, manca la coincidenza soggettiva, la sentenza resa in un processo, non potendo fare stato nei confronti delle parti dell'altro processo, non può costituire l'antecedente logico necessario dell'altra decisione.

Per quanto attiene la sospensione per **pregiudizialità amministrativa**, benché nell'art. 295 non si faccia riferimento a tale tipo di controversie, la giurisprudenza ritiene che possa essere disposta quando la controversia pregiudiziale abbia carattere giurisdizionale, definita con atto avente autorità di cosa giudicata, destinato ad assumere efficacia nel giudizio dipendente.

Altre ipotesi di sospensione sono:

- quella **c.d. concordata**: il giudice, su istanza di tutte le parti, può disporre che il processo rimanga sospeso per un periodo non superiore a tre mesi (art. 296). Occorre, dunque, l'accordo di tutte le parti costituite e che il giudice istruttore, alla luce dei motivi addotti, esercitando il proprio potere discrezionale, ne valuti la sussistenza. Il giudice, accordando la sospensione concordata, fissa l'udienza per la **prosecuzione del processo** sospeso: in caso di omissione il processo prosegue solamente se una delle parti propone istanza al giudice (o in mancanza al presidente del tribunale) dieci giorni prima della scadenza del termine di sospensione (art. 297, comma 2);
- quella **c.d. impropria**: conseguente alla pronuncia di non manifesta infondatezza dell'eccezione di illegittimità costituzionale di una norma di legge. Il giudice, in tal caso, emette ordinanza con la quale dispone la trasmissione degli atti alla Corte Costituzionale e sospende il giudizio in corso. Tale ipotesi di sospensione ricorre anche quando il processo viene sospeso in attesa della decisione da parte della Corte di giustizia sulle questioni di interpretazione dei trattati.

Nell'ipotesi di sospensione per pregiudizialità, le parti debbono presentare l'**istanza di riassunzione** entro il termine perentorio di tre mesi dalla cessazione della causa di sospensione di cui all'art. 3 c.p.p. o dal passaggio in giudicato della sentenza che definisce la controversia civile o amministrativa (art. 297, comma 1). Il ricorso e il decreto che fissa l'udienza devono essere notificati a cura dell'istante alle altre parti nel termine stabilito dal giudice (art. 297, comma 4): la notificazione è regolata dall'art. 125 disp. att. e deve essere effettuata al loro procuratore domiciliatario, nel domicilio eletto.

Gli **effetti** della sospensione sono disciplinati dall'art. 298; il processo sospeso rimane in fase di quiescenza temporanea: durante la sospensione non possono essere compiuti atti del procedimento, ma la sospensione interrompe i termini in corso i quali ricominciano a decorrere dal giorno della nuova udienza fissata nel provvedimento di sospensione o fissata dal giudice a seguito del ricorso di cui all'art. 297, comma 4. Dottrina e giurisprudenza ritengono che sia possibile, nonostante la sospensione del processo, ricorrere alla tutela d'urgenza *ex* art. 700, in quanto il provvedimento urgente rappresenta spesso l'unico strumento a disposizione delle parti.

Giurisprudenza

Qualora nel corso di un procedimento introdotto con il rito sommario di cognizione emerga la pendenza di un altro giudizio che abbia ad oggetto questioni pregiudiziali, si determina la necessità di una istruzione non sommaria del procedimento e, quindi, il giudice non può adottare un provvedimento di sospensione ex art. 295 c.p.c., ma deve disporre il passaggio al rito della cognizione piena, come previsto dall'art. 702-ter, comma 3, c.p.c. (Cass. civ., sez. VI, 13 novembre ***2020****, n. 25660).*

Durante la sospensione del processo non possono essere compiuti, ai sensi dell'art. 298, comma 1, c.p.c., atti del procedimento, con la conseguenza che è inefficace, poiché funzionalmente inidonea a provocare la riattivazione del giudizio e motivo di nullità per derivazione di tutti gli eventuali atti successivi, l'istanza di riassunzione proposta prima della cessazione della causa di sospensione, ovvero anteriormente al passaggio in giudicato della sentenza che abbia definito la controversia pregiudiziale, senza che rilevi, al fine del superamento di detta sanzione, il sopravvenuto venire meno della medesima causa (Cass. civ., sez. III, 24 gennaio ***2020****, n. 1580).*

3. L'interruzione.

L'interruzione, così come la sospensione, comporta l'**arresto temporaneo** del processo. Gli eventi che danno luogo all'interruzione sono ovviamente diversi e legati alla morte di una parte o alla perdita della sua capacità: queste cause, infatti, compromettono un contraddittorio effettivo e il diritto di difesa e, dunque, debbono essere rimosse. Gli eventi che danno luogo all'interruzione sono

- la **morte della parte**: si intende non solo quella accertata della persona fisica, ma anche quella conseguente alla dichiarazione di morte presunta e l'estinzione della persona giuridica (non costituiscono peraltro fattispecie interruttiva la trasformazione della società, la sua messa in liquidazione o il cambiamento della ragione sociale);
- la **perdita della capacità di stare in giudizio**: si intende la perdita della legittimazione processuale per effetto di dichiarazione di interdizione, inabilitazione o assenza ovvero per dichiarazione di fallimento, liquidazione coatta amministrativa, amministrazione controllata;
- la morte o la perdita della capacità processuale **del legale rappresentante** della parte;
- la **cessazione della rappresentanza** legale che comporta la perdita della

legittimazione processuale (ad es., quando il minore ha raggiunto la maggiore età o è stata revocata l'interdizione).

Il legislatore ha distinto a seconda che questi eventi colpiscano la parte prima della costituzione in giudizio ovvero dopo la sua costituzione ovvero quando è contumace. Se infatti **prima della costituzione** in cancelleria o all'udienza davanti al giudice sopravviene la morte oppure la perdita della capacità di stare in giudizio di una delle parti o del suo rappresentante legale o la cessazione di tale rappresentanza, il processo è interrotto, salvo che coloro ai quali spetta di proseguirlo si costituiscano volontariamente oppure l'altra parte provveda a citarli in riassunzione, osservati i termini di cui all'art. 163-*bis* (art. 299).

Se invece uno di questi eventi si verifica nei riguardi della **parte che è costituita** a mezzo di procuratore, è onere dello stesso dichiararlo in udienza o notificarlo alle altre parti (art. 300): in tale ipotesi, l'evento non è causa immediata dell'interruzione, ma conseguente alla scelta del rappresentante tecnico della parte, il quale ha il potere di valutare l'opportunità o meno di far interrompere il processo. La **dichiarazione del procuratore** costituisce, pertanto, elemento indispensabile ed insostituibile: gli eventi acquistano rilevanza solamente se dichiarati. Dal momento della dichiarazione o notificazione, il processo è interrotto, salvo che avvenga la costituzione volontaria o la riassunzione. Nei casi in cui la parte è costituita personalmente (e cioè quando può stare in giudizio senza l'assistenza tecnica) il processo è interrotto al momento dell'evento (art. 300, comma 3). Se invece la parte è **contumace**, il processo è interrotto dal momento in cui il fatto interruttivo è documentato dall'altra parte o è notificato o certificato dall'ufficiale giudiziario nella relazione di notificazione di uno dei provvedimenti di cui all'art. 292 (art. 300, comma 4).

Altri eventi che comportano l'interruzione del processo sono quelli che riguardano il procuratore della parte: se infatti la parte è costituita a mezzo di procuratore, il processo è interrotto dal giorno della **morte, radiazione o sospensione del procuratore** stesso (art. 301), nonché in caso di cancellazione volontaria dall'albo (*Cass. civ., sez. VI, 6 ottobre **2020**, n. 21359*). Tali eventi determinano automaticamente l'interruzione del processo, senza necessità di notificazione o comunicazione (*Cass. civ., sez. VI, 28 maggio **2020**, n. 10006*). Non si verifica interruzione quando la parte è rappresentata da due o più procuratori e l'evento colpisce solamente uno di essi.

Non costituiscono infine cause di interruzione la revoca della procura o la rinuncia ad essa: opera, infatti, l'art. 1727 c.c. che obbliga il mandatario a rappresentare il mandante, finché questi non abbia provveduto alla sostituzione (art. 301, comma 3).

Durante l'interruzione non possono essere compiuti atti processuali, né dalle parti, né dal giudice: si applica, infatti, la disposizione dell'art. 298 per l'ipotesi di sospensione (art. 304).

La **prosecuzione del processo** interrotto può avvenire, su iniziativa della parte colpita dall'evento interruttivo o del suo successore, direttamente all'udienza o mediante costituzione in giudizio. Se non è fissata alcuna udienza, la parte può chiedere con ricorso al giudice (o in mancanza al presidente del tribunale) la fissazione dell'udienza. In tal caso, ricorso e decreto sono notificati alle altre parti a cura dell'istante (art. 302).

Se, invece, non avviene la prosecuzione del processo e, cioè la parte colpita dall'evento non si attiva, è onere dell'altra parte procedere alla **riassunzione del processo** con le modalità stabilite dall'art. 303 e, cioè, presentare ricorso con richiesta di fissazione dell'udienza e notifica dello stesso con relativo decreto a coloro che debbono costituirsi per proseguirlo. In caso di morte della parte, il processo deve essere riassunto contro l'erede; in mancanza, la riassunzione va fatta nei confronti degli eredi impersonalmente e collettivamente, entro un anno dalla morte della parte, con un atto che deve contenere tutti gli estremi della domanda proposta e che deve essere notificato nell'ultimo domicilio del defunto. L'atto di riassunzione può avere la forma della citazione riassuntiva ovvero del ricorso. Ovviamente, se vi sono altre parti in causa, il decreto deve essere notificato anche ad esse. Il processo, così riassunto, non ricomincia *ex novo,* ma riprende in quella stessa fase processuale in cui si era verificata l'interruzione: permangono tutti gli effetti sostanziali e processuali del rapporto originario, le preclusioni già verificatesi, le domande già proposte e le prove già assunte con divieto di proporre nuove domande.

La parte destinataria della riassunzione che non compare all'udienza, è dichiarata contumace (art. 303, comma 4).

Lo stato di quiescenza in cui viene a trovarsi il processo interrotto non può durare all'infinito: l'art. 305 stabilisce che il processo deve essere proseguito o riassunto entro il **termine perentorio** di tre mesi dall'interruzione, altrimenti si estingue. La norma è stata dichiarata costituzionalmente illegittima da due sentenze della Corte Costituzionale, nei casi in cui l'interruzione è seguita agli eventi di cui agli artt. 301, 299 e 300, comma 3: il termine per la prosecuzione in tali casi non decorre dall'interruzione, ma dalla data in cui le parti ne hanno avuto conoscenza legale. Quando, invece, l'evento si verifica dopo la costituzione a mezzo di difensore, il termine decorre soltanto dal momento in cui il difensore effettua la dichiarazione.

Tizio notifica in data 25 marzo 1999 al procuratore di Caio opposizione a decreto ingiuntivo con citazione a comparire per l'udienza del 7 giugno 1999. Caio non si costituisce nel giudizio di opposizione nel termine ordinario che scadeva venti giorni prima dell'udienza del 7 giugno 1999. Il procuratore di Caio viene cancellato dall'albo professionale il 24 giugno 1999.

L'udienza di prima comparizione, fissata in citazione per il 7 giugno 1999, viene differita d'ufficio al 4 luglio 2000. Caio si costituisce il giorno dell'udienza con un nuovo procuratore, il quale eccepisce che il processo si era automaticamente interrotto in data 24 giugno 1999, a seguito della cancellazione dall'albo del precedente difensore e che, stante la mancata tempestiva riassunzione nel termine previsto dall'art. 305, il giudizio di opposizione a decreto ingiuntivo si era estinto. La Corte di Cassazione ha disatteso definitivamente l'eccezione:

l'interruzione del processo, prima della costituzione in giudizio della parte, può verificarsi esclusivamente nel caso in cui l'evento, che colpisce il difensore, avvenga durante il decorso dei termini perché tale costituzione avvenga tempestivamente, non se esso avvenga quando tali termini sono scaduti e la parte non si sia ancora costituita (*Cass. civ., sez. III, 3 febbraio **2020**, n. 2394*).

Secondo quanto disposto dall'art. 43, comma 3 del R.D. n. 267/1942, l'apertura del fallimento determina l'interruzione del processo. La norma è stata pacificamente interpretata dalla giurisprudenza nel senso che, a differenza di quanto accadeva nel passato, **la dichiarazione di fallimento determina l'interruzione di diritto** — automatica, dunque — del giudizio. Non opera neppure l''ultrattività del mandato — intendendosi per tale la possibilità del difensore di continuare a compiere gli atti processuali in nome e per conto del cliente, che trova la propria fonte nel potere discrezionale del professionista di dichiarare o meno (in quella fase del giudizio) la causa interruttiva — proprio perché l'interruzione del giudizio di merito è automatica e deve essere dichiarata dal giudice non appena sia venuto a conoscenza dell'evento. Ne consegue che in caso di fallimento del mandante, il mandato difensionale conferito con la procura ad litem e prestato nelle controversie non aventi natura personale per il fallito, in considerazione delle sue peculiari caratteristiche, si scioglie immediatamente (*Cass. civ., sez. I, 24 febbraio **2020**, n. 4795*).

Il **termine per la riassunzione** del giudizio decorre dalla dichiarazione o notificazione dell'evento interruttivo, ovvero, se anteriore, dalla conoscenza legale ma *Cass. civ., sez. I, 12 ottobre **2020**, n. 21961* ha rimesso gli atti al Presidente per l'eventuale assegnazione alle Sezioni Unite per individuare l'esatto momento determinante dal quale far decorrere il termine.

Giurisprudenza

*Qualora la parte sia assistita in giudizio da un unico difensore ed egli sia stato sospeso dall'albo, il processo si interrompe automaticamente anche se il giudice e le altre parti non ne siano venute a conoscenza ed ogni altra attività processuale eventualmente compiuta è causa di nullità degli atti successivi e della sentenza (Cass. civ., sez. lav., 15 dicembre **2020**, n. 28626).*

Stante il principio di libertà delle forme, l'atto di riassunzione del giudizio deve avere il contenuto idoneo ad assolvere il suo scopo, che è, non l'inizio, ma la prosecuzione del processo, così, nel valutare se l'atto ha assolto detta funzione, il giudice deve apprezzarne il contenuto. La legge prevede espressamente indicazioni circa il contenuto dell'atto di riassunzione per il caso in cui l'interruzione derivi dal decesso della parte e non per quello in cui il decesso sia del procuratore costituito. La nullità dell'atto di riassunzione dev'essere quindi pronunciata ove manchino gli elementi essenziali al raggiungimento del suo scopo, quali: il riferimento alla precedente fase processuale, l'indicazione delle parti e altri elementi idonei ad identificare la causa riassunta, i motivi della cessazione della pendenza del giudizio, la *manifesta volontà di riattivarlo con il ricongiungimento delle due fasi in unico processo (Cass. civ., sez. I, 5 marzo **2020**, n. 6193).*

4. L'estinzione.

Il processo può concludersi, anziché con la sentenza che definisce il processo, perché le parti, in funzione di un loro esplicito accordo o per comportamento concludente, ritengono inutile proseguirlo. Si verifica in tal caso l'estinzione. I casi sono disciplinati dagli artt. 306 e 307 e sono:

- **per rinuncia agli atti del giudizio**: consiste nella dichiarazione unilaterale dell'attore e nella accettazione ad opera delle parti costituite che potrebbero avere interesse alla prosecuzione. L'accettazione non è efficace se contiene riserve o condizioni. Le dichiarazioni di **rinuncia** e **accettazione** devono essere effettuate dalle parti personalmente o dai loro procuratori, muniti di procura speciale (in quanto la rinuncia non rientra nei poteri ordinari del procuratore), verbalmente all'udienza o con atti sottoscritti e notificati alle altre parti. Nei confronti del convenuto che non si è costituito non occorre la notifica della dichiarazione di rinuncia. Il giudice, se la rinuncia e l'accettazione sono regolari, dichiara l'estinzione del processo ma il rinunciante deve rimborsare le spese alle altre parti, salvo diverso accordo tra loro. La liquidazione delle spese è effettuata dal giudice con ordinanza non impugnabile. Diversa è l'ipotesi della **rinuncia all'azione**, cioè quando la parte rinuncia al diritto sostanziale sottostante (e non semplicemente agli atti del processo): la stessa non necessita di accettazione del convenuto;
- **per inattività delle parti**: consiste nel comportamento oggettivo delle parti le quali omettono di compiere gli atti nei termini prestabiliti. I casi di estinzione sono i seguenti (la dottrina li distingue tra casi di inattività semplice — art. 307, commi 1 e 2 — e di inattività qualificata — art. 307, comma 3):

1) **mancata costituzione** di entrambe le parti dopo la notifica della citazione: il processo deve essere riassunto entro il termine perentorio di tre mesi, decorrente dalla scadenza del termine di costituzione assegnato al convenuto, altrimenti si estingue;

2) ordine da parte del giudice di **cancellazione della causa dal ruolo** dopo la costituzione delle parti. Rientra in questa ipotesi quella della mancata comparizione di entrambe le parti all'udienza. L'art. 309 stabilisce che il giudice provvede a norma del comma 1 dell'art. 181 e cioè fissando una nuova udienza, alla quale, se le parti nuovamente non compaiono, il giudice ordina la cancellazione della causa dal ruolo e dichiara l'estinzione del processo;

3) se **avvenuta la riassunzione**, nessuna delle parti si costituisce o il giudice ordina di nuovo la cancellazione dal ruolo, il processo si estingue;

4) quando la parte, cui spetta di rinnovare la citazione o di proseguire, riassumere o integrare il giudizio, **non vi abbia provveduto** entro il termine perentorio stabilito dalla legge o dal giudice, il processo si estingue.

L'estinzione opera di diritto ed è dichiarata anche d'ufficio. Avverso l'ordinanza di estinzione, se emessa dal giudice istruttore, è ammesso il reclamo al collegio ai sensi dell'art. 178; avverso la sentenza del collegio è ammesso l'appello: in nessun caso tale provvedimento è soggetto a ricorso per cassazione (*Cass. civ., sez. VI, 9 aprile 2019, n. 9930*).

Gli **effetti dell'estinzione** sono disciplinati espressamente dall'art. 310: **il processo è estinto, ma non l'azione**, la quale può essere riproposta in un nuovo processo. L'estinzione rende, però, inefficaci gli atti compiuti, tranne le sentenze di merito pronunciate nel corso del processo e le decisioni che regolano la competenza. Tra le sentenze di merito si devono annoverare quelle definitive (se l'estinzione si è verificata in appello) e quelle non definitive; secondo una parte della dottrina tra queste non rientrano quelle emesse su questioni preliminari di merito, in quanto la loro funzione è destinata ad esaurirsi con l'estinzione del processo. Le prove del giudizio estinto non possono essere utilizzate in un nuovo processo, ma possono essere valutate dal giudice come argomenti di prova, a norma dell'art. 116, comma 2. Le spese del processo estinto sono a carico delle parti che le hanno anticipate.

Giurisprudenza

L'ordinanza interruttiva del processo ha natura meramente preparatoria ed ordinatoria poiché non statuisce sulla pretesa sostanziale fatta valere in giudizio, né definisce il processo, comportando soltanto un temporaneo stato di quiescenza del processo fino alla sua riassunzione o, in mancanza, fino all'estinzione. Ne consegue che avverso tale provvedimento sono inammissibili l'appello e il ricorso per cassazione ai sensi dell'art. 111, comma 7, Cost., poiché la parte interessata ha la possibilità di recuperare pienamente la tutela giudiziale attraverso gli ordinari mezzi di impugnazione, i quali sono idonei a far valere ogni possibile doglianza nei confronti del giudice che, una volta proseguito o riassunto il giudizio nel termine perentorio stabilito dalla legge, disattenda le sue difese e si pronunci sul merito della domanda o sui relativi presupposti processuali (*Cass. civ., sez. III, 20 maggio **2020**, n. 9255*).

SCHEMA 57 La sospensione del processo

- **NECESSARIA O PER PREGIUDIZIALITÀ** — è disposta dal giudice quando la previa definizione di altra controversia sia imposta da disposizione di legge ovvero costituisca indispensabile antecedente logico-giuridico
  - CIVILE
  - PENALE
  - AMMINISTRATIVA

- **CONCORDATA** — può essere disposta dal giudice **per una sola volta** su **istanza concorde** di tutte le parti costituite per un periodo non superiore a **tre mesi** ove sussistano **giustificati motivi**

- **IMPROPRIA** — consegue alla pronuncia di **non manifesta infondatezza** dell'eccezione di illegittimità costituzionale di una norma di legge ovvero alla richiesta di decisione da parte della Corte di giustizia della Comunità europea

- **PROSECUZIONE DEL GIUDIZIO SOSPESO**
  - il giudice accordando la sospensione fissa udienza per la prosecuzione
  - il giudice non fissa l'udienza di prosecuzione e almeno una delle parti deve proporre **istanza di riassunzione** al giudice o al presidente con ricorso da notificare alle altre parti nel termine stabilito dal giudice

- **EFFETTI DELLA SOSPENSIONE** — il processo sospeso rimane in **fase di quiescenza temporanea e non possono** essere compiuti atti, ad eccezione del ricorso alla tutela d'urgenza. Si interrompono i termini in corso che **riprendono a decorrere** dal giorno della nuova udienza di prosecuzione del processo

SCHEMA 58 L'interruzione

- **PER MORTE O PERDITA DELLA CAPACITÀ DI UNA DELLE PARTI**
  - PRIMA DELLA COSTITUZIONE IN GIUDIZIO
    - il processo è interrotto salvo che coloro ai quali spetta di proseguirlo si costituiscano **volontariamente** oppure l'altra parte provveda a citarli in riassunzione
    - l'interruzione si verifica al momento del **verificarsi dell'evento**
  - DOPO LA COSTITUZIONE IN GIUDIZIO
    - il procuratore costituito deve dichiarare in udienza o notificare alle altre parti l'evento interruttivo
    - il processo è interrotto salvo la costituzione **volontaria** o la **riassunzione**
    - l'interruzione si verifica solo al momento della **dichiarazione**
  - NELL'IPOTESI DI CONTUMACIA
    - il processo è interrotto dal momento in cui il fatto interruttivo **è documentato** dall'altra parte o è notificato o accertato dall'ufficiale giudiziario
- **PER MORTE, RADIAZIONE O SOSPENSIONE DEL PROCURATORE COSTITUITO**
  - MODALITÀ
    - il processo è interrotto **automaticamente** senza necessità di comunicazione o notificazione salvo l'ipotesi di più procuratori costituiti per la medesima parte
  - ECCEZIONI
    - **non costituiscono** cause di interruzione la **revoca della procura** o la **rinuncia** ad essa
- **PROSECUZIONE DEL GIUDIZIO INTERROTTO**
  - TERMINE
    - deve avvenire nel termine perentorio di tre mesi pena l'estinzione
  - INIZIATIVA
    - della **parte colpita dall'evento** o dal suo successore
  - QUANDO
    - direttamente all'udienza mediante costituzione in giudizio
    - con richiesta al giudice di fissare udienza
- **RIASSUNZIONE DEL GIUDIZIO INTERROTTO**
  - TERMINE
    - deve avvenire nel termine perentorio di tre mesi pena l'estinzione
  - INIZIATIVA
    - **dell'altra parte** qualora la parte colpita dall'evento non si attivi
  - QUANDO
    - mediante **ricorso** con richiesta di fissazione dell'udienza e notifica del decreto a coloro che debbono costituirsi per proseguirlo
- **STATO DEL PROCESSO RIASSUNTO O PROSEGUITO**
  - il processo proseguito o riassunto riprende nella **medesima fase processuale in cui si è verificata l'interruzione o la sospensione**. Permangono tutti gli **effetti sostanziali e processuali** del rapporto originario, le preclusioni già maturate, le domande già proposte e le prove già assunte

SCHEMA 59 L'estinzione

- PER RINUNCIA AGLI ATTI DEL GIUDIZIO
  - COME — mediante dichiarazione unilaterale di rinuncia e di accettazione delle altre parti costituite che potrebbero avere interesse alla prosecuzione, verbalmente all'udienza o mediante atti scritti
  - CONSEGUENZE — il giudice, verificata la **regolarità della rinuncia** dichiara l'estinzione e, salvo diverso accordo, il rinunciante deve rimborsare le spese liquidate dal giudice a favore delle altre parti
- PER INATTIVITÀ DELLE PARTI
  - COME — a seguito del **comportamento oggettivo** delle parti che **omettono di compiere atti** nei termini stabiliti
  - SEMPLICE
    - dopo la notifica della citazione nessuna delle parti si costituisce e il processo non è riassunto nei termini
    - dopo la costituzione delle parti il giudice ordina la cancellazione della causa dal ruolo
    - dopo la riassunzione nessuna delle parti si costituisce o il giudice ordina la cancellazione
  - QUALIFICATA — le parti cui spetta di rinnovare la citazione o di proseguire, riassumere o integrare il giudizio non vi provvedono nel termine perentorio stabilito dalla legge o dal giudice
- OPERATIVITÀ DELL'ESTINZIONE — l'estinzione **opera di diritto** ed è dichiarata anche **d'ufficio** con **ordinanza** del giudice o con **sentenza** del collegio; nel primo caso è ammesso **reclamo al collegio**, nel secondo è ammessa **impugnazione ordinaria**
- EFFETTI
  - l'estinzione **non estingue l'azione** che può essere riproposta in un nuovo processo ma rende **inefficaci gli atti compiuti** ad eccezione delle sentenze di merito pronunciate nel corso del giudizio e delle pronunce che regolano la competenza
  - le **prove raccolte nel processo estinto** non possono essere utilizzate in un nuovo processo ma sono valutate dal giudice come **argomenti di prova**

CAPITOLO V

IL PROCEDIMENTO DAVANTI AL GIUDICE DI PACE

1. Considerazioni generali.

Il procedimento davanti al giudice di pace, stante la disposizione di cui all'art. 311, è retto dalle norme relative al procedimento davanti al tribunale in composizione monocratica, nonché da quelle appositamente previste. Si tratta di un processo con un rito caratterizzato dalla **semplicità**, ma nel quale deve comunque essere rispettato il **principio del contraddittorio**. La domanda si propone mediante citazione a comparire a udienza fissa, ma può anche essere proposta in forma orale: la parte può presentarsi direttamente di fronte al giudice di pace il quale è tenuto a raccogliere la domanda mediante la redazione di un processo verbale, che a cura dell'attore, è notificato con citazione a comparire a udienza fissa (art. 316). La dottrina ritiene che il giudice deve limitare la sua attività alla mera identificazione della domanda ma può integrare l'esposizione incerta e lacunosa. La norma trova la sua giustificazione in quanto davanti al giudice di pace le parti possono stare in giudizio personalmente nelle cause il cui valore non eccede euro 1.100 e possono essere autorizzate, dallo stesso giudice di pace, a stare in giudizio personalmente anche nelle cause di valore superiore.

Davanti al giudice di pace le parti possono farsi rappresentare da persona munita di mandato scritto in calce alla citazione o in atto separato, salvo che il giudice ordini la loro comparizione personale; il mandato comprende sempre quello a transigere e a conciliare (art. 317). Si tratta di un'ipotesi di rappresentanza processuale volontaria, applicabile nei soli casi in cui la parte può stare in giudizio personalmente, dovendo, diversamente, necessariamente ricorrere alla difesa tecnica come previsto dall'art. 82.

Giurisprudenza

*Il deposito degli atti presso gli uffici del Giudice di Pace non può avvenire per mezzo della PEC o tramite l'invio di una raccomandata online ai server di Poste Italiane, non essendo ancora intervenuta apposita normativa ministeriale disciplinante tali profili (Cass. civ., sez. II, 29 settembre **2020**, n. 20575).*

2. Le particolarità del procedimento.

Nell'ottica della semplificazione di questo tipo di processo, la **domanda**, comunque proposta (quindi anche quella proposta verbalmente e raccolta dal giudice di pace nel processo verbale), deve contenere, oltre l'indicazione del giudice e delle parti, solamente l'esposizione dei fatti e l'indicazione dell'oggetto e non si richiedono dunque tutti i requisiti previsti dall'art. 163 (art. 318). L'atto di citazione deve infatti ritenersi nullo solamente nel caso in cui per la mancata o incompleta esposizione dei fatti non sia possibile l'instaurazione del contraddittorio. **I termini di comparizione** sono quelli previsti dall'art. 163-*bis* ridotti alla metà; se la citazione indica un giorno nel quale il giudice di pace non tiene udienza la comparizione è rimandata d'ufficio all'udienza immediatamente successiva. Anche se la norma non lo prevede, la domanda deve comunque essere sottoscritta dalla parte (se sta in giudizio personalmente) o dal procuratore.

La **costituzione delle parti** può avvenire con la massima libertà di forme: l'art. 319 stabilisce, infatti, che le stesse si costituiscono o direttamente in udienza o in cancelleria, depositando l'atto di citazione o il processo verbale di cui all'art. 316 con la relazione della notificazione e, quando occorre, la procura. La costituzione può, dunque, avvenire anche il medesimo giorno dell'udienza non essendo necessaria la preventiva iscrizione della causa a ruolo, come invece richiesto per il tribunale. Le parti hanno onere di dichiarare la residenza o di eleggere domicilio nel comune in cui ha sede l'ufficio del giudice di pace, negli atti introduttivi ovvero nel verbale al momento della costituzione; in mancanza, ai sensi dell'art. 58 disp. att., le notificazioni e le comunicazioni possono avvenire durante il procedimento presso la cancelleria.

Con il d.m. 10 dicembre 2019, n. 164220 il Ministero della Giustizia ha avviato le comunicazioni e le notificazioni di cancelleria per via telematica presso alcuni uffici del Giudice di Pace.

Sempre nell'ottica della semplificazione del processo, il giudice di pace alla **prima udienza** interroga liberamente le parti e tenta la loro conciliazione: se questa riesce, se ne redige processo verbale; se non riesce, il giudice di pace invita le parti a precisare i fatti che ciascuna parte pone a fondamento delle domande, difese ed eccezioni, a produrre i documenti e a richiedere i mezzi di prova da assumere (art. 320).

La norma prevede la concentrazione nella prima udienza di tutta l'attività processuale delle parti, consentendo al giudice di rinviare la causa a un'udienza successiva solamente quando, in relazione all'attività svolta, risultino necessarie ulteriori produzioni o richieste di prova. Ne deriva che all'udienza che venga tenuta successivamente alla prima, rimane precluso al convenuto proporre domanda riconvenzionale e neppure — ove rimasto contumace alla prima udienza e costituitosi a quest'ultima — gli è consentito svolgere attività difensiva diversa dalla mera contestazione delle pretese avversarie e delle prove addotte a sostegno delle medesime, come pure gli è precluso di chiamare un terzo in causa. Il rito di fronte al giudice di pace è dunque caratterizzato dal **regime di preclusioni** che assiste il procedimento dinanzi al tribunale: dopo la prima udienza non è più possibile proporre domande nuove o richiedere l'ammissione di nuove prove. Le preclusioni processuali non sono derogabili nemmeno da parte del giudice di pace il quale non può rinviare la prima udienza al fine di consentire alle parti l'espletamento di attività precluse (*Cass. civ., sez. VI, 18 gennaio 2019, n. 1419*).

L'attore propone domanda di risarcimento danni da sinistro stradale ma non produce la documentazione relativa alla messa in mora della società assicuratrice che si costituisce ed eccepisce l'improponibilità della domanda. L'attore deposita dopo la prima udienza la documentazione. La Corte di Cassazione ha confermato la decisione che ha ritenuto improponibile la domanda in quanto la produzione documentale, non avvenuta alla prima udienza, rimane definitivamente preclusa quando, come nella fattispecie, non ricorra l'ipotesi di cui all'art. 320, quarto comma (*Cass. civ., sez. III, 3 agosto 2017, n. 19359*).

Anche di fronte al giudice di pace l'incompetenza per materia, per valore e per territorio deve essere eccepita, a pena di decadenza, nella comparsa di risposta **tempestivamente depositata** e cioè entro la prima udienza, secondo quanto previsto dall'art. 38, comma 1. La dottrina, peraltro, ritiene che il giudice di pace debba pronunciarsi sulla questione di competenza, anziché con ordinanza, sempre con sentenza, impugnabile con i mezzi ordinari, essendo inapplicabile il regolamento di competenza in base a quanto disposto dall'art. 46.

Se nel corso del processo davanti al giudice di pace è proposta **querela di falso**, il giudice, quando ritiene il documento impugnato rilevante per la decisione, sospende il giudizio e rimette le parti davanti al tribunale per il relativo procedimento (art. 313); può però anche disporre che la trattazione della causa continui davanti a sé, relativamente a quelle domande che possono essere decise indipendentemente dal documento impugnato.

La **fase decisoria** della causa prevede l'invito del giudice di pace alle parti a precisare le conclusioni e a discutere la causa. Possono però essere autorizzate difese scritte da depositare nella medesima udienza. L'art. 321 stabilisce anche che la sentenza è depositata in cancelleria entro 15 giorni dall'udienza di discussione ma trattasi di termine meramente ordinatorio.

Giurisprudenza

Nel caso in cui vengano proposte, cumulativamente, dinanzi al giudice di pace una domanda di condanna al pagamento di una somma di denaro, inferiore al limite massimo di competenza per valore del giudice adito, ed una domanda di condanna ad un "facere", per la quale non sia indicato alcun valore, quest'ultima, non essendo meramente accessoria o specificativa della prima, deve ritenersi di valore corrispondente al suddetto limite massimo, sicché il cumulo delle due domande comporta il superamento della competenza per valore del giudice di pace (Cass. civ., sez. VI, 15 giugno ***2020****, n. 11460).*

3. La conciliazione in sede non contenziosa.

Con l'art. 322 il legislatore ha inteso conferire al giudice di pace il compito di esperire la conciliazione tra due o più parti, al fine di evitar loro di dover instaurare un processo civile e di sostenerne i relativi costi. L'istituto in oggetto non ha avuto molto successo, in quanto non solo le parti hanno dimostrato una certa ritrosia, ma altresì la disciplina dello stesso non è stata completa, dimostrando alcune lacune.

La norma prevede che la parte può presentare al giudice di pace competente per territorio (da individuarsi in base alle normali regole) **istanza**, sia in forma verbale (in tal caso si forma processo verbale) sia in forma scritta, personalmente o tramite difensore, perché venga esperito il **tentativo di conciliazione**: il giudice di pace dispone, quindi, che il cancelliere inviti le parti a comparire davanti a lui in un'ora e in un giorno determinati per cercare di conciliarle (art. 68 disp. att.). Non essendo prevista alcuna forma particolare, la **convocazione** può avvenire in qualunque modo. Se la parte invitata non si presenta, il giudice di pace ne dà atto nel processo verbale (art. 69 disp. att.), senza che derivi alle parti (invitante e invitata) alcun pregiudizio sull'eventuale controversia giudiziale successivamente esperita. Se, invece, la parte si presenta, il giudice di pace ne tenta la conciliazione: se la stessa non viene raggiunta, anche in tal caso non consegue alle parti alcun effetto pregiudizievole; se le parti raggiungono la conciliazione, se ne forma processo verbale il quale costituisce **titolo esecutivo**, se la controversia rientra nella competenza (per materia, per valore e per territorio) del giudice di pace; altrimenti assume valore di **scrittura privata riconosciuta** in giudizio. La dottrina ha rilevato che in realtà la distinzione è superata, in quanto in funzione di quanto previsto dall'art. 474, comma 2, n. 3, il verbale, in quanto, redatto di fronte ad un pubblico ufficiale, ha valenza di titolo esecutivo in relazione alle obbligazioni di pagamento di somme di denaro in esso contenute.

SCHEMA 60 Il procedimento davanti al giudice di pace

CONTENUTO DELLA DOMANDA		• indicazione del **giudice** • indicazione delle **parti** • esposizione dei **fatti** e **indicazione dell'oggetto** • **termini di comparizione** (ridotti della metà) • dichiarazione di **residenza o elezione di domicilio** nel comune in cui ha sede l'ufficio
COSTITUZIONE DELLE PARTI	DIRETTAMENTE IN UDIENZA	non è necessaria la preventiva iscrizione della causa a ruolo
	IN CANCELLERIA	mediante deposito dell'atto di citazione o del processo verbale con la relazione di notifica e la procura ovvero della comparsa di risposta
TRATTAZIONE DELLA CAUSA	PRIMA UDIENZA	il giudice di pace interroga liberamente le parti e tenta la loro conciliazione
	CONCILIAZIONE	si redige **processo verbale** della conciliazione
	NON CONCILIAZIONE	il giudice di pace invita le parti a • **precisare** i fatti • **produrre** i documenti • **richiedere** i mezzi di prova da assumere
	ALTRE ATTIVITÀ	quando si rende necessario dalle attività svolte dalle parti alla prima udienza, il giudice può rinviare ad una **successiva udienza** alla quale non è più possibile proporre domande nuove o chiedere l'ammissione di **nuove prove**
QUERELA DI FALSO	PROCEDIMENTO	il giudice di pace, se ritiene il documento impugnato rilevante per la decisione, **sospende** il giudizio e **rimette le parti** davanti al tribunale
DECISIONE	COME	il giudice invita la parti a precisare le conclusioni e a discutere la causa autorizzando eventualmente il deposito di difese scritte
	QUANDO	la sentenza è depositata in cancelleria entro 15 giorni dalla discussione
CONCILIAZIONE IN SEDE NON CONTENZIOSA	PROCEDIMENTO	su istanza verbale o scritta della parte interessata il giudice invita le parti a comparire avanti a sé in un giorno determinato ed ha il compito di esperire la conciliazione al fine di **evitare il processo**

CAPITOLO VI

LE IMPUGNAZIONI

GUIDA **1.** Considerazioni generali **2.** I termini per l'impugnazione **3.** L'acquiescenza **4.** Il luogo di notificazione dell'impugnazione **5.** Il regime del contraddittorio nelle impugnazioni **6.** Le impugnazioni incidentali **7.** Gli effetti della riforma o della cassazione

1. Considerazioni generali.

Le parti possono contestare la sentenza proponendo impugnazione al fine di ottenere un **riesame del giudizio** e per far sì che non si verifichi l'incontrovertibilità della sentenza stessa, fintantoché non è stato esaurito l'*iter* previsto dal legislatore. Se, infatti, la sentenza non è impugnata o non è più impugnabile, si verifica il fenomeno che l'art. 324 definisce "**cosa giudicata formale**", dal quale discende l'ulteriore fenomeno disciplinato dall'art. 2909 c.c. e cioè della "**cosa giudicata sostanziale**": il giudicato fa stato tra le parti, loro eredi ed aventi causa, essendo stato appunto accertato in modo incontrovertibile. Si distingue in:

- **giudicato interno**, cioè quello che si forma all'interno dello stesso processo, su un capo autonomo della sentenza e la cui formazione può essere rilevata d'ufficio anche in sede di legittimità;
- **giudicato esterno**, cioè quello che si è formato in un diverso processo tra le medesime parti, rilevabile d'ufficio.

Per esercitare il potere di impugnazione occorre:

- l'**interesse ad impugnare**, considerato quale interesse ad ottenere la modifica in tutto o in parte di un provvedimento insoddisfacente ed in base al quale la parte è risultata soccombente; l'interesse deve sussistere non soltanto al momento dell'impugnazione, ma anche successivamente fino alla decisione della causa (*Cass. civ., sez. lav., 12 novembre **2020**, n. 25625*). La soccombenza deve essere pratica e non teorica nel senso che deve sussistere un pregiudizio pratico per la parte, ancorché vittoriosa: in buona sostanza deve sussistere un effettivo contrasto fra il contenuto del provvedimento emesso dal giudice e la richiesta formulata in giudizio;
- la **legittimazione ad impugnare**, nel senso che solo i soggetti che sono stati parte del giudizio o che avrebbero dovuto esserlo, possono proporre impugnazione. È riconosciuta la legittimazione ad impugnare in capo a colui nei confronti del quale è stata pronunciata l'inammissibilità dell'intervento; al successore nel processo a titolo universale ai sensi dell'art. 110 e così pure al successore a titolo

particolare, il quale può impugnare la sentenza emessa nei confronti del *dante causa* anche in caso di mancato intervento nel giudizio in cui la stessa è stata resa;

- la **possibilità giuridica di impugnazione**, nel senso che il provvedimento deve essere configurato dalla legge come impugnabile. La giurisprudenza ritiene che la natura di un provvedimento giudiziale deve essere desunta dal suo intrinseco contenuto e non già dalla sua forma esteriore o dalla denominazione che il giudice le abbia dato.

Anche se il codice non lo prevede, **i mezzi di impugnazione** si distinguono in:

- **ordinari** (appello, ricorso per cassazione, regolamento di competenza ad istanza di parte e revocazione ai sensi dell'art. 395 nn. 4 e 5) che hanno l'effetto di impedire alla sentenza di passare in giudicato e si propongono a un giudice diverso da quello che ha reso la sentenza stessa;
- **straordinari** (revocazione ai sensi dell'art. 395 nn. 1, 2, 3 e 6, opposizione di terzo ai sensi dell'art. 404) che sono esperibili anche nei confronti di una sentenza passata formalmente in giudicato che si propongono allo stesso giudice che ha reso la sentenza impugnata.

Il tribunale rigetta la domanda di risoluzione del contratto di locazione per inadempimento del conduttore e di rilascio e condanna il locatore alle spese. Il conduttore, parte totalmente vittoriosa, propone appello sostenendo che la motivazione del primo giudice è errata e che ne avrebbe pregiudizio. La Corte d'appello rigetta l'impugnazione per difetto di interesse. La Corte di cassazione conferma la decisione: la parte non ha interesse ad impugnare la sentenza in quanto integralmente vittoriosa (*Cass. civ., sez. III, 7 aprile 2015 n. 6894*)

Giurisprudenza

Il principio contenuto nell'art. 100 c.p.c., secondo il quale per proporre una domanda o per resistere ad essa è necessario avervi interesse, si applica anche al giudizio di impugnazione, in cui l'interesse ad impugnare una data sentenza o un capo di essa va desunto dall'utilità giuridica che dall'eventuale accoglimento del gravame possa derivare alla parte che lo propone e non può consistere in un mero interesse astratto ad una più corretta soluzione di una questione giuridica, non avente riflessi sulla decisione adottata e che non spieghi alcuna influenza in relazione alle domande o eccezioni proposte. Ne consegue, per un verso, che deve ritenersi normalmente escluso l'interesse della parte integralmente vittoriosa ad impugnare una sentenza al solo fine di ottenere una modificazione della motivazione, ove non sussista la possibilità, per la parte stessa, di conseguire un risultato utile e giuridicamente apprezzabile; per altro verso, che l'interesse all'impugnazione va ritenuto sussistente qualora la pronuncia contenga una statuizione contraria all'interesse della parte medesima suscettibile di formare il giudicato (Cass. civ., sez. II, 11 dicembre ***2020****, n. 28307).*

2. I termini per l'impugnazione.

La proposizione dell'impugnazione è soggetta a **termini perentori**: scaduti gli stessi si verifica la decadenza e, quindi, l'impugnazione è inammissibile perché la sentenza è passata in giudicato. I termini cambiano a seconda che sia o meno stata notificata la sentenza ai sensi dell'art. 285 (v. parte terza, cap. III, 9).

Nel primo caso decorre il **termine breve** stabilito dell'art. 325: il termine per i mezzi di impugnazione ordinari è di trenta giorni. Il termine per proporre ricorso per cassazione è di giorni sessanta.

I termini decorrono dalla **notificazione** della sentenza, per entrambe le parti (*Cass. civ.*, ***sez. un.***, *4 marzo 2019, n. 6278*), tranne il caso in cui è pronunciata ordinanza di inammissibilità dell'appello (art. 348-*ter*), nel qual caso il termine per l'impugnazione decorre dalla comunicazione dell'ordinanza, a meno che la notificazione sia avvenuta anteriormente (*Cass. civ., sez. VI, 15 dicembre 2016, n. 25968*). Per costante giurisprudenza la notifica della sentenza, effettuata personalmente alla parte in forma esecutiva e non al suo procuratore, è inidonea a far decorrere il termine breve dell'impugnazione, a meno che la parte stia in giudizio personalmente ai sensi dell'art. 86 (*Cass. civ., sez. VI, 21 luglio 2017, n. 18053*). Al termine breve si applica la sospensione feriale.

Se invece la sentenza non viene notificata il legislatore ha stabilito che, comunque, l'impugnazione deve essere proposta entro il **termine lungo** di sei mesi dalla **pubblicazione** (e non dalla comunicazione) della sentenza, e cioè dal giorno del suo deposito ufficiale presso la cancelleria del giudice che l'ha pronunciata, che costituisce l'atto mediante il quale la decisione viene ad esistenza giuridica (*Cass. civ., sez. II, 10 dicembre 2019, n. 32232*). Per il **calcolo dei termini** mensili o annuali, fra i quali è compreso quello di decadenza dall'impugnazione ex art. 327, si osserva, il sistema della computazione civile non *"ex numero"* bensì *"ex nominatione dierum"*, nel senso che il decorso del tempo si ha, indipendentemente dall'effettivo numero dei giorni compresi nel rispettivo periodo, allo spirare del giorno corrispondente a quello del mese iniziale; analogamente si deve procedere quando il termine di decadenza interferisca con il periodo di sospensione feriale dei termini, sicché per calcolare i termini di decadenza dal gravame non occorre tenere conto dei giorni compresi tra il primo e trentunesimo giorno agosto di ciascun anno (*Cass. civ., sez. VI, 25 agosto* ***2020***, *n. 17640*).

Il termine lungo **concorre** con il termine breve e, nell'ipotesi in cui scada per primo il termine lungo, la sentenza passa in giudicato: la parte infatti non può beneficiare dell'ulteriore termine breve. La proposizione dell'impugnazione (appello, ricorso per Cassazione e revocazione per i n. 4 e 5 dell'art. 395), se effettuata dopo il decorso dei termini, è ritenuta inammissibile con rilevazione d'ufficio della intervenuta decadenza. La disposizione di cui all'art. 327, che sancisce la decadenza dall'impugnazione, si applica anche nei confronti del contumace ma, in virtù di quanto previsto dal secondo comma della norma, il **contumace cd. involontario** può proporre l'impugnazione stessa, oltre i termini previsti, se prova che si sia verificata la nullità della citazione e che la mancata conoscenza del processo è dovuta a causa di tale nullità (*Cass. civ., sez. III, 15 gennaio* ***2020****, n. 532*).

Sia il termine breve sia il termine lungo possono essere **interrotti** se si verifica qualcuno degli eventi previsti dall'art. 299: l'art. 328 stabilisce che nel caso in cui sia stata notificata la sentenza, il termine è interrotto e il nuovo termine decorre dal giorno in cui la notificazione della sentenza è rinnovata; la rinnovazione può essere fatta agli eredi collettivamente e impersonalmente nell'ultimo domicilio del defunto. Se, invece, non è stata notificata la sentenza e, quindi, in ipotesi di termine lungo, se l'evento ha luogo nei primi sei mesi dalla pubblicazione della sentenza, non si verifica nessun effetto; se invece l'evento si verifica dopo sei mesi dalla pubblicazione, il termine è prorogato per tutte le parti di altri sei mesi decorrenti dal suo verificarsi (art. 328, comma 3). Il legislatore non ha coordinato tale disposizione con il nuovo termine di decadenza dall'impugnazione, previsto in sei mesi dalla legge 18 giugno 2009 n. 69, con la conseguenza di rendere inapplicabile, per i giudizi instaurati dopo l'entrata in vigore della legge, la disposizione del comma 3.

I termini per i mezzi di impugnazione straordinari non possono invece decorrere da un momento predeterminato ma solo dal giorno in cui è stato scoperto il dolo o la falsità o la collusione o è stato recuperato il documento o è passata in giudicato la sentenza di cui al n. 6 dell'art. 395 o il pubblico ministero ha avuto conoscenza della sentenza (art. 326).

Giurisprudenza

La notificazione dell'impugnazione equivale, sia per il notificante che per il destinatario, alla notificazione della sentenza, ai fini della decorrenza del termine breve per proporre altre impugnazioni, restando comunque salva la sospensione di detto termine nei casi previsti dalla legge, poiché tale equiparazione non influisce sul regime sospensivo esplicitato dalle norme (Cass. civ., sez. III, 20 novembre ***2020****, n. 26427).*

Ai fini della tempestività dell'impugnazione, laddove si sia verificata una scissione tra il momento del deposito e quello della pubblicazione della sentenza attraverso l'apposizione in calce di due diverse date, il giudice dell'impugnazione deve accertare il momento di decorrenza del termine per impugnare, ovvero quello del deposito in cancelleria (Cass. civ., sez. II, 27 maggio ***2020****, n. 9958).*

3. L'acquiescenza.

Le impugnazioni ammesse dalla legge non sono proponibili quando vi sia stata acquiescenza (art. 329) e, cioè, vi sia stata **accettazione della sentenza**, mediante un atto di volontà dopo che la sentenza è stata pubblicata. È nulla la rinuncia preventiva all'impugnazione e, in ogni caso, l'acquiescenza opera solamente nei confronti del soggetto che l'ha fatta. L'acquiescenza può essere:

- **espressa**: in tal caso l'accettazione consiste in un atto unilaterale non recettizio; è sufficiente la sua esteriorizzazione e non è necessaria l'accettazione della controparte, non è ritrattabile trattandosi di un istituto esclusivamente processualistico;

- **tacita**: si ravvisa, secondo giurisprudenza pacifica, quando l'interessato abbia posto in essere atti dai quali sia possibile desumere, in maniera precisa ed univoca, il proposito di non contrastare gli effetti giuridici della pronuncia ovvero quando gli atti stessi siano assolutamente incompatibili con la volontà di avvalersi dell'impugnazione.

L'esecuzione volontaria di una sentenza esecutiva da parte del soccombente non comporta acquiescenza in quanto la condotta è ispirata unicamente allo scopo di impedire l'esecuzione forzata e di evitare di subire un più grave pregiudizio. Neppure l'acquiescenza può essere ravvisata nel pagamento delle spese liquidate nella sentenza di primo grado.

Diversa è l'ipotesi della c.d. **acquiescenza tacita qualificata**, disciplinata dall'art. 329, comma 2 in funzione del quale l'impugnazione parziale importa acquiescenza alle parti della sentenza non impugnate. La stessa si verifica solo quando le diverse parti siano completamente autonome l'una dall'altra e non quando la parte della sentenza non impugnata si ponga in nesso consequenziale con l'altra e trovi in essa il suo presupposto. Questo tipo di acquiescenza è rilevabile d'ufficio dovendo il giudice accertare quali siano i limiti dell'impugnazione.

Giurisprudenza

L'acquiescenza costituisce atto dispositivo del diritto di impugnazione e, quindi, indirettamente, del diritto fatto valere in giudizio, sicché la relativa manifestazione di volontà deve essere inequivoca e deve necessariamente provenire dal soggetto che di detto diritto possa disporre o dal procuratore munito di mandato speciale (Cass. civ., sez. II, 5 ottobre ***2020****, n. 21267).*

4. Il luogo di notificazione dell'impugnazione.

L'art. 330 stabilisce l'ordine che deve essere rispettato per la notifica dell'impugnazione. Le regole per la notificazione sono le seguenti:

- se la parte che ha notificato la sentenza, nell'atto di notificazione, indica la propria residenza o elegge il domicilio nella circoscrizione del giudice che ha emesso la decisione, la notifica dell'impugnazione deve essere eseguita in via esclusiva nella residenza dichiarata o nel domicilio eletto;
- se non è stata notificata la sentenza o se nella sentenza non è stato eletto un diverso domicilio, la notifica dell'impugnazione deve essere eseguita, ai sensi dell'art. 170, presso il procuratore costituito o nella residenza dichiarata o nel domicilio eletto per il giudizio;
- in caso di morte della parte avvenuta dopo la notificazione della sentenza, l'impugnazione può essere effettuata nei luoghi di cui sopra, collettivamente e impersonalmente agli eredi;
- se manca la dichiarazione di residenza o l'elezione di domicilio nella circo-

scrizione del giudice che ha pronunciato la sentenza, ovvero dopo un anno dalla pubblicazione della sentenza, l'impugnazione, se è ancora ammessa, deve essere notificata personalmente alla parte.

Particolare problema determina la modifica del domicilio eletto per il giudizio, non comunicato all'altra parte. La giurisprudenza è ormai pacifica nel senso che occorre valutare se il legale eserciti o meno la sua attività nel circondario del tribunale a cui sia assegnato. In tal caso, è onere del notificante accertare, anche mediante riscontro delle risultanze dell'albo professionale, quale sia **l'effettivo domicilio** dell'avvocato, a prescindere dalla comunicazione del trasferimento da parte di quest'ultimo. Diversamente, laddove il difensore svolga le sue funzioni in un **altro circondario** ed abbia proceduto all'elezione di domicilio ex art. 82 r.d. n. 37/1934, si delinea un obbligo di comunicare i mutamenti del domicilio stesso. Tale distinzione si rivela decisiva per stabilire se l'esito negativo della notifica dipenda o meno da ragioni imputabili al notificante, fermo restando che in tal caso questi, per conservare gli effetti collegati alla richiesta originaria, deve riattivare il processo notificatorio con immediatezza (*Cass. civ., sez. III, 6 novembre **2020**, n. 24947*).

Caio, vincitore in grado di appello, notifica la sentenza al procuratore costituito di Tizio in data 4 ottobre 2012. Tizio propone ricorso per cassazione notificando il ricorso al procuratore di Caio il 30 novembre 2012 presso il suo studio ma la notifica non va a buon fine in quanto l'avvocato risulta aver trasferito il medesimo. La seconda notifica presso il nuovo indirizzo dello studio viene effettuata il 13 dicembre 2012. Caio, in sede di controricorso, eccepisce la tardività del ricorso per essere stato notificato oltre i sessanta giorni dalla notifica della sentenza di appello. La Corte di Cassazione, richiamando l'indirizzo di *Cass. civ.,* ***sez. un.,*** *15 luglio 2016 n. 14594*, ha dichiarato l'inammissibilità del ricorso per tardività. Poiché il difensore di Caio esercitava l'attività professionale nel circondario del tribunale in cui si svolge la controversia, era onere della parte interessata accertare l'effettivo domicilio professionale del difensore prima di attivare il processo notificatorio, con la conseguenza che l'errore sul domicilio è privo della caratteristica della non imputabilità (*Cass. civ., sez. II, 30 agosto 2017 n. 20527*).

Giurisprudenza

La notifica dell'atto, se effettuata presso il domicilio eletto nel giudizio di primo grado, in persona del procuratore costituito, ed accettata dal consegnatario (nella specie, in qualità di addetto alla ricezione), è efficace e, come tale, idonea a stabilire il contraddittorio; l'intervenuta variazione della sede dell'ufficio del difensore, nelle more del giudizio, resta irrilevante se non comunicata (*Cass. civ., sez. VI, 3 giugno **2020**, n. 10480*).

5. Il regime del contraddittorio nelle impugnazioni.

Se al processo di primo grado hanno partecipato più parti, il giudizio deve rimanere **unitario** anche nei gradi successivi: il legislatore con gli artt. 331 e 332 ha disposto che al giudizio di impugnazione devono partecipare tutte le parti e che tutte le impugnazioni devono essere proposte nello stesso processo. Si distingue innanzitutto tra

- **cause inscindibili**: sono tali le cause nelle quali nel primo grado più parti hanno partecipato in forza di litisconsorzio necessario (*ex* art. 102) o per ordine del giudice o per successione di più persone ad una delle parti;
- **cause scindibili**: sono tali le cause nelle quali, nel primo grado, più parti hanno partecipato in forza di litisconsorzio facoltativo e che, quindi, sono separabili; nulla vieta infatti che la sentenza passi in giudicato nei confronti di solo alcune delle parti.

L'art. 331 dispone, pertanto, che se la sentenza pronunciata tra più parti in causa inscindibile o in cause tra loro dipendenti non è stata impugnata nei confronti di tutte, il giudice ordina l'**integrazione del contraddittorio**, fissando il termine nel quale la notificazione deve essere fatta e se è necessario, l'udienza di comparizione. La fattispecie delle cause tra loro dipendenti si verifica quando in due cause, trattate e decise in primo grado in un unico processo, per la natura propria della situazione giuridica controversa, ovvero per effetto di domande proposte congiuntamente, la decisione dell'una costituisce presupposto logico della decisione dell'altra, ovvero quando i rapporti processuali sono legati dal nesso di dipendenza reciproca. In tal caso, al fine di evitare la possibilità di giudicati contrastanti sul medesimo oggetto tra le parti che hanno partecipato al processo, esse devono essere trattate unitariamente anche nella fase di impugnazione. Nelle cause inscindibili e in quelle tra loro dipendenti vi è pertanto l'obbligo di una vera e propria *vocatio in ius*: per questo motivo il giudice ordina l'integrazione del contraddittorio, fissando il termine per la notificazione, termine che ha natura perentoria; l'inosservanza determina, infatti, l'inammissibilità dell'impugnazione (art. 331, comma 2).

L'art. 332 prevede, invece, che se l'impugnazione di una sentenza pronunciata in cause scindibili è stata proposta soltanto da alcuna delle parti o nei confronti di alcune di esse, il giudice ne ordina la **notificazione** alle altre, in confronto delle quali l'impugnazione non è preclusa o esclusa, fissando il termine nel quale la notificazione deve essere fatta e, se è necessario, l'udienza di comparizione. In tali cause, quindi, la notifica dell'impugnazione alle altre parti ha il solo scopo di una *litis denuntiatio*.

Cause inscindibili

In primo grado più condomini hanno impugnato una delibera assembleare; nel giudizio di impugnazione devono partecipare tutti i condomini che hanno impugnato la delibera e conseguentemente se solo alcune hanno proposto l'impugnazione, il giudice dovrà ordinare l'integrazione del contraddittorio.

In primo grado è stata promossa causa di risarcimento del danno da parte del danneggiato contro il responsabile, nel quale è intervenuta la compagnia di assicurazione; conseguentemente al giudizio di impugnazione devono partecipare tutte le parti con ordine di integrazione del contraddittorio nei confronti della parte che non è stata chiamata nel successivo giudizio.

Cause scindibili

In primo grado è stata promossa causa di risarcimento del danno da parte del danneggiato *ex* art. 2043 c.c. nei confronti di due convenuti in forza di un dedotto vincolo di solidarietà: se la domanda è stata accolta solamente riguardo ad uno di essi, nel giudizio di impugnazione deve essere solamente ordinata la notificazione dell'impugnazione.

In primo grado sono stati convenuti nel medesimo giudizio tutti i condebitori di un'obbligazione solidale. Poiché questa determina la costituzione di tanti rapporti obbligatori quanti sono i condebitori, siamo in presenza di cause scindibili rispetto alle quali in sede di impugnazione i motivi di gravame non si comunicano dall'uno all'altro dei coobbligati (*Cass. civ.*, **sez. un.**, *18 giugno 2010, n. 14700*).

Giurisprudenza

Poiché la morte di una parte nel corso del giudizio di primo grado determina la trasmissione della sua legittimazione processuale attiva e passiva agli eredi, questi vengono a trovarsi nella posizione di litisconsorti necessari per ragioni processuali (indipendentemente, cioè, dalla scindibilità o meno del rapporto sostanziale), sicché, in fase di appello, deve essere ordinata d'ufficio l'integrazione del contraddittorio nei confronti di ciascuno di essi, ancorché contumace in primo grado; in mancanza, il procedimento di appello e la sentenza che lo definisce sono affetti da nullità assoluta rilevabile di ufficio in ogni stato e grado e, quindi, pure in sede di legittimità, ove la non integrità del contraddittorio emerga "ex se" dagli atti senza necessità di nuovi accertamenti (Cass. civ., sez. VI, 5 novembre ***2020****, n. 24639).*

6. Le impugnazioni incidentali.

In funzione di quanto previsto dall'art. 333, le parti alle quali sono state effettuate le notificazioni previste dagli artt. 331 e 332, sono tenute a proporre, a pena di decadenza, le loro impugnazioni in via incidentale **nello stesso processo**. Lo scopo della norma è quello di mantenere l'unitarietà del processo e rendere possibile la decisione simultanea. La forma e i termini entro i quali debbono essere proposte le impugnazioni incidentali sono disciplinate dall'art. 343 per il giudizio di appello (v. parte terza, cap. VII, 6) e dall'art. 371 per il giudizio di cassazione (v. parte terza, cap. VIII, 5).

Può accadere però che la parte, pur vittoriosa nel giudizio di primo grado, abbia visto disattendere una questione pregiudiziale o preliminare di merito, perché non esaminata o ritenuta assorbita. In tal caso, la parte, nel giudizio di impugnazione promosso dal soccombente, è tenuta a **riproporre** in secondo grado la propria questione od eccezione mentre nel giudizio di cassazione è tenuta a proporre ricorso incidentale condizionato.

Il legislatore si è preoccupato di disciplinare una situazione particolare che si può verificare nel processo: una parte era disposta ad accettare la sentenza soltanto se la stessa era accettata anche dalla controparte e quindi non ha proposto impugnazione nei termini; l'altra parte propone l'impugnazione, dimostrando di non accettare la sentenza. In tal caso, l'art. 334 prevede che può essere proposta ugualmente impugnazione incidentale anche quando per la parte è scaduto il termine o ha fatto acquiescenza alla sentenza. Legittimato, dunque, a proporre l'**impugnazione incidentale tardiva** è il soggetto contro il quale è stata proposta impugnazione principale o altra impugnazione incidentale oppure il soggetto chiamato ad integrare il contraddittorio nell'ipotesi di cause inscindibili o tra loro dipendenti: anche se i termini sono scaduti tali soggetti possono proporre impugnazione contro qualunque capo della sentenza. Il legislatore ha però previsto che se l'impugnazione principale è dichiarata inammissibile, l'impugnazione incidentale perde ogni efficacia (art. 334, comma 2). La giurisprudenza ritiene, al contrario, non legittimate ad impugnare in via tardiva la sentenza le parti che, nelle cause scindibili, hanno ricevuto la notificazione dell'impugnazione a norma dell'art. 332.

Corollario delle disposizioni sopra esaminate è l'art. 335, in funzione del quale tutte le impugnazioni proposte separatamente contro la stessa sentenza debbono essere **riunite anche d'ufficio** in un solo processo. Si tratta di una norma di chiusura che prevede l'obbligatorietà della riunione di tutte le impugnazioni che investono la medesima sentenza. L'impugnazione principale è considerata quella notificata per prima; in caso di contestualità, la giurisprudenza ritiene che si debba far riferimento alla data di deposito dell'impugnazione, sicché è principale il ricorso depositato per primo e incidentale quello depositato successivamente. La riunione delle impugnazioni è, invece, facoltativa quando sono state proposte contro sentenze diverse pronunciate contro le medesime parti, in relazione a ragioni di unitarietà sostanziale e processuale della controversia.

Giurisprudenza

La parte parzialmente soccombente può proporre appello incidentale tardivo, ai sensi dell'art. 334 c.p.c., anche in riferimento ai capi della sentenza di merito non oggetto di gravame con l'impugnazione principale, a condizione che si tratti di impugnazioni proposte in relazione ad unico rapporto, mentre, qualora si tratti di distinti rapporti dedotti nello stesso giudizio, ovvero in cause diverse poi riunite, ciascuna parte deve proporre impugnazione per i capi della sentenza che la riguardino nei termini di cui agli artt. 325 e 327 c.p.c. (*Cass. civ., sez. lav., 17 novembre* ***2020****, n. 26164*).

7. Gli effetti della riforma o della cassazione.

Ai sensi dell'art. 336, la riforma o la cassazione parziale hanno effetto anche sulle parti della sentenza dipendenti dalla parte riformata o cassata; la riforma o la cassazione estendono i loro effetti ai provvedimenti e agli atti dipendenti dalla sentenza riformata o cassata.

La prima parte della norma sancisce l'**effetto espansivo interno**: la riforma o la cassazione di un capo comportano la caducazione dei capi dipendenti, ancorché non espressamente impugnati; la seconda parte della norma stabilisce **l'effetto espansivo esterno** che opera in relazione a provvedimenti e atti dipendenti dalla sentenza riformata. Conseguentemente, non appena pubblicata la sentenza di riforma vengono meno l'efficacia esecutiva della sentenza di primo grado, l'efficacia degli atti o provvedimenti di esecuzione spontanea o coattiva, con conseguente obbligo di restituzione delle somme eventualmente pagate e ripristino della situazione precedente.

Giurisprudenza

In tema di impugnazioni, il potere del giudice d'appello di procedere d'ufficio a un nuovo regolamento delle spese processuali, quale conseguenza della pronuncia di merito adottata, sussiste in caso di riforma in tutto o in parte della sentenza impugnata, in quanto il relativo onere deve essere attribuito e ripartito in relazione all'esito complessivo della lite, laddove, in caso di conferma della decisione impugnata la decisione sulle spese può essere dal giudice del gravame modificata soltanto se il relativo capo della decisione abbia costituito oggetto di specifico motivo d'impugnazione. Tuttavia, anche in ragione dell'operare del cosiddetto effetto espansivo interno di cui all'art. 336, comma 1, del c.p.c., l'accoglimento parziale del gravame della parte vittoriosa in cui favore il giudice di primo grado abbia emesso condanna alla rifusione delle spese di lite non comporta, in difetto di impugnazione sul punto, la caducazione di tale condanna, sicché la preclusione nascente dal giudicato impedisce al giudice dell'impugnazione di modificare la pronuncia sulle spese della precedente fase di merito, qualora egli abbia valutato la complessiva situazione sostanziale in senso più favorevole alla parte vittoriosa in primo grado (Cass. civ., sez. III, 26 maggio ***2020****, n. 9695).*

SCHEMA 61 I mezzi di impugnazione, i termini, l'acquiescenza, il luogo di notificazione

- I MEZZI DI IMPUGNAZIONE
  - ORDINARI
    - • APPELLO
      • RICORSO PER CASSAZIONE
      • REGOLAMENTO DI COMPETENZA AD ISTANZA DI PARTE
      • REVOCAZIONE (art. 395 nn. 4 e 5)
      - impediscono il passaggio in giudicato della sentenza e si propongono avanti un giudice diverso da quello che ha reso la sentenza impugnata
  - STRAORDINARI
    - • REVOCAZIONE (art. 395 nn. 1,2,3,6)
      • OPPOSIZIONE DI TERZO
      - sono esperibili anche verso sentenze passate in giudicato e si propongono avanti lo stesso giudice che ha reso la sentenza impugnata
- I TERMINI
  - LA SENTENZA È NOTIFICATA
    - 30 GIORNI
      - dalla notifica per appello, revocazione e opposizione di terzo
      - dal giorno in cui è stato scoperto il dolo o la falsità per revocazione art 395 nn. 1,2,3,6, revocazione art. 397 e opposizione di terzo art. 404 comma 2
    - 60 GIORNI
      - dalla notifica per ricorso per cassazione
  - LA SENTENZA NON È NOTIFICATA
    - 6 MESI
      - dalla pubblicazione per appello, ricorso per cassazione e revocazione art. 395 nn. 4-5
- L'ACQUIESCENZA
  - DEFINIZIONE
    - **accettazione della sentenza** espressa o tacita costituita da atti di volontà **dopo la pubblicazione** che esclude la possibilità di **impugnazione**
- L'ACQUIESCENZA TACITA QUALIFICATA
  - DEFINIZIONE
    - si verifica quando l'impugnazione è parziale in quanto la stessa comporta l'acquiescenza delle **parti della sentenza non impugnate**
- IL LUOGO DI NOTIFICA DELL'IMPUGNAZIONE
  - NELL'ATTO DI NOTIFICA DELLA SENTENZA È INDICATA LA RESIDENZA O IL DOMICILIO NELLA CIRCOSCRIZIONE DEL GIUDICE
    - in via esclusiva alla **residenza** dichiarata o nel **domicilio** eletto
  - LA SENTENZA NON È NOTIFICATA O NON È ELETTO DOMICILIO
    - presso il procuratore costituito o alla residenza dichiarata o al domicilio eletto per il giudizio
  - LA PARTE DECEDE DOPO LA NOTIFICA DELLA SENTENZA
    - presso il procuratore costituito o alla residenza dichiarata o al domicilio eletto per il giudizio collettivamente e impersonalmente agli eredi
  - MANCA LA RESIDENZA O IL DOMICILIO NELLA CIRCOSCRIZIONE DEL GIUDICE
  - DOPO UN ANNO DALLA PUBBLICAZIONE
    - personalmente alla parte (per entrambi i casi precedenti)

CAPITOLO VII

L'APPELLO

1. I principi generali.

Utilizzando la medesima espressione usata dalla giurisprudenza, l'appello è un mezzo d'impugnazione costituente **gravame in senso stretto**, essendo proponibile indipendentemente dal fatto che si lamenti ingiustizia della decisione e assumendo che il provvedimento sia il risultato di un'ingiusta valutazione delle prove, dei fatti o del riferimento dei fatti al diritto, e, in generale, di tutto ciò che nell'ambito del giudizio di merito è lasciato alla valutazione più o meno discrezionale del giudice. Al giudice di appello le parti chiedono un nuovo esame della causa, ma nei limiti dei motivi dedotti: si verifica in questo modo il cosiddetto **effetto devolutivo** dell'appello. Il giudizio di secondo grado è dunque limitato esclusivamente ai motivi di censura ed alle domande ed eccezioni riproposte dalle parti nei rispettivi atti, salve le questioni rilevabili d'ufficio. L'impugnazione parziale della sentenza di primo grado comporta in forza di quanto previsto dall'art. 329, comma 2, acquiescenza alle parti della sentenza non impugnate. Il giudizio di appello ha **carattere sostitutivo**, in quanto la sentenza di secondo grado, sia di rigetto sia di accoglimento, è destinata a sostituirsi a quella di primo grado, ad eccezione dei capi della decisione non impugnati, nel determinare un nuovo regolamento della controversia.

1.2. *Le sentenze appellabili.*

Possono essere impugnate con l'appello le sentenze **pronunciate in primo grado**, purché l'appello non sia escluso dalla legge o dall'accordo delle parti a norma dell'art. 360, comma 2 (e cioè quando le parti sono d'accordo per omettere l'appello e proporre direttamente *per saltum* ricorso per cassazione).

Sono **inappellabili**, per disposizione di legge:

- le sentenze pronunciate secondo equità a norma dell'art. 114 e cioè su concorde richiesta delle parti;
- le sentenze rese dal giudice del lavoro in una controversia di valore non superiore ad euro 25,82, a norma dell'art. 440;

- le sentenze rese nei giudizi di opposizione agli atti esecutivi, a norma dell'art. 618;
- le sentenze emesse dalla Corte d'appello nei giudizi di impugnazione per nullità del lodo, a norma dell'art. 830.

Le sentenze del giudice di pace pronunciate **secondo equità** a norma dell'art. 113, comma 2, sono appellabili esclusivamente per:

- violazione delle norme sul procedimento;
- violazione di norme costituzionali o comunitarie;
- violazione dei principi regolatori della materia.

1.3. *I termini per la proposizione e la riserva d'appello.*

Come già visto (v. parte terza, cap. VI, 2) l'appello può essere proposto entro il termine di trenta giorni, decorrente dalla notificazione della sentenza di primo grado o nel termine lungo di cui all'art. 327. Contro le sentenze previste dall'art. 278 (condanna generica) e dall'art. 279, n. 4 (sentenze non definitive), la parte può fare **riserva di appello** e cioè differire l'impugnazione della sentenza con quella definitiva. Per stabilire se una sentenza è definitiva o non definitiva si deve dare rilievo al dato formale: la sentenza è definitiva quando il giudice emette un provvedimento di separazione delle cause oppure quando venga emanata una decisione in ordine alle spese.

La dichiarazione di riserva deve essere effettuata dalla parte soccombente, a pena di decadenza, entro il termine per appellare e, in ogni caso, dinanzi al giudice, non oltre la prima udienza successiva alla comunicazione della sentenza stessa (art. 340, comma 1): quando la prima udienza precede, dunque, la scadenza del termine naturale per l'impugnazione, la riserva deve necessariamente essere ivi dichiarata. La riserva può essere effettuata (art. 129, comma 1 e 2 disp. att.):

- con **dichiarazione orale** da inserirsi nel processo verbale;
- con **dichiarazione scritta** su foglio a parte da allegare ad esso;
- con **atto notificato** ai procuratori delle altre parti costituite a norma dell'art. 170, comma 1 e 3 o personalmente alla parte se questa non è costituita.

La riserva è vincolante ed **irreversibile**: una volta dichiarata preclude alla parte la facoltà di proporre l'impugnazione immediata; peraltro, la riserva non può farsi, e se già fatta rimane priva di effetto, quando contro la stessa sentenza sia proposto immediatamente appello da alcuna delle altre parti.

Quando sia stata fatta la riserva, l'appello deve essere proposto unitamente a quello contro la sentenza che definisce il giudizio o con quello che venga proposto, dalla stessa o da altra parte, contro altra sentenza successiva che non definisca il giudizio (art. 340, comma 2).

Se il processo si estingue in primo grado la sentenza di merito contro la quale era stata avanzata riserva, acquista efficacia di sentenza definitiva dal giorno in cui diventa irrevocabile l'ordinanza o passa in giudicato la sentenza che pronuncia l'estinzione del processo. Da questa data decorrono i termini stabiliti per impugnare la sentenza già notificata e, comunque, il termine lungo di impugnazione se la sentenza non è stata notificata (art. 129, comma 3 disp. att.).

Giurisprudenza

Qualora la parte processuale abbia formulato riserva di impugnazione differita della sentenza non definitiva, il termine per la proposizione del gravame dipende da quello utile per l'impugnazione della sentenza definitiva, ed il termine c.d. breve, decorre dalla notificazione della sentenza definitiva, ancorché la sentenza non definitiva non fosse stata notificata (Cass. civ., sez. VI, 18 giugno ***2020****, n. 11857).*

1.4. *La competenza.*

A decidere l'appello è competente il **giudice superiore** a quello che ha reso la sentenza di primo grado. È competente il tribunale (in composizione monocratica) per decidere l'appello avverso le sentenze del giudice di pace; è competente la Corte d'appello per decidere l'appello avverso le sentenze del tribunale.

La competenza deve anche essere individuata riguardo al **territorio**: l'art. 341 indica, infatti, il giudice di appello *ratione loci* e cioè facendo riferimento all'ufficio giudiziario nella cui circoscrizione si trova il giudice che ha emesso la sentenza appellata.

L'errata proposizione dell'appello davanti ad un giudice diverso, per territorio o grado, da quello indicato dall'art. 341 (ad esempio, una sentenza del giudice di pace viene impugnata innanzi alla corte d'appello, anziché al tribunale) non determina l'inammissibilità dell'impugnazione, ma è idonea ad instaurare un valido rapporto processuale, suscettibile di proseguire dinanzi al giudice competente attraverso il meccanismo della *translatio iudicii* (*Cass. civ., sez. VI, 21 luglio* ***2020****, n. 15463*).

Va tenuta distinta l'ipotesi in cui l'impugnante esperisce uno strumento processuale inidoneo, anche solo in astratto, a configurare l'instaurazione di un regolare rapporto processuale (ad esempio, una sentenza del tribunale viene impugnata avanti ad un giudice di pari grado): in tal caso non opera il meccanismo della *translatio iudicii*, con conseguente inammissibilità dell'impugnazione (*Cass. civ., sez. VI, 3 marzo* ***2020****, n. 5712*).

1.5. *Il divieto di nuove domande e nuove eccezioni.*

Nel giudizio di appello non possono proporsi domande nuove in quanto, se proposte, debbono essere dichiarate inammissibili d'ufficio (art. 345, comma 1). La giurisprudenza è consolidata nel senso che il divieto, integrando violazione del principio del doppio grado di giurisdizione, è di ordine pubblico, per cui la sua violazione va rilevata anche d'ufficio in sede di legittimità, senza che possa spiegare alcuna influenza l'accettazione del contraddittorio (*Cass. civ.,* ***sez. un.****, 9 gennaio* ***2020****, n. 157*).

È ritenuta nuova la domanda che alteri anche uno solo degli elementi soggettivi o oggettivi, introducendo un *petitum* diverso o più ampio oppure una diversa *causa petendi*, fondata su situazioni giuridiche non prospettate in primo grado e, in particolare, su un fatto giuridico costitutivo del diritto originariamente vantato radicalmente diverso, sicché risulti inserito nel processo un nuovo tema di indagine. Può, però, essere prospettata **una diversa ragione giuridica**. Infatti il giudice d'appello può conferire al rapporto in contestazione una qualificazione giuridica diversa da quella data dal giudice di primo grado o prospettata dalle parti, avendo egli il potere-dovere di inquadrare nell'esatta disciplina giuridica gli atti e i fatti che formano oggetto della controversia, anche in mancanza di una specifica impugnazione e indipendentemente dalle argomentazioni delle parti, purché nell'ambito delle questioni riproposte con il gravame (*Cass. civ., sez. III, 15 maggio 2019, n. 12875*).

Introdotta in primo grado una domanda basata sulla responsabilità contrattuale *ex* art. 1575 c.c. e su quella extra contrattuale a norma degli artt. 2043 e 2051 c.c. è ritenuta nuova la domanda di risarcimento dedotta in appello ai sensi dell'art. 2053 c.c.

Introdotta in primo grado una domanda di risoluzione del contratto per mutuo consenso, è ritenuta nuova la domanda, dedotta in appello, di risoluzione del contratto per inadempimento.

Non è considerata domanda nuova, invece, la prospettazione in appello di un modo di acquisto del diritto di proprietà o di un diritto reale diverso da quello dedotto nel giudizio di primo grado, in quanto la *causa petendi* delle azioni a difesa della proprietà o di altro diritto reale è lo stesso diritto vantato e non il titolo che ne costituisce la fonte.

Al divieto di introdurre domande nuove, fa eccezione quello riguardante le domande aventi ad oggetto gli interessi, i frutti e gli accessori maturati dopo la sentenza impugnata, nonché il risarcimento dei danni sofferti dopo la sentenza stessa. Non è domanda nuova, inoltre, quella relativa alla restituzione delle somme versate a qualunque titolo in esecuzione della sentenza di primo grado (*Cass. civ., sez. lav., 24 maggio 2019, n. 14523*).

Parimenti non possono proporsi eccezioni nuove che non siano rilevabili anche d'ufficio; sono consentite le **mere difese**, che si limitano a negare la sussistenza o la fondatezza della pretesa avversaria, sempre che riguardino fatti principali o secondari emergenti dagli atti, dai documenti o dalle altre prove ritualmente acquisite al processo e anche se non siano state oggetto di espressa e tempestiva attività assertiva (*Cass. civ., sez. III, 6 maggio **2020**, n. 8525*) o riguardanti fatti sopravvenuti.

1.6. *Il divieto di nuovi mezzi di prova.*

Nel giudizio d'appello non sono ammessi nuovi mezzi di prova e non possono essere prodotti nuovi documenti, salvo che la parte dimostri di non aver potuto proporli o produrli nel giudizio di primo grado per causa ad essa non imputabile ossia derivante da caso fortuito o da forza maggiore (*Cass. civ., sez. VI, 6 febbraio* ***2020***, *n. 2764*), allegando e provando la relativa circostanza.

Può sempre però deferirsi il giuramento decisorio.

Nell'ipotesi in cui il primo giudice abbia omesso di concedere alla parte il termine per l'articolazione di nuovi mezzi di prova ed il deposito di documenti, la parte stessa, nel proporre appello, non può limitarsi a chiedere nuovamente la concessione dei termini di cui all'art. 183, ma, in forza del combinato disposto degli artt. 342 e 163 deve, a pena di decadenza, articolare i nuovi mezzi di prova e depositare i documenti (*Cass. civ., sez. III, 28 giugno 2018, n. 17046*).

1.7. *Le domande e le eccezioni non accolte.*

La parte ha l'onere però di riproporre espressamente in appello le domande e le eccezioni non accolte nella sentenza di primo grado: se non riproposte si intendono rinunciate (art. 346). È valida qualsiasi forma idonea ad evidenziare la volontà di riaprire la discussione sulle stesse, purché fatta in modo specifico, non essendo al riguardo sufficiente un generico richiamo alle difese svolte ed alle conclusioni prese davanti al primo giudice, manifestando in modo chiaro e preciso la propria volontà di chiederne il riesame al giudice superiore (*Cass. civ., sez. III, 13 novembre* ***2020***, *n. 25840*).

2. L'atto di appello.

L'appello si propone con citazione contenente tutte le indicazioni prescritte dall'art. 163; deve essere sottoscritto dal difensore, munito di procura e deve contenere in particolare gli avvertimenti di cui all'art. 163, comma 3, n. 7. Tra il giorno della citazione e quello della prima udienza di trattazione devono intercorrere i termini liberi non minori di quelli previsti dall'art. 163-*bis* (art. 342, comma 2).

L'appello deve essere motivato e l'atto deve possedere i seguenti requisiti a pena di inammissibilità:

- indicazione delle parti del provvedimento che si intende appellare;
- indicazione delle modifiche che vengono richieste alla ricostruzione del fatto rispetto a quella compiuta dal giudice di primo grado;
- indicazione delle circostanze da cui deriva la violazione di legge;
- indicazione della loro rilevanza ai fini della decisione impugnata.

L'art. 342 va letto in combinazione con l'art. 163, non solo in virtù dell'espresso richiamo, ma altresì perché, secondo attenta dottrina, i requisiti di cui ai numeri 1 e 2 integrano l'*editio actionis* in appello, corrispondendo rispettivamente al *petitum* e alla *causa petendi*. La norma è interpretata nel senso che l'impugnazione deve contenere, a pena di inammissibilità, una **chiara individuazione** delle questioni e dei punti contestati della sentenza impugnata e, con essi, delle relative doglianze, affiancando alla parte volitiva una parte argomentativa che confuti e contrasti le ragioni addotte dal primo giudice, senza che occorra l'utilizzo di particolari forme sacramentali o la redazione di un progetto alternativo di decisione da contrapporre a quella di primo grado, tenuto conto della permanente natura di *revisio prioris instantiae* del giudizio di appello, il quale mantiene la sua diversità rispetto alle impugnazioni a critica vincolata (*Cass. civ., sez. VI, 1 luglio* ***2020****, n. 13268*).

La costituzione in appello avviene secondo le forme e i termini per i procedimenti davanti al tribunale. L'appellante deve quindi costituirsi in giudizio, depositando in cancelleria il proprio fascicolo e chiedendo l'iscrizione della causa nel ruolo generale nel termine di dieci giorni dalla notificazione dell'atto di appello. In caso di pluralità di appellati, il termine decorre dalla prima notifica (*Cass. civ., sez. VI, 11 marzo 2019, n. 6963*). Il fascicolo deve contenere il fascicolo di parte della fase di primo grado e l'appellante deve inserire copia della sentenza impugnata. Il cancelliere procede, quindi, alla formazione del fascicolo di ufficio e a richiedere la trasmissione del fascicolo d'ufficio al cancelliere del giudizio di primo grado. In modo analogo l'appellato deve costituirsi seguendo le formalità previste per il convenuto nel giudizio di primo grado (v. parte terza, cap. I, 4).

Se l'appellante non si costituisce l'appello è dichiarato improcedibile, anche d'ufficio, a norma dell'art. 348, comma 1. Se l'appellato non si costituisce viene dichiarata la sua contumacia.

Giurisprudenza

Affinché un capo di sentenza possa ritenersi validamente impugnato, non è sufficiente la semplice manifestazione di volontà, ma occorre, piuttosto, l'esposizione di una parte argomentativa che si contrapponga alla motivazione della sentenza impugnata e attraverso un'espressa censura, miri ad incrinarne il fondamento logico-giuridico. L'appellante non è tenuto a ricorrere a forme sacramentali o a redigere un progetto alternativo di decisione, che si contrapponga quello impugnato e lo sostituisca, ma, è piuttosto obbligato a circoscrivere il giudizio di gravame ai soli capi della sentenza impugnata, nonché ai passaggi argomentativi che la sorreggono, formulando le ragioni del proprio dissenso, rispetto al percorso seguito dal giudice di primo grado (Cass. civ., sez. VI, 24 settembre ***2020****, n. 20023).*

L'iscrizione nel ruolo generale civile di un atto di appello diverso da quello che si sarebbe dovuto iscrivere, pur non determinando l'improcedibilità dell'impugnazione, dà luogo ad una nullità non sanabile, risultando tale atto radicalmente inidoneo al raggiungimento dello scopo, con l'ulteriore conseguenza che, a tutela del diritto di difesa della controparte, alcuna efficacia sanante può accordarsi alla successiva "sostituzione" dell'atto introduttivo originario con una versione emendata dello stesso (Cass. civ., sez. III, 21 gennaio ***2020****, n. 1160).*

3. La comparsa di risposta

L'appellato deve depositare la comparsa di risposta nei termini di cui all'art. 166 e cioè venti giorni prima dell'udienza di comparizione o almeno dieci in caso di abbreviazione dei termini, proponendo, a pena di decadenza, l'eventuale appello incidentale, se rimasta **parzialmente soccombente** in relazione ad una domanda od eccezione (esaminata e rigettata, anche implicitamente, dal primo giudice), di cui intende ottenere l'accoglimento, pena il formarsi del giudicato sul rigetto della stessa.

L'appellato può anche proporre il cd. **appello incidentale condizionato**, esclusivamente a scopo precauzionale, per l'ipotesi in cui venga accolto l'appello principale. In questo caso, infatti, sorge in capo all'appellato l'interesse all'impugnazione incidentale.

Soltanto la parte vittoriosa in primo grado non ha l'onere di proporre appello incidentale per far valere le domande e le eccezioni non accolte e, per sottrarsi alla presunzione di rinuncia ex art. 346, può limitarsi a riproporle; la giurisprudenza ha precisato che la riproposizione deve essere effettuata con il primo atto difensivo e, comunque, non oltre la prima udienza (*Cass. civ.,* ***sez. un.****, 21 marzo 2019, n. 7940*).

Anche per l'appello incidentale valgono le regole previste a pena di inammissibilità per l'appello.

Se l'interesse a proporre l'appello incidentale sorge dall'impugnazione proposta da altra parte che non sia l'appellante principale, l'appello a norma dell'art. 343, comma 2 si propone nella prima udienza successiva alla proposizione dell'impugnazione stessa.

La giurisprudenza ritiene che la parte parzialmente soccombente può proporre **appello incidentale tardivo** anche in riferimento ai capi della sentenza di merito non oggetto di gravame con l'impugnazione principale, a condizione che si tratti di impugnazioni proposte in relazione ad unico rapporto, mentre, qualora si tratti di distinti rapporti dedotti nello stesso giudizio, ovvero in cause diverse poi riunite, ciascuna parte deve proporre impugnazione per i capi della sentenza che la riguardino nei termini ordinari (*Cass. civ., sez. lav., 17 novembre* ***2020****, n. 26164*).

Giurisprudenza

In base al combinato disposto di cui agli artt. 334, 343 e 371 c.p.c., ove non è contenuta alcuna distinzione in proposito, è ammessa l'impugnazione incidentale tardiva anche se riguardi un capo della decisione diverso da quello oggetto del gravame principale o se investa lo stesso capo per motivi diversi da quelli già fatti valere, dovendosi consentire alla parte che avrebbe di per sé accettato la decisione di contrastare l'iniziativa della controparte, volta a rimettere in discussione l'assetto di interessi derivante dalla pronuncia impugnata, in coerenza con il principio della cd. parità delle armi tra le parti ed al fine di evitare una proliferazione dei processi di impugnazione (*Cass. civ., sez. VI, 7 luglio* ***2020****, n. 14094*).

4. L'intervento in appello.

Ai sensi dell'art. 344 nel giudizio di appello è ammesso soltanto l'intervento dei

terzi che potrebbero proporre opposizione a norma dell'art. 404. È essenziale, al fine di far valere il caso di cui all'art. 404, comma 1, che il terzo interveniente sia titolare di un diritto autonomo, la cui tutela non sia compatibile con la situazione giuridica relativa a quella degli altri due litiganti e accertata o costituita dalla sentenza di primo grado; è essenziale, al fine di far valere il caso di cui all'art. 404, comma 2 che il creditore di una delle parti in causa deduca che la sentenza emanata o quella da emanare siano l'effetto di dolo o collusione tra le parti ai suoi danni.

La giurisprudenza ammette comunque l'intervento nel giudizio di appello del **litisconsorte necessario**, sia che lo stesso abbia o meno partecipato al precedente grado di giudizio; così pure ammette l'intervento da parte del **successore a titolo particolare** nel diritto controverso, in quanto questi non ha una sua posizione sostanziale e processuale distinta da quella del suo *dante causa*.

5. La trattazione.

La trattazione davanti alla Corte d'appello è collegiale; davanti al tribunale l'appello invece è trattato e deciso dal giudice monocratico. Stante la norma di rinvio contenuta nell'art. 359, si osservano nel giudizio di appello le norme dettate per il procedimento di primo grado davanti al tribunale, se non incompatibili con quelle espressamente dettate per il giudizio di appello.

Nella **prima udienza di trattazione** il giudice d'appello (art. 350):

- verifica la regolare costituzione del giudizio;
- se occorre ordina l'integrazione del contraddittorio a norma dell'art. 331;
- se occorre ordina la notificazione dell'impugnazione a norma dell'art. 332;
- se occorre dispone che si rinnovi la notificazione dell'atto di appello;
- dichiara la contumacia dell'appellato;
- provvede alla riunione degli appelli proposti contro la stessa sentenza a norma dell'art. 335;
- procede al tentativo di conciliazione ordinando, se occorre, la comparizione personale delle parti;
- dichiara l'improcedibilità dell'appello se l'appellante non si è costituito in termini;
- rinvia la causa ad altra udienza se l'appellante, costituito, non compare (se anche alla nuova udienza l'appellante non compare l'appello è dichiarato improcedibile);
- provvede sull'istanza di sospensione dell'efficacia esecutiva della sentenza di primo grado;
- dichiara l'inammissibilità dell'appello a norma dell'art. 348-*ter*.

5.1. *I provvedimenti sull'esecuzione provvisoria.*

La sentenza di primo grado è immediatamente esecutiva: la proposizione dell'appello, in virtù di quanto disposto dall'art. 337, non sospende l'efficacia esecutiva della sentenza. Sia l'appellante principale, sia l'appellante incidentale possono proporre al giudice dell'appello istanza affinché l'efficacia esecutiva o l'esecuzione della sentenza impugnata sia sospesa totalmente o parzialmente (art. 283). L'istanza di **inibitoria** è strettamente collegata con l'impugnazione principale o incidentale e deve essere formulata nell'atto di citazione in appello o nella comparsa di risposta contenente l'appello incidentale ed ha quali presupposti la sussistenza di gravi e fondati motivi, anche in relazione alla possibilità di insolvenza di una delle parti. I gravi e fondati motivi devono essere valutati con riguardo alla fondatezza dell'impugnazione e al pregiudizio che la parte può subire a seguito dell'esecuzione della sentenza: occorre dedurre un danno grave, che può essere valutato anche in relazione all'insolvenza dell'altra parte nel senso che l'accoglimento dell'appello potrebbe comportare l'impossibilità di recuperare quanto versato in forza della esecuzione provvisoria. Peraltro, la manifesta erroneità della sentenza di primo grado è ritenuta dalla giurisprudenza di merito condizione sufficiente per l'accoglimento della inibitoria.

Il giudice d'appello può subordinare l'accoglimento dell'istanza di sospensione al versamento di una cauzione.

La **discussione** e la **decisione** dell'inibitoria sono previste nella prima udienza di trattazione dell'appello; tuttavia la parte può, con separato ricorso, chiedere che la decisione sulla sospensione sia pronunciata prima dell'udienza. Il ricorso è presentato al giudice monocratico, se l'appello è di competenza del tribunale; al presidente del collegio, se l'appello è di competenza della Corte d'appello (art. 351). Fermo restando che i motivi dell'inibitoria devono essere formulati nell'atto di impugnazione, il ricorso in oggetto può essere depositato al momento della costituzione in giudizio, ovvero anche in un momento successivo, ove i motivi di urgenza, che rendono improcrastinabile la discussione dell'istanza prima dell'udienza di trattazione, sopraggiungano dopo la costituzione. A fronte del ricorso, il presidente del collegio o il tribunale ordina la comparizione delle parti in camera di consiglio, davanti al collegio o davanti a sé, emanando un decreto, con il quale, se ricorrono giusti motivi di urgenza può essere disposta provvisoriamente l'immediata sospensione. All'udienza si attua, dunque, un contraddittorio immediato: l'appellato, prima ancora della sua costituzione in giudizio, può depositare memoria con la quale si oppone alla concessione dell'inibitoria e partecipare alla discussione orale. Il giudice dell'appello provvede con ordinanza, non impugnabile neppure con ricorso straordinario per cassazione ai sensi dell'art. 111 Cost., stante l'assenza del presupposto di decisorietà; infatti, l'ordinanza ha carattere **provvisorio e cautelare** e, conseguentemente, non pregiudica in nessun caso la decisione definitiva sull'appello, fondata sulla piena cognizione di tutte le acquisizioni processuali dalla quale è destinata ad essere assorbita.

Per quanto attiene le conseguenze dell'accoglimento dell'inibitoria, la giurisprudenza ha precisato che non è consentito al giudice dell'esecuzione, né al giudice dell'opposizione, di sindacare l'esattezza del provvedimento, in quanto il giudice dell'appello può compiere la verifica del *quantum appellatum*, essendo investito dei più ampi poteri di valutazione in ordine all'ambito della loro efficacia, nonché alla legittimità e opportunità degli stessi.

L'art. 283, comma 2, stabilisce che se l'istanza di sospensiva è dichiarata inammissibile o manifestamente infondata, la parte che l'ha proposta può essere condannata ad una pena pecuniaria.

L'efficacia esecutiva della sentenza di primo grado può venir meno anche in virtù della pattuizione tra le parti del c.d. *pactum de non exequendo ad tempus*: un accordo vero e proprio con il quale le parti stipulano di non mettere in esecuzione la sentenza finché non sia stata pronunciata la sentenza di appello.

Giurisprudenza

L'ordinanza con la quale il giudice dell'appello irroga, ai sensi dell'art. 283, comma 2, c.p.c., la sanzione pecuniaria per l'istanza di sospensione della provvisoria esecuzione della sentenza di primo grado non è ricorribile per cassazione, nemmeno ai sensi dell'art. 111 Cost., trattandosi di provvedimento che non riveste simultaneamente i caratteri della decisorietà e della definitività e, pertanto, non idoneo ad acquistare autorità di giudicato, essendo revocabile con la sentenza che definisce il giudizio d'impugnazione (*Cass. civ., sez. VI, 17 luglio 2019, n. 19247*).

5.2. *L'ordinanza di inammissibilità ex art. 348-bis e la sua impugnazione.*

In base agli articoli 348-*bis* e *ter* alla prima udienza il giudice, prima di procedere alla trattazione, è tenuto a dichiarare l'inammissibilità dell'appello quando l'impugnazione non ha **una ragionevole probabilità** di essere accolta intesa come prognosi di infondatezza. Trattasi del c.d. "filtro in appello".

Non si applica tale disposizione quando l'appello è proposto relativamente ad una delle cause in cui è obbligatorio l'intervento del pubblico ministero (art. 70, comma 1) come, ad esempio, se sia stata proposta una querela di falso, in via principale o incidentale (*Cass. civ., sez. III, 26 giugno* ***2020,*** *n. 12920*) e quando l'appello è proposto a norma dell'art. *702-quater* e cioè avverso una sentenza pronunciata all'esito di un procedimento sommario di cognizione (v. parte quinta, cap. VI).

Il giudice dichiara l'**inammissibilità**, dopo aver sentito le parti, integrandosi, in mancanza, una violazione della legge processuale (*Cass. civ., sez. VI, 20 luglio 2018, n. 19333*), con ordinanza:

- motivata succintamente;
- anche mediante rinvio agli elementi di fatto riportati in uno o più atti di causa;
- con riferimento a precedenti conformi;
- provvedendo sulle spese a norma dell'art. 91.

Se è pronunciata ordinanza di inammissibilità, l'art. 348-*ter*, comma 3, stabilisce che può essere proposto **ricorso per cassazione** avverso il provvedimento di primo grado nel termine di sessanta giorni dalla comunicazione dell'ordinanza o dalla sua notificazione, se avvenuta prima; se l'ordinanza è pronunciata in udienza, il termine decorre dall'udienza stessa (*Cass. civ., sez. III, 20 aprile* ***2020****, n. 7970*), con verifica d'ufficio della tempestività dell'impugnazione.

Se l'ordinanza di inammissibilità è fondata sulle stesse ragioni, inerenti le questioni di fatto, poste a base della decisione impugnata, possono essere denunciati solo i motivi di cui ai numeri 1), 2), 3) e 4) dell'art. 360, comma 1. Giurisprudenza consolidata ritiene che l'atto d'appello, dichiarato inammissibile, e la relativa ordinanza, pronunciata ai sensi dell'art. 348-*bis*, costituiscono requisiti processuali speciali di ammissibilità del ricorso per cassazione, con la conseguenza che, ai sensi dell'art. 366, n. 3, è necessario che nel ricorso sia fatta espressa analitica menzione almeno dei motivi di appello, se non pure della motivazione dell'ordinanza, al fine di evidenziare l'insussistenza di un giudicato interno sulle questioni sottoposte al vaglio del giudice di legittimità e già prospettate al giudice del gravame (*Cass. civ., sez. II, 20 maggio* ***2020****, n. 9225*).

L'ordinanza che ha pronunciato l'inammissibilità per ragioni processuali, quale, ad esempio, se sia stata emessa sul presupposto della tardività delle istanze istruttorie dedotte dall'appellante ovvero se è affetta da vizi "propri", è ricorribile ai sensi dell'art. 111 Cost., essendo in sostanza tale provvedimento una sentenza di carattere processuale che non contiene alcun giudizio prognostico circa la fondatezza nel merito del gravame.

La Corte di cassazione se accoglie il ricorso fondato su un motivo diverso da quelli di cui all'art. 382 (questioni di giurisdizione e competenza), rinvia la causa al giudice che avrebbe dovuto pronunciare sull'appello, secondo quanto previsto dall'art. 383, comma 4.

Giurisprudenza

L'ordinanza che pronunci l'inammissibilità dell'appello ai sensi dell'art. 348 ter c.p.c. non è impugnabile con ricorso ordinario per cassazione, allorché vengano lamentate la mancata concessione di un termine per lo scambio di memorie e l'omessa relazione da parte del giudice relatore e del presidente, essendo le stesse, da un lato, non previste da alcuna norma di legge e, dall'altro, contrarie alla "ratio" dell'art. 348-ter c.p.c., volta a semplificare e a ridurre i tempi necessari per la definizione delle cause civili (*Cass. civ., sez. II, 20 maggio* ***2020****, n. 9225*).

6. La decisione.

Il giudice d'appello, già alla prima udienza, se ritiene la causa matura per la decisione può ordinare la discussione orale alla stessa udienza ai sensi dell'art. 281-*sexies* (v. parte terza, cap. III, 5).

In caso contrario, la fase della decisione è analoga a quella prevista per il primo grado di giudizio.

Il giudice, fatte precisare le conclusioni, dispone lo scambio delle **comparse conclusionali** e delle **memorie di replica** a norma dell'art. 190.

Prevede l'art. 352 che ogni parte può chiedere la **discussione orale**. Se l'appello si svolge:

- **avanti la Corte d'appello**, l'istanza deve essere formulata in sede di precisazione delle conclusioni e riproposta al presidente della Corte alla scadenza del termine per il deposito delle memorie di replica: le parti dunque depositano le comparse conclusionali e la parte richiedente deve formulare nuovamente l'istanza di discussione orale con ricorso al presidente della Corte. Questi fissa la data dell'udienza di discussione da tenersi entro 60 giorni;
- **avanti il tribunale**, a fronte dell'istanza formulata in sede di precisazione delle conclusioni, il giudice dispone lo scambio delle sole comparse conclusionali e fissa direttamente l'udienza di discussione.

La giurisprudenza ha precisato che l'omessa fissazione dell'udienza di discussione orale, pur ritualmente richiesta, non comporta la nullità della sentenza in quanto la discussione orale ha funzione meramente illustrativa delle posizioni già assunte e delle tesi già svolte nei precedenti atti difensivi e non comporta dunque alcuna lesione del diritto di difesa.

Se nel giudizio di appello è proposta **querela di falso**, il giudice, se ritiene il documento impugnato rilevante per la decisione della causa, sospende il giudizio e fissa alle parti termine perentorio entro il quale debbono riassumere la causa di falso davanti al tribunale.

Il giudizio si conclude con sentenza di rigetto oppure di accoglimento, anche parziale, dell'appello o di quello incidentale ovvero con declaratoria di inammissibilità o improcedibilità, pronunciando anche sulle spese del giudizio.

L'**inammissibilità è pronunciata**:

- quando l'appello è stato proposto dopo la decorrenza del termine;
- quando l'appello è stato proposto dopo acquiescenza;
- quando l'appello è stato proposto in mancanza di una o più condizioni per impugnare;
- quando con l'appello è stata proposta una domanda nuova;
- quando le parti non hanno ottemperato all'ordine di integrazione del contraddittorio.

L'**improcedibilità è dichiarata**:

- quando l'appellante non si è costituito nei termini;
- quando l'appellante, pur essendosi costituito, non è comparso alla prima udienza.

L'appello dichiarato inammissibile o improcedibile, stante il disposto dell'art. 358, non può essere riproposto anche se non è decorso il termine per l'impugnazione.

In tutti i casi la sentenza deve essere depositata entro 60 giorni dalla scadenza del termine per il deposito delle memorie di replica ovvero dalla udienza di discussione orale.

6.1. *I provvedimenti istruttori.*

Il giudice d'appello, in applicazione dell'art. 279, comma 2, n. 4, può decidere alcune delle questioni senza definire il giudizio e con ordinanza **disporre l'assunzione di una prova** nei limiti di cui all'art. 345 oppure la rinnovazione totale o parziale dell'assunzione già avvenuta in primo grado (art. 356, comma 1). In particolare, il giudice d'appello può esaminare i testimoni già escussi in primo grado per chiarire le loro deposizioni.

Il presidente del collegio può delegare per l'assunzione dei mezzi istruttori uno dei suoi componenti (art. 350, comma 1).

Quando è stato, però, proposto appello immediato contro una sentenza non definitiva, il giudice d'appello non può disporre nuove prove riguardanti le domande e le questioni non ancora decise dal giudice di primo grado (art. 356, comma 2).

6.2. *La rimessione della causa al primo giudice.*

In alcuni casi tassativamente previsti dalla legge (artt. 353 e 354), il giudice d'appello non decide il merito della controversia, ma è tenuto, una volta rilevato il vizio oggetto dell'appello, ad annullare la sentenza e a **rimettere le parti** davanti al giudice di primo grado affinché emetta una nuova sentenza. In applicazione del principio dell'assorbimento e della conversione delle nullità dei motivi di gravame previsto dall'art. 161, il giudice di appello deve decidere le questioni sottoposte al suo esame provvedendo, al di fuori dei casi tassativi, a disporre mediante ordinanza, la rinnovazione degli atti del giudizio di primo grado affetti da nullità (art. 354, comma 4).

La **rimessione al primo giudice** deve essere ordinata quando:

- riformando la decisione di primo grado dichiara che il giudice ordinario ha sulla causa la giurisdizione negata dal primo giudice;
- dichiara nulla la notificazione della citazione introduttiva;
- riconosca che nel giudizio di primo grado doveva essere integrato il contraddittorio;
- riconosca che nel giudizio di primo grado non doveva essere estromessa una parte;
- dichiara la nullità della sentenza di primo grado per mancanza della sottoscrizione del giudice;
- riforma la sentenza che ha pronunciato l'estinzione del processo.

In tutti questi casi, le parti sono tenute a riassumere il processo davanti al giudice di primo grado nel termine perentorio di tre mesi dalla notificazione della sentenza; se però contro la sentenza di appello è proposto ricorso per cassazione, il termine è interrotto.

Giurisprudenza

In tema di impugnazioni, il potere del giudice d'appello di procedere d'ufficio ad un nuovo regolamento delle spese processuali, quale conseguenza della pronuncia di merito adottata, sussiste in caso di riforma in tutto o in parte della sentenza *impugnata, in quanto il relativo onere deve essere attribuito e ripartito in relazione all'esito complessivo della lite, laddove, in caso di conferma della decisione impugnata, la decisione sulle spese può essere dal giudice del gravame modificata soltanto se il relativo capo della decisione abbia costituito oggetto di specifico motivo d'impugnazione (Cass. civ., sez. I, 2 ottobre **2020**, n. 21139).*

SCHEMA 62 Le sentenze appellabili, la riserva d'appello, la competenza, l'atto di citazione in appello

LE SENTENZE APPELLABILI

- quelle **pronunciate in primo grado** quando l'appello non è escluso dalla legge o dall'accordo delle parti
- quelle del giudice di pace pronunciate secondo equità per
  - violazione delle norme sul procedimento
  - violazione di norme costituzionali o comunitarie
  - violazione dei principi regolatori della materia

LE SENTENZE INAPPELLABILI

- le sentenze pronunciate secondo equità
- le sentenze del giudice del lavoro nelle controversie di valore non superiore ad € 25,82
- le sentenze rese nei giudizi di opposizione agli atti esecutivi
- le sentenze rese dalla Corte d'appello nei giudizi di impugnazione per nullità del lodo

LA RISERVA D'APPELLO

- QUANDO — avverso le sentenze di condanna generica e le sentenze non definitive differendo l'impugnazione con quella della sentenza definitiva
- TERMINE — deve essere effettuata dalla parte soccombente entro il termine per appellare e comunque non oltre la prima udienza successiva alla comunicazione della sentenza
- COME — con dichiarazione orale da inserirsi nel processo verbale con dichiarazione scritta su foglio da allegare al processo verbale con atto notificato ai procuratori delle parti costituite o personalmente alla parte se questa non è costituita
- CARATTERI — vincolante ed irreversibile

LA COMPETENZA

- è del giudice appartenente all'ufficio giudiziario nella cui circoscrizione opera il giudice che ha emesso la sentenza appellata, di grado superiore rispetto a quello che ha reso la sentenza di primo grado
- GIUDICE DI PACE — TRIBUNALE IN COMPOSIZIONE MONOCRATICA
- TRIBUNALE — CORTE D'APPELLO

L'ATTO DI CITAZIONE IN APPELLO

- CONTENUTO
  - indicazione delle parti del provvedimento che si intendono appellare
  - indicazione delle modifiche che vengono richieste alla ricostruzione del fatto operata dal giudice
  - indicazione delle circostanze da cui deriva la violazione di legge
  - indicazione della loro rilevanza ai fini della decisione impugnata
- NON POSSONO ESSERE PROPOSTE
  - **domande nuove** ad eccezione di quelle aventi ad oggetto gli interessi, i frutti e gli accessori maturati dopo la sentenza
  - **nuove eccezioni** che non siano rilevabili anche d'ufficio
- DEVONO ESSERE RIPROPOSTE — le domande e le eccezioni **non accolte** in primo grado che, in difetto, si intendono **rinunciate**
- NON SONO AMMESSI — **nuovi mezzi di prova** e **nuovi documenti** diversi da quelli proposti o prodotti in primo grado

SCHEMA 63 L'appello incidentale, l'intervento, la costituzione in giudizio, la trattazione

- L'APPELLO INCIDENTALE
  - SEMPLICE: può essere proposto dalla **parte appellata** quando anch'essa è rimasta soccombente su almeno una domanda o eccezione
  - CONDIZIONATO: può essere proposto dalla **parte appellata** a scopo precauzionale per l'ipotesi in cui venga accolto l'appello principale
  - QUANDO:
    - nella comparsa di risposta, a pena di decadenza, almeno **20 giorni prima** dell'udienza di comparizione
    - nella **prima udienza** successiva all'impugnazione se l'interesse sorge dall'impugnazione proposta da altra parte diversa dall'appellante principale
- L'INTERVENTO
  - LITISCONSORTE NECESSARIO: è ammesso solamente l'intervento di terzi che potrebbero proporre opposizione a norma dell'art. 404
  - SUCCESSORE A TITOLO PARTICOLARE
- LA COSTITUZIONE IN GIUDIZIO
  - APPELLANTE
    - **si costituisce** mediante deposito del fascicolo di parte contenente quello di primo grado e copia della sentenza impugnata
    - **non si costituisce**: l'appello è dichiarato **improcedibile** anche d'ufficio
  - APPELLATO
    - **si costituisce** mediante deposito della comparsa di costituzione
    - **non si costituisce:** ne viene dichiarata la **contumacia**
- L'INAMMISSIBILITÀ: quando l'impugnazione **non ha una ragionevole probabilità di essere accolta** il giudice, alla prima udienza, prima di procedere alla trattazione, e tenuto a dichiarare **l'inammissibilità** dell'appello
- LA TRATTAZIONE
  - AVANTI LA CORTE D'APPELLO
  - AVANTI IL TRIBUNALE

  nella prima udienza di trattazione, il giudice
  - verifica la regolare costituzione del giudizio
  - ordina eventualmente l'integrazione del contraddittorio
  - ordina eventualmente la notifica dell'impugnazione
  - dispone che si rinnovi la notifica dell'appello
  - dichiara la contumacia dell'appellato
  - provvede alla riunione degli appelli
  - procede al tentativo di conciliazione
  - dichiara l'improcedibilità dell'appello se l'appellante non si è costituito nei termini
  - rinvia ad altra udienza se l'appellante costituito non compare
  - provvede sull'istanza di sospensione dell'efficacia esecutiva della sentenza

SCHEMA 64 I provvedimenti sull'esecuzione provvisoria e la decisione

- I PROVVEDIMENTI SULL'ESECUZIONE PROVVISORIA
  - LA RICHIESTA — sia l'appellante principale (in atto di citazione), sia l'appellante incidentale (nella comparsa contenente l'appello incidentale) possono proporre **istanza** al giudice dell'appello affinché l'efficacia esecutiva o l'esecuzione della sentenza impugnata sia **sospesa** totalmente o parzialmente
  - I PRESUPPOSTI — **gravi e fondati motivi** anche in relazione alla possibilità di insolvenza di una delle parti, con riguardo alla **fondatezza** dell'impugnazione e al **pregiudizio** che la parte può subire dall'esecuzione
  - IL PROCEDIMENTO — la discussione e la decisione avvengono nella **prima** udienza di trattazione; la parte può chiedere che la decisione sia **anticipata**; il giudice ordina la **comparizione delle parti** in camera di consiglio e può disporre immediatamente la sospensione provvisoria; il giudice provvede con **ordinanza non impugnabile** e può subordinare l'accoglimento dell'istanza al versamento di una **cauzione**
  - L'ACCORDO DELLE PARTI — l'efficacia esecutiva della sentenza può venir meno anche per **specifico accordo delle parti** che si impegnano a non non metterla in esecuzione sino alla definizione dell'appello
- LA DECISIONE
  - L'ISTRUTTORIA — il giudice può disporre con ordinanza l'assunzione di prove che ritiene indispensabili
  - LA PRECISAZIONE DELLE CONCLUSIONI — il giudice, fatte precisare le conclusioni, dispone lo scambio delle **comparse conclusionali** e delle memorie di **replica**; ogni parte può chiedere la **discussione orale**
  - IL DEPOSITO DELLA SENTENZA — la sentenza deve essere depositata **entro 60 giorni** dal termine per il deposito delle repliche ovvero dall'udienza di discussione
- L'INAMMISSIBILITÀ
  - quando l'appello è stato proposto dopo la decorrenza del **termine**
  - quando l'appello è stato proposto dopo **l'acquiescenza**
  - quando l'appello è stato proposto in mancanza di una o più condizioni per impugnare
  - quando con l'appello è stata proposta una **domanda nuova**
  - quando le parti non hanno ottemperato all'ordine di integrazione del contraddittorio
- L'IMPROCEDIBILITÀ
  - quando l'appellante non si è costituito nei termini
  - quando l'appellante costituito non compare alla prima udienza

L'OPPOSIZIONE DI TERZO

- DEFINIZIONE: costituisce un **mezzo di impugnazione straordinario** esperibile anche **dopo il passaggio in giudicato** della sentenza da qualunque terzo che non abbia assunto la qualità di parte nel giudizio che ha condotto alla sentenza
- ORDINARIA:
  • il terzo può fare opposizione quando la sentenza pregiudica i suoi diritti
  • il terzo fa valere un diritto proprio ed autonomo
  • il terzo ha subito un pregiudizio (danno da esecuzione) non è soggetta a termini
- REVOCATORIA: i **creditori** (anche soggetti a termine o condizione) e gli aventi causa a **titolo particolare** di una delle parti possono fare opposizione alla sentenza quando la stessa è effetto di **dolo o collusione** a loro danno
  si propone nel **termine di decadenza di 30 giorni** dal giorno in cui è stato scoperto il dolo o la collusione

LA DOMANDA

- COME: con **atto di citazione** da notificare a tutte le parti del giudizio pregresso (litisconsorzio necessario)
- DOVE: **avanti lo stesso giudice** che ha reso la sentenza impugnata (competenza funzionale inderogabile)
- CONTENUTO:
  • gli elementi di cui all'art. 163
  • l'indicazione della sentenza impugnata
  • nel caso dell'opposizione revocatoria, l'indicazione del giorno in cui si è venuti a conoscenza del dolo o della collusione e della relativa prova

IL GIUDICE

- POTERE: su istanza di parte può **sospendere** con ordinanza non impugnabile **l'esecuzione**
- ACCOGLIE L'OPPOSIZIONE: emette **sentenza** che **elimina quella viziata** tenendo conto delle **ragioni del terzo**
- RESPINGE L'OPPOSIZIONE:
  • dichiara **inammissibile o improcedibile** la domanda
  • rigetta la domanda per **infondatezza dei motivi**
  • condanna l'opponente al pagamento di una pena pecuniaria

LA SENTENZA

- IMPUGNAZIONE: può essere impugnata con gli **stessi mezzi che sarebbero ammissibili** contro la sentenza opposta

CAPITOLO VIII

IL RICORSO PER CASSAZIONE

GUIDA **1.** Considerazioni generali **2.** Le sentenze impugnabili **3.** I motivi di ricorso **4.** Il ricorso **5.** Il controricorso e il ricorso incidentale **6.** Il ricorso per la sospensione dell'esecuzione **7.** Il procedimento **7.1.** La pronuncia a sezioni unite **8.** La decisione **9.** Il giudizio di rinvio **10.** La revocazione e i casi di opposizione di terzo avverso le sentenze della Corte di cassazione

1. Considerazioni generali.

In forza di quanto previsto dall'art. 65 ord. giud., la Corte di cassazione assicura l'esatta osservanza e l'uniforme interpretazione della legge, l'unità del diritto oggettivo nazionale e il rispetto dei limiti delle diverse giurisdizioni. La Corte di cassazione assolve alla funzione c.d. di **nomofilachia:** le massime enunciate e raccolte da un apposito ufficio (il massimario) costituiscono precedenti che, benché non vincolanti per i giudici che devono risolvere le medesime questioni di diritto, orientano i giudici stessi nell'interpretazione della legge. È per questo motivo che l'art. 363 prevede la facoltà per il Procuratore generale presso la Corte di cassazione, quando le parti non hanno proposto ricorso nei termini di legge o vi hanno rinunciato, ovvero quando il provvedimento non è ricorribile e non è altrimenti impugnabile, di chiedere che la Corte enunci, nell'interesse della legge, il principio di diritto al quale il giudice di merito avrebbe dovuto attenersi. La richiesta di enunciazione del principio di diritto rivolta alla Suprema Corte dal procuratore generale ai sensi dell'art. 363 comma 1, si configura non già come mezzo di impugnazione, ma come procedimento autonomo, originato da un'iniziativa diretta a consentire il controllo sulla corretta osservanza ed uniforme applicazione della legge: tale iniziativa, avente natura di richiesta e non di ricorso, non necessita di contraddittorio con le parti, prive di legittimazione a partecipare al procedimento perché carenti di un interesse attuale e concreto, non risultando in alcun modo pregiudicato il provvedimento presupposto (*Cass. civ.,* ***sez. un.***, *18 novembre 2016, n. 23469*). Parimenti, la Corte di cassazione può pronunciare il principio di diritto, anche d'ufficio, quando il ricorso proposto dalle parti è inammissibile, se la Corte medesima ritiene che la questione decisa sia di particolare importanza.

Ha, altresì, il compito di assicurare il rispetto dei limiti delle diverse giurisdizioni, che svolge decidendo i regolamenti di giurisdizione, i ricorsi ordinari *ex* art. 360, n. 1, i ricorsi contro le sentenze del Consiglio di Stato, della Corte dei conti e degli altri giudici speciali, nonché decidendo i conflitti di giurisdizione e i conflitti negativi di attribuzione tra pubblica amministrazione e giudice ordinario. Così pure, è chiamata a determinare gli ambiti di competenza dei giudici ordinari, decidendo i ricorsi ordinari *ex* art. 360, n. 2 e i regolamenti di competenza.

La Corte di cassazione ha sede a Roma, quale giudice centralizzato ed è giudice di legittimità, chiamato a porre rimedio agli ***errores in procedendo***, cioè agli errori che si sono verificati nello svolgimento del giudizio, e agli ***errores in judicando***, cioè agli errori nell'applicazione delle norme di diritto sostanziale.

Il ricorso per cassazione è un mezzo di impugnazione ordinario: la proposizione impedisce il passaggio in giudicato della sentenza. Diversamente dal giudizio di appello **non ha effetto devolutivo** in quanto non comporta una rinnovazione del giudizio, ma solamente la verifica della sussistenza degli errori sopra enunciati. L'accoglimento del ricorso comporta la cassazione della sentenza, cioè la cancellazione della stessa e pone, dunque, termine al giudizio rescindente; la fase rescissoria è affidata ad altro giudice di grado pari a quello che ha emesso la sentenza impugnata denominato giudice di rinvio.

2. Le sentenze impugnabili.

Sono ricorribili per cassazione:

- le sentenze pronunciate **in grado di appello** (cioè quelle della Corte d'appello o del tribunale che hanno deciso rispettivamente gli appelli avverso le sentenze di primo grado emesse dal tribunale o dal giudice di pace);
- le sentenze pronunciate **in unico grado** (cioè quelle per le quali non è ammesso l'appello);
- le sentenze pronunciate dal tribunale di primo grado, se **le parti sono d'accordo** per omettere l'appello (ma solo per violazione o falsa applicazione di norme di diritto);
- l'ordinanza emanata ai sensi dell'art. 348-*ter* che abbia pronunciato l'inammissibilità dell'appello per ragioni processuali (*Cass. civ., sez. II, 5 agosto 2019, n. 20926*);
- **ogni altro provvedimento**, avente natura decisoria, emesso in forma diversa dalla sentenza *ex* art. 111, comma 7, Cost. e che incida su diritti soggettivi e non sia altrimenti impugnabile.

Non sono immediatamente impugnabili con ricorso per cassazione le sentenze che decidono su questioni insorte senza definire, neppure parzialmente, il giudizio (art. 360, comma 3). Il ricorso per cassazione avverso tali sentenze può essere proposto, senza necessità di riserva quando si è impugnata la sentenza che definisce, anche parzialmente il giudizio. Contro le sentenze di condanna generica *ex* art. 278 e contro le sentenze che decidono una o alcuna delle domande senza definire l'intero giudizio, il ricorso per cassazione può essere differito qualora la parte soccombente ne faccia **riserva**, a pena di decadenza, entro il termine per la proposizione del ricorso e, in ogni caso, non oltre la prima udienza successiva alla comunicazione della sentenza (art. 361, comma 1). In tal caso, il ricorso deve essere proposto unitamente a quello contro la sentenza che definisce il giudizio o con quello che venga proposto dalla stessa o da altra parte contro altra sentenza successiva che non definisca il giudizio. Come avviene per la riserva di appello, la riserva non può farsi e se già fatta rimane priva di effetto, quando contro la stessa sentenza da alcuna delle parti sia stato proposto immediatamente ricorso.

3. I motivi di ricorso.

Il ricorso per cassazione introduce un giudizio a critica vincolata e non libera; i motivi di ricorso devono, pertanto, necessariamente rientrare tra quelli indicati dall'art. 360, tenendo presente che, nell'ambito del giudizio di legittimità, non è conferito il potere di riesaminare e rivalutare il merito della causa, ma solo quello di controllare, sotto il profilo della coerenza logico-formale e della correttezza giuridica l'esame e la valutazione compiuta dal giudice del merito (*Cass. civ., sez. lav., 14 febbraio* ***2020****, n. 3821*).

I motivi di ricorso sono i seguenti:

- **motivi attinenti alla giurisdizione** (art. 360, n. 1). Il motivo appartiene alla cognizione delle sezioni unite a meno che le stesse non si siano già pronunciate sulla questione proposta (art. 374). Il vizio attinente alla giurisdizione è un vizio *in procedendo* sul quale la Corte è anche giudice del fatto nel senso che conosce ed interpreta direttamente e in piena autonomia tutti gli atti del processo utili ad accertare la sussistenza del vizio denunciato. La questione di giurisdizione ha priorità assoluta anche se proposta con ricorso incidentale;
- **per violazione delle norme sulla competenza quando non è prescritto il regolamento di competenza** (art. 360, n. 2). Il ricorso per tale motivo è, dunque, possibile solamente quando non ricorrono i presupposti del regolamento necessario di competenza (v. parte prima, cap. III, 6.1). La pronuncia sulla sola competenza è, infatti, impugnabile soltanto con il regolamento necessario di competenza; questo motivo di ricorso può, dunque, aver luogo solamente quando la sentenza ha pronunciato anche sul merito;
- **per violazione o falsa applicazione di norme di diritto e dei contratti e accordi collettivi nazionali di lavoro** (art. 360, n. 3). È il motivo per eccellenza che garantisce il principio di nomofilachia di cui all'art. 65 ord. giud. L'**errore di diritto** può consistere nell'erronea individuazione della norma da applicare alla fattispecie ovvero nell'errato accostamento alla fattispecie di una norma, che si verifica anche quando si applica una norma ad una fattispecie diversa da quella da essa prevista. L'*error in judicando* è rilevabile solo se *causam dans* cioè se dà luogo ad una decisione erronea o ingiusta. Nell'accertare la violazione di diritto, la Corte di cassazione deve applicare il diritto vigente e, se questo si è modificato, lo *ius superveniens*, tenere conto delle decisioni della Corte Costituzionale e verificare la compatibilità del diritto interno con quello comunitario;
- **per nullità della sentenza o del procedimento** (art. 360, n. 4). Il motivo va

collegato all'art. 159 in forza del quale, in mancanza di sanatoria, la nullità di un atto si estende a quelli successivi che ne siano dipendenti. Poiché le nullità del giudizio di primo grado devono essere fatte valere coi motivi di gravame, non possono proporsi in sede di ricorso per cassazione doglianze relative al procedimento o alla decisione di primo grado, in quanto la decisione di appello assorbe totalmente quella impugnata. Sono ricondotti a questo motivo il vizio di **omessa pronuncia** (correlata alla violazione dell'art. 112, configurabile soltanto in ipotesi di mancanza di una decisione in ordine a una domanda o ad un assunto che richieda una statuizione di accoglimento o di rigetto) e le violazioni di **ultrapetizione** ed **extrapetizione** (che ricorrono quando il giudice pronuncia oltre i termini delle pretese e delle eccezioni fatte valere dalle parti, ovvero su questioni estranee all'oggetto del giudizio e non rilevabili d'ufficio). In presenza di questo motivo di ricorso, la cassazione è anche giudice del fatto, inteso non come fatto che costituisce l'oggetto del giudizio di merito ma unicamente come fatto processuale;

- **per omesso esame circa un fatto decisivo per il giudizio che è stato oggetto di discussione tra le parti** (art. 360, n. 5). In seguito alla riformulazione della norma, operata dalla riforma del 2012, non sono più ammissibili le censure di contraddittorietà e insufficienza della motivazione della sentenza di merito impugnata, in quanto il sindacato di legittimità sulla motivazione resta circoscritto alla sola verifica della violazione del minimo costituzionale richiesto dall'art. 111 Cost., comma 6, individuabile nelle ipotesi — che si convertono in violazione dell'art. 132, comma 2, n. 4, e danno luogo a nullità della sentenza — di mancanza della motivazione quale requisito essenziale del provvedimento giurisdizionale, di motivazione apparente, di manifesta ed irriducibile contraddittorietà e di motivazione perplessa od incomprensibile, al di fuori delle quali il vizio di motivazione può essere dedotto solo per omesso esame di un fatto storico, che abbia formato oggetto di discussione e che appaia decisivo ai fini di una diversa soluzione della controversia (*Cass. civ., sez. I, 2 luglio **2020**, n. 13600*). La norma deve essere coordinata con quanto previsto dall'art. 348-*ter*, commi 4 e 5, che prevede che il ricorso per cassazione (ad eccezione delle cause in cui è obbligatorio l'intervento del pubblico ministero) non può essere presentato in base a tale motivo quando:
  - l'ordinanza di inammissibilità dell'appello è fondata sulle stesse ragioni, inerenti le questioni di fatto, poste a base della decisione impugnata;
  - la sentenza di appello ha confermato la decisione di primo grado.

In particolare, nell'ipotesi di "doppia conforme", il ricorrente in cassazione, per evitare l'inammissibilità del motivo di cui all'art. 360, n. 5, deve indicare le ragioni di fatto poste a base della decisione di primo grado e quelle poste a base della sentenza di rigetto dell'appello, dimostrando che esse sono tra loro diverse (*Cass. civ., sez. lav., 22 maggio **2020**, n. 9483*).

Giurisprudenza

*Deve essere denunciata la violazione della regola della corrispondenza tra il chiesto e il pronunciato di cui all'art. 112 c.p.c. se il giudice, accogliendo la domanda, ometta di pronunciare in ordine al fatto mediante cui il convenuto abbia eccepito l'inefficacia del fatto costitutivo della domanda, ovvero abbia eccepito che il diritto fatto valere dall'attore si è modificato o estinto, mentre deve essere denunciato il vizio motivazionale di cui all'art. 360, comma 1, n. 5, c.p.c., se il giudice abbia omesso l'esame del fatto secondario mediante cui il convenuto abbia contestato l'esistenza storica del fatto costitutivo della domanda o abbia omesso l'esame del fatto risultante dagli atti di causa e che tuttavia il convenuto non abbia opposto in funzione di neutralizzazione degli effetti giuridici del fatto costitutivo (Cass. civ., sez. III, 13 gennaio **2021**, n. 459).*

*In tema di ricorso di cassazione, il travisamento della prova, che presuppone la constatazione di un errore di percezione o ricezione della prova da parte del giudice di merito, ritenuto valutabile in sede di legittimità qualora dia luogo ad un vizio logico di insufficienza della motivazione, non è più deducibile a seguito della novella apportata all'art. 360, comma 1, n. 5, c.p.c. dall'art. 54 del d.l. n. 83/2012, conv. dalla l. n. 134/2012, che ha reso inammissibile la censura per insufficienza o contraddittorietà della motivazione, sicché "a fortiori" se ne deve escludere la denunciabilità in caso di cd. "doppia conforme", stante la preclusione di cui all'art. 348-ter, ultimo comma, c.p.c. (Cass. civ., sez. lav., 3 novembre **2020**, n. 24395).*

4. Il ricorso.

Il ricorso deve contenere, a pena di inammissibilità, gli elementi previsti dall'art. 366 e cioè:

- **indicazione delle parti**, le stesse sono identificate non in modo tradizionale come attore e convenuto ma come ricorrente e resistente;
- **indicazione della sentenza** o decisione impugnata: non possono impugnarsi con il medesimo ricorso pronunce diverse;
- esposizione sommaria dei **fatti della causa**, necessaria per consentire alla Corte di rendersi conto delle censure sollevate, senza dover ricorrere ad altre fonti o ad altri atti del processo, in applicazione del principio di autosufficienza del ricorso; l'esposizione **dev'essere sintetica**, complementare e funzionale alla comprensione dei motivi. La sintesi che deve operare il difensore deve essere funzionale alla piena comprensione e valutazione delle censure mosse alla sentenza impugnata sulla scorta della sola lettura del ricorso; la pedissequa riproduzione dell'intero contenuto letterale degli atti processuali è del tutto superflua — giacché non è richiesto che si dia conto sin nel dettaglio di tutti i momenti attraverso i quali il giudizio si è sviluppato — oltre che inidonea a tenere luogo della sintetica esposizione dei fatti della causa (*Cass. civ., sez. trib., 20 ottobre* ***2020****, n. 22753*);
- i **motivi** per i quali si chiede la cassazione, con l'indicazione delle **norme di**

diritto su cui si fondano. Non possono essere sollevate nuove questioni di diritto e non può essere chiesto il controllo di legittimità su temi di contestazione diversi da quelli proposti nei precedenti gradi di merito. I motivi di ricorso devono investire, infatti, questioni già comprese nel *thema decidendum* nel giudizio di appello; qualora siano prospettate questioni di cui non vi sia cenno nella sentenza impugnata, il ricorrente deve, a pena di inammissibilità, non solo allegarne l'avvenuta loro deduzione dinanzi al giudice di merito ma, in virtù del principio di autosufficienza, anche indicare in quale specifico atto del giudizio precedente ciò sia avvenuto (*Cass. civ., sez. II, 18 settembre* ***2020****, n. 19560*);

- **indicazione della procura**, se conferita con atto separato e, nel caso di ammissione al gratuito patrocinio, del relativo decreto. La procura deve fare riferimento specifico al giudizio di cassazione e non può essere rilasciata a margine o in calce ad atti diversi dal ricorso o dal controricorso, stante il tassativo disposto dell'art. 83, comma 3, che implica la necessaria esclusione dell'utilizzabilità di atti diversi da quelli su indicati (*Cass. civ., sez. VI, 28 maggio 2019, n. 14474*). La procura deve essere rilasciata in data posteriore alla data di pubblicazione della sentenza impugnata e in data anteriore alla notifica del ricorso: in difetto il ricorso è ritenuto inammissibile, in quanto la procura non risponde al principio di specialità (*Cass. civ., sez. VI, 20 luglio* ***2020****, n. 15396*).

  Se la procura non è rilasciata contestualmente al ricorso o al controricorso, è necessario il conferimento con atto pubblico o con scrittura privata autenticata, facenti riferimento agli elementi essenziali del giudizio, quali l'indicazione delle parti e della sentenza impugnata (*Cass. civ., sez. VI, 7 gennaio 2016, n. 58*);

- la specifica indicazione degli **atti processuali**, dei documenti e dei contratti o accordi collettivi nel testo integrale, a pena di inammissibilità (*Cass. civ., sez. VI, 6 ottobre 2017, n. 23452*), sui quali il ricorso si fonda. Quando il ricorso si fonda su documenti, il ricorrente ha l'onere di "indicarli in modo specifico" nel ricorso, a pena di inammissibilità; ciò significa che deve trascriverne il contenuto, oppure riassumerlo in modo esaustivo, indicare in quale fase processuale sono stati prodotti e a quale fascicolo sono allegati e con quale indicizzazione (*Cass. civ., sez. III, 27 marzo 2018, n. 7513*). La disposizione ribadisce il principio di autosufficienza del ricorso e persegue il fine di garantire la precisa delimitazione del *thema decidendum*;

- l'**elezione di domicilio**. Il ricorrente deve eleggere domicilio in Roma, sede della Corte di cassazione e indicare il proprio indirizzo di posta elettronica certificata. In mancanza, le notificazioni vengono effettuate presso la cancelleria della Corte. Peraltro l'art. 366, comma 4 prevede che le comunicazioni della cancelleria e le notificazioni tra i difensori di cui agli artt. 372 e 390 sono effettuate ai sensi dell'art. 136. La parte può inoltre avvalersi del disposto di cui agli artt. 134 e 135 disp. att., inoltrando tutti gli atti a mezzo del servizio postale e chiedendo di ricevere la copia del controricorso, l'avviso dell'udienza di discussione e il dispositivo della sentenza, mediante lettera raccomandata con tassa a carico;

- nel caso di ricorso *per saltum* (consentito soltanto per i motivi di cui all'art. 360, n. 3), l'accordo delle parti deve risultare mediante **visto**, apposto dalle altre parti o dai loro difensori muniti di procura speciale, oppure mediante atto separato da unirsi al ricorso;
- la **sottoscrizione**, a pena di inammissibilità, da parte di un avvocato iscritto nell'apposito albo speciale (v. parte prima, cap. IV, 4), autografa e non digitale (*Cass. civ., sez. III, 15 giugno* ***2020****, n. 11592*).

La giurisprudenza insiste particolarmente nel rispetto del dovere di chiarezza e sinteticità espositiva, regola già codificata per gli atti processuali amministrativi e destinata ad operare anche nel processo civile quale espressione di un principio generale del diritto processuale, la cui violazione espone il ricorrente per cassazione al rischio di una declaratoria di inammissibilità (*Cass. civ., sez. I, 13 aprile 2017, n. 9570*). A tal fine si segnala che tra la Corte di cassazione e il Consiglio Nazionale Forense è stato stipulato in data 17 dicembre 2015 un protocollo d'intesa sulle modalità di redazione del ricorso: il ricorso che non lo rispetta può essere dichiarato inammissibile (*Cass. civ., sez. III, 15 febbraio 2018, n. 3704*).

L'art. 360-*bis* prevede ulteriori **ipotesi di inammissibilità**:

- quando il provvedimento impugnato ha deciso le questioni di diritto in modo **conforme alla giurisprudenza** della Corte e l'esame dei motivi non offre elementi per confermare o mutare l'orientamento della stessa, facendo chiaramente riferimento agli *error in judicando* o *in procedendo*; la disposizione si applica non solo quando la giurisprudenza della Corte di cassazione già abbia giudicato nello stesso modo la specifica fattispecie proposta dal ricorrente, ma anche quando il caso concreto non sia stato deciso e tuttavia si presti ad essere facilmente ricondotto a casi assolutamente consimili (*Cass. civ., sez. VI, 25 marzo 2013, n. 7450*)
- quando è **manifestamente infondata la censura** relativa alla violazione dei principi regolatori del giusto processo.

L'art. 360-*bis* è una norma-filtro perché consente di delibare rapidamente ricorsi "inconsistenti". La Corte è in un certo qual senso esonerata dall'esprimere compiutamente la sua adesione alla soluzione interpretativa accolta dall'orientamento giurisprudenziale precedente: è sufficiente che rilevi che la pronuncia impugnata si è adeguata alla giurisprudenza di legittimità e che il ricorrente non la critica adeguatamente (*Cass. civ.,* ***sez. un.****, 21 marzo 2017, n. 7155*).

Il ricorso deve essere **notificato** entro il termine previsto per questa impugnazione, e cioè sessanta giorni, se è stata notificata la sentenza oggetto dell'impugnazione, o entro il termine lungo (v. parte terza, cap. VI, 2), se la stessa non è stata notificata. La notificazione del ricorso effettuata in luogo diverso da quello previsto dalla legge (v. parte terza, cap. VI, 4), ancorché privo di astratto collegamento con il destinatario, è affetta da nullità e non da inesistenza, nullità sanata dalla costituzione dell'intimato, eventualmente a seguito di spontanea rinnovazione effettuata dall'interessato o su ordine del giudice *ex* art. 291 (*Cass. civ.,* ***sez. un.****, 20 luglio 2016, n. 14197*); se il ricorso è privo di una o più pagine, sussiste semplicemente un vizio della notifica dell'atto, sanabile con efficacia *ex nunc* mediante la nuova notifica di una copia integrale del ricorso su iniziativa autonoma o entro un termine fissato dalla Corte (*Cass. civ.,* ***sez. un.****, 14 settembre 2016, n. 18121*). Per quanto concerne le amministrazioni dello Stato, le sezioni unite della Corte di cassazione hanno precisato che la notifica del ricorso deve essere eseguita presso l'Avvocatura generale e non presso quella distrettuale.

L'art. 369 elenca le modalità per il deposito del ricorso nella cancelleria della Corte di cassazione.

Il **deposito** può avvenire direttamente nel termine di giorni venti (il termine è perentorio e sanzionato con l'improcedibilità del ricorso) dall'ultima notificazione, ovvero anche a mezzo posta, in piego raccomandato (in tal caso il deposito si ha per avvenuto alla data di spedizione del plico — art. 134 disp. att.). All'uopo, si deposita:

- nota di deposito e iscrizione a ruolo;
- originale del ricorso notificato;
- copia autentica del provvedimento impugnato, con la relazione di notificazione se questa è avvenuta, non essendo sufficiente un estratto conforme (*Cass. civ., sez. II, 20 luglio* ***2020****, n. 15393*).
- richiesta in duplice esemplare, di trasmissione del fascicolo con il visto apposto dal cancelliere del giudice che ha emesso il provvedimento impugnato;
- fascicolo di parte di secondo grado (contenente, a propria volta, il fascicolo di parte di primo grado);
- eventuali nuovi documenti che riguardano la nullità della sentenza impugnata e l'ammissibilità del ricorso (gli unici che possono essere prodotti *ex* art. 372);
- documenti, contratti o accordi collettivi sui quali il ricorso si fonda;
- dichiarazione del difensore del luogo di residenza o della sede della parte (art. 134-*bis* disp. att.), per procedere agli adempimenti delle cancellerie nell'ipotesi di morte dell'unico difensore;
- procura speciale, se questa è conferita con atto separato;
- decreto di concessione del gratuito patrocinio.

Giurisprudenza

Il ricorso per cassazione è inammissibile allorquando la procura, apposta su foglio separato e materialmente congiunto al ricorso ai sensi dell'art. 83 c.p.c., comma 2, contenga espressioni incompatibili con la specialità richiesta e dirette piuttosto ad attività proprie di altri giudizi e fasi processuali (Cass. civ., sez. I, 11 maggio ***2020****, n. 8754).*

In tema di ricorso per cassazione, una volta che la parte abbia già proposto un primo ricorso ed abbia, quindi, esercitato il relativo potere di impugnazione in ordine al provvedimento censurato, essa ha esaurito la facoltà di critica della decisione che assume a sé pregiudizievole, senza che possa proporre una successiva impugnazione, salvo che la prima impugnazione sia invalida, non sia stata ancora dichiarata inammissibile o improcedibile e venga rispettato il termine di decadenza previsto dalla legge (Cass. civ., sez. I, 6 maggio ***2020****, n. 8552).*

5. Il controricorso e il ricorso incidentale.

La parte contro la quale il ricorso è diretto ha due possibilità: contraddire mediante controricorso (contenente eventualmente il ricorso incidentale) oppure non fare nulla e scegliere se partecipare o meno esclusivamente alla discussione orale. In tale seconda ipotesi, il difensore deve, comunque, essere munito di procura speciale. Se la parte intende esercitare la facoltà di contraddire e dunque di difendersi, il **controricorso** deve sempre essere sottoscritto da avvocato iscritto all'albo speciale, in forza di procura speciale conferita in calce o a margine del controricorso (o con atto separato, purché in data successiva alla data di pubblicazione della sentenza impugnata). Stante il richiamo contenuto nell'art. 371, il controricorso deve avere i medesimi contenuti e i medesimi requisiti previsti per il ricorso principale. In particolare, è inammissibile il controricorso privo dell'esposizione sommaria dei fatti.

Con il controricorso può essere proposto **ricorso incidentale** il quale deve contenere, in ragione della sua autonomia rispetto al ricorso principale, l'esposizione sommaria dei fatti della causa ai sensi del combinato disposto degli art. 371, comma 3, e 366, comma 1, n. 3, e possedere tutti i requisiti prescritti per il ricorso stante il richiamo espresso contenuto nell'art. 371. La giurisprudenza ritiene che la parte risultata interamente vittoriosa nel giudizio di merito non è tenuta a risollevare questioni già prospettate in appello e non esaminate o ritenute assorbite dal giudice, essendo sufficiente che riproponga le stesse con il controricorso, dichiarando di volerle sottoporre ad un nuovo esame nell'eventuale giudizio di rinvio.

Le parti contro le quali è stata proposta l'impugnazione e quelle chiamate ad integrare il contraddittorio *ex* art. 331 possono proporre **ricorso incidentale tardivo**, anche quando abbia carattere autonomo in quanto l'impugnazione incidentale non investe lo stesso capo o altro connesso o indipendente già oggetto dell'impugnazione principale.

Il controricorso (anche se contenente il ricorso incidentale) deve essere **notificato** al ricorrente, nel domicilio da questi eletto, entro venti giorni dalla scadenza del termine stabilito per il deposito del ricorso, vale a dire entro quaranta giorni dalla notifica del ricorso principale. L'art. 1 della legge 20 gennaio 1992, n. 55 stabilisce che la notificazione del controricorso e del ricorso incidentale può essere effettuata anche dall'ufficiale giudiziario del luogo ove ha sede il giudice che ha pronunciato il provvedimento impugnato, a mezzo del servizio postale.

Anche per il **deposito** del controricorso si applica quanto previsto dall'art. 369 e dagli artt. 134, 134-*bis* e 135 disp. att.

Nel giudizio di cassazione, mancando un'espressa previsione normativa, è inammissibile l'intervento di soggetti che non abbiano partecipato alle pregresse fasi di merito, fatta eccezione per il successore a titolo particolare nel diritto controverso, ove non vi sia stata precedente costituzione del dante causa (*Cass. civ., sez. III, 10 ottobre 2019, n. 25423*).

Giurisprudenza

Dalla funzione che il codice di rito assegna al controricorso, che non è un atto autonomo ma si colloca nel processo come mezzo di difesa rispetto al ricorso, deriva che per la sua ammissibilità sono necessari gli elementi indispensabili per la sua identificazione (l'indirizzo alla Corte, l'indicazione delle parti e della sentenza impugnata) e per la validità della costituzione nel processo (la sottoscrizione di un avvocato iscritto all'albo munito di procura e l'indicazione della procura), mentre è rimessa alla prudente valutazione della parte l'esposizione, più o meno analitica, dei fatti della causa e non opera il principio di completezza del ricorso, che si fonda su esigenze riscontrabili solo in caso di impugnazione della sentenza di merito (Cass. civ., sez. lav., 28 maggio ***2020****, n. 10223).*

6. Il ricorso per la sospensione dell'esecuzione.

Come l'appello, così pure il ricorso per cassazione non sospende l'esecuzione della sentenza. Competente a esaminare la richiesta di sospensiva della sentenza impugnata non è la Corte di cassazione, bensì il giudice che l'ha emessa. In questi casi l'art. 373 prevede la possibilità per le parti di presentare ricorso al giudice di pace o al tribunale in composizione monocratica o al presidente del collegio nel quale, manifestati i motivi del grave e irreparabile danno, si insta per la sospensione della esecuzione della sentenza oggetto di impugnazione. Non è sufficiente allegare una copia del ricorso per cassazione, ma occorre dare prova dell'avvenuto deposito, così come espressamente prescrive l'art. 131-*bis* disp. att. Il procedimento si svolge in camera di consiglio, nel contraddittorio delle parti, e si conclude con ordinanza non impugnabile, in quanto priva dei caratteri di decisorietà e definitività.

7. Il procedimento.

Il d.l. 31 agosto 2016 n. 168, convertito, con modificazioni, dalla legge 25 ottobre 2016 n. 197, ha introdotto una nuova disciplina del procedimento avanti la Corte di cassazione con l'intento di abbattere l'arretrato e diminuire i tempi di decisione.

Prima della riforma, la trattazione del ricorso in udienza pubblica era la regola; con le nuove norme la regola è diventata quella del procedimento camerale che si chiude con ordinanza. Ben pochi sono i casi in cui il ricorso può ancora ottenere la possibilità di pervenire a discussione in pubblica udienza.

Introdotto il giudizio e depositati il ricorso ed eventualmente il controricorso, il primo presidente assegna i ricorsi ad una apposita sezione, già denominata **"filtro"**, alla quale sono chiamati magistrati appartenenti a tutte le sezioni (art.

67-*bis* ord. giud.) ed alla quale è demandato un sommario esame come prevede l'art. 376, comma 1, per verificare se sussistono i presupposti per la pronuncia immediata in camera di consiglio, ai sensi dell'art. 375, comma 1, n. 1) e 5) e cioè quando è necessario:

- dichiarare l'inammissibilità del ricorso principale e di quello incidentale, eventualmente proposto, anche per mancanza dei motivi previsti dall'art. 360 (v. parte terza, cap. VIII, 4);
- accogliere o rigettare il ricorso principale e l'eventuale ricorso incidentale per manifesta fondatezza o infondatezza.

Se il relatore della sezione filtro **ritiene definibile il giudizio in via immediata**, il presidente fissa con decreto l'adunanza della Corte, indicando se è stata ravvisata una ipotesi di inammissibilità, di manifesta infondatezza o di manifesta fondatezza del ricorso (art. 380-*bis*, comma 1). Il decreto deve essere notificato ai difensori delle parti, almeno venti giorni prima della data stabilita per l'adunanza, i quali hanno facoltà di **depositare memorie** non oltre cinque giorni prima dell'udienza, anche mediante PEC, inviata dall'indirizzo indicato dal difensore in sede di costituzione in giudizio all'indirizzo PEC della cancelleria della sezione (*Cass. civ., sez. trib., 3 dicembre* ***2020****, n. 27672*). La Corte quindi con ordinanza dichiara l'inammissibilità o accoglie o rigetta il ricorso, ovvero, se ritiene che non ricorrano le ipotesi sopra indicate e quindi non accoglibile la proposta del relatore, rimette la causa alla pubblica udienza davanti alla sezione semplice.

Se il relatore della sezione filtro **ritiene non definibile il giudizio in via immediata**, il presidente rimette gli atti alla sezione semplice (art. 376, comma 1).

Il procedimento davanti alla sezione filtro, la sesta, è stato conseguentemente ulteriormente snellito: i tempi di definizione, in considerazione anche del fatto che non è previsto l'intervento del pubblico ministero e che i difensori delle parti non hanno la possibilità di partecipare all'adunanza, sono pertanto destinati a ridursi sensibilmente in modo da consentire alla Corte di cassazione di dedicarsi principalmente alla sua funzione nomofilattica.

Se il ricorso supera il filtro, deve a questo punto essere assegnato alla **sezione semplice**. Il presidente di sezione nomina il relatore, ai sensi dell'art. 377, comma 1, ultimo periodo, disponendo eventualmente (art. 377, comma 3):

- l'integrazione del contraddittorio;
- la notificazione dell'impugnazione a norma dell'art. 332 ovvero che essa sia rinnovata.

Compete sempre al presidente valutare se il ricorso debba essere assegnato alla camera di consiglio ovvero, sussistendo una particolare rilevanza della questione di diritto, destinato alla discussione in pubblica udienza (art. 375, comma 3). Nel primo caso si applica il **rito camerale** previsto dall'art. 380-*bis*.1 con:

- comunicazione agli avvocati delle parti costituite e al pubblico ministero della fissazione dell'adunanza almeno quaranta giorni prima della stessa;
- deposito in cancelleria da parte del pubblico ministero (che ne ha facoltà e non obbligo) delle conclusioni scritte non oltre venti giorni prima dell'adunanza;

- deposito in cancelleria delle memorie di parte non oltre dieci giorni prima dell'adunanza.

Alla camera di consiglio non possono partecipare né il pubblico ministero né le parti in quanto la Corte giudica senza il loro intervento; non è ritenuta ammissibile la costituzione tardiva del difensore mediante deposito di procura speciale (*Cass. civ., sez. I, 25 ottobre 2018, n. 27124*).

Se invece il presidente valuta la sussistenza di una questione di diritto di particolare rilevanza, viene fissata l'**udienza pubblica di discussione**. Il relativo procedimento è disciplinato dagli artt. 377, comma 2, 378 e 379 e prevede in via di massima:

- comunicazione da parte del cancelliere della fissazione dell'udienza agli avvocati delle parti costituite almeno venti giorni prima;
- possibilità per le parti di presentare memorie in cancelleria, non oltre cinque giorni prima dell'udienza, per illustrare e chiarire i motivi già proposti, ovvero confutare le tesi avversarie;
- all'udienza, il relatore riferisce i fatti rilevanti per la decisione del ricorso, il contenuto del provvedimento impugnato e i motivi del ricorso e del controricorso;
- all'udienza, esposizione da parte del pubblico ministero (e cioè del procuratore generale) delle proprie motivate conclusioni;
- all'udienza, svolgimento delle difese da parte dei difensori delle parti, se presenti.

Non sono ammesse repliche né ulteriori note scritte.

La parte può **rinunciare** al ricorso principale o incidentale (art. 390) finché non sia iniziata la relazione all'udienza o sino alla data dell'adunanza camerale o finché non siano notificate le conclusioni scritte del pubblico ministero nei casi di cui all'art. 380-*ter*. La rinuncia deve essere effettuata in forma scritta, con sottoscrizione della parte e del suo avvocato o anche solo da questi se munito di mandato speciale comprendente i poteri di rinuncia; deve essere notificata alle parti costituite o comunicata agli avvocati delle stesse. Non è necessaria l'accettazione (*Cass. civ., sez. lav., 15 luglio 2019, n. 18886*). Sulla rinuncia e nei casi di estinzione del processo disposta per legge, provvede la Corte con ordinanza in camera di consiglio, salvo che debba decidere altri ricorsi contro lo stesso provvedimento, fissati per la pubblica udienza. Se invece non è stata ancora fissata la data della decisione, provvede direttamente il presidente (art. 391, comma 1). Il decreto, l'ordinanza o la sentenza che dichiara l'estinzione può condannare la parte che vi ha dato causa alle spese, salvo che alla rinuncia vi abbiano aderito le altre parti.

Giurisprudenza

*Nel giudizio civile di legittimità, la memoria di cui all'art. 380-bis c.p.c. non può contenere nuove censure, ma solo illustrare quelle già proposte (Cass. civ., sez. VI, 27 agosto **2020**, n. 17893).*

7.1. *La pronuncia a sezioni unite.*

Al **primo presidente** (art. 376, comma 1) compete anche l'assegnazione alle sezioni unite (il collegio è composto da nove membri), tenute a pronunciarsi sui ricorsi **obbligatoriamente** (art. 374, comma 1):

- nei casi di cui all'art. 360, n. 1 (motivi attinenti alla giurisdizione);
- nei casi di cui all'art. 362 (conflitti positivi o negativi di giurisdizione tra giudici speciali o tra questi e i giudici ordinari, conflitti negativi di attribuzione tra la pubblica amministrazione e il giudice ordinario)

Tuttavia, tranne che nei casi di impugnazione delle decisioni del Consiglio di Stato e della Corte dei conti, il ricorso può essere assegnato alle sezioni semplici, se sulla questione di giurisdizione proposta si sono già pronunciate le sezioni unite.

Il ricorso può essere assegnato alle sezioni unite anche nei casi previsti dall'art. 374, commi 2 e 3 e dall'art. 376, commi 2 e 3 e cioè:

- su disposizione del primo presidente in ordine a ricorsi che presentano una questione di diritto già decisa in senso difforme dalle sezioni semplici e su quelli che presentano una questione di massima di particolare importanza;
- su disposizione della sezione semplice che ritiene di non condividere il principio di diritto enunciato dalle sezioni unite;
- su disposizione del primo presidente in accoglimento dell'istanza proposta dalla parte che ritiene di competenza delle sezioni unite un ricorso già assegnato ad una sezione semplice;
- su disposizione della sezione semplice in accoglimento della richiesta del pubblico ministero o d'ufficio.

Assegnato il ricorso alle sezioni unite, poiché la causa non necessita di nessuna istruttoria né di contatto con le parti, il primo presidente fissa l'udienza o l'adunanza della camera di consiglio.

La Corte, a sezioni unite, pronuncia con ordinanza in **camera di consiglio** quando riconosce di dovere (art. 375):

1) dichiarare l'inammissibilità del ricorso principale e di quello incidentale eventualmente proposto, anche per mancanza dei motivi previsti dall'art. 360;

2) pronunciare sulle istanze di regolamento di competenza e di giurisdizione;

3) accogliere o rigettare il ricorso principale e l'eventuale ricorso incidentale per manifesta fondatezza o infondatezza.

Quando la Corte deve pronunciare sulle **istanze di regolamento di competenza e di giurisdizione** (art. 375, comma 1 n. 4) si segue il procedimento di cui all'art. 380-*ter*:

- il presidente richiede al pubblico ministero le sue conclusioni scritte;
- le conclusioni e il decreto del presidente che fissa l'adunanza sono notificati, almeno venti giorni prima, agli avvocati delle parti;
- i difensori delle parti possono depositare le memorie non oltre cinque giorni prima della adunanza.

La Corte giudica in camera di consiglio senza l'intervento del pubblico ministero e delle parti.

La Corte pronuncia, negli altri casi, a seguito di fissazione dell'**udienza pubblica** di discussione, il cui procedimento è disciplinato dagli artt. 377, 378 e 379, già illustrato nel paragrafo precedente.

Giurisprudenza

Reputa il Collegio opportuna la rimessione della presente questione al Primo presidente, per l'eventuale assegnazione alle Sezioni Unite: individuare il momento da cui debba aver corso, per la parte che non sia fallita, il termine per la riassunzione del giudizio nel caso di interruzione l. fall., ex art. 43, comma 3 (Cass. civ., sez. I, 12 ottobre ***2020****, n. 21961).*

8. La decisione.

La Corte pronuncia ordinanza nei casi di cui all'art. 375; emette sentenza, deliberata in camera di consiglio, dopo la discussione della causa. In caso di infondatezza del ricorso, la pronuncia è di **rigetto**. Nelle ipotesi in cui la Corte ravvisi che la sentenza impugnata è erroneamente motivata in diritto, ma il dispositivo è conforme al diritto, pronuncia il rigetto del ricorso, ma **corregge** la motivazione della sentenza impugnata (art. 384, comma 4). Nei casi previsti, dichiara l'inammissibilità o l'improcedibilità. Con ciò il ricorso non può essere riproposto anche se non è scaduto il termine fissato dalla legge (art. 387).

Quando accoglie il ricorso può verificarsi un duplice fenomeno e cioè:

1) **cassazione con rinvio**

- la Corte rinvia la causa ad altro giudice di grado pari a quello che ha pronunciato la sentenza cassata, quando accoglie il ricorso per motivi diversi da quelli di giurisdizione e competenza e sono necessari ulteriori accertamenti di fatto (art. 383, comma 1). Altro giudice è sempre un'altra sezione dello stesso ufficio, tribunale o Corte d'appello, purché diverso da quello che ha pronunciato la sentenza cassata;
- la Corte accoglie il ricorso nel caso previsto dall'art. 360, comma 2 (ricorso *per saltum*) e **rinvia** al giudice che avrebbe dovuto pronunciare sull'appello al quale le parti hanno rinunciato;
- la Corte rinvia la causa ad altro giudice quando accoglie il ricorso riscontrando una nullità del giudizio di primo grado per la quale il giudice di appello avrebbe dovuto rimettere le parti al primo giudice (art. 383, comma 3);
- la Corte accoglie il ricorso proposto avverso il provvedimento di primo grado (nel caso di ordinanza di inammissibilità pronunciata dal giudice di appello) e rinvia la causa al giudice che avrebbe dovuto pronunciarsi sull'appello (art. 383, comma 4);

2) **cassazione senza rinvio**

- quando, decidendo una questione di giurisdizione, riconosce che né il giudice del quale era stato impugnato il provvedimento né qualsiasi altro giudice, hanno giurisdizione in quella materia (è il caso del difetto assoluto di giurisdizione);

- quando la domanda non poteva essere proposta o il processo proseguito;
- quando decide direttamente la causa nel merito non essendo necessari ulteriori accertamenti di fatto.

Quando decide il ricorso proposto a norma dell'art. 360, n. 3 (violazione o falsa applicazione di norme di diritto e dei contratti e accordi collettivi nazionali di lavoro) e in ogni altro caso in cui, decidendo su altri motivi del ricorso, risolve una questione di diritto di particolare importanza, la Corte enuncia il **principio di diritto**. Lo stesso viene dunque pronunciato non solo in caso di cassazione con rinvio (in tal caso il giudice di rinvio è tenuto ad uniformarsi), ma anche in caso di rigetto del ricorso o di cassazione senza rinvio. La funzione precipua è quella di rafforzare la funzione nomofilattica della Suprema Corte.

La Corte provvede anche sulle **spese del giudizio** (art. 385). Se rigetta il ricorso condanna il ricorrente alle spese; se cassa senza rinvio o per violazione delle norme sulla competenza provvede sulle spese di tutti i precedenti giudizi; se rinvia la causa ad altro giudice può provvedere direttamente o rimette la pronuncia al giudice di rinvio.

Copia della sentenza è trasmessa dal cancelliere della Corte a quello del giudice che ha pronunciato la sentenza impugnata affinché ne sia presa nota in margine all'originale di quest'ultima (art. 388).

Giurisprudenza

*La Cassazione può decidere nel merito, ai sensi dell'art. 384, ultima parte, c.p.c., solo se le questioni dibattute siano di puro diritto, mentre, qualora siano coinvolte questioni di fatto, è inevitabile l'annullamento con rinvio (Cass. civ., sez. lav., 19 agosto **2020**, n. 17315).*

9. Il giudizio di rinvio.

La dottrina distingue normalmente tra il giudizio di **rinvio c.d. proprio**, che si verifica quando il giudice di rinvio deve emettere una sentenza di merito in sostituzione di quella cassata e il giudizio di **rinvio c.d. improprio**, con portata restitutoria, come nella remissione al primo giudice prevista dall'art. 383, comma 3, per i motivi di cui all'art. 360, n. 4. Il primo rappresenta la fase rescissoria, conseguenza della fase rescindente svoltasi innanzi alla cassazione; il secondo costituisce una fase nuova ed autonoma dell'originario processo civile.

La giurisprudenza ha precisato i limiti dei poteri attribuiti al giudice di rinvio, in base alle varie ipotesi che si possono verificare (*Cass. civ., sez. lav., 24 ottobre 2019, n. 27337*) e cioè se la sentenza di annullamento abbia accolto il ricorso:

- **per violazione o falsa applicazione di norme di diritto**: il giudice di rinvio è tenuto soltanto ad uniformarsi, ai sensi dell'art. 384, comma 1, al principio di diritto enunciato dalla sentenza di cassazione, senza possibilità di modificare l'accertamento e la valutazione dei fatti acquisiti al processo;

- **per vizi di motivazione** in ordine a punti decisivi della controversia: il giudice non solo può valutare liberamente i fatti già accertati, ma può anche indagare su altri fatti, ai fini di un apprezzamento complessivo in relazione alla pronuncia da emettere in sostituzione di quella cassata, tenendo conto, peraltro, delle preclusioni e decadenze già verificatesi;
- **per l'una e per l'altra ragione**: la "*potestas iudicandi*" del giudice di rinvio, oltre ad estrinsecarsi nell'applicazione del principio di diritto, può comportare la valutazione "*ex novo*" dei fatti già acquisiti, nonché la valutazione di altri fatti, la cui acquisizione sia consentita in base alle direttive impartite dalla Corte e sempre nel rispetto delle preclusioni e decadenze pregresse;

Il giudizio di rinvio **si introduce** con atto di citazione o ricorso (a seconda del rito) in riassunzione davanti al giudice indicato dalla Corte di cassazione nel provvedimento stesso nel termine di non oltre tre mesi dalla pubblicazione della sentenza (art. 392) e cioè dalla data del suo deposito in cancelleria, termine soggetto alla sospensione del periodo feriale.

La citazione in riassunzione deve contenere gli elementi previsti dall'art. 125 disp. att.; non è richiesta una nuova procura, né una specifica riproposizione dei motivi dell'impugnazione. Poiché introduce un'autonoma fase del giudizio, l'atto deve essere **notificato personalmente** a tutte le parti (e non ai loro procuratori già costituiti). Nel giudizio di rinvio si osservano le norme stabilite per il procedimento davanti al giudice al quale la Corte ha rinviato la causa: le parti conservano la stessa posizione processuale che avevano nel procedimento in cui fu pronunciata la sentenza cassata. Le parti non possono assumere conclusioni diverse, salvo che la necessità delle nuove conclusioni sorga dalla sentenza di cassazione (art. 394); può però essere deferito il giuramento decisorio. Deve essere prodotta copia autentica della sentenza di cassazione. Le statuizioni rese con la sentenza di cassazione operano non in via astratta, ma agli effetti della decisione finale della causa: **sono vincolanti**, infatti, non solo per il giudice di rinvio ma anche per la corte di cassazione stessa quando venga nuovamente investita del ricorso avverso la sentenza pronunziata dal giudice di rinvio (*Cass. civ., sez. I, 6 febbraio 2018, n. 2806*), la quale è infatti soggetta alle impugnazioni ordinarie.

Se la riassunzione avanti il giudice di rinvio non avviene entro il termine previsto o interviene una causa di **estinzione del giudizio di rinvio** stesso, la conseguenza è l'estinzione dell'intero procedimento, che travolge tutto il processo con conseguenti obblighi restitutori per le parti che si siano avvalse delle disposizioni contenute nelle precedenti sentenze provvisoriamente esecutive. La sentenza della Corte di cassazione conserva però il suo effetto vincolante anche nel nuovo processo che venga successivamente instaurato con riproposizione della domanda. L'estinzione del processo, pur operando di diritto, anche nel giudizio di rinvio non può essere dichiarata d'ufficio ma deve essere eccepita dalla parte interessata.

Giurisprudenza

La domanda di restituzione (o di riduzione in pristino) della parte che ha eseguito delle prestazioni in base a sentenza cassata, prevista dall'art. 389 c.p.c., può essere, in definitiva, proposta nello stesso giudizio di rinvio oppure in separata sede, e, in tale seconda ipotesi, il giudice non è tenuto a riunire i due processi, perché le domande di restituzione o riduzione in pristino sono del tutto autonome da quelle del giudizio di rinvio e prescindono completamente dalla fondatezza o meno di quest'ultima, assolvendo all'esigenza di garantire all'interessato la possibilità di ottenere al più presto la restaurazione della situazione patrimoniale anteriore alla decisione cassata, senza che la loro definizione debba essere procrastinata dall'istruzione e dalla risoluzione della lite principale (Cass. civ., sez. II, 4 settembre ***2020****, n. 18491).*

10. La revocazione e i casi di opposizione di terzo avverso le sentenze della Corte di cassazione.

Le sentenze e le ordinanze rese dalla Corte non sono impugnabili. Le sole eccezioni attengono al vizio di inesistenza che consente la proposizione dell'*actio nullitatis*, l'opposizione di terzo e la revocazione ai sensi dell'art. 391-*bis*.

Quest'ultima norma prevede la possibilità di chiedere la **correzione** degli errori materiali e di introdurre il giudizio di **revocazione delle ordinanze e delle sentenze** della cassazione viziate da errori di fatto *ex* art. 395, n. 4. Per quanto riguarda gli **errori materiali** vanno intesi in senso stretto e, cioè, quelli che riguardano esclusivamente l'espressione esteriore del giudizio stesso, così da poter essere emendati attraverso un intervento di tipo amministrativo che ripristini la corrispondenza tra quanto la sentenza ha inteso dichiarare e quanto ha formalmente dichiarato. Per quanto riguarda l'**errore di fatto**, che può dar luogo alla revocazione, lo stesso deve:

- consistere in un'errata percezione del fatto, oggettivamente ed immediatamente rilevabile;
- essere decisivo;
- non cadere su un punto controverso sul quale la Corte si sia pronunciata;
- presentare i caratteri dell'evidenza e dell'obiettività;
- non consistere in un vizio di assunzione del fatto né in un errore nella scelta del criterio di valutazione del fatto stesso;
- riguardare gli atti interni cioè quelli che la Corte esamina direttamente.

La correzione può essere chiesta e può essere rilevata d'ufficio dalla Corte in qualsiasi tempo; la revocazione può invece essere chiesta entro il termine perentorio di sessanta giorni della notificazione ovvero di sei mesi dalla pubblicazione del provvedimento.

Il ricorso per correzione e per revocazione deve osservare le forme previste dagli artt. 365 e 366 e deve contenere l'**esposizione sommaria dei fatti** di causa ed il **motivo** (*Cass. civ.*, **sez. un.**, *6 luglio 2015, n. 13863*); deve essere depositata, insieme al ricorso, la **copia autentica** della sentenza, ai sensi dell'art. 369, comma 2 n. 2.

La Corte sul ricorso per correzione pronuncia, seguendo il procedimento di cui all'art. 380-*bis* (v. parte terza, cap. VIII, 7) in **camera di consiglio**, con ordinanza; sul ricorso per revocazione pronuncia con ordinanza se lo dichiara inammissibile, altrimenti rinvia alla pubblica udienza.

Peraltro la sentenza impugnata passa comunque in giudicato e l'esecuzione non può essere sospesa per il solo fatto che sia stata proposta l'impugnazione.

L'art. 391-*ter* prevede invece la possibilità di richiedere la **revocazione straordinaria** delle pronunce con le quali la Corte di cassazione ha deciso la causa nel merito, per i motivi di cui ai numeri 1, 2, 3 e 6 dell'art. 395, comma 1 e per **opposizione di terzo**. Il ricorso si propone alla Corte stessa e deve contenere gli elementi rispettivamente previsti dagli artt. 398, commi 2 e 3 per la revocazione e art. 405, comma 2 per l'opposizione di terzo. La Corte pronuncia osservando le disposizioni di cui all'art. 380-*bis* in caso di inammissibilità o in pubblica udienza dinanzi alla sezione semplice negli altri casi. Quando la Corte pronuncia la revocazione o accoglie l'opposizione di terzo, decide la causa nel merito qualora non siano necessari ulteriori accertamenti di fatto; altrimenti, pronunciata la revocazione o dichiarata ammissibile l'opposizione di terzo, rinvia la causa al giudice che ha pronunciato la sentenza cassata. Non è oggi possibile chiedere alla Corte di cassazione la revocazione delle decisioni pronunciate dalla stessa quando vi sia contrasto con altro e precedente giudicato della stessa Corte ai sensi dell'art. 395, n. 5.

Giurisprudenza

Il termine semestrale per la proposizione del ricorso per revocazione delle sentenze della Corte di cassazione, così ridotto, in sede di conversione del d.l. 31 agosto 2016, n. 168, dalla l. 25 ottobre 2016, n. 197, si applica in relazione ai soli provvedimenti pubblicati dopo l'entrata in vigore della stessa (30 ottobre 2016), in difetto di specifica disposizione transitoria e in applicazione della regola generale di cui all'art. 11 preleggi (Cass. civ., ***sez. un.****, 23 aprile* ***2020****, n. 8091).*

Le sentenze e le ordinanze ex art. 380-bis c.p.c., emesse dalla Corte di cassazione nel giudizio di revocazione, non sono suscettibili di una nuova impugnazione per revocazione, essendo esauriti i mezzi di impugnazione ordinari, né contro le stesse può proporsi il ricorso straordinario ex art. 111 Cost., esperibile solo avverso un provvedimento di merito avente carattere decisorio e non altrimenti impugnabile (Cass. civ., sez. VI, 24 giugno ***2020****, n. 12406).*

SCHEMA 65 Il ricorso per cassazione: le sentenze impugnabili, i motivi di ricorso, il ricorso, il controricorso, il ricorso incidentale e quello per la sospensione dell'esecuzione

LE SENTENZE	IMPUGNABILI	• le sentenze rese in grado di appello • le sentenze rese in unico grado • le sentenze rese in primo grado se le parti sono d'accordo ad omettere l'appello • ogni altro provvedimento avente natura decisoria reso in forma diversa dalla sentenza che incida su diritti soggettivi e non altrimenti impugnabile
	NON IMMEDIATAMENTE IMPUGNABILI	• le sentenze su questioni insorte senza definire, neppure parzialmente, il giudizio • le sentenze di condanna generica • le sentenze che decidono una o alcune delle domande senza definire l'intero giudizio
IL RICORSO	I MOTIVI	attinenti alla giurisdizione • per violazione delle norme sulla competenza quando non è prescritto il regolamento di competenza • per violazione o falsa applicazione di norme di diritto e dei contratti • nullità della sentenza o del procedimento • omesso esame circa un fatto decisivo per il giudizio che è stato oggetto di discussione tra le parti
	IL CONTENUTO	• indicazione delle parti (ricorrente e resistente) • indicazione del provvedimento impugnato • esposizione sommaria dei fatti di causa motivi per i quali si chiede la cassazione (specifici, completi e riferibili alla decisione impugnata) con l'indicazione delle norme di diritto su cui si fondano indicazione della procura • indicazione degli atti e documenti su cui il ricorso si fonda elezione di domicilio in Roma • sottoscrizione di un avvocato iscritto nell'apposito albo
	LA NOTIFICA	• entro **60 giorni** dalla notifica del provvedimento oggetto di impugnazione • entro **6 mesi** dalla pubblicazione se il provvedimento non è notificato
	IL DEPOSITO	deve avvenire nel termine di **20 giorni** dall'ultima notifica direttamente in cancelleria o a mezzo posta
IL CONTRORICORSO		è l'atto con il quale la parte cui è rivolto il ricorso può contraddire
IL RICORSO INCIDENTALE	IL CONTENUTO	• impugnazione delle parti sfavorevoli della sentenza • indicazione specifica e completa dei motivi • indicazione delle norme su cui i motivi si basano
	I SOGGETTI LEGITTIMATI	• soccombenti parziali o reciproci • parte vittoriosa che intende riproporre eccezioni di litispendenza o giudicato, pregiudizievoli o preliminari superate o respinte
	LA NOTIFICA	al ricorrente nel domicilio eletto entro 40 giorni dalla notifica del ricorso principale
IL RICORSO PER LA SOSPENSIONE DELL'ESECUZIONE		le parti possono presentare ricorso al giudice cha ha emesso il provvedimento impugnato chiedendo la sospensione. Il procedimento si svolge in camera di consiglio e si conclude con ordinanza non impugnabile

SCHEMA 66 La decisione, il giudizio di rinvio, la revocazione e i casi di opposizione di terzo avverso le sentenze della Corte di cassazione

- LA DECISIONE
  - ACCOGLIMENTO
    - CASSAZIONE CON RINVIO
      - • accoglie il ricorso per motivi diversi da quelli previsti dall'art. 382
      - • accoglie il ricorso *per saltum* nullità del giudizio di primo grado
      - • il giudice di appello aveva emesso ordinanza di inammissibilità
    - CASSAZIONE SENZA RINVIO
      - nessun giudice ha giurisdizione in materia
      - la domanda non poteva essere proposta o il giudizio proseguito
      - la Corte decide la causa direttamente nel merito
  - RIGETTO
    - infondatezza del ricorso
    - errata motivazione in diritto ma dispositivo conforme
- IL GIUDIZIO DI RINVIO
  - PROPRIO
    - il giudice di merito deve emettere una sentenza in sostituzione di quella cassata (portata rescissoria) e costituisce una nuova ed autonoma fase dell'originario processo
  - IMPROPRIO
    - consiste nella remissione al primo giudice per nullità della sentenza o del procedimento (portata restitutoria)
  - PROCEDIMENTO
    - si introduce con **atto di citazione** o **ricorso in riassunzione** entro tre mesi dalla pubblicazione della sentenza
    - • **non è richiesta** una nuova procura
    - • deve essere notificato **personalmente a tutte le parti**
    - • deve essere prodotta **copia autentica** della sentenza di cassazione
    - • la sentenza è nuovamente soggetta alle impugnazioni
- LA REVOCAZIONE E L'OPPOSIZIONE DI TERZO
  - *ACTIO NULLITATIS*
    - VIZIO DI INESISTENZA
  - REVOCAZIONE
    - ORDINARIA
      - correzione degli **errori materiali** o revocazione per errori di **fatto**
    - STRAORDINARIA
      - per i motivi di cui all'art. 395 commi 1 - 2 - 3 e 6
      - per **opposizione di terzo**

CAPITOLO IX

LA REVOCAZIONE

GUIDA **1.** Considerazioni generali **2.** La revocazione ordinaria **3.** La revocazione straordinaria **4.** Il procedimento **5.** La revocazione ad istanza del pubblico ministero

1. Considerazioni generali.

La revocazione è considerata un mezzo di impugnazione **a carattere eccezionale**, che concorre o si aggiunge all'appello o al ricorso per cassazione; investe la giustizia del provvedimento impugnato.

I provvedimenti impugnabili sono le sentenze pronunciate in grado di appello o in unico grado, oltre quelle della Corte di cassazione *ex* art. 391-*bis*, come già esaminato appositamente (v. parte terza, cap. VIII, 10). In base a quanto disposto dagli artt. 395 e ss. e dagli artt. 326 e 327, la revocazione può essere ordinaria o straordinaria.

2. La revocazione ordinaria.

La **revocazione ordinaria** concerne i vizi che possono essere rilevati **sulla base della sola sentenza**, e cioè quelli previsti

- dall'art. 395 n. 4: se la sentenza è l'effetto di un **errore di fatto** risultante dagli atti o documenti della causa. Sussiste questo errore quando la decisione è fondata sulla supposizione di un fatto la cui verità è incontrastabilmente esclusa oppure quando è supposta l'inesistenza di un fatto la cui verità è positivamente stabilita e, tanto nell'uno quanto nell'altro caso, se il fatto non costituì un punto controverso sul quale la sentenza ebbe a pronunciare;
- dall'art. 395, n. 5: se la sentenza **è contraria ad altra** precedente avente fra le parti autorità di cosa giudicata purché non abbia pronunciato sulla relativa eccezione.

Il termine per proporre la revocazione ordinaria è di trenta giorni e decorre dalla notificazione della sentenza (art. 326).

Giurisprudenza

In tema d'impugnazioni, la parte che lamenti che il giudice d'appello abbia dichiarato inammissibile il gravame, sull'erroneo presupposto della non corretta notifica del suo atto introduttivo, ha l'onere di impugnare la sentenza con la revo-

cazione ordinaria e non col ricorso per cassazione, ove l'errore dipenda da una falsa percezione della realtà ovvero da una svista obiettivamente ed immediatamente rilevabile (nella specie, l'omesso esame dell'avviso di ricevimento), la quale abbia portato ad affermare o supporre l'esistenza di un fatto decisivo, incontestabilmente escluso dagli atti e documenti, ovvero l'inesistenza di un fatto decisivo, che dagli atti o documenti stessi risulti positivamente accertato, e che in nessun modo coinvolga l'attività valutativa del giudice di situazioni processuali esattamente percepite nella loro oggettività (Cass. civ., sez. II, 24 settembre ***2020****, n. 20113).*

3. La revocazione straordinaria.

Con la **revocazione straordinaria** possono essere fatti valere tutti quei **vizi c.d. occulti**, cioè non rilevabili immediatamente dalla sentenza, scoperti solo successivamente; è per questo motivo che la stessa può essere proposta anche oltre i limiti temporali del passaggio in giudicato della sentenza. Concerne i vizi previsti:

- dall'art. 395, n. 1 e cioè quando la sentenza è effetto del **dolo di una delle parti** in danno dell'altra;
- dall'art. 395, n. 2 e cioè se si è giudicato in base a **prove** riconosciute o comunque dichiarate **false** dopo la sentenza oppure che la parte soccombente ignorava essere state riconosciute o dichiarate tali prima della sentenza;
- dall'art. 395, n. 3 e cioè se dopo la sentenza sono stati trovati uno o più **documenti decisivi** che la parte non aveva potuto produrre in giudizio per causa di forza maggiore o per fatto dell'avversario;
- dall'art. 395, n. 6 e cioè se la sentenza è effetto del **dolo del giudice**, accertato con sentenza passata in giudicato.

Il termine per proporre la revocazione straordinaria è di **trenta giorni**, decorrente dal giorno in cui è stato scoperto il dolo o la falsità o la collusione o è stato recuperato il documento o è passata in giudicato la sentenza di cui al n. 6 dell'art. 395 o il pubblico ministero ha avuto conoscenza della sentenza (artt. 326 e 396, comma 1).

Se i fatti avvengono durante il corso del termine per la proposizione dell'appello, il termine stesso è prorogato dal giorno dell'avvenimento in modo da raggiungere i trenta giorni da esso (art. 396, comma 2): i vizi devono, pertanto, essere oggetto di appello, non potendo esserci concorrenza tra appello e revocazione. Vi può essere, invece, **concorso tra revocazione e ricorso per cassazione**: in tal caso, infatti, si applica il disposto dell'art. 398, comma 4, in forza del quale la proposizione della revocazione non sospende il termine per proporre il ricorso per cassazione o il procedimento relativo. Tuttavia, il giudice davanti al quale è proposta la revocazione, su istanza di parte, può sospendere l'uno o l'altro fino alla comunicazione della sentenza che abbia pronunciato sulla revocazione, qualora ritenga non manifestamente infondata la revocazione proposta.

Giurisprudenza

La prova falsa che, ai sensi dell'art. 395 n. 2 c.p.c., consente la proponibilità dell'impugnazione per revocazione, è quella che sia stata dichiarata tale con sentenza passata in giudicato, ovvero la cui falsità sia stata ammessa dalla parte a vantaggio della quale essa è stata utilizzata dal giudice, ma non la deposizione riconosciuta falsa o reticente dal testimone (Cass. civ., sez. III, 24 gennaio ***2020****, n. 1590).*

4. Il procedimento.

La domanda di revocazione si propone con **citazione davanti allo stesso giudice** che ha pronunciato la sentenza impugnata, e deve indicare, a pena di inammissibilità

- il motivo di revocazione;
- le prove relative alla dimostrazione dei fatti di cui ai nn. 1, 2, 3 e 6 dell'art. 395;
- il giorno della scoperta o dell'accertamento del dolo o della falsità o del recupero dei documenti.

La domanda deve essere sottoscritta da un difensore munito di procura speciale e depositata, se proposta davanti al tribunale o alla Corte d'appello, a pena di **improcedibilità**, entro venti giorni dalla notificazione, insieme con la copia autentica della sentenza impugnata. Le altre parti debbono costituirsi nello stesso termine mediante deposito in cancelleria di una comparsa contenente le loro conclusioni, ma poiché la legge non prevede alcuna sanzione per l'inosservanza, la giurisprudenza ritiene che il convenuto si possa costituire anche nella prima udienza. Se, invece, la revocazione è proposta davanti al giudice di pace, il deposito e la costituzione debbono avvenire come previsto dall'art. 319.

Il giudice della revocazione può pronunciare ordinanza di sospensione dell'esecuzione (art. 401) e, quindi, **decide con sentenza** il merito della causa e dispone l'eventuale restituzione di ciò che si sia conseguito con la sentenza revocata. Se ritiene di dovere disporre nuovi mezzi istruttori, il giudice pronuncia con sentenza la revocazione della sentenza impugnata e rimette con ordinanza le parti davanti all'istruttore (art. 402).

La sentenza pronunciata nel giudizio di revocazione non può essere impugnata per revocazione; contro di essa sono ammessi i mezzi di impugnazione ai quali era originariamente soggetta la sentenza impugnata per revocazione (art. 403).

Giurisprudenza

Il momento della conoscenza dell'evento (nella specie, il dolo della controparte), da cui decorre il termine per la proposizione del giudizio di revocazione straordinaria dalla parte che afferma di esserne stata danneggiata, costituisce oggetto di un accertamento di fatto riservato al giudice di merito, il cui convincimento non è censurabile per cassazione, ove motivato sulla base di argomentazioni plausibili e coerenti con il parametro legale della scoperta effettiva e completa, analogamente all'accertamento dell'esistenza stessa del dolo, per il quale non è sufficiente la *sussistenza di un'attività deliberatamente fraudolenta della parte, ma è anche necessario che essa abbia determinato il convincimento del giudice e la conseguente sua decisione (Cass. civ., sez. I, 20 gennaio **2020**, n. 1102).*

5. La revocazione ad istanza del pubblico ministero.

La revocazione può essere proposta anche **dal pubblico ministero** (art. 397), ma solamente nelle cause in cui è obbligatorio il suo intervento a norma dell'art. 70, comma 1, nei seguenti casi:

- quando la sentenza è stata pronunciata senza che il p.m. sia stato sentito;
- quanto la sentenza è l'effetto della collusione posta in opera dalle parti per frodare la legge.

SCHEMA 67 La revocazione ordinaria, straordinaria, ad istanza del pubblico ministero

LA REVOCAZIONE ORDINARIA	QUANDO	• la sentenza è l'effetto di un **errore di fatto** • la sentenza è **contraria** ad altra precedente avente fra le parti autorità di **cosa giudicata**
	TERMINE	entro 30 giorni dalla notifica della sentenza
LA REVOCAZIONE STRAORDINARIA	QUANDO	• la sentenza è affetto di **dolo** di una delle parti • si è giudicato in base a **prove** riconosciute o dichiarate **false** • dopo la sentenza sono stati ritrovati **documenti decisivi** • la sentenza è effetto del **dolo del giudice**
	TERMINE	entro **30 giorni** dal giorno in cui si è scoperto il dolo o la falsità o è stato recuperato il documento
	LA DOMANDA	si propone con citazione avanti lo stesso giudice che ha emesso la decisione impugnata e deve indicare il **motivo di revocazione, le prove** relative alla dimostrazione dei fatti, **il giorno** della scoperta del dolo o della falsità
	IL DEPOSITO	entro **20 giorni** dalla notifica con la copia autentica della sentenza impugnata
	IL GIUDICE	• può sospendere l'esecuzione e quindi decidere con sentenza il merito • se ritiene di dover disporre nuovi mezzi istruttori pronuncia la revocazione e rimette le parti avanti l'istruttore
	LA SENTENZA	non può essere impugnata per revocazione ma sono ammessi i mezzi di impugnazione ai quali era soggetta originariamente la sentenza impugnata
LA REVOCAZIONE AD ISTANZA DEL PUBBLICO MINISTERO	QUANDO	esclusivamente nelle cause in cui è obbligatorio l'intervento del P.M. • quando la sentenza è stata pronunciata senza sentire il P.M. • quando la sentenza è l'effetto della collusione delle parti in frode alla legge

CAPITOLO X

L'OPPOSIZIONE DI TERZO

1. Considerazioni generali.

L'opposizione di terzo è un ulteriore mezzo di impugnazione, considerato dalla dottrina come un **mezzo di impugnazione straordinario**, ed è disciplinato dagli artt. 404 e ss.; la sua peculiarità è la proponibilità nonostante l'avvenuto **passaggio in giudicato** della sentenza, nonché il fatto che è proponibile da qualunque **terzo**, il quale non abbia assunto la qualità di parte nel giudizio che ha condotto alla sentenza impugnata.

L'opposizione di terzo è generalmente qualificata come un rimedio **facoltativo**, intendendo così che la mancata proposizione non impedisce al terzo di far valere le sue ragioni altrimenti, e cioè

- con l'eccezione di inopponibilità della sentenza pronunciata *inter alios*;
- mediante un'autonoma azione di accertamento diretta a dichiarare tale inopponibilità e la sussistenza del diritto del terzo.

Può essere proposta contro le **sentenze passate in giudicato**, in quanto se fossero ancora impugnabili il pregiudizio che ne deriverebbe non sarebbe attuale, ed anche perché, in pendenza del giudizio d'appello, il terzo potrebbe intervenire nel giudizio e far valere i suoi diritti, come in effetti consentito dall'art. 344. Poiché le sentenze possono di regola essere esecutive anche prima del loro passaggio in giudicato, e come tali possono pertanto causare pregiudizio al terzo, la norma in questione estende la proponibilità dell'impugnazione anche alle sentenze che siano **comunque esecutive**.

2. L'opposizione di terzo ordinaria.

Il primo comma dell'art. 404 disciplina l'opposizione di terzo c.d. **ordinaria**, in base alla quale un terzo può fare opposizione contro la sentenza passata in giudicato, o comunque esecutiva, pronunciata tra altre persone quando pregiudica i suoi diritti. Possono svolgere opposizione quei soggetti che:

- **non hanno assunto la qualità di parte** nel processo: il concetto di parte è da intendersi sia in senso processuale (cioè in quanto soggetto destinatario degli effetti degli atti processuali) sia in senso sostanziale (cioè in quanto soggetto destinatario degli effetti sostanziali della sentenza). Si esclude, pertanto, che possano proporre l'opposizione, ad esempio, il sostituto processuale, i soggetti succeduti nel processo a titolo particolare, gli aventi causa. È invece legittimato a proporre tale rimedio l'estromesso, in quanto, a seguito dell'estromissione, ha perso la qualità di parte processuale e, secondo alcuni, anche il rappresentante legale o volontario, in quanto parte solo formale del processo;

- **fanno valere un diritto proprio**: deve trattarsi di un diritto **autonomo**, e cioè che non sia dipendente dalla situazione sostanziale della sentenza impugnata e **incompatibile**, nel senso che il diritto deve avere ad oggetto lo stesso bene oggetto del diritto riconosciuto dalla sentenza impugnata;
- **hanno subito un pregiudizio**: si intende per tale il **c.d. danno da esecuzione**, e cioè la conseguenza dell'esecuzione della sentenza o il danno conseguente dall'accertamento in essa contenuto. Infatti, non qualsiasi pregiudizio legittima il terzo alla proposizione dell'opposizione di terzo ordinaria, ma solo quello che derivi dalla titolarità di una situazione incompatibile con quella accertata o eventualmente costituita dalla sentenza impugnata.

L'opposizione di terzo ordinaria non è soggetta a termini.

Giurisprudenza

Il terzo che sostiene di aver acquisito per usucapione un bene di cui è stata ordinata la demolizione, per effetto di pronuncia resa in un giudizio svoltosi tra altri soggetti, deve proporre l'opposizione di terzo di cui all'art. 404 c.p.c. quando allega che l'usucapione è maturata anteriormente alla formazione del titolo esecutivo, trattandosi di una pretesa incompatibile con la sentenza azionata, mentre deve proporre l'opposizione all'esecuzione di cui all'art. 615 c.p.c., qualora alleghi che l'usucapione sia maturata successivamente alla formazione del titolo giudiziale e costituisca pertanto un fatto impeditivo della pretesa esecutiva (Cass. civ., sez. III, 26 maggio ***2020****, n. 9720).*

3. L'opposizione di terzo revocatoria.

È l'opposizione disciplinata dal secondo comma dell'art. 404, **c.d. revocatoria** in base alla quale gli aventi causa e i creditori di una delle parti possono fare opposizione alla sentenza, quando è l'effetto di **dolo** o **collusione** a loro danno. Tale rimedio tende ad eliminare, a differenza dell'opposizione ordinaria, del tutto la sentenza impugnata e, per questo motivo, viene concessa dalla legge solo nei casi eccezionali di dolo o collusione tra le parti.

Legittimati a proporre opposizione di terzo revocatoria sono tutti i **creditori**, anche quelli soggetti a termine o condizione e gli **aventi causa** a titolo particolare; non sono ritenuti legittimati gli eredi, i quali hanno a loro disposizione ulteriori rimedi per la reintegra della quota.

L'opposizione di terzo revocatoria, a differenza di quella ordinaria, è soggetta al termine di decadenza, stante il disposto di cui all'art. 325, di **trenta giorni**, che decorre dal giorno in cui è stato scoperto il dolo o la collusione (art. 326).

Giurisprudenza

Il termine perentorio di trenta giorni, accordato al creditore per la opposizione contro la sentenza che sia intervenuta tra il debitore e il terzo e sia l'effetto di dolo o collusione decorre dalla scoperta del dolo o della collusione. Tale scoperta deve essere effettiva e completa e, ove avvenga per gradi, può dirsi completata solo quando il creditore abbia acquisito la ragionevole certezza (non essendo sufficiente il mero sospetto) del fatto che detto dolo e/o collusione vi sono stati e hanno ingannato il giudice, determinando statuizioni diverse da quelle che sarebbero state adottate a conclusione di un dibattito corretto (Cass. civ., sez. II, 8 gennaio ***2020****, n. 132).*

4. Il procedimento.

L'opposizione di terzo deve essere proposta **davanti allo stesso giudice** che ha pronunciato la sentenza, secondo le forme prescritte per il procedimento davanti a quest'ultimo (art. 405, comma 1). La giurisprudenza ha precisato che si tratta di una competenza funzionale inderogabile.

La domanda deve avere la forma della **citazione**, che deve contenere, oltre agli elementi di cui all'art. 163, anche l'indicazione della sentenza impugnata e, nel caso dell'opposizione revocatoria, l'indicazione del giorno in cui il terzo è venuto a conoscenza del dolo o della collusione e della relativa prova; deve essere notificata secondo le regole prescritte dall'art. 330 (v. parte terza, cap. VI, 4), **a tutte le parti** del giudizio pregresso tra le quali intercorre un rapporto di litisconsorzio necessario.

L'opposizione di terzo non ha effetto sospensivo: ai sensi dell'art. 407, però, il giudice può pronunciare, su istanza di parte inserita nell'atto di citazione, l'ordinanza prevista dall'art. 373, con lo stesso procedimento in camera di consiglio ivi indicato. La norma, pertanto, disciplina, secondo le analoghe modalità consentite in sede di ricorso per cassazione (v. parte terza, cap. VIII, 6), la possibilità per l'opponente di richiedere la sospensione dell'esecuzione della sentenza impugnata, qualora dalla stessa possa derivare un grave e irreparabile danno. L'ordinanza non è impugnabile.

Al termine del giudizio se il giudice accoglie l'opposizione, emette **sentenza** che elimina quella viziata e con la quale tiene conto delle ragioni del terzo; se invece dichiara inammissibile o improcedibile la domanda o la rigetta per infondatezza dei motivi, condanna l'opponente al pagamento di una pena pecuniaria (art. 408), la cui riscossione è effettuata dal cancelliere (art. 127 disp. att.).

La sentenza che decide sull'opposizione di terzo può essere impugnata con gli stessi mezzi che sarebbero ammissibili contro la sentenza opposta.

Giurisprudenza

*L'opposizione di terzo a norma dell'art. 404, comma 1 c.p.c., costituendo un'impugnazione della decisione contro la quale è proposta, comporta l'applicazione delle disposizioni generali sul luogo di notifica dell'impugnazione previste dall'art. 330 c.p.c.; non può, pertanto, considerarsi validamente costituito il contraddittorio quando ad una delle parti l'opposizione sia stata notificata, dopo un anno dalla pubblicazione della sentenza opposta, presso il domicilio eletto per il precedente giudizio (Cass. civ., sez. II, 24 novembre **2020**, n. 26704).*

SCHEMA 68 L'opposizione di terzo

L'OPPOSIZIONE DI TERZO	DEFINIZIONE	costituisce un **mezzo di impugnazione straordinario** esperibile anche **dopo il passaggio in giudicato** della sentenza da qualunque terzo che non abbia assunto la qualità di parte nel giudizio che ha condotto alla sentenza
	ORDINARIA	• il terzo può fare opposizione quando la sentenza pregiudica i suoi diritti • il terzo fa valere un diritto proprio ed autonomo • il terzo ha subito un pregiudizio (danno da esecuzione) non è soggetta a termini
	REVOCATORIA	i **creditori** (anche soggetti a termine o condizione) e gli aventi causa a **titolo particolare** di una delle parti possono fare opposizione alla sentenza quando la stessa è effetto di **dolo o collusione** a loro danno si propone nel **termine di decadenza di 30 giorni** dal giorno in cui è stato scoperto il dolo o la collusione
LA DOMANDA	COME	con **atto di citazione** da notificare a tutte le parti del giudizio pregresso (litisconsorzio necessario)
	DOVE	**avanti lo stesso giudice** che ha reso la sentenza impugnata (competenza funzionale inderogabile)
	CONTENUTO	• gli elementi di cui all'art. 163 • l'indicazione della sentenza impugnata • nel caso dell'opposizione revocatoria, l'indicazione del giorno in cui si è venuti a conoscenza del dolo o della collusione e della relativa prova
IL GIUDICE	POTERE	su istanza di parte può **sospendere** con ordinanza non impugnabile **l'esecuzione**
	ACCOGLIE L'OPPOSIZIONE	emette **sentenza** che **elimina quella viziata** tenendo conto delle **ragioni del terzo**
	RESPINGE L'OPPOSIZIONE	• dichiara **inammissibile o improcedibile** la domanda • rigetta la domanda per **infondatezza dei motivi** • condanna l'opponente al pagamento di una pena pecuniaria
LA SENTENZA	IMPUGNAZIONE	può essere impugnata con gli **stessi mezzi che sarebbero ammissibili** contro la sentenza opposta

PARTE QUARTA

I PROCEDIMENTI SPECIALI (DI COGNIZIONE ORDINARIA)

CAPITOLO I

IL PROCESSO DEL LAVORO

1. Considerazioni generali.

Le controversie individuali di lavoro sono assoggettate ad un particolare procedimento, che pur essendo ordinario è speciale per quanto riguarda la cognizione. Il rito è molto celere, improntato all'oralità, concentrazione e immediatezza ed è applicabile nelle controversie individuate dall'art. 409 e cioè:

- **rapporti di lavoro subordinato privato**, anche se non inerenti all'esercizio di un'impresa;
- **rapporti** di mezzadria, di colonia parziaria, di compartecipazione agraria, di affitto a coltivatore diretto, nonché rapporti derivanti da altri **contratti agrari**, salva la competenza delle sezioni specializzate agrarie;
- **rapporti di agenzia**, di rappresentanza commerciale ed altri rapporti di collaborazione che si concretino in una prestazione di opera continuativa e coordinata, prevalentemente personale, anche se non a carattere subordinato. La collaborazione si intende coordinata quando, nel rispetto delle modalità di coordinamento stabilite di comune accordo dalle parti, il collaboratore organizza autonomamente l'attività lavorativa;
- **rapporti di lavoro** dei dipendenti di **enti pubblici** che svolgono esclusivamente o prevalentemente attività economica;
- rapporti di lavoro dei dipendenti di enti pubblici ed **altri rapporti di lavoro pubblico**, sempreché non siano devoluti dalla legge ad altro giudice.

2. Il tentativo di conciliazione.

Chi intende proporre in giudizio una domanda relativa ai rapporti di cui all'art. 409 può promuovere, anche tramite associazione sindacale, un tentativo di conciliazione. Si tratta di una facoltà, quale opportunità per risolvere la controversia in modo rapido ed effettivo. Il tentativo di conciliazione è obbligatorio esclusivamente nell'ipotesi di ricorso giurisdizionale contro la certificazione dei contratti di lavoro (art. 80, comma 4, d.lgs. 10 settembre 2003, n. 276).

Il tentativo di conciliazione può essere promosso presso la commissione di conciliazione, da individuarsi territorialmente secondo i criteri indicati dal legislatore per la competenza del giudice (art. 413). La comunicazione della richiesta di espletamento del tentativo di conciliazione interrompe la prescrizione e sospende, per la durata del tentativo di conciliazione e per i venti giorni successivi alla sua conclusione, il decorso di ogni termine di decadenza. La **richiesta** deve contenere:

- i dati anagrafici dell'istante e del convenuto; se l'istante o il convenuto sono una persona giuridica, un'associazione non riconosciuta o un comitato, l'istanza deve indicare la denominazione o la ditta nonché la sede;
- il luogo dove è sorto il rapporto ovvero dove si trova l'azienda o sua dipendenza alla quale è addetto il lavoratore o presso la quale egli prestava la sua opera al momento della fine del rapporto;
- il luogo dove devono essere fatte alla parte istante le comunicazioni inerenti alla procedura;
- l'esposizione dei fatti e delle ragioni posti a fondamento della pretesa.

In caso di accettazione della procedura di conciliazione, la controparte deve depositare presso la commissione di conciliazione, nel termine di venti giorni dal ricevimento della richiesta, una memoria contenente le difese e le eccezioni in fatto e in diritto nonché le eventuali domande riconvenzionali.

Entro dieci giorni dal deposito, la commissione convoca direttamente le parti dinanzi a sé per una riunione da tenersi nei successivi trenta giorni. Le parti devono comparire personalmente; il lavoratore può farsi assistere anche da un'organizzazione cui aderisce o conferisce mandato.

Se la conciliazione riesce, anche limitatamente ad una parte della domanda, si forma processo verbale, sottoscritto dalle parti e dai componenti della commissione di conciliazione, destinato a essere dichiarato esecutivo con decreto del giudice, ma solo dietro istanza della parte interessata.

Se, invece, **la conciliazione non riesce**, la commissione di conciliazione è tenuta a formulare una proposta per la bonaria definizione della controversia (art. 411, comma 2). Se la proposta non è accettata, i termini della stessa sono riassunti nel verbale con le relative valutazioni espresse dalle parti, affinché il giudice, ove non vi sia adeguata motivazione, possa tenerne conto in sede di giudizio.

Il tentativo di conciliazione può anche essere svolto in sede sindacale ma in tal caso non si applicano le disposizioni di cui all'art. 410 e l'eventuale processo verbale di conciliazione è successivamente depositato presso la Direzione provinciale del lavoro a cura di una delle parti o tramite un'associazione sindacale: qui, dopo che ne è stata accertata l'autenticità, si provvede al deposito nella cancelleria del tribunale nella cui circoscrizione è stato redatto. Il giudice su istanza della parte interessata, accertata la regolarità formale del verbale, lo dichiara esecutivo con decreto.

Se, invece, il tentativo di conciliazione non viene promosso ovvero se la controparte non accetta la proposta di conciliazione, ciascuna delle parti è libera di adire l'autorità giudiziaria. In alternativa la risoluzione della controversia può essere oggetto di **arbitrato**, affidando alla commissione di conciliazione il mandato a risolvere la stessa: le disposizioni degli artt. 412 e 412-*ter* ne disciplinano l'espletamento.

Il nuovo testo dell'art. 412-*quater* prevede, inoltre, la possibilità di devolvere le controversie ad un **collegio di conciliazione ed arbitrato irrituale**, composto da un rappresentante di ciascuna delle parti e da un presidente, scelto di comune accordo dagli arbitri di parte tra i professori universitari di materie giuridiche e gli avvocati ammessi al patrocinio davanti alla Corte di cassazione. Se il tentativo di conciliazione esperito dal collegio non dà esito positivo, la controversia è decisa mediante un lodo che, sottoscritto dagli arbitri e autenticato, produce tra le parti gli effetti di cui agli artt. 1372 e 2113, comma 4 c.c. e che è impugnabile ai sensi dell'art. 808-*ter*.

Il ricorso all'arbitrato irrituale, previsto dall'art. 412-*quater*, è destinato ad avere successo solamente se inserito preventivamente in un contratto. L'art. 31, comma 10 della legge 183/2010 ha stabilito, infatti, che le parti possono pattuire **clausole compromissorie** di cui all'art. 808, con espletamento dell'arbitrato secondo le modalità previste dagli artt. 412 e 412-*quater* quando ciò sia previsto da accordi interconfederali o contratti collettivi di lavoro. La clausola compromissoria deve essere certificata, a pena di nullità, dagli organi di certificazione e secondo le disposizioni previste dal d.lgs. 10 settembre 2003 n. 276; la clausola non può però essere pattuita e sottoscritta dal lavoratore prima della conclusione del periodo di prova, ove previsto, ovvero se non dopo trenta giorni dalla data di stipulazione del contratto di lavoro. In ogni caso non può riguardare controversie relative alla risoluzione del contratto di lavoro.

3. La competenza.

La competenza per materia spetta inderogabilmente al **tribunale**, in composizione monocratica, in funzione di **giudice del lavoro** (art. 413, comma 1).

La competenza per **territorio** prevede la possibilità per il ricorrente di scegliere **alternativamente** tre fori:

- il foro in cui è **sorto il rapporto** e cioè ove è stato stipulato il contratto di lavoro;
- il foro ove **si trova l'azienda**, intendendosi per tale il luogo, non necessariamente coincidente con la sede legale, in cui si accentrano i poteri di direzione ed amministrazione dell'impresa;
- il foro ove **si trova la dipendenza** dell'azienda alla quale il lavoratore è addetto o era addetto alla fine del rapporto, coincidente nel luogo in cui il datore di lavoro ha dislocato un nucleo, seppur modesto, di beni organizzati per l'esercizio dell'impresa.

La competenza permane dopo il trasferimento dell'azienda o la cessazione di essa o della sua dipendenza, purché la domanda sia proposta entro sei mesi dal trasferimento o dalla cessazione: dopo tale periodo, l'incompetenza è rilevabile anche d'ufficio (*Cass. civ., sez. VI, 8 ottobre **2020**, n. 21648*).

Per le controversie previste dal **n. 3 dell'art. 409** (rapporti di agenzia ecc.) è competente per territorio il giudice nella cui circoscrizione si trova il **domicilio dell'agente, rappresentante di commercio, ecc.**.

Per le controversie relative ai rapporti di lavoro alle dipendenze delle **pubbliche amministrazioni** è competente per territorio il giudice nella cui circoscrizione ha sede **l'ufficio al quale il dipendente** è **addetto** o era addetto all'atto della cessazione del rapporto.

La competenza, così come determinata dall'art. 413, è da intendersi **esclusiva e funzionale**, in quanto la norma stessa, al comma 8, stabilisce la nullità delle clausole derogative di competenza e, al comma 7, prevede che si applicano le disposizioni dell'art. 18 (inteso come richiamo ai fori generali), solamente quando non trovino applicazione le prime disposizioni.

Giurisprudenza

*Qualora un rapporto di lavoro si configuri come presupposto per il sorgere del diritto alla costituzione di un successivo rapporto, i criteri di identificazione della competenza territoriale, previsti in modo alternativo e concorrente dall'art. 413 c.p.c., vanno riferiti al rapporto in essere, stante il collegamento funzionale sussistente tra questo e quello da costituire (Cass. civ., sez. VI, 2 dicembre **2020**, n. 27565).*

4. Gli atti introduttivi del processo.

Le cause soggette a rito del lavoro devono essere proposte **con ricorso**, che ha lo scopo di mettere direttamente in contatto l'attore con il giudice, affinché l'udienza fissata sia quella effettiva di trattazione. È indispensabile la difesa tecnica: le parti, infatti, in primo grado possono stare in giudizio personalmente solamente quando il valore della causa non eccede euro 129,11 (art. 417); la pubblica amministrazione può, limitatamente al giudizio di primo grado, stare in giudizio avvalendosi direttamente dei propri dipendenti (art. 417-*bis*).

Le controversie sono soggette al contributo unificato, tranne i casi di esenzione per reddito nella misura espressamente prevista.

Il ricorso deve contenere gli elementi previsti dall'art. 414 che, peraltro, sono gli stessi di quelli previsti dall'art. 163 per l'atto di citazione (v. parte terza, cap. I, 2), con l'unica particolarità che vi è l'onere di indicare in modo specifico i **mezzi di prova** e produrre i documenti, onere inteso come **vera e propria preclusione**, analogamente a quella dettata per il convenuto, e sancita, in assenza di espressa previsione nella norma, dalla sentenza dalla *Corte Costituzionale, 14 gennaio 1977, n. 13*. Secondo quanto previsto dall'art. 411, comma 3, al ricorso devono essere allegati i verbali e le memorie concernenti il tentativo di conciliazione esperito dalle parti ma non riuscito.

Una volta depositato il ricorso, il giudice, nei cinque giorni successivi (il termine è però ordinatorio), fissa con decreto l'udienza di discussione, da tenersi non oltre i sessanta giorni (anche questo termine è ordinatorio). Ricorso e decreto devono, quindi, essere **notificati al convenuto**, a cura dell'attore, entro dieci giorni dalla data di pronuncia del decreto e in ogni caso, tra la data di notificazione al convenuto e quella dell'udienza di discussione, deve intercorrere un termine non minore di trenta giorni (elevato ad ottanta ove la notificazione debba eseguirsi all'estero). L'inosservanza del termine di dieci giorni assegnato al ricorrente per la notifica al convenuto non comporta alcuna conseguenza sulla validità della *vocatio in ius*, purché la notificazione avvenga in tempo utile per conservare al convenuto i termini a lui concessi dalla legge (trenta giorni) per approntare la sua difesa. Per il computo dei termini opera il criterio di cui all'art. 155, secondo il quale non va conteggiato il giorno iniziale, computandosi, invece, il giorno finale.

L'art. 415, comma 7 prevede, infine, che per le controversie relative ai rapporti di impiego presso le amministrazioni di cui all'art. 413, comma 5, le notifiche debbono essere eseguite all'amministrazione destinataria, mentre per le controversie relative a rapporti di impiego presso le amministrazioni statali, le notifiche debbono comunque essere eseguite presso la sede dell'avvocatura dello Stato competente per territorio.

Il convenuto deve costituirsi, mediante il deposito di una memoria difensiva, almeno dieci giorni prima dell'udienza. Il termine non è libero: si considerano come *dies a quo* il giorno dell'udienza (che perciò va escluso dal computo) e come *dies ad quem* il decimo giorno anteriore all'udienza stessa (che invece deve essere computato). Nella memoria il convenuto è tenuto, **a pena di decadenza**, a proporre le eventuali domande in via riconvenzionale, le eccezioni di incompetenza e quelle processuali e di merito non rilevabili d'ufficio; deve prendere posizione, in maniera precisa e non limitata ad una generica contestazione, circa i fatti affermati dall'attore a fondamento della domanda, proporre tutte le sue difese in fatto e in diritto e indicare specificamente, a pena di decadenza, i mezzi di prova dei quali intende avvalersi. La decadenza stabilita dall'art. 416 ha carattere assoluto ed inderogabile e deve essere rilevata d'ufficio dal giudice: ciò significa che, se il convenuto si costituisce non osservando il termine di dieci giorni, decade dalle proprie domande ed eccezioni, benché formulate in memoria, e che, se il convenuto, costituendosi nei termini, non propone le domande e le eccezioni, decade dalle stesse, in quanto non può proporle in un momento successivo.

Il convenuto, come nel processo ordinario, ha inoltre l'**onere di contestare** i fatti costitutivi dedotti dall'attore. La giurisprudenza della Suprema Corte ha precisato che il principio di non contestazione opera nella sua pienezza: nel processo del lavoro le parti concorrono a delineare la materia controversa, di talché, ove i fatti costitutivi del diritto non siano oggetto di specifica contestazione, essi sono sottratti al dibattito e devono ritenersi accertati. Oggi il principio è codificato dall'art. 115, comma 1.

Se è proposta la **domanda riconvenzionale**, il convenuto è tenuto, a pena di decadenza, a formulare **istanza al giudice** affinché, a modifica del precedente decreto, differisca l'udienza ad una successiva. L'istanza deve essere formulata nella memoria di costituzione ovvero anche in un atto separato, purché depositato nel termine perentorio per la proposizione della domanda riconvenzionale. In assenza dell'istanza, il giudice non ha il potere di fissare d'ufficio la nuova udienza e la domanda riconvenzionale deve essere dichiarata inammissibile. La memoria costitutiva e il decreto di fissazione della nuova udienza devono essere notificati all'attore a cura dell'ufficio e tra la data di notificazione e quello della nuova udienza di discussione deve intercorrere un termine non minore di venticinque giorni.

Anche l'**intervento del terzo** deve avvenire nello stesso termine stabilito per la costituzione del convenuto, con le modalità previste dagli artt. 414 e 416 in quanto applicabili, vale a dire con memoria e con fissazione da parte del giudice di una nuova udienza (art. 419).

Sia in presenza di domanda riconvenzionale, sia in presenza di intervento del terzo, l'attore, nel termine di dieci giorni prima della nuova udienza, deve depositare memoria difensiva, con la quale è tenuto, a pena di decadenza, a sollevare le eccezioni di rito e di merito non rilevabili d'ufficio, indicando i relativi mezzi di prova.

Giurisprudenza

L'omesso deposito telematico della copia del ricorso notificata a mezzo PEC alla controparte non determina la nullità del ricorso se il ricorrente produce prova cartacea della stessa. Il deposito della prova della notificazione, infatti, è adempimento esterno e successivo al procedimento notificatorio, pertanto irrilevante ai fini del suo avvenuto perfezionamento (Cass. civ., sez. lav., 24 giugno ***2020****, n. 12488).*

Nel rito del lavoro, qualora il ricorrente non provveda ad indicare ex art. 414 c.p.c., n. 4, nel ricorso introduttivo della lite gli elementi di fatto e di diritto posti a base della domanda, la conseguenza è la nullità del ricorso, che ricorre allorché sia assolutamente impossibile l'individuazione dell'uno o dell'altro elemento attraverso l'esame complessivo dell'atto, perché in tal caso il convenuto non è posto in condizione di predisporre la propria difesa né il giudice di conoscere l'esatto oggetto del giudizio. Tale nullità è da ritenersi però sanabile ex art. 164 c.p.c., comma 5, norma ritenuta estensibile anche al processo del lavoro (Cass. civ., sez. lav., 14 febbraio ***2020****, n. 3816).*

5. L'udienza di discussione della causa.

La prima udienza, e cioè quella fissata dal giudice del lavoro in sede di presentazione del ricorso introduttivo o quella differita a seguito della costituzione del convenuto che ha proposto una domanda riconvenzionale, è il perno del processo del lavoro: l'art. 420 che la disciplina prevede, infatti, che, nella stessa si svolge una fase preliminare, una fase istruttoria e una fase decisoria. Nella pratica, tuttavia, benché siano vietate le udienze di mero rinvio (art. 420, ultimo comma), il processo si snoda in più udienze e la prima udienza è normalmente dedicata alla fase preliminare e all'ammissione delle prove.

All'udienza il giudice del lavoro:

- **verifica la costituzione delle parti**, con conseguente dichiarazione di contumacia del convenuto se questi non si è costituito. Il convenuto può costituirsi ancora in udienza, ma decade dalla proposizione di tutte le domande, eccezioni processuali e di merito non rilevabili d'ufficio. Il giudice può, inoltre, concedere un termine alle parti per sanare le irregolarità degli atti e dei documenti (art. 421, comma 1);
- **ordina l'integrazione del contraddittorio** ove sussista ipotesi di litisconsorzio necessario oppure vi sia richiesta di chiamata del terzo in garanzia (se l'istanza sia stata formulata dal convenuto nella memoria costitutiva e dall'attore all'udienza) oppure ritenga opportuno che il processo si svolga nei confronti di un terzo al quale la causa è comune;
- **dispone la riunione** delle cause, obbligatoria ai sensi dell'art. 151 disp. att., sulla base della semplice connessione (anche soltanto per identità delle questioni dalla cui risoluzione dipende, totalmente o parzialmente, la loro decisione), a meno che la riunione renda troppo gravoso o, comunque, ritardi eccessivamente il processo;
- **pronuncia** ordinanza di mutamento del rito: il giudice se rileva che una causa promossa nelle forme del processo del lavoro riguarda un rapporto diverso (non riconducibile ad uno di quelli previsti dall'art. 409), dispone, se la causa rientra nella sua competenza, il mutamento del rito da speciale a ordinario e che gli atti siano messi in regola con le disposizioni tributarie, altrimenti, la rimette al giudice competente fissando un termine perentorio, non superiore a trenta giorni, per la riassunzione con il rito ordinario (art. 427);
- **effettua l'interrogatorio libero** delle parti presenti ed esperisce il tentativo di conciliazione: benché sia obbligatorio, non è stabilito a pena di nullità e l'omissione non incide sulla validità dello svolgimento del rapporto processuale, rientrando nei poteri discrezionali del giudice;
- **formula una proposta transattiva o conciliativa** nel corso del tentativo di conciliazione. La mancata comparizione personale delle parti o il rifiuto della proposta transattiva o conciliativa del giudice, senza giustificato motivo, costituiscono comportamento valutabile dal giudice ai fini della decisione. Le parti possono farsi rappresentare da un procuratore generale o speciale munito di procura conferita con atto pubblico o scrittura privata autenticata, che attribuisca al procuratore il potere di conciliare e transigere. La mancata conoscenza dei fatti della causa da parte del procuratore è valutata dal giudice ai fini della decisione. In base al nuovo testo dell'art. 88, II comma, disp. att., il verbale di conciliazione può anche essere redatto con strumenti informatici.
- **ordina la discussione immediata** e pronuncia sentenza anche non definitiva, ove la causa sia matura per la decisione o sorgano questioni attinenti alla

giurisdizione o alla competenza o ad altre pregiudiziali la cui decisione può definire il giudizio;

- **autorizza** le parti, se ricorrono gravi motivi, **a modificare** le domande, eccezioni e conclusioni già formulate, in quanto è esclusa la possibilità di proporre domande nuove per *causa petendi* o *petitum*, neppure con il consenso della controparte, esplicito mediante l'espressa accettazione del contraddittorio, ovvero implicito nella difesa nel merito (*Cass. civ., sez. lav., 24 dicembre* ***2020****, n. 29596*); è permessa solamente la *emendatio libelli*;
- **ammette i mezzi di prova** già proposti dalle parti (ricorso e memoria costitutiva) e quelli che le parti non hanno potuto proporre prima, in quanto resi necessari dalla inaspettata contestazione sollevata dall'avversario su un fatto che poteva ritenersi pacifico. Anche i documenti, in quanto mezzi di prova, sono sottoposti, in relazione alla loro allegazione, al regime di preclusione. Possono essere prodotti solamente i documenti formatisi dopo l'inizio del giudizio o giustificati dallo sviluppo del processo ovvero se l'altra parte non abbia proposto opposizione alla produzione (*Cass. civ., sez. lav., 7 luglio* ***2020****, n. 14081*).
- **dispone** l'immediata **assunzione dei testimoni** o fissa altra udienza per la loro escussione.

Il giudice nel rito del lavoro ha poteri decisamente più ampi in quanto, in considerazione della particolare natura dei diritti controversi, può disporre d'ufficio mezzi istruttori (art. 421, comma 2) e, in tal modo, contempera il principio dispositivo con quello della **ricerca della verità reale**. Tale potere deve, peraltro, essere esercitato in osservanza del principio dispositivo e, quindi, nei limiti dei fatti costitutivi delle pretese o delle eccezioni dedotte o sollevate dalle parti e non può sopperire alle carenze probatorie imputabili alle parti; può tuttavia essere esercitato anche in deroga alle regole sulle prove dettate dal codice civile e alle norme sull'assunzione delle prove dettate per il rito ordinario (*Cass. civ., sez. lav., 15 gennaio* ***2020****, n.712*). Può pertanto:

- **disporre la prova testimoniale** oltre i limiti stabiliti dal codice civile, ad eccezione del giuramento decisorio (art. 421, comma 2);
- **richiedere informazioni** e osservazioni, sia scritte che orali, alle associazioni sindacali indicate dalle parti e richiedere loro il testo dei contratti e accordi collettivi di lavoro, anche aziendali, da applicare nella causa (art. 425);
- **disporre**, su istanza di parte, **l'accesso sul luogo di lavoro**, purché necessario al fine dell'accertamento dei fatti, disponendo, altresì, se ne ravvisa l'utilità, l'esame dei testimoni sul luogo stesso (art. 421, comma 3);
- **ordinare la comparizione**, per interrogarle liberamente sui fatti della causa, anche di quelle persone che siano **incapaci di testimoniare** a norma dell'art. 246 (art. 421, comma 4). Le loro dichiarazioni costituiscono esclusivamente argomento di prova;
- **disporre** con ordinanza, in ogni stato del giudizio, su istanza di parte, il **pagamento delle somme non contestate**. Egualmente, su istanza del lavoratore, può disporre con ordinanza il pagamento di una somma a titolo provvisorio

quando ritenga il diritto accertato e nei limiti della quantità per cui ritiene già raggiunta la prova (art. 423). Tali ordinanze costituiscono titolo esecutivo;

- in qualsiasi momento, **nominare** uno o più **consulenti tecnici**, scelti in albi speciali i quali riferiscono verbalmente all'udienza o depositano relazione scritta (art. 424);
- **autorizzare la registrazione** su nastro delle deposizioni dei testi, dell'audizione delle parti e dei consulenti (art. 422).

Giurisprudenza

*Nel rito del lavoro, qualora nell'atto introduttivo del giudizio la parte abbia richiesto una prova testimoniale, articolando i relativi capitoli senza indicare le generalità dei testi, l'omissione non determina decadenza dalla relativa istanza istruttoria, ma concreta mera irregolarità, che, ai sensi dell'art. 421, comma 1, c.p.c., consente al giudice ad assegnare alla parte un termine perentorio per porre rimedio alla riscontrata irregolarità, nell'esercizio dei poteri officiosi riconosciutigli dalla disposizione citata, in funzione dell'esigenza di contemperamento del principio dispositivo con la ricerca della verità, cui è ispirato il rito del lavoro per il carattere costituzionale delle situazioni soggettive implicate (Cass. civ., sez. VI, 25 giugno **2020**, n. 12573).*

6. La decisione.

Il processo del lavoro è concentrato sull'**oralità** e sull'**immediatezza**. Non è consentito il deposito di memorie o note al di fuori di quelle espressamente previste dall'art. 420, comma 6 (in relazione ai nuovi mezzi di prova) che debbono essere autorizzate dal giudice; così pure, nel momento in cui la causa perviene a decisione, non è previsto il deposito delle comparse conclusionali e delle repliche, potendo il giudice autorizzare, su richiesta delle parti e se lo ritiene necessario, **note difensive** da depositare prima dell'udienza di discussione (art. 429, comma 2).

Infatti, nel rito del lavoro — essendo vietate le udienze di mero rinvio e non essendo prevista un'udienza di precisazione delle **conclusioni** — ogni udienza, a cominciare dalla prima, è destinata, oltre che all'ammissione ed assunzione di eventuali prove, alla **discussione orale** e, quindi, alla pronuncia della sentenza ed alla lettura del dispositivo, sulle conclusioni di cui al ricorso, per quanto riguarda l'attore, e su quelle di cui alla memoria difensiva, per quanto concerne il convenuto, salvo le modifiche autorizzate dal giudice per gravi motivi. Il giudice del lavoro non è, pertanto, tenuto ad invitare le parti alla precisazione delle conclusioni al termine dell'udienza, nella quale le stesse parti hanno facoltà di procedere alla discussione orale, senza che ne risulti alcuna violazione del diritto di difesa.

Esaurita, pertanto, la discussione orale e udite le conclusioni delle parti, il giudice pronuncia sentenza con cui definisce il giudizio dando **lettura del di-**

spositivo (art. 429, comma 1), requisito indispensabile, in funzione delle esigenze di concentrazione e di speditezza e della caratteristica della immutabilità della decisione contenuta nello stesso dispositivo, rispetto alla motivazione: la sua omissione comporta nullità della sentenza ai sensi dell'art. 156, comma 2. Il giudice è tenuto a dare lettura, oltre che del dispositivo, anche delle ragioni di fatto e di diritto della decisione. Se ritiene la controversia di particolare complessità, dà solo lettura del dispositivo, fissando il termine, non superiore a sessanta giorni, per il deposito della sentenza. L'art. 431, ai commi 1 e 2, consente al lavoratore a cui favore sia stata pronunciata condanna, di procedere all'esecuzione con la sola copia del dispositivo, in pendenza del termine per il deposito della sentenza.

In virtù di quanto previsto dall'art. 429, comma 3 (ritenuta dalla giurisprudenza norma di natura sostanziale e non processuale in quanto porta deroga alla regola generale di cui all'art. 1224 c.c.), il giudice, quando pronuncia **sentenza di condanna** al pagamento di somme di denaro per crediti di lavoro, deve determinare, oltre gli interessi nella misura legale, il maggior danno eventualmente subito dal lavoratore per la diminuzione di valore del suo credito, condannando al pagamento della somma relativa con decorrenza dal giorno della maturazione del diritto. In virtù di quanto previsto dall'art. 432, se è certo il diritto, ma non è possibile determinare la somma dovuta, il giudice la liquida con valutazione equitativa.

La sentenza deve essere depositata in cancelleria e, quindi, pubblicata entro quindici giorni dalla pronuncia (il termine è ordinatorio e non dà luogo a nullità), con conseguente onere per il cancelliere di darne immediata comunicazione alle parti.

L'art. 420-*bis* prevede un particolare tipo di sentenza: se per la definizione di una controversia è necessario risolvere in via pregiudiziale una questione concernente l'efficacia, la validità o l'interpretazione delle clausole di un contratto o accordo collettivo nazionale, il giudice decide la questione con sentenza, impartendo distinti provvedimenti per l'istruzione o la prosecuzione della causa. La sentenza, così resa, è impugnabile soltanto con **ricorso immediato** per cassazione, da proporsi entro sessanta giorni dalla comunicazione dell'avviso di deposito della sentenza. Il processo è sospeso dalla data del deposito in cancelleria di copia del ricorso per cassazione.

Giurisprudenza

In tema di processo del lavoro, il dispositivo letto in udienza e depositato in cancelleria ha una rilevanza autonoma poiché racchiude gli elementi del comando giudiziale che non possono essere mutati in sede di redazione della motivazione e non è suscettibile di interpretazione per mezzo della motivazione medesima, sicché le proposizioni contenute in quest'ultima e contrastanti col dispositivo devono considerarsi come non apposte e non sono suscettibili di passare in giudicato od arrecare un pregiudizio giuridicamente apprezzabile. Nel contrasto tra i due dispositivi, prevale, quindi, quello portato a conoscenza delle parti mediante lettura in udienza, potendosi ravvisare nullità solo nel caso di insanabile contrasto tra il dispositivo letto in udienza e la motivazione della sentenza, laddove, ove la motivazione sia coerente con il dispositivo letto in udienza, quello difforme trascritto in calce alla sentenza è emendabile con la procedura di correzione degli errori materiali (Cass. civ., sez. lav., 11 aprile 2019, n. 10238).

7. L'appello.

L'appello contro le sentenze rese nelle controversie di lavoro deve essere proposto con ricorso davanti alla Corte d'appello, territorialmente competente in funzione di giudice del lavoro (art. 433, comma 1). Come nel rito ordinario, l'appello ha **carattere devolutivo** e si applicano, in quanto non espressamente derogate o incompatibili, le norme sulle impugnazioni in generale. Non sono appellabili le sentenze che hanno deciso una controversia di valore non superiore a euro 25,82 (art. 440): il valore della causa si determina, non con riferimento all'ammontare della somma liquidata nella sentenza, bensì con riferimento al momento di proposizione della domanda.

Il ricorso deve contenere le indicazioni prescritte dall'art. 414 e l'appello deve essere motivato, contenendo, a pena di inammissibilità:

- l'indicazione delle parti del provvedimento che si intende appellare;
- le modifiche che vengono richieste alla ricostruzione del fatto compiuta dal giudice di primo grado;
- l'indicazione delle circostanze da cui deriva la violazione della legge e della loro rilevanza ai fini della decisione impugnata.

La disposizione ricalca quella contenuta nell'appello ordinario (art. 342): la differenza è costituita dal fatto che è introdotto con ricorso anziché con atto di citazione.

Per la **tempestività dell'appello**, sia con riferimento al termine breve (trenta giorni dalla notificazione) sia a quello lungo (non è applicabile la sospensione dei termini feriali), è necessario che entro il termine stabilito venga effettuato il deposito del ricorso nella cancelleria della Corte d'appello (art. 434, comma 2): il deposito determina, infatti, la litispendenza del gravame, mentre la notifica del ricorso e del decreto di fissazione dell'udienza di discussione costituisce un elemento esterno alla fase introduttiva del giudizio di impugnazione che realizza la *vocatio in ius*. L'inammissibilità dell'appello tardivo è rilevabile d'ufficio e non può dirsi sanata dalla costituzione dell'appellato. Se l'impugnazione è proposta con citazione anziché con ricorso, l'appello è ritenuto tempestivo, se depositato nei termini in cancelleria.

Depositato il ricorso, il presidente della Corte d'appello **nomina il giudice relatore** e fissa, non oltre sessanta giorni dalla data medesima (il termine è ordinatorio) l'udienza di discussione dinanzi al collegio: l'appellante deve provvedere alla **notifica del ricorso e del decreto** all'appellato nei dieci giorni successivi al deposito del decreto (art. 435, comma 2) e tra la data di notificazione e quella dell'udienza deve intercorrere un termine non minore di venticinque giorni, sessanta giorni se la notificazione deve effettuarsi all'estero (art. 435). L'inosservanza dei termini a comparire non comporta la nullità dell'appello, ma una mera nullità della notificazione sanabile per effetto della costituzione dell'appellato o di rinnovazione disposta dal giudice ai sensi dell'art. 291, con effetto *ex tunc*.

L'appellato deve **costituirsi almeno dieci giorni prima dell'udienza** (art. 436, comma 1): nel termine, non libero, decorrente dal primo giorno immediatamente precedente l'udienza di discussione, va computato il *dies* iniziale. Nella memoria di costituzione l'appellato deve esporre in modo dettagliato tutte le sue difese; deve, pertanto, riproporre le domande e le eccezioni non accolte in primo grado, essendo operante anche nel processo del lavoro l'art. 346. L'**appello incidentale** va proposto, a pena di decadenza, con la memoria di costituzione e con l'esposizione dei motivi specifici su cui si fonda l'impugnazione. Deve poi essere notificato a cura dell'appellato alla controparte almeno dieci giorni prima dell'udienza fissata (art. 436, comma 3) a pena di **improcedibilità** (*Cass. civ., sez. III, 26 maggio **2020**, n. 9704)*.

Poiché il lavoratore può procedere all'esecuzione con la sola copia del dispositivo (art. 431, comma 2), l'art. 433, comma 2 consente di proporre l'**appello con riserva dei motivi**, ove l'esecuzione sia iniziata prima della notificazione della sentenza. L'appello con riserva dei motivi (da presentare poi nei termini di cui all'art. 434) non comporta la fissazione dell'udienza di discussione, ma ha la sola finalità di investire il giudice dell'appello dell'**istanza di sospensione dell'esecuzione**: il giudice di appello, infatti, può disporre con ordinanza non impugnabile che l'esecuzione sia sospesa quando dalla stessa possa derivare all'altra parte gravissimo danno. La sospensione può anche essere parziale e, in ogni caso, l'esecuzione provvisoria resta autorizzata fino alla somma di euro 258,23. Anche le sentenze che pronunciano condanna a favore del datore di lavoro possono essere sospese, in tutto o in parte, quando ricorrono gravi motivi.

Se l'istanza di sospensiva è dichiarata inammissibile o manifestamente infondata, la parte può essere condannata ad una pena pecuniaria (art. 431, comma 7).

Non sono ammesse nuove domande né eccezioni: trattasi di un divieto di ordine pubblico, la cui violazione va rilevata anche d'ufficio in sede di legittimità e per la quale non è ammessa sanatoria per accettazione del contraddittorio. Non costituisce domanda nuova quella di restituzione di somme versate in virtù della sentenza di primo grado immediatamente esecutiva.

Non sono ammessi nuovi mezzi di prova, tranne il giuramento estimatorio, salvo che il collegio, anche d'ufficio, li ritenga indispensabili ai fini della decisione della causa (art. 437, comma 2). Il giudizio di indispensabilità della nuova prova in appello implica la valutazione sull'attitudine della stessa a dissipare un perdurante stato di incertezza sui fatti controversi, riservata al giudice di merito. Le parti possono deferire il giuramento decisorio. Se il collegio ammette le nuove prove, fissa l'udienza nella quale debbono essere assunte: la prova deve, infatti, essere assunta dal collegio nella sua interezza, non potendo essere delegato uno dei suoi componenti per l'espletamento del mezzo istruttorio. Se il collegio nomina un consulente tecnico fissa altra udienza, ma, in tal caso, può adottare i provvedimenti di cui all'art. 423 e, cioè, disporre con ordinanza il pagamento delle somme non contestate o il pagamento di somme a titolo provvisorio (art. 441).

In base all'art. 436-*bis* all'udienza di discussione si applicano gli artt. 348-*bis* e 348-*ter*. Il giudice è tenuto, pertanto, a dichiarare l'inammissibilità dell'appello quando l'impugnazione non ha **una ragionevole probabilità** di essere accolta, così come nel rito ordinario (v. parte terza, cap. VII, 9).

La sentenza deve essere depositata in cancelleria entro quindici giorni dalla pronuncia (art. 438).

Giurisprudenza

*Nel procedimento di lavoro in grado di appello, il termine che il giudice (qualora constati la nullità del ricorso e del decreto di fissazione d'udienza) deve assegnare all'appellante per rinnovare la notifica ha carattere perentorio, sicché, ove esso non sia osservato, l'appello diviene inammissibile, anche se l'appellato, per effetto della notifica, si è costituito in giudizio (Cass. civ., sez. lav., 5 ottobre **2020**, n. 21298).*

*Nelle controversie assoggettate al rito del lavoro, l'art 429 c.p.c. prevede che il giudice, all'esito dell'udienza di discussione, decida la causa dando lettura del dispositivo della sentenza e delle ragioni in fatto e diritto che ne sono a fondamento, così ricollegando, al compimento di tale attività, il duplice effetto di perfezionamento della pubblicazione del provvedimento e di portare ad effettiva conoscenza delle parti il dispositivo e le motivazioni. Ciò implica che il termine semestrale per proporre l'impugnazione, previsto dall'art. 327 c.p.c., decorrerà dalla data di sottoscrizione, da parte del giudice, del verbale d'udienza, in cui sono state compiute le dette attività, che si dovrà considerare come data di pubblicazione della sentenza (Cass. civ., sez. III, 28 gennaio **2020**, n. 1929).*

8. Le altre controversie soggette al rito del lavoro.

8.1. *Le controversie previdenziali.*

Nei procedimenti relativi a controversie derivanti dall'applicazione delle norme riguardanti le assicurazioni sociali, gli infortuni sul lavoro, le malattie professionali, gli assegni familiari, nonché ogni altra forma di previdenza e di assistenza obbligatoria, si osserva il rito del lavoro; così pure per le controversie relative all'inosservanza degli obblighi di assistenza e previdenza derivanti da contratti e accordi collettivi (art. 442).

La domanda non è procedibile se non quando siano **esauriti i procedimenti** prescritti dalle leggi speciali per la composizione **in sede amministrativa** o siano decorsi i termini fissati per il compimento dei procedimenti stessi o siano, comunque, decorsi centottanta giorni dalla data in cui è stato proposto il ricorso amministrativo (*Cass. civ., sez. lav., 14 ottobre 2019, n. 25804*). Se il giudice rileva l'improcedibilità della domanda, **sospende il giudizio** e fissa all'attore un termine perentorio di sessanta giorni per la presentazione del ricorso in sede amministrativa e l'attore dovrà poi riassumere il processo nel termine perentorio di centottanta giorni decorrente dalla cessazione della causa della sospensione (art. 443).

La **competenza** è demandata al tribunale in funzione di giudice del lavoro.

Se le controversie riguardano la materia della previdenza e dell'assistenza obbligatoria, anche se fanno capo ad un lavoratore autonomo, la domanda si propone al tribunale nella cui circoscrizione:

- l'attore ha la residenza;
- l'attore aveva l'ultima residenza, prima del trasferimento all'estero;
- il defunto aveva la sua ultima residenza, quando la prestazione è chiesta dagli eredi.

Se riguarda, invece, infortuni sul lavoro e malattie professionali degli addetti alla navigazione marittima o alla pesca marittima, la competenza è del tribunale del luogo in cui ha sede l'ufficio del porto di iscrizione della nave; per le controversie relative agli obblighi dei datori di lavoro e all'applicazione delle sanzioni civili per l'inadempimento di tali obblighi, è competente il tribunale del luogo in cui ha sede l'ufficio dell'ente, come previsto dall'art. 444, comma 3, per tale intendendosi quello che è legittimato a ricevere i contributi, a pretenderne giudizialmente il pagamento e a restituirne l'eventuale eccedenza (*Cass. civ., sez. VI, 1 marzo 2019, n. 6178*). Si tratta di **competenza inderogabile**.

Il giudizio si svolge dunque con **applicazione** di tutte le norme relative al processo del lavoro: peraltro, nel processo previdenziale, tutte le volte in cui il giudice deve ricorrere ad accertamenti tecnici per decidere domande di prestazioni previdenziali o assistenziali, è tenuto a nominare uno o più consulenti tecnici scelti in appositi albi (art. 445) e può richiedere informazioni e osservazioni, orali o scritte, agli istituti di patronato e di assistenza sociale legalmente riconosciuti, su istanza dell'assistito e in ogni grado del giudizio (art. 446).

Le controversie di previdenza ed assistenza sono anch'esse soggette al contributo unificato.

Le cause relative agli interessi o accessori da ritardato pagamento di prestazioni previdenziali o assistenziali sono di competenza del giudice di pace (art. 7, comma 3, n. 3-*bis*), ma non si applicano le norme sul rito del lavoro (art. 442, comma 3). Per tali controversie il giudice di pace è tenuto, pertanto, ad applicare il rito proprio.

In base all'art. 445-*bis* chi intende proporre in giudizio domanda per il riconoscimento dei propri diritti (nelle materie dell'invalidità civile, della cecità e sordità civile, dell'handicap e disabilità, della pensione di inabilità ed assegno di invalidità ordinario ai sensi della l. n. 222/1984) deve presentare istanza di **accertamento tecnico preventivo**, a pena di **improcedibilità** della domanda stessa.

Il giudice, terminate le operazioni di consulenza, fissa un termine perentorio non superiore a trenta giorni entro il quale le parti devono dichiarare se intendono contestare le conclusioni. In assenza di contestazioni, l'accertamento è omologato con decreto del giudice, non impugnabile né modificabile; in caso di contestazione, la parte è tenuta a depositare il ricorso introduttivo del giudizio entro il termine perentorio di trenta giorni dalla dichiarazione di dissenso. La sentenza che definisce il giudizio è inappellabile.

Giurisprudenza

Le controversie in materia di previdenza e di assistenza obbligatorie, nel cui ambito vanno ricomprese, ai sensi dell'art. 442 c.p.c., tutte quelle "derivanti dalla applicazione" di norme di natura previdenziale, sono di competenza del tribunale, in funzione di giudice del lavoro, nella cui circoscrizione ha residenza l'attore; tale previsione, di natura speciale, prevale anche sulla regola del foro erariale, applicabile nel caso di partecipazione al processo di una P.A., essendo l'ordinamento orientato verso un "favor" nei confronti dell'assistito connesso all'esigenza di facilitare l'accesso al giudice della parte più bisognosa di assistenza (Cass. civ., sez. VI, 12 febbraio ***2020****, n. 3338).*

8.2. *Le controversie in materia locatizia.*

Con l'introduzione dell'art. 447-*bis* è stata estesa l'applicazione del **rito del lavoro** alle controversie in materia di locazione e di comodato di immobili urbani e in materia di affitto di azienda. La norma prevede non l'applicabilità di tutte le norme del processo del lavoro, ma esclusivamente di quelle espressamente richiamate, in quanto applicabili. In particolare, in virtù del richiamo all'art. 436-*bis*, si applicano gli artt. 348-*bis* e 348-*ter* in materia di inammissibilità dell'appello (v. parte terza, cap. VII, 9).

La **competenza**, in funzione di quanto previsto dall'art. 21, è del tribunale del luogo ove è posto l'immobile o l'azienda, foro inderogabile in quanto l'art. 447-*bis*, comma 2 stabilisce che sono nulle le clausole di deroga alla competenza.

Nel processo locatizio (così impropriamente chiamato) il giudice può disporre, d'ufficio, in qualsiasi momento, l'ispezione della cosa e l'ammissione di ogni mezzo di prova, ad eccezione del giuramento decisorio e può richiedere informazioni, sia scritte che orali, alle associazioni di categoria indicate dalle parti.

Le sentenze di condanna di primo grado sono provvisoriamente esecutive, in applicazione della regola generale: all'esecuzione si può procedere con la sola copia del dispositivo in pendenza del termine per il deposito della sentenza. Il giudice di appello può disporre con ordinanza non impugnabile la sospensione dell'efficacia esecutiva o l'esecuzione stessa, quando possa derivare all'altra parte gravissimo danno.

Una società, conduttrice di immobile commerciale, conviene in giudizio innanzi al Tribunale di Nocera Inferiore la società locatrice esponendo che questa le ha concesso in locazione un locale privo delle dovute autorizzazioni; ne chiede pertanto la condanna al risarcimento dei danni per inadempimento contrattuale. La società convenuta eccepisce l'incompetenza territoriale a favore del tribunale di Napoli, in funzione della clausola derogatoria contenuta nel contratto. Il tribunale di Nocera accoglie l'eccezione indicando come competente il Tribunale di Napoli. Quest'ultimo solleva conflitto negativo di competenza, sollecitando d'ufficio il relativo regolamento. La Corte di Cassazione dichiara la competenza territoriale del tribunale di Nocera Inferiore in quanto non derogabile, con conseguente invalidità della clausola difforme (*Cass. civ., sez. VI, 24 giugno **2020**, n. 12404*).

Giurisprudenza

*Nelle controversie in materia di locazione in cui sia stato disposto il mutamento del rito da ordinario a speciale in primo grado, qualora l'appello venga erroneamente proposto con atto di citazione, non trova applicazione l'art. 436 c.p.c., che impone la notificazione della memoria di costituzione contenente l'appello incidentale, dovendo l'appellato adeguarsi alle forme del rito ordinario prescelto dall'appellante (Cass. civ., sez. III, 9 marzo **2020**, n. 6658).*

8.3. *Le controversie agrarie.*

Le norme dettate per il **rito del lavoro** si applicano, in virtù dell'art. 11 d.lgs.1 settembre 2011 n. 150 (che ha ripreso quanto già previsto dall'art. 47 l. n. 203/1982 e dall'art. 9 l. n. 29/1990) a tutte le controversie in materia di contratti agrari che debbono essere trattate dalla **sezione specializzata agraria** presso ogni tribunale, composte anche da componenti non togati e, cioè, da esperti, i quali possono dare il loro contributo in ordine agli aspetti tecnici economici della materia. La giurisprudenza ha precisato che rientrano nella competenza funzionale *ratione materiae,* tutte le controversie nelle quali, in base alla domanda dell'attore o dell'eccezione del convenuto, la decisione della causa implichi l'accertamento positivo o negativo di rapporti soggetti alle speciali norme in materia di contratti agrari, sempre che non appaia *ictu oculi* infondata la tesi volta a ricondurre il rapporto nell'ambito di quelli contemplati dalla speciale legislazione vincolistica.

Giurisprudenza

*Qualora, una volta instaurato dall'attore giudizio di rilascio di un bene immobile dinanzi al tribunale, il convenuto eccepisca la competenza della sezione specializzata agraria, il giudice deve rimettere a questa la decisione della causa, rientrando nella competenza della medesima anche l'accertamento della natura del rapporto, a meno che, sulla base delle deduzioni delle parti e senza necessità di attività istruttoria, risulti "prima facie" che la materia del contendere è diversa da quella devoluta alla cognizione del giudice specializzato (Cass. civ., sez. VI, 20 maggio **2020**, n. 9320).*

9. Il rito speciale per l'impugnativa dei licenziamenti.

Con la l. 28 giugno 2012 n. 92 è stato introdotto un **nuovo rito speciale del lavoro**, definito come "rito Fornero". La giurisprudenza ha chiarito che poiché la nuova normativa individua l'ambito di applicazione del rito specifico con il richiamo "alle controversie aventi ad oggetto l'impugnativa dei licenziamenti nelle ipotesi regolate dalla l. 20 maggio 1970, n. 300, art. 18, e successive modificazioni, anche quando devono essere risolte questioni relative alla qualificazione del rapporto di lavoro", è necessario che, dedotta l'esistenza di un **rapporto di lavoro qualificabile come subordinato a tempo indeterminato e di un licenziamento che lo risolva in modo illegittimo**, si invochi la tutela prevista dall'art. 18 Statuto dei Lavoratori (*Cass. civ., sez. lav., 26 febbraio* ***2020****, n. 5240*). Applicando il criterio della prospettazione, l'individuazione della fattispecie, deve essere compiuta in base alla domanda come formulata e, in particolare, con riferimento al *petitum* ed alla *causa petendi* con essa esposti, indipendentemente dalla relativa fondatezza, salvo il limite di prospettazioni artificiose, teso a scongiurare condotte processuali obliquamente finalizzate al solo scopo di percorrere la corsia accelerata del rito speciale. Ovviamente l'ammissibilità del rito scrutinata secondo il canone della prospettazione lascia impregiudicato il merito. Il d.lgs. n. 23/2015, entrato in vigore il 7 marzo 2015, introducendo il cosiddetto contratto a tutele crescenti, ha, di fatto, eliminato il "rito Fornero", in quanto l'art. 11 stabilisce che ai licenziamenti disciplinati dal provvedimento non si applicano le disposizioni relative al rito speciale. Il rito bifasico continua pertanto ad applicarsi ai soli rapporti di lavoro sorti anteriormente il 7 marzo 2015.

Il rito è strutturato in **due fasi**:

- una **necessaria**, con caratteristiche di urgenza, nella quale il giudice è chiamato a pronunciarsi con ordinanza sul ricorso;
- una **eventuale**, in quanto rimessa all'iniziativa del soggetto interessato, rappresentata dall'opposizione all'ordinanza.

La domanda si propone con **ricorso**, avente i requisiti di cui all'art. 125, al tribunale in funzione di giudice del lavoro; il giudice provvede a fissare l'udienza di comparizione delle parti non oltre quaranta giorni dal deposito del ricorso in cancelleria. Ricorso e decreto devono essere notificati entro il termine previsto dal giudice, che non può, comunque, essere inferiore a venticinque giorni prima della data dell'udienza. Il resistente deve costituirsi almeno cinque giorni prima dell'udienza medesima.

All'udienza di comparizione, il giudice sentite le parti ed omessa ogni formalità non essenziale al contraddittorio, può procedere nel modo che ritiene più opportuno agli atti di istruzione indispensabili richiesti dalle parti o disposti d'ufficio. All'esito, il giudice accoglie o respinge il ricorso con **ordinanza immediatamente esecutiva**, insuscettibile di essere sospesa o revocata sino alla sentenza che definisce la fase, successiva ed eventuale, dell'opposizione.

Avverso l'ordinanza di accoglimento o di rigetto è, infatti, ammessa l'**opposi-**

zione da proporsi al tribunale che ha emesso il provvedimento: la forma è quella del ricorso, contenente i requisiti di cui all'art. 414, da depositarsi entro il termine perentorio di trenta giorni dalla notifica del provvedimento opposto, ovvero dalla comunicazione se effettuata anteriormente. Non è ammissibile l'appello né il ricorso *per saltum* previsto dall'art. 360 (*Cass. civ., sez. lav., 3 febbraio* ***2020****, n. 2364*).

Il giudice fissa con decreto l'**udienza di discussione** non oltre sessanta giorni successivi alla data del deposito del ricorso, assegnando all'opposto il termine sino a dieci giorni prima dell'udienza per costituirsi in giudizio ai sensi dell'art. 416. Ricorso e decreto devono essere notificati, a cura dell'opponente, almeno trenta giorni prima della data fissata per l'udienza di trattazione, anche a mezzo posta elettronica certificata. In questa fase è ammessa la proposizione di domande riconvenzionali, attinenti ai medesimi fatti costitutivi posti a base del ricorso, e anche la chiamata del terzo. Analogamente a quanto previsto per la prima fase necessaria, all'udienza il giudice, sentite le parti ed omessa ogni formalità non essenziale al contraddittorio, può procedere nel modo che ritiene più opportuno agli atti di istruzione indispensabili richiesti dalle parti o disposti d'ufficio. Esaurita la fase istruttoria, il giudice accoglie o rigetta il ricorso con **sentenza**.

La sentenza è suscettibile di **reclamo** avanti la **Corte d'appello**, da proporsi con ricorso da depositarsi entro il termine perentorio di trenta giorni dalla comunicazione del provvedimento, o dalla notificazione, se anteriore. Non sono ammessi nuovi mezzi di prova o documenti, salvo che il collegio li ritenga indispensabili ai fini della decisione ovvero la parte dimostri di non aver potuto proporli prima per causa ad essa non imputabile. La Corte fissa l'udienza di discussione nella quale può sospendere l'efficacia della sentenza reclamata, se ricorrono gravi motivi; quindi, sentite le parti ed omessa ogni formalità non essenziale al contraddittorio, procede nel modo che ritiene più opportuno agli atti di istruzione ammessi.

Nel giudizio di reclamo si applicano le norme per il processo d'appello, ivi compreso l'art. 348-*ter* per il ricorso in cassazione.

Avverso la sentenza emessa in sede di reclamo è possibile proporre **ricorso per cassazione** entro il termine perentorio di sessanta giorni dalla comunicazione del provvedimento impugnato, o dalla notificazione dello stesso, se anteriore. La sospensione dell'efficacia esecutiva della sentenza deve essere richiesta alla Corte d'appello che provvede qualora ricorrano gravi motivi.

La Corte di cassazione fissa l'udienza di discussione entro il termine di **sei mesi** dalla proposizione del ricorso, riservando alla trattazione di tale tipologia di controversie particolari giorni nel calendario delle udienze.

Giurisprudenza

Nel rito c.d. Fornero, il reclamo previsto dall'art. 1, comma 57, della l. n. 92/2012 è nella sostanza un appello, con la conseguenza che, per tutti i profili non regolati da disposizioni specifiche, si applicano le norme sull'appello del rito del lavoro, che realizza il ragionevole equilibrio tra celerità e affidabilità; in particolare, a) la disciplina dell'atto introduttivo è quella dell'art. 434 c.p.c.; b) il reclamante ha l'onere, a pena di decadenza, di riprodurre le domande non accolte o rimaste assorbite nella sentenza di primo grado, in assenza di specifiche disposizioni in contrasto con l'art. 346 c.p.c.; c) il giudice del gravame può conoscere della controversia dibattuta in primo grado solo attraverso l'esame delle specifiche censure mosse dal reclamante, la cui formulazione consuma il diritto di impugnazione (Cass. civ., sez. lav., 20 luglio ***2020****, n. 15412).*

Nel rito di cui all'art. 1, commi 48 e ss., della l. n. 92/2012 (cd. rito Fornero), l'attività istruttoria svolta in entrambe le fasi del giudizio di primo grado va valutata unitariamente, senza che si possano scindere per fasi gli adempimenti richiesti alle parti in tema di formazione della prova, sicché nel giudizio di opposizione la parte conserva integra ogni opzione istruttoria, a prescindere dalle scelte processuali in precedenza operate (Cass. civ., sez. lav., 14 luglio ***2020****, n. 14976).*

SCHEMA 69 Il processo del lavoro: il tentativo di conciliazione, la competenza, gli atti introduttivi

L'OGGETTO
- rapporti di lavoro subordinato privato
- rapporti di mezzadria, colonia parziaria, compartecipazione agraria, affitto a coltivatore diretto, rapporti derivanti da altri contratti agrari
- rapporti di agenzia, rappresentanza commerciale ed altri rapporti di collaborazione
- rapporti di lavoro dei dipendenti di enti pubblici economici
- rapporti di pubblico impiego

IL TENTATIVO DI CONCILIAZIONE
- FACOLTATIVO — può essere promosso presso la commissione di conciliazione
- ESITO POSITIVO — si forma **processo verbale** e su istanza della parte interessata il giudice, accertata la regolarità formale, lo dichiara esecutivo con decreto
- ESITO NEGATIVO — la commissione formula una proposta per la bonaria definizione che viene riassunta nel verbale e il giudice può tenerne conto in giudizio

LA CLAUSOLA COMPROMISSORIA
- DEVOLUZIONE — la controversia è affidata ad un **collegio** di conciliazione ed è definita con **lodo**
- COME — può essere pattuita tra le parti se prevista da accordi o contratti collettivi e deve essere **certificata**
- QUANDO — non può essere sottoscritta dal lavoratore prima del termine del **periodo di prova** o prima del decorso di 30 giorni
- OGGETTO — non può riguardare controversie relative alla **risoluzione del contratto di lavoro**

LA COMPETENZA
- PER MATERIA — **inderogabile** del **tribunale** in composizione monocratica ed in funzione di **giudice del lavoro**
- PER TERRITORIO
  - foro in cui è sorto il rapporto
  - foro ove si trova l'azienda
  - foro ove si trova la dipendenza dell'azienda
  - foro in cui si trova **il domicilio** dell'agente o del rappresentante per i rapporti di agenzia o rappresentanza
  - foro in cui ha sede l'ufficio al quale il dipendente pubblico è addetto per i rapporti di lavoro alle dipendenze delle pubbliche amministrazioni

GLI ATTI INTRODUTTIVI
- IL RICORSO — deve contenere gli elementi previsti dall'art. 414 con l'indicazione specifica dei mezzi di prova e delle produzioni
- LA MEMORIA COSTITUTIVA DEL CONVENUTO — deve contenere, a pena di decadenza
  - eventuali domande riconvenzionali
  - eccezioni di incompetenza
  - eccezioni processuali e di merito non rilevabili d'ufficio
  - presa di posizione circa i fatti affermati dal ricorrente e tutte le difese
  - indicazione specifica dei mezzi di prova
- LA MEMORIA DI INTERVENTO DEL TERZO

SCHEMA 70 Il processo del lavoro: l'udienza di discussione, la decisione, l'appello

LA PRIMA UDIENZA

- **FASE PRELIMINARE**
  - il giudice
    - verifica la **costituzione** delle parti
    - verifica la **procedibilità** della domanda
    - ordina **l'integrazione** del contraddittorio
    - dispone la **riunione** delle cause
    - dichiara **l'inammissibilità**
    - pronuncia ordinanza di **mutamento del rito**
    - effettua **l'interrogatorio libero** e formula una proposta transattiva
    - autorizza le parti a **modificare** le domande, eccezioni e conclusioni
    - ammette **i mezzi di prova**
    - dispone **l'assunzione** dei testimoni
- **FASE ISTRUTTORIA**
  - il giudice può disporre d'ufficio **mezzi istruttori** ossia
    - disporre la prova testimoniale
    - richiedere informazioni
    - disporre **l'accesso sul luogo** di lavoro
    - ordinare la **comparizione personale** delle parti
    - nominare uno o più **consulenti tecnici**
    - autorizzare la **registrazione** delle deposizioni testimoniali
- **FASE DECISORIA**
  - il giudice, esaurita la discussione orale e sentite le conclusioni delle parti, pronuncia **sentenza** con cui definisce il giudizio dando **lettura del dispositivo** e delle ragioni **di fatto** e **di diritto** della decisione oppure riserva il termine per il deposito della sentenza
  - il lavoratore può procedere all'esecuzione con la sola copia del **dispositivo** in pendenza del termine per il deposito della sentenza
  - la sentenza deve essere depositata e pubblicata entro **15 giorni** dalla pronuncia con onere al cancelliere di darne immediata **comunicazione alle parti**

L'APPELLO

- **COME**
  - si propone con **ricorso** alla Corte d'appello territorialmente competente in funzione di **giudice del lavoro** contenente a pena di inammissibilità
    - l'indicazione delle **parti del provvedimento** che si intende appellare
    - l'indicazione delle **modifiche** che vengono richieste alla ricostruzione del fatto
    - l'indicazione delle circostanze da cui deriva la **violazione** di legge
    - l'indicazione della loro **rilevanza ai fini della decisione** impugnata
- **L'UDIENZA DI DISCUSSIONE**
  - il giudice incaricato fa la **relazione orale** della causa, i difensori sono invitati alla **discussione** al cui esito il collegio pronuncia sentenza dando lettura del dispositivo nella **medesima udienza**
- **LA SENTENZA**
  - deve essere depositata in cancelleria entro **15 giorni** dalla pronuncia

SCHEMA 71 Le altre controversie soggette al rito del lavoro: previdenziali, in materia locatizia, agrarie

LE CONTROVERSIE PREVIDENZIALI

- OGGETTO
  - • assicurazioni sociali
  - • infortuni sul lavoro e malattie professionali
  - • assegni familiari
  - • ogni altra forma di previdenza e assistenza obbligatoria
  - • inosservanza degli obblighi di assistenza e previdenza derivanti da contratti e accordi collettivi
- COMPETENZA
  - PER MATERIA
    - tribunale in composizione monocratica in funzione di **giudice del lavoro**
  - PER TERRITORIO INDEROGABILE
    - tribunale nella cui circoscrizione ha la residenza l'attore nelle controversie in materia di previdenza e assistenza obbligatoria
    - tribunale nella cui circoscrizione ha sede l'ufficio del porto di iscrizione della nave nelle controversie in materia di infortuni sul lavoro e malattie professionali degli addetti alla navigazione
    - tribunale nella cui circoscrizione ha sede l'ufficio dell'ente nelle controversie in materia di obblighi dei datori di lavoro

LE CONTROVERSIE IN MATERIA LOCATIZIA

- OGGETTO
  - locazione e comodato di immobili urbani
  - affitto d'azienda
- COMPETENZA
  - **inderogabile** del **tribunale del luogo** ove è posto l'immobile o l'azienda
- POTERI DEL GIUDICE
  - • disporre d'ufficio **l'ispezione della cosa**
  - • disporre d'ufficio l'ammissione di ogni mezzo di prova (ad eccezione del giuramento decisorio)
  - • richiedere informazioni scritte o orali alle associazioni di categoria
- LA SENTENZA
  - **di condanna in primo grado** è provvisoriamente esecutiva e si può procedere con la sola copia del dispositivo. L'efficacia esecutiva o l'esecuzione possono essere sospese con ordinanza dal giudice d'appello quando possa derivare **gravissimo danno**

LE CONTROVERSIE AGRARIE

- OGGETTO
  - **controversie relative ai contratti agrari** che devono essere trattate dalle **sezioni specializzate agrarie**

CAPITOLO II

I PROCEDIMENTI IN MATERIA DI FAMIGLIA

1. Considerazioni generali.

Il capo primo del titolo secondo del libro quarto del codice di procedura civile disciplina il giudizio di separazione personale dei coniugi e il relativo procedimento della separazione giudiziale e della separazione consensuale. L'art. 23, comma 1 della legge 6 marzo 1987, n. 74 ha esteso ai giudizi di separazione personale dei coniugi, in quanto compatibili, le regole dettate dall'art. 4 della legge 1 dicembre 1970, n. 898 (come sostituito), per il procedimento di divorzio "fino all'entrata in vigore del nuovo testo del codice di procedura civile". A seguito delle riforme di cui alle leggi 14 maggio 2005, n. 80, 28 dicembre 2005, n. 263 e 8 febbraio 2006, n. 54, il legislatore ha disciplinato il procedimento di separazione in modo dettagliato e le modifiche contestualmente apportate all'art. 4 della legge 1 dicembre 1970, n. 898 hanno fatto sì che i due riti (di separazione personale dei coniugi e di divorzio) sono oggi quasi speculari. Tuttavia, l'art. 23 della legge n. 74/1987 non è stato abrogato espressamente: parte della dottrina ritiene, invece, che si sia verificata una abrogazione implicita, altra parte della dottrina ritiene che sia ancora oggi applicabile.

2. La separazione giudiziale.

La separazione giudiziale trova disciplina nella norma sostanziale di cui all'art. 151 c.c.: può essere chiesta quando si verificano, anche indipendentemente dalla volontà di uno o di entrambi i coniugi, fatti tali da rendere intollerabile la prosecuzione della convivenza o da recare grave pregiudizio all'educazione della prole. **L'intollerabilità della convivenza** ricorre quando sussiste una situazione di conflitto tra i coniugi oppure quando la frattura dipende dalla condizione di disaffezione e dal distacco spirituale di una sola delle parti. La separazione giudiziale può comportare anche la **pronuncia di addebito** quando il coniuge abbia tenuto un comportamento contrario ai doveri che derivano dal matrimonio: occorre però accertare se tale violazione abbia assunto efficacia causale nella determinazione della crisi coniugale.

La **competenza per materia** appartiene, in via inderogabile e funzionale, al tribunale territorialmente competente (art. 706, commi 1 e 2):

- del luogo dell'ultima residenza comune dei coniugi;
- ovvero, in mancanza, del luogo in cui il coniuge convenuto ha residenza o domicilio;
- del luogo di residenza o di domicilio del ricorrente se il coniuge convenuto è residente all'estero o risulti irreperibile;
- di qualsiasi luogo della Repubblica se anche questi è residente all'estero.

Nel caso in cui i coniugi siano cittadini di due diversi stati dell'Unione Europea, il giudizio può essere instaurato nel luogo di residenza abituale della parte ricorrente.

2.1. *La fase presidenziale.*

La domanda si propone con **ricorso** che deve contenere l'esposizione dei fatti sui quali la domanda è fondata e nel quale deve essere indicata l'esistenza di figli di entrambi i coniugi. Al ricorso devono essere allegate le ultime dichiarazioni dei redditi presentate dal ricorrente. Il presidente del tribunale fissa, quindi, con decreto la data dell'udienza di comparizione dei coniugi davanti a sé (art. 706, comma 3): la legge prevede che l'udienza deve essere tenuta entro novanta giorni dal deposito del ricorso ma si tratta di un termine meramente ordinatorio e l'eventuale inosservanza ha rilevanza esclusivamente a fini disciplinari. Con il decreto, il presidente fissa anche il termine per la notificazione al convenuto e il termine entro il quale il coniuge convenuto può depositare memoria difensiva e documenti.

All'udienza, i coniugi debbono comparire personalmente davanti al presidente con l'**assistenza del difensore** (art. 707, comma 1): ciò significa che è necessaria la difesa tecnica e le parti non possono stare in giudizio personalmente. Se il ricorrente non si presenta o rinuncia, la domanda non ha effetto; se invece non si presenta il coniuge convenuto, il presidente può fissare una nuova data per la comparizione, ordinando che sia rinnovata la notificazione del ricorso e del decreto. Il presidente del tribunale, dopo aver sentito i coniugi, prima separatamente e poi congiuntamente, esperisce il **tentativo di conciliazione** (art. 708, comma 1), volto a comporre le ragioni del dissidio, affinché i coniugi abbandonino il procedimento in corso, ristabilendo la comunione spirituale e materiale. Il tentativo di conciliazione non costituisce condizione di procedibilità e l'omissione non determina la nullità del giudizio; è per questo che spesso è ricondotto ad una mera formalità. Se la conciliazione, comunque, riesce il presidente fa redigere il processo verbale. Se, invece, la conciliazione non riesce, il presidente dopo aver sentito i coniugi e i rispettivi difensori, con ordinanza, emana i **provvedimenti temporanei e urgenti** che reputa opportuni nell'interesse della prole e dei coniugi. In caso di separazione, riguardo ai figli, si applicano le disposizioni di diritto sostanziale contenute nel capo II del titolo IX c.c. In particolare, il presidente valuta prioritariamente la possibilità che i figli minori restino affidati ad entrambi i genitori oppure stabilisce a quale di essi i figli siano affidati qualora ritenga che l'affidamento all'altro sia contrario all'interesse dei minori; determina i tempi e le modalità della loro presenza presso ciascun genitore, fissando altresì la misura e il modo con cui ciascuno di essi deve contribuire al mantenimento, alla cura, all'istruzione e all'educazione dei figli (art. 337-*ter* c.c.) compresi i figli maggiorenni non economicamente indipendenti (art. 337-*septies* c.c.); assegna il godimento della casa familiare tenendo conto prioritariamente dell'interesse dei figli (art. 337-*sexies* c.c.). Il giudice può assumere ad istanza di parte o d'ufficio mezzi di prova.

L'audizione dei minori, già prevista dall'art. 12 della Convenzione di New York sui diritti del fanciullo, è divenuta un adempimento necessario nelle procedure giudiziarie che li riguardano e, in particolare, in quelle relative al loro affidamento (*Cass. civ., sez. I, 7 maggio 2019, n. 12018*). Ne consegue che l'ascolto del minore di almeno dodici anni, e anche di età minore ove capace di discernimento (art. 337-*octies* c.c.), costituisce una modalità, tra le più rilevanti, di riconoscimento del suo diritto fondamentale ad essere informato, nonché elemento di primaria importanza nella valutazione del suo interesse.

L'ordinanza del presidente del tribunale ha **efficacia di titolo esecutivo** (art. 189, comma 1, disp. att.) e conserva la sua efficacia anche dopo l'estinzione del processo, finché non sia sostituita con altro provvedimento presidenziale o del tribunale, a seguito di nuova presentazione di ricorso per separazione personale dei coniugi. L'ordinanza di assegnazione della casa coniugale può essere trascritta ed è opponibile al terzo acquirente fino al perdurare del diritto e nei limiti del novennio ovvero anche oltre, se trascritta.

Giurisprudenza

Ai fini dell'individuazione del tribunale territorialmente competente sulla domanda di separazione personale, l'art. 706, comma 1, c.p.c. impone, quale criterio principale di collegamento, l'ultima residenza comune dei coniugi, potendo trovare applicazione il criterio subordinato della residenza o del domicilio del convenuto solo nell'ipotesi in cui non vi sia mai stata convivenza (Cass. civ., sez. VI, 20 maggio 2019, n. 13569).

2.2. *Il reclamo.*

Le parti possono impugnare l'ordinanza presidenziale, proponendo **reclamo** alla Corte d'appello — ai sensi dell'art. 708, ultimo comma — nel termine perentorio di dieci giorni dalla notificazione del provvedimento. Ove l'ordinanza non sia notificata ma solamente comunicata dalla cancelleria, si applica il termine lungo *ex* art. 327, ossia sei mesi dalla data del deposito del provvedimento

Il reclamo si propone con ricorso contenente, oltre i requisiti di cui all'art. 125, anche i motivi specifici per i quali si chiede la revoca o la modifica dell'ordinanza presidenziale. L'esame della Corte d'appello è limitato alla rettifica di errori evidenti e di immediata rilevabilità, di fatto o di diritto, allo stato degli atti, non essendo consentita, in questa fase, alcuna nuova attività istruttoria o di accertamento, neppure documentale. Alla corte è infatti preclusa la valutazione di fatti nuovi o di situazioni diverse rispetto a quelle già esaminate dal presidente del tribunale, così come la possibilità di disporre l'ascolto del minore, dovendosi considerare la decisione del giudice del reclamo unicamente un riesame di fatti già esaminati dal tribunale.

La Corte d'appello si pronuncia in camera di consiglio dopo avere fissato l'udienza e disposto il termine per la notifica alla controparte, da effettuarsi nel domicilio eletto per il procedimento di primo grado, e fissato il termine per la relativa costituzione. L'ordinanza della Corte non è ulteriormente reclamabile od impugnabile, neppure con il ricorso straordinario per Cassazione, atteso il suo carattere di non definitività in senso sostanziale.

Spetta, invece, al giudice istruttore, nel corso del prosieguo del giudizio di separazione, l'eventuale **revoca o modifica** dell'ordinanza presidenziale (v. parte quarta, cap. II, 2.3) a seguito delle ulteriori deduzioni delle parti o dei necessari approfondimenti istruttori, qualora intervengano nuove circostanze idonee a mutare le ragioni poste a fondamento delle decisioni assunte dal presidente. I provvedimenti del giudice istruttore, di modifica o revoca, non sono reclamabili alla Corte d'appello.

I dubbi sorti in merito ai rapporti tra le due differenti possibilità di modifica dei provvedimenti presidenziali, l'una da parte del giudice istruttore e l'altra da parte della Corte d'appello, attraverso il reclamo, sono stati chiariti in dottrina e giurisprudenza di merito nel senso che, ove la parte lamenti errori di valutazione, da parte del presidente del tribunale sui fatti sottoposti alla sua valutazione, dovrà presentare reclamo avanti la Corte d'appello; ove, invece, sostenga l'esistenza di circostanze nuove o anche fatti preesistenti di cui però si sia acquisita conoscenza successiva, ovvero alleghi fatti emergenti da una successiva attività istruttoria, dovrà rivolgere al giudice istruttore la richiesta di revoca o modifica del provvedimento presidenziale.

In forza dell'art. 4, comma 2, l. 8 febbraio 2006, n. 54, l'art. 708 trova applicazione anche con riferimento ai provvedimenti presidenziali emessi nei procedimenti di scioglimento e cessazione degli effetti civili del matrimonio.

Giurisprudenza

*Il reclamo ha natura endoprocedimentale e costituisce una mera fase del procedimento di separazione, concludendosi con un provvedimento destinato ad essere assorbito dalla sentenza pronunciata all'esito del giudizio. Pertanto, il regolamento delle spese processuali deve aver luogo a conclusione del giudizio (Cass. civ., sez. I, 30 aprile **2020**, n. 8432).*

2.3. *La fase successiva.*

Con l'ordinanza contenente i provvedimenti provvisori, il presidente nomina il **giudice istruttore**, fissa l'udienza di comparizione e trattazione davanti a questi (art. 708, comma 3) e assegna termine al ricorrente per il deposito in cancelleria di memoria integrativa e termine al convenuto per la costituzione in giudizio. L'ordinanza deve contenere l'avvertimento al convenuto che la costituzione oltre il suddetto termine implica le decadenze di cui all'art. 167 e che, oltre il termine stesso, non potranno più essere proposte le eccezioni processuali e di merito non rilevabili d'ufficio (art. 709, comma 3). Se il convenuto non è comparso all'udienza, l'ordinanza deve essergli **notificata** a cura dell'attore nel termine perentorio stabilito nell'ordinanza stessa (art. 709, comma 1): tra la data entro cui deve essere notificata e quella di comparizione e trattazione devono intercorrere i termini di cui all'art. 163-*bis*, ridotti alla metà. In caso di omessa notifica, la dottrina ritiene operi l'estinzione del giudizio ai sensi dell'art. 307, comma 3.

Poiché è obbligatorio l'intervento del **pubblico ministero**, l'ordinanza presidenziale deve anche essere comunicata a quest'ultimo.

Esaurita la fase presidenziale, il procedimento di separazione personale entra, quindi, nella **fase di cognizione ordinaria** davanti al giudice istruttore, con applicazione delle disposizioni di cui agli artt. 180, 183, comma 1, 2 e dal 4 al 10 e 184 (art. 709-*bis*). Il ricorrente ha l'onere di depositare, nel termine fissato dal presidente, la **memoria integrativa** che deve avere il contenuto di cui all'art. 163, comma 3, nn. 2, 3, 4, 5 e 6, con possibilità di introdurre domande nuove; il convenuto ha parimenti l'onere di costituirsi in giudizio, nei termini e con le forme previste dagli artt. 166 e 167, comma 1 e 2 (norme espressamente richiamate dall'art. 709, comma 3) e quindi con **comparsa di risposta** nella quale deve proporre tutte le proprie difese e sollevare le relative eccezioni processuali e di merito non rilevabili d'ufficio.

Giurisprudenza

In materia di separazione personale dei coniugi, la domanda di addebito della separazione può essere introdotta per la prima volta con la memoria integrativa di cui all'art. 709, comma 3, c.p.c., in ragione della natura bifasica del giudizio, per cui alla finalità conciliativa propria della fase innanzi al presidente del tribunale segue, nell'infruttuosità della prima, quella contenziosa dinanzi al giudice istruttore, introdotta in applicazione di un sistema di norme processuali che mutua, per contenuti e scansioni, le forme del giudizio ordinario di cognizione, il tutto nell'ambito di una più ampia procedura segnata, nel passaggio tra la fase di conciliazione dei coniugi e quella contenziosa, da una progressiva formazione della vocatio in ius *(Cass. civ., sez. I, 28 giugno 2019, n. 17590)*.

2.4. *La decisione e l'appello.*

L'art. 709-*bis* prevede la possibilità per il tribunale di pronunciare, in sede collegiale, **sentenza non definitiva** sulla separazione, nel caso in cui il processo debba continuare per la trattazione delle ulteriori questioni, quali la richiesta di addebito, l'affidamento dei figli o per le richieste di carattere economico. La norma è stata interpretata dalla giurisprudenza nel senso che sussiste un obbligo e non una mera facoltà da parte del giudice di pronunciare anticipatamente d'ufficio la sentenza sullo *status*, al fine di evitare condotte processuali dilatorie (*Cass. civ., sez. VI, 25 luglio 2019, n. 20166*).

Avverso la sentenza non definitiva è ammesso esclusivamente **appello immediato** alla Corte d'appello, da decidersi in camera di consiglio, con applicazione del rito camerale.

Il procedimento di separazione si conclude in ogni caso con **sentenza definitiva** avverso la quale è ammesso **appello** avanti la Corte d'appello territorialmente competente, sempre nelle forme del **rito camerale**.

La proposizione si perfeziona con il deposito del ricorso in cancelleria nel termine perentorio di cui agli artt. 325 e 327, costituendo la notifica del ricorso e del decreto di fissazione dell'udienza un momento funzionale soltanto all'istaurazione del contradditorio (*Cass. civ., sez. VI, 10 gennaio 2019, n. 403*).

I coniugi possono, comunque, di comune accordo, far cessare gli effetti della sentenza di separazione, senza che sia necessario l'intervento del giudice, mediante espressa dichiarazione o tenendo un comportamento non equivoco, incompatibile con lo stato di separazione. La separazione può essere pronunciata nuovamente, solamente in relazione a fatti e comportamenti intervenuti dopo la riconciliazione (art. 157 c.c.).

3. La separazione consensuale.

In alternativa i coniugi possono addivenire a separazione consensuale, nel senso che possono trovare l'accordo in ordine alle condizioni di separazione autonomamente, prima di ricorrere all'autorità giudiziaria (art. 158 c.c.). In tal caso, raggiunto l'accordo, i coniugi possono presentare **ricorso congiunto** al tribunale (art. 711): il presidente fissa l'udienza di comparizione e alla stessa provvede a sentirli per tentare, comunque, la loro conciliazione, con le medesime modalità indicate per la separazione giudiziale. Il ricorso può essere presentato anche da uno solo dei coniugi; il presidente fissa l'udienza con termine per la notifica all'altro coniuge. Elemento fondamentale della separazione consensuale è la **manifestazione del consenso** dei coniugi davanti al presidente, in ordine alla separazione e alle condizioni relative ai coniugi stessi ed alla prole. Segue, quindi, il decreto di **omologazione del tribunale**, il quale provvede in camera di consiglio, su relazione del presidente: si tratta del controllo di legittimità delle pattuizioni tra i coniugi, in quanto se l'accordo dei coniugi, relativamente all'affidamento e al mantenimento dei figli appare in contrasto con l'interesse degli stessi, a mente dell'art. 158, comma 2, c.c., il tribunale riconvoca i coniugi, indicando loro le modificazioni da adottare nell'interesse dei figli. In caso di inidonea soluzione il tribunale può rifiutare l'omologazione, non potendo procedere a modifiche d'ufficio delle clausole pattizie. Ottenuta l'omologazione la separazione consensuale acquista efficacia (art. 711, comma 4).

Giurisprudenza

È nullo, perché non rivestito della forma dell'atto pubblico, l'accordo, raggiunto dai coniugi in sede di separazione consensuale e omologato dal Tribunale, di risolvere una donazione che il marito aveva effettuato in passato a favore della moglie per godere delle agevolazioni prima casa (Cass. civ., sez. I, 3 marzo ***2020****, n. 5937).*

4. La modifica dei provvedimenti.

I coniugi, in qualunque momento, possono chiedere la modificazione dei provvedimenti riguardanti i **coniugi** e la **prole** (affidamento, misura e modalità del contributo, secondo quanto previsto dall'art. 337-*quinquies* c.c.) conseguenti la separazione (art. 710, comma 1), anche se la separazione è stata consensuale (art. 711, comma 5). Questi provvedimenti, infatti, in qualunque sede disposti, sono emanati *rebus sic stantibus* e non passano mai in giudicato, essendo consentita in ogni tempo, la tutela offerta dal provvedimento di revisione, la cui emanazione è, in ogni caso, necessaria per far venire meno l'obbligo di contribuire al mantenimento della prole, senza che ciò possa conseguire *ipso facto* al raggiungimento della maggior età e all'autosufficienza economica del figlio. Peraltro, la giurisprudenza ha affermato che la domanda di modificazione può essere esperita solo dopo che si sia formato il giudicato sulla separazione, dovendo altrimenti le parti chiedere la modifica al giudice istruttore nel corso della causa o alla Corte d'appello, se è stata emessa la sentenza di primo grado, mediante la proposizione dell'appello. La domanda è, però, ammissibile anche qualora risulti pendente il giudizio di divorzio, a meno che in tale giudizio non siano stati adottati provvedimenti temporanei e urgenti nella fase presidenziale o istruttoria (*Cass. civ., sez. I, 23 ottobre 2019, n. 27205*).

La competenza per materia spetta al **tribunale ordinario**.

In passato vi sono stati dubbi in ordine alla ripartizione di competenza tra tribunale ordinario e tribunale dei minorenni; l'art. 3 della legge 10 dicembre 2012, n. 219 ha modificato l'art. 38 disp. att. c.c. prevedendo che sono di competenza del tribunale ordinario tutte le questioni concernenti l'affidamento e il mantenimento dei figli minori, anche quando i genitori non sono uniti in matrimonio. La norma stabilisce, infatti, che per i procedimenti di cui all'art. 333 (condotta del genitore pregiudizievole ai figli) resta esclusa la competenza del tribunale per i minorenni nell'ipotesi in cui sia in corso, tra le stesse parti, giudizio di separazione o divorzio o giudizio ai sensi dell'art. 316 c.c. esercizio della responsabilità genitoriale); in tali ipotesi per tutta la durata del processo la competenza spetta al giudice ordinario (*Cass. civ., sez. VI, 23 gennaio 2019, n. 1866*).

La competenza per territorio deve essere individuata in base alla tipologia del provvedimento per il quale si intende chiedere la modifica. Nei procedimenti riguardanti la revisione dei provvedimenti sull'affidamento dei figli minori è competente il tribunale del luogo di residenza del minore. Il principio è stato ribadito dalla giurisprudenza nell'ambito delle controversie cd. transfrontaliere (anche nell'ipotesi di coinvolgimento di un paese terzo), nelle quali il criterio prevalente è quello della residenza abituale del minore, in quanto posto a salvaguardia della continuità affettiva ed a tutela della preminenza dell'interesse del minore (*Cass. civ.,* ***sez. un.****, 5 giugno 2017, n. 13912*). Nei procedimenti riguardanti la revisione degli altri provvedimenti, la competenza territoriale va individuata in base ai criteri generali di cui all'art. 18 e ss.

Il procedimento si instaura a seguito di presentazione del ricorso e il tribunale provvede in camera di consiglio, dopo aver sentito le parti e cioè rispettando il principio del contraddittorio; provvede all'eventuale ammissione dei mezzi istruttori e può delegare, per l'assunzione, uno dei suoi componenti. Ove il procedimento non possa essere immediatamente definito, il tribunale può adottare provvedimenti provvisori e può ulteriormente modificarne il contenuto nel corso del procedimento. La decisione è reclamabile, ai sensi dell'art. 739, alla Corte d'appello; il decreto pronunciato in sede di reclamo ha carattere decisorio e definitivo ed è pertanto ricorribile in cassazione ai sensi dell'art. 111 Cost. (*Cass. civ., sez. I, 7 maggio 2019, n. 12018*).

Giurisprudenza

Nei giudizi aventi ad oggetto le modifiche alle statuizioni consequenziali alla separazione personale ed al divorzio, in applicazione del principio "rebus sic stantibus", possono essere proposte domande in corso di causa ove siano giustificate da sopravvenienze fattuali ma nel rispetto del principio del contraddittorio, sicché risulta inammissibile la richiesta di un contributo per il mantenimento del figlio introdotta soltanto nelle note conclusive del giudizio di appello, senza alcuna possibilità di interlocuzione per la controparte (Cass. civ., sez. I, 14 settembre ***2020****, n. 19020).*

Il procedimento ex art. 710 c.p.c. è un procedimento contenzioso che si svolge nel pieno contraddittorio delle parti titolari di configgenti e si connota per un rito caratterizzato: dalla pubblicità degli atti depositati nel fascicolo di causa e accessibili a chiunque vi abbia interesse; dalla ammissione delle parti ad esporre le rispettive ragioni oralmente, di persona o con la assistenza tecnica di un difensore, oppure di farsi rappresentare da altri al fine di tale trattazione orale; dal controllo delle parti medesime sulla fase del procedimento; dal contenuto della decisione che, come tale deve essere motivata nella osservanza del canone di congruità argomentativa, resa pubblica con il deposito e comunicata alle parti costituite essendo così assoggettata al successivo controllo di opinione, che appare idoneo a metterla al riparo da rischi di arbitrarietà. In tale modo è anche assicurato il pieno rispetto delle regole del contraddittorio e garantite le posizioni delle parti dotate del potere di impulso processuale. Tale rito è idoneo a assicurare il pieno sviluppo del diritto di difesa e del contraddittorio attraverso la trattazione orale e non prevede il diritto delle parti a un termine per presentare scritti difensivi (Cass. civ., sez. I, 10 febbraio ***2020****, n. 3028).*

5. La soluzione delle controversie e provvedimenti in caso di inadempienze o violazioni.

L'art. 709-*ter* prevede la possibilità di ricorrere al tribunale per la soluzione delle controversie insorte tra i genitori in ordine all'**esercizio della responsabilità** genitoriale o delle **modalità dell'affidamento**. La competenza è:

- del giudice del procedimento in corso;
- del tribunale del luogo di residenza del minore, se il procedimento si è concluso, competenza territoriale inderogabile e rilevabile d'ufficio (*Cass. civ., sez. VI, 27 novembre **2020**, n. 27160*).

A seguito del deposito del ricorso, il giudice **convoca le parti** e adotta i provvedimenti opportuni.

Si ritengono applicabili le forme camerali di cui agli artt. 737 e ss. In caso di gravi inadempienze o di atti che comunque arrechino pregiudizio al minore od ostacolino il corretto svolgimento delle modalità dell'affidamento, il tribunale può modificare i provvedimenti in vigore e può **irrogare sanzioni** quali:

- ammonimento del genitore inadempiente;
- condanna di uno dei genitori al risarcimento dei danni a favore del minore;
- condanna di uno dei genitori al risarcimento dei danni a favore dell'altro genitore;
- condanna del genitore inadempiente al pagamento di una sanzione amministrativa pecuniaria da un minino di euro 75,00 ad un massimo di euro 5.000,00 a favore della cassa delle ammende.

I provvedimenti assunti dal giudice del procedimento sono impugnabili nei modi ordinari.

L'art. 709-*ter* è stato inserito con la legge 8 febbraio 2006, n. 54 sul c.d. affido condiviso e si ritiene applicabile anche in caso di divorzio e di figli di genitori che non hanno contratto matrimonio.

Giurisprudenza

*Le misure sanzionatorie previste dall'art. 709-*ter *c.p.c. e, in particolare, la condanna al pagamento di una sanzione amministrativa pecuniaria, sono suscettibili, invero, di essere applicate facoltativamente dal giudice nei confronti del genitore responsabile di gravi inadempienze o di atti che comunque arrechino pregiudizio al minore od ostacolino il corretto svolgimento delle modalità dell'affidamento (Cass. civ., sez. I, 17 maggio 2019, n. 13400).*

6. Il procedimento di divorzio.

6.1. *Il procedimento contenzioso.*

La legge 1 dicembre 1970, n. 898 che disciplina i casi di scioglimento del matrimonio è stata modificata dal d.l. 14 marzo 2005, n. 35, con decorrenza dal 1 marzo 2006, equiparando quasi completamente il procedimento di divorzio a quello di separazione. Quando sussiste uno dei requisiti previsti dall'art. 3 della legge n. 898/1970 uno dei coniugi può domandare lo **scioglimento del matrimonio**, se questo è stato contratto a norma del codice civile (art. 1, legge n. 898/1970) ovvero la **cessazione degli effetti civili del matrimonio**, se questo è stato celebrato con rito religioso e regolarmente trascritto (art. 2, legge n. 898/1970).

6.2. *La fase presidenziale.*

La domanda si propone al tribunale:

- dell'ultima residenza o domicilio del coniuge convenuto;
- del luogo di residenza o di domicilio del ricorrente, se il convenuto risiede all'estero o è irreperibile;
- di qualsiasi luogo della Repubblica se anche il ricorrente risiede all'estero.

La *Corte Costituzionale*, con la *sentenza 23 maggio 2008, n. 169*, ha dichiarato che l'art. 4, comma 1, legge 1 dicembre 1970 n. 898, nel testo sostituito dall'art. 2, comma 3-*bis*, d.l. 14 marzo 2005 n. 35, che individua come competente per i procedimenti contenziosi, aventi ad oggetto lo scioglimento e/o la cessazione degli effetti civili del matrimonio, il giudice « *del luogo dell'ultima residenza comune dei coniugi ovvero, in mancanza,* » è costituzionalmente illegittimo limitatamente a queste parole, atteso che, in modo assolutamente irragionevole, stabilisce che sia competente per territorio il giudice del luogo in cui si trovava la residenza comune dei coniugi nonostante che, al momento dell'introduzione del giudizio, nessuna delle parti abbia alcun rapporto con quel luogo.

La domanda si propone con **ricorso** che deve contenere l'esposizione dei fatti e degli elementi di diritto sui quali la domanda è fondata e nel quale deve essere indicata l'esistenza di figli di entrambi i coniugi. Al ricorso devono essere allegate le ultime dichiarazioni dei redditi presentate dal ricorrente ed ogni ulteriore documentazione relativa al patrimonio personale e comune (art. 4, comma 6 e art. 5, comma 9, legge n. 898/1970). Il presidente del tribunale fissa, quindi, con decreto la data dell'udienza di comparizione dei coniugi davanti a sé (art. 4, comma 5, legge n. 898/1970): la legge prevede che l'udienza deve essere tenuta entro novanta giorni dal deposito del ricorso ma si tratta di un termine meramente ordinatorio e l'eventuale inosservanza ha rilevanza esclusivamente a fini disciplinari. Con il decreto il presidente fissa anche il termine per la notificazione al convenuto del ricorso e del decreto stesso e il termine entro il quale il coniuge convenuto può depositare memoria difensiva e documenti.

Il coniuge convenuto può, dunque, costituirsi depositando **memoria difensiva** e deve allegare le ultime dichiarazioni dei redditi presentate.

All'udienza i coniugi debbono comparire personalmente, salvo gravi e comprovati motivi, davanti al presidente con l'**assistenza di un difensore** (art. 4, comma 7, legge n. 898/1970): ciò significa che è necessaria la difesa tecnica e le parti non possono stare in giudizio personalmente. Se il ricorrente non si presenta o rinuncia, la domanda non ha effetto; se invece non si presenta il coniuge convenuto, il presidente può fissare una nuova data per la comparizione, ordinando che sia rinnovata la notificazione del ricorso e del decreto. Il presidente del tribunale, dopo aver sentito i coniugi, prima separatamente e poi congiuntamente, esperisce il **tentativo di conciliazione**, volto a far rimeditare la decisione di addivenire a divorzio. Se la conciliazione riesce, il presidente fa redigere il processo verbale. Se invece la conciliazione non riesce, il presidente dopo aver sentito i coniugi e i rispettivi difensori, con ordinanza, emana i **provvedimenti temporanei e urgenti** che reputa opportuni nell'interesse della prole e dei coniugi: si richiamano le osservazioni svolte in sede di trattazione del procedimento di separazione (v. parte quarta, cap. II, 2.1).

L'ordinanza del presidente del tribunale ha **efficacia di titolo esecutivo** in quanto è applicabile l'art. 189, comma 1, disp. att. (art. 4, comma 4, legge n. 898/1970) e conserva la sua efficacia anche dopo l'estinzione del processo, finché non sia sostituita con altro provvedimento presidenziale o del tribunale.

6.3. *Il reclamo.*

In forza dell'art. 4, comma 2, legge 8 febbraio 2006, n. 54 ("Disposizioni in materia di separazione dei coniugi e affidamento condiviso dei figli"), che prevede l'applicazione delle disposizioni della legge stessa anche ai procedimenti di scioglimento e cessazione degli effetti civili del matrimonio, si applica l'art. 708 e quindi le parti possono impugnare l'ordinanza proponendo **reclamo** alla Corte d'appello nel termine perentorio di **dieci giorni dalla notificazione** del provvedimento. Il reclamo si propone con ricorso e la Corte d'appello si pronuncia in camera di consiglio dopo aver fissato l'udienza e disposto il termine per la notifica alla controparte e il termine per la relativa costituzione (v. parte quarta, cap. II, 2.2).

6.4. *La fase successiva.*

Con l'ordinanza contenente i provvedimenti provvisori, il presidente:

- nomina il giudice istruttore;
- fissa l'udienza di comparizione e trattazione davanti a questi;
- assegna termine al ricorrente per il deposito in cancelleria di memoria integrativa;
- assegna termine al convenuto per la costituzione in giudizio, con l'avvertimento che la costituzione oltre il suddetto termine implica le decadenze di cui all'art. 167 e che, oltre il termine stesso, non potranno più essere proposte le eccezioni processuali e di merito non rilevabili d'ufficio (art. 4, comma 10, legge n. T898/1970).

Se il convenuto non è comparso all'udienza, l'ordinanza deve essere **notificata**, al medesimo a cura del ricorrente nel termine perentorio stabilito nell'ordinanza stessa e tra la data entro cui deve essere notificata e quella di comparizione e trattazione devono intercorrere i termini di cui all'art. 163-*bis*, ridotti alla metà. In caso di omessa notifica, la dottrina ritiene operi l'estinzione del giudizio ai sensi dell'art. 307, comma 3.

Poiché è obbligatorio l'intervento del **pubblico ministero** (art. 5, comma 1, legge n. 898/1970), l'ordinanza presidenziale deve anche essere comunicata a quest'ultimo.

Esaurita la prima fase, il procedimento di divorzio entra pertanto, nella **fase di cognizione ordinaria** davanti al giudice istruttore, con applicazione delle disposizioni di cui agli artt. 180 e 183, comma 1, 2, 4, 5, 6 e 7 e di cui all'art. 184 (art. 4, comma 11, legge n. 898/1970). Il ricorrente ha l'onere di depositare, nel termine fissato dal presidente, la **memoria integrativa** che deve avere il contenuto di cui all'art. 163, comma 3, nn. 2, 3, 4, 5 e 6, con possibilità di introdurre domande nuove; il convenuto ha parimenti l'onere di costituirsi in giudizio, nei termini e con le forme previste dagli artt. 166 e 167, comma 1 e 2 (norme espressamente richiamate dall'art. 709, comma 3) e quindi con **comparsa di risposta**. Il convenuto deve proporre tutte le proprie difese e sollevare le relative eccezioni processuali e di merito non rilevabili d'ufficio.

6.5. *La decisione e l'appello.*

L'art. 4, comma 12, legge n. 898/1970 consente al tribunale di pronunciare, in sede collegiale, **sentenza non definitiva** relativa allo scioglimento o alla cessazione degli effetti civili del matrimonio, nel caso in cui il processo debba continuare per la determinazione dell'assegno. La norma è stata interpretata dalla giurisprudenza nel senso che sussiste un obbligo e non una mera facoltà da parte del giudice di pronunciare d'ufficio la sentenza sullo *status*, al fine di evitare condotte processuali dilatorie (*Cass. civ., sez. VI, 26 luglio 2019, n. 20323*). Avverso la sentenza è ammesso solo appello immediato, deciso in camera di consiglio.

Il processo si chiude, comunque, con **sentenza definitiva**: se dispone l'obbligo della somministrazione dell'assegno può stabilire che tale obbligo produca effetti fin dal momento della domanda (art. 4, comma 13, legge n. 898/1970). La sentenza definitiva è impugnabile da ciascuna delle parti e dal pubblico ministero, limitatamente agli interessi patrimoniali dei figli minori o legalmente incapaci (art. 5, comma 5, legge n. 898/1970).

Il giudizio divorzile in appello si svolge secondo il rito camerale, caratterizzato di per sé dalla sommarietà della cognizione e dalla semplicità delle forme. È esclusa, pertanto, la piena applicabilità delle norme che regolano il processo ordinario ed è ammissibile — a condizione che sia assicurato pieno e completo contraddittorio tra le parti — l'acquisizione di **nuovi mezzi di prova**, anche documenti, diversamente da quanto espressamente previsto dal comma 3 dell'art. 345 per l'appello nel rito ordinario (*Cass. civ., sez. I, 30 novembre 2020, n. 27234*).

La sentenza che pronuncia lo scioglimento o la cessazione degli effetti civili del matrimonio, quando sia passata in giudicato, deve essere trasmessa in copia autentica a cura del cancelliere del tribunale o della Corte che l'ha emessa, all'**ufficiale dello stato civile** del comune in cui il matrimonio fu trascritto per le annotazioni e le ulteriori incombenze. Infatti, solo dal giorno della trascrizione (il legislatore ha utilizzato il termine annotazione ma è palesemente errato) della sentenza, hanno efficacia, a tutti gli effetti civili, lo scioglimento o la cessazione (art. 10, comma 2, legge n. 898/1970): con tale definizione deve intendersi che, tra le parti, la sentenza di divorzio passata in giudicato spiega i suoi effetti immediatamente, mentre, nei confronti dei terzi, poiché la sentenza modifica lo *status erga omnes*, la sentenza è opponibile solo dopo esaurite le formalità di trascrizione.

7. Il procedimento congiunto.

I coniugi possono presentare **domanda congiunta** di scioglimento o di cessazione degli effetti civili del matrimonio, indicando compiutamente le condizioni inerenti alla prole e ai rapporti economici. La domanda si propone con ricorso al tribunale del luogo di residenza o di domicilio dell'uno o dell'altro coniuge (art. 4, comma 1, legge n. 898/1970).

L'assistenza tecnica del difensore è necessaria e non facoltativa, avendo il provvedimento del giudice carattere decisorio. Il tribunale, in camera di consiglio, sente i coniugi, quindi, verificata l'esistenza dei presupposti di legge e valutata la rispondenza delle condizioni all'interesse dei figli, decide con sentenza; se tali condizioni sono in contrasto con gli interessi degli stessi, si applica la procedura di cui all'art. 4, comma 8 e quindi emanazione dei provvedimenti provvisori e conseguente nomina del giudice istruttore e fissazione dell'udienza di comparizione.

8. La modifica dei provvedimenti.

Così come per la separazione, anche nel procedimento di divorzio è prevista la possibilità di chiedere la **revisione delle disposizioni** concernenti l'affidamento dei figli (è applicabile la disciplina di cui all'art. 337-*quinquies* c.c.) e di quelle relative alla misura e alle modalità dei contributi da corrispondere all'altro coniuge e di cui agli artt. 5 e 6 della legge n. 898/1970, quando sopravvengano giustificati motivi dopo la sentenza che ha pronunciato lo scioglimento o la cessazione degli effetti civili del matrimonio. L'art. 9 della stessa legge prevede infatti che, su istanza di parte, il tribunale provveda in camera di consiglio.

Giurisprudenza

Il giudice competente a decidere sulla domanda di revisione delle condizioni di affidamento e mantenimento dei figli minori a seguito della cessazione degli effetti civili del matrimonio, è quello del luogo di residenza abituale dei minori. La l. n. 898/1970 non contiene un indicatore esplicito ma il principio espresso dall'art.

709-ter c.p.c., alla luce dell'ampio quadro di fonti delineato e in sintonia con il preminente interesse del minore, deve ritenersi esteso anche alle determinazioni sui figli minori conseguenti il divorzio, essendo identico l'oggetto delle controversie ex art. 709-ter c.p.c. e quelle riguardanti la modifica delle determinazioni relative all'affidamento e mantenimento minori, in quanto entrambe relative alla regolazione dell'esercizio della responsabilità genitoriale (Cass. civ., sez. VI, 20 luglio ***2020***, *n. 15421).*

9. Le disposizioni per la semplificazione dei procedimenti.

Il d.l. 12 settembre 2014, n. 132 ha previsto forme semplificate con le quali i coniugi possono concludere accordi di separazione personale e di scioglimento o cessazione degli effetti civili del matrimonio o possono modificare le condizioni di separazione e divorzio tra di loro già esistenti.

La normativa introdotta non è delle più semplici e richiede un minimo di attenzione nella fase di attuazione, tanto più che tali accordi sono destinati a tener luogo dei provvedimenti giudiziali che definiscono normalmente i procedimenti di separazione e divorzio.

Tutte le forme semplificate sono facoltative, nel senso che sono alternative a quelle tradizionali sopra descritte e hanno in comune il **raggiungimento di un accordo tra le parti**, senza dunque la necessità dell'intervento giudiziale.

I coniugi possono concludere direttamente l'accordo **davanti all'ufficiale dello stato civile** del Comune di residenza di uno di loro o di quello ove è stato iscritto o trascritto (in caso di matrimonio religioso) l'atto di matrimonio. A tale istituto i coniugi possono ricorrere:

- se non hanno figli minori, o figli maggiorenni incapaci o portatori di handicap grave o economicamente non autosufficienti;
- se l'accordo non contiene patti di trasferimento patrimoniale.

L'assistenza dell'avvocato è facoltativa. L'art. 12 comma 3 del d.l. citato stabilisce che l'ufficiale dello stato civile riceve da ciascuna delle parti, personalmente, la dichiarazione che esse vogliono separarsi ovvero far cessare gli effetti civili del matrimonio o ottenerne lo scioglimento secondo le condizioni tra loro concordate ovvero modificare quelle già esistenti. Ricevute le dichiarazioni, viene compilato e sottoscritto l'atto contenente l'accordo tra le parti. A questo punto l'ufficiale dello stato civile invita i coniugi a comparire di fronte a sé non prima di trenta giorni per la conferma degli accordi. Se i coniugi non compaiono a questo incontro, l'accordo privo di conferma, non avrà validità.

Altra forma semplificata per il raggiungimento dell'accordo è quello tramite una particolare **convenzione di negoziazione assistita**. L'art. 6 del d.l. citato prevede, infatti, che tale convenzione può essere conclusa dai coniugi al fine di raggiungere una soluzione consensuale di separazione personale, di cessazione degli effetti civili del matrimonio o di scioglimento o per modificare le condizioni già esistenti.

Richiamato quanto già scritto in tema di convenzione di negoziazione (v. parte seconda, cap. II, 3), nella fattispecie occorre tener presente che:

- i coniugi devono essere assistiti almeno da un avvocato per parte;
- nell'accordo deve essere dato atto che gli avvocati hanno tentato di conciliare le parti e le hanno informate della possibilità di esperire la mediazione familiare;
- nell'accordo deve essere dato atto che gli avvocati hanno informato le parti dell'importanza per il figlio minore di trascorrere tempi adeguati con ciascuno dei genitori.

Giunti all'accordo, occorre avere riguardo se vi siano o no **figli minori, figli maggiorenni incapaci o portatori di handicap grave o economicamente non autosufficienti**.

- **In presenza** degli stessi, l'accordo deve essere trasmesso, entro dieci giorni, al procuratore della Repubblica presso il tribunale competente, il quale provvederà ad autorizzarlo, ove ritenga che lo stesso risponda all'interesse dei figli. In caso negativo, il procuratore della Repubblica trasmette l'accordo, entro cinque giorni, al presidente del tribunale il quale fissa la comparizione delle parti e provvede senza ritardo.
- **In mancanza** degli stessi, l'accordo deve essere trasmesso al procuratore della Repubblica presso il tribunale competente, il quale, se non ravvisa irregolarità, comunica agli avvocati il nulla osta.

Nel silenzio della legge in ordine all'attività che dovrà essere compiuta dal procuratore della Repubblica al fine di emanazione del provvedimento a lui richiesto e in ordine alle modalità di trasmissione e inoltro dell'accordo e del provvedimento, occorrerà attendere le prime decisioni giurisprudenziali, per verificare se tale forma semplificata sarà praticata ovvero se la stessa risulterà un procedimento più complesso di quello giudiziale che è destinato a sostituire.

Poiché l'accordo raggiunto produce gli effetti e tiene luogo dei provvedimenti giudiziali in materia, ottenuto dal procuratore della Repubblica il provvedimento di autorizzazione o il nulla osta (a seconda dei casi sopra indicati), è **obbligatoria la trasmissione**, nei successivi dieci giorni, all'ufficiale dello stato civile del Comune in cui il matrimonio fu iscritto o trascritto, della copia autenticata dagli stessi avvocati che lo hanno sottoscritto e certificato (v. parte seconda, cap. II, 4). Si tratta di un obbligo che grava sugli avvocati delle parti, con conseguente sanzione amministrativa pecuniaria (da euro duemila a euro diecimila), in caso di violazione.

Occorre aggiungere, infine, che questo tipo di accordo può contenere patti con i quali si trasferiscono immobili o costituiscono a titolo oneroso diritti reali immobiliari, per i quali, in base alla relazione di accompagnamento al d.l., valgono le agevolazioni fiscali previste dall'articolo 19 della legge n. 74/1987.

Ove l'accordo tra i coniugi comprenda il trasferimento di uno o più diritti reali su beni immobili, per procedere alla trascrizione dell'accordo è necessaria l'autenticazione da parte del pubblico ufficiale a ciò autorizzato (*Cass. civ., sez. II, 21 gennaio **2020**, n. 1202*).

SCHEMA 72 La separazione giudiziale e la separazione consensuale

- **LA SEPARAZIONE GIUDIZIALE** → può essere chiesta quando si sono verificati fatti tali da rendere **intollerabile** la prosecuzione della convivenza o da recare grave pregiudizio all'educazione della prole, anche indipendentemente dalla volontà dei coniugi
- **LA SEPARAZIONE CONSENSUALE** → può essere chiesta mediante presentazione di ricorso (anche congiunto) al tribunale quando i coniugi **sono d'accordo** in ordine a tutte le condizioni della separazione
- **L'ADDEBITO** → la pronuncia di addebito della separazione può essere chiesta quando il coniuge ha tenuto un comportamento contrario ai doveri che derivano dal matrimonio che abbia assunto **efficacia causale** nella determinazione della crisi coniugale
- **LA COMPETENZA**
  - PER MATERIA → inderogabile del tribunale
  - PER TERRITORIO →
    - tribunale del luogo dell'ultima residenza comune
    - tribunale del luogo in cui il convenuto ha la residenza o il domicilio
    - tribunale del luogo di residenza o domicilio del ricorrente se il coniuge convenuto è residente all'estero o irreperibile
    - qualsiasi tribunale della repubblica se entrambi i coniugi sono residenti all'estero
- **LA FASE PRESIDENZIALE**
  - LA DOMANDA → si propone con ricorso che deve contenere
    - l'esposizione dei fatti sui quali la domanda si fonda
    - l'indicazione dell'esistenza di figli
    - l'allegazione delle ultime dichiarazioni dei redditi
  - L'UDIENZA →
    - il presidente fissa l'udienza di comparizione dei coniugi avanti a sé indicando il termine entro il quale il decreto deve essere notificato al convenuto e questi può depositare memoria difensiva e documenti
    - i coniugi devono comparire personalmente con l'assistenza del difensore ed il presidente esperisce il tentativo di conciliazione
  - LA CONCILIAZIONE →
    - riesce e il presidente fa redigere processo verbale
    - non riesce e il presidente emana i provvedimenti temporanei ed urgenti, autorizza i coniugi a vivere separati e fissa udienza di comparizione e trattazione avanti il giudice istruttore
- **LA FASE DI COGNIZIONE ORDINARIA**
  - IL RICORRENTE → ha l'onere di depositare la memoria integrativa nel termine fissato dal presidente
  - IL CONVENUTO → ha l'onere di costituirsi in giudizio con comparsa di risposta
  - IL PROCEDIMENTO → qualora il processo debba continuare per la richiesta di addebito, l'affidamento dei figli o la definizione di questioni economiche, il tribunale in composizione collegiale può pronunciare sentenza **non definitiva** sulla separazione

SCHEMA 73 La modifica dei provvedimenti e la soluzione delle controversie in caso di inadempienze

LA MODIFICA DEI PROVVEDIMENTI DI SEPARAZIONE

- **L'OGGETTO** — provvedimenti che riguardano i coniugi e la prole
- **COME** — con ricorso, in qualsiasi momento, solamente dopo il passaggio in giudicato della sentenza di separazione
- **LA COMPETENZA**
  - tribunale ordinario
  - tribunale dei minori esclusivamente in caso di intervento ablativo o limitativo della responsabilità genitoriale
- **IL PROCEDIMENTO** — il tribunale, sentite le parti in camera di consiglio,
  - provvede all'eventuale ammissione dei mezzi di prova
  - può delegare per l'assunzione uno dei suoi componenti
  - può adottare provvedimenti provvisori
- **LA DECISIONE** — è reclamabile alla Corte d'appello. La sentenza di secondo grado può essere impugnata con ricorso per cassazione

LA SOLUZIONE DELLE CONTROVERSIE

- **L'OGGETTO** — controversie insorte tra i genitori in ordine all'esercizio della responsabilità genitoriale ed alle modalità di affidamento
- **LA COMPETENZA**
  - giudice del procedimento se il procedimento è in corso
  - tribunale del luogo di residenza del minore se il procedimento si è concluso
- **IL PROCEDIMENTO** — il giudice
  - convoca le parti
  - adotta i provvedimenti opportuni
  - può modificare i provvedimenti in vigore ed irrogare sanzioni
- **LE SANZIONI**
  - ammonimento del genitore inadempiente
  - condanna al risarcimento dei danni a favore del minore
  - condanna al risarcimento dei danni a favore dell'altro genitore
  - condanna al pagamento di una sanzione amministrativa pecuniaria

SCHEMA 74 Il procedimento di divorzio

- **LA DOMANDA**
  - PRESUPPOSTI — requisiti di cui all'art. 3 della legge n. 898/1970
  - DI SCIOGLIMENTO DEL MATRIMONIO — matrimonio contratto a norma del codice civile
  - DI CESSAZIONE DEGLI EFFETTI CIVILI — matrimonio celebrato con rito concordatario
  - IL RICORSO —
    - esposizione dei fatti e degli elementi di diritto sui quali la domanda si fonda
    - indicazione dell'esistenza di figli
    - ultime dichiarazioni dei redditi presentate
- **LA COMPETENZA**
  - tribunale del luogo dell'ultima residenza o domicilio del coniuge convenuto
  - tribunale del luogo di residenza o domicilio del ricorrente se il convenuto è residente all'estero o irreperibile
  - qualsiasi tribunale della repubblica se anche il ricorrente è residente all'estero
- **LA FASE PRESIDENZIALE**
  - il presidente fissa la data dell'udienza di comparizione dei coniugi avanti a sé, il termine per la notifica al convenuto e quello entro il quale il convenuto può depositare memoria difensiva
  - all'udienza di comparizione i coniugi devono comparire personalmente assistiti dal difensore
  - il presidente sente i coniugi separatamente e congiuntamente quindi esperisce il tentativo di conciliazione
  - • il tentativo riesce e il presidente fa redigere processo verbale
    • il tentativo non riesce, il presidente emana i provvedimenti provvisori ed urgenti e fissa udienza avanti il giudice istruttore
- **LA FASE DI COGNIZIONE ORDINARIA**
  - IL RICORRENTE — ha l'onere di depositare la memoria integrativa
  - IL CONVENUTO — ha l'onere di costituirsi in giudizio
  - IL PROCEDIMENTO — qualora debba continuare per la determinazione dell'assegno, il tribunale in composizione collegiale può pronunciare sentenza non definitiva di divorzio
- **LA SENTENZA**
  - chiude il processo ed è impugnabile dalle parti e dal P.M. limitatamente agli interessi patrimoniali dei figli minori o legalmente incapaci
  - al passaggio in giudicato deve essere trasmessa in copia autentica all'ufficio dello stato civile del comune in cui il matrimonio fu trascritto per le annotazioni
- **LA DOMANDA CONGIUNTA**
  - può essere presentata con ricorso al tribunale di residenza o domicilio di uno dei coniugi dai coniugi stessi indicando le condizioni inerenti la prole e i rapporti economici
  - il tribunale in camera di consiglio sente i coniugi, verifica l'esistenza dei presupposti, valuta la rispondenza delle condizioni nell'interesse dei figli e decide con sentenza
- **LA REVISIONE DELLE CONDIZIONI**
  - è sempre possibile mediante ricorso al tribunale che provvede in camera di consiglio quando sopravvengono giustificati motivi dopo la sentenza che ha pronunciato il divorzio

SCHEMA 75 Gli accordi di separazione, di divorzio o di modifica delle condizioni di separazione e divorzio (v. anche Schema 34)

GLI ACCORDI DI SEPARAZIONE
- DEFINIZIONE
  - costituiscono forme semplificate ed alternative per raggiungere accordi tra i coniugi che tengono luogo dei provvedimenti giudiziali ma senza necessità dell'intervento dell'autorità giudiziaria

L'ACCORDO AVANTI L'UFFICIALE DELLO STATO CIVILE
- LA COMPETENZA
  - comune di residenza di uno dei coniugi
  - comune ove è stato iscritto o trascritto l'atto di matrimonio
- REQUISITI
  - assenza di **figli minori** o figli maggiorenni **incapaci**, portatori di handicap grave o **economicamente non autosufficienti**
  - assenza di **patti di trasferimento patrimoniale**
- ASSISTENZA TECNICA
  - facoltativa
- PROCEDIMENTO
  - l'ufficiale dello stato civile **riceve** da ciascuna delle parti **la dichiarazione** che esse intendono separarsi ovvero divorziare ovvero modificare le condizioni della loro separazione o del loro divorzio
  - ricevute le dichiarazioni, viene **compilato e sottoscritto l'atto contenente l'accordo** tra le parti
  - l'ufficiale dello stato civile invita le parti a **comparire** avanti a sé non prima di **trenta giorni** per la **conferma degli accordi**.
  - se i coniugi non compaiono, l'accordo privo di conferma **non ha validità**

LA CONVENZIONE DI NEGOZIAZIONE ASSISTITA
- ASSISTENZA TECNICA
  - obbligatoria con **almeno un avvocato per parte**
- CONTENTO DELL'ACCORDO
  - deve essere dato atto che gli avvocati hanno
    - tentato di conciliare le parti
    - informato le parti della possibilità di esperire la mediazione familiare
    - informato le parti dell'importanza per il minore di trascorrere tempi adeguati con ciascuno dei genitori
    - può contenere patti con cui si trasferiscono immobili o si costituiscono a titolo oneroso diritti reali immobiliari
- PROCEDIMENTO
  - raggiunto l'accordo deve essere trasmesso entro 10 giorni al procuratore della repubblica presso il tribunale competente
  - in presenza di figli il procuratore provvede ad autorizzarlo se ritiene che risponda all'interesse dei figli
  - in assenza di figli il procuratore se non ravvisa irregolarità comunica agli avvocati il nulla osta
- TRASMISSIONE
  - nei successivi 10 giorni dall'autorizzazione o dal nulla osta l'accordo in copia autentica sottoscritta e certificata dai difensori delle parti deve essere trasmesso dagli stessi al comune in cui il matrimonio fu iscritto o trascritto

CAPITOLO III

I PROCEDIMENTI DI INTERDIZIONE, INABILITAZIONE E AMMINISTRAZIONE DI SOSTEGNO

1. Considerazioni generali.

La legge 9 gennaio 2004, n. 6 ha introdotto l'art. 720-*bis* e modificato alcuni articoli del codice civile, con la finalità di tutelare, con la minore limitazione possibile della capacità di agire, le persone **prive in tutto o in parte di autonomia** nell'espletamento delle funzioni della vita quotidiana, mediante interventi di sostegno temporaneo o permanente. È stata istituita in questo modo la figura giuridica dell'amministrazione di sostegno, con conseguente carattere residuale degli istituti della interdizione e della inabilitazione.

2. L'amministrazione di sostegno.

L'istituto è disciplinato dagli artt. 404 e ss. c.c. ed è previsto per la persona che, per effetto di un'infermità ovvero di una menomazione fisico-psichica, si trova nella impossibilità, anche parziale o temporanea, di provvedere ai propri interessi (*Cass. civ., sez. II, 4 marzo **2020**, n. 6079*). Il procedimento è disciplinato dalle norme del codice civile nonché dall'art. 720-*bis*, in forza del quale sono applicabili, in quanto compatibili, le disposizioni degli artt. 712, 713, 716, 719 e 720 dettate per il procedimento di interdizione e inabilitazione.

Il ricorso per l'istituzione dell'amministrazione di sostegno può essere proposto:

- dallo stesso soggetto beneficiario, anche se minore, interdetto o inabilitato
- dalle medesime persone che possono presentare l'istanza di interdizione o di inabilitazione, espressamente elencate nell'art. 417 c.c..

È proposto al **giudice tutelare** del luogo in cui il soggetto beneficiario ha la residenza o il domicilio. Il giudice tutelare deve sentire personalmente il soggetto, recandosi, ove occorra, nel luogo in cui questo si trova; dispone, anche d'ufficio, gli accertamenti di natura medica e tutti gli altri mezzi istruttori utili ai fini della decisione.

Il giudice tutelare provvede con **decreto motivato** immediatamente esecutivo, il quale deve contenere l'indicazione di tutti gli elementi previsti dall'art.

405, comma 5 c.c., **reclamabile** davanti alla Corte d'appello (art. 720-*bis*, comma 2), con le forme e nei termini previsti dall'art. 739 per i procedimenti in camera di consiglio. La Corte d'appello pronuncia anch'essa decreto, contro il quale può essere proposto ricorso per cassazione (art. 720-*bis*, comma 3). Con *ordinanza 26 agosto 2020, n. 17833 la Corte di Cassazione, sez. VI Civile*, ha rimesso al Primo presidente, per l'eventuale assegnazione alle Sezioni Unite, la questione relativa alla competenza della Corte d'Appello sul reclamo, prevista dall'art. 720-*bis* c.p.c., ossia se detta competenza sussista per qualsiasi provvedimento pronunciato dal giudice tutelare con riguardo alla misura dell'amministrazione di sostegno, in deroga all'art. 739 c.p.c., oppure se tale speciale competenza per l'impugnazione sussista unicamente per provvedimenti del giudice tutelare aventi natura decisoria, ferma restando la competenza del Tribunale, alla stregua della disposizione comune predetta.

Giurisprudenza

Ai fini della nomina dell'amministratore di sostegno è competente territorialmente il giudice della dimora abituale del beneficiando anche in considerazione della necessità di interloquire con il Giudice tutelare anche successivamente alla nomina. Trattandosi di un procedimento di volontaria giurisdizione non contenziosa la competenza del Tribunale può essere valutata, ed eccepita, in qualsiasi momento dell'amministrazione (Cass. civ., sez. VI, 9 settembre ***2020****, n. 18682).*

3. L'interdizione.

L'istituto è disciplinato dall'art. 414 c.c. ed è previsto per il **maggiore di età** e il **minore emancipato**, i quali si trovano in condizioni di abituale infermità di mente che li rende incapaci di provvedere ai propri interessi: l'interdizione deve essere pronunciata quando ciò è necessario per assicurare la loro adeguata protezione. La sentenza di interdizione, infatti, determina l'**assoluta incapacità di agire**: l'interdetto viene sostituito da un **tutore**, sia negli atti patrimoniali, sia negli atti personali, ove questi si prestino ad essere compiuti da un rappresentante e priva l'interdetto della capacità processuale. È rimedio residuale rispetto all'ipotesi dell'amministrazione di sostegno e deve essere pronunciata quando quest'ultima non sia adeguata a tutelare pienamente il beneficiario.

4. L'inabilitazione.

L'istituto è disciplinato dall'art. 415 c.c. ed è previsto per:

- il **maggiore di età infermo di mente**, lo stato del quale non è talmente grave da far luogo all'interdizione;
- coloro che per **prodigalità** o per **abuso abituale** di bevande alcoliche o di stupefacenti, espongono sé o la loro famiglia a gravi pregiudizi economici;
- il **sordo** e il **cieco** dalla nascita o dalla prima infanzia se non hanno ricevuto un'educazione sufficiente.

L'effetto dell'inabilitazione è una **parziale limitazione** dell'autonomia privata patrimoniale: l'inabilitato può compiere gli atti di ordinaria amministrazione, mentre deve essere assistito dal curatore per il compimento di quelli di straordinaria amministrazione. Non subisce alcuna limitazione in ordine agli aspetti della vita civile. Secondo la più recente giurisprudenza, la misura di protezione della amministrazione di sostegno può adottarsi nell'interesse del beneficiario (interesse reale e concreto, inerente la persona e/o il suo patrimonio), anche in presenza dei presupposti di interdizione o di inabilitazione e, dunque, anche quando ricorra una condizione di prodigalità.

5. Il procedimento per l'interdizione e l'inabilitazione.

Il procedimento è **comune**, sia per la dichiarazione di interdizione sia per la dichiarazione di inabilitazione ed è disciplinato in parte dal codice civile e dagli artt. 12 e ss. La dottrina è divisa: alcuni ritengono che il procedimento rientri nella **giurisdizione volontaria**, altri che abbia comunque natura contenziosa, altri ancora che si tratti di procedimento di giurisdizione volontaria con forme contenziose.

La domanda si propone al **tribunale** del luogo dove la persona, nei confronti della quale è proposta, ha residenza o domicilio, con ricorso, nel quale debbono essere esposti i fatti sui quali la domanda è fondata ed indicati i dati anagrafici del coniuge, dei parenti entro il quarto grado e degli affini entro il secondo grado, nonché del tutore o curatore, se già sono stati nominati. Il ricorso può essere proposto dai soggetti elencati dall'art. 417 c.c. e deve essere sottoscritto da un difensore munito di procura.

Il presidente ordina la comunicazione del ricorso al **pubblico ministero**, nomina il giudice istruttore e fissa l'udienza di comparizione davanti a lui del ricorrente, dell'interdicendo o dell'inabilitando e delle altre persone indicate nel ricorso, dalle quali ritenga utile trarre informazioni. Ricorso e decreto sono notificati, a cura del ricorrente, entro il termine fissato dal presidente, alle persone indicate nel decreto stesso: queste, infatti, hanno la facoltà di intervenire nel processo nei modi ordinari (art. 713).

Se, per legittimo impedimento, l'interdicendo o l'inabilitando non può presentarsi davanti al giudice istruttore, questi insieme al pubblico ministero (il cui intervento è obbligatorio in quanto la mancata presenza comporta nullità insanabile), si reca per sentirlo nel **luogo dove si trova** (art. 715). Infatti, l'art. 714 stabilisce che il giudice istruttore, deve procedere all'**esame dell'interdicendo o inabilitando**, in modo da rendersi conto personalmente delle condizioni fisiche e mentali del soggetto. L'esame costituisce, infatti, la fonte principale, eventualmente esclusiva, di convincimento del giudice. Le altre persone citate sono, invece, interrogate sulle circostanze che il giudice ritiene rilevanti ai fini della decisione; il giudice può disporre, anche d'ufficio, l'assunzione di ulteriori informazioni, esercitando tutti i poteri istruttori previsti nell'art. 419 c.c.

L'interdicendo e l'inabilitando possono stare in giudizio e compiere **da soli** tutti gli atti del procedimento, comprese le impugnazioni, anche quando è stato nominato il tutore o il curatore provvisorio (art. 716).

Compiuto l'esame, ove emerga l'opportunità di anticipare gli effetti della sentenza, il giudice istruttore, con decreto, può nominare al soggetto un **tutore o un curatore provvisorio**, il quale può essere revocato successivamente, anche d'ufficio, finché non sia pronunciata la sentenza. Si tratta di un provvedimento di carattere provvisorio destinato a perdere efficacia con la pronuncia della sentenza e, come tale, non impugnabile neppure con ricorso per cassazione ai sensi dell'art. 111 Cost. Il procedimento, infatti, si chiude con sentenza che respinge la domanda o dichiara l'interdizione o l'inabilitazione. La sentenza di accoglimento ha **effetto costitutivo** dal giorno della pubblicazione, in base a quanto previsto dall'art. 421 c.c..

Avverso la sentenza può essere proposta **impugnazione** nei modi ordinari da tutti coloro che avrebbero avuto diritto di proporre la domanda, anche se non hanno partecipato al giudizio e dal tutore o curatore nominato con la stessa sentenza nonché dallo stesso interdetto o inabilitato in virtù dell'art. 716. Il termine per l'impugnazione decorre dalla notificazione della sentenza; se non notificata si ritiene applicabile il termine lungo decorrente dalla data della pubblicazione della sentenza.

Il legislatore ha previsto che, in qualunque momento, può essere promosso il **procedimento per la revoca** dell'interdizione o dell'inabilitazione stabilendo che si osservano le medesime norme stabilite per la pronuncia. Tutti coloro che avevano diritto di promuovere l'interdizione e l'inabilitazione (e cioè i soggetti elencati nell'art. 417 c.c.) possono intervenire nel giudizio di revoca per opporsi alla domanda e possono impugnare la relativa sentenza, anche se non hanno partecipato al giudizio.

Giurisprudenza

I parenti e gli affini, che, a norma dell'art. 712 c.p.c., devono essere indicati nel ricorso introduttivo dei giudizi di interdizione o inabilitazione, non hanno veste di parti in senso tecnico-giuridico, né sono litisconsorti, ma svolgono funzioni consultive, essendo fonti di informazioni per il giudice. Essi non sono dunque i convenuti del procedimento di interdizione o inabilitazione che ha per oggetto un accertamento della capacità di agire della persona dell'interdicendo o dell'inabilitando. Incide sul suo status e si conclude con una pronuncia, qualificata espressamente come sentenza, suscettibile di giudicato nei confronti solo di esso. La partecipazione al giudizio di parenti ed affini va, quindi, inquadrata nell'ambito dell'intervento volontario a carattere necessariamente adesivo (delle ragioni dell'istante o del soggetto della cui capacità si discute) non essendo concepibile l'introduzione di domande nuove o diverse in siffatto tipo di procedimento (Cass. civ., ***sez. un.****, 19 febbraio* ***2020****, n. 4250).*

SCHEMA 76 I procedimenti di interdizione, inabilitazione e amministrazione di sostegno

DEFINIZIONE		si tratta di procedimenti con la finalità comune di tutelare, con la minore limitazione possibile della capacità di agire, le **persone prive** in tutto o in parte di autonomia nell'espletamento delle **funzioni della vita quotidiana** mediante **interventi di sostegno** temporaneo o permanente
L'AMMINISTRAZIONE DI SOSTEGNO	DESTINATARIO	la persona che per effetto di una infermità ovvero di una menomazione fisica o psichica è incapace di provvedere ai propri interessi
	SOGGETTI LEGITTIMATI	a proporre il ricorso: il soggetto beneficiario, i soggetti che possono presentare istanza di interdizione o inabilitazione
	LA COMPETENZA	giudice tutelare del luogo in cui il soggetto beneficiario ha la residenza o il domicilio
	LA DECISIONE	decreto motivato immediatamente esecutivo
L'INTERDIZIONE	DESTINATARIO	la persona maggiore di età e il minore emancipato che si trovino in condizioni di **abituale infermità di mente** tali da renderli incapaci di provvedere ai propri interessi
	EFFETTI	la persona interdetta viene sostituita da un **tutore** sia nel compimento di atti patrimoniali che personali
L'INABILITAZIONE	DESTINATARI	• la persona maggiore di età non talmente grave da essere interdetta • la persona che per prodigalità o abuso abituale di alcolici o stpefacienti espone se stesso o la famiglia a gravi pregiudizi economici • la persona sorda o cieca dalla nascita o dalla prima infanzia priva di sufficiente educazione
	EFFETTI	parziale limitazione dell'autonomia privata patrimoniale con riserva all'inabilitato di compiere gli atti di ordinaria e straordinaria amministrazione con l'assistenza di un curatore
IL PROCEDIMENTO	LA COMPETENZA	tribunale del luogo dove la persona nei confronti della quale è proposta la domanda ha la **residenza** o il **domicilio**
	IL RICORSO	deve contenere l'esposizione dei fatti sui quali la domanda è fondata con indicazione dei dati anagrafici del coniuge, dei parenti entro il quarto grado e degli affini entro il secondo
	I SOGGETTI	legittimati a proporre il ricorso sono quelli di cui all'art. 417 c.c.
	IL PRESIDENTE	• ordina la comunicazione del ricorso al P.M. e nomina il giudice istruttore • fissa l'udienza di comparizione avanti il G.I.
	IL GIUDICE	il G.I. procede all'esame dell'interdicendo o inabilitando e interroga le altre persone sulle circostanze che ritiene rilevanti può nominare con decreto un tutore o curatore provvisorio
	LA SENTENZA	che dichiara l'interdizione o l'inabilitazione ha effetto costitutivo

CAPITOLO IV

IL GIUDIZIO DI DIVISIONE

1. Considerazioni generali.

In base alle disposizioni del codice civile, i coeredi possono sempre domandare la **divisione** (art. 713 c.c.) e ciascuno dei partecipanti può sempre domandare lo **scioglimento della comunione** (art. 1111 c.c.). Il legislatore ha voluto disciplinare anche il relativo procedimento, dedicando il titolo quinto del libro quarto del codice di procedura civile, intitolato "Dello scioglimento di comunioni", volto all'accertamento del diritto che ogni partecipante ha in relazione alla comunione e all'attuazione del diritto di chiedere la divisione. **Giudice competente** è quello del luogo dell'aperta successione (art. 22, n. 1) e quello del luogo dove si trovano i beni comuni o la maggior parte di essi (art. 23, comma 1). Il **valore della causa** si determina in base a quello della massa attiva da dividersi (art. 12, comma 2): se però ha ad oggetto beni immobili è esclusa, *ratione materiae*, la competenza del giudice di pace e, quindi, è sempre competente il tribunale in composizione monocratica. La domanda si propone con atto di citazione.

2. Il litisconsorzio necessario.

Il giudizio di divisione si deve svolgere nei confronti di **tutti i partecipanti alla comunione**, cioè nei confronti di tutti gli eredi o condomini (art. 784), trattandosi di causa inscindibile per ragioni sostanziali (*Cass. civ., sez. II, 20 agosto 2019, n. 21510*). Il giudice può rilevare il difetto in qualunque stato e grado del giudizio, anche d'ufficio, con conseguente ordine di integrazione del contraddittorio ai sensi dell'art. 102, comma 2; in grado di appello, rilevato il difetto di litisconsorzio nel giudizio di primo grado, deve essere rimessa la causa al primo giudice per l'integrazione del contraddittorio nei confronti della parte pretermessa. Se il difetto è rilevato dalla Corte di cassazione, questa annulla la sentenza impugnata e rinvia la causa ad altro giudice affinché, integrato il contraddittorio, venga deciso l'appello in presenza di tutti i legittimi contraddittori. Il terzo, che abbia visto pregiudicati i propri diritti da una sentenza di divisione passata in giudicato, è legittimato all'opposizione di terzo ai sensi dell'art. 404 ovvero può impugnare la sentenza ai sensi dell'art. 327, comma 2, in presenza dei requisiti ivi previsti.

L'art. 784 menziona tra i litisconsorti necessari del giudizio di divisione anche i **creditori opponenti**, per essi intendendo i creditori che hanno notificato a tutti i partecipanti alla comunione un'opposizione prima della domanda di divisione. Devono essere chiamati in causa anche i **creditori iscritti**, cioè coloro che vantano un diritto di prelazione risultante da pubblici registri, nonché gli **aventi causa** e cioè coloro che hanno acquistato diritti sull'immobile in virtù di atti soggetti a trascrizione e trascritti prima della trascrizione della domanda di divisione (art. 1113, comma 3, c.c.).

I creditori iscritti e coloro che hanno acquistato diritti sull'immobile in virtù di atti trascritti hanno **diritto ad intervenire** nella divisione, *ex* art. 1113, comma 1, c.c., ma non ne sono parti necessarie. Conseguentemente, si rende necessaria l'integrazione del contraddittorio nel giudizio di appello solamente con l'effettivo intervento in causa, anche a seguito di chiamata in giudizio, la quale costituisce un **onere** per i comunisti (*Cass. civ., sez. VI, 28 luglio **2020**, n. 15994*).

3. Il giudizio.

Il procedimento di divisione si articola diversamente a seconda che sorgano o meno contestazioni sul diritto alla divisione: nel primo caso si apre un processo di cognizione ordinario destinato a chiudersi con sentenza, stante l'espresso richiamo da parte dell'art. 785 all'art. 187. Se, ad esempio, uno dei comproprietari nega il diritto di comproprietà o il diritto di addivenire a divisione, tale questione è pregiudiziale con la conseguenza che deve essere decisa con sentenza. La giurisprudenza definisce questa **sentenza meramente strumentale**, ovvero preordinata alle successive operazioni divisionali e come tale non definitiva; viceversa si ritiene che rivestono natura definitiva le sentenze che esauriscono l'intera materia del contendere e racchiudono in sé l'effetto divisorio approvando il progetto divisionale e decidendo tutte le questioni relative al diritto e alle modalità della divisione.

Nel secondo caso, se, invece, non sorgono contestazioni, la divisione è disposta con ordinanza dal giudice istruttore: le operazioni possono essere effettuate direttamente dal giudice oppure essere delegate, anche nel corso di esse, ad un notaio (art. 786).

Il giudice istruttore o il notaio sono quindi tenuti a predisporre il **progetto di divisione**, con la formazione delle quote e gli eventuali conguagli, dopo l'espletamento di una consulenza tecnica (*Cass. civ., sez. II, 13 agosto **2020**, n. 17122*). Nel primo caso il giudice istruttore lo deposita in cancelleria e fissa con decreto l'udienza di discussione del progetto, ordinando la comparizione dei condividenti e dei creditori intervenuti. Il decreto è comunicato alle parti. Se non sorgono contestazioni, il giudice, con ordinanza non impugnabile, dichiara esecutivo il progetto (art. 789). La giurisprudenza prevalente ritiene, sulla base della tesi c.d. contrattualistica, che tale ordinanza costituisce una sorta di omologazione dell'accordo intervenuto tra le parti. Se il progetto non prevede l'attribuzione diretta, il giudice istruttore darà, quindi, con ordinanza, le disposizioni necessarie per l'estrazione a sorte dei lotti. Se, invece, sorgono contestazioni sul progetto, ovvero sul valore da attribuirsi ad alcuno degli immobili, ovvero sui conguagli, il giudice istruttore è tenuto a provvedere a norma dell'art. 187 e cioè a decidere con sentenza la questione preliminare.

Se a dirigere le operazioni di divisione è stato **delegato un notaio**, questi dà avviso almeno cinque giorni prima ai condividenti e ai creditori intervenuti, del luogo, giorno e ora in cui le operazioni avranno inizio, affinché le parti e i loro difensori possano assistere. Se sorgono contestazioni in ordine alle operazioni, il notaio trasmette il relativo processo verbale al giudice istruttore il quale, con decreto, ordina la comparizione delle parti e decide con ordinanza; altrimenti il notaio redige processo verbale contenente il progetto delle quote e dei lotti. Se sorgono questioni sul progetto, trasmette il verbale al giudice istruttore il quale, con decreto, ordina la comparizione delle parti e quindi, all'esito, è tenuto a provvedere a norma dell'art. 187 e cioè a decidere con sentenza la questione preliminare. Se, invece, le parti si accordano, il notaio trasmette il processo verbale al giudice il quale, con ordinanza non impugnabile, dichiara esecutivo il progetto. Il notaio delegato alla direzione di operazioni di divisione è responsabile, quale ausiliario del giudice e titolare di un *munus publicum*, dei danni eventualmente cagionati a una delle parti, qualora non si attenga esattamente alle disposizioni impartite dal giudice con l'ordinanza di conferimento dell'incarico.

Quando occorre procedere alla **vendita**, se si tratta di beni mobili, censi o rendite, il giudice istruttore o il notaio delegato procedono a norma degli artt. 534 e ss. (v. parte sesta, cap. II, 6); se si tratta di beni immobili il giudice istruttore provvede con ordinanza a norma dell'art. 569, comma 3 (v. parte sesta, cap. II, 8), il notaio vi provvede direttamente (art. 788, comma 4). Se sorgono controversie, la vendita non può essere disposta se non con sentenza.

Con l'introduzione dell'art. 791-*bis*, il procedimento divisorio può diventare più snello con attribuzione di tutte le operazioni ad un notaio o ad un avvocato. È necessario, però, che non sussista controversia sul diritto alla divisione, né sulle quote o altre questioni pregiudiziali. In tal caso, con ricorso congiunto al tribunale competente per territorio, può essere richiesta la nomina del professionista. Questi predispone il progetto di divisione o dispone la vendita dei beni non comodamente divisibili.

Giurisprudenza

Nei giudizi di scioglimento della comunione, la produzione dei certificati relativi alle trascrizioni e iscrizioni sull'immobile da dividere, imposta dall'art. 567 c.p.c. per la vendita del bene pignorato, non costituisce un adempimento previsto a pena di inammissibilità o improcedibilità della domanda, tenuto conto che, in tali giudizi, l'intervento dei creditori e degli aventi causa dei condividenti è consentito ai soli fini *dell'opponibilità delle statuizioni adottate. Ciò vale anche nel caso in cui si debba procedere alla vendita dell'immobile comune, sebbene le informazioni richieste dal predetto articolo si debbano necessariamente acquisire a tutela del terzo acquirente, ma a tale esigenza sovraintende d'ufficio il giudice della divisione, il quale, nello svolgimento del potere di direzione delle operazioni, può ordinare alle parti la produzione della documentazione occorrente o avvalersi del professionista delegato alla vendita (Cass. civ., sez. VI, 28 maggio **2020**, n. 10067).*

SCHEMA 77 Il giudizio di divisione

- IL GIUDIZIO DI DIVISIONE
  - QUANDO
    - uno dei coeredi domanda la divisione — giudice del luogo dell'aperta successione
    - uno dei partecipanti domanda lo scioglimento della comunione — giudice del luogo dove si trovano i beni comuni
  - COME
    - con atto di citazione nei confronti di tutti i partecipanti alla comunione (litisconsorzio necessario)
  - IL VALORE
    - massa attiva da dividersi

- IL PROCEDIMENTO
  - CONTESTAZIONI SUL DIRITTO DI DIVISIONE
    - si apre un **processo di cognizione ordinaria** destinato a chiudersi con **sentenza non definitiva**, preordinata alle successive operazioni divisionali
    - il giudice dispone con **ordinanza** la divisione le cui operazioni possono essere dirette anche da un **notaio**
    - si predispone un **progetto di divisione** dopo l'espletamento di una consulenza tecnica d'ufficio
  - NO CONTESTAZIONI SUL DIRITTO DI DIVISIONE
    - se non sorgono contestazioni il giudice dichiara esecutivo il progetto ovvero il processo verbale redatto dal notaio contenente il progetto
    - se sorgono contestazioni il giudice è tenuto a decidere la questione preliminare con sentenza mentre il notaio deve trasmettere il processo verbale al giudice che ordinerà la comparizione delle parti

- LA VENDITA
  - BENI MOBILI, CENSI RENDITE
    - il giudice o il notaio provvedono a norma dell'art. 534 e ss.
  - BENI IMMOBILI
    - il giudice provvede con ordinanza mentre il notaio provvede direttamente

PARTE QUINTA

I PROCEDIMENTI SPECIALI (DI COGNIZIONE SOMMARIA)

CAPITOLO I

IL PROCEDIMENTO DI INGIUNZIONE

1. Considerazioni generali.

Il procedimento monitorio è un procedimento speciale caratterizzato dall'**assenza di contraddittorio** e dalla **sommarietà della cognizione**. La dottrina tradizionale lo colloca nella categoria degli accertamenti con prevalente funzione esecutiva, avendo lo scopo di conseguire, in tempi rapidi, il titolo esecutivo e, quindi, procedere al più presto con l'esecuzione forzata. La sommarietà della cognizione assolve all'esigenza di eliminare la complessità del giudizio ordinario mediante l'espediente di articolare il procedimento in **due fasi**:

- la prima, su iniziativa di colui che si afferma creditore, senza contraddittorio, che si conclude con un decreto pronunciato *inaudita altera parte*;
- la seconda, eventuale, su iniziativa del debitore ingiunto il quale, tramite l'opposizione, instaura il giudizio ordinario di cognizione.

Infatti l'art. 633 prevede che il giudice competente pronuncia ingiunzione di pagamento o di consegna su domanda di chi è creditore di una somma liquida di denaro o di una determinata quantità di cose fungibili o di chi ha diritto alla consegna di una cosa mobile determinata; l'art. 645 stabilisce che l'opposizione si propone davanti all'ufficio giudiziario al quale appartiene il giudice che ha emesso il decreto, con atto di citazione notificato al ricorrente.

2. Le condizioni di ammissibilità.

L'esercizio dell'azione di cognizione tramite questo procedimento speciale è subordinato all'esistenza di quelle che l'art. 633 denomina "condizioni di ammissibilità", ma che in realtà costituiscono veri e propri presupposti processuali, che sono:

- **con riguardo al diritto che si fa valere**: il credito deve essere **liquido**, cioè predeterminato nell'ammontare o facilmente determinabile con un puro e semplice calcolo matematico, **esigibile**, cioè non soggetto a condizione sospensiva o a termine o ad altri ostacoli di natura giuridica a che possa essere immediatamente riscosso, ed avere per oggetto o una somma di denaro o una quantità di cose fungibili ovvero la consegna di una cosa mobile determinata (l'esempio più ricorrente è la restituzione di beni oggetto di un contratto di leasing);

- **con riguardo alla prova**: il diritto di credito deve risultare da **prova scritta**. Se però il credito ha per oggetto onorari per prestazioni o rimborso di spese fatte da avvocati o da chi in genere ha prestato la sua opera in occasione di un processo ovvero onorari per prestazioni o rimborsi spettanti ai notai o ad altri esercenti una libera professione per i quali esiste una tariffa legalmente approvata, il requisito della prova scritta si assolve con la parcella sottoscritta dal creditore e corredata dal parere della competente associazione professionale;
- **con riguardo all'ipotesi che il diritto dipenda da una controprestazione o da una condizione**: il ricorrente deve offrire elementi idonei atti a far presumere l'adempimento della controprestazione o l'avveramento della condizione (art. 633, comma 2).

Secondo l'interpretazione giurisprudenziale consolidata la **prova scritta idonea**, ai fini della pronuncia del decreto ingiuntivo, è qualsiasi documento proveniente dal debitore o da un terzo, che abbia intrinseca legalità, purché il giudice — nella sua valutazione discrezionale — ne riconosca l'idoneità a dimostrare il diritto controverso, anche se il documento prodotto è privo di efficacia probatoria assoluta dato che la completezza della documentazione esibita va accertata nel successivo giudizio di opposizione, a cognizione piena, nel quale il creditore può provare il suo credito indipendentemente dalla legittimità, validità e efficacia del provvedimento monitorio, allo stesso modo in cui il debitore può dimostrare la insussistenza del preteso diritto. In base all'art. 634 costituiscono prove scritte:

- le polizze;
- le promesse unilaterali per scrittura privata: sono tali la promessa di pagamento e la ricognizione di debito nonché la promessa al pubblico disciplinate rispettivamente dagli artt. 1988 e 1989 c.c., la cambiale e l'assegno bancario;
- i telegrammi, cui la giurisprudenza ha equiparato le copie degli ordini a mezzo telex e i titoli rappresentativi regolati dall'art. 1996 c.c., emessi da chi sia detentore delle merci ed obbligato alla riconsegna.

Se il **creditore** è un **imprenditore commerciale** o un **lavoratore autonomo** e il credito è relativo a somministrazioni di merci o di denaro o riguarda prestazioni di servizi, in forza dell'art. 634, comma 2, sono prove scritte idonee:

- gli estratti autentici delle scritture contabili previste dal codice civile, purché bollate e vidimate nelle forme di legge e regolarmente tenute;
- gli estratti autentici delle scritture contabili prescritte dalle leggi tributarie, purché regolarmente tenute.

Se il **creditore** è lo **Stato** o un ente o istituto soggetto a tutela o vigilanza dello Stato, sono prove scritte idonee in base all'art. 635:

- i libri o registri della pubblica amministrazione, se un funzionario autorizzato o un notaio ne attesta la regolare tenuta;
- gli accertamenti eseguiti dall'ispettorato del lavoro (oggi direzione territoriale del lavoro) e dai funzionari degli enti, se i crediti riguardano l'omesso versamento agli enti di previdenza e assistenza dei contributi relativi a rapporti di lavoro.

Giurisprudenza

Nel caso di azione esecutiva intrapresa in forza di un titolo giudiziale provvisoriamente esecutivo, la caducazione dello stesso in epoca successiva alla fruttuosa conclusione dell'esecuzione forzata legittima il debitore che l'abbia subita a promuovere nei confronti del creditore procedente un autonomo giudizio per la ripetizione dell'indebito che, avendo ad oggetto un credito fondato su prova scritta, può assumere le forme del procedimento d'ingiunzione (*Cass. civ., sez. III, 9 luglio* **2020,** *n. 14601*).

3. Il procedimento.

L'atto introduttivo del procedimento è il **ricorso**, il quale deve contenere, oltre i requisiti previsti dall'art. 125, l'indicazione delle prove che si producono, del procuratore del ricorrente o, nei casi in cui è ammessa la costituzione di persona, la dichiarazione di residenza o l'elezione di domicilio nel comune dove ha sede il giudice adito (art. 638, comma 1). Se la domanda riguarda la consegna di una determinata quantità di cose fungibili, il ricorrente deve dichiarare la somma di denaro che è disposto ad accettare in mancanza della prestazione in natura, a definitiva liberazione dell'altra parte (art. 639).

Il ricorso deve essere indirizzato al giudice di pace o al tribunale in composizione monocratica che sarebbe competente per la domanda proposta in via ordinaria. Per quanto concerne la **competenza per territorio** trovano, pertanto, applicazione, sia i fori generali degli artt. 18 e 19, sia i fori concorrenti di cui all'art. 20 e i fori esclusivi. Rilevante per la determinazione della **competenza per valore**, ai sensi degli artt. 10 e segg., è il valore risultante al momento della domanda, coincidente con la data di deposito nella cancelleria: si sommano con il capitale gli interessi scaduti fino al giorno del deposito del ricorso. Per i crediti a favore degli avvocati, è competente anche l'ufficio giudiziario che ha deciso la causa alla quale il credito si riferisce (art. 637, comma 2), nonché il giudice competente per valore del luogo ove ha sede il consiglio dell'ordine al cui albo sono iscritti gli avvocati e, per i crediti a favore dei notai, il giudice ove ha sede il consiglio notarile dal quale dipendono (art. 637, comma 3).

La regola non si applica se il cliente è un consumatore, prevalendo il foro di cui all'art. 33 comma 2 lett. *u*) d.lgs. n. 206/2005, e cioè quello di residenza o domicilio elettivo del consumatore; l'incompetenza è rilevabile d'ufficio. La questione è stata resa particolarmente complessa a fronte dell'intervento legislativo sulla semplificazione dei riti (v. parte quinta, cap. VIII,3) e del successivo intervento di *Cass. civ.*, ***sez. un.***, *23 febbraio 2018, n. 4485*.

L'**incompetenza** per materia, per valore e per territorio inderogabile possono essere rilevate d'ufficio dal giudice; per quanto riguarda la competenza per territorio derogabile, pur spettando all'ingiunto sollevare la relativa eccezione nell'atto di opposizione (che equivale alla comparsa di risposta), la *Corte Costituzionale* con la pronuncia *3 novembre 2005, n. 410*, ha ritenuto che il giudice abbia la potestà della sua rilevazione. Il giudice non può invece rilevare d'ufficio la clausola compromissoria per arbitrato rituale, essendo onere della parte interessata sollevare la relativa eccezione nell'atto di opposizione.

Il ricorso è depositato in cancelleria, insieme con i documenti i quali non possono essere ritirati fino alla scadenza del termine stabilito per la proposizione dell'opposizione (art. 638, comma 3) per consentire al debitore ingiunto di prenderne visione.

A seguito del deposito del ricorso si apre la **fase di cognizione sommaria** da parte del giudice il quale può:

- **rigettare il ricorso** ove lo ritenga inammissibile per carenza dei presupposti processuali o per incompetenza;
- **chiedere l'integrazione probatoria** al ricorrente nell'ipotesi in cui ritenga non sufficientemente giustificata la domanda: in tal caso dispone che il cancelliere notizi il ricorrente affinché provveda in merito. Se il ricorrente non risponde all'invito o non ritira il ricorso, il giudice rigetta la domanda (art. 640, commi 1 e 2);
- **accogliere la domanda**: in tal caso emette decreto con il quale ingiunge all'altra parte di pagare la somma o di consegnare la cosa nel termine di quaranta giorni, con l'espresso avvertimento che nello stesso termine può essere fatta opposizione e che, in mancanza, si procederà ad esecuzione forzata. Se concorrono giusti motivi, il giudice può ridurre tale termine a dieci giorni oppure aumentarlo fino a sessanta, ma enunciando nel provvedimento le ragioni che li giustificano (*Cass. civ., sez. VI, 30 agosto 2017, n. 20561*); se l'intimato risiede in uno degli altri Stati dell'Unione europea, il termine è di cinquanta giorni e può essere ridotto fino a venti giorni; se risiede in altri Stati, il termine è di sessanta giorni e comunque non può essere inferiore a trenta né superiore a centoventi. Con il decreto il giudice liquida altresì le spese e le competenze e ne ingiunge il pagamento.

A questo punto il ricorrente:

- **in caso di rigetto**, può riproporre la domanda con altro ricorso o in via ordinaria in quanto il decreto di rigetto non pregiudica la riproposizione della domanda (art. 640, comma 3). Il decreto, infatti, non costituisce una pronuncia di accertamento negativo, bensì una pronuncia allo stato degli atti che non assume efficacia di cosa giudicata, tanto che non è impugnabile, neppure con ricorso in cassazione *ex* art. 111 Cost.;
- **in caso di accoglimento**, deve notificare il ricorso e il decreto in copia

autentica al debitore ingiunto a norma degli artt. 137 e segg. (art. 643), entro 60 giorni dalla pronuncia, se la notifica deve avvenire nel territorio della Repubblica ovvero entro 90 giorni negli altri casi (art. 644) perché in mancanza di notificazione nei termini il decreto diventa inefficace, ma, in tal caso, può essere riproposta la domanda. La giurisprudenza ha avuto modo di precisare che il termine entro cui il decreto ingiuntivo deve essere notificato a pena d'inefficacia, decorre dalla data del deposito del provvedimento in cancelleria da parte del giudice e non da quella della pronuncia.

4. La provvisoria esecutorietà

Il ricorrente, con il ricorso, può chiedere che il decreto ingiuntivo sia dichiarato **provvisoriamente esecutivo**, quando ricorrono le ipotesi previste dall'art. 642. La giurisprudenza ritiene che tali ipotesi non siano tassative, ma che la norma possa trovare applicazione quando il ricorso sia fondato su atti aventi una particolare efficacia (riconosciuta dalla legge ordinaria o da norme speciali) o sussista la presunzione di incontestabilità del credito. La norma prevede due ipotesi:

- **il giudice deve** concedere la provvisoria esecutorietà se il credito è fondato su cambiale, assegno bancario, assegno circolare, certificato di liquidazione di borsa, su atto ricevuto da notaio o da altro pubblico ufficiale autorizzato;
- **il giudice può** concedere la provvisoria esecutorietà se ritiene che sussista pericolo di grave pregiudizio nel ritardo ovvero se il ricorrente ha prodotto documentazione sottoscritta dal debitore comprovante il diritto fatto valere. Si tratta di un potere discrezionale da parte del giudice, il quale ha la facoltà di imporre al ricorrente una cauzione.

Se il giudice ha concesso la provvisoria esecutorietà, nel decreto ingiunge al debitore di pagare o consegnare senza dilazioni, autorizzando, in mancanza, l'esecuzione provvisoria del decreto e fissando il termine di giorni quaranta ai soli effetti dell'opposizione. Il giudice può anche autorizzare l'esecuzione senza l'osservanza del termine di cui all'art. 482, consentendo così al creditore di procedere al pignoramento immediato a seguito della notifica del ricorso e decreto ingiuntivo e del precetto.

4.1. *L'esecutività definitiva.*

Se ricorso e decreto sono stati notificati nei termini previsti e il debitore ingiunto non ha svolto opposizione, ove non fosse già stata concessa la provvisoria esecutorietà *ex* art. 642, il ricorrente può chiedere al giudice che ha pronunciato il decreto, che lo dichiari esecutivo. A fronte di tale richiesta, il giudice può ordinare la rinnovazione della notificazione del decreto ingiuntivo quando risulta o appare probabile che l'intimato non abbia avuto conoscenza del decreto (e cioè nell'ipotesi in cui riscontri un vizio della notifica che ne comporti la nullità) e, in caso contrario, emana decreto con il quale dichiara esecutivo il decreto ingiuntivo (art. 647), il quale acquista **efficacia di cosa giudicata**. In tal caso l'opposizione non può essere più proposta (salvo l'ipotesi dell'opposizione tardiva *ex* art. 650) e l'eventuale cauzione prestata è liberata (art. 647, comma 2). Il **decreto di esecutorietà** è scritto in calce all'originale del decreto di ingiunzione (art. 654): il legislatore ha previsto che, ai fini dell'esecuzione, non occorre una nuova notificazione del decreto esecutivo essendo sufficiente, nel precetto, farsi menzione del provvedimento che ha disposto l'esecutorietà e dell'apposizione della formula (art. 654, comma 2).

Giurisprudenza

*Il giudicato sostanziale conseguente alla mancata opposizione di un decreto ingiuntivo copre non soltanto l'esistenza del credito azionato, del rapporto di cui esso è oggetto e del titolo su cui il credito e il rapporto stessi si fondano, ma anche l'inesistenza di fatti impeditivi, estintivi e modificativi del rapporto e del credito precedenti al ricorso per ingiunzione e non dedotti con l'opposizione, mentre non si estende ai fatti successivi al giudicato e a quelli che comportino un mutamento del petitum ovvero della causa petendi in seno alla domanda rispetto al ricorso esaminato dal decreto esecutivo (Cass. civ., sez. I, 6 marzo **2020**, n. 6481).*

5. L'opposizione.

Il debitore ingiunto, cui è stato notificato nei termini il decreto ingiuntivo, può proporre l'opposizione davanti all'ufficio giudiziario al quale appartiene il giudice che ha emesso il decreto. La giurisprudenza considera il giudizio di opposizione quale successiva fase di verifica e di accertamento del procedimento iniziato *inaudita altera parte*: l'opposizione dà luogo ad un **giudizio ordinario di cognizione**, che si svolge nel contraddittorio tra le parti, avente ad oggetto la domanda proposta dal creditore, con il ricorso per ingiunzione, e nel quale le parti, pur apparentemente invertite, conservano la loro posizione sostanziale:

- al **creditore**, istante nella fase monitoria, compete nella fase di opposizione la posizione di **attore**, anche se assume il **ruolo formale di convenuto in opposizione**;
- al **debitore**, ingiunto nella fase monitoria, compete nella fase di opposizione la posizione di **convenuto**, anche se assume il **ruolo formale di attore in opposizione**.

Pur essendo invertita la posizione processuale delle parti, rimane invariata la loro posizione di diritto sostanziale con i relativi oneri, compresi quelli probatori. Nel giudizio di opposizione il giudice deve, infatti, accertare il fondamento della pretesa fatta valere con il ricorso per ingiunzione: trattandosi di un giudizio ordinario di cognizione di primo grado, vengono meno i presupposti di speciale rilevanza della prova offerta (in quanto solamente idonea per la fase monitoria) e, conseguentemente, grava sul creditore opposto l'**onere della**

prova del credito e sul debitore opponente l'onere di provare i fatti estintivi, modificativi od impeditivi. Il giudice non deve limitarsi ad esaminare se l'ingiunzione sia stata legittimamente emessa, ma deve procedere ad una autonoma valutazione di tutti gli elementi offerti sia dal creditore (per dimostrare la fondatezza della propria pretesa dedotta con il ricorso) sia dall'opponente (per contestarla) e, a tal fine, non è necessario che la parte che ha chiesto l'ingiunzione formuli una specifica ed espressa domanda di pronuncia sul merito della pretesa creditoria, essendo sufficiente che resista all'opposizione e chieda conferma del decreto opposto (*Cass. civ., sez. lav., 28 maggio 2019, n. 14486*).

La **competenza** dell'ufficio al quale appartiene il giudice che ha emesso il decreto, è **funzionale e inderogabile**, né modificabile in alcun modo neppure qualora il giudizio di opposizione sia in rapporto di litispendenza, continenza o connessione con altro giudizio: la competenza spetta, sempre e comunque, all'ufficio al quale appartiene il giudice che ha emesso il decreto, dovendo di fronte a questo essere fatte valere le questioni di litispendenza, continenza o connessione (*Cass. civ., sez. VI, 22 settembre 2020, n. 19753*).

L'opposizione si propone con **atto di citazione** il quale deve possedere tutti i requisiti previsti dall'art. 163 (v. parte terza, cap. I, 2), ma con una particolarità: poiché ha il contenuto sostanziale di una comparsa di risposta, devono essere formulate, a pena di decadenza, le eccezioni di rito e di merito non rilevabili d'ufficio, l'eccezione di compromesso, il disconoscimento della scrittura privata, le domande riconvenzionali. La **procura** al difensore dell'opponente può essere rilasciata, anziché in calce o a margine dell'atto di citazione, anche a margine o in calce alla copia notificata del decreto ingiuntivo: questa, infatti, deve essere depositata con l'opposizione al fine di dare la prova della tempestività e, quindi, dell'ammissibilità dell'opposizione. Il **termine** per proporre l'opposizione (quaranta giorni dalla notifica del ricorso e del decreto di ingiunzione) è infatti perentorio. L'atto di citazione in opposizione deve essere notificato al ricorrente nei luoghi di cui all'art. 638 (art. 645, comma 1) e, dunque, presso il procuratore, indicato nell'atto del ricorso, che figura quale domiciliatario, ovvero nella residenza dichiarata o nel domicilio eletto nel ricorso se questo è stato proposto personalmente dal creditore.

Eseguita la notifica dell'atto di citazione, l'ufficiale giudiziario ovvero l'avvocato, che ha notificato direttamente tale atto, ha l'onere di depositare in cancelleria l'avviso dell'opposizione affinché il cancelliere ne prenda atto con annotazione sull'originale del decreto. Con l'avvio del processo civile telematico, tale avviso deve essere effettuato mediante deposito di apposito atto all'interno del fascicolo informatico del decreto ingiuntivo. La finalità è quella di evitare che il creditore richieda ed ottenga in modo improprio il decreto di esecutorietà *ex* art. 647.

Qualora l'opponente intenda chiamare in causa un terzo non può citarlo direttamente per la prima udienza ma deve chiedere al giudice, nel medesimo atto di opposizione, di essere a ciò espressamente autorizzato (*Cass. civ., sez. VI, 30 luglio* ***2020*** *n. 16336*).

L'opposizione avverso il decreto ingiuntivo nelle **materie di cui agli artt. 409 e 442** deve essere proposta **con ricorso** anziché con citazione dovendo seguire il rito proprio (v. parte quarta, cap. I, 4). La giurisprudenza è univoca nel ritenere che se effettuata impropriamente con atto di citazione, l'irritualità è sanata solamente ove l'iscrizione a ruolo avvenga entro il termine di cui all'art. 641.

L'opponente deve procedere con la costituzione in giudizio mediante iscrizione a ruolo (v. parte terza, cap. I, 2.3): se non si costituisce, il giudice che ha emesso il decreto, su istanza del ricorrente, lo dichiara esecutivo (art. 647). Se la costituzione avviene tardivamente, l'opposizione è dichiarata improcedibile.

Giurisprudenza

In tema di procedimento di opposizione a decreto ingiuntivo la competenza per l'opposizione, attribuita dall'art. 645 c.p.c. all'ufficio giudiziario cui appartiene il giudice che ha emesso il decreto, ha carattere funzionale e inderogabile — stante l'assimilabilità del giudizio di opposizione a quello di impugnazione — e tale principio vale anche quando il decreto ingiuntivo sia stato emesso dal giudice civile mentre la controversia rientrava nella cognizione del giudice del lavoro. Da ciò consegue che nello stesso caso l'opposizione debba essere proposta con citazione nei modi e nei termini di una causa civile; mentre spetterà poi al giudice civile adito mutare il rito ai sensi dell'art. 426 c.p.c. e del d.lgs. n. 150/2011, art. 4, il quale prevede pure che "gli effetti sostanziali e processuali della domanda si producono secondo le norme del rito seguito prima del mutamento" (Cass. civ., sez. VI, 7 luglio ***2020****, n. 14023).*

5.1. *La sospensione della provvisoria esecutività.*

Se è stata concessa l'esecuzione provvisoria del decreto (v. parte quinta, cap. I, 4), l'opponente può chiedere al giudice la sospensione così come previsto dall'art. 649. L'istanza può essere contenuta nell'atto di citazione in opposizione oppure in atto diverso e successivo, ma deve essere comunque giustificata dalla sussistenza di **gravi motivi** riguardanti soprattutto la probabile fondatezza dell'opposizione e sull'incertezza probatoria sui fatti costitutivi del diritto azionato.

L'istanza è destinata ad essere decisa dal giudice alla prima udienza di comparizione nel giudizio di opposizione instaurato. Se però ricorrono motivi di urgenza, su istanza dell'opponente, il giudice (ovvero il presidente se il giudice non è ancora stato nominato) provvede in apposita udienza, dopo aver sentito le parti.

Se il giudice accoglie l'istanza, non viene meno il titolo esecutivo e neppure vengono meno gli atti esecutivi già compiuti in forza della provvisoria esecutività: il provvedimento sospensivo incide esclusivamente sulla efficacia esecutiva, cioè sulla sua intrinseca idoneità a fondare un processo esecutivo. Ne consegue che il provvedimento non comporta la sopravvenuta illegittimità degli atti esecutivi già compiuti, in quanto la sospensione spiega effetti *ex nunc*.

5.2. *La costituzione del convenuto opposto.*

L'opposto ha l'onere di costituirsi in giudizio nel termine ordinario (vedi parte terza, cap. I, 4) ma, rivestendo la posizione sostanziale di attore, **non può proporre domande diverse** rispetto a quelle fatte valere con l'ingiunzione salvo quelle conseguenti alle domande ed alle eccezioni in senso stretto proposte dall'opponente, che si traducano in un ampliamento dell'originario *thema decidendum* (*Cass. civ., sez. I, 25 ottobre 2018, n. 27124*).

Nel caso in cui l'opponente abbia fissato la data di prima udienza oltre i termini di cui all'art. 163-*bis*, comma 1, l'opposto può avanzare istanza al presidente del tribunale affinché anticipi l'udienza nel termine di non oltre trenta giorni dalla scadenza del termine minimo a comparire (art. 645, comma 2).

Il deposito dei documenti allegati al ricorso monitorio può avvenire anche dopo lo spirare dei termini assegnati dal giudice per le produzioni documentali, atteso che tali documenti, ai sensi dell'art. 638, comma 3, restano a disposizione dell'ingiunto almeno fino alla scadenza del termine per proporre opposizione, sicché, essendo già esposti al contraddittorio delle parti, non possono essere qualificati come "nuovi" nei successivi sviluppi del processo (*Cass. civ., sez. VI, 31 luglio 2019, n. 20584*).

5.3. *La concessione della provvisoria esecuzione ex art. 648.*

Se l'opposizione, pur ritualmente proposta, **non è fondata su prova scritta o di pronta soluzione**, il giudice, su istanza del creditore, può concedere l'esecuzione provvisoria del decreto nel corso della prima udienza (art. 648, comma 1). La giurisprudenza ritiene che la stessa possa essere concessa quando l'opponente non abbia prodotto documenti idonei a dimostrare l'inesistenza del fatto costitutivo del credito azionato ovvero l'esistenza di fatti modificativi, impeditivi o estintivi del medesimo e che sia impossibile addivenire ad una sollecita definizione dell'opposizione nel suo complesso, stante la necessità dello svolgimento di attività istruttoria.

Il giudice deve concedere **l'esecuzione provvisoria parziale** del decreto opposto limitatamente alle somme non contestate e cioè nell'ipotesi in cui sia contestata solo una parte dell'importo ingiunto, salvo che l'opposizione sia proposta per vizi procedurali. Può, inoltre, concederla, in ogni caso (art. 648, comma 2), se la parte che ha chiesto la provvisoria esecuzione, offre cauzione per l'ammontare delle eventuali restituzioni, spese e danni.

L'ordinanza **non è impugnabile** con ricorso per cassazione ai sensi dell'art. 111 Cost., trattandosi di provvedimento non definitivo e non decisorio (*Cass. civ., sez. lav., 15 gennaio **2020**, n. 711*); è ritenuto altresì inammissibile il reclamo ai sensi dell'art. 669-*terdecies* e così pure il regolamento di competenza. L'ordinanza non è neppure modificabile o revocabile, essendo i suoi effetti destinati ad esaurirsi con la sentenza che pronuncia sull'opposizione e con la quale il giudice può provvedere alla revoca o meno del decreto ingiuntivo.

Giurisprudenza

L'ordinanza emessa ai sensi dell'art. 648 c.p.c., comma 1, con la quale sia concessa la provvisoria esecuzione del decreto ingiuntivo opposto, non è impugnabile con ricorso per cassazione ai sensi dell'art. 111 Cost., trattandosi di provvedimento non definitivo e non decisorio; ciò vale anche quando il giudice abbia provveduto sulla richiesta di provvisoria esecuzione senza pronunciarsi su eventuali questioni pregiudiziali attinenti alla competenza e alla proponibilità della domanda, potendo il giudice differirne la decisione col merito o dovendo, in alternativa, invitare, anche in prima udienza di comparizione, le parti a precisare le conclusioni. La ragione per cui non è impugnabile il provvedimento ex art. 648 c.p.c., si rinviene nel difetto del carattere di definitività del provvedimento, che ha natura anticipatoria della decisione sul merito e che, dunque, sotto tutti i profili è ridiscutibile con quella decisione. Ciò, anche per le questioni di merito e di rito sommariamente delibate agli effetti della decisione sulla concessione dell'esecutività (*Cass. civ., sez. lav., 15 gennaio **2020**, n. 711*).

5.4. *La mediazione obbligatoria.*

Nelle controversie soggette a mediazione obbligatoria ai sensi dell'art. 5, comma 1-*bis*, del d.lgs. n. 28/2010, i cui giudizi vengano introdotti con richiesta di decreto ingiuntivo, una volta instaurato il relativo giudizio di opposizione e decise le istanze di concessione o sospensione della provvisoria esecuzione del decreto, è stato dibattuto da giurisprudenza e dottrina il problema su quale soggetto incombesse l'onere di attivare il procedimento di mediazione (v. parte seconda, cap. III,1). La questione è stata rimessa alle sezioni unite che hanno stabilito che l'onere di promuovere la procedura di mediazione è **a carico della parte opposta** (*Cass. civ., **sez. un.**, 18 settembre **2020**, n. 19596*), in quanto la stessa ha una finalità deflattiva, e, nel conflitto tra il principio di efficienza (e ragionevole durata) e la garanzia del diritto di difesa, quest'ultimo deve necessariamente prevalere.

In caso di mancata attivazione della stessa, il giudice dovrà, pertanto, pronunciare l'improcedibilità del giudizio di opposizione con conseguente revoca del decreto ingiuntivo.

5.5. *La decisione dell'opposizione.*

Il giudizio di opposizione a decreto ingiuntivo è destinato a chiudersi con **sentenza**, avverso la quale sono esperibili gli ordinari mezzi di impugnazione. Diversi sono gli **effetti**:

- se l'opposizione è rigettata con sentenza passata in giudicato o provvisoriamente esecutiva, il decreto, che non ne sia già munito, acquista efficacia esecutiva (art. 653, comma 1);

- se l'opposizione è accolta solo in parte, il titolo esecutivo è costituito esclusivamente dalla sentenza, ma gli atti di esecuzione già compiuti in base al decreto conservano i loro effetti nei limiti della somma o della quantità ridotta (art. 653, comma 2);
- se l'opposizione è accolta integralmente, il giudice è tenuto a revocare il decreto o a dichiararne la nullità;
- se il giudice dichiara l'estinzione del processo, il decreto ingiuntivo acquista efficacia esecutiva;
- se le parti si conciliano, il giudice, con ordinanza non impugnabile, dichiara o conferma l'esecutorietà del decreto oppure riduce la somma o la quantità a quella stabilita dalle parti. In quest'ultimo caso rimane ferma la validità degli atti esecutivi compiuti e dell'ipoteca iscritta, fino a concorrenza della somma o quantità ridotta (art. 652).

Per quanto attiene alle spese, poiché il procedimento che si apre con la presentazione del ricorso e si chiude con la notifica del decreto di ingiunzione non costituisce un processo autonomo rispetto a quello aperto dall'opposizione, ma dà luogo ad una fase di un unico giudizio, il giudice deve pronunciare sul diritto al rimborso delle stesse per tutto il procedimento, tenendo in considerazione l'esito finale della lite (*Cass. civ., sez. VI, 1 aprile 2019, n. 9035*).

Giurisprudenza

*È ammissibile il regolamento di competenza avverso la sentenza con la quale il giudice dell'opposizione a decreto ingiuntivo dichiari la nullità del decreto opposto esclusivamente per incompetenza del giudice che lo ha emesso, atteso che essa integra una statuizione sulla competenza, e non una pronuncia sul merito, essendo la dichiarazione di nullità non solo conseguente, ma anche necessaria rispetto alla declaratoria di incompetenza; e ciò anche nel caso in cui la sentenza contenga condanna alla restituzione di quanto percepito dal ricorrente in forza del decreto ingiuntivo dichiarato provvisoriamente esecutivo, essendo anche tale statuizione conseguenza necessitata della dichiarazione di nullità del decreto opposto e, quindi, della statuizione di incompetenza (Cass. civ., sez. II, 7 ottobre **2020**, n. 21530).*

6. L'opposizione tardiva.

L'opposizione tardiva al decreto ingiuntivo e cioè proposta dopo che è scaduto il termine fissato nel decreto per proporla, è ammessa nelle **ipotesi tassativamente previste** dall'art. 650, comma 1 e cioè quando il debitore ingiunto sia in grado di provare di non aver avuto tempestiva conoscenza del decreto ingiuntivo

- per **irregolarità della notificazione**: l'espressione va intesa in senso lato e cioè quando si siano verificate violazioni delle norme che regolano la notificazione degli atti processuali (occorre un nesso di causalità tra l'irregolarità della notificazione e la tardiva conoscenza del decreto);

per **forza maggiore** o per **caso fortuito**: si identificano, rispettivamente, in una forza esterna, ostativa in assoluto, ed in un fatto di carattere meramente oggettivo, del tutto avulso dalla umana volontà e causativo dell'evento unicamente per forza propria (*Cass. civ., sez. III, 4 luglio 2019, n. 17922*), nel senso che il fatto non solo non è voluto ma non può nemmeno essere preveduto o, anche se preveduto, non può essere impedito.

L'opposizione tardiva deve essere proposta nel **termine perentorio** di dieci giorni dal primo atto di esecuzione del decreto ingiuntivo (art. 650, comma 3).

Quando è proposta l'opposizione tardiva, il giudice può sospendere l'esecutorietà a norma dell'art. 649.

Giurisprudenza

Ai fini della legittimità dell'opposizione tardiva a decreto ingiuntivo, di cui all'art. 650 c.p.c., non è sufficiente l'accertamento dell'irregolarità della notificazione del provvedimento monitorio, ma occorre, altresì, la prova — il cui onere incombe sull'opponente — che a causa di detta irregolarità egli, nella qualità di ingiunto, non abbia avuto tempestiva conoscenza del suddetto decreto e non sia stato in grado di proporre una tempestiva opposizione (Cass. civ., sez. II, 23 settembre ***2020****, n. 19938).*

Deve ritenersi ammissibile l'opposizione tardiva a decreto ingiuntivo di cui all'art. 650 c.p.c., allorquando — per causa riconducibile ad un evento oggettivo e non prevedibile, successivo all'emissione del decreto monitorio, integrante un caso fortuito (nella fattispecie l'invio, per un mero disguido della cancelleria, del fascicolo monitorio ad un altro ufficio prima della scadenza del termine previsto dall'art. 641 c.p.c., comma 1, con la sua successiva restituzione oltre detto termine), secondo la portata assunta dalla citata norma a seguito della sentenza della Corte costituzionale n. 120/1976 — l'ingiunto non abbia potuto avere conoscenza, senza sua colpa, entro il citato termine di quaranta giorni dalla notificazione del decreto ingiuntivo dei documenti contenuti nel fascicolo monitorio (posti a fondamento del ricorso ex art. 633 c.p.c., e da restare depositati in cancelleria, unitamente all'originale del ricorso e dell'emesso decreto), così rimanendo impedita l'esercitabilità del suo pieno ed effettivo diritto di difesa, costituzionalmente garantito, ai fini della proposizione dell'opposizione al decreto ingiuntivo (Cass. civ., sez. II, 20 febbraio ***2020****, n. 4448).*

SCHEMA 78 Il procedimento di ingiunzione: le condizioni di ammissibilità, il procedimento, l'esecutività del decreto provvisoria e definitiva

- DEFINIZIONE
  - costituisce un **procedimento speciale** articolato in **due fasi**, la prima su iniziativa di colui che si afferma creditore, **senza contraddittorio**, che si conclude con l'emissione di un **decreto**; la seconda, **eventuale**, su iniziativa del debitore ingiunto il quale tramite l'opposizione instaura il **giudizio ordinario di cognizione**
- CONDIZIONI DI AMMISSIBILITÀ
  - **con riguardo al diritto che si fa valere**: il credito deve essere liquido, esigibile ed avere per oggetto una somma di denaro o una quantità di cose fungibili ovvero la consegna di una cosa mobile determinata
  - **con riguardo alla prova**: il diritto di credito deve risultare da **prova scritta**
  - **con riguardo all'ipotesi che il diritto dipenda da una controprestazione o da una condizione**: il ricorrente deve offrire elementi idonei a far presumere l'adempimento della controprestazione o l'avveramento della condizione
- PROVE SCRITTE IDONEE
  - • le polizze
    • le promesse unilaterali per scrittura privata, quali la promessa di pagamento, la ricognizione di debito, la promessa al pubblico, la cambiale e l'assegno bancario
    • i telegrammi, le copie degli ordini a mezzo fax e i titoli rappresentativi di cui all'art. 1996 c.c.
    • qualsiasi altro documento meritevole di fede quanto all'autenticità che attesti l'esistenza del credito
  - IL CREDITORE È IMPRENDITORE COMMERCIALE O LAVORATORE AUTONOMO
    - • gli estratti autentici delle scritture contabili bollate e vidimate nelle forme di legge e regolarmente tenute
      • gli estratti autentici delle scritture contabili prescritte dalle leggi tributarie e regolarmente tenute
  - IL CREDITORE È LO STATO
    - • i libri o registri della P.A. attestati regolarmente tenuti da funzionario autorizzato o notaio
      • gli accertamenti eseguiti dall'ispettorato del lavoro e dai funzionari
- RICORSO
  - CONTENUTO
    - • requisiti di cui all'art. 125
      • indicazione delle prove che si producono
      • procuratore del ricorrente
      • dichiarazione di residenza o elezione di domicilio
- COMPETENZA
  - PER MATERIA — giudice di pace o tribunale monocratico
  - PER TERRITORIO — fori generali - fori concorrenti - fori esclusivi
  - PER VALORE — giudice di pace o tribunale in base al valore del capitale oltre agli interessi scaduti
- FASE SOMMARIA
  - RIGETTO — la domanda può essere riproposta con altro ricorso o in via ordinaria
  - RICHIESTA DI INTEGRAZIONE — se il ricorrente non adempie il giudice respinge la domanda
  - ACCOGLIMENTO — il giudice emette il decreto da notificarsi in copia autentica al debitore con il ricorso entro 60 giorni dalla pronuncia a pena di inefficacia
- ESECUTIVITÀ DEL DECRETO
  - PROVVISORIA — il giudice deve concederla se il credito è fondato su specifici documenti
  - DEFINITIVA — può essere richiesta in assenza di opposizione

SCHEMA 79 Il procedimento di ingiunzione: l'opposizione, l'esecuzione in pendenza di opposizione, l'opposizione tardiva

L'OPPOSIZIONE

- DEFINIZIONE — giudizio **ordinario di cognizione** promosso dal debitore ingiunto al quale è stato notificato nei termini il decreto ingiuntivo
- COMPETENZA — **funzionale inderogabile** dell'ufficio al quale appartiene il giudice che ha emesso il decreto
- LA DOMANDA — si propone con **atto di citazione** ovvero con **ricorso** nelle materie di cui agli artt. 409 e 442
- LA DECISIONE —
  - l'opposizione **è respinta** con sentenza passata in giudicato o esecutiva provvisoriamente: il decreto acquista efficacia esecutiva
  - l'opposizione è **parzialmente** accolta: il titolo esecutivo è costituito dalla sentenza ma gli atti esecutivi compiuti conservano i loro effetti
  - l'opposizione è **integralmente** accolta: il giudice revoca il decreto ingiuntivo o ne dichiara la nullità
  - il giudice dichiara **l'estinzione** del processo: il decreto ingiuntivo acquista efficacia esecutiva
  - le parti **si conciliano**: il giudice dichiara o conferma l'esecutorietà del decreto o riduce la somma a quella stabilita dalle parti

L'ESECUZIONE IN PENDENZA DI OPPOSIZIONE

- l'opponente **non si è costituito**: il giudice su istanza del ricorrente dichiara esecutivo il decreto
- l'opposizione non è fondata su **prova scritta** o di pronta soluzione: il giudice su istanza del ricorrente può concedere l'esecuzione provvisoria
- la parte che ha chiesto l'opposizione **offre cauzione**: il giudice può concedere l'esecuzione provvisoria
- se ricorrono **gravi motivi**, il giudice può sospendere l'esecuzione provvisoria concessa con il decreto ingiuntivo

L'OPPOSIZIONE TARDIVA

- QUANDO — dopo la scadenza del **termine fissato nel decreto** e comunque nel termine perentorio di 10 giorni dal primo atto di esecuzione
- CONDIZIONI — nelle sole ipotesi tassativamente previste dall'art. 650 e cioè quando il debitore ingiunto è in grado di provare di **non aver avuto conoscenza** tempestiva del decreto per **irregolarità della notifica** o **caso fortuito** o **forza maggiore**

CAPITOLO II

IL PROCEDIMENTO PER CONVALIDA DI SFRATTO

1. Considerazioni generali.

Il procedimento in oggetto è di **condanna a cognizione sommaria**, nel quale, tuttavia, vige il rispetto del contraddittorio, in quanto l'atto introduttivo è idoneo ad instaurarlo, ricoprendo la forma dell'atto di citazione. Si tratta di un procedimento speciale a carattere **facoltativo**, potendo la parte far valere lo stesso diritto sostanziale con l'instaurazione di un procedimento ordinario nelle forme del rito locatizio. Il procedimento può essere utilizzato esclusivamente per la locazione immobiliare, al fine di far valere il diritto al rilascio, in forza di un contratto tipico (art. 657) ovvero quando la locazione costituisce elemento accessorio e secondario di un contratto d'opera o di lavoro subordinato (art. 659). Non si può ricorrere a tale procedimento in caso di contratto di affitto di azienda, di contratto di pensione, di detenzione dell'immobile a titolo precario, di occupazione senza titolo, di contratto di comodato. L'art. 658 contempla la possibilità di utilizzare questo procedimento anche per intimare lo sfratto all'affittuario coltivatore diretto, al mezzadro o al colono, ma ciò, di fatto, non è più possibile in quanto sussiste la competenza funzionale delle sezioni specializzate agrarie alle quali è stata affidata la cognizione di tutte le controversie sull'interpretazione e l'applicazione relative ai contratti agrari e di affitto di fondi rustici.

Il legislatore ha regolamentato tre istituti.

La **licenza per finita locazione**: è disciplinata dal comma 1 dell'art. 657. Il locatore può intimare al conduttore, licenza per finita locazione, **prima della scadenza** del contratto, con la contestuale citazione per la convalida, rispettando i termini prescritti dal contratto, dalla legge o dagli usi locali. L'intimazione ha una diversa funzione a seconda che il contratto a scadere sia a tempo determinato o indeterminato: nel primo caso, spiega gli effetti di evitare la tacita rinnovazione, nel secondo caso, ha effetti sostanzialmente analoghi a quelli della disdetta, apponendo così al contratto un termine finale, di cui diversamente è privo. Il locatore, in questo modo, si precostituisce un titolo anticipatamente rispetto alla data di scadenza per garantirsi il diritto di riottenere il bene. È un esempio di condanna in futuro.

Lo **sfratto per finita locazione**: è previsto dal comma 2 dell'art. 657. Il locatore può intimare lo sfratto **dopo la scadenza del contratto**, se, in virtù del contratto stesso o per effetto di atti o intimazioni precedenti, è esclusa la tacita riconduzione.

Lo **sfratto per morosità**: è disciplinato dall'art. 658. Il locatore può intimare lo sfratto in caso di mancato pagamento del canone di affitto alle scadenze. Il locatore esercita, in questo modo, nelle forme speciali, un'azione costitutiva di **risoluzione del contratto per inadempimento**. La norma consente, altresì, di ottenere una condanna al **pagamento dei canoni scaduti**, nelle forme proprie del decreto ingiuntivo. Nel caso in cui il locatore agisca solo per il rilascio, omettendo di richiedere il pagamento dei canoni, la pronuncia sullo sfratto risolve il contratto di locazione, ma lascia impregiudicata ogni questione sui canoni stessi (art. 669).

2. Il procedimento.

Per tutti e tre gli istituti, la competenza funzionale e territoriale è inderogabile e spetta al tribunale del **luogo in cui si trova la cosa locata** (art. 661). Tale competenza rimane ferma, sia nella fase di convalida, sia nel successivo giudizio di merito che si instaura con l'eventuale opposizione, restando così identica la competenza del giudice in entrambe le fasi. L'atto introduttivo contiene l'**intimazione** di licenza o di sfratto e contestualmente la **citazione**; deve essere notificato al conduttore ai sensi dell'art. 137 e ss. (v. parte prima, cap. VII, 8), con esclusione della notificazione presso il domicilio eletto. Poiché la notificazione dell'atto assume una particolare importanza nel procedimento in esame, in relazione alle conseguenze che possono derivare dalla mancata comparizione dell'intimato, il comma settimo dell'art. 660 prevede che, quando la notificazione non è avvenuta in mani proprie, l'ufficiale giudiziario deve spedire **avviso** all'intimato dell'effettuata notificazione a mezzo di lettera raccomandata e allegare all'originale dell'atto la ricevuta di spedizione.

Nell'atto introduttivo del procedimento, il locatore deve dichiarare la propria residenza o eleggere domicilio nel comune dove ha sede il giudice adito, altrimenti le notificazioni di eventuali opposizioni ai sensi dell'art. 668 e di qualsiasi altro atto del giudizio, possono essergli effettuate presso la cancelleria.

La citazione per la convalida deve avere i requisiti di cui all'art. 125, tranne quelli previsti dall'art. 163, n. 7: deve contenere, infatti, l'invito al convenuto a comparire all'udienza indicata e l'avvertimento che se non comparisce o, comparendo, non si oppone, il giudice convalida la licenza o lo sfratto ai sensi dell'art. 663 (art. 660, comma 3). In ragione della particolarità del procedimento, tra la data della notificazione e quella dell'udienza di comparizione, debbono intercorrere termini liberi non minori di **venti giorni**; nelle cause che richiedono pronta spedizione, e cioè dettate da particolari ragioni di urgenza, il giudice, su istanza dell'intimante, può ridurre i termini di comparizione sino alla metà, con decreto motivato, che verrà apposto in calce all'originale e alle copie dell'intimazione (art. 660, comma 4). Non si applica la sospensione dei termini durante il periodo feriale, in quanto il procedimento presenta, per sua natura, carattere di urgenza, mentre trova applicazione per la successiva fase a rito ordinario, salvo che l'urgenza sia dichiarata con apposito provvedimento.

L'intimante può iscrivere la causa a ruolo fino al giorno dell'udienza, mediante deposito in cancelleria dell'intimazione notificata; il convenuto può costituirsi depositando la comparsa di risposta anche direttamente in udienza (art. 660, comma 5) senza subire preclusioni processuali. L'intimato può anche comparire personalmente: la norma, infatti, consente la facoltà di scegliere se avvalersi o meno di una difesa tecnica.

3. L'udienza di comparizione.

Nella prima udienza, a seconda del comportamento delle parti, possono verificarsi diverse situazioni:

- il **locatore non compare**: gli effetti dell'intimazione cessano (art. 662), per tali intendendosi quelli di carattere processuale (salvi quelli sostanziali di impedire, ad esempio, la rinnovazione tacita del contratto). Il giudice deve dichiarare estinto il procedimento di convalida;
- l'**intimato non compare** (art. 663): il giudice, se risulta o appare probabile che l'intimato non abbia avuto conoscenza della citazione stessa o non sia potuto comparire per caso fortuito o forza maggiore, dispone la rinnovazione della citazione. In caso contrario, **convalida** la licenza o lo sfratto e dispone con ordinanza in calce alla citazione l'apposizione della formula esecutiva, che ha effetto dopo trenta giorni (art. 663, comma 2);
- l'**intimato compare e non si oppone**: il giudice convalida la licenza o lo sfratto e dispone l'apposizione della formula esecutiva;
- l'**intimato compare** e svolge **opposizione**: in tal caso, viene meno la possibilità per il giudice di pronunciare immediatamente provvedimento di convalida. L'opposizione può avvenire informalmente e anche personalmente, senza necessità di formule sacramentali purché sia manifesta la volontà di opporsi all'intimazione. A questo punto il procedimento prosegue nelle forme ordinarie e da procedimento speciale si trasforma in un procedimento a cognizione piena che, tuttavia, assumerà le forme del rito locatizio di cui all'art. 447-*bis* (v. parte terza, cap. I, 9), previa ordinanza di mutamento del rito, ai sensi dall'art. 426 (art. 667). Il giudice, pertanto, fissa l'udienza ai sensi dell'art. 420, concedendo alle parti il termine perentorio per il deposito di memorie integrative;
- l'**intimato compare**, ma **oppone eccezioni non fondate su prova scritta:** il giudice, su istanza del locatore, se non sussistono **gravi motivi** in contrario, pronuncia ordinanza **non impugnabile** di rilascio, con riserva delle eccezioni del convenuto. L'ordinanza è immediatamente esecutiva, ma può essere subordinata alla prestazione di una cauzione per i danni e le spese (art. 665).

Giurisprudenza

Nel procedimento per convalida di sfratto, la questione di competenza, come ogni altra questione volta a contestare la domanda di merito, può ben essere sollevata già nell'udienza di comparizione, anche al fine di contrastare l'accoglimento dell'eventuale istanza finalizzata a conseguire l'ordinanza di rilascio, ma il suo esame è compiuto in quella sede in funzione della sola decisione su tale domanda incidentale sicché, un'espressa decisione sulla questione di competenza non può essere qualificata come sentenza, dovendo detta questione essere comunque decisa nel conseguente giudizio a cognizione piena sulla domanda di merito. Ne consegue che è inammissibile il regolamento di competenza proposto avverso una decisione sulla competenza che sia stata adottata all'esito della fase a cognizione sommaria del suddetto procedimento (Cass. civ., sez. VI, 28 maggio 2019, n. 14476).

*Nel procedimento per convalida di (licenza o) sfratto, l'opposizione dell'intimato dà luogo alla trasformazione dello stesso in un processo di cognizione, destinato a svolgersi nelle forme di cui all'art. 447-*bis *c.p.c., con la conseguenza che, essendo previsti specifici contenuti degli atti introduttivi del giudizio, il* thema decidendum *risulta cristallizzato solo in virtù della combinazione degli atti della fase sommaria e delle memorie integrative di cui all'art. 426 c.p.c., potendo, pertanto, l'originario intimante, in occasione di tale incombente, non solo emendare le sue domande, ma anche modificarle, soprattutto se in evidente dipendenza dalle difese svolte da controparte (Cass. civ., sez. VI, 19 febbraio 2019, n. 4771).*

3.1. *Lo sfratto per morosità.*

Le norme in materia, contenute nel codice, devono essere integrate dagli artt. 5 e 55 della legge n. 392/1978. L'art. 5, relativo alle **locazioni abitative**, prescrive che costituisce motivo di risoluzione, ai sensi dell'art. 1455 c.c., il mancato pagamento del canone decorsi venti giorni dalla scadenza prevista, ovvero il mancato pagamento degli oneri accessori, quando l'importo non pagato superi quello di due mensilità del canone. L'art. 55 concede al conduttore la **possibilità di sanare** la morosità in sede giudiziale, versando l'importo dovuto per capitale, interessi e spese in sede di prima udienza ovvero nel termine di grazia concesso dal giudice, in presenza di comprovate condizioni di difficoltà del conduttore e con ciò escludendo la risoluzione del contratto. Poiché l'art. 55 fa riferimento espressamente alla morosità di cui all'art. 5, relativo alle locazioni abitative, la sanatoria giudiziale della morosità è inapplicabile alle locazioni **per uso diverso** dall'abitazione.

All'udienza di comparizione, le regole già esaminate per il procedimento in generale, debbono essere integrate da quanto stabilito dall'art. 663, comma 3, il quale prevede che il locatore deve attestare che **la morosità persiste**: se, infatti, il conduttore ha sanato la morosità e si tratta di locazione abitativa, il giudice non può convalidare lo sfratto. L'attestazione di persistenza deve riguardare la morosità dedotta nell'intimazione e la sanatoria, se avvenuta, deve essere completa. Si possono pertanto verificare le seguenti ipotesi:

- il conduttore non compare: se la **morosità persiste**, il giudice convalida lo sfratto;
- il conduttore non compare: se la **morosità è stata sanata**, il giudice dichiara l'estinzione del procedimento;
- il conduttore compare e **sana la morosità**: direttamente in udienza versa l'importo dovuto per i canoni scaduti e per gli oneri accessori maturati sino a tale data, oltre gli interessi legali e le spese processuali liquidate in tale sede dal giudice, il quale dichiara l'estinzione del procedimento;
- il conduttore compare e chiede il **termine di grazia**: il giudice deve concederlo, in presenza dei requisiti previsti dall'art. 55, legge n. 392/1978. In tal caso, assegna un termine non superiore a giorni novanta per consentire al conduttore di pagare i canoni scaduti e quelli a scadere, oltre gli interessi e le spese processuali che liquida e quindi rinvia l'udienza non oltre dieci giorni dalla scadenza del termine assegnato. A tale udienza, se il conduttore ha sanato integralmente la morosità, il giudice dichiara l'estinzione del processo; in caso contrario, e dietro attestazione del locatore che la morosità persiste, convalida lo sfratto, fissando la data del rilascio;
- il conduttore compare e **nega la propria morosità**, contestando l'ammontare della somma pretesa: il giudice può disporre con ordinanza il pagamento della somma non controversa e concedere all'uopo un termine non superiore a venti giorni. Se il conduttore non ottempera all'ordine di pagamento, all'udienza successiva il giudice convalida l'intimazione di sfratto;
- il conduttore compare e **contesta la morosità**: si applica l'art. 665.

Il locatore, oltre all'intimazione di sfratto, può chiedere contestualmente **ingiunzione** per il pagamento dei canoni scaduti e a scadere fino all'esecuzione dello sfratto e per le spese dell'esecuzione (art. 664): in tal caso il giudice pronuncia separato decreto di ingiunzione, che viene steso in calce ad una copia dell'atto di intimazione presentata dall'istante, da conservarsi in cancelleria. La concessione del decreto è subordinata alla pronuncia dell'ordinanza di convalida.

Il decreto è immediatamente esecutivo, ma contro di esso può essere proposta opposizione nel termine ordinario (v. parte quinta, cap. I, 6); l'opposizione non toglie comunque efficacia all'avvenuta risoluzione del contratto. In ogni caso, la richiesta del decreto ingiuntivo rappresenta una facoltà, potendo il locatore riservarsi di procedere con separato giudizio (art. 669).

Giurisprudenza

In caso di pluralità di locatori, ciascuno di essi gode di pieni poteri gestori e presumendosi, in difetto di prova contraria, il consenso degli altri locatori, può agire al fine di ottenere il rilascio dell'immobile, dovendosi pertanto escludere la necessità di integrazione del contraddittorio (Cass. civ., sez. III, 4 luglio 2019, n. 17933).

4. L'ordinanza di convalida.

L'ordinanza di convalida, che assume la portata di un provvedimento di condanna al rilascio, insieme all'atto di intimazione convalidato e su cui è stata apposta la formula esecutiva, danno luogo ad un **titolo esecutivo**. Con l'ordinanza di convalida il giudice, inoltre, ai sensi dell'art. 56 legge n. 392/1978, deve fissare la data dell'esecuzione entro il termine massimo di mesi sei ovvero, in casi eccezionali, di dodici mesi dalla data del provvedimento. Se entro la data fissata il conduttore non provvede al rilascio spontaneo dell'immobile, il locatore potrà promuovere l'esecuzione forzata ai sensi dell'art. 605. In questo lasso di tempo il locatore può, comunque, notificare il precetto intimando il rilascio per la data fissata nel provvedimento di convalida.

La giurisprudenza ritiene che l'ordinanza deve altresì contenere la condanna dell'intimato al pagamento delle spese sostenute dal locatore per gli atti del procedimento.

L'art. 668 consente all'intimato di presentare **opposizione tardiva** quando l'intimazione sia stata convalidata in sua assenza e fornendo la prova di non averne avuto tempestiva conoscenza:

- per **irregolarità della notificazione**: l'espressione va intesa in senso lato e cioè quando si siano verificate violazioni delle norme che regolano la notificazione degli atti processuali. Occorre un nesso di causalità tra l'irregolarità della notificazione e la tardiva conoscenza del decreto;
- per **caso fortuito** o per **forza maggiore**: si identificano rispettivamente in una forza esterna, ostativa in assoluto, ed in un fatto di carattere meramente oggettivo, del tutto avulso dalla umana volontà e causativo dell'evento unicamente per forza propria, nel senso che il fatto non solo non è voluto, ma non può nemmeno essere preveduto o, anche se preveduto, non può essere impedito.

L'opposizione tardiva deve essere proposta nel **termine perentorio** di dieci giorni dall'esecuzione: il termine decorre dall'accesso dell'ufficiale giudiziario sul luogo dell'esecuzione e non dalla consegna effettiva dell'immobile nelle mani dell'esecutante. L'opposizione si propone davanti al tribunale nelle forme prescritte per l'opposizione al decreto ingiuntivo, in quanto applicabili. L'opposizione non sospende il processo esecutivo, ma il giudice con ordinanza non impugnabile può disporne la sospensione per gravi motivi, imponendo, quando lo ritiene opportuno, una cauzione all'opponente.

Giurisprudenza

L'ordinanza di convalida dello sfratto per morosità ha efficacia di cosa giudicata sostanziale su ogni questione in merito alla risoluzione del contratto e al possesso di fatto della cosa locata, ma non preclude, nell'autonomia dei rispettivi e correlativi diritti, né al locatore di instaurare separato giudizio per il pagamento dei canoni, né al conduttore di chiedere in giudizio l'accertamento dell'obbligo del pagamento e di eccepire e contrastare, nell'indagine sui rapporti di dare e di avere in relazione ai canoni, la misura di questi, tranne il caso in cui allo sfratto per morosità si sia accompagnata contestualmente l'ingiunzione di pagamento per i canoni, risul-

*tando, in tale ipotesi, coperti dal giudicato anche i fatti impeditivi/estintivi del relativo obbligo. Deriva da quanto precede, pertanto, che un giudicato anche sulla entità del canone dovuto è configurabile solo in caso di emanazione — e non soltanto di semplice domanda — contestuale ingiunzione di pagamento per i canoni divenuto definitivo (Cass. civ., sez. III, 23 aprile **2020**, n. 8116).*

SCHEMA 80 Il procedimento per convalida di sfratto: il procedimento

DEFINIZIONE	costituisce un **procedimento speciale di condanna** a carattere facoltativo a **cognizione sommaria** nel rispetto del contraddittorio utilizzabile esclusivamente per la **locazione immobiliare** al fine di far valere il **diritto al rilascio** in forza di un contratto tipico ovvero quando la locazione costituisce **elemento accessorio** e secondario di un contratto d'opera o di lavoro subordinato
LA LICENZA PER FINITA LOCAZIONE	può essere intimata dal locatore al conduttore **prima della scadenza** del contratto con la contestuale citazione per la convalida
LO SFRATTO PER FINITA LOCAZIONE	può essere intimato dal locatore al conduttore **dopo la scadenza del contratto** se è esclusa la tacita rinnovazione
LO SFRATTO PER MOROSITÀ	può essere intimato dal locatore al conduttore in caso di **mancato pagamento del canone** alle scadenze esercitando un'azione costitutiva di risoluzione del contratto per inadempimento con condanna al pagamento dei canoni scaduti nelle forme proprie del **decreto ingiuntivo**
LA COMPETENZA	**funzionale territoriale inderogabile** del tribunale del luogo in cui si trova la cosa locata sia nella fase di convalida che nella successiva eventuale opposizione
L'ATTO INTRODUTTIVO – REQUISITI	l'intimazione di licenza o di sfratto e contestualmente • la citazione • la dichiarazione di residenza del locatore o l'elezione di domicilio • i requisiti di cui all'art. 125 ad eccezione di quelli previsti dall'art. 163 n. 7
L'ATTO INTRODUTTIVO – NOTIFICA	deve essere notificato al conduttore nel rispetto del termine di giorni liberi non inferiori a 20 tra la data della notifica e quella dell'udienza

SCHEMA 81 Il procedimento per convalida di sfratto: l'udienza di comparizione e l'ordinanza di convalida

- L'UDIENZA DI COMPARIZIONE
  - IL LOCATORE NON COMPARE — gli effetti dell'intimazione cessano e il giudice dichiara **estinto** il procedimento
  - L'INTIMATO NON COMPARE — il giudice se non dispone la rinnovazione della notifica **convalida** la licenza o lo sfratto
  - L'INTIMATO COMPARE E NON SI OPPONE — il giudice **convalida** la licenza o lo sfratto disponendo l'apposizione della **formula esecutiva**
  - L'INTIMATO COMPARE E SI OPPONE — viene meno per il giudice la possibilità di convalidare la licenza o lo sfratto e il procedimento **prosegue** nelle **forme ordinarie**
  - L'INTIMATO COMPARE MA SVOLGE ECCEZIONI NON FONDATE SU PROVA SCRITTA — il giudice su istanza del locatore se non sussistono **gravi motivi** in contrario pronuncia **ordinanza** non impugnabile di rilascio con **riserva delle eccezioni** del convenuto
- NELLO SFRATTO PER MOROSITÀ
  - IL CONDUTTORE NON COMPARE E LA MOROSITÀ PERSISTE — il giudice **convalida lo sfratto**
  - IL CONDUTTORE NON COMPARE E LA MOROSITÀ E' SANATA — il giudice dichiara **l'estinzione del procedimento**
  - IL CONDUTTORE COMPARE
    - sana la morosità — il giudice dichiara l'estinzione del procedimento
    - chiede il termine di grazia — il giudice assegna un termine non superiore a 90 giorni per sanare la morosità
    - nega la propria morosità — il giudice può disporre con ordinanza il pagamento della somma non controversa
    - contesta la morosità — si applica l'art. 665
- L'INGIUNZIONE
  - PAGAMENTO DEI CANONI SCADUTI E A SCADERE OLTRE LE SPESE
    - può essere chiesta **contestualmente** all'intimazione di sfratto
    - il giudice pronuncia **separato decreto** di ingiunzione in calce ad una copia dell'atto di intimazione
    - la concessione del decreto è subordinata alla convalida il decreto è immediatamente esecutivo ma può essere proposta opposizione nel termine ordinario
- L'ORDINANZA DI CONVALIDA
  - NATURA — provvedimento di **condanna al rilascio** che unitamente all'atto di intimazione convalidato e reso esecutivo dà luogo ad un **titolo esecutivo**
  - IL GIUDICE — fissa la **data dell'esecuzione** e se il conduttore non provvede al rilascio il locatore può promuovere l'esecuzione forzata
- L'OPPOSIZIONE TARDIVA — può essere presentata dall'intimato entro 10 giorni dall'esecuzione quando l'intimazione è stata convalidata in sua assenza fornendo la prova di non aver avuto conoscenza per **irregolarità della notifica, caso fortuito** o **forza maggiore**

CAPITOLO III

I PROCEDIMENTI CAUTELARI

1. Considerazioni generali.

I procedimenti cautelari hanno lo scopo di consentire alla parte di ottenere una tutela immediata quando il tempo occorrente per far valere il diritto nel processo a cognizione piena possa vanificare il diritto stesso che la parte intende far valere. È per questo motivo che la tutela cautelare soccorre la necessità di soddisfare tempestivamente e con immediatezza la parte che necessita di tutela immediata, a garanzia dell'effettività del diritto di azione e della tutela giurisdizionale. I procedimenti cautelari sono caratterizzati da una **tutela sommaria**; sono procedimenti speciali in quanto il provvedimento che ne scaturisce è provvisorio e strumentale rispetto alla pronuncia a cognizione piena ed in quanto hanno tempi e modi di svolgimento rapidi ed efficaci.

I presupposti della tutela cautelare sono

- il c.d. ***fumus boni iuris*** e cioè l'approssimativa e ragionevole probabilità circa l'esistenza del diritto; nel processo cautelare non occorre accertare se il diritto esiste o meno ma è sufficiente che appaia verosimile;
- il c.d. ***periculum in mora*** e cioè la sussistenza del pericolo nel ritardo dell'emanazione del provvedimento definitivo.

Il legislatore, con le disposizioni introdotte con la legge 26 novembre 1990, n. 353 (in parte oggi sostituite e modificate dalle miniriforme successive), ha migliorato sensibilmente la disciplina del processo cautelare, prevedendo, nel capo terzo del titolo primo del libro quarto del codice, tutta una serie di norme generali e speciali, destinate ad integrarsi tra loro in modo uguale o diverso a seconda dei vari tipi di procedimenti. Il capo terzo si articola in cinque sezioni:

- la prima riguarda i procedimenti **cautelari in generale** e contiene le disposizioni applicabili a quasi tutti i procedimenti cautelari;
- la seconda riguarda il procedimento di **sequestro**, che è uno dei provvedimenti maggiormente utilizzati;
- la terza riguarda i procedimenti di **denuncia di nuova opera e di danno temuto**;
- la quarta riguarda i procedimenti di **istruzione preventiva**;

- la quinta riguarda i provvedimenti di **urgenza**, il cui procedimento è destinato ad essere utilizzato tutte le volte in cui la parte non possa ottenere tutela con l'utilizzo dei procedimenti cautelari tipici.

I procedimenti possessori sono disciplinati non nel capo terzo, ma in quello successivo, in quanto hanno caratteristiche autonome: ciò nonostante il procedimento è strutturato in modo simile a quello cautelare ed è per questo motivo che le norme dettate per i procedimenti cautelari in generale si applicano, in quanto compatibili.

2. I procedimenti cautelari in generale.

Come detto, le norme contenute nella sezione prima sono destinate allo scopo di precostituire un **modello procedurale uniforme** per tutti i provvedimenti cautelari. L'art. 669-*quaterdecies* prevede, infatti, che le disposizioni della sezione prima si applicano ai provvedimenti cautelari tipici di sequestro, di denuncia di nuova opera e di danno temuto e di urgenza, nonché, in quanto compatibili, agli altri provvedimenti cautelari previsti sia dal codice civile sia dalle leggi speciali. Nel codice civile, infatti, sono disciplinati procedimenti che hanno natura cautelare: ad esempio, il ricorso per sequestro dei beni del coniuge allontanatosi dalla residenza famigliare (art. 146 c.c.) oppure il ricorso per la sospensione dell'esecuzione delle delibere assembleari (art. 1109 c.c.); molte leggi speciali prevedono, inoltre, provvedimenti cautelari senza definirne il procedimento (ad esempio la richiesta di provvisionale sul danno ai sensi dell'art. 5 della legge n. 102/2006 a carico della compagnia di assicurazioni). In funzione di quanto stabilito dall'art. 669-*quaterdecies*, vi è un modello procedurale uniforme da utilizzare.

La norma non richiama i procedimenti cautelari tipici di istruzione preventiva, non perché non siano provvedimenti cautelari, ma in quanto il loro oggetto non è strumentale all'azione ordinaria bensì alla tutela del c.d. diritto alla prova; agli stessi, dunque, non si applicano le norme della prima sezione, ad eccezione dell'art. 669-*septies* espressamente richiamato.

La *Corte Costituzionale* con la *sentenza 28 gennaio 2010, n. 26* ha però dichiarato l'illegittimità costituzionale della norma nella parte in cui, escludendo l'applicazione dell'art. 669-*quinquies* ai provvedimenti di cui all'art. 696, impedisce in caso di clausola compromissoria, di compromesso o di pendenza di giudizio arbitrale, la proposizione della domanda di accertamento tecnico preventivo al giudice che sarebbe competente a conoscere del merito.

Giurisprudenza

Poiché il giudizio di merito è autonomo rispetto a quello cautelare, non solo nel primo possono essere formulate domande nuove rispetto a quanto dedotto nella fase cautelare, ma nemmeno vi è necessaria coincidenza soggettiva tra le parti del primo e quelle del secondo, con la conseguenza che nella fase di merito ben possono partecipare ulteriori soggetti, sia volontariamente in via adesiva o autonoma, sia a *seguito di chiamata in causa, a condizione che le loro pretese siano collegate al rapporto dedotto in giudizio (Cass. civ., sez. II, 10 dicembre **2020**, n. 28197).*

2.1. *La domanda.*

Il procedimento cautelare si introduce con **ricorso** da depositarsi nella cancelleria del giudice competente (art. 669-*bis*); poiché la norma in oggetto non ne specifica il contenuto, occorre necessariamente fare riferimento all'art. 125 che disciplina in generale il contenuto e la sottoscrizione degli atti di parte. In particolare, la dottrina evidenzia che nel ricorso deve essere individuato il diritto sostanziale a cautela del quale si richiede il provvedimento, nonché l'esposizione dei fatti costitutivi ai fini della valutazione del *fumus boni iuris*, l'indicazione del *periculum in mora* e degli elementi probatori da cui è dato desumerne la sussistenza. Si discute in dottrina e in giurisprudenza se, nel silenzio della norma, il ricorso cautelare deve indicare gli elementi costitutivi dell'azione di merito cui è strumentale, in quanto la competenza cautelare *ante causam*, come sarà trattato nel prosieguo, appartiene, in via generale, al giudice competente a conoscere dell'azione di merito e la misura cautelare concessa diventa inefficace se non è instaurata l'azione di merito entro il termine previsto dall'art. 669-*octies* comma 1. L'orientamento prevalente ritiene che la persistente strumentalità, sotto il profilo funzionale, dei provvedimenti cautelari impone, in ogni caso, l'indicazione sin dal ricorso cautelare degli **elementi costitutivi dell'azione di merito**, soprattutto ai fini del giudizio in ordine al *fumus boni juris*. Giurisprudenza di merito sanziona, infatti, con la inammissibilità il ricorso cautelare che non individui compiutamente il contenuto dell'azione di merito ovvero con la nullità il ricorso quando dalla domanda non possono evincersi gli elementi della *causa petendi*.

2.2. *La competenza.*

Prima dell'inizio della causa di merito la domanda si propone:

- al giudice competente a conoscere il merito stesso;
- al tribunale, se però è competente per la causa di merito il giudice di pace;
- al giudice che sarebbe competente per materia o valore del luogo in cui deve essere eseguito il provvedimento cautelare, se il giudice italiano non è competente a conoscere la causa di merito (art. 669-*ter*).

Quando invece vi è già causa pendente per il merito, la domanda deve essere proposta:

- al giudice della stessa;
- al giudice istruttore, se la causa pende davanti al tribunale;
- al presidente (il quale provvede a designare il magistrato a cui affidare la trattazione del procedimento), se il giudice istruttore non è ancora stato designato o il giudizio è sospeso o interrotto;
- al tribunale, se la causa pende davanti al giudice di pace;

- al giudice che ha pronunciato la sentenza, in pendenza dei termini per proporre l'impugnazione;
- al giudice che sarebbe competente per materia o valore del luogo in cui deve essere eseguito il provvedimento cautelare, se la causa pende davanti al giudice straniero e il giudice italiano non è competente a conoscere la causa di merito (art. 669-*quater*);
- al giudice che sarebbe stato competente a conoscere del merito, se la controversia è oggetto di clausola compromissoria o è compromessa in arbitri, anche non rituali, o se è pendente il giudizio arbitrale (art. 669-*quinquies*).

2.3. *Il procedimento.*

Per garantire l'effettività ed immediatezza del diritto di azione e, dunque, della tutela cautelare, il procedimento deve necessariamente essere snello e rapido, ma nello stesso tempo garantire il diritto di difesa della parte nei cui confronti è richiesto il provvedimento. L'art. 669-*sexies* prevede, pertanto, l'emanazione del provvedimento a seguito della **convocazione delle parti** ovvero a **contraddittorio differito** (quando la convocazione possa pregiudicare l'attuazione del provvedimento), con emanazione di un decreto motivato *inaudita altera parte* e successiva comparizione delle parti. Il procedimento è, comunque, caratterizzato dal fatto che:

- è **omessa ogni formalità** non essenziale al contraddittorio (la convocazione delle parti può essere attuata in qualunque modo);
- il giudice procede nel modo che ritiene **più opportuno** agli atti di istruzione indispensabili in relazione ai presupposti e ai fini del provvedimento richiesto (il giudice può raccogliere sommarie informazioni, può acquisire prove tipiche e atipiche senza il rispetto delle forme e dei termini).

Il procedimento si chiude sempre con l'emanazione di **ordinanza**

- di accoglimento o di rigetto della domanda, a seguito della convocazione delle parti;
- di conferma, modifica o revoca del provvedimento emanato con decreto *inaudita altera parte*, in caso di contraddittorio differito.

Il giudice emette **provvedimento negativo** quando nega la tutela cautelare per

- ragioni di merito e, in tal caso, la parte può proporre reclamo (art. 669-*terdecies*) oppure riproporre l'istanza quando si verifichino mutamenti delle circostanze o vengano dedotte nuove ragioni di fatto o di diritto (art. 669-*septies*);
- per ragioni di rito (ad esempio incompetenza) e in tal caso la parte può riproporre l'istanza (art. 669-*septies*).

Se l'ordinanza di rigetto è pronunciata prima dell'inizio della causa di merito, il giudice **provvede sulle spese** del procedimento cautelare. L'art. 669-*septies*, comma 3 stabilisce che la condanna alle spese è immediatamente esecutiva.

Se l'**ordinanza di accoglimento** è pronunciata su domanda proposta prima dell'inizio della causa di merito, diversi sono gli effetti a seconda che il provvedimento cautelare sia conservativo o anticipatorio

- per i provvedimenti cautelari **di natura conservativa** l'art. 669-*octies*, comma 1 prevede che la parte interessata deve instaurare il **giudizio di merito** entro il termine perentorio, fissato dal giudice con ordinanza, o comunque entro quello di giorni sessanta, decorrente dalla pronuncia dell'ordinanza se avvenuta in udienza ovvero dalla comunicazione del deposito in cancelleria se l'ordinanza è stata emessa fuori udienza. Il termine deve essere osservato anche se la causa di merito è attribuita alla giurisdizione del giudice straniero (art. 669-*octies*, comma 1 e 669-*novies*, comma 4) e così pure nel caso in cui la controversia sia oggetto di compromesso o di clausola compromissoria (art. 669-*octies*, comma 5). Il termine di sessanta giorni decorre, invece, da un momento diverso per le controversie di lavoro con le pubbliche amministrazioni di cui all'art. 669-*octies*, comma 4;
- per i provvedimenti **cautelari anticipatori** (provvedimenti di urgenza e quelli idonei ad anticipare gli effetti della sentenza di merito, nonché provvedimenti emanati di denuncia di nuova opera o di danno temuto) non si applicano le disposizioni dell'art. 669-*novies*, comma 1: non è obbligatorio l'inizio della causa di merito ma ogni parte ha la **facoltà** di iniziare o meno il giudizio.

La parte che ha ottenuto il provvedimento cautelare può chiedere l'**attuazione della misura** mediante le forme previste dagli artt. 491 e ss. (secondo le forme della espropriazione) se il provvedimento ha ad oggetto somme di denaro; se, invece, il provvedimento cautelare ha ad oggetto obblighi di consegna, rilascio, fare o non fare, l'attuazione del provvedimento avviene sotto il controllo del giudice che lo ha emesso (art. 669-*duodecies*).

Giurisprudenza

*L'omessa rilevazione dell'incompetenza (derogabile od inderogabile) da parte del giudice o l'omessa proposizione della relativa eccezione ad opera delle parti nel procedimento cautelare "ante causam" non determina il definitivo consolidamento della competenza in capo all'ufficio adìto anche ai fini del successivo giudizio di merito, non operando nel giudizio cautelare il regime delle preclusioni relativo alle eccezioni e al rilievo d'ufficio dell'incompetenza, stabilito dall'art. 38 c.p.c., in quanto applicabile esclusivamente al giudizio a cognizione piena. Ne consegue che il giudizio proposto ai sensi degli artt. 669-*octies *e novies c.p.c., all'esito della fase cautelare "ante causam", può essere validamente instaurato davanti al giudice competente, ancorché diverso da quello della cautela (Cass. civ., sez. VI, 24 giugno* ***2020**, n. 12403).*

*L'azione inibitoria a tutela degli interessi collettivi dei consumatori e degli utenti può essere promossa, tanto in via ordinaria quanto in via d'urgenza. La duplicità dei percorsi procedimentali risulta chiaramente dall'art. 140, comma 8, cod. consumo, il quale prevede, nei casi in cui ricorrano giusti motivi di urgenza, che l'azione inibitoria si svolga a norma degli artt. da 669-*bis* a 669-*quaterdecies* c.p.c. (Cass. civ., sez. III, 8 aprile* ***2020**, n. 7744).*

2.4. *Il reclamo.*

Contro l'ordinanza con la quale è stato concesso o negato il provvedimento cautelare e avverso il provvedimento di attuazione di misure cautelari, emesso dal giudice monocratico (*Cass. civ., sez. II, 17 aprile 2019, n. 10758*), le parti possono proporre reclamo nel **termine perentorio** di quindici giorni che decorre dalla pronuncia in udienza ovvero dalla comunicazione della stessa se il provvedimento è stato pronunciato fuori udienza ovvero dalla data della notificazione dell'ordinanza se avvenuta in data anteriore rispetto alla comunicazione da parte del cancelliere (art. 669-*terdecies*, comma 1).

Contro i provvedimenti del giudice monocratico, il reclamo si propone al tribunale in composizione collegiale; contro i provvedimenti emessi dalla Corte d'appello, il reclamo si propone ad altra sezione della medesima Corte o in mancanza alla Corte d'appello più vicina. La norma non prevede quale sia il giudice competente nel caso di provvedimenti emessi dal tribunale in composizione collegiale: dottrina e giurisprudenza sono divise, in quanto una parte ritiene che il reclamo debba essere proposto ad altra sezione dello stesso tribunale o, in mancanza, al tribunale più vicino, mentre altra parte ritiene che la competenza spetti alla Corte d'appello, in quanto organo superiore.

Il reclamo cautelare è considerato quale **nuovo giudizio**, in quanto possono essere proposte circostanze e motivi sopravvenuti al momento della proposizione del reclamo, il giudice può assumere informazioni e acquisire nuovi documenti (art. 669-*terdecies*, comma 3); si introduce con ricorso e il relativo procedimento è disciplinato dagli artt. 737-738 (procedimenti in camera di consiglio): il collegio, convocate le parti, pronuncia, non oltre venti giorni dal deposito del ricorso, ordinanza non impugnabile con la quale conferma, modifica o revoca il provvedimento cautelare.

La proposizione del reclamo non ha effetto sospensivo: è prevista però la possibilità di richiedere l'**inibitoria** quando, per motivi sopravvenuti, il provvedimento arrechi grave danno. In tal caso, il presidente del tribunale o della Corte investiti del reclamo può disporre, con ordinanza non impugnabile, la sospensione dell'esecuzione o subordinarla alla prestazione di una cauzione.

L'ordinanza di rigetto del reclamo non è ricorribile per cassazione, conservando i caratteri della provvisorietà (*Cass. civ., sez. VI, 1 marzo 2019, n. 6180*).

Giurisprudenza

Il provvedimento emesso dal giudice monocratico, ai sensi dell'art. 669 duodecies c.p.c., per regolare l'attuazione delle misure cautelari è impugnabile mediante reclamo al collegio anche relativamente alla pronuncia sulle spese. Contro tale provvedimento, invece, è inammissibile il ricorso per cassazione, essendo esso privo del carattere della decisorietà e, quindi, non idoneo al giudicato (Cass. civ., sez. II, 17 aprile 2019, n.10758).

In tema di procedimenti cautelari, l'ordinanza con la quale il tribunale, rigettando il reclamo, condanni il reclamante alle spese, non è ricorribile per cassazione ai sensi dell'art. 111 Cost., dovendo il soccombente, che non intenda iniziare il giudizio di merito, opporsi al precetto intimato, o all'esecuzione iniziata, sulla base dell'ordinanza, fermo restando che nel conseguente giudizio di opposizione, che è giudizio a cognizione piena, la condanna alle spese può essere ridiscussa senza limiti, come se l'ordinanza sul reclamo, che è provvedimento a cognizione sommaria, fosse, sul punto, titolo esecutivo stragiudiziale (Cass. civ., sez. VI, 1 marzo 2019, n. 6180).

2.5. *La revoca e modifica.*

Il provvedimento cautelare può, comunque, essere revocato o modificato se si verificano **mutamenti nelle circostanze** o se si allegano **fatti anteriori** di cui si sia acquisita conoscenza successivamente al provvedimento stesso, di cui l'istante è onerato della prova (art. 669-*decies*). La parte non può, però, scegliere se ricorrere al reclamo o al procedimento di revoca o modifica, in quanto gli stessi non sono alternativi perché il legislatore ha accordato preferenza al rimedio impugnatorio. La dottrina ritiene, infatti, che dal combinato disposto degli artt. 669-*decies*, comma 1 e 669-*terdecies*, comma 4, emerga che:

- le circostanze e i motivi sopravvenuti sino al momento in cui viene proposto il reclamo devono essere fatti valere col reclamo;
- le circostanze e i motivi sopravvenuti esaurita la fase del reclamo, possono essere fatti valere con il procedimento di revoca o modifica.

Competente sull'istanza di revoca e modifica è:

- il giudice istruttore, se è stata iniziata la causa di merito (art. 669-*decies*, comma 1);
- il giudice che ha provveduto sull'istanza cautelare, se il giudizio di merito non è stato iniziato o se, benché promosso, sia stato dichiarato estinto (art. 669-*decies*, comma 2);
- il giudice che ha emanato il provvedimento cautelare, se la causa di merito è devoluta alla giurisdizione di un giudice straniero o ad arbitrato ovvero se l'azione civile è stata esercitata o trasferita nel processo penale (art. 669-*decies*, comma 3).

La norma non prevede quali siano i rimedi esperibili avverso l'ordinanza che pronuncia la revoca o la modifica del provvedimento cautelare. La giurisprudenza di merito ritiene che l'ordinanza di rigetto dell'istanza cautelare di revoca non sia reclamabile, posto che tale provvedimento nulla aggiunge alla situazione preesistente; diversamente, si finirebbe con il consentire una costante e reiterata reclamabilità dell'ordinanza cautelare. Viceversa, in caso di accoglimento dell'istanza che disponga la revoca o la modifica della precedente cautela, la giurisprudenza ritiene il provvedimento reclamabile.

2.6. *L'inefficacia del provvedimento cautelare.*

L'art. 669-*novies* contempla una serie di ipotesi verificatesi le quali il provvedimento cautelare **perde efficacia** e cioè quando:

- **il procedimento di merito non è iniziato** nel termine perentorio di sessanta giorni fissato dall'art. 669-*octies* ovvero se successivamente al suo inizio il procedimento si estingue (l'ipotesi è applicabile solamente ai provvedimenti cautelari di carattere conservativo in quanto per i provvedimenti cautelari anticipatori non si verifica tale effetto in funzione di quanto previsto dall'art. 669-*octies*, comma 6). La dichiarazione di inefficacia avviene da parte del giudice che ha emesso il provvedimento, su ricorso della parte interessata, con ordinanza avente efficacia esecutiva se non vi è contestazione oppure con sentenza in caso di contestazione (art. 669-*novies*, commi 1 e 2);

- **non sia stata versata la cauzione** disposta dal giudice con il provvedimento cautelare di accoglimento (art. 669-*novies*, comma 3);
- la sentenza italiana o straniera, emessa nel successivo giudizio di merito o il lodo arbitrale, abbia **dichiarato inesistente** il diritto a cautela del quale era stato concesso. La dichiarazione di inefficacia è pronunciata nella stessa sentenza o in mancanza dal giudice che ha emesso il provvedimento, su ricorso della parte interessata (art. 669-*novies*, comma 3 e comma 4, n. 2);
- non sia stata presentata **domanda di esecutorietà** in Italia della sentenza straniera o del lodo arbitrale nei termini previsti (art. 669-*novies*, comma 4, n. 1).

3. Il procedimento di sequestro.

Il sequestro è considerato il provvedimento di natura cautelare e sommaria maggiormente caratteristico. La disciplina del sequestro è oggi contenuta nelle poche norme della sezione seconda, in conseguenza della soppressione del giudizio di convalida. I tipi di sequestro sono:

- **giudiziario**, ai fini di una fruttuosa esecuzione diretta, che può essere concesso quando è controversa la proprietà o il possesso di un bene mobile o immobile, aziende o altre universalità di beni ed è opportuno provvedere alla loro custodia o alla gestione temporanea (art. 670, n. 1);
- **giudiziario**, quale **sequestro di prove**, che può essere autorizzato su libri, registri, documenti, modelli, campioni e ogni altra cosa da cui si pretende desumere elementi di prova, quando è controverso il diritto all'esibizione o alla comunicazione ed è opportuno provvedere alla loro custodia temporanea (art. 670, n. 2);
- **conservativo**, che può essere autorizzato su beni mobili o immobili del debitore o sulle somme a lui dovute, quando il creditore ha fondato timore di perdere la garanzia del proprio credito (art. 671);
- **liberatorio**, che può essere ordinato sulle somme o sulle cose che il debitore ha offerto o messo a disposizione del creditore per la sua liberazione, quando è controverso l'obbligo o il modo del pagamento o della consegna o l'idoneità della cosa offerta (art. 687).

Per la concessione del provvedimento cautelare in oggetto è necessaria la sussistenza del ***fumus boni iuris*** (da individuarsi, per il sequestro giudiziario nella sussistenza della controversia sulla proprietà e per il sequestro conservativo nel grado di probabilità e verosimiglianza della pretesa creditoria) e del

periculum in mora (da individuarsi per il sequestro giudiziario nell'opportunità di provvedere alla custodia o alla gestione temporanea del bene e per il sequestro conservativo nel fondato timore di perdere la garanzia del credito).

La fase di introduzione e autorizzazione del sequestro segue le forme stabilite per il modello procedurale uniforme sopra esaminato; il legislatore ha dettato in modo specifico, le modalità per l'esecuzione del provvedimento: il sequestro, infatti, per conseguire gli effetti di cautela in base ai quali è stato richiesto, deve necessariamente essere eseguito entro il termine di **trenta giorni dalla pronuncia**, in quanto in mancanza perde efficacia (art. 675). Si tratta di un'ulteriore ipotesi di inefficacia del provvedimento cautelare che si aggiunge alle altre ipotesi già disciplinate in via generale dall'art. 669-*novies*. Il termine decorre dalla emanazione del provvedimento di autorizzazione e non già dalla comunicazione.

3.1. *L'esecuzione del sequestro giudiziario.*

Il sequestro giudiziario si esegue nelle **forme dell'esecuzione in forma specifica** per consegna o rilascio (v. parte sesta, cap. III, 2): non è necessaria però la notificazione del precetto per consegna o rilascio e neppure la comunicazione del preavviso (art. 677, comma 1); in buona sostanza, l'ufficiale giudiziario si reca, con il provvedimento autorizzativo del sequestro, ove si trovano i beni mobili oggetto di controversia e redige il verbale con il quale li sottopone a sequestro. Se, invece, si deve procedere al **sequestro di immobili**, l'esecuzione avviene mediante la trascrizione del provvedimento autorizzativo del sequestro. Nel disporre il sequestro giudiziario, infatti, il giudice ha già nominato il **custode** e stabilito i criteri e i limiti dell'amministrazione delle cose sequestrate, nonché le particolari cautele idonee a rendere più sicura la custodia e a impedire la divulgazione dei segreti (art. 676, comma 1) e, quindi, non vi sono particolari attività da effettuare in sede esecutiva. È nominato custode quello dei contendenti che offre maggiori garanzie e dà cauzione (art. 676, comma 2) e se il sequestro giudiziario deve essere eseguito **presso un terzo** (in tal caso è però necessaria la notifica del preavviso di consegna o rilascio, in base a quanto previsto dall'art. 677, comma 2), il giudice, con il provvedimento di autorizzazione o successivamente, può ordinare al terzo detentore del bene sequestrato di esibirlo o di consentire l'immediata immissione in possesso del custode.

Giurisprudenza

Qualora il sequestro giudiziario ex *art. 670 c.p.c., comma 2, abbia ad oggetto un'azienda composta anche di beni immobili ed il custode sia persona diversa dal detentore, al fine di impedire l'inefficacia della misura relativamente a tali beni è sufficiente che il sequestrante consegni all'ufficiale giudiziario l'avviso* ex *art. 608 c.p.c., comma 1, richiamato dall'art. 677 c.p.c., comma 2, entro il termine perentorio di trenta giorni dalla pronuncia, ai sensi dell'art. 675 c.p.c. (Cass. civ., sez. II, 13 settembre 2019, n.22945).*

3.2. *L'esecuzione del sequestro conservativo.*

Poiché il sequestro conservativo costituisce una sorta di pignoramento anticipato, l'esecuzione avviene con le **forme proprie del pignoramento** (sono infatti applicabili le disposizioni in materia di ricerca dei beni con modalità telematiche), seguendo le norme stabilite per quello presso il debitore o presso terzi (art. 678, comma 1). In particolare, per quanto riguarda l'esecuzione del sequestro **presso terzi**, il sequestrante deve, con l'atto di sequestro, citare il terzo a comparire davanti al tribunale del luogo di residenza del terzo, per rendere la dichiarazione di cui all'art. 547, affinché compaia per renderla direttamente quando il sequestro ha per oggetto le somme dovute a titolo di stipendio o affinché invii la propria dichiarazione al creditore sequestrante a mezzo raccomandata, quando il sequestro ha per oggetto crediti diversi. Se il sequestro conservativo deve essere eseguito su beni mobili iscritti in pubblici registri, l'esecuzione si effettua tramite la trascrizione nei registri una volta avvenuta la notifica del provvedimento al debitore. Il sequestro conservativo **sugli immobili** si esegue con la trascrizione del provvedimento presso l'ufficio del conservatore dei registri immobiliari del luogo in cui i beni sono situati (art. 679) e, conseguentemente, non è necessaria la preventiva notifica dell'atto di sequestro. In funzione di quanto stabilito dal combinato disposto degli artt. 2906 e 2914, comma 2, c.c., l'inopponibilità al creditore sequestrante degli atti di disposizione del bene, ha effetto dal momento della trascrizione.

Il legislatore ha previsto quale norma di chiusura che nel momento in cui il creditore sequestrante ottiene sentenza di condanna esecutiva, il sequestro conservativo **si converte in pignoramento** (art. 686, comma 1). L'art. 156 disp. att. prevede le modalità che il creditore sequestrante deve seguire e gli atti che deve compiere affinché ciò avvenga.

4. I procedimenti di denuncia di nuova opera e di danno temuto.

Le **azioni di nunciazione** sono disciplinate dagli artt. 1171 (nuova opera) e 1172 c.c. (danno temuto) e sono preordinate a difesa sia della proprietà o di altro diritto reale, sia del semplice possesso. La giurisprudenza ha avuto modo di precisare i rapporti tra questo tipo di azioni e quelle possessorie: la denuncia di nuova opera, avendo carattere preventivo, in quanto mira ad evitare un danno, può essere promossa, sia per difendere il possesso che per difendere il diritto di proprietà od un qualsiasi altro diritto reale, quando la nuova opera (da altri intrapresa sul proprio come sull'altrui fondo e da cui si abbia ragione di temere che possa derivare danno alla cosa che forma oggetto del diritto o del possesso del denunciante) non sia ancora terminata. Quando, invece, l'opera è stata portata a termine, non si può ricorrere all'azione di nunciazione, ma si deve fare ricorso alle azioni repressive volte alla rimozione e alla definitiva eliminazione della situazione dannosa, e, in particolare, nel caso in cui si intende difendere il possesso, alle azioni possessorie di cui agli artt. 1168, 1170 c.c., per la cui proponibilità occorre che non sia decorso un anno dalla turbativa. L'azione di denuncia di nuova opera è, dunque, diretta ad ottenere le misure più immediate per evitare danni alla cosa posseduta mediante il procedimento sommario che si esaurisce con l'emanazione del provvedimento di rigetto o di accoglimento della pretesa cautelare.

L'art. 688 prevede che la domanda si propone con ricorso al giudice competente a norma dell'art. 21 e cioè al tribunale del luogo nel quale è avvenuto il fatto denunciato mentre, se vi è causa pendente per il merito, la denuncia si propone a norma dell'art. 669-*quater* e cioè al giudice della stessa.

In base a quanto disposto dall'art. 669-*octies*, comma 6, è esteso ai provvedimenti nunciativi il **regime della c.d. strumentalità attenuata** e, conseguentemente, è facoltativa per le parti l'instaurazione del giudizio di merito.

Se la parte alla quale è fatto divieto di compiere l'atto dannoso o di mutare lo stato di fatto contravviene all'ordine, il giudice, su ricorso della parte interessata, può disporre con ordinanza che le cose siano rimesse al pristino stato a spese del contravventore (art. 691): la norma è riconducibile alla previsione generale di cui all'art. 669-*duodecies*. Il giudice che ha emesso il provvedimento cautelare può, infatti, determinare le **modalità** di attuazione e dare ogni provvedimento opportuno ai fini dell'esecuzione del provvedimento stesso.

Giurisprudenza

*In tema di denuncia di nuova opera, il difetto dei requisiti della mancata ultimazione dell'opera e del mancato decorso di un anno dall'inizio dei lavori, se osta all'adozione di provvedimenti provvisori e urgenti nella fase preliminare di natura cautelare, non interferisce sulla successiva ed autonoma fase di merito, nonché sulla proponibilità della relativa domanda, qualora si tratti di azione di natura petitoria e non meramente possessoria (Cass. civ., sez. II, 16 ottobre **2020**, n. 22589).*

*Non osta alla proponibilità del regolamento preventivo di giurisdizione la circostanza che il giudice abbia provveduto nella fase cautelare di un'azione di nunciazione (nella specie, una denuncia di nuova opera), sia pure risolvendo in senso affermativo o negativo una questione attinente alla giurisdizione, giacché il provvedimento reso sull'istanza cautelare non costituisce sentenza (Cass. civ., **sez. un.**, 21 settembre **2020**, n. 19667).*

5. I procedimenti di istruzione preventiva.

I procedimenti di istruzione preventiva sono preordinati all'efficienza della cognizione e in particolare dell'istruzione probatoria. Il requisito richiesto del *periculum in mora* consiste nel timore che venga a mancare la possibilità di escutere testimoni in un processo ovvero nella necessità di far verificare lo stato di luoghi o la qualità o condizione di cose.

Tali procedimenti, ai quali si può far ricorso anche in corso di causa e durante l'interruzione o la sospensione del giudizio (art. 699), sono caratterizzati dal fatto che normalmente vengono proposti prima dell'introduzione della causa di merito e possono avere per oggetto:

- l'**assunzione di testimoni** (art. 692): l'istanza si propone con ricorso al giudice che sarebbe competente per la causa di merito o, in caso di eccezionale urgenza, al tribunale del luogo in cui la prova deve essere assunta. Il ricorso deve specificare i motivi dell'urgenza e i fatti sui quali debbono essere interrogati i testimoni. Il giudice fissa l'udienza di comparizione delle parti e quindi assunte, quando occorre, sommarie informazioni, provvede con ordinanza non impugnabile e, se ammette l'esame testimoniale fissa l'udienza per l'assunzione, designando il giudice che deve procedervi. Il presupposto, ovviamente, per ottenere l'audizione a futura memoria di testimoni, è che vi sia fondato timore che le persone che debbono essere escusse, a causa dell'età o per malattia, vengano a mancare rendendo così impossibile l'escussione nel corso del giudizio di merito. Il giudice è chiamato, dunque, a compiere l'indagine esclusivamente sull'urgenza dell'assunzione in quanto la valutazione dell'ammissibilità della prova è demandata al giudice del merito che tale prova dovrà ammettere, in base a quanto espressamente stabilito dall'art. 698, commi 2 e 3;
- l'**accertamento tecnico preventivo e l'ispezione giudiziale** (art. 696): l'istanza si propone con ricorso al giudice che sarebbe competente per la causa di merito o, in caso di eccezionale urgenza, al tribunale del luogo in cui la prova deve essere assunta. Il ricorso deve specificare i motivi dell'urgenza che rendono necessario far verificare, prima del giudizio, lo stato dei luoghi o la qualità o la condizione di cose, mediante un accertamento tecnico o l'ispezione giudiziale. L'accertamento tecnico e l'ispezione giudiziale possono riguardare anche la persona dell'istante o la controparte (ma solo se questa vi consente). Il giudice fissa l'udienza di comparizione delle parti e quindi assunte, quando occorre, sommarie informazioni, nomina il consulente tecnico e fissa la data dell'inizio delle operazioni. L'accertamento tecnico può comprendere anche valutazioni in ordine alle cause e ai danni relativi all'oggetto della verifica. Il procedimento di accertamento tecnico preventivo si conclude con il deposito della relazione di consulenza tecnica, cui segue la liquidazione del compenso al consulente nominato dal giudice posto a carico della parte richiedente. Non può essere adottato alcun altro provvedimento relativo al regolamento delle spese tra le parti, stante la mancanza dei presupposti sui quali il giudice deve necessariamente basare la propria statuizione in ordine alle spese. Laddove un provvedimento in ordine alla liquidazione di tali spese venga viceversa emesso, si è in presenza di un provvedimento dotato di carattere di definitività non previsto dalla legge, contro il quale non è dato alcun mezzo di impugnazione se non il ricorso per cassazione ai sensi dell'art. 111 Cost. (*Cass. civ., sez. II, 11 settembre* ***2020****, n. 18918*);
- la **consulenza tecnica preventiva ai fini della composizione della lite** (art. 696-*bis*): l'istanza si propone con ricorso al giudice che sarebbe competente per la causa di merito o, in caso di eccezionale urgenza, al tribunale del luogo in cui la prova deve essere assunta, anche quando non sussistono le condizioni per

dar luogo all'accertamento tecnico preventivo. È possibile esperire questo procedimento per accertare e determinare i crediti derivanti dalla mancata o inesatta esecuzione di obbligazioni contrattuali o da fatto illecito ed è preordinato alla conciliazione. Il consulente nominato dal giudice è tenuto infatti, prima di provvedere al deposito della relazione, a tentare la conciliazione delle parti: se queste si conciliano si forma processo verbale al quale il giudice attribuisce, con decreto, efficacia di titolo esecutivo; se questa non riesce, ciascuna parte può chiedere che la relazione depositata dal consulente, sia acquisita agli atti del successivo giudizio di merito.

In caso di eccezionale urgenza, il provvedimento di ammissione del mezzo di prova può essere disposto anche con decreto *inaudita altera parte*, dispensando il ricorrente dalla notificazione alle altre parti: in tal caso, però il giudice può nominare un procuratore che intervenga per le parti non presenti all'assunzione della prova al fine di garantire comunque il contraddittorio (art. 697). La norma, al comma 2, stabilisce tuttavia che, non oltre il giorno successivo, a cura del cancelliere, deve essere fatta notificazione immediata del decreto alle parti non presenti all'assunzione.

A seguito degli interventi della Corte Costituzionale, in relazione al carattere espansivo delle regole del procedimento cautelare uniforme (*Corte Costituzionale, 16 maggio 2008, n. 144 e 28 gennaio 2010, n. 26*), trova applicazione non soltanto l'art. *669-septies*, in relazione alla possibilità di riproporre l'istanza nell'ipotesi di rigetto, ma anche l'art. *669-terdecies* in ordine alla reclamabilità del provvedimento in caso di mancato accoglimento, anche in relazione o soltanto sulla statuizione delle spese (*Cass. civ., sez. III, 26 settembre 2019, n. 23976*), trattandosi di provvedimento privo dei caratteri della definitività e decisorietà.

Un'ultima particolarità: tali procedimenti possono essere esperiti anche avanti il giudice di pace.

Giurisprudenza

*In tema di accertamento tecnico preventivo "ante causam", l'opponibilità del risultato probatorio presuppone che il soggetto nei cui confronti è utilizzato venga validamente evocato nel procedimento cautelare mediante comunicazione del provvedimento di fissazione dell'udienza, in modo che il chiamato possa presentarsi per addurre argomenti a proprio favore (Cass. civ., sez. III, 9 novembre **2020**, n. 24981).*

Il provvedimento col quale il giudice affermi o neghi la propria competenza per territorio a provvedere sull'istanza di accertamento tecnico preventivo a fini conciliativi, proposta ai sensi dell'art. 696 bis c.p.c., non ha alcuna efficacia preclusiva o vincolante nel successivo giudizio di merito sicché esso non può essere impugnato col regolamento di competenza (Cass. civ., sez. VI, 29 maggio 2019, n.14739).

6. I provvedimenti di urgenza.

I provvedimenti di urgenza (art. 700) sono caratterizzati da

- **atipicità**, consistente nel fatto che i presupposti per la concessione del provvedimento richiesto non sono predeterminati né riguardo al *periculum in mora*, né riguardo al *fumus boni iuris*. È sufficiente infatti, che vi sia un pregiudizio imminente e irreparabile, che può riguardare qualunque diritto (esclusi gli interessi semplici o di fatto), affinché il giudice emetta il provvedimento più idoneo ad assicurare provvisoriamente gli effetti della decisione sul merito;
- **residualità**, consistente nel fatto che si può fare ricorso a tale tipo di procedimento solamente quando non esistono altri tipi di procedimento cautelare espressamente previsti per tutelare il diritto.

Ai provvedimenti di urgenza si applica il procedimento cautelare uniforme, sia nella fase di autorizzazione, sia nella fase di attuazione.

Contro i provvedimenti urgenti anticipatori degli effetti della sentenza di merito non è proponibile il ricorso straordinario per cassazione, ai sensi dell'art. 111 Cost., in quanto i medesimi sono privi di stabilità e inidonei al giudicato (*Cass. civ.*, ***sez. un.***, *28 febbraio 2019, n. 6039*).

SCHEMA 82 I procedimenti cautelari: la domanda, la competenza, il procedimento

- I PRESUPPOSTI
  - approssimativa e ragionevole probabilità circa l'esistenza del diritto (*fumus bonis iuris*)
  - sussistenza del pericolo nel ritardo dell'emanazione del provvedimento definitivo (*periculum in mora*)
- LA DOMANDA
  - COME — con ricorso
  - CONTENUTO
    - indicazione del diritto sostanziale a cautela del quale si agisce
    - esposizione dei fatti costitutivi
    - indicazione del pericolo e degli elementi probatori
    - indicazione degli elementi costitutivi dell'azione di merito
- LA COMPETENZA
  - PRIMA DELL'INIZIO DELLA CAUSA — giudice competente a conoscere il merito
  - IN PENDENZA DELLA CAUSA DI MERITO — giudice della stessa causa
  - CONTROVERSIA OGGETTO DI CLAUSOLA COMPROMISSORIA — giudice che sarebbe competente a conoscere il merito
  - IN PENDENZA DEI TERMINI PER L'IMPUGNAZIONE — giudice che ha pronunciato la sentenza
- IL PROCEDIMENTO
  - CONVOCAZIONE DELLE PARTI — convocazione preliminare
  - CONTRADDITTORIO DIFFERITO — il giudice emette immediatamente decreto motivato quindi convoca le parti successivamente
- LE CARATTERISTICHE
  - omissione di ogni formalità non essenziale al contraddittorio
  - libertà del giudice di procedere agli atti di istruzione senza il rispetto delle forme
- L'ORDINANZA
  - A SEGUITO DI CONVOCAZIONE DELLE PARTI
    - **accoglimento** della domanda prima dell'inizio della causa di merito con emissione di provvedimento cautelare **conservativo** o **anticipatorio**
    - **rigetto** della domanda; il giudice nega la tutela cautelare per **ragioni di merito** o di **rito**
  - A SEGUITO DI CONTRADDITTORIO DIFFERITO
    - conferma
    - modifica — del provvedimento emesso con decreto *inaudita altera parte*
    - revoca

SCHEMA 83 I procedimenti cautelari: il reclamo, la revoca e la modifica, l'inefficacia del provvedimento cautelare

- IL RECLAMO
  - L'OGGETTO — **ordinanza** con la quale è stato concesso o negato il provvedimento cautelare
  - IL TERMINE — **15 giorni** dalla pronuncia in udienza, dalla comunicazione o dalla notifica se anteriore alla comunicazione
  - LA COMPETENZA
    - avverso il provvedimento del giudice monocratico la competenza è del tribunale in composizione collegiale
    - avverso il provvedimento della Corte d'appello è competente altra sezione della stessa o della Corte d'appello più vicina
  - IL GIUDIZIO
    - costituisce una **nuova fase** che si introduce con **ricorso** e viene trattata nelle forme dei procedimenti **in camera di consiglio**
    - il giudice può assumere **informazioni** e acquisire **nuovi documenti**
    - il giudice convoca le parti e si pronuncia **entro 20 giorni** dal deposito del ricorso confermando, modificando o revocando il provvedimento cautelare
- LA REVOCA E LA MODIFICA
  - QUANDO — si verificano **mutamenti nelle circostanze** successivamente al provvedimento ed alla fase di reclamo
  - LA COMPETENZA
    - è iniziata la causa di merito — giudice istruttore
    - il giudizio di merito non è iniziato o è stato estinto — giudice dell'istanza cautelare
    - il giudizio di merito è devoluto a giudice straniero, arbitro o giudice penale — giudice dell'istanza cautelare
- L'ORDINANZA
  - DI ACCOGLIMENTO — reclamabile
  - DI RIGETTO — non reclamabile
- L'INEFFICACIA
  - quando il procedimento di merito **non è iniziato** o è **dichiarato estinto**
  - non è stata versata **la cauzione** disposta dal giudice
  - la sentenza italiana o straniera ha dichiarato **inesistente il diritto** a cautela
  - non è stata presentata domanda di **esecutorietà della sentenza** straniera o del lodo arbitrale

SCHEMA 84 I procedimenti di sequestro, denuncia di nuova opera e di danno temuto

- PROCEDIMENTI DI SEQUESTRO
  - GIUDIZIARIO
    - ai fini di una **fruttuosa esecuzione** diretta o della cognizione o **sequestro di prove**
    - su **beni mobili** si esegue nelle forme dell'esecuzione in forma specifica per consegna o rilascio
    - su **beni immobili** si esegue nella forma della trascrizione del provvedimento di sequestro
  - CONSERVATIVO
    - ai fini di non perdere le **garanzie del credito**
    - **presso terzi** si esegue nelle forme del pignoramento
    - su **beni mobili iscritti** nei pubblici registri si esegue mediante trascrizione nei registri
    - su **beni immobili** si esegue mediante trascrizione presso la conservatoria dei registri immobiliari
  - LIBERATORIO
    - ai fini della **liberazione del debitore** che ha offerto somme o cose al creditore

- PROCEDIMENTI DI DENUNCIA DI NUOVA OPERA E DI DANNO TEMUTO
  - DEFINIZIONE
    - azioni a carattere preventivo tendenti ad **evitare un danno** mediante un procedimento sommario che si esaurisce con un **provvedimento** di accoglimento o di rigetto della pretesa cautelare per difendere il **possesso** ovvero il **diritto di proprietà** o qualsiasi altro diritto reale
  - COMPETENZA
    - in assenza della causa per il merito, tribunale del luogo in cui è avvenuto il fatto denunciato
    - in pendenza della causa per il merito, stesso giudice del merito
  - CARATTERISTICHE
    - • il giudizio di merito è facoltativo
    - • se la parte alla quale è fatto divieto contravviene all'ordine il giudice può disporre la rimessione in pristino
    - • il giudice può determinare le modalità di attuazione per l'esecuzione

SCHEMA 85 I procedimenti di istruzione preventiva e i provvedimenti d'urgenza

- PROCEDIMENTI DI ISTRUZIONE PREVENTIVA
  - L'ASSUNZIONE DI TESTIMONI — il ricorso deve specificare i motivi dell'urgenza e i fatti sui quali i testimoni devono essere interrogati
  - L'ACCERTAMENTO TECNICO PREVENTIVO E L'ISPEZIONE GIUDIZIALE — il ricorso deve specificare i motivi dell'urgenza che rendono necessaria la verifica dei luoghi
  - LA CONSULENZA TECNICA PREVENTIVA AI FINI DELLA COMPOSIZIONE DELLA LITE — il procedimento è esperibile anche quando non sussistono i presupposti per dar luogo all'accertamento tecnico preventivo

- CARATTERISTICHE
  - sono esperibili anche avanti il **giudice di pace** in corso di causa, durante la sospensione o interruzione del giudizio, prima della causa di merito
  - è necessario il *periculum in mora* consistente nel timore che venga a mancare la possibilità di escutere i testimoni nel processo o nella necessità di far verificare lo stato dei luoghi, la qualità e la condizione di cose

- LE FASI DEL GIUDIZIO
  - il giudice fissa l'**udienza di comparizione** delle parti e quando occorre assume sommarie informazioni
  - il giudice provvede con **ordinanza non impugnabile**
  - **nell'accertamento tecnico preventivo** e nella **consulenza tecnica preventiva** nomina il consulente tecnico e fissa l'inizio delle operazioni peritali

- I PROVVEDIMENTI D'URGENZA
  - TIPICITÀ — i presupposti per la concessione sono **predeterminati** essendo sufficiente che vi sia un **pregiudizio imminente** ed irreparabile rispetto a qualunque diritto
  - RESIDUALITÀ — è possibile ricorrere a tale tipo di procedimento solo quando non esistono altri tipi di procedimenti cautelari espressamente previsti per tutelare il diritto

CAPITOLO IV

I PROCEDIMENTI POSSESSORI

1. Considerazioni generali.

I procedimenti possessori rientrano nella fattispecie dei procedimenti speciali, ma non in quelli cautelari, non solo perché il legislatore li ha disciplinati nel capo quarto, ma altresì perché, in funzione di quanto previsto dall'art. 703, comma 2, si applicano le norme del procedimento cautelare **solo in quanto compatibili**. La dottrina ritiene, ad esempio, non applicabili al procedimento possessorio l'art. 669-*ter* (competenza anteriore alla causa) essendo derogato dalla disposizione dell'art. 703, comma 1; l'art. 669-*quater* (competenza in corso di causa), in quanto esiste la norma specifica dell'art. 704; gli artt. 669-*septies* e *octies*, non essendo necessaria la divisione in due fasi del procedimento possessorio.

2. Le azioni possessorie.

Le norme dettate per il procedimento possessorio si applicano per le azioni a tutela del possesso disciplinate, sotto il profilo sostanziale, dagli artt. 1168-1170 c.c.

L'**azione di spoglio o di reintegrazione** può essere esercitata da chi è stato violentemente od occultamente spogliato del possesso, entro l'anno dal sofferto spoglio, al fine di chiedere la reintegrazione del possesso. **La legittimazione attiva** compete pertanto a colui che sia possessore al momento dello spoglio nonché al detentore qualificato, ossia a colui che detenga il bene in virtù di un rapporto obbligatorio (affitto, comodato, locazione, appalto, ecc.) e che eserciti il potere di fatto sulla cosa con *animus detinendi*.

L'**azione di manutenzione** può essere esercitata da chi è stato molestato nel possesso di un immobile, di un diritto reale sopra un immobile o di un'universalità di mobili, entro l'anno dalla turbativa, al fine di chiedere la manutenzione del possesso. La **legittimazione attiva** compete, dunque, solamente al possessore il quale abbia posseduto ininterrottamente il bene per oltre un anno. La

Corte Costituzionale ha in passato ritenuto inammissibile la questione di legittimità costituzionale dell'art. 1170 c.c. nella parte in cui non prevede l'esercizio dell'azione di manutenzione a favore del detentore (*Corte costituzionale 26 marzo 1990, n. 151*).

Nel giudizio possessorio assume rilievo esclusivo la **situazione di fatto** esistente al momento dello spoglio e della turbativa, con la conseguenza che, per l'esperimento delle azioni di reintegrazione o di manutenzione, è sufficiente un possesso qualsiasi, anche se illegittimo o abusivo o di mala fede, purché abbia i caratteri esteriori della proprietà o di altro diritto reale e il potere di fatto non venga esercitato per mera tolleranza dell'avente diritto; non è, dunque, necessaria l'esistenza di un valido titolo che renda legittima la situazione di fatto, in quanto, il titolo, se esistente, può essere esaminato soltanto *ad colorandam possessionem*, ossia al fine di qualificare il diritto al cui esercizio corrisponde il possesso, ma non per escludere l'esistenza del già accertato potere di fatto.

La **legittimazione passiva** compete all'autore dello spoglio o della molestia denunziati con l'azione dal ricorrente; quando gli atti siano riferibili a più soggetti, ciascuno di essi è individualmente responsabile del fatto illecito e non ricorre, pertanto, alcuna ipotesi di litisconsorzio necessario e ciò neppure quando si è in presenza di un autore morale e di un autore materiale: entrambi sono singolarmente legittimati dal lato passivo.

Giurisprudenza

In tema di condominio, così come va riconosciuta la legittimazione attiva dell'amministratore — in base ad un'interpretazione estensiva dell'art. 1130, n. 4), c.c. — ad esercitare l'azione di reintegrazione nel possesso, allo stesso modo deve riconoscersi la sua legittimazione passiva, qualora un'azione relativa alle parti comuni venga svolta nei confronti del condominio e si tratti di compiere atti conservativi sui beni di proprietà comune del condominio (Cass. civ., sez. II, 13 novembre ***2020****, n. 25782).*

Nel caso di spoglio o turbativa posti in essere con una pluralità di atti, il termine utile per l'esperimento dell'azione possessoria decorre dal primo di essi se quelli successivi, essendo strettamente collegati e connessi, devono ritenersi prosecuzione della stessa attività, decorrendo, altrimenti, dall'ultimo atto quando ogni atto — presentando caratteristiche sue proprie — si presta ad essere considerato isolatamente (Cass. civ., sez. VI, 24 settembre ***2020****, n. 20007).*

3. La struttura del procedimento.

La domanda si propone con ricorso al giudice competente a norma dell'art. 21 e, dunque, al tribunale del luogo in cui si è verificato il fatto denunciato. Come detto, il giudice provvede ai sensi degli artt. 669-*bis* e ss., in quanto compatibili e l'ordinanza che accoglie o respinge la domanda è reclamabile ai sensi dell'art. 669-*terdecies*.

Prima della riforma del 1990 il procedimento si articolava in due fasi, la prima a cognizione sommaria (diretta a comporre provvisoriamente la controversia, che si esauriva con l'emanazione dei provvedimenti immediati) e la seconda a cognizione piena (diretta ad accertare la fondatezza dell'azione con le forme di un ordinario giudizio contenzioso).

Con la riforma del 1990, il procedimento è stato disciplinato con un generale rinvio alle norme del procedimento cautelare uniforme, ma le sezioni unite della cassazione, intervenute per far luce sul punto, precisarono che il procedimento continuava a rimanere strutturato in due fasi entrambe rette dal ricorso introduttivo, la prima a cognizione sommaria (destinata a concludersi con ordinanza reclamabile) e la seconda a cognizione piena (destinata a concludersi con sentenza soggetta ai normali mezzi di impugnazione).

La questione è stata successivamente oggetto di un nuovo intervento legislativo in quanto, con la legge 14 maggio 2005, n. 80, è stato introdotto il quarto comma all'art. 703, in funzione del quale la seconda fase del procedimento non è più necessaria ed automatica, ma subordinata alla richiesta di una delle parti. **Oggi**, pertanto, la prosecuzione del **giudizio di merito** (per tale intendendosi il merito possessorio) avviene solamente in seguito ad un **atto di impulso** proveniente da una della parti: infatti, il giudice fissa dinanzi a sé l'udienza per la prosecuzione del giudizio solamente se una delle parti ne fa richiesta entro il termine perentorio di sessanta giorni, decorrente dalla comunicazione del provvedimento che ha deciso sul reclamo o, se non vi è stato reclamo, decorrente dalla comunicazione dell'ordinanza resa sulla domanda possessoria.

La norma prevede espressamente l'applicabilità dell'art. 669-*novies*, comma 3 con la conseguenza che, se con la sentenza (che chiude il giudizio di merito possessorio) è dichiarato inesistente il diritto a cautela del quale era stato concesso il provvedimento di reintegrazione o di manutenzione, quest'ultimo diventa inefficace.

Se nessuna delle parti chiede la prosecuzione del giudizio, l'**ordinanza possessoria rimane efficace**: secondo parte della dottrina in quanto si tratterebbe di un'ordinanza di tipo cautelare e come tale dotata del regime di stabilità attenuata tipica dei provvedimenti cautelari anticipatori; secondo altra dottrina, la mancata prosecuzione consoliderebbe gli effetti del provvedimento interdittale che diventerebbe, in questo modo, equiparabile ad una sentenza di merito di uguale contenuto.

La giurisprudenza, a proposito dell'efficacia dei provvedimenti possessori, afferma che essi, pur restando efficaci indipendentemente dall'instaurazione del giudizio di merito in applicazione dell'art. 669-*octies* c.p.c., sono inidonei ad acquisire efficacia di giudicato, non avendo carattere decisorio, come le misure cautelari per le quali opera detta disposizione, e stante l'omesso richiamo agli effetti di cui all'art. 2909 c.c. (*Cass. civ., sez. II, 3 ottobre 2016, n. 19720*)

In ogni caso, poiché il giudizio sul merito possessorio è meramente eventuale, il giudice del procedimento possessorio è sempre tenuto a provvedere sulle **spese di lite**.

Giurisprudenza

*Il giudicato formatosi sulla domanda possessoria è privo di efficacia nel giudizio petitorio, avente ad oggetto l'accertamento dell'avvenuto acquisto del diritto di proprietà o di un altro diritto reale per usucapione, in quanto il possesso utile ad usucapire ha requisiti che non vengono in rilievo nei giudizi possessori, ove l'accoglimento della domanda prescinde dall'accertamento della legittimità del possesso ed offre tutela ad una mera situazione di fatto che ha i caratteri esteriori dei diritti sopra menzionati (Cass. civ., sez. II, 2 dicembre **2020**, n. 27513).*

3.1. *In pendenza di giudizio petitorio.*

Se, invece, pende già il giudizio petitorio, la tutela possessoria, per fatti che avvengono durante il giudizio, è devoluta **al giudice del petitorio** (art. 704, comma 1). Si tratta, dunque, di una deroga alla competenza: secondo la giurisprudenza, si tratta di un vincolo di connessione impropria che giustifica la *vis attractiva* del giudizio possessorio sul giudizio petitorio. I provvedimenti possessori emessi dal giudice del petitorio hanno carattere puramente incidentale e sono destinati, quindi, ad essere assorbiti dalla sentenza che decide sulla controversia petitoria. Il comma 2 della norma prevede, inoltre, un'eccezione al principio di cui sopra: se l'azione possessoria è di reintegrazione, la domanda può essere presentata in via alternativa **anche al giudice del possessorio**, il quale concede i provvedimenti temporanei indispensabili e ciascuna parte può decidere successivamente di proseguire il giudizio dinanzi al giudice del petitorio.

Quale norma di chiusura, il legislatore ha ritenuto di stabilire che il convenuto nel giudizio possessorio **non può** proporre giudizio petitorio, finché il primo giudizio non sia definito e la decisione non sia stata eseguita. La ragione del divieto consiste nell'esigenza di rafforzare la tutela possessoria. Secondo la giurisprudenza, si tratta di un **principio di ordine pubblico**, ragion per cui la violazione del divieto può essere rilevata anche d'ufficio. Inoltre, la giurisprudenza ha precisato che il divieto sancito dall'art. 705, non è ostativo alla proposizione da parte dell'attore in possessorio della separata azione petitoria, né che tale proposizione può interpretarsi come fatto incompatibile con la volontà di proseguire nel giudizio possessorio onde ottenere la più rapida tutela ad esso riconducibile; infatti, il divieto di cumulo delle due azioni è normativamente sancito per il solo convenuto in possessorio, sicché l'inizio del giudizio petitorio da parte dell'attore, in pendenza di quello possessorio, non è che indice della volontà di quest'ultimo di rafforzare, e non già di limitare, la difesa del diritto che si assume violato; d'altra parte, attesa la assoluta diversità degli elementi costitutivi (*"causa petendi"* e *"petitum"*) delle due azioni, dalla contemporanea pendenza delle relative controversie non può profilarsi una questione di litispendenza.

L'art. 705 è stato oggetto di intervento della Corte Costituzionale: l'interpretazione definitivamente affermatasi, è nel senso che il convenuto nel giudizio possessorio può legittimamente opporre le sue ragioni petitorie quando dalla esecuzione della decisione sulla domanda possessoria potrebbe derivargli un **danno irreparabile**, a condizione che tali ragioni siano dedotte sotto forma di eccezione petitoria, finalizzata cioè solamente al rigetto della domanda possessoria e non anche ad una pronuncia sul diritto con efficacia di giudicato.

Il divieto viene meno quando il giudizio possessorio è definito e la decisione sia stata eseguita, vale a dire quando l'attore sia stato reintegrato o manutenuto nel possesso.

SCHEMA 86 I procedimenti possessori

- LE AZIONI A TUTELA DEL POSSESSO
  - DI SPOGLIO O DI REINTEGRAZIONE — la legittimazione attiva spetta al **possessore al momento** dello spoglio o al **detentore qualificato** che siano stati violentemente od occultamente spogliati del possesso entro l'anno dallo spoglio al fine della reintegra
  - DI MANUTENZIONE — la legittimazione attiva spetta al **possessore ininterrotto** per oltre un anno **molestato nel possesso** di un immobile o di un diritto reale su un immobile entro l'anno dalla turbativa al fine della manutenzione del possesso

- REQUISITI DEL POSSESSO
  - ILLEGITTIMO
  - ABUSIVO
  - DI MALA FEDE

- LA LEGITTIMAZIONE PASSIVA
  - **autore dello spoglio** o della molestia denunziati, senza alcuna ipotesi di litisconsorzio necessario in caso di atti riferibili a più soggetti

- IL PROCEDIMENTO
  - *ANTE CAUSAM* — la domanda si propone con **ricorso** al tribunale del luogo in cui si è verificato il fatto denunciato
  - IN PENDENZA DI GIUDIZIO PETITORIO
    - la competenza è devoluta al giudice del petitorio
    - i provvedimenti possessori hanno carattere puramente incidentale destinati ad essere assorbiti dalla sentenza finale
    - il convenuto nel giudizio possessorio non può proporre il giudizio petitorio fino a quando il primo giudizio non sia definito e la decisione non sia stata eseguita ovvero l'attore sia stato reintegrato o rimesso nel possesso

CAPITOLO V

I PROCEDIMENTI DI GIURISDIZIONE VOLONTARIA

1. Considerazioni generali.

Il codice, al capo sesto del titolo secondo del libro quarto, include tra i procedimenti speciali una serie di norme con le quali detta disposizioni comuni ai procedimenti in camera di consiglio, nel tentativo di fornire una disciplina unitaria per tutta una serie di procedimenti, comunemente definiti di giurisdizione volontaria. Per tale si intende l'attività di tipo amministrativo affidata ad organi giurisdizionali per la trattazione di **affari non contenziosi**. Peraltro, tali disposizioni si applicano anche a vere e proprie controversie che riguardano diritti soggettivi o *status*, tipici della giurisdizione contenziosa.

Per un corretto inquadramento della materia, la dottrina ha posto la distinzione fra:

- **procedimenti unilaterali**, caratterizzati dalla circostanza che vi è una parte sola che chiede al giudice l'emanazione di un provvedimento senza che esista una controparte e il provvedimento è destinato a produrre effetti solamente nella sfera giuridica del richiedente;
- **procedimenti bi- o plurilaterali**, caratterizzati dalla circostanza che la domanda è proposta nei confronti di una controparte e il provvedimento è destinato a produrre effetti anche nella sfera giuridica di tale soggetto;

e un'ulteriore distinzione fra:

- **procedimenti camerali contenziosi** (tutti bi- o plurilaterali), nei quali si discute della tutela di diritti soggettivi o *status*;
- **procedimenti camerali non contenziosi** (unilaterali e bi- o plurilaterali), aventi ad oggetto meri interessi.

2. Cenni sui vari procedimenti.

Sono soggetti alle disposizioni comuni ai procedimenti in camera di consiglio, tutta una serie di procedimenti disciplinati dal codice di procedura civile, dal codice civile e da leggi speciali. I più importanti sono:

- provvedimenti conservativi nell'interesse dello scomparso (art. 721 e art. 48 c.c.) e apertura degli atti di ultima volontà e per immissione nel possesso temporaneo dell'assente (art. 725 e art. 50 c.c.): si tratta di provvedimenti marginali ai procedimenti per la dichiarazione di assenza o di morte presunta, i quali hanno invece natura contenziosa, e come tali soggetti alla giurisdizione di cognizione;
- provvedimenti relativi ai minori, agli interdetti e agli inabilitati (artt. 732, 733, 734);
- provvedimenti relativi ai rapporti patrimoniali tra i coniugi (artt. 735 e 736, implicitamente abrogati dalla legge 19 maggio 1975, n. 151 che ha soppresso l'istituto del patrimonio familiare sostituendolo con il fondo patrimoniale, ma ancora applicabile ai patrimoni familiari, costituiti prima dell'entrata in vigore della legge);
- provvedimenti di adozione degli ordini di protezione contro gli abusi familiari (art. 736-*bis* introdotto con la legge 4 aprile 2001, n. 154 contestualmente all'art. 342-*bis* del c.c.);
- provvedimenti contro il rifiuto o il ritardo nel rilascio di copie o nella collazione degli atti pubblici (artt. 743, 744, 745, 746);
- provvedimenti relativi all'apertura delle successioni disciplinati nel titolo quarto: per la vendita dei beni ereditari (artt. 747 e 748), per la fissazione dei termini (art. 749), per l'imposizione di cauzione (art. 750), per l'apposizione e la rimozione dei sigilli (artt. da 752 a 768), per la redazione dell'inventario (artt. da 769 a 777), per la liquidazione proposta dai creditori e legatari nel beneficio di inventario (art. 779), per la nomina del curatore dell'eredità giacente (artt. da 781 e 783), per la liberazione degli immobili dalle ipoteche (artt. da 792 a 795);
- provvedimenti ovunque previsti (art. 742-*bis*), come, ad esempio, quelli conseguenti la denunzia al tribunale per gravi irregolarità degli amministratori della società (art. 2409 c.c.), avverso il rifiuto di iscrizione nel registro delle imprese (art. 2189 c.c.) o per la domanda di equa riparazione per l'eccessiva durata dei processi (l. 24 marzo 2001, n. 89).

3. La struttura del procedimento.

In base all'art. 737, i provvedimenti che debbono essere pronunciati in camera di consiglio si chiedono con ricorso al giudice competente. Per dottrina e giurisprudenza maggioritaria, le parti del procedimento camerale hanno l'onere di farsi assistere o rappresentare da un difensore tecnico, in quanto gli artt. 82 e ss. trovano generale applicazione, salve le deroghe disposte dalla legge per casi specifici. Il giudice del procedimento camerale è il **giudice ordinario**, investito della giurisdizione civile; per individuare quello competente occorre far capo alle disposizioni di legge che prevedono i singoli provvedimenti camerali, mentre, ai fini della competenza per territorio, occorre far riferimento al luogo ove si trova il soggetto della cui posizione giuridica si tratta o che è comunque interessato al provvedimento.

Il provvedimento emesso dal giudice ha la forma di **decreto**, per il quale sussiste l'obbligo della motivazione, a meno che questa non sia espressamente esclusa.

Nei procedimenti camerali che si svolgono davanti al giudice collegiale, l'art. 738 individua la figura del giudice relatore, scelto tra i componenti del collegio, il quale può compiere attività di istruzione, procedere all'audizione degli interessati per poi riferire in camera di consiglio.

Contro i decreti del giudice tutelare, l'art. 739 ammette la proposizione del reclamo mediante ricorso al tribunale, che pronuncia in camera di consiglio; contro i decreti pronunciati dal tribunale in camera di consiglio in primo grado, può essere proposto reclamo con ricorso alla Corte d'appello che pronuncia anch'essa in camera di consiglio (art. 739, comma 2); così pure il reclamo può essere proposto dal pubblico ministero (art. 740). La giurisprudenza, ha avuto modo di precisare che è legittima la condanna alle spese giudiziali nel procedimento promosso in sede di reclamo, avverso provvedimento reso in camera di consiglio, atteso che ivi si profila comunque un conflitto tra parte impugnante e parte destinataria del reclamo, la cui soluzione implica una soccombenza che resta sottoposta alle regole dettate dagli artt. 91 ss. c.p.c. Inoltre, se lo sviluppo del procedimento (in camera di consiglio) nella fase di impugnazione non può ovviamente conferire al procedimento stesso carattere contenzioso in senso proprio, si deve tuttavia riconoscere che, in tale fase, le posizioni delle parti, con riguardo al provvedimento dato, assumono un rilievo formale autonomo, che dà fondamento alla applicazione estensiva dell'art. 91.

Effetto tipico dei provvedimenti è quello che possono essere, **in ogni tempo**, modificati o revocati, salvo ovviamente che disposizioni specifiche di legge non ne prescrivano l'irrevocabilità.

Occorre, infine, tenere presente che nei procedimenti di natura contenziosa che si svolgono con il rito camerale (quale il giudizio di appello in materia di divorzio, ai sensi dell'art. 4, comma 12 l. 1 dicembre 1970, n. 898, e succ. modif.), deve essere assicurato il diritto di difesa e, quindi, realizzato il principio del contraddittorio; tuttavia, trattandosi di procedimenti caratterizzati da particolare celerità e semplicità di forme, ad essi non sono applicabili le disposizioni proprie del processo di cognizione ordinaria e, segnatamente, quelle di cui agli artt. 189 (rimessione al collegio) e 190 (comparse conclusionali e memorie).

Giurisprudenza

Nelle controversie in materia di protezione internazionale, l'audizione del richiedente può essere delegata al singolo giudice che compone il collegio perché, a norma dell'art. 35-bis del d.lgs. n. 25/2008, si applicano le disposizioni di cui agli artt. 737 e ss. c.c., potendo pertanto l'istruttoria essere demandata a un solo giudice che poi sottoporrà le risultanze acquisite alla valutazione dell'organo decidente, senza che ciò violi il principio di immutabilità del giudice, operante soltanto una volta che sia iniziata la fase di discussione della causa (*Cass. civ., sez. I, 21 ottobre* ***2020****, n. 22968*).

Nei procedimenti di impugnazione che si svolgono con rito camerale, il gravame è ritualmente proposto con il tempestivo deposito del ricorso in cancelleria, mentre la notifica dello stesso e del decreto presidenziale di fissazione dell'udienza ri-

sponde esclusivamente alla finalità di assicurare l'instaurazione del contraddittorio, sicché la scadenza del termine all'uopo fissato, non preceduta dalla notifica o dalla presentazione di un'istanza di proroga, non comporta alcuna preclusione, ma implica soltanto la necessità di fissare un nuovo termine per notificare, a meno che la controparte non si sia costituita in giudizio sanando ogni vizio con efficacia ex "tunc" (*Cass. civ., sez. VI, 4 febbraio* ***2020****, n. 2414*).

SCHEMA 87 I procedimenti di giurisdizione volontaria

- **I PROCEDIMENTI DI GIURISDIZIONE VOLONTARIA**
  - TIPOLOGIA
    - provvedimenti conservativi nell'interesse dello scomparso
    - provvedimenti relativi ai minori, interdetti, inabilitati
    - provvedimenti relativi ai rapporti patrimoniali tra i coniugi
    - provvedimenti di adozione degli ordini di protezione contro gli abusi familiari
    - provvedimenti contro il rifiuto o il ritardo nel rilascio di copie di atti pubblici
    - provvedimenti relativi all'apertura delle successioni
    - provvedimenti ovunque previsti
  - NORMATIVA — sono soggetti alle disposizioni comuni ai **procedimenti in camera di consiglio**
  - UNILATERALI — **una sola parte** chiede al giudice l'emanazione di un provvedimento che, in assenza di controparti, è destinato a produrre effetti solamente nella sfera giuridica del richiedente
  - PLURILATERALI — la domanda è proposta nei confronti di **una controparte** e il provvedimento è destinato a produrre effetti anche nella sfera giuridica di tale soggetto
- **IL PROCEDIMENTO**
  - LA DOMANDA — si propone con ricorso
  - IL GIUDICE — competente è quello **espressamente previsto** in base alle disposizioni di legge che prevedono i singoli provvedimenti camerali con riferimento al **luogo** in cui si trova il soggetto della cui posizione giuridica si tratta
  - ASSISTENZA TECNICA — obbligatoria
- **LE IMPUGNAZIONI**
  - DECRETO DEL GIUDICE TUTELARE — **reclamo** con ricorso al tribunale che pronuncia in camera di consiglio
  - DECRETO DEL TRIBUNALE — **reclamo** con ricorso alla Corte d'appello che pronuncia in camera di consiglio anche su iniziativa del P.M.
- **MODIFICABILITÀ E REVOCABILITÀ**
  - QUANDO — è prevista **in ogni tempo** salvo l'irrevocabilità prevista espressamente dalla legge

CAPITOLO VI

IL PROCEDIMENTO SOMMARIO DI COGNIZIONE

1. Considerazioni generali.

Il procedimento sommario di cognizione, disciplinato dal capo III-*bis* nel titolo primo del libro quarto, è stato introdotto dal legislatore con la legge n. 69/2009, quale rito alternativo al processo a cognizione ordinaria, con l'intento di ridurre i tempi del processo e consentire alle parti l'immediata formazione di un titolo esecutivo idoneo al passaggio in giudicato.

Il procedimento, da utilizzarsi obbligatoriamente in alcune materie espressamente individuate nel d.lgs. n. 150/2011 (v. parte quinta, cap. VIII, 3), è pacificamente qualificato in giurisprudenza quale rito speciale o **semplificato a cognizione piena**, ma caratterizzato da una istruzione sommaria. Rientra, pertanto, nei procedimenti di cognizione speciale, alternativi a quello ordinario.

Il rito sommario mira a definire la lite con rapidità, in ragione della più o meno manifesta fondatezza o infondatezza della domanda e della dipendenza del relativo accertamento da poche e semplici acquisizioni probatorie. La scelta del giudice di merito di esercitare gli ampi poteri d'iniziativa istruttoria, concessigli dall'art. 702-*ter*, comma 5, esprime una valutazione discrezionale, insindacabile in sede di legittimità se sorretta da una motivazione esente da vizi di logica giuridica, restando nel contempo esclusa la sola possibilità di decidere la controversia mediante l'applicazione dell'art. 2697 c.c., quale regola di giudizio, nel senso che il giudice non può dare per esistenti fonti di prova decisive e nel contempo astenersi dal disporne l'acquisizione d'ufficio.

2. L'introduzione del giudizio.

Si può ricorrere a questo procedimento non per ogni tipo di causa ma solo per quelle nelle quali il tribunale giudica in composizione monocratica (v. parte prima, cap. VI, 1); sono escluse, dunque, le controversie assoggettate ad altro rito speciale e quelle di competenza del giudice di pace (*Cass. civ., sez. III, 29 ottobre 2019, n. 27591*).

La domanda si propone al tribunale competente **con ricorso**, anziché con citazione, che deve essere sottoscritto e contenere i medesimi elementi dell'atto di citazione, tranne la data dell'udienza che è fissata dal giudice. Deve, quindi, contenere le indicazioni di cui ai numeri 1, 2, 3, 4, 5 e 6 e l'avvertimento di cui al numero 7 del comma 3 dell'art. 163 e cioè che la costituzione oltre i termini implica le decadenze di cui agli artt. 38 e 167 (v. parte terza, cap. I, 2). A seguito della presentazione del ricorso, il cancelliere forma il fascicolo d'ufficio e lo presenta, senza ritardo, al presidente del tribunale, il quale designa il magistrato cui è affidata la trattazione del procedimento. Questi fissa con decreto l'**udienza di comparizione** delle parti, assegnando il termine per la costituzione del convenuto che deve avvenire non oltre dieci giorni prima dell'udienza. Il ricorso, unitamente al decreto di fissazione dell'udienza, deve essere notificato al convenuto almeno **trenta giorni prima** della data fissata per la sua costituzione (art. 702-*bis,* comma 3).

La celerità del processo, rispetto al rito ordinario, è evidente: tra il giorno della notificazione e quello dell'udienza di comparizione, il termine minimo è di trenta giorni anziché di novanta (previsto dall'art. 163-*bis* per il rito ordinario); il termine per la costituzione del convenuto è dieci giorni prima dell'udienza anziché quello di venti previsto dall'art. 166. L'unica incognita è costituita dalla data dell'udienza che è fissata dal magistrato cui è affidata la trattazione del procedimento, a sua discrezione: la norma, infatti, non prevede entro quale lasso di tempo dalla presentazione del ricorso debba essere fissata l'udienza.

Il convenuto deve costituirsi mediante deposito in cancelleria della comparsa di risposta, non oltre **dieci giorni** prima dell'udienza, nella quale deve:

- proporre le sue difese e prendere posizione sui fatti posti dal ricorrente a fondamento della domanda;
- indicare i mezzi di prova di cui intenda avvalersi e i documenti che offre in comunicazione;
- formulare le conclusioni;
- proporre, a pena di decadenza, le eventuali domande riconvenzionali e le eccezioni processuali e di merito che non sono rilevabili d'ufficio;
- dichiarare, a pena di decadenza, che intende chiamare un terzo in garanzia e chiedere lo spostamento dell'udienza al giudice, il quale, con decreto, comunicato dal cancelliere alle parti costituite, provvede a fissare la data della nuova udienza, assegnando un termine perentorio per la citazione del terzo.

La specificità del rito sommario risiede anche nella necessità che le parti, ma soprattutto il ricorrente, deducano negli atti di costituzione tutte le istanze istruttorie che ritengono di formulare per adempiere al loro onere probatorio; così pure il convenuto ha l'onere di contestare i fatti in modo specifico e deve indicare i mezzi di prova dei quali intende avvalersi e i documenti che offre in comunicazione.

Giurisprudenza

Nel procedimento sommario di cognizione ex art. 702-bis c.p.c., il giudice, nel fissare con decreto l'udienza di comparizione delle parti deve tener conto del ter-

*mine, fissato nella norma, per la costituzione del convenuto e, del pari, deve calcolare il termine di almeno trenta giorni prima della data fissata per la suddetta costituzione per la notifica del decreto al convenuto medesimo e del termine di cui all'art. 307 c.p.c. (Cass. civ., sez. II, 30 gennaio **2020**, n. 2202).*

3. La prima udienza.

Nella prima udienza sono concentrate le attività del procedimento il quale, poiché è alternativo a quello a cognizione piena, è improntato alla celerità e alla definizione in tempi rapidi; ove il giudice non ritenga, infatti, tale strumento idoneo può optare per la trasformazione del giudizio in quello ordinario.

Queste le **attività preliminari** del giudice:

- può rilevare d'ufficio l'incompetenza per materia, quella per valore e quella per territorio inderogabile, che dichiara con ordinanza (art. 702-*ter*, comma 1 e art. 38, comma 3);
- può rilevare d'ufficio che la domanda (principale o riconvenzionale) non rientra tra quelle di competenza del giudice monocratico e la dichiara inammissibile con ordinanza non impugnabile. Se, però, con la domanda riconvenzionale sia proposta una causa pregiudiziale a quella oggetto del ricorso principale e la stessa rientri tra quelle in cui il tribunale giudica in composizione collegiale, il giudice adito deve poter disporre il mutamento del rito, fissando l'udienza di cui all'art. 183. La *Corte Costituzionale* con la *sentenza 26 novembre **2020**, n. 253* ha infatti dichiarato l'illegittimità costituzionale dell'art. 702-*ter*, comma 2, ultimo periodo, che impone, invece, al giudice adito di dichiarare inammissibile la domanda riconvenzionale;
- verifica d'ufficio la regolarità del contraddittorio, pronunciando, quando occorre, l'ordine di integrazione del litisconsorzio necessario, di rinnovazione del ricorso nullo, di integrazione della domanda riconvenzionale nulla, di rinnovazione della notifica nulla al convenuto in seguito alla sua mancata costituzione oppure assegna alle parti termine per regolarizzare il difetto di rappresentanza, di assistenza, di autorizzazione o di procura, incombenze tutte necessarie ed indispensabili, come per il rito ordinario;
- dichiara la contumacia del convenuto o quella dell'attore;
- se ritiene che le difese svolte dalle parti richiedono un'istruzione non sommaria, emette **ordinanza non impugnabile** con la quale fissa l'udienza di cui all'art. 183, con applicazione delle disposizioni sul rito ordinario. È stato precisato che, in tal caso, le preclusioni maturate non si applicano al giudizio ordinario a cognizione piena che si instaura all'esito della conversione del rito, poiché l'art. 702-*bis* non dispone nulla al riguardo mentre l'art. 702-*ter* prevede espressamente che il giudice, in seguito alla detta conversione, fissi l'udienza di cui all'art. 183, con conseguente necessità di osservare i termini *ex* artt. 163-*bis*, comma 1 e 166 a tutela del diritto di difesa del convenuto (*Cass. civ., sez. III, 6 luglio **2020**, n. 13879*);
- se ritiene che la causa relativa alla domanda riconvenzionale richiede

un'istruzione non sommaria, emette ordinanza con la quale ne **dispone la separazione**.

La giurisprudenza ha precisato che solo attraverso le concrete allegazioni del *thema decidendum* e *probandum* delle parti il giudice può valutare se la causa possa o meno essere decisa con una istruzione sommaria e, in caso di valutazione negativa, disporre il mutamento del rito; se in base a tale valutazione il giudice ritiene non provata la domanda, è tenuto a rigettarla, perché, sulla base delle prove dedotte, essa risulta non fondata. La valutazione in merito alla conversione del rito non può essere, quindi, condotta sulla base dell'insufficienza o dell'inidoneità delle prove dedotte a fondamento della domanda, altrimenti la conversione del rito consentirebbe di rimettere nei termini la parte ricorrente per le allegazioni istruttorie, aprendo ad ipotesi di conversione del rito determinate non dalla natura non sommaria dell'istruttoria da compiere, ma da carenze nelle deduzioni delle prove, ma tale ipotesi di conversione del rito non è contemplata dall'art. 702-*ter* (*Cass. civ., sez. III, 5 ottobre 2018, n. 24538*).

Se il giudice dispone di procedere con il rito sommario (per l'intera causa o per la sola domanda principale), dopo aver sentito le parti, **omessa ogni formalità** non essenziale al contraddittorio, procede nel modo che ritiene più opportuno agli atti di istruzione rilevanti in relazione all'oggetto del provvedimento richiesto e provvede con ordinanza all'accoglimento o al rigetto delle domande (art. 702-*ter*, comma 5).

La norma non prevede la possibilità di concedere alle parti termini per il deposito di memorie: la previsione, peraltro, del rispetto del principio del contraddittorio, impone al giudice di concedere un termine all'attore per replicare alla domanda riconvenzionale proposta dal convenuto, quantomeno nell'ipotesi in cui abbia ritenuto che anche questa possa essere decisa con l'istruttoria sommaria. Diversamente opinando l'attore sarebbe seriamente pregiudicato in quanto non avrebbe possibilità alcuna di contestare in modo specifico i fatti posti a fondamento della riconvenzionale, di indicare i mezzi di prova necessari e produrre i documenti in contro prova.

Giurisprudenza

Qualora nel corso di un procedimento introdotto con il rito sommario di cognizione emerga la pendenza di un altro giudizio che abbia ad oggetto questioni pregiudiziali, si determina la necessità di una istruzione non sommaria del procedimento e, quindi, il giudice non può adottare un provvedimento di sospensione ex art. 295 c.p.c., ma deve disporre il passaggio al rito della cognizione piena, come previsto dall'art. 702 ter, comma 3, c.p.c. (*Cass. civ., sez. VI, 13 novembre* ***2020****, n. 25660)*.

4. La decisione.

Il giudice decide la causa non con sentenza ma con **ordinanza**, che può essere di accoglimento o di rigetto delle domande, pronunciando sulle spese ai sensi degli artt. 91 e ss. (art. 702-*ter*, comma 7). L'ordinanza è **provvisoriamente esecutiva** e costituisce titolo per l'iscrizione dell'ipoteca giudiziale e per la trascrizione.

Il legislatore ha espressamente previsto che l'ordinanza, se non è appellata, produce gli effetti di cui all'art. 2909 c.c. e, dunque, è destinata al **passaggio in giudicato**, al pari della sentenza.

L'errato *nomen juris* di sentenza attribuito al provvedimento conclusivo di merito con cui viene accolta (o rigettata) la domanda proposta all'esito di un giudizio interamente svoltosi secondo le regole del procedimento sommario di cognizione, senza che risulti una consapevole scelta del giudice di qualificare diversamente l'azione o di convertire il rito in ordinario, non comporta l'applicazione del termine d'impugnazione ordinario restando, comunque, l'appello soggetto al regime suo proprio di cui all'art. 702-*quater* (*Cass. civ., sez. II, 26 novembre 2019, n. 30850*).

5. L'appello.

Avverso l'ordinanza resa all'esito del procedimento sommario di cognizione, le parti possono proporre appello nel **termine di trenta giorni** dalla notificazione o dalla comunicazione, se effettuata in data anteriore alla notificazione. La parte rimasta **contumace in primo grado** può proporre appello nel termine "breve", decorrente dalla notificazione della stessa, in difetto della quale trova applicazione il termine "lungo" di cui all'art. 327 che opera per tutti i provvedimenti a carattere decisorio e definitivo, termine che decorre dalla data della pubblicazione dell'ordinanza, che coincide con quella dell'udienza in cui viene pronunciata, ovvero con quella del deposito, ove venga emessa fuori dell'udienza (*Cass. civ., sez. III, 27 giugno 2018, n. 16893*). La lettura in udienza dell'ordinanza equivale alla comunicazione dell'ordinanza (*Cass. civ., sez. II, 6 giugno 2018, n. 14478*).

L'appello può essere proposto esclusivamente nella forma ordinaria dell'atto di citazione, non essendo espressamente prevista dalla legge per il secondo grado di giudizio l'adozione del rito sommario quale modalità alternativa al rito ordinario; né è possibile, in caso di appello introdotto mediante ricorso, la salvezza degli effetti dell'impugnazione, mediante lo strumento del mutamento del rito previsto dall'art. 4, comma 5, d.lgs. n. 150/2011; se proposto con ricorso, l'appello è valido solo qualora la notificazione del ricorso e del decreto di fissazione dell'udienza sia avvenuta prima della scadenza dei termini per impugnare (*Cass. civ., sez. VI, 5 marzo* ***2020****, n. 6318*).

Si applicano le norme relative al rito ordinario (v. parte terza, cap. VII, 5) tranne l'art. 348-*bis*. Il legislatore ha previsto che sono ammessi **nuovi mezzi di prova** e nuovi documenti quando il collegio li ritiene indispensabili ai fini della decisione ovvero la parte dimostra di non aver potuto proporli nel corso del procedimento sommario per causa ad essa non imputabile. Secondo la giurisprudenza, "indispensabile" è quella prova di per sé idonea ad eliminare ogni possibile incertezza circa la ricostruzione fattuale accolta dalla pronuncia gravata, smentendola o confermandola senza lasciare margini di dubbio oppure provando quel che era rimasto indimostrato o non sufficientemente provato, a prescindere dal rilievo che la parte interessata sia incorsa, per propria negligenza o per altra causa, nelle preclusioni istruttorie del primo grado (*Cass. civ.*, ***sez. un.***, *4 maggio 2017, n. 10790*).

Se sono ammesse nuove prove, il presidente del collegio può delegare l'assunzione dei mezzi istruttori ad uno dei componenti del collegio (art. 702-*quater*).

Giurisprudenza

È inammissibile per inosservanza del termine ex art. 702-quater c.p.c. l'appello proposto oltre il termine di trenta giorni dalla notificazione dell'ordinanza impugnata, trattandosi di sanzione che risponde alle finalità di assicurare la certezza ai diritti e la buona amministrazione della giustizia, ove venga invocato l'errore scusabile in ordine ad accadimenti obiettivamente estranei al processo (Cass. civ., sez. I, 8 luglio ***2020****, n. 14411).*

SCHEMA 88 Il procedimento sommario di cognizione

L'INTRODUZIONE DEL GIUDIZIO	AMBITO DI APPLICAZIONE	**tutte le cause** nelle quali il tribunale giudica in **composizione monocratica**
	ATTO INTRODUTTIVO	**ricorso** contenente i medesimi elementi dell'atto di citazione ad eccezione della data di udienza che deve essere depositato in cancelleria
	PROCEDIMENTO	• il cancelliere forma il fascicolo e il presidente del tribunale designa il magistrato incaricato della trattazione • il giudice fissa con decreto l'udienza di comparizione delle parti • il ricorso e il decreto devono essere notificati al convenuto
	COSTITUZIONE DEL CONVENUTO	mediante comparsa di risposta nella quale deve • proporre le proprie **difese** e prendere posizione sui fatti dedotti dall'attore • indicare i **mezzi di prova** e i documenti • formulare le **conclusioni** • proporre eventuali **domande riconvenzionali** • dichiarare che intende **chiamare un terzo** in causa
LA PRIMA UDIENZA	ATTIVITÀ PRELIMINARE	• può rilevare d'ufficio l'incompetenza per materia, valore e territorio inderogabile • può rilevare d'ufficio che la domanda non rientra tra quelle di competenza del giudice monocratico • verifica d'ufficio la regolarità del contraddittorio • dichiara la contumacia • se ritiene che le difese delle parti richiedano un'istruzione **non sommaria** converte il rito in **ordinario** e fissa udienza *ex* art. 183 • se ritiene che la domanda riconvenzionale richieda una istruzione non sommaria ne dispone la **separazione**
	PROSEGUE IL RITO SOMMARIO	sentite le parti, omessa ogni formalità non essenziale, procede nel modo che ritiene più opportuno agli atti di istruzione rilevanti e provvede con **ordinanza** all'accoglimento o al rigetto delle domande
LA DECISIONE	ORDINANZA	pronuncia anche sulle **spese** ed è provvisoriamente esecutiva
L'APPELLO	TERMINI	**30 giorni** dalla notificazione o dalla comunicazione dell'ordinanza ovvero **sei mesi** se l'ordinanza non è notificata
	PROCEDIMENTO	si svolge secondo le norme del **rito ordinario** ma sono ammessi nuovi mezzi di prova e nuovi documenti quando il collegio li ritenga **indispensabili** ai fini della decisione ovvero la parte dimostri di non averli potuti proporre prima per causa ad essa non imputabile

CAPITOLO VII

L'AZIONE DI CLASSE E I PROCEDIMENTI COLLETTIVI

1. L'azione di classe prevista dal cod. consumo

Ai sensi dell'art. 140-*bis* del d.lgs. 6 settembre 2005 n. 206 (cod. consumo) i diritti individuali omogenei dei consumatori e degli utenti, nonché gli interessi collettivi sono tutelabili anche attraverso l'**azione di classe**; a tal fine, ciascun componente della classe, anche mediante associazioni cui dà mandato o comitati cui partecipa, può agire per l'accertamento della responsabilità e per la condanna al risarcimento del danno e alle restituzioni.

L'azione di classe mira a tutelare:

- **i diritti contrattuali** di una pluralità di consumatori e utenti che versano nei confronti di una stessa impresa in situazione omogenea, inclusi i diritti relativi a contratti stipulati ai sensi degli artt. 1341 e 1342 c.c.;
- **i diritti omogenei** spettanti ai consumatori finali di un **determinato prodotto o servizio** nei confronti del relativo produttore, anche a prescindere da un diretto rapporto contrattuale;
- **i diritti omogenei** al ristoro del pregiudizio derivante agli stessi consumatori e utenti da **pratiche commerciali scorrette** o da **comportamenti anticoncorrenziali**.

La giurisprudenza di merito ha avuto occasione di precisare che l'omogeneità tra i diritti individuali del proponente e dei potenziali aderenti si ravvisa nel caso in cui la fonte del danno sia comune per tutti e la quantificazione del risarcimento appaia effettuabile in base a criteri uniformi. Nel silenzio della norma sul significato di "classe", la giurisprudenza ha indicato che l'azione così denominata postula l'esercizio di un diritto individuale, oggetto di trasposizione in capo a ciascun titolare singolarmente identificato (*Cass. civ., **sez. un.**, 30 settembre 2015, n. 19453*). La definizione di consumatore o utente è fornita dall' art. 3 cod. consumo e cioè "la persona fisica che agisce per scopi estranei all'attività imprenditoriale, commerciale, artigianale o professionale eventualmente svolta".

L'azione può essere proposta, una sola volta per ogni illecito commesso a partire dal 15 agosto 2009 (data di entrata in vigore della legge), davanti al giudice ordinario.

Con il d.lgs. 20 dicembre 2009, n. 198 il legislatore ha previsto analogamente che i titolari di interessi giuridicamente rilevanti ed omogenei per una pluralità di utenti e consumatori, possono agire in giudizio nei confronti delle amministrazioni pubbliche e concessionari di servizi pubblici: competente è, però, il giudice amministrativo.

1.1. *Il procedimento.*

La domanda si propone dinanzi il **tribunale**, in composizione collegiale, avente sede nel **capoluogo della regione**, in cui ha sede l'impresa, ma con alcune particolarità:

- per la Valle d'Aosta è competente il tribunale di Torino;
- per il Trentino-Alto Adige e il Friuli Venezia Giulia è competente il tribunale di Venezia;
- per le Marche, l'Umbria, l'Abruzzo e il Molise è competente il tribunale di Roma;
- per la Basilicata e la Calabria è competente il tribunale di Napoli.

Anche se la legge non lo prevede, l'intenzione del legislatore è, evidentemente, quella di creare un giudice specializzato in materie economiche.

L'atto di citazione deve essere notificato, oltre che all'impresa chiamata in giudizio, anche all'ufficio del pubblico ministero presso il tribunale adito, il quale può intervenire limitatamente al giudizio di ammissibilità. Il tribunale è chiamato, infatti, a decidere, in via preliminare, direttamente alla prima udienza, con ordinanza sull'ammissibilità della domanda, con facoltà di sospendere il giudizio, quando sui fatti rilevanti ai fini del decidere è in corso un'istruttoria davanti ad una autorità indipendente (ad es. autorità garante della concorrenza e del mercato) ovvero un giudizio davanti al giudice amministrativo.

La domanda è dichiarata inammissibile:

- quando è manifestamente infondata;
- quando sussiste un conflitto di interessi;
- quando il giudice non ravvisa l'omogeneità dei diritti individuali tutelabili;
- quando il proponente non appare in grado di curare adeguatamente l'interesse della classe.

In tal caso, il tribunale regola le spese anche ai sensi dell'art. 96 e cioè per lite temeraria e ordina la più opportuna pubblicità a cura e spese del soccombente.

Se, invece, emette ordinanza di ammissibilità, il tribunale fissa termini e modalità della più opportuna pubblicità, affinché gli appartenenti alla classe possano aderire tempestivamente. L'esecuzione della pubblicità è condizione di procedibilità della domanda. Con la stessa ordinanza il tribunale:

- definisce i caratteri dei diritti individuali oggetto del giudizio, specificando i criteri in base ai quali i soggetti che chiedono di aderire sono inclusi nella classe o devono ritenersi esclusi dall'azione;
- fissa un termine perentorio, non superiore a 120 giorni dalla scadenza di

quello per l'esecuzione della pubblicità, entro il quale gli appartenenti alla classe possono aderire;

- determina il corso della procedura, assicurando, nel rispetto del contraddittorio, l'equa, efficace e sollecita gestione del processo.

Il legislatore ha stabilito che l'ordinanza è trasmessa in copia, a cura della cancelleria, al ministero dello sviluppo economico, che ne cura ulteriori forme di pubblicità, anche mediante la pubblicazione sul relativo sito internet.

Ogni consumatore e utente può, conseguentemente, aderire all'azione di classe, senza ministero di difensore, semplicemente depositando in cancelleria, anche tramite l'attore, nel termine fissato dal tribunale, un **atto di adesione** contenente l'elezione di domicilio e l'indicazione degli elementi costitutivi del diritto fatto valere con la relativa documentazione probatoria, atta a dimostrare l'appartenenza alla classe o il danneggiamento subito dal medesimo illecito oggetto del giudizio. L'adesione può avvenire anche tramite posta elettronica certificata e fax. Come osservato da attenta dottrina, l'adesione può essere qualificata come un atto unilaterale *sui generis*, diretto a manifestare la volontà del singolo consumatore di essere incluso nella classe, atto che non lo legittima, però, al compimento di alcuna attività processuale.

Se nello stesso termine sono proposte ulteriori azioni di classe, per i medesimi fatti e nei confronti della stessa impresa, il tribunale provvede alla riunione d'ufficio se le cause sono pendenti davanti allo stesso tribunale; se, invece, sono state proposte ad altro tribunale, il giudice successivamente adito ordina la cancellazione della causa dal ruolo, assegnando un termine perentorio non superiore a 60 giorni per la riassunzione davanti al primo giudice.

Non è possibile effettuare l'intervento di terzi ai sensi dell'art. 105.

Con l'ordinanza di ammissibilità o con altra resa successivamente, modificabile e revocabile in ogni tempo, il tribunale prescrive altresì le misure atte ad evitare indebite ripetizioni o complicazioni nella presentazione di prove o argomenti; onera le parti della pubblicità ritenuta necessaria a tutela degli aderenti e regola, nel modo che ritiene più opportuno, l'istruzione probatoria, disciplinando ogni altra questione di rito. Il procedimento segue, dunque, il rito ordinario che può, però, essere "modulato" dal giudice a sua discrezione, avendo il legislatore previsto che è omessa ogni formalità non essenziale al contraddittorio. Avverso l'ordinanza di ammissibilità può essere proposto **reclamo** avanti la Corte d'appello nel termine perentorio di 30 giorni dalla comunicazione o notificazione se anteriore. La Corte d'appello decide con ordinanza in camera di consiglio non oltre 40 giorni dal deposito del ricorso. Il reclamo dell'ordinanza ammissiva non sospende il procedimento davanti al tribunale.

Giurisprudenza

*Nelle azioni di classe, introdotte a norma dell'art. 140-*bis *del d.lgs. n. 206/2005 (codice del consumo), i consumatori e gli utenti possono aderire all'azione comune anche tramite fax e posta elettronica, senza l'osservanza di particolari formalità, con la conseguenza che la sottoscrizione degli aderenti non deve essere autenticata* *con le modalità, e a cura dei soggetti, di cui al d.P.R. n. 445/2000 (Cass. civ., sez. I, 15 maggio 2019, n. 12997).*

1.2. *La decisione.*

All'esito del giudizio, il tribunale, se accoglie la domanda, pronuncia **sentenza di condanna** con cui liquida ai sensi dell'art. 1226 c.c. le somme definitive dovute a coloro che hanno aderito all'azione o stabilisce il criterio omogeneo di calcolo per la liquidazione delle stesse. In quest'ultimo caso il giudice assegna alle parti un termine, non superiore a 90 giorni, per addivenire ad un accordo sulla liquidazione del danno. Il processo verbale dell'accordo, sottoscritto dalle parti e dal giudice, costituisce titolo esecutivo.

Scaduto il termine, senza che l'accordo sia stato raggiunto, il giudice, su istanza di almeno una delle parti, liquida le somme dovute ai singoli aderenti.

In caso di accoglimento di un'azione di classe proposta nei confronti di gestori di servizi pubblici o di pubblica utilità, il tribunale tiene conto di quanto riconosciuto in favore degli utenti e dei consumatori danneggiati nelle relative carte dei servizi eventualmente emanate. La sentenza non è immediatamente esecutiva ma solamente decorsi 180 giorni dalla pubblicazione: se, però, i pagamenti delle somme dovute sono effettuati durante tale periodo, vi è esenzione da ogni diritto ed incremento, anche per gli accessori di legge maturati dopo la pubblicazione della sentenza.

La sentenza è appellabile avanti la Corte d'appello nei modi e termini ordinari, non avendo il legislatore diversamente stabilito, avendo questi solamente previsto che la Corte d'appello, nel pronunciare i provvedimenti sull'esecuzione provvisoria di cui all'art. 283, possa, altresì, tener conto dell'entità complessiva della somma gravante sul debitore, del numero dei creditori, nonché delle connesse **difficoltà di ripetizione** in caso di accoglimento del gravame. La Corte può, in ogni caso, disporre che, fino al passaggio in giudicato della sentenza, la somma complessivamente dovuta dal debitore sia depositata e resti vincolata nelle forme ritenute più opportune dal giudice d'appello.

La sentenza che definisce il giudizio fa stato anche nei confronti degli aderenti. È fatta salva l'azione individuale dei soggetti che non hanno aderito all'azione collettiva; non sono, invece, proponibili ulteriori azioni di classe per i medesimi fatti e nei confronti della stessa impresa dopo la scadenza del termine per l'adesione assegnato dal tribunale con l'ordinanza di ammissibilità; le rinunce e le transazioni intervenute tra le parti non pregiudicano i diritti degli aderenti che non vi hanno espressamente consentito. Gli stessi diritti sono fatti salvi anche nei casi di estinzione del giudizio o di chiusura anticipata del processo.

2. La nuova azione di classe

La legge 12 aprile 2019 n. 31 ha introdotto una disciplina organica dell'azione di classe, collocandola nel **Titolo VIII-*bis*** del libro IV del codice di procedura civile, dedicato ai procedimenti speciali e rubricato **"Dei procedimenti collettivi"**, dall'art. 840-*bis* all'art. 840-*sexiesdecies*. Con la medesima legge sono state introdotte, all'interno delle disposizioni per l'attuazione del codice di procedura civile e disposizioni transitorie, norme per regolamentare le comunicazioni e gli avvisi in materia di azione di classe, nonché l'elenco delle organizzazioni e associazioni legittimate all'azione di classe.

Al fine di consentire al Ministero della giustizia di predisporre le necessarie modifiche dei sistemi informativi, per permettere il compimento delle attività processuali con modalità telematiche, l'entrata in vigore, prevista decorsi dodici mesi dalla pubblicazione della medesima legge, è stata ulteriormente prorogata al **19 maggio 2021** dall'art. 1, comma 1, della l. n. 176/2020 in sede di conversione del d.l. 28 ottobre 2020 n. 137.

Le disposizioni già contenute agli artt. 139, 140 e 140-*bis* cod. consumo sono abrogate; in virtù di quanto previsto dall'art. 7 della legge, per le condotte illecite compiute anteriormente all'entrata in vigore la normativa di riferimento continua ad essere, però, quella contenuta nel codice del consumo. Le nuove disposizioni si applicano, infatti, alle condotte illecite poste in essere successivamente alla data dell'entrata in vigore della legge.

In base a quanto previsto dall'art. 840-*bis* l'azione di classe è ora esperibile da tutti i soggetti che intendono tutelare **diritti individuali omogenei** e non più riservata a coloro che rivestono la qualità di consumatori e utenti, come invece previsto nella precedente disciplina. Titolari dell'azione sono ciascun componente della classe nonché le organizzazioni o le associazioni senza scopo di lucro (ma solo se iscritte nell'elenco istituito presso il Ministero della giustizia) al fine di far accertare, nei confronti dell'autore della condotta lesiva, la responsabilità e di ottenere la condanna al risarcimento del danno e alle restituzioni. I destinatari dell'azione di classe sono le **imprese** ovvero gli **enti gestori di servizi pubblici** o **di pubblica utilità**, relativamente ad atti e comportamenti posti in essere nello svolgimento delle loro rispettive attività.

Resta fermo il diritto all'azione individuale.

3. Il nuovo procedimento

Il procedimento dell'azione di classe si articola in tre fasi: **ammissibilità della domanda**, **decisione sul merito** e **liquidazione delle somme** agli aderenti della classe.

Ai sensi dell'art. 804-*ter* la domanda si propone con **ricorso** esclusivamente davanti alla sezione specializzata in materia di impresa competente per il luogo ove ha sede la parte resistente. Per garantire idonea pubblicità alla procedura, il ricorso, unitamente al decreto di fissazione dell'udienza, è pubblicato, a cura della cancelleria ed entro dieci giorni, nell'area pubblica del portale dei servizi telematici gestito dal Ministero della giustizia. Tale scelta è dettata dal fatto che è stato previsto (art. 840-*quater*) che, al fine di evitare l'eventuale pluralità di azioni di classe aventi il medesimo oggetto, decorsi sessanta giorni dalla data di pubblicazione del ricorso, non possono essere proposte ulteriori azioni di classe sulla base dei medesimi fatti e nei confronti del medesimo resistente, pena la cancellazione dal ruolo.

Il procedimento è regolato dal **rito sommario di cognizione** di cui agli artt. 702-*bis* e seguenti (v. parte quinta, cap. VI) ma è definito, anziché con ordinanza, con **sentenza**, resa nel termine di trenta giorni successivi alla discussione orale della causa. È fatto espresso divieto di mutamento del rito, ove non sia possibile esperire l'istruttoria sommaria. Non è ammesso l'intervento dei terzi ai sensi dell'art. 105.

Le norme non prescrivono le modalità di costituzione del resistente: il richiamo agli artt. 702-*bis* e ss. comporta che il convenuto deve costituirsi non oltre il termine di dieci giorni prima dell'udienza mediante deposito della comparsa di risposta, nella quale deve proporre le sue difese e prendere posizione sui fatti posti dal ricorrente a fondamento della domanda, indicare i mezzi di prova di cui intende avvalersi e i documenti che offre in comunicazione, nonché formulare le conclusioni.

3.1. *L'ammissibilità della domanda*

Entro il termine di trenta giorni dalla prima udienza il tribunale decide con **ordinanza sull'ammissibilità della domanda** la quale deve essere pubblicata, a cura della cancelleria, nell'area pubblica del portale dei servizi telematici.

La domanda è dichiarata **inammissibile**:

- quando è manifestamente infondata;
- quando il tribunale non ravvisa omogeneità dei diritti individuali tutelabili ai sensi dell'art. 840-*bis*;
- quando il ricorrente versa in stato di conflitto di interessi nei confronti del resistente;
- quando il ricorrente non appare in grado di curare adeguatamente i diritti individuali omogenei fatti valere in giudizio.

Quando la domanda viene dichiarata inammissibile perché manifestamente infondata, il ricorrente può riproporre l'azione di classe se si verificano mutamenti delle circostanze o vengono dedotte nuove ragioni di fatto o di diritto.

L'ordinanza che dichiara l'inammissibilità della domanda è **reclamabile** dalle parti nel termine di trenta giorni dalla sua comunicazione o dalla sua notificazione, se anteriore, davanti alla Corte di appello, la quale decide, in camera di consiglio, con ordinanza entro trenta giorni dal deposito del ricorso introduttivo del reclamo. In caso di accertamento dell'ammissibilità della domanda, la Corte di appello trasmette gli atti al tribunale adito per la prosecuzione della causa. Con l'ordinanza di inammissibilità e con quella che, in sede di reclamo, conferma l'ordinanza di inammissibilità, il giudice regola le spese.

Anche l'ordinanza di ammissibilità è reclamabile davanti alla Corte d'appello, nello stesso termine e con le stesse modalità; il reclamo non sospende il procedimento davanti al tribunale.

Con l'ordinanza che dichiara ammissibile l'azione, il tribunale fissa un termine perentorio non inferiore a sessanta giorni e non superiore a centocinquanta giorni dalla data di pubblicazione dell'ordinanza nel portale dei servizi telematici, per l'**adesione** all'azione da parte dei soggetti portatori di diritti individuali omogeni, che devono procedere alla presentazione della domanda, secondo le modalità previste dall'art. 840-*septies*, in quanto compatibili.

La **domanda di adesione**, che produce gli effetti della domanda giudiziale, può essere presentata, anche senza il ministero di un difensore, su un modulo conforme al modello approvato con decreto del Ministro della giustizia, deve essere inserita nel fascicolo informatico e deve contenere, a pena di inammissibilità (art. 840-*septies*):

- l'indicazione del tribunale e dei dati relativi all'azione di classe a cui il soggetto chiede di aderire;
- i dati identificativi dell'aderente;
- l'indirizzo di posta elettronica certificata ovvero il servizio elettronico di recapito certificato qualificato dell'aderente o del suo difensore;
- la determinazione dell'oggetto della domanda;
- l'esposizione dei fatti costituenti le ragioni della domanda di adesione;
- l'indice dei documenti probatori eventualmente prodotti;
- la seguente attestazione "Consapevole della responsabilità penale prevista dalle disposizioni in materia di dichiarazioni sostitutive, attesto che i dati e i fatti esposti nella domanda e nei documenti prodotti sono veritieri";
- il conferimento al rappresentante comune degli aderenti, già nominato o che sarà nominato dal giudice, del potere di rappresentare l'aderente e di compiere nel suo interesse tutti gli atti, di natura sia sostanziale sia processuale, relativi al diritto omogeneo esposto nella domanda di adesione;
- i dati necessari per l'accredito delle somme che verranno eventualmente riconosciute in favore dell'aderente;
- la dichiarazione di aver provveduto al versamento del fondo spese.

Per espressa previsione, l'aderente non assume la qualità di parte processuale ma ha diritto di accedere al fascicolo informatico e di ricevere tutte le comunicazioni relative al procedimento (art. 840-*quinquies*, comma 1); può produrre anche dichiarazioni testimoniali destinate ad essere valutate dal giudice secondo il suo prudente apprezzamento ma l'avvocato che le raccoglie, considerato pubblico ufficiale, è tenuto ad attestare l'identità del testimone secondo quanto previsto dall'art. 252.

Il tribunale, ai fini dell'accertamento della responsabilità del convenuto, omessa ogni formalità non essenziale al contraddittorio, procede nel modo che ritiene più opportuno agli atti di istruzione rilevanti in relazione all'oggetto del giudizio. Su istanza del ricorrente, il giudice può ordinare al resistente **l'esibizione delle prove** rilevanti che rientrano nella sua disponibilità, nei limiti di quanto è proporzionato alla decisione.

3.2. *La decisione*

Ai sensi dell'art. 840-*sexies*, con la **sentenza** che accoglie l'azione di classe, il tribunale:

- provvede in ordine alle domande risarcitorie o restitutorie proposte dal ricorrente quando l'azione è stata proposta da un soggetto diverso da un'organizzazione o da un'associazione;
- accerta che il resistente, con la condotta addebitatagli dal ricorrente, ha leso i diritti individuali omogenei;
- definisce i caratteri dei diritti individuali omogenei, che consentono l'inserimento nella classe, stabilendo la documentazione che dovrà essere eventualmente prodotta dagli aderenti per fornire la prova della titolarità dei diritti individuali omogenei;
- dichiara aperta la procedura di adesione e fissa il termine perentorio, non inferiore a sessanta giorni e non superiore a centocinquanta giorni, per l'adesione da parte dei soggetti portatori di diritti individuali omogenei, nonché per l'eventuale integrazione degli atti da parte di coloro che hanno già aderito;
- nomina il giudice delegato per la procedura di adesione;
- nomina il rappresentante comune degli aderenti, che deve avere i requisiti per la nomina a curatore fallimentare;
- determina, ove necessario, l'importo da versare a cura di ciascun aderente.

La legge prevede, quindi, che si può aderire all'azione di classe anche dopo la pronuncia della sentenza di accoglimento (art. 840-*sexies*, lett. *e*): tale disposizione costituisce una significativa novità rispetto alla regolamentazione dettata dall'art. 140-*bis* cod. consumo. Tale scelta normativa è stata già criticata da autorevole dottrina, in quanto la stessa confliggerebbe con il principio di parità delle armi.

Poiché è applicabile il rito del procedimento sommario di cognizione, per l'impugnazione occorre fare riferimento alla disposizione dell'art. 702-*quater*. Il legislatore ha precisato, a tal fine, che non si applica l'art. 325. Gli atti di impugnazione della sentenza e i provvedimenti che definiscono i giudizi di impugnazione sono pubblicati nell'area pubblica del portale dei servizi telematici.

3.3. *La liquidazione delle somme*

La fase della liquidazione delle somme a favore degli aderenti della classe, costituisce una assoluta novità.

Ai sensi dell'art. 840-*octies*, entro il termine perentorio di centoventi giorni dalla scadenza dei termini per le adesioni successive alla sentenza, il resistente deposita una **memoria** contenente le sue difese, prendendo posizione sui fatti posti dagli aderenti a fondamento della domanda ed eccependo i fatti estintivi, modificativi o impeditivi fatti valere dagli aderenti; i fatti dedotti dagli aderenti e non specificatamente contesati dal resistente si considerano ammessi. Entro novanta giorni dalla scadenza del termine posto a carico del resistente, il rappresentante comune degli aderenti predispone il **progetto** dei diritti individuali omogenei degli aderenti, rassegnando per ciascuno le sue motivate conclusioni e lo deposita. Sia il resistente sia gli aderenti hanno ulteriori trenta giorni per depositare osservazioni scritte e documenti integrativi; il rappresentante comune può, nei successivi sessanta giorni, apportare eventuali variazioni al progetto dei diritti individuali omogenei e lo deposita nel fascicolo telematico.

Con **decreto motivato**, il giudice delegato condanna il resistente al pagamento delle somme a ciascun aderente a titolo di risarcimento o di restituzione, nonché a corrispondere direttamente al rappresentante comune degli aderenti, a titolo di compenso, un importo stabilito in considerazione del numero dei componenti la classe in misura progressiva. Il provvedimento costituisce titolo esecutivo ed è comunicato al resistente, agli aderenti, al rappresentante comune e ai difensori.

Avverso il decreto può essere proposta **opposizione** con ricorso depositato presso la cancelleria del tribunale nel termine perentorio di trenta giorni dalla comunicazione del provvedimento. Il ricorso non sospende l'esecuzione del decreto. Sull'opposizione decide il tribunale in composizione collegiale – di cui non può far parte il giudice delegato – con decreto motivato, con il quale conferma, modifica o revoca il provvedimento impugnato (art. 840-*undecies*).

La legge disciplina, agli artt. 840-*duodecies* e 840-*terdecies*, l'adempimento **spontaneo** al pagamento delle somme stabilite con il decreto ovvero **l'esecuzione forzata**, che assume la forma collettiva ed è affidata in via esclusiva al rappresentante comune, che compie tutti gli atti nell'interesse degli aderenti, compresi quelli relativi agli eventuali giudizi di opposizione.

Oltre il decreto di accoglimento dell'azione di classe, la legge ha dotato di efficacia esecutiva anche gli **accordi di natura transattiva** formati ai sensi dell'art. 840-*quaterdecies*. Il tribunale, infatti, **fino alla discussione orale** della causa formula, ove possibile, una proposta transattiva o conciliativa, che viene inserita nell'area pubblica del portale dei servizi telematici ed è comunicata a ciascun aderente. L'adesione all'accordo avviene mediante dichiarazione inserita nel fascicolo informatico entro il termine indicato dal giudice.

Ulteriore accordo transattivo può essere raggiunto **dopo la pronuncia della sentenza** di accoglimento dell'azione di classe: il rappresentante comune, nell'interesse degli aderenti, può predisporre con il resistente uno schema di natura transattiva. Decorso il termine entro il quale possono essere formulate contestazioni da parte di ciascun aderente, il giudice delegato autorizza il rappresentante comune a stipulare l'accordo transattivo.

Ai sensi dell'art. 840-*quinquiesdecies*, la procedura di adesione è dichiarata chiusa con decreto motivato del giudice delegato:

- quando le ripartizioni degli aderenti, effettuate dal rappresentante comune, raggiungono l'intero ammontare dei crediti dei medesimi aderenti;
- quando nel corso della procedura risulta che non è possibile conseguire un ragionevole soddisfacimento delle pretese degli aderenti, anche tenuto conto dei costi che è necessario sostenere.

Avverso il decreto è ammesso il reclamo ai sensi dell'art. 840-*undecies*.

4. L'azione inibitoria collettiva

All'art. 840-*sexiesdecies* trova regolamentazione l'**azione inibitoria collettiva**, con la quale chiunque ha interesse alla pronuncia di una inibitoria di atti e comportamenti, posti in essere in pregiudizio di una pluralità di individui o enti, può agire per ottenere l'ordine di cessazione o il divieto di reiterazione della condotta omissiva o commissiva.

La domanda si propone con le forme del procedimento camerale, regolato dagli artt. 737 e ss., esclusivamente dinanzi alla sezione specializzata in materia di impresa competente per il luogo dove ha sede la parte resistente. Il ricorso è notificato al pubblico ministero.

Il procedimento è regolamentato dall'art. 840-*quinquies*, in quanto compatibile.

CAPITOLO VIII

LA SEMPLIFICAZIONE DEI RITI

GUIDA **1.** Considerazioni generali **2.** I procedimenti assoggettati al rito del lavoro **3.** Le controversie regolate dal rito sommario di cognizione **4.** I procedimenti che seguono il rito ordinario

1. Considerazioni generali.

Con il decreto legislativo 1 settembre 2011, n. 150 tutta una serie di procedimenti disciplinati da leggi speciali sono stati ricondotti a tre riti, così come definiti dall'art. 1 del decreto:

rito del lavoro: e cioè il procedimento regolato dalle norme della sezione II del capo I del titolo IV del libro secondo del codice di procedura civile;

rito sommario di cognizione: e cioè il procedimento regolato dalle norme del capo III-*bis* del titolo I del libro quarto del codice di procedura civile;

rito ordinario di cognizione: e cioè il procedimento disciplinato dalle norme del titolo I e titolo II del libro secondo del codice di procedura civile.

Le disposizioni normative si applicano ai procedimenti instaurati successivamente al 6 ottobre 2011, data di entrata in vigore, mentre le norme abrogate o modificate con il decreto continuano ad applicarsi alle controversie pendenti alla medesima data.

Il testo legislativo che intende razionalizzare e semplificare, dal punto di vista processuale, la normativa speciale, secondo la dottrina, si pone in rapporto di complementarietà e in sostanziale prosecuzione del libro IV del codice di procedura civile.

Disposizione comune è quella contenuta all'art. 4 del decreto, la quale prevede che, quando una controversia viene promossa in forme diverse da quelle previste, il giudice dispone il mutamento del rito con ordinanza, pronunciata anche d'ufficio, non oltre la prima udienza di comparizione delle parti (*Cass. civ., sez. II, 9 gennaio* ***2020****, n.186*). In tal caso, restano ferme le preclusioni già verificatesi secondo le norme del rito prescelto e, pertanto, l'incompetenza per materia, per valore o per territorio inderogabile non può essere rilevata d'ufficio nella prima udienza successiva a detto mutamento, posto che tale meccanismo non comporta una regressione del processo ad una fase anteriore a quella già svoltasi, ma serve esclusivamente a consentire alle parti di adeguare le difese alle regole del rito da seguire (*Cass. civ., sez. VI, 18 maggio 2019, n. 13472*).

2. I procedimenti assoggettati al rito del lavoro.

Tutta una serie di procedimenti è stata assoggettata al rito del lavoro il quale non è applicabile *tout court* ma con alcune specificazioni e integrazioni: una serie di norme, pur essendo inserite nella disciplina del processo del lavoro, necessariamente non possono essere applicate proprio perché specifiche del diritto sostanziale protetto; altre norme si applicano ma solo con le modificazioni introdotte dal decreto. La dottrina ha giustamente osservato che la regolamentazione di ogni procedimento è stata approntata secondo un intreccio particolare con il modello del rito del lavoro che finisce per rimanere solo sullo sfondo, tanto più che ogni singolo procedimento trova all'interno del decreto una sua disciplina specifica.

I procedimenti, ai quali si fa maggior ricorso, sono quelli relativi all'**opposizione ad ordinanza ingiunzione** (che trovava disciplina nella legge n. 689/1981) e all'**opposizione al verbale di accertamento di violazioni del codice della strada**.

Quest'ultimo procedimento, che trova ragione nell'art. 204-*bis* del codice della strada, è regolato dal rito del lavoro nonché da quanto previsto dall'art. 7 del d.lgs. 1 settembre 2011, n. 150. L'opposizione si propone davanti al giudice di pace del luogo in cui è stata commessa la violazione mediante ricorso entro trenta giorni dalla data di contestazione della violazione o di notificazione del verbale di accertamento (sessanta giorni se il ricorrente risiede all'estero), a pena di inammissibilità, e può essere depositato anche con spedizione a mezzo del servizio postale. Il giudice di pace con il decreto di cui all'art. 415, comma 2, ordina all'autorità che ha emesso il provvedimento impugnato, di depositare in cancelleria, dieci giorni prima dell'udienza fissata, copia del rapporto e degli atti relativi all'accertamento. Provvede direttamente la cancelleria a notificare ricorso e decreto a tutte le parti del processo, che possono stare in giudizio personalmente.

Giurisprudenza

L'opposizione a una cartella di pagamento, finalizzata alla riscossione di una sanzione amministrativa pecuniaria irrogata ai sensi del Codice della strada, deve essere proposta, nel termine di giorni trenta a pena di inammissibilità, ai sensi di quanto disposto dall'art. 7 del d.lgs. n. 150/2011, e non ai sensi dell'art. 615 del codice di rito civile, qualora la parte deduca che la stessa costituisca il primo atto tramite il quale sia venuta a conoscenza della sanzione irrogata, in ragione della nullità ovvero dell'omissione della notificazione del processo verbale di accertamento della violazione del Codice della strada (*Cass. civ., sez. III, 12 gennaio **2021**, n.270*).

3. Le controversie regolate dal rito sommario di cognizione.

Il rito sommario di cognizione si applica invece a tutta una serie di procedimenti minori che, per la loro natura, hanno necessità di essere caratterizzati dalla semplificazione della trattazione e dell'istruttoria. Sono, ad esempio, le controversie in materia di liquidazione degli onorari degli avvocati, oppure dell'opposizione al decreto di liquidazione delle spese di giustizia o in materia di espulsione o allontanamento.

Questi procedimenti, che trovano una loro precisa collocazione nella normativa speciale ed ora all'interno del d.lgs., saranno trattati con il rito previsto dagli artt. 702-*bis* e segg., ma senza possibilità di passare al rito ordinario attesa la precisa esclusione di applicabilità dell'art. 702-*ter*, commi 2 e 3. Il termine per proporre impugnazione al provvedimento emesso è di trenta giorni e decorre dalla comunicazione del medesimo; in mancanza si applica il termine ordinario semestrale (*Cass. civ., sez. VI, 11 giugno **2020** n. 11201*).

In particolare, per quanto riguarda la controversia per la liquidazione degli onorari degli avvocati per prestazioni rese in un giudizio civile, sono intervenute le sezioni unite precisando che la domanda può essere introdotta sia ai sensi dell'art. 702-*bis* sia in via monitoria, e che la stessa, resta soggetta al rito di cui all'art. 14 del d.lgs. 1 settembre 2011, n. 150 anche quando il cliente sollevi contestazioni relative all'esistenza del rapporto o, in genere, all'*an debeatur* ma con molteplici differenziazioni in relazione alla particolarità del caso specifico (*Cass. civ., **sez. un.**, 23 febbraio 2018, n. 4485*). La competenza è dell'ufficio giudiziario di merito che ha deciso per ultimo la causa (*Cass. civ., sez. VI, 23 settembre **2020**, n. 19906*) anche per il grado precedente: ad esempio è competente la Corte d'appello per la liquidazione del compenso relativo alle prestazioni rese nel primo e nel secondo grado di giudizio.

Giurisprudenza

*A seguito della entrata in vigore dell'art. 14 d.lgs. n. 150/2011, la controversia di cui all'art. 28 l. n. 794/1942, come sostituito dal decreto legislativo citato, può essere introdotta: a) con un ricorso ai sensi dell'art. 702-bis c.p.c., che dà luogo a un procedimento sommario speciale disciplinato dagli artt. 3, 4 e 14 del menzionato decreto; oppure: b) ai sensi degli artt. 633 ss. c.p.c., fermo restando che la successiva eventuale opposizione deve essere proposta ai sensi dell'art. 702-bis e seguenti c.p.c., integrato dalla sopraindicata disciplina speciale e con applicazione degli artt. 648, 649, 653 e 654 c.p.c. È, invece, esclusa la possibilità di introdurre l'azione sia con il rito ordinario di cognizione sia con quello del procedimento sommario ordinario codicistico disciplinato esclusivamente dagli artt. 702-bis e ss. c.p.c. (Cass. civ., sez. II, 9 ottobre **2020**, n. 21856).*

*L'art. 4, comma 2, del d.lgs. n. 150/2011 ha fissato un rigido sbarramento per il mutamento del rito, attraverso la previsione di un termine perentorio coincidente con la prima udienza di comparizione delle parti, non essendo il detto mutamento privo di conseguenze per le parti in relazione al regime di impugnazione; mentre, infatti, l'ordinanza collegiale che conclude il procedimento speciale è ricorribile per cassazione, in base all'art. 14, comma 4, del menzionato decreto, la sentenza è impugnabile con l'appello (Cass. civ., sez. II, 9 gennaio **2020**, n. 186).*

4. I procedimenti che seguono il rito ordinario.

Il legislatore ha voluto prevedere infine che ad altri procedimenti (ad esempio in materia di rettificazione di attribuzione di sesso), dovrà applicarsi il rito ordinario di cognizione: le relative controversie necessitano infatti di una trattazione non sommaria e soprattutto di una istruttoria completa. Ciascun procedimento ha, comunque, proprie particolarità che il legislatore ha specificato.

PARTE SESTA

IL PROCESSO DI ESECUZIONE

CAPITOLO I

TITOLO ESECUTIVO E PRECETTO

1. Considerazioni generali.

Secondo quanto previsto dall'art. 2910 c.c. il creditore, per conseguire quanto gli è dovuto, può far espropriare i beni del debitore, secondo le regole stabilite dal codice di procedura civile.

Si intende, infatti, per **azione esecutiva** quella diretta alla tutela giurisdizionale mediante esecuzione forzata. Nel processo di cognizione un soggetto fa valere il proprio diritto di ottenere un provvedimento di merito; nel processo esecutivo fa valere il proprio diritto di realizzare, in modo concreto, ciò che già è stato oggetto di accertamento giurisdizionale.

Colui che ha un diritto certo, liquido ed esigibile, consacrato in un titolo esecutivo, può, infatti, promuovere un processo di esecuzione. Il **titolo esecutivo** è la condizione necessaria e sufficiente per dar luogo all'azione esecutiva, tesa a ottenere il soddisfacimento della pretesa dell'avente diritto.

L'esecuzione forzata si divide in

- **espropriazione forzata**, che viene utilizzata quando il soggetto procede per recuperare una somma di denaro, nei confronti di un soggetto che non adempie spontaneamente; può così utilizzare i diversi tipi di espropriazione previsti dall'ordinamento (mobiliare presso il debitore, presso terzi, immobiliare);
- **esecuzione in forma specifica**, che viene utilizzata quando il soggetto procede per conseguire un obbligo di consegna o rilascio, o un obbligo di fare o non fare, cui è tenuta un'altra parte.

2. Il titolo esecutivo.

L'esecuzione forzata non può aver luogo che in virtù di un titolo esecutivo per un diritto certo, liquido ed esigibile (art. 474, comma 1). Il titolo esecutivo costituisce, pertanto, il presupposto necessario e sufficiente per procedere ad esecuzione forzata, secondo l'antico brocardo *nulla executio sine titulo*, e consiste in un **documento** nel quale risulta l'accertamento del diritto sostanziale, come esistente e come suscettibile di esecuzione forzata: **necessario** perché senza di esso non si può procedere, **sufficiente** perché l'organo giudiziario cui spetta l'esecuzione forzata non ha altro compito se non quello di dare esecuzione al titolo.

Il diritto che è accertato nel titolo esecutivo deve essere:

- **certo**, cioè emergente esattamente e compiutamente, nel suo contenuto e nei suoi limiti, con l'identificazione del soggetto attivo e di quello passivo;
- **liquido**, cioè determinato nel suo ammontare o determinabile mediante un mero calcolo aritmetico, effettuato sulla base di dati individuati, risultanti dal titolo;
- **esigibile**, cioè non sottoposto a termine o a condizione.

Sono titoli esecutivi:

- **le sentenze** pronunciate dal giudice civile ordinario, dal giudice penale, dal giudice amministrativo. Nel caso di conferma o riforma totale della sentenza di primo grado, poiché la sentenza di appello si sostituisce a quella impugnata, il titolo esecutivo è costituito dalla sentenza di appello; in caso di riforma parziale in appello, se la sentenza di secondo grado riduce l'oggetto della condanna di primo grado, in base al quale è stata iniziata l'esecuzione, il processo prosegue senza soluzione di continuità nel nuovo limite inferiore. Costituiscono pertanto titolo esecutivo, ad esempio, anche la sentenza penale di condanna alle restituzioni e al risarcimento del danno (art. 538, comma 2, c.p.p.), la sentenza dichiarativa di fallimento, il lodo dichiarato esecutivo, le sentenze emesse dalla Corte di giustizia;
- **i provvedimenti** del giudice aventi efficacia esecutiva. Sono tali quelli ai quali la legge attribuisce espressamente efficacia esecutiva, come, ad esempio, le ordinanze emesse ai sensi degli artt. 186-*bis*, 186-*ter*, 186-*quater*, il decreto di ingiunzione provvisoriamente esecutivo, l'ordinanza di rilascio dell'immobile, l'ordinanza resa nel giudizio di separazione ai sensi degli artt. 708 e 189 disp. att.;
- **gli atti** ai quali la legge attribuisce espressamente efficacia esecutiva: ad esempio, il verbale di conciliazione giudiziale, il verbale di conciliazione formato presso la commissione provinciale di conciliazione, i ruoli delle imposte resi esecutivi dal titolare dell'ufficio;
- **le scritture private autenticate**, relativamente a somme di denaro in esse contenute;
- **le cambiali** e gli altri **titoli di credito** ai quali la legge attribuisce espressamente efficacia esecutiva;
- **gli atti** ricevuti da notaio o da altro pubblico ufficiale autorizzato dalla legge a riceverli;
- **il titolo esecutivo europeo** (regolamento europeo n. 805/2004) per i crediti non contestati.

L'esecuzione forzata per consegna o rilascio non può, però, aver luogo che in virtù dei titoli esecutivi di cui ai numeri 1) e 3) del secondo comma dell'art. 474, ovvero, le sentenze, i provvedimenti e gli altri atti ai quali la legge attribuisce espressamente efficacia esecutiva, gli atti ricevuti da notaio o da altro pubblico ufficiale autorizzato dalla legge a riceverli.

Le sentenze e gli altri provvedimenti dell'autorità giudiziaria, nonché gli atti ricevuti da notaio o da altro pubblico ufficiale, per valere come titolo, debbono essere muniti della formula esecutiva, richiedendo all'ufficio competente il rilascio di una copia esecutiva del titolo stesso. La c.d. **spedizione** del titolo in forma esecutiva, consiste nell'intestazione nel nome della legge e nell'apposizione della formula espressamente prevista dall'art. 475, comma 3 e può farsi soltanto alla parte a favore della quale fu pronunciato il provvedimento o stipulata l'obbligazione, o ai suoi successori, con indicazione in calce della persona alla quale è spedita. Può essere rilasciata una sola copia in forma esecutiva (art. 476, comma 1), in quanto l'originale rimane custodito in cancelleria o nel pubblico ufficio: la copia conforme munita della formula esecutiva costituisce, quindi, il titolo esecutivo; le altre copie rilasciate sono conformi. Ove sussista, però, un giusto motivo, la parte interessata può chiedere al capo dell'ufficio giudiziario che ha pronunciato la sentenza o al presidente del tribunale nella cui circoscrizione l'atto fu formato, di rilasciare un'ulteriore copia in forma esecutiva (art. 476, comma 2).

Se l'efficacia del titolo esecutivo è subordinata a cauzione, l'avvenuta prestazione deve risultare dall'annotazione in calce o a margine al titolo spedito in forma esecutiva o dalla certificazione che deve essere unita al titolo (artt. 478 e 155 disp. att.).

Non tutti i titoli menzionati dall'art. 474 necessitano della spedizione in forma esecutiva, in quanto in caso di:

- scritture private autenticate,
- cambiali e altri titoli di credito,
- accordo raggiunto a seguito della convenzione di negoziazione assistita,
- accordo raggiunto nella procedura di mediazione,

tali atti devono essere trascritti integralmente nell'atto di precetto e la conformità è certificata dall'ufficiale giudiziario (art. 482, comma 2).

L'art. 479 fissa la regola in base alla quale l'esecuzione forzata deve essere preceduta dalla notificazione del titolo in forma esecutiva. La notifica deve essere fatta alla parte personalmente a norma degli artt. 137 e segg., per portare ufficialmente a conoscenza del debitore l'esistenza del titolo. Poiché l'espropriazione forzata può essere promossa anche **contro gli eredi** (il titolo esecutivo contro il defunto ha infatti efficacia contro gli eredi), il titolo esecutivo deve essere loro notificato: entro un anno dalla morte, la notificazione può farsi agli eredi collettivamente e impersonalmente nell'ultimo domicilio del defunto (art. 477, comma 2) e colpisce tutti coloro che sono o risultano essere eredi del defunto; decorso l'anno la notificazione agli eredi dovrà essere effettuata personalmente a ciascuno di loro.

Giurisprudenza

In tema di esecuzione forzata, cassata con rinvio la sentenza di appello di annullamento della sentenza di condanna pronunziata in primo grado, l'efficacia di titolo esecutivo va attribuita alla sentenza pronunziata in sede di rinvio e non a quella di *prime cure, privata di efficacia a seguito dell'annullamento intervenuto in appello; tuttavia, poiché il titolo esecutivo giudiziale non si identifica, né si esaurisce nel documento giudiziario, essendone consentita l'integrazione con elementi extratestuali, è ammissibile il richiamo espresso della sentenza emessa dal giudice di appello in sede di rinvio alla condanna operata in primo grado, anche se contenuta in una pronuncia dichiarata nulla in sede di impugnazione (Cass. civ., sez. VI, 26 novembre **2020**, n. 26935).*

L'omessa spedizione in forma esecutiva della copia del titolo esecutivo rilasciata al creditore e da questi notificata al debitore determina una irregolarità formale del titolo medesimo, che deve essere denunciata nelle forme e nei termini di cui all'art. 617, comma 1, c.p.c., senza che la proposizione dell'opposizione determini l'automatica sanatoria del vizio per raggiungimento dello scopo, ai sensi dell'art. 156, comma 3, c.p.c.; tuttavia, in base ai principi di economia processuale, di ragionevole durata del processo e dell'interesse ad agire, il debitore opponente non può limitarsi, a pena di inammissibilità dell'opposizione, a dedurre l'irregolarità formale in sé considerata, senza indicare quale concreto pregiudizio ai diritti tutelati dal regolare svolgimento del processo esecutivo essa abbia cagionato (Cass. civ., sez. III, 12 febbraio 2019, n. 3967).

3. Il precetto.

Il precetto è l'**atto prodromico** all'esecuzione forzata, nel senso che non si può procedere alla stessa se non sono stati notificati il titolo in forma esecutiva e il precetto. Il precetto può essere redatto di seguito al titolo esecutivo ed essere notificato insieme con questo, purché la notificazione sia fatta alla parte personalmente (art. 479, comma 3). Nei confronti degli eredi del defunto il precetto può essere notificato soltanto dopo dieci giorni dalla notificazione del titolo (art. 477, comma 1). La giurisprudenza definisce il precetto come atto stragiudiziale preliminare all'esecuzione; infatti può essere sottoscritto anche dal creditore personalmente; consiste nell'**intimazione** di adempiere l'obbligo risultante dal titolo esecutivo entro un termine non minore di dieci giorni e nell'**avvertimento** al debitore che il mancato adempimento spontaneo comporterà l'inizio della esecuzione forzata (art. 480).

Il precetto deve contenere, a pena di nullità:

- l'**indicazione delle parti** e cioè del soggetto che redige il precetto e del destinatario dello stesso;
- la **data di notificazione** del titolo esecutivo, se questa è fatta separatamente o la trascrizione integrale del titolo stesso, quando è richiesta dalla legge. Se il precetto è redatto ai sensi dell'art. 479, comma 3, di seguito al titolo esecutivo e, conseguentemente, i due atti sono notificati insieme, l'omessa indicazione della data non comporta nullità.

Il precetto deve avere i seguenti ulteriori requisiti:

- la **dichiarazione di residenza** o l'**elezione di domicilio** della parte istante nel comune in cui ha sede il giudice competente per l'esecuzione. Tale requisito vale ad individuare il giudice competente a conoscere delle opposizioni contro il precetto, proposte prima dell'inizio del processo esecutivo. Se il creditore dichiara o elegge domicilio in un comune in cui non vi sono beni del debitore, l'elezione è priva di efficacia e le opposizioni al precetto si propongono davanti al giudice del luogo in cui è stato notificato (art. 480, comma 3). La norma prevede che le notificazioni, in tal caso, si fanno presso la cancelleria del giudice stesso ma la giurisprudenza, con una interpretazione costituzionalmente orientata, ritiene che l'opposizione a precetto debba essere notificata dal debitore presso la residenza dichiarata o il domicilio eletto dal creditore (*Cass. civ., sez. VI, 1 luglio* ***2020****, n. 13430*) e, solo in mancanza di tali indicazioni, possa essere notificata nel luogo in cui il precetto sia stato notificato, presso la cancelleria del giudice competente per l'esecuzione;

- la **sottoscrizione** a norma dell'art. 125, ad opera della parte o del difensore. La mancanza della sottoscrizione nella copia notificata comporta nullità insanabile.

Il precetto deve altresì contenere l'avvertimento che il debitore può porre rimedio alla situazione di sovra-indebitamento concludendo con i creditori un accordo di composizione della crisi o proponendo agli stessi un piano del consumatore, con l'ausilio di un organismo o di un professionista nominato dal giudice.

Una volta notificato titolo esecutivo e precetto, l'esecuzione forzata può essere iniziata non prima che sia decorso il termine indicato nel precetto e, in ogni caso, non prima che siano decorsi **dieci giorni** dalla notificazione (art. 482). Il creditore, infatti, ha facoltà di fissare un termine superiore a quello di dieci giorni, previsto dall'art. 480 entro il quale il debitore può adempiere spontaneamente l'obbligazione, tale termine non può, però, essere inferiore a dieci giorni, in quanto comunque l'esecuzione non può essere iniziata prima. Tuttavia, il presidente del tribunale competente per l'esecuzione, se vi è **pericolo nel ritardo** (inteso come pregiudizio derivante dal ritardo nell'esecuzione), può autorizzare l'esecuzione immediata, con cauzione o senza. L'autorizzazione è data con decreto, scritto in calce al precetto e trascritto a cura dell'ufficiale giudiziario nella copia da notificarsi.

Nei confronti della **pubblica amministrazione**, a norma dell'art. 14 legge 28 febbraio 1997, n. 30, come modificato, il creditore non ha diritto di procedere ad esecuzione forzata, né di porre in essere atti esecutivi, prima del termine di centoventi giorni: si tratta di un termine concesso alle amministrazioni dello Stato ed agli enti pubblici non economici per completare le procedure preordinate al pagamento di somme di denaro, conseguenti all'esecuzione di provvedimenti giurisdizionali o di lodi arbitrali. Prima di detto termine al creditore non è neppure attribuito il diritto di intimare precetto, in quanto, secondo la giurisprudenza, l'introduzione normativa di siffatto *spatium deliberandi* in favore delle pubbliche amministrazioni comporta una sospensione dell'efficacia del titolo esecutivo, durante il decorso del predetto termine, cosicché la notificazione di un atto di precetto in tale fase e la relativa intimazione ad effettuare il pagamento in un momento in cui l'amministrazione non è tenuta a procedere, deve ritenersi inutilmente effettuata (*Cass. civ., sez. III, 21 marzo 2011, n. 6346*).

L'esecuzione forzata deve, però, essere iniziata entro **novanta giorni** dalla notificazione del precetto, pena l'inefficacia del precetto stesso (art. 481). Secondo la giurisprudenza si tratta di un termine di decadenza e non di prescrizione, non soggetto alla sospensione dei termini feriali. Se contro il precetto è proposta opposizione, il termine rimane sospeso e riprende a decorrere a norma dell'art. 627.

Giurisprudenza

*Il debitore è tenuto a pagare le spese sostenute dal creditore per la notificazione del titolo esecutivo e del precetto, nonché per la redazione di quest'ultimo, trattandosi di oneri accessori alle spese processuali riferibili al titolo esecutivo giudiziale (Cass. civ., sez. III, 5 novembre **2020**, n. 24704).*

*Il Comune nel quale il creditore, con l'atto di precetto, abbia dichiarato la propria residenza o eletto il proprio domicilio, ai sensi dell'art. 480, comma 3, c.p.c., deve ritenersi coincidente con quello in cui ha sede il giudice dell'esecuzione e, pertanto, vale a determinare la competenza territoriale sull'opposizione al precetto medesimo proposta prima dell'instaurazione del procedimento esecutivo (artt. 26 e 27 c.p.c.), mentre l'eventuale contestazione di detta coincidenza (per non esservi in quel comune beni appartenenti all'esecutando, né la residenza del debitore di quest'ultimo), può essere sollevata soltanto dall'opponente, al fine di invocare la competenza del diverso giudice del luogo in cui è stato notificato il precetto, non anche dallo stesso creditore, che resta vincolato alla suddetta dichiarazione o elezione (Cass. civ., sez. VI, 28 settembre **2020**, n. 20356).*

SCHEMA 89 Il titolo esecutivo e il precetto

- TITOLI ESECUTIVI
  - OGGETTO
    - consacrano un **diritto certo, liquido ed esigibile**
  - DEVONO ESSERE MUNITI DI FORMULA ESECUTIVA
    - le **sentenze** del giudice ordinario civile, penale, amministrativo della Corte di Giustizia della Comunità Europea
    - i **provvedimenti** del giudice con efficacia esecutiva
    - gli **atti** ai quali la legge attribuisce espressamente efficacia esecutiva
    - **atti ricevuti da notaio** o da altro pubblico ufficiale
    - titoli per l'esecuzione per **consegna o rilascio**
    - **lodo** arbitrale
    - titolo esecutivo europeo
  - NON NECESSITANO DI SPEDIZIONE IN FORMA ESECUTIVA
    - le **scritture private** autenticate
    - le **cambiali** e gli altri **titoli di credito**
    - l'accordo raggiunto a seguito della convenzione di **negoziazione assistita**
    - l'accordo raggiunto nella procedura di **mediazione**
- NOTIFICA
  - TITOLO ESECUTIVO
    - alla **parte personalmente** ovvero agli eredi, collettivamente ed impersonalmente nell'ultimo domicilio del defunto entro un anno dal decesso
  - PRECETTO
    - alla **parte personalmente** anche unitamente al titolo esecutivo
- CONTENUTO DEL PRECETTO
  - A PENA DI NULLITÀ
    - indicazione delle **parti**
    - data di **notifica** del titolo esecutivo
    - dichiarazione di **residenza o elezione di domicilio** dell'istante
    - **sottoscrizione** della parte o del difensore
    - **avvertimento** che il debitore può porre rimedio alla situazione di sovraindebitamento
- INIZIO DELL'ESECUZIONE FORZATA
  - QUANDO
    - **non prima** che sia trascorso il termine indicato nel precetto e in ogni caso non prima che siano trascorsi 10 giorni dalla notifica dello stesso
    - **non oltre** 90 giorni dalla notifica del precetto

CAPITOLO II

L'ESPROPRIAZIONE FORZATA

1. Considerazioni generali.

Poiché il creditore per conseguire quanto gli è dovuto può fare espropriare i beni del debitore, così come precisa l'art. 2910 c.c., l'espropriazione forzata è il procedimento esecutivo che consente al creditore di far sottrarre coattivamente al debitore i suoi beni per soddisfare il proprio credito. Questo procedimento esecutivo può avere **tre forme diverse**:

- **mobiliare presso il debitore**: consistente nella ricerca delle cose da pignorare nella casa del debitore e negli altri luoghi a lui appartenenti;
- **presso terzi**: consistente nel pignoramento dei crediti del debitore verso terzi o di cose del debitore che sono in possesso di terzi;
- **immobiliare**: consistente nel pignoramento degli immobili di proprietà del debitore.

È facoltà del creditore valersi **cumulativamente** dei diversi mezzi di espropriazione forzata (art. 483) e cioè utilizzare contemporaneamente sia una pluralità di espropriazioni diverse (ad es. una presso terzi e una immobiliare) sia una pluralità di espropriazioni omogenee (ad es. diverse espropriazioni presso terzi). Poiché, però, il titolo esecutivo è unico e l'ufficiale giudiziario non può compiere il pignoramento se non è munito del titolo esecutivo, il creditore può chiedere al giudice dell'esecuzione di essere autorizzato a depositare, in luogo dell'originale, una copia autentica del titolo esecutivo (art. 488, comma 2 e art. 492, comma 9).

L'espropriazione è, comunque, sempre diretta dal **giudice dell'esecuzione** (art. 484), il quale adotta i provvedimenti nella forma dell'ordinanza, che può essere sempre modificata o revocata (art. 487), finché non abbia avuto esecuzione; i provvedimenti, insieme agli atti compiuti dal cancelliere e dall'ufficiale giudiziario e a quelli depositati dalle parti, vengono inseriti nel fascicolo dell'esecuzione che il cancelliere forma per ogni procedimento (art. 488).

Nell'espropriazione non si attua un vero e proprio contraddittorio, in quanto questo non è fondamentale: nel processo esecutivo non si deve, infatti, giudicare, ma eseguire materialmente un precedente giudicato. Solo se vengono proposte le opposizioni, si instaura, infatti, il contraddittorio tra tutti i soggetti interessati, i quali sono litisconsorti necessari. Ciò non significa che, in assenza di un formale contraddittorio, il processo si svolga nell'assenza delle parti: il giudice, infatti, quando lo ritiene necessario e in tutti i casi in cui la legge lo richiede, fissa con decreto l'**udienza** alla quale il creditore pignorante, quelli intervenuti, il debitore ed eventualmente gli altri interessati, debbono comparire davanti a lui per essere sentiti (art. 485). Le notificazioni e le comunicazioni si effettuano al domicilio eletto e, in mancanza, presso la cancelleria del giudice dell'esecuzione (art. 489).

Il procedimento è snello, in quanto le **domande** e le istanze al giudice dell'esecuzione si propongono **con ricorso**, depositato in cancelleria, se presentate fuori udienza, **o in forma orale**, se presentate in udienza (art. 486), ed in parte pubblico in quanto, nel corso del processo, di determinati atti deve essere data pubblica notizia, al fine di permettere al pubblico di venire a conoscenza del loro contenuto in modo da permettere la partecipazione più ampia possibile di eventuali acquirenti alla vendita dei beni del debitore (art. 490).

Il legislatore ha dettato una **disciplina generale** contenuta nel capo primo, salvo poi integrare i vari istituti con la disciplina specifica espressamente dettata per le tre forme di espropriazione forzata. La disciplina generale riguarda:

- il pignoramento;
- l'intervento dei creditori;
- la vendita e l'assegnazione;
- la distribuzione della somma ricavata.

Giurisprudenza

*In tema di esecuzione forzata, non viola gli obblighi di correttezza e buona fede e non contravviene al divieto di abuso degli strumenti processuali il creditore di due o più debitori solidali che, in forza del medesimo titolo, intraprenda un'azione esecutiva nei confronti di uno di essi dopo aver ottenuto, nei confronti di un altro condebitore, un'ordinanza di assegnazione ex art. 553 c.p.c., fintanto che quest'ultima non sia adempiuta dal terzo pignorato sino all'integrale concorrenza del credito azionato, fermo restando il divieto — la cui inosservanza va dedotta con opposizione esecutiva — di conseguire importi superiori all'ammontare del credito stesso (Cass. civ., sez. VI, 24 aprile **2020**, n. 8151).*

2. Il pignoramento.

Come si è visto in base all'art. 2910 c.c., il creditore, per conseguire quanto gli è dovuto, può fare espropriare i beni del debitore, il quale in base all'art. 2740 c.c. risponde dell'adempimento delle obbligazioni con tutti i suoi beni presenti e futuri. La **garanzia patrimoniale del debitore** si concretizza mediante l'espropriazione forzata che inizia con il pignoramento (art. 491) e cioè mediante l'**ingiunzione** che l'ufficiale giudiziario fa al debitore di astenersi da qualunque atto diretto a sottrarre alla garanzia del credito i beni specificamente individuati ed i loro frutti (art. 492, comma 1).

Il creditore, dopo aver notificato il titolo esecutivo e il precetto, entro il termine di efficacia di quest'ultimo e cioè entro novanta giorni (art. 481), deve chiedere all'ufficiale giudiziario di procedere al pignoramento, ma non può farlo prima che sia decorso il **termine dilatorio** di dieci giorni previsto dall'art. 482.

Le norme dettate nella sezione seconda del capo primo del titolo secondo, disciplinano il pignoramento **in generale** prevedendo tutta una serie di regole, e cioè

- il pignoramento deve contenere l'**invito al debitore** ad effettuare la dichiarazione di residenza o l'elezione di domicilio perché, in mancanza, le successive notifiche o comunicazioni a lui dirette saranno effettuate presso la cancelleria del giudice dell'esecuzione (art. 492, comma 2);
- il pignoramento deve contenere l'**avvertimento al debitore** che può chiedere di sostituire alle cose o ai crediti pignorati una somma di denaro mediante la procedura della conversione del pignoramento ai sensi dell'art. 495 e che, a norma dell'art. 625, l'opposizione è inammissibile se è proposta dopo che è stata disposta la vendita o l'assegnazione, salvo che sia fondata su fatti sopravvenuti ovvero che l'opponente dimostri di non aver potuto proporla tempestivamente per causa a lui non imputabile (art. 492, comma 3);
- il pignoramento deve contenere l'**invito al debitore** a indicare i beni utilmente pignorabili, i luoghi in cui si trovano ovvero le generalità dei terzi debitori, quando i beni pignorati appaiono insufficienti a soddisfare il credito (art. 492, comma 4);
- deve essere formato **processo verbale**, sottoscritto dal debitore, nel quale sono raccolte le sue dichiarazioni (art. 492, comma 5);
- il creditore procedente può richiedere all'ufficiale giudiziario di procedere al **pignoramento dei beni indicati dal debitore**, se il compendio già pignorato risulti insufficiente a seguito dell'intervento di altri creditori (art. 492, comma 6);
- il creditore procedente può avanzare richiesta all'ufficiale giudiziario, affinché inviti il debitore (ma solo se questo è un imprenditore commerciale) a indicare il luogo ove sono tenute le **scritture contabili**, affinché un commercialista o un avvocato o un notaio proceda al loro esame per individuare cose e crediti pignorabili (art. 492, comma 8);
- il medesimo bene può essere pignorato contestualmente da più creditori o successivamente su istanza di altri creditori (art. 493), al fine di garantire l'**unicità dell'espropriazione**;
- il debitore può evitare il pignoramento effettuando il **pagamento** e cioè versando nelle mani dell'ufficiale giudiziario le somme dovute (art. 494);
- il debitore può chiedere la **riduzione del pignoramento** quando il valore dei beni pignorati è superiore all'importo delle spese e dei crediti (art. 496);
- il pignoramento **perde efficacia** se, nei quarantacinque giorni successivi, il creditore non richiede l'assegnazione o la vendita (art. 497): il decorso del termine inizia da momenti diversi a seconda dei vari tipi di esecuzione.

L'ufficiale giudiziario può ricercare i beni da pignorare con modalità telematiche (art. 492-*bis*) solo previa autorizzazione del presidente del tribunale del luogo di residenza del debitore, concessa a seguito di istanza che il creditore può proporre dopo il decorso del termine di dieci giorni di cui all'art. 482; se vi è pericolo nel ritardo il presidente autorizza la ricerca prima della notificazione del precetto ma tale atto dovrà, comunque, essere notificato e consegnato all'ufficiale giudiziario prima che si proceda al pignoramento.

L'ufficiale giudiziario accede mediante collegamento telematico diretto alle banche dati delle pubbliche amministrazioni e, in particolare,

- all'anagrafe tributaria, compreso l'archivio dei rapporti finanziari (art. 155-*bis*, disp. att.),
- a quelle degli enti previdenziali,

per l'acquisizione di tutte le informazioni rilevanti per l'individuazione di cose e crediti da sottoporre ad esecuzione, comprese quelle relative ai rapporti intrattenuti dal debitore con istituti di credito e datori di lavoro o committenti. Le modalità di accesso sono disciplinate dall'art. 155-*quater*, disp. att.

Terminate le operazioni l'ufficiale giudiziario redige un unico processo verbale nel quale indica tutte le banche dati interrogate e le relative risultanze. A questo punto l'ufficiale giudiziario provvede d'ufficio a sottoporre a pignoramento i beni emersi, se si trovano nel territorio di sua competenza, altrimenti rilascia copia autentica del verbale al creditore affinché questi nei successivi quindici giorni possa avanzare la richiesta di pignoramento all'ufficiale giudiziario territorialmente competente. Nell'ipotesi in cui i beni individuati non vengano rinvenuti materialmente, l'ufficiale giudiziario intima al debitore di indicare entro quindici giorni il luogo in cui si trovano, avvertendolo che l'omessa o la falsa comunicazione è punita a norma dell'art. 388, comma 6, c.p.

Se l'accesso ha consentito di individuare crediti del debitore o cose di quest'ultimo che sono nella disponibilità di terzi, l'ufficiale giudiziario notifica d'ufficio, ove possibile a norma dell'art. 149-*bis* o a mezzo telefax, al debitore e al terzo il verbale, che dovrà anche contenere tutti gli elementi per rendere possibile il pignoramento presso terzi.

Quando l'accesso ha consentito di individuare più crediti del debitore o più cose di quest'ultimo che sono nella disponibilità di terzi, l'ufficiale giudiziario sottopone ad esecuzione i beni scelti dal creditore (art. 155-*ter*, disp. att.).

L'accesso alle banche dati è gratuito, in quanto il creditore deve versare il contributo unificato in sede di istanza ai sensi dell'art. 492-*bis*; all'ufficiale giudiziario è riconosciuto un compenso che sarà liquidato dal giudice dell'esecuzione, in misura variabile e percentuale sul valore di assegnazione o sul ricavato dalla vendita, ma non superiore ad un tetto massimo pari al cinque per cento del valore del credito per cui si procede (art. 122 d.p.r. 15 dicembre 1959 n. 1229). Il compenso rientra tra le spese dell'esecuzione a carico del debitore in forza di quanto previsto dall'art. 95; in caso di infruttuosità della procedura esecutiva il compenso sarà posto a carico del creditore.

Il legislatore ha previsto infine la possibilità che le strutture tecnologiche, necessarie a consentire l'accesso diretto da parte dell'ufficiale giudiziario alle banche dati, non siano funzionanti: in tal caso, il creditore procedente potrà ottenere direttamente dai gestori delle stesse le informazioni ivi contenute (art. 155-*quinquies*, disp. att.).

Giurisprudenza

Il vizio di notificazione dell'atto di pignoramento è, di regola, sanato dalla mera proposizione dell'opposizione, a meno che l'opponente non deduca contestualmente un concreto pregiudizio al diritto di difesa verificatosi prima che egli abbia avuto conoscenza dell'espropriazione forzata, oppure che la notificazione sia radicalmente inesistente, in quanto del tutto mancante o priva degli elementi costitutivi essenziali idonei a rendere riconoscibile un atto qualificabile come notificazione; diversamente, il vizio di notificazione dell'atto di precetto non è sanato dalla semplice proposizione dell'opposizione se, prima che l'intimato ne abbia avuto conoscenza, il creditore abbia eseguito comunque il pignoramento (Cass. civ., sez. III, 12 giugno ***2020****, n. 11290).*

2.1. *La conversione del pignoramento.*

Il debitore può evitare che i beni pignorati siano venduti o assegnati, mediante l'istituto della conversione del pignoramento espressamente disciplinata dall'art. 495 e cioè chiedendo di **sostituire** alle cose o ai crediti pignorati **una somma di denaro**. Si tratta di un diritto soggettivo del debitore alla conservazione dei propri beni, che, però, può esercitare **una sola volta**. Il debitore è tenuto a depositare, unitamente all'istanza di conversione, a pena di inammissibilità, una somma non inferiore ad un sesto dell'importo del credito, in forza del quale è stato eseguito il pignoramento, e dei crediti indicati dai creditori intervenuti nei rispettivi atti di intervento, dedotti eventuali versamenti già effettuati dei quali deve però fornire prova documentale. Nella sola ipotesi dell'esecuzione immobiliare, il credito di riferimento è quello fissato nell'atto di precetto, maggiorato degli interessi legali e delle spese successive, a meno che il creditore procedente e i creditori intervenuti si siano avvalsi di quanto previsto dall'art. 569, così come modificato dal d.l. 14 dicembre 2018, n. 135, notificando al debitore esecutato "non oltre trenta giorni prima dell'udienza" un atto indicante l'ammontare del residuo credito comprensivo degli interessi maturati e maturandi e delle spese già sostenute.

Il cancelliere provvede a depositare la somma presso un istituto di credito indicato dal giudice, il quale fissa altresì l'**udienza di comparizione** di tutte le parti nei trenta giorni successivi. L'udienza è necessaria al fine di determinare **le somme da sostituire** ai beni pignorati e cioè il credito del creditore pignorante e di quelli intervenuti, costituiti sia dal capitale, sia dagli interessi, sia dalle spese sostenute da ciascun creditore. All'esito dell'udienza, infatti, il giudice con ordinanza determina la somma da sostituire al bene pignorato che il debitore è tenuto a versare, ad integrazione di quanto già versato in sede di richiesta, entro un preciso termine. Secondo la giurisprudenza, il provvedimento del giudice implica una valutazione soltanto sommaria delle pretese del creditore pignorante e dei creditori intervenuti, nonché delle spese già anticipate o da anticipare, ma prescinde dalle controversie su sussistenza o ammontare di crediti e diritti di prelazione che possono sorgere soltanto in sede di distribuzione della somma ricavata.

Se le cose pignorate sono costituite da **beni immobili o cose mobili**, il giudice, con la stessa ordinanza, se ricorrono giustificati motivi, può disporre che il debitore versi con **rateizzazioni mensili** la somma determinata entro il termine massimo di quarantotto mesi: alla stessa, però, dovranno essere aggiunti gli interessi scalari al tasso convenzionale pattuito o, in difetto, al tasso legale.

A questo punto, si possono verificare due ipotesi:

- se il debitore esecutato **provvede** al versamento: i creditori si soddisfano conseguentemente mediante l'assegnazione delle somme depositate, con distribuzione ogni sei mesi; le cose pignorate sono liberate dal pignoramento con il versamento dell'intera somma;
- se il debitore esecutato **non provvede** al versamento nel termine stabilito o ritarda di oltre trenta giorni il pagamento di una delle rate, decade dalla conversione e, conseguentemente, le somme già versate sono acquisite al pignoramento e il giudice dispone la vendita dei beni pignorati.

Giurisprudenza

In tema di esecuzione immobiliare, nella determinazione delle somme dovute per la conversione del pignoramento, si deve tenere conto anche dei creditori intervenuti successivamente alla relativa istanza, fino all'udienza nella quale il giudice provvede (ovvero si riserva di provvedere) sulla medesima con l'ordinanza di cui dell'art. 495, comma 3, c.p.c. Tali interventi, peraltro, non incidono ex post *sull'ammissibilità della domanda, con specifico riferimento alla quantificazione dell'importo che deve essere versato, a titolo cauzionale, al momento di presentazione della stessa (Cass. civ., sez. VI, 13 gennaio **2020**, n. 411).*

3. L'intervento dei creditori.

In base all'art. 2741 c.c. i creditori hanno uguale diritto di essere soddisfatti sul bene del debitore, salve le cause legittime di prelazione, consistenti nei privilegi, nel pegno e nelle ipoteche. La norma è finalizzata alla tutela della *par condicio creditorum* ed è per questo motivo che:

- i creditori che hanno un diritto di prelazione devono essere avvertiti che è in corso una espropriazione dei beni sui quali hanno un diritto;
- tutti i creditori possono intervenire in quella espropriazione per far valere i loro crediti.

L'art. 498 dispone che ai **creditori che hanno diritti di prelazione** risultante da pubblici registri, deve essere notificato, da parte del creditore pignorante, un avviso contenente l'indicazione del credito per il quale si procede, del titolo e delle cose pignorate. I creditori che devono, dunque, essere avvisati sono quelli che hanno un diritto di prelazione risultante dai pubblici registri e cioè i creditori ipotecari (mobiliari ed immobiliari), i creditori con ipoteca automobilistica, i creditori che hanno in precedenza attuato un sequestro conservativo (art. 158 disp. att.), i titolari di diritti di servitù, uso, usufrutto ed abitazione sull'immobile pignorato, in quanto, stante la disposizione contenuta nell'art. 2812, comma 2 c.c., vedono estinguersi i loro diritti con l'espropriazione.

Se il creditore procedente non provvede a notificare l'avviso, il giudice non può provvedere sull'istanza di assegnazione o di vendita; se queste vengono, però, comunque disposte, non si verifica una nullità insanabile ma, secondo la giurisprudenza il creditore procedente è tenuto a rispondere a norma dell'art. 2043 c.c. delle conseguenze dannose subite dai creditori iscritti.

Possono quindi intervenire nell'esecuzione **tutti i creditori** che nei confronti del debitore hanno (art. 499, comma 1):

- un credito fondato su **titolo esecutivo**;
- eseguito un **sequestro** sui beni pignorati;
- un diritto di **pegno** o un diritto di **prelazione** risultante da pubblici registri;
- un credito di **somma di denaro** risultante dalle scritture contabili di cui all'art. 2214 c.c..

L'intervento nell'esecuzione avviene mediante **ricorso**, contenente quanto espressamente previsto dall'art. 499, comma 2, che deve essere depositato prima che sia tenuta l'udienza in cui è disposta la vendita o l'assegnazione. In questo caso l'intervento è **tempestivo**; se effettuato dopo tali termini, l'intervento è **tardivo**, con la conseguenza che i creditori tempestivi sono soddisfatti con preferenza rispetto ai tardivi. Questa preferenza avviene solamente tra creditori chirografari: i creditori privilegiati sono sempre preferiti, anche se tardivi, proprio perché muniti del privilegio.

Il creditore intervenuto, munito di titolo esecutivo, si trova in una **situazione paritetica** a quella del creditore procedente, potendo sia l'uno sia l'altro dare impulso al processo esecutivo. La Corte di Cassazione, sezioni Unite con la sentenza **7 gennaio 2014, n. 61** ha risolto il contrasto che era sorto in ordine alla sorte dell'esecuzione quando venga meno il titolo esecutivo in forza del quale è stata promossa l'esecuzione e ha enunciato il principio in base al quale nel processo di esecuzione forzata, al quale partecipino più creditori concorrenti, le vicende relative al titolo esecutivo del creditore procedente (sospensione, sopravvenuta inefficacia, caducazione, estinzione) non possono ostacolare la prosecuzione dell'esecuzione sull'impulso del creditore intervenuto il cui titolo abbia conservato la sua forza esecutiva. Tuttavia occorre distinguere:

- se l'azione esecutiva si sia arrestata prima o dopo l'intervento, poiché nel primo caso, non esistendo un valido pignoramento al quale gli interventi possano ricollegarsi, il processo esecutivo è improseguibile;
- se il difetto del titolo posto a fondamento dell'azione esecutiva del creditore procedente sia originario o sopravvenuto, posto che solo il primo impedisce che

l'azione esecutiva prosegua anche da parte degli interventori titolati, mentre il secondo consente l'estensione in loro favore di tutti gli atti compiuti finché il titolo del creditore procedente ha conservato validità.

Una disciplina particolare è prevista per il **creditore privo di titolo esecutivo** che intende intervenire nell'esecuzione: l'art. 499, comma 3 stabilisce che questi deve notificare al debitore, entro i dieci giorni successivi al deposito in cancelleria, copia del ricorso di intervento nonché copia dell'estratto autentico notarile attestante il credito. Il debitore è tenuto quindi a comparire all'udienza successiva e a dichiarare quali crediti intenda riconoscere in tutto o in parte (art. 499, comma 6):

- se **non compare** o **se riconosce** il credito, nulla deve fare il creditore intervenuto in quanto, secondo la dottrina, si formerebbe un titolo esecutivo endoprocessuale cioè avente efficacia ai soli fini dell'esecuzione;
- se **compare e non riconosce** il credito, il creditore intervenuto è tenuto ad instaurare l'azione necessaria per munirsi del titolo esecutivo, dimostrando al giudice dell'esecuzione di aver proposto la stessa nei trenta giorni successivi all'udienza. Ciò comporta il diritto all'accantonamento delle somme in sede di distribuzione della somma ricavata.

L'intervento nell'espropriazione dà diritto a partecipare alla distribuzione della somma ricavata, a partecipare all'espropriazione del bene pignorato e a provocarne i singoli atti.

Giurisprudenza

Nell'espropriazione forzata, il ricorso per intervento, recante istanza di partecipazione alla distribuzione della somma ricavata, è equiparabile alla "domanda proposta nel corso di un giudizio" idonea, a mente dell'art. 2943, comma 2, c.c., ad interrompere la prescrizione dal giorno del deposito del ricorso ed a sospenderne il corso sino all'approvazione del progetto di distribuzione del ricavato della vendita (Cass. civ., sez. III, 9 luglio ***2020****, n. 14602).*

4. La nota di iscrizione a ruolo.

L'art. 16-*bis* comma 2 del d.l. 18 ottobre 2012, n. 179 prevede che nei procedimenti di espropriazione forzata il deposito della nota di iscrizione a ruolo deve avvenire obbligatoriamente con modalità telematiche e che insieme devono essere depositate anche le copie conformi degli atti indicati dagli artt. 518, comma 6 (esecuzione forzata presso il debitore), 543, comma 4 (esecuzione forzata presso terzi) e 557, comma 2 (esecuzione immobiliare). Il difensore attesta la conformità delle copie agli originali.

La nota di iscrizione a ruolo e le copie degli atti, pena **l'inefficacia del pignoramento**, devono essere depositate:

- entro **quindici giorni** quando si procede con espropriazione mobiliare presso il debitore e con espropriazione immobiliare
- entro **trenta giorni** quando si procede con espropriazione presso terzi.

Il termine decorre dal giorno in cui l'ufficiale giudiziario consegna al creditore procedente il processo verbale e restituisce il titolo esecutivo e il precetto.

L'art. 159-*ter* disp. att. stabilisce inoltre che colui che deposita un atto o un'istanza, prima che il creditore depositi la nota di iscrizione a ruolo, deve provvedere lui stesso a tale incombente allegando una copia dell'atto di pignoramento. Se procede all'iscrizione a ruolo uno dei soggetti, diversi dal creditore, indicati dall'art. 16-*bis*, primo comma, sopra citato il deposito può avvenire anche con modalità non telematiche; se invece l'istanza proviene dall'ufficiale giudiziario, anche nel caso di cui all'art. 520, comma 1 (deposito del denaro pignorato), all'iscrizione a ruolo procede d'ufficio il cancelliere. In tutti questi casi il creditore deve provvedere al deposito delle copie conformi degli atti nel termine previsto dalle norme sopra citate, pena l'inefficacia del pignoramento.

5. La vendita e l'assegnazione.

Entro quarantacinque giorni dal compimento del pignoramento (art. 497), il creditore può presentare l'istanza di assegnazione o di vendita dei beni pignorati ma deve osservare il termine dilatorio del pignoramento che è di dieci giorni: il legislatore ha voluto concedere in questo modo al debitore di avere un termine a sua disposizione per procedere al pagamento senza subire gli effetti negativi del pignoramento e ha fissato, quindi, il termine di dieci giorni, prima del quale il creditore non può chiedere né la vendita né l'assegnazione dei beni pignorati. Peraltro, l'inosservanza dell'art. 501 che prevede il termine dilatorio di dieci giorni determina una nullità sanabile, che — secondo la giurisprudenza — non può essere rilevata d'ufficio né può essere dedotta oltre l'udienza fissata per l'autorizzazione della vendita. Nell'ipotesi in cui i beni pignorati consistano in cose deteriorabili, la norma ammette la possibilità di chiedere la vendita e l'assegnazione senza l'osservanza del termine: il giudice dell'esecuzione provvede con decreto senza necessità di sentire previamente le parti.

La giurisprudenza ha avuto modo di precisare che alle istanze di vendita e di assegnazione si applica la sospensione dei termini nel periodo feriale.

La **vendita forzata** avviene normalmente senza incanto e cioè tramite offerte di acquisto da depositarsi nella cancelleria (art. 503); il giudice può infatti disporre la vendita con incanto solo quando ritiene probabile che la stessa abbia luogo ad un prezzo superiore della metà rispetto al valore del bene, determinato a norma dell'art. 568, nonché, nel caso di beni mobili, a norma degli artt. 518 e 540-*bis*.

L'**assegnazione**, nei limiti e secondo le regole specifiche in base al tipo di esecuzione, consiste nel trasferimento del bene pignorato nel patrimonio del creditore e può essere (artt. 505, 506 e 507):

- **satisfattiva**: il creditore ottiene il bene pignorato a tacitazione del suo credito se il bene assegnato ha un valore pari al credito e alle spese sostenute, senza alcun versamento di denaro;

- **mista**: il creditore ottiene il bene pignorato a tacitazione del suo credito, ma è tenuto a versare un conguaglio in denaro se il valore del bene sia superiore a quello del credito vantato (art. 162 disp. att.);
- **assegnazione-vendita**: il creditore ottiene il bene pignorato e versa il prezzo che viene distribuito tra i creditori che partecipano al processo.

Il giudice può disporre la **chiusura anticipata** del processo esecutivo, quando risulta che non è più possibile conseguire un ragionevole soddisfacimento delle pretese dei creditori, tenuto conto dei costi necessari per la prosecuzione della procedura, delle probabilità di liquidazione del bene e del presumibile valore di realizzo (art. 164-*bis*, disp. att.).

6. La distribuzione della somma ricavata.

Il ricavato dalla vendita forzata dei beni pignorati o dall'assegnazione degli stessi, deve, quindi, essere distribuito ai creditori.

In caso di creditore unico, il giudice dell'esecuzione dispone a favore dello stesso il pagamento di quanto gli spetta per capitale (e cioè il credito più gli interessi scaduti, più le spese sino al precetto), interessi (maturati in data successiva al precetto) e spese (e cioè le spese vive, i diritti e gli onorari relativi al processo di esecuzione). L'imputazione avviene *ex* art. 1194 c.c.: prima alle spese, poi agli interessi e, quindi, al capitale.

In caso di pluralità di creditori, il giudice dell'esecuzione distribuisce la somma ricavata tra i creditori, rispettando il principio della *par condicio creditorum* e delle cause legittime di prelazione e, quindi, seguendo il seguente **ordine**:

- **spese in prededuzione** (cioè al di fuori del concorso tra i creditori come dispone l'art. 2777 c.c.): sono le spese di giustizia effettuate nell'interesse comune dei creditori; sono considerate tali le spese di amministrazione e di custodia dei beni pignorati, le spese degli ausiliari di giustizia e quelle effettuate dal creditore procedente;
- **accantonamento** delle somme spettanti ai creditori intervenuti privi di titolo esecutivo, i cui crediti non siano stati in tutto o in parte riconosciuti dal debitore;
- **creditori privilegiati**, secondo l'ordine previsto dal codice civile;
- **creditori chirografari tempestivi**;
- **creditori chirografari tardivi**, compresi quelli intervenuti tempestivamente, ma che non hanno esteso il pignoramento o non ne hanno anticipato le spese *ex* art. 499, comma 4;
- **rimborso al debitore** o al terzo che ha subito l'espropriazione.

L'udienza di discussione del **progetto di distribuzione** conclude il processo esecutivo ed impedisce la proposizione delle opposizioni *ex* art. 615; è in questa sede che debbono essere risolte le controversie tra i creditori concorrenti o tra il creditore e il debitore o tra il creditore e il terzo assoggettato all'espropriazione, in ordine alla sussistenza del credito, in ordine all'ammontare dello stesso o in ordine alla sussistenza dei diritti di prelazione (art. 512). In buona sostanza, le questioni relative al riparto, poiché riguardano lo svolgimento del processo esecutivo, devono essere risolte all'interno dello stesso da parte del giudice dell'esecuzione con ordinanza. La giurisprudenza ha chiarito che l'ordinanza di distribuzione, se non risolve contestazioni, ma accerta il consenso sul riparto è un mero atto esecutivo e, come tale, non è soggetta all'imposta proporzionale di registro.

In sede di distribuzione, i creditori di un creditore possono chiedere di essere a lui sostituiti (art. 511): il *creditor creditoris* si sostituisce e ottiene l'assegnazione delle somme spettanti al creditore.

Giurisprudenza

*Ai sensi dell'art. 512 c.p.c., tutte le controversie distributive vanno introdotte e trattate nelle forme di cui all'art. 617 c.p.c., a prescindere dalla circostanza che la causa petendi sia costituita dalla denuncia di vizi formali del titolo esecutivo di uno dei creditori partecipanti alla distribuzione, ovvero da qualsiasi altra questione — anche relativa ai rapporti. sostanziali — che possa dedursi in tale sede. Pertanto, il giudizio introdotto ex art. 51 c.p.c. con l'impugnazione del provvedimento del giudice dell'esecuzione è destinato a concludersi in ogni caso con sentenza non appellabile (Cass. civ., sez. VI, 15 settembre **2020**, n. 19122).*

*In materia di opposizioni esecutive e controversie distributive, il ricorso per cassazione deve essere proposto nei confronti di tutti i creditori procedenti o intervenuti al momento della proposizione dell'opposizione, fra i quali sussiste litisconsorzio processuale necessario, sicché il ricorso medesimo deve contenere, a pena di inammissibilità ex art. 366, comma 1, n. 3, c.p.c., l'esatta indicazione dei litisconsorti necessari, al fine di consentire la verifica dell'integrità del contraddittorio ed eventualmente ordinarne l'integrazione ai sensi dell'art. 331 c.p.c. (Cass. civ., sez. III, 12 giugno **2020**, n. 11268).*

7. L'espropriazione mobiliare presso il debitore.

Quella presso il debitore è una delle tre forme dell'espropriazione forzata ed è disciplinata al capo secondo con disposizioni integrative di quelle generali sopra esaminate. Il pignoramento mobiliare presso il debitore è effettuato dall'ufficiale giudiziario il quale, munito del titolo esecutivo e del precetto, può **ricercare** le cose da pignorare (art. 513):

- **nella casa del debitore**, inteso come dimora abituale del debitore e della sua famiglia;
- **negli altri luoghi a lui appartenenti**, vale a dire lo studio professionale, l'ufficio, l'azienda;
- **sulla persona del debitore**, osservando le opportune cautele per il rispetto del decoro.

L'ufficiale giudiziario ha il potere di entrare, senza alcuna autorizzazione, nella casa del debitore o negli altri luoghi a lui appartenenti, richiedendo l'assistenza della forza pubblica, quando occorre; non tutti i beni però possono essere pignorati: gli artt. 514 e 515 elencano tutta una serie di beni che sono **impignorabili**, per il loro valore morale o professionale, in modo assoluto o possono essere pignorati solo in modo parziale. Se, nonostante il divieto, l'ufficiale giudiziario sottopone a pignoramento questi beni, il debitore può proporre opposizione all'esecuzione. È l'ufficiale giudiziario che sceglie i beni da pignorare che, in base alla sua valutazione, ritiene di più facile e pronta liquidazione, nel limite del presumibile valore di realizzo e, ovviamente, in considerazione all'importo del credito precettato, ma aumentato della metà, affinché le spese dell'esecuzione abbiano adeguata copertura.

Il creditore può chiedere di **essere presente** alle operazioni di pignoramento avanzando apposita istanza all'ufficiale giudiziario al momento della richiesta (art. 165 disp. att.): l'ufficiale giudiziario è, quindi, tenuto a comunicare la data e l'ora dell'accesso con un preavviso di tre giorni.

L'ufficiale giudiziario è tenuto a redigere **processo verbale** delle operazioni nel quale dà atto dell'ingiunzione prevista dall'art. 492, nel quale descrive le cose pignorate, determinandone il loro presumibile valore, avvalendosi, se del caso, di un esperto per le operazioni di stima; se il debitore non è presente al pignoramento, l'ufficiale giudiziario rivolge l'ingiunzione prevista dall'art. 492 ad una persona di famiglia o addetta alla casa, all'ufficio o all'azienda, consegnando loro un avviso per il debitore. Il processo verbale, è a questo punto, restituito dall'ufficiale giudiziario al creditore, al quale compete l'onere di depositarlo in cancelleria, insieme al titolo esecutivo, al precetto e alla nota di iscrizione a ruolo, entro il **termine di quindici giorni** dalla consegna, termine da considerarsi perentorio in quanto, se non rispettato, comporta l'inefficacia del pignoramento (art. 518). La conformità delle copie è attestata dall'avvocato del creditore, ai soli fini degli incombenti sopra indicati. Consegna al cancelliere anche il denaro, i titoli di credito e gli oggetti preziosi colpiti dal pignoramento; gli altri beni sono trasportati presso un luogo di pubblico deposito oppure affidati a un custode diverso dal debitore (art. 520).

Negli altri casi, l'ufficiale giudiziario deve nominare il **custode** che, però, non può essere il creditore o il suo coniuge (a meno che vi sia il consenso del debitore) né il debitore o le persone con lui conviventi (a meno che vi sia il consenso del creditore): il custode può essere autorizzato a lasciare nell'immobile le cose pignorate, ma non può usare le stesse senza l'autorizzazione del giudice dell'esecuzione. Il custode può essere sostituito e non ha diritto a compenso (artt. 521 e 522).

Il pignoramento di **autoveicoli, motoveicoli e rimorchi**, oltre che con le forme tradizionali e cioè tramite ufficiale giudiziario, può essere eseguito anche mediante notificazione al debitore di un atto, nel quale, come prevede l'art. 521-*bis*, si indicano:

- esattamente, con gli estremi richiesti dalla legge speciale per la loro iscrizione nei pubblici registri, i beni e i diritti che si intendono sottoporre ad esecuzione,
- l'ingiunzione prevista nell'art. 492,

- l'intimazione a consegnare entro dieci giorni i beni pignorati, nonché i titoli e i documenti relativi alla proprietà e all'uso dei medesimi, all'istituto vendite giudiziarie.

L'atto di pignoramento deve, quindi, essere trascritto dal creditore, in modo da rendere possibile agli organi di polizia, che accertino successivamente la circolazione dei beni pignorati nonostante l'intimazione di consegna, o comunque li rinvengano, di procedere al ritiro della carta di circolazione e dei documenti e di consegnare il bene pignorato all'istituto vendite giudiziarie più vicino al luogo in cui il bene pignorato è stato rinvenuto. Se, invece, il debitore adempie l'intimazione e consegna spontaneamente il bene, l'istituto vendite giudiziarie assume la custodia dello stesso, dandone comunicazione al creditore pignorante, affinché questi nei successivi **trenta giorni** possa depositare nella cancelleria del tribunale competente per l'esecuzione la nota di iscrizione a ruolo, con le copie conformi del titolo esecutivo, del precetto, dell'atto di pignoramento e della nota di trascrizione. La conformità di tali copie è attestata dall'avvocato del creditore. Il pignoramento perde efficacia quando la nota di iscrizione a ruolo e le copie dell'atto di pignoramento, del titolo esecutivo e del precetto sono depositate oltre il termine sopra indicato. L'istanza di assegnazione o di vendita deve essere depositata entro **quarantacinque giorni** dal deposito della nota di iscrizione a ruolo da parte del creditore ovvero dal deposito delle copie conformi degli atti nel caso in cui proceda un terzo ai sensi dell'art. 159-*ter* disp. att.

Queste le regole particolari che riguardano

- l'**intervento dei creditori**: può avvenire non oltre la prima udienza fissata per l'autorizzazione della vendita o per l'assegnazione, ma, se il valore dei beni pignorati non supera euro ventimila, deve avvenire non oltre la data di presentazione dell'istanza di vendita (art. 525). I creditori intervenuti, se muniti di titolo esecutivo possono provocare i singoli atti di esecuzione (art. 526); quelli chirografari tardivi concorrono alla distribuzione della parte della somma ricavata dopo che sono soddisfatti i diritti del creditore pignorante, dei creditori privilegiati e dei creditori tempestivi (art. 528);
- la **vendita**: l'istanza può essere avanzata solo dal creditore pignorante o da quello tempestivamente intervenuto, solo se munito di titolo esecutivo (art. 529); se il valore dei beni pignorati non supera euro ventimila e non sono intervenuti creditori, il giudice dell'esecuzione dispone con decreto l'assegnazione o la vendita; in caso contrario, fissa l'udienza per l'audizione delle parti; il giudice dell'esecuzione può disporre la vendita senza incanto o tramite commissionario (art. 532), il quale non può vendere se non per contanti, documentando le operazioni di vendita mediante certificato (art. 533); può disporre la vendita con incanto, stabilendo giorno, ora e luogo in cui deve eseguirsi, affidandone l'esecuzione al cancelliere o all'ufficiale giudiziario o all'istituto all'uopo autorizzato, disponendo le relative forme di pubblicità (art. 534); delega le operazioni di vendita anche a professionisti se riguardano beni mobili iscritti nei pubblici registri (art. 534-*bis*);
- l'**assegnazione**: l'istanza può essere avanzata solo se riguarda titoli di cre-

dito o altre cose il cui valore risulta dal listino di borsa o di mercato (art. 529, comma 2);

- la **distribuzione della somma ricavata**: può avvenire secondo un piano concordato tra i creditori (art. 541) o mediante un provvedimento giudiziale, se i creditori non raggiungono un accordo (art. 542);
- l'**integrazione del pignoramento**: quando le cose pignorate risultano invendute a seguito degli incanti, ovvero quando la somma assegnata non è sufficiente a soddisfare le ragioni dei creditori, il giudice, su istanza di uno di questi, ordina l'integrazione del pignoramento all'ufficiale giudiziario, il quale riprende le operazioni di ricerca dei beni, di cui viene disposta la vendita, senza la necessità di una nuova istanza (art. 540-*bis*).

8. L'espropriazione presso terzi.

Il creditore che intende pignorare crediti che il debitore ha **nei confronti di un terzo** o che intende pignorare beni mobili del debitore che sono in possesso di un terzo, deve utilizzare la forma della espropriazione presso terzi, mediante un atto complesso, in parte di competenza del creditore e in parte di competenza dell'ufficiale giudiziario, rivolto al debitore e al terzo. Possono, infatti, essere oggetto di pignoramento tutti i crediti che il debitore ha verso i terzi, anche se non ancora esigibili, futuri, condizionati o eventuali (*Cass. civ., sez. III, 8 ottobre 2019, n. 25042*), sia che derivino da un rapporto di lavoro, sia che costituiscano oggetto di un deposito bancario, sia che derivino da un diverso contratto, purché si verta nell'ipotesi del *debitor debitoris*.

Il pignoramento si effettua mediante la notifica di un atto al terzo e al debitore, che deve contenere tutta una serie di requisiti previsti dall'art. 543 e cioè:

- l'**indicazione del credito per il quale si procede**, del titolo esecutivo e del precetto;
- l'**indicazione almeno generica** delle cose o delle somme dovute dal terzo al debitore;
- l'**intimazione al terzo** di non disporne senza ordine del giudice;
- la **dichiarazione di residenza o l'elezione di domicilio** nel comune in cui ha sede il tribunale competente, nonché l'indicazione dell'indirizzo di posta elettronica certificata del creditore procedente;
- la **citazione del debitore** a comparire davanti al giudice competente;
- l'**invito al terzo a comunicare** la dichiarazione inviandola al creditore procedente entro dieci giorni a mezzo raccomandata ovvero a mezzo di posta elettronica certificata;
- l'**avvertimento al terzo** che, in caso di mancata comunicazione della dichiarazione, la stessa dovrà essere resa comparendo in un'apposita udienza e che quando non compare, o sebbene comparso, non rende la dichiarazione, il credito pignorato o il possesso di cose di appartenenza del debitore, nell'ammontare e nei termini indicati dal creditore, si considereranno non contestati.

Il tribunale territorialmente competente è quello del **luogo di residenza del debitore**, a meno che il debitore sia una pubblica amministrazione, nel quale caso è competente quello del luogo di residenza del terzo debitore.

Eseguita l'ultima notificazione, l'ufficiale giudiziario consegna l'originale dell'atto di citazione al creditore cui compete, entro il **termine perentorio di trenta giorni**, il deposito, nella cancelleria del tribunale, della nota di iscrizione a ruolo e delle copie conformi dell'atto di citazione, del titolo esecutivo e del precetto. Il pignoramento perde, infatti, efficacia se il termine non viene rispettato (art. 543), con conseguente onere di farne dichiarazione al debitore e al terzo (art. 164-*ter*, disp. att.). La conformità delle copie è attestata dall'avvocato del creditore.

Nello stesso modo si procede se è stato l'ufficiale giudiziario a notificare il pignoramento presso terzi, a seguito dell'accesso alle banche dati (v. parte VI, cap. II, 2). In questo caso, come prevede l'art. 543, comma 5, decorso il termine di cui all'art. 501, il creditore pignorante e ognuno dei creditori intervenuti muniti di titolo esecutivo possono chiedere l'assegnazione o la vendita delle cose mobili o l'assegnazione dei crediti. Sull'istanza di cui al periodo precedente il giudice fissa l'udienza per l'audizione del creditore e del debitore. Il decreto con cui viene fissata l'udienza è notificato a cura del creditore procedente e deve contenere l'invito e l'avvertimento al terzo di cui sopra.

Queste le regole particolari che riguardano

- i **crediti impignorabili**: non possono essere pignorati i crediti alimentari, se non per cause di alimenti e sempre con l'autorizzazione del tribunale, nonché altri crediti espressamente previsti dall'art. 545; le somme dovute a titolo di stipendio, salario o altre indennità relative al rapporto di lavoro o di impiego, comprese quelle dovute a causa di licenziamento, possono essere pignorate per crediti alimentari nella misura autorizzata dal tribunale e per altri crediti nella misura di un quinto (art. 545, comma 3 e 4); particolarità sono previste per il pignoramento delle **pensioni** e degli assegni di quiescenza nonché se le somme sono già state accreditate su conto bancario o postale (art. 545, comma 5 e 6);
- il **terzo pignorato**: dal giorno in cui gli è stato notificato l'atto, egli è soggetto agli obblighi che la legge impone al custode e, dunque, non può disporre delle somme pignorate nei limiti dell'importo del credito precettato aumentato della metà, salvo alcune ipotesi particolari se il pignoramento ha colpito un conto bancario o postale ove sono stati accreditati stipendi o pensioni (art. 546); egli deve dichiarare, o all'udienza o mediante raccomandata o a mezzo di posta elettronica certificata, di quali cose o di quali somme è debitore o si trova in possesso, specificando i sequestri e i pignoramenti precedentemente eseguiti presso di lui e le cessioni che gli sono state notificate (artt. 547 e 550). Deve fornire indicazioni complete e dettagliate dal punto di vista oggettivo in modo da consentire l'identificazione dell'oggetto della prestazione dovuta al debitore esecutato (*Cass. civ., sez. III, 3 settembre 2019, n. 21970*);
- l'**intervento dei creditori**: deve avvenire non oltre la prima udienza di comparizione delle parti (art. 551);
- l'**assegnazione** e la **vendita**: se oggetto dell'espropriazione sono crediti, il

giudice provvede all'assegnazione in pagamento ai creditori, salvo che non siano esigibili immediatamente o costituiscano censi o rendite, nel qual caso ne dispone la assegnazione o la vendita secondo le norme in generale; se oggetto dell'espropriazione sono cose mobili, provvede per l'assegnazione o la vendita secondo le regole generali (artt. 552 e 553). L'ordinanza con la quale il giudice dell'esecuzione assegna in pagamento al creditore procedente la somma di cui il terzo pignorato si è dichiarato debitore nei confronti del debitore espropriato, costituisce **titolo esecutivo nei confronti del terzo** ed a favore dell'assegnatario (*Cass. civ., sez. VI, 21 luglio **2020**, n. 15436*).

In caso di mancata dichiarazione del terzo, il giudice fissa una nuova udienza: la relativa ordinanza deve essere notificata al terzo almeno dieci giorni prima della stessa; se anche a questa udienza il terzo non compare o, comparendo rifiuta di rendere la dichiarazione, il credito pignorato, o il possesso del bene di appartenenza del debitore, nei termini indicati dal creditore, si considera non contestato ai fini del procedimento in corso se l'allegazione del creditore consente l'identificazione del credito o dei beni di appartenenza del debitore in possesso del terzo e il giudice provvede all'assegnazione.

Il terzo pignorato può però impugnare l'ordinanza di assegnazione così adottata, nelle forme e nei termini di cui all'art. 617, ma deve provare di non aver avuto tempestiva conoscenza per irregolarità della notificazione o per caso fortuito o forza maggiore (art. 548, comma 3).

Se invece sulla dichiarazione **sorgono contestazioni** o se a seguito della mancata dichiarazione del terzo non è possibile l'esatta identificazione del credito o dei beni del debitore in possesso del terzo, il giudice dell'esecuzione, su istanza di parte, provvede con ordinanza, compiuti i necessari accertamenti, *incidenter tantum*, nel contraddittorio tra le parti e con il terzo. L'ordinanza ha effetto solo endoprocedimentale e, secondo quanto previsto dall'art. 549, è impugnabile nelle forme e nei termini di cui all'art. 617, comma 2 (*Cass. civ., sez. III, 2 luglio 2019, n. 17663*).

Se però l'ordinanza di assegnazione del credito ha deciso questioni che integrano l'oggetto tipico di un procedimento di cognizione, deve essere impugnata con l'appello (*Cass. civ., sez. III, 26 febbraio 2019, n. 5489*).

Giurisprudenza

*L'irregolarità del pignoramento di un diritto di credito, incorporato in un titolo di credito emesso da un terzo, eseguito nelle forme del pignoramento presso terzi anziché in quelle del pignoramento diretto presso il debitore, va contestata con l'opposizione agli atti esecutivi e non nel giudizio di accertamento dell'obbligo del terzo secondo il regime anteriore all'attuale testo dell'art. 549 c.p.c. (Cass. civ., sez. VI, 28 settembre **2020**, n. 20338).*

Il limite dell'importo del credito precettato aumentato della metà, previsto dall'art. 546 c.p.c., comma 1, individua anche l'oggetto del processo esecutivo, sicché, in difetto di rituale estensione del pignoramento, un intervento successivo, pur se del medesimo procedente, non consente il superamento del detto limite e, quindi, l'as-

segnazione di crediti in misura maggiore (Cass. civ., sez. VI, 18 maggio ***2020****, n. 9054).*

9. L'espropriazione immobiliare.

Il creditore può fare espropriare i beni immobili (per essi intendendosi sia i beni in senso stretto sia i diritti immobiliari) del debitore, mediante il procedimento di espropriazione immobiliare: la **scelta del bene** da pignorare non è effettuata dall'ufficiale giudiziario ma dal creditore stesso; il pignoramento (art. 555) è un **atto a struttura complessa**, predisposto dal creditore, in forma scritta.

Consiste di tre parti:

- la prima, di competenza del creditore, nella quale si indicano esattamente i beni e i diritti immobiliari che si intendono sottoporre ad esecuzione, con gli estremi richiesti dall'art. 2826 c.c.;
- la seconda, di competenza dell'ufficiale giudiziario, nella quale si fa l'ingiunzione al debitore di non sottrarre il bene alla garanzia del credito;
- la terza, di competenza dell'ufficiale giudiziario, con la quale si notifica al debitore l'atto stesso.

L'art. 170 disp. att. stabilisce che l'atto deve essere **sottoscritto dal creditore pignorante**, prima della relazione di notificazione: la disposizione è interpretata dalla giurisprudenza in modo contrastante. Alcune pronunce stabiliscono che deve essere sottoscritto da difensore munito di procura; altre ritengono che l'atto deve essere sottoscritto dalla parte personalmente, in quanto il requisito della sottoscrizione è destinato non solo a legittimare il contenuto del documento, ma anche ad attribuirne la paternità alla parte che l'ha redatto e, quindi, ad individuarne chiaramente la provenienza. Con pronunce successive ha ritenuto valido l'atto se sottoscritto dal difensore in forza della procura alle liti rilasciata con l'atto di precetto.

Al pignoramento, dopo la notificazione, deve seguire la **trascrizione nei registri immobiliari**: l'art. 555, comma 2 e 3, dispone che la stessa sia effettuata dall'ufficiale giudiziario ovvero dal creditore pignorante, mediante la consegna al conservatore di una copia autentica dell'atto con le note di trascrizione. Se infatti il pignoramento immobiliare nei confronti del debitore si perfeziona con la notifica, nei confronti dei terzi acquista valore solamente al momento della trascrizione: in base agli artt. 2644 e 2913 c.c., sono, infatti, inefficaci nei confronti del creditore procedente e dei creditori intervenuti, gli atti traslativi o costitutivi di diritti sui beni pignorati, compiuti successivamente alla trascrizione.

Il conservatore, trascritto il pignoramento, restituisce una delle note, nella quale deve far risultare l'eventuale esistenza di un precedente pignoramento, con lo scopo di far sì che si svolga un unico processo esecutivo (art. 561).

In base alla nuova formulazione dell'art. 557, è compito del creditore procedente — e non più dell'ufficiale giudiziario come invece era disposto prima delle modifiche introdotte dal d.l. 12 settembre 2014, n. 132 — depositare nella cancelleria del tribunale competente per l'esecuzione:

- la copia conforme dell'atto di pignoramento;
- la nota di trascrizione;
- le copie conformi del titolo esecutivo e del precetto;
- la nota di iscrizione a ruolo, secondo le modalità previste dall'art. 159-*bis* disp. att..

La conformità delle copie è attestata dall'avvocato del creditore, ma solo ai fini dell'espletamento delle attività sopra indicate. Il deposito deve avvenire entro il **termine di quindici giorni** dalla data di consegna da parte dell'ufficiale giudiziario dell'atto di pignoramento, termine da intendersi perentorio in quanto, se non è rispettato, il pignoramento diventa inefficace, con conseguente obbligo per il creditore di farne dichiarazione al debitore (art. 164-*ter*, disp. att.).

A seguito del pignoramento, il debitore ha un godimento limitato dell'immobile e perde l'amministrazione dello stesso: l'art. 559 prevede, infatti, che con il pignoramento il debitore è costituito **custode dei beni pignorati** (senza diritto a compenso), destinato però ad essere sostituito nel corso del procedimento, con provvedimento del giudice dell'esecuzione (art. 559):

- su istanza di uno dei creditori;
- d'ufficio quando l'immobile non è occupato dal debitore;
- comunque, in sede di ordinanza di vendita, dovendo essere nominato custode la persona incaricata delle operazioni di vendita o l'istituto di vendite giudiziarie, affinché gli interessati all'acquisto possano rivolgersi per esaminare i beni in vendita.

Il creditore, stante la disposizione generale di cui all'art. 497, deve richiedere l'assegnazione o la vendita entro quarantacinque giorni: in mancanza il pignoramento diventa inefficace e il giudice dell'esecuzione, con l'ordinanza di estinzione del processo dispone la cancellazione della trascrizione (art. 562).

Queste le **regole particolari** che riguardano:

- l'**intervento dei creditori**: può avvenire non oltre la prima udienza fissata per l'autorizzazione della vendita; se muniti di titolo esecutivo possono provocarne i singoli atti (art. 564); quelli tardivi chirografari concorrono alla distribuzione per la somma residua, dopo che sono soddisfatti gli altri creditori (art. 565), quelli tardivi ma iscritti e privilegiati, concorrono alla distribuzione della somma in ragione dei loro diritti di prelazione; la giurisprudenza ha però precisato che l'intervento è tempestivo purché sia avvenuto prima dell'emissione dell'ordinanza di vendita;
- l'**assegnazione** e la **vendita**: l'istanza può essere presentata dal creditore pignorante e dai creditori intervenuti muniti di titolo esecutivo, ma con l'ulteriore incombenza di depositare nei sessanta giorni successivi al deposito dell'istanza di vendita, la documentazione ipo-catastale espressamente richiesta dall'art. 567, pena l'inefficacia del pignoramento relativamente all'immobile per il quale non è stata depositata; il giudice dell'esecuzione nomina l'esperto, affin-

ché provveda, con relazione peritale, non solo a valutare l'immobile, ma, altresì, a fornire tutta una serie di indicazioni utili per la successiva vendita (artt. 569, comma 1 e 173-*bis*, disp. att.). Il giudice dispone la **vendita senza incanto**, potendo scegliere la forma dell'incanto solo quando ritiene probabile che con tale modalità la vendita possa aver luogo ad un prezzo superiore della metà rispetto al valore del bene (art. 569). Le ulteriori norme riguardano la possibilità per ogni creditore di presentare istanza di assegnazione quando la vendita all'incanto non abbia luogo per mancanza di offerte (artt. da 588 a 590); le modalità per disporre la delega delle operazioni di vendita ad un notaio o a un avvocato ovvero a un commercialista iscritti negli appositi elenchi (artt. 591-*bis* e 591-*ter*); la natura e i fini dell'amministrazione giudiziaria eventualmente disposta per un tempo non superiore a tre anni (artt. da 592 a 595);

- la **distribuzione della somma ricavata**: la massa da distribuire ai creditori è costituita dal prezzo dell'immobile venduto o dal conguaglio in caso di assegnazione, nonché da tutto quanto proviene a titolo di multa o di risarcimento del danno da parte dell'aggiudicatario o assegnatario inadempiente, e il progetto può anche essere predisposto dal professionista delegato (art. 596); la mancata partecipazione delle parti all'udienza importa l'approvazione del progetto (art. 597) con ordine di pagamento da parte del giudice dell'esecuzione (art. 598).

Con l'art. 4 del d.l. 14 dicembre 2018 n. 135, convertito con modificazioni in l. 11 febbraio 2019 n. 12, è stato modificato completamente l'art. 560 in ordine alla custodia e liberazione dell'immobile pignorato.

È stato previsto che il custode nominato ha il dovere di vigilare affinché il debitore e il nucleo familiare conservino il bene pignorato con la diligenza del buon padre di famiglia in quanto non perdono il possesso dell'immobile e delle sue pertinenze sino al decreto di trasferimento. Il debitore non può concedere in locazione l'immobile pignorato se non previa autorizzazione rilasciata dal giudice dell'esecuzione e deve consentire la visita da parte di potenziali acquirenti.

Il giudice ordina la liberazione dell'immobile pignorato:

- qualora sia ostacolato il diritto di visita di potenziali acquirenti;
- quando l'immobile non sia adeguatamente tutelato e mantenuto in stato di buona conservazione;
- quando il debitore viola gli altri obblighi che la legge pone a suo carico;
- quando l'immobile non è abitato dal debitore e dal suo nucleo familiare. Se infatti l'immobile pignorato è abitato dal debitore o dai suoi familiari, il rilascio può essere disposto solo con il decreto di trasferimento.

Il debitore e il terzo nominato custode sono tenuti a rendere il conto, ogni trimestre, a norma dell'art. 593.

Giurisprudenza

In tema di pignoramento immobiliare, l'erronea indicazione dei dati catastali dell'immobile pignorato non dà luogo a nullità dell'atto nella misura in cui tale errore — nella specie limitato alla sola lettera identificativa del subalterno — non *determina incertezza assoluta circa l'identificazione dell'oggetto della vendita forzata, essendo stato tempestivamente rilevato dal giudice dell'esecuzione o dai suoi ausiliari e corretto nella perizia di stima ovvero nell'avviso di vendita (Cass. civ., sez. VI, 15 settembre **2020**, n. 19123).*

10. L'espropriazione di beni indivisi.

Il creditore ha la possibilità di espropriare la **quota indivisa** di proprietà del debitore e ciò può fare nelle forme stabilite per l'esecuzione mobiliare o immobiliare, anche quando non tutti i comproprietari sono obbligati verso di lui (art. 599), ma seguendo alcune regole particolari:

- del pignoramento è notificato **avviso agli altri comproprietari**, a cura del creditore pignorante, ai quali è fatto divieto di lasciar separare dal debitore la sua parte delle cose comuni senza ordine del giudice;
- la convocazione dei comproprietari e l'audizione degli interessati è necessaria, prima di provvedere alla separazione della quota o al **giudizio di divisione** che è disposta dal giudice dell'esecuzione se la separazione non è richiesta o non è possibile (art. 600);
- il giudice dell'esecuzione provvede direttamente all'istruzione della causa (art. 181 disp. att.);
- l'esecuzione è sospesa finché sulla divisione non sia intervenuto un accordo tra le parti o pronunciata sentenza (art. 601).

Giurisprudenza

*Nell'ambito del processo di esecuzione di beni indivisi, il giudizio di divisione del bene pignorato, sebbene strumentale alla liquidazione del compendio immobiliare, costituisce un procedimento incidentale di cognizione che resta autonomo rispetto alla procedura espropriativa; ne consegue che, ove il giudizio di esecuzione venga dichiarato estinto, e la relativa pronuncia sia stata impugnata, è possibile disporre la sospensione del giudizio di divisione ex art. 337, comma 2, c.p.c. in attesa del passaggio in giudicato di tale pronuncia (Cass. civ., sez. VI, 2 ottobre **2020**, n. 21218)*

11. L'espropriazione contro il terzo proprietario.

Il creditore può promuovere azione esecutiva anche nei confronti del **terzo non debitore**, quando questi è proprietario di un bene vincolato a garanzia dell'adempimento di un debito altrui ovvero di un bene acquistato in modo non opponibile al creditore procedente o in forza di un atto revocato in quanto compiuto in pregiudizio del creditore. Sono considerati terzi proprietari, tra gli altri:

- il **terzo datore di pegno** (art. 2784, comma 1, c.c.) o il terzo acquirente a titolo particolare del bene gravato da pegno;

- il **terzo datore di ipoteca** (art. 2808, comma 2 c.c.) o il terzo acquirente a titolo particolare del bene ipotecato;
- il terzo acquirente in caso di **revocazione per frode** dell'atto di acquisto (art. 2901 c.c.);
- il **simulato alienante** (artt. 1415 e 2652, comma 4, c.c.).

In tutti questi casi, il terzo diventa, dunque, **destinatario passivo dell'azione esecutiva**, nonché esecutato insieme al debitore. È per questo motivo che il titolo esecutivo e il precetto debbono essere notificati, oltre che al debitore, anche al terzo, il quale deve essere sentito ogni qualvolta debba essere sentito il debitore (artt. 603 e 604).

L'esecuzione contro il terzo proprietario si svolge seguendo le disposizioni espressamente dettate per le varie espropriazioni.

Giurisprudenza

*Il debitore garantito da ipoteca su un bene di un terzo non è legittimato passivo dell'azione esecutiva che abbia ad oggetto tale immobile e, pertanto, non deve essergli notificato l'atto di pignoramento, ma soltanto, come previsto dall'art. 603 c.p.c., il precetto e il titolo esecutivo (fatta salva l'eccezione in tema di credito fondiario di cui all'art. 41, comma 1, d.lgs. 1° settembre 1993, n. 385). Tuttavia, ai sensi dell'art. 604, comma 2, c.p.c., nel corso del processo esecutivo egli deve essere sentito tutte le volte in cui deve essere sentito anche il terzo proprietario assoggettato all'esecuzione e tale omissione dà luogo ad un vizio della procedura che, fintanto che la stessa non sia conclusa, può essere fatto valere con l'opposizione ex art. 617 c.p.c. (Cass. civ., sez. III, 5 giugno **2020**, n. 10808).*

SCHEMA 90 L'espropriazione forzata

- L'ESPROPRIAZIONE FORZATA
  - DEFINIZIONE — **procedimento esecutivo** che consente al creditore di procedere per il **recupero** di una somma di denaro nei confronti del debitore che **non adempie** spontaneamente facendogli sottrarre **coattivamente i suoi beni** per soddisfare il proprio credito
  - MOBILIARE
    - PRESSO IL DEBITORE — consiste nella ricerca delle cose da pignorare nella casa del debitore o in altri luoghi allo stesso appartenenti
    - PRESSO TERZI — consiste nel pignoramento dei crediti del debitore verso terzi o di cose del debitore che sono in possesso di terzi
  - IMMOBILIARE — consiste nel pignoramento di beni immobili di proprietà del debitore

- GIUDICE DELL'ESECUZIONE
  - POTERI — dirige l'espropriazione adottando i provvedimenti nella forma dell'ordinanza sempre modificabile o revocabile
  - FASCICOLO DELL'ESECUZIONE — vengono inseriti i provvedimenti del giudice unitamente agli atti di cancelleria ed a quelli depositati dalle parti

SCHEMA 91 L'espropriazione forzata: il pignoramento

IL PIGNORAMENTO

- DEFINIZIONE: costituisce **l'ingiunzione dell'ufficiale giudiziario** al debitore di astenersi da qualunque atto diretto a sottrarre la garanzia del credito con indicazione specifica dei beni e dei frutti
- QUANDO: su richiesta del creditore **dopo 10 giorni** dalla notifica del titolo esecutivo e del precetto, nel termine di efficacia di quest' ultimo

IL CONTENUTO

- invito al debitore ad effettuare la **dichiarazione di residenza** o **l'elezione di domicilio**
- avvertimento al debitore che può chiedere di **sostituire alle cose** o ai crediti pignorati una **somma di denaro**
- invito al debitore a indicare i **beni utilmente pignorabili** e i luoghi in cui gli stessi si trovano ovvero le **generalità** dei terzi debitori

IL PROCEDIMENTO

- deve essere formato **processo verbale** sottoscritto dal debitore
- il creditore può chiedere all'ufficiale giudiziario di pignorare i beni indicati dal debitore
- l'ufficiale giudiziario può ricercare i beni da pignorare con **modalità telematiche**
- il medesimo bene può essere pignorato **contestualmente** da più creditori o successivamente su istanza di altri creditori
- il pignoramento può essere evitato effettuando il **pagamento**
- il debitore può chiedere la **riduzione del pignoramento**
- il pignoramento **perde efficacia** se nei **quarantacinque giorni** successivi il creditore non richiede l'assegnazione o la vendita

LA CONVERSIONE

- DEFINIZIONE: consiste nella richiesta per una sola volta da parte del debitore di **sostituire** alle cose o ai crediti pignorati una **somma di denaro**
- PROCEDIMENTO:
  - il debitore con l'istanza deve depositare una somma non inferiore ad un quinto dell'importo del credito
  - il giudice fissa l'udienza di comparizione di tutte le parti al fine di determinare le somme da sostituire ai beni pignorati e determina la somma che il debitore deve versare entro un determinato termine
  - il debitore **provvede**, le cose pignorate sono liberate e le somme sono assegnate ai creditori
  - il debitore **non provvede** e decade dalla conversione; il giudice dispone la **vendita dei beni**

SCHEMA 92 L'espropriazione forzata: l'intervento dei creditori, la vendita e l'assegnazione, la distribuzione della somma ricavata

L'INTERVENTO DEI CREDITORI

- **TIPOLOGIA**
  - creditori titolari di credito fondato su **titolo esecutivo**
  - creditori che hanno eseguito un **sequestro** sui beni pignorati
  - creditori titolari di un diritto di **pegno** o un diritto di prelazione risultante da pubblici registri
  - creditori titolari di un credito di **somma di denaro** risultante dalle scritture contabili
- **CREDITORI CON DIRITTI DI PRELAZIONE**
  - devono essere **avvisati** dell'espropriazione in corso dei beni sui quali hanno tale diritto
- **IL RICORSO**
  - deve essere depositato **prima che sia tenuta** l'udienza in cui è disposta la vendita (intervento tempestivo) ovvero dopo tale udienza (intervento tardivo)
- **I CREDITORI PRIVI DI TITOLO ESECUTIVO**
  - devono notificare al debitore copia del ricorso di intervento e copia dell'estratto autentico notarile **attestante il credito**
  - il debitore è tenuto a comparire all'udienza e a dichiarare quali crediti **intende riconoscere** in tutto o in parte
  - il debitore compare e **riconosce il credito** si forma titolo esecutivo con efficacia ai soli fini dell'esecuzione
  - il debitore compare e non riconosce il credito il creditore è tenuto ad instaurare l'azione necessaria per munirsi del titolo
- **EFFICACIA**
  - diritto di partecipare alla **distribuzione della somma ricavata**
  - diritto di partecipare all'**espropriazione** del bene pignorato
  - diritto di provocare i **singoli atti dell'espropriazione**

LA VENDITA E L'ASSEGNAZIONE

- l'istanza di assegnazione o vendita dei beni pignorati può essere presentata entro **quarantacinque giorni** dal pignoramento
- la vendita avviene normalmente **senza incanto** potendo il giudice ricorrere all'incanto solo quando ritenga probabile che la stessa abbia luogo ad un prezzo superiore della metà rispetto al valore del bene
- l'assegnazione può essere **satisfativa, mista, assegnazione/vendita**

LA DISTRIBUZIONE DELLA SOMMA

- **UNICO CREDITORE**
  - il giudice dispone il pagamento per capitale, interessi e spese
- **PIÙ CREDITORI**
  - il giudice distribuisce la somma seguendo un determinato ordine

LA CONCLUSIONE

- l'udienza di **discussione del progetto di distribuzione** conclude il processo esecutivo e impedisce la proposizione delle opposizioni
- il giudice può disporre la **chiusura anticipata** del processo quando non è più possibile conseguire un **ragionevole soddisfacimento** delle pretese dei creditori

L'INTEGRAZIONE DEL PIGNORAMENTO

- quando le cose pignorate risultano invendute ovvero la somma assegnata non è sufficiente il giudice ordina l'**integrazione del pignoramento**

SCHEMA 93 L'espropriazione mobiliare presso il debitore e presso terzi

PRESSO IL DEBITORE

- IL PROCEDIMENTO
  - il pignoramento è effettuato dall'ufficiale giudiziario che ricerca i beni da pignorare nella casa del debitore
  - l'ufficiale redige processo verbale nel quale descrive i beni pignorati e ne determina il valore presumibile
  - il creditore entro 15 giorni dalla consegna da parte dell'ufficiale deposita in cancelleria il processo verbale con il titolo esecutivo, il precetto e la nota di iscrizione a ruolo in copia conforme
  - i beni pignorati sono affidati ad un custode
  - il creditore può chiedere di essere presente alle operazioni
- L'INTERVENTO DEI CREDITORI
  - se il valore dei beni è **superiore ad € 20.000,00** deve avvenire entro **la prima udienza** fissata per l'autorizzazione della vendita o dell'assegnazione
  - se il valore dei beni è **inferiore ad € 20.000,00** deve avvenire non oltre la data di presentazione dell'istanza di vendita
- L'ISTANZA DI ASSEGNAZIONE O VENDITA
  - può essere avanzata solo dal **creditore procedente** o da quello tempestivamente intervenuto se **munito di titolo esecutivo**
- LA VENDITA
  - può essere disposta **senza incanto** o **con incanto**
- LA DISTRIBUZIONE DELLA SOMMA RICAVATA
  - può avvenire attraverso un **piano concordato** tra i creditori ovvero con **provvedimento giudiziale**

PRESSO TERZI

- IL PROCEDIMENTO
  - si attiva attraverso un **atto complesso** in parte di competenza del creditore ed in parte dell'ufficiale giudiziario che deve essere **notificato** al debitore e al terzo
  - può avere ad oggetto tutti i crediti che il debitore ha verso terzi o tutti i mobili del debitore in possesso di terzi
  - la competenza territoriale è del tribunale del **luogo di residenza del debitore** a meno che si tratti di una P.A.
  - il creditore entro 30 giorni dalla consegna da parte dell'ufficiale giudiziario dell'originale dell'atto di citazione deve depositare in cancelleria, a pena di **inefficacia** del pignoramento, copia conforme dello stesso, del titolo esecutivo e del precetto con la nota di iscrizione a ruolo
  - dal giorno della notifica il terzo pignorato non può disporre delle somme pignorate
- L'INTERVENTO DEI CREDITORI
  - deve avvenire **non oltre la prima udienza** di comparizione delle parti
- L'ASSEGNAZIONE O LA VENDITA
  - se oggetto dell'espropriazione sono **crediti** il giudice dispone l'assegnazione o la vendita secondo le norme in generale
  - se oggetto dell'espropriazione sono **cose mobili** il giudice provvede all'assegnazione o alla vendita secondo le regole generali

SCHEMA 94 L'espropriazione immobiliare

- **L'ATTO DI PIGNORAMENTO**
  - STRUTTURA
    - PRIMA PARTE: di competenza del **creditore** nella quale si indicano i beni e i diritti immobiliari che si intendono sottoporre ad esecuzione
    - SECONDA PARTE: di competenza dell'**ufficiale giudiziario** nella quale si fa **l'ingiunzione al debitore** di non sottoporre il bene alla garanzia del credito
    - TERZA PARTE: di competenza dell'**ufficiale giudiziario** con la quale si notifica l'atto al debitore
- **IL PROCEDIMENTO**
  - TRASCRZIONE: alla notifica deve seguire la trascrizione nei registri immobiliari
  - ISCRIZIONE A RUOLO: il creditore procedente, entro 15 giorni dalla consegna da parte dell'ufficiale giudiziario dell'atto di pignoramento, **deposita** la copia conforme dell'atto di pignoramento, la nota di trascrizione, la copia conforme del titolo esecutivo e del precetto, la nota di iscrizione a ruolo, a pena di **inefficacia del pignoramento**
  - CUSTODIA: il debitore è costituito **custode** dei beni senza diritto a compenso
- **L'ASSEGNAZIONE E LA VENDITA**
  - QUANDO: deve essere richiesta dal creditore entro **90 giorni**
  - DOCUMENTAZIONE: nei 120 giorni successivi deve essere depositata la documentazione ipocatastale
  - NOMINA DELL'ESPERTO: il giudice nomina l'esperto affinché **valuti l'immobile**
  - MODALITÀ DI VENDITA: il giudice dispone la vendita **senza incanto** potendo optare per l'incanto solo ove ritenga probabile che la stessa abbia luogo ad un prezzo superiore della metà rispetto al valore del bene
- **L'INTERVENTO DEI CREDITORI**
  - QUANDO: **non oltre la prima udienza** fissata per l'autorizzazione della vendita
  - FACOLTÀ: se muniti di titolo esecutivo possono provocare i singoli atti
  - TARDIVI: quelli **chirografari** concorrono alla distribuzione per la somma residua; quelli **iscritti e privilegiati** concorrono alla distribuzione in ragione dei loro diritti
- **LA DISTRIBUZIONE DELLA SOMMA RICAVATA**
  - PROGETTO: il progetto di distribuzione può essere predisposto dal **professionista delegato**
  - APPROVAZIONE: la mancata partecipazione delle parti all'udienza ne comporta l'approvazione
  - PAGAMENTO: a seguito dell'approvazione del progetto il giudice **ordina il pagamento**

SCHEMA 95 L'espropriazione di beni indivisi e contro il terzo proprietario

- L'ESPROPRIAZIONE DI BENI INDIVISI
  - AVVISO — del pignoramento deve essere notificato **avviso** ai **comproprietari del bene indiviso** ai quali è fatto divieto di lasciar separare dal debitore la sua parte delle cose comuni
  - CONVOCAZIONE — è necessaria la **convocazione** e **l'audizione** dei comproprietari prima di provvedere alla separazione della quota o al **giudizio di divisione**
  - SOSPENSIONE — il giudice provvede direttamente all'**istruzione della causa** e l'esecuzione **è sospesa** finché sulla divisione non sia intervenuto **accordo** tra le parti o **sentenza**

- L'ESPROPRIAZIONE CONTRO IL TERZO PROPRIETARIO
  - TIPOLOGIA
    - il terzo **datore di pegno** o acquirente a titolo particolare del bene gravato da pegno
    - il terzo **datore di ipoteca** o acquirente a titolo particolare del bene ipotecato
    - il terzo **acquirente** in caso di **revocazione per frode** dell'atto di acquisto
    - il **simulato alienante**

CAPITOLO III

L'ESECUZIONE IN FORMA SPECIFICA

1. Considerazioni generali.

Il codice civile enuncia all'art. 2930 il principio che, se non è adempiuto l'obbligo di consegnare una cosa determinata, mobile o immobile, l'avente diritto può ottenere la consegna o il rilascio forzato, all'art. 2931 l'ulteriore principio che, se non è adempiuto un obbligo di fare, l'avente diritto può ottenere che esso sia eseguito a spese dell'obbligato e all'art. 2933 quello corrispondente in negativo e cioè che, se non è adempiuto un obbligo di non fare, l'avente diritto può ottenere che sia distrutto, a spese dell'obbligato, ciò che è stato fatto in violazione dell'obbligo.

I tre principi sono stati accomunati sotto il titolo "dell'esecuzione forzata in forma specifica", mentre nel codice di procedura civile le relative norme sono contenute rispettivamente nel titolo terzo e nel titolo quarto del libro terzo.

2. L'esecuzione per consegna o rilascio.

Il creditore può ottenere la consegna coatta di cose mobili e il rilascio di immobili non solo sulla base di un **titolo esecutivo** di carattere giudiziale, ma altresì in virtù di un titolo esecutivo costituito da atto ricevuto da notaio o da altro pubblico ufficiale autorizzato dalla legge a riceverlo (art. 474, comma 3).

Il creditore è tenuto ad indicare nel precetto anche la **descrizione sommaria dei beni** stessi, al fine di permettere l'individuazione dei beni oggetto dell'esecuzione specifica; inoltre, se il titolo esecutivo dispone circa il termine della consegna del rilascio, l'intimazione deve essere fatta con riferimento a tale termine (art. 605).

Il procedimento di **consegna dei beni mobili** è improntato alla semplicità: l'ufficiale giudiziario, munito del titolo esecutivo e del precetto, si reca sul luogo in cui le cose si trovano e le ricerca a norma dell'art. 513 e cioè con le medesime modalità previste per la ricerca delle cose da pignorare nell'espropriazione mobiliare presso il debitore. Provvede, quindi, a consegnarle alla parte istante o alla persona designata (art. 606). Se però le cose da consegnare risultano sottoposte a pignoramento, la consegna non può aver luogo e la parte istante deve far valere le sue ragioni mediante l'opposizione di terzo prevista dagli artt. 619 e ss. (art. 607).

Il procedimento di **rilascio di immobili** inizia, invece, con la notifica del preavviso, con il quale l'ufficiale giudiziario, almeno dieci giorni prima, comunica alla parte il giorno e l'ora in cui procederà (art. 608, comma 1). Poiché il **preavviso** costituisce il momento di inizio dell'esecuzione, lo stesso deve essere notificato al debitore entro il termine di efficacia del precetto e cioè entro i novanta giorni successivi alla notifica dello stesso, così come stabilisce l'art. 481. Nel giorno e nell'ora stabiliti, l'ufficiale giudiziario si reca, quindi, sul luogo dell'esecuzione e immette la parte istante o la persona designata nel possesso dell'immobile, consegnando le chiavi e ingiungendo agli eventuali detentori di riconoscere il nuovo possessore (art. 608, comma 2). Ovviamente, la consegna delle chiavi o la sostituzione della serratura può avvenire solo se l'immobile è suscettibile di chiusura; se, invece, si tratta di beni aperti (ad es. boschi o terreni non recintati), l'immissione in possesso avviene in modo simbolico.

Se nell'immobile si trovano beni mobili che non debbono essere consegnati, l'ufficiale giudiziario, secondo quanto dispone l'art. 609:

- intima l'asporto entro un termine;
- in mancanza di asporto considera i beni abbandonati e ne dispone lo smaltimento o distruzione;
- se la parte istante lo richiede ovvero appare evidente l'utilità di un tentativo di vendita, nomina un custode con incarico di trasporto dei beni in altro luogo, ai fini della successiva vendita senza incanto;
- se la vendita è infruttuosa, ne è disposto lo smaltimento o distruzione.

Il proprietario dei beni, se non procede all'asporto nel termine fissato dall'ufficiale giudiziario, per evitare la vendita o la distruzione, può chiederne la consegna con istanza al giudice dell'esecuzione.

L'ufficiale giudiziario, quando occorre, può far uso dei poteri a lui consentiti dall'art. 513 e cioè chiedere l'**intervento della forza pubblica**: si tratta di un vero e proprio atto dovuto da parte dell'amministrazione della polizia che, una volta richiesta di intervenire, non può rifiutarsi.

Ad entrambi i procedimenti sono applicabili le disposizioni contenute negli artt. 610 e 611:

- se nel corso dell'esecuzione **sorgono difficoltà** di carattere materiale, sia l'ufficiale giudiziario sia le parti, possono chiedere al giudice dell'esecuzione, anche verbalmente, i provvedimenti temporanei occorrenti, al fine di risolvere, non questioni giuridiche ma le modalità di procedere in modo fruttuoso;
- l'ufficiale giudiziario specifica le **spese anticipate** dalla parte istante nel processo verbale che egli è tenuto a redigere ai sensi dell'art. 126, spese che poi sono liquidate dal giudice dell'esecuzione, in applicazione delle norme sulla soccombenza, con decreto che costituisce titolo esecutivo.

Giurisprudenza

In tema di procedura esecutiva per consegna o rilascio, il preavviso prescritto dall'art. 608 c.p.c. esaurisce, con la notifica, il suo scopo di preavvertire l'esecutato del prossimo inizio dell'azione esecutiva, al fine di consentirgli l'adempimento spontaneo e di essere, comunque, presente all'immissione in possesso del creditore procedente, sicché non sussiste un obbligo di nuovo avviso in caso di sospensione dell'esecuzione già iniziata con un primo accesso e successivamente ripresa (Cass. civ., sez. III, 2 luglio 2019, n. 17674).

3. L'esecuzione forzata di obblighi di fare e di non fare.

Solamente la sentenza di condanna per violazione di un obbligo di fare o di non fare può essere la fonte di questo procedimento: l'art. 612, nell'indicare tale tipo di sentenza, stabilisce, dunque, che solo questo **titolo esecutivo** è quello idoneo a fondare l'esecuzione. Peraltro, è ammesso come titolo esecutivo anche il verbale di conciliazione giudiziale.

Si ritiene che tale procedimento possa essere utilizzato in tutte quelle situazioni in cui è possibile procedere all'esecuzione forzata prescindendo dalla volontà dell'obbligato o contro la sua volontà. Uno dei casi in cui viene normalmente utilizzato il procedimento è, ad esempio, quello in cui vi è l'obbligo di demolire una parte di immobile, ma con la limitazione contenuta all'art. 2933, comma 2, c.c., in funzione del quale non può essere ordinata la distruzione della cosa se ciò è di pregiudizio all'economia nazionale: peraltro, l'accertamento è demandato al giudice del merito rientrando nei suoi poteri discrezionali attribuire al danneggiato il risarcimento per equivalente, anziché quello in forma specifica.

Il procedimento può essere utilizzato anche per gli obblighi di consegna dei minori, in forza di provvedimenti definitivi, ma non di quelli provvisori *ex* art. 708.

L'esecuzione non è affidata direttamente all'ufficiale giudiziario, bensì al **giudice dell'esecuzione**: la parte deve, infatti, chiedere con ricorso che siano determinate le **modalità dell'esecuzione**; il giudice provvede dopo aver sentito la parte obbligata e, quindi, nell'ordinanza che emette, designa l'ufficiale giudiziario che deve procedere all'esecuzione e le persone che debbono provvedere al compimento dell'opera non eseguita o alla distruzione di quella compiuta. I mezzi di impugnazione esperibili contro l'ordinanza *ex* art. 612 sono l'opposizione all'esecuzione e agli atti esecutivi a meno che la stessa non dirima una controversia insorta tra le parti sulla portata sostanziale del titolo esecutivo, nel qual caso può essere introdotto il giudizio di merito ai sensi dell'art. 616 (*Cass. civ., sez. VI, 16 febbraio 2018, n. 3888*).

Anche in questo procedimento, l'ufficiale giudiziario può farsi assistere dalla forza pubblica e deve chiedere al giudice dell'esecuzione tutte le disposizioni opportune per eliminare le difficoltà che sorgono nel corso dell'esecuzione (art.

613). Per quanto riguarda le spese, al termine dell'esecuzione o nel corso della stessa, la parte istante presenta al giudice dell'esecuzione la nota chiedendo decreto di ingiunzione (art. 614).

Giurisprudenza

La sentenza che, accogliendo un'azione negatoria servitutis, si limita ad accertare l'inesistenza della servitù di passaggio non è utilizzabile come titolo esecutivo per richiedere al giudice dell'esecuzione ex art. 612 c.p.c., l'individuazione delle misure atte a garantire la protezione da turbative o molestie, ove sul punto non si sia pronunciato, con statuizione di condanna, il giudice del merito ai sensi dell'art. 949 c.c., comma 2. Allo stesso modo, nel caso di accertamento della servitù ai sensi dell'art. 1079 c.c., non è possibile rivolgersi al giudice dell'esecuzione per far cessare eventuali impedimenti o turbative se l'adozione dei provvedimenti occorrenti non sia stata disposta dal giudice del merito (Cass. civ., sez. VI, 26 maggio ***2020****, n. 9637).*

4. Le misure di coercizione indiretta.

Con il d.l. 27 giugno 2015 n. 83 il legislatore ha modificato l'art. 614-*bis*, inserendolo all'interno del nuovo Titolo IV-*bis*, mentre prima si trovava nelle disposizioni relative all'esecuzione forzata degli obblighi di fare o non fare.

Si tratta di una norma che può essere utilizzata dal giudice della cognizione: con il provvedimento di condanna all'adempimento di obblighi diversi dal pagamento di somme di denaro, può essere irrogata la misura di coercizione indiretta, **consistente in una somma di denaro** che sarà dovuta dall'obbligato:

- per ogni violazione;
- per ogni inosservanza successiva;
- per ogni ritardo nell'esecuzione del provvedimento.

Il giudice determina l'ammontare della somma tenuto conto del valore della controversia, della natura della prestazione, del danno quantificato o prevedibile e di ogni altra circostanza utile.

La dottrina ha osservato che si tratta di una condanna condizionale che consente al creditore di precostituirsi un titolo esecutivo per l'ipotesi di futuro inadempimento dell'obbligazione, soggetta a domanda dell'interessato che può essere avanzata nel corso del giudizio, senza preclusioni di carattere processuale. La norma pare applicarsi agli obblighi di consegna o rilascio, agli obblighi di fare o non fare, fungibili e infungibili. Si discute se la condanna possa essere pronunciata anche all'esito di un procedimento cautelare anticipatorio o di un procedimento di arbitrato rituale.

La norma non si applica alle controversie di lavoro subordinato pubblico o privato e ai rapporti di collaborazione coordinata e continuativa di cui all'art. 409.

Giurisprudenza

*In tema di rapporti con la prole, il diritto dovere di visita del figlio minore spettante al genitore non collocatario, non è suscettibile di coercizione neppure nelle forme indirette previste dall'art. 614 bis c.p.c., trattandosi di un "potere-funzione" che, non essendo sussumibile negli obblighi la cui violazione integra una grave inadempienza ex art. 709-ter c.p.c., è destinato a rimanere libero nel suo esercizio, quale esito di autonome scelte che rispondono anche all'interesse superiore del minore ad una crescita sana ed equilibrata (Cass. civ., sez. I, 6 marzo **2020**, n. 6471).*

SCHEMA 96 L'esecuzione in forma specifica

PER CONSEGNA

- FINALITÀ
  - il creditore può ottenere la **consegna coatta di cose mobili**
- TITOLO
  - • **titolo esecutivo** di carattere giudiziale
  - • atto ricevuto da notaio o da altro P.U. autorizzato
- PROCEDIMENTO
  - • il creditore deve indicare nel precetto la descrizione sommaria dei beni
  - • l'ufficiale giudiziario munito di titolo esecutivo e precetto si reca sul luogo in cui le cose si trovano e le ricerca
  - • l'ufficiale giudiziario provvede a consegnarle alla parte istante e redige **processo verbale** nel quale specifica le spese anticipate

PER RILASCIO

- FINALITÀ
  - il creditore può ottenere il **rilascio di immobili**
- TITOLO
  - • **titolo esecutivo** di carattere giudiziale
  - • atto ricevuto da notaio o da altro P.U. autorizzato
- PROCEDIMENTO
  - • l'ufficiale giudiziario **notifica il preavviso** di rilascio di immobili comunicando il giorno e l'ora in cui procederà
  - • l'ufficiale si reca sul luogo dell'esecuzione e immette nel possesso dell'immobile la parte istante
  - • l'ufficiale, se del caso, può chiedere l'intervento della forza pubblica

DI OBBLIGHI DI FARE E NON FARE

- TITOLO
  - • **sentenza di condanna** per violazione di un obbligo di fare o di non fare
  - • verbale di **conciliazione giudiziale**
- AUTORITÀ
  - l'esecuzione non è affidata direttamente all'ufficiale giudiziario bensì al **giudice dell'esecuzione**
- PROCEDIMENTO
  - • la parte deve chiedere con **ricorso** che siano determinate le modalità dell'esecuzione
  - • il giudice, sentita la parte obbligata, **emette ordinanza** designando l'ufficiale giudiziario che deve procedere
  - • i **mezzi di impugnazione** esperibili contro l'ordinanza sono l'opposizione all'esecuzione, l'opposizione agli atti esecutivi, l'appello
  - • la parte istante al **termine dell'esecuzione** presenta al giudice la nota delle spese chiedendo decreto di ingiunzione

CAPITOLO IV

LE OPPOSIZIONI

1. Considerazioni generali.

L'efficacia incondizionata del titolo esecutivo (v. parte sesta, cap. I, 2) fa sì che il processo di esecuzione si svolga in modo rapido per la realizzazione in concreto del diritto fatto valere, senza l'instaurazione di un vero e proprio contraddittorio, in quanto non necessario: l'esecuzione si effettua con riferimento alla situazione risultante dal titolo, senza necessità che si instauri un giudizio.

Per evitare che il processo esecutivo si svolga quando la situazione rappresentata dal titolo è venuta meno (ad es. il credito è stato pagato) o sulla base di atti illegittimi, il legislatore ha previsto che tali questioni devono essere fatte valere in un autonomo processo di cognizione, su istanza del soggetto che subisce l'esecuzione o del terzo che vi è assoggettato, mediante:

- l'**opposizione all'esecuzione**, con la quale si contesta il diritto a procedere all'esecuzione forzata;
- l'**opposizione agli atti esecutivi**, con la quale si contesta la regolarità formale degli atti;
- l'**opposizione di terzo**, con la quale il terzo fa valere i propri diritti di proprietà sui beni pignorati.

Scopo delle opposizioni è, pertanto, quello di eliminare il titolo esecutivo o far dichiarare l'illegittimità di atti del processo esecutivo al fine di arrestarlo.

2. L'opposizione all'esecuzione.

Con l'opposizione all'esecuzione si **contesta il diritto della parte istante a procedere** ad esecuzione forzata negandosi l'esistenza del credito ovvero la sussistenza originaria o la validità del titolo o, ancora, affermando la sopravvenuta inefficacia del titolo esecutivo. Può anche essere contestata la pignorabilità dei beni: infatti, l'impignorabilità consiste nel negare il diritto di procedere all'esecuzione forzata su determinati beni (art. 615).

L'opposizione all'esecuzione consente di instaurare un vero e proprio **giudi-**

zio di cognizione, tanto che dottrina e giurisprudenza dominante ammettono la possibilità di svolgere domande riconvenzionali, al fine di conseguire una pronuncia che costituisca un nuovo titolo esecutivo, in aggiunta a quello già fatto valere ovvero in ipotesi di invalidità di esso, in sua sostituzione per un'esecuzione diversa da quella iniziata.

I motivi dell'opposizione possono consistere in:

- **difetto originale del titolo esecutivo**: ad esempio, l'azione esecutiva è iniziata senza che si sia formato un titolo esecutivo o perché la sentenza è inidonea o perché è nulla per difetto di sottoscrizione del giudice oppure, in caso di titolo stragiudiziale, l'azione esecutiva è iniziata sulla base di un assegno bancario irregolare oppure perché colui che ha intrapreso l'esecuzione è persona diversa da quella cui il titolo conferisce il diritto;
- **difetto sopravvenuto del titolo esecutivo**: ad esempio, quando sia stata concessa la sospensione dell'esecutività della sentenza *ex* art. 283 oppure se le parti hanno stipulato un *pactum de non exequendo*;
- **contestazioni del credito**: ad esempio, il credito accertato nel titolo esecutivo è stato estinto;
- **impignorabilità dei beni**: ad esempio, l'ufficiale giudiziario ha pignorato una cosa mobile dichiarata assolutamente impignorabile dall'art. 514. Il giudizio di opposizione ha modalità di svolgimento diverse a seconda che sia instaurato prima o dopo l'inizio dell'esecuzione. Infatti:
- **se l'esecuzione non è ancora iniziata**, l'opposizione a precetto deve essere proposta con **atto di citazione** davanti al giudice competente per materia o valore e per territorio, secondo le normali regole: per il valore si fa riferimento al credito per cui si procede, mentre per il territorio al luogo dell'esecuzione, salvo quanto previsto dall'art. 480, comma 3, norma pure applicabile per quanto riguarda la notificazione (v. parte sesta, cap. I, 3);
- **se l'esecuzione è iniziata**, l'opposizione si propone con **ricorso** al giudice dell'esecuzione il quale fissa con decreto l'udienza di comparizione delle parti davanti a sé. All'esito della comparizione delle parti (che si svolge con le forme del procedimento camerale in funzione di quanto previsto dall'art. 185 disp. att.) e dei provvedimenti eventualmente emanati, se competente per la causa è l'ufficio giudiziario cui appartiene il giudice dell'esecuzione, questi fissa un termine perentorio per l'introduzione del giudizio di merito; se non è competente, rimette la causa all'ufficio giudiziario competente assegnando un termine perentorio per la riassunzione. L'opposizione può essere proposta sino al momento in cui l'esecuzione è conclusa; nell'esecuzione per espropriazione l'opposizione, secondo quanto previsto dall'art. 615, comma 2, è inammissibile se è proposta dopo che è stata disposta la vendita o l'assegnazione a norma degli artt. 530, 552, 569, salvo che sia fondata su fatti sopravvenuti ovvero l'opponente dimostri di non aver potuto proporla tempestivamente per causa a lui non imputabile.

Come in tutte le cause di opposizione al processo esecutivo, anche nell'opposizione a precetto, non si applica, neppure con riguardo ai termini relativi ai giudizi di impugnazione, la sospensione dei termini processuali durante il periodo feriale, ai sensi degli artt. 3 della legge 7 ottobre 1969, n. 742 e 92 ord. giud. (*Cass. civ., sez. VI, 13 febbraio **2020**, n. 3542*).

Particolarmente complesso l'istituto della **sospensione**.

Nel caso di cui all'art. 615, comma 1, e cioè opposizione a precetto con citazione davanti al giudice competente, il giudice, concorrendo gravi motivi, su istanza di parte, può sospendere l'**efficacia esecutiva** del titolo, ma se il diritto della parte istante è contestato solo parzialmente, il giudice procede alla sospensione solo in relazione alla parte contestata.

Il provvedimento è impugnabile con il rimedio del reclamo ai sensi dell'art. 669-*terdecies* al collegio del tribunale cui appartiene il giudice monocratico o nel cui circondario ha sede il giudice di pace che lo ha emesso (*Cass. civ., **sez. un.**, 23 luglio 2019, n. 19889*).

Nel caso di cui all'art. 615, comma 2, e cioè di ricorso al giudice dell'esecuzione, questi, concorrendo gravi motivi, può sospendere, su istanza di parte, il **processo** con cauzione o senza.

Al giudice dell'esecuzione compete anche il potere di sospendere l'esecuzione nel caso di opposizione a precetto, e cioè nell'ipotesi di cui all'art. 615, comma 1. L'art. 624 attribuisce, infatti, al giudice dell'esecuzione tale potere in tutti i casi di opposizione all'esecuzione di cui all'art. 615. Contro l'ordinanza che provvede sull'istanza di sospensione è ammesso reclamo ai sensi dell'art. 669-*terdecies* (art. 624, comma 2).

Se l'ordinanza non viene reclamata o viene confermata in sede di reclamo e il giudizio di merito non è stato introdotto nel termine perentorio assegnato ai sensi dell'art. 616, il giudice dell'esecuzione dichiara, anche d'ufficio, con ordinanza, l'estinzione del processo e ordina la cancellazione della trascrizione del pignoramento, provvedendo anche sulle spese. Questa ordinanza è reclamabile ai sensi dell'art. 630, comma 3 (art. 624, comma 3).

Se, invece, il giudizio di merito, conseguente all'instaurazione dell'opposizione, viene coltivato, questo si svolge secondo il rito a cognizione piena, previsto per il tipo di diritto in contestazione, con termini ridotti alla metà (art. 616), con relativi oneri e preclusioni (*Cass. civ., sez. VI, 11 novembre 2019, n. 29030*). La giurisprudenza ha precisato che, se tale giudizio si svolge davanti al giudice di pace, la sentenza pronunciata, in ragione del valore della lite, secondo equità necessaria, è appellabile esclusivamente per i motivi limitati indicati dall'art. 339, comma 3 (*Cass. civ., sez. III, 24 settembre 2019, n. 23623*).

Giurisprudenza

Il provvedimento adottato dal giudice dell'esecuzione ai sensi dell'art. 616 o dell'art. 618 c.p.c., sia esso di prosecuzione innanzi a sé del procedimento di opposizione, sia esso di rimessione al giudice ritenuto competente, costituisce atto ordinatorio di direzione del processo esecutivo e non cognitivo in ordine alla individuazione del giudice competente a conoscere della causa, non ha contenuto decisorio implicito sulla competenza (vi sia stato o meno contrasto fra le parti in ordine al giudice competente) e, di conseguenza, avverso lo stesso non è proponibile la *richiesta d'ufficio del regolamento di competenza (Cass. civ., sez. VI, 22 aprile **2020**, n. 8044).*

*In sede di opposizione all'esecuzione, la sopravvenuta caducazione del titolo esecutivo, in conformità del generale principio della domanda, non determina "ex se" la fondatezza dell'opposizione e il suo accoglimento, bensì la cessazione della materia del contendere per difetto di interesse, sicché, nel regolare le spese dell'intero giudizio, il giudice dell'opposizione non può porle senz'altro a favore dell'opponente, ma deve utilizzare il criterio della soccombenza virtuale, secondo il principio di causalità, considerando, a tal fine, l'intera vicenda processuale (Cass. civ., sez. VI, 17 gennaio **2020**, n. 1005).*

3. L'opposizione agli atti esecutivi.

Per distinguere l'opposizione all'esecuzione da quella agli atti esecutivi, occorre considerare che la prima investe l'*an* delle esecuzioni (cioè il diritto della parte istante di procedere ad esecuzione forzata), mentre la seconda consiste nella contestazione della legittimità dello svolgimento dell'azione esecutiva attraverso il processo. Con l'opposizione agli atti esecutivi la parte fa valere **vizi formali degli atti** e dei provvedimenti svolti o adottati nel corso del processo esecutivo, di quelli preliminari all'azione esecutiva, come il titolo esecutivo ed il precetto, nonché della notifica di essi (art. 617). L'irregolarità formale è fattispecie più ampia rispetto alla nullità: qualunque irregolarità è considerata, pertanto, sufficiente, per fondare l'opposizione agli atti. I casi di opposizione sono costituiti da:

- **irregolarità formale del titolo esecutivo**: le ipotesi più comuni sono quelle del difetto di spedizione in forma esecutiva oppure della mancata notifica del titolo esecutivo;
- **irregolarità formale del precetto**: ad esempio, manca nel precetto la data della notificazione del titolo esecutivo oppure il precetto non è sottoscritto;
- **irregolarità della notificazione del titolo esecutivo**;
- **irregolarità della notificazione del precetto**: peraltro, secondo giurisprudenza costante, qualsiasi nullità della notificazione del precetto è sanata dall'opposizione dell'intimato con efficacia *ex tunc*, avendo l'atto raggiunto il suo scopo;
- **irregolarità dei singoli atti di esecuzione**: ad esempio, vizi di forma del pignoramento, nullità del pignoramento per cessata efficacia del precetto, vizi del provvedimento di aggiudicazione.

Legittimati a proporre l'opposizione sono il creditore procedente, il debitore esecutato, i creditori intervenuti, i terzi (ad es. l'aggiudicatario che lamenta di essere stato dichiarato decaduto per inadempimento, a fronte di un errore del giudice).

L'opposizione agli atti esecutivi si introduce mediante atto di citazione o ricorso, a seconda che sia anteriore o successiva all'inizio dell'esecuzione. Infatti

- **prima che sia iniziata l'esecuzione**, l'opposizione si propone davanti al giudice indicato nell'art. 480, comma 3 e cioè al giudice competente per l'esecuzione (v. parte quinta, cap. I, 3), con **atto di citazione** da notificarsi entro il termine perentorio di **venti giorni** dalla notificazione del titolo esecutivo o del precetto;

quando è iniziata l'esecuzione, l'opposizione si propone con **ricorso** al giudice dell'esecuzione nel termine perentorio di **venti giorni** dal primo atto di esecuzione, se riguarda il titolo esecutivo o il precetto, oppure dal giorno in cui i singoli atti sono stati compiuti. Il giudice dell'esecuzione fissa con decreto l'udienza di comparizione delle parti davanti a sé e il termine perentorio per la notificazione del ricorso e del decreto alle parti interessate e, nei casi urgenti, emette i provvedimenti opportuni. La giurisprudenza, sulla scia dell'orientamento delle sezioni unite (*Cass. civ., **sez. un.**, 12 marzo 2014, n. 5700*), è saldamente dell'avviso che il decreto di fissazione dell'udienza camerale non debba essere comunicato, in quanto nei procedimenti camerali, come quello di cui si tratta, non è previsto un onere di comunicazione al difensore del ricorrente, a cura della cancelleria, della data di fissazione della udienza: il giudice è tenuto solo al deposito del decreto, ma non anche a disporre la relativa comunicazione, incombendo sul ricorrente l'obbligo di attivarsi per prendere cognizione dell'esito del proprio ricorso (*Cass. civ., sez. III, 12 giugno **2020**, n. 11291*).

All'udienza, cui si applica il rito camerale per effetto di quanto previsto dall'art. 185 disp. att., il giudice, con ordinanza, emana i provvedimenti che ritiene indilazionabili ovvero sospende la procedura. In ogni caso, fissa un termine perentorio per l'introduzione del **giudizio di merito.**

L'art. 624, comma 4, prevede che si applica anche a questo caso di sospensione la disposizione del terzo comma e cioè che, se l'ordinanza non viene reclamata o viene confermata in sede di reclamo e il giudizio di merito non è introdotto nel termine assegnato, il giudice dell'esecuzione dichiara, anche d'ufficio, con ordinanza l'estinzione del processo e ordina la cancellazione della trascrizione del pignoramento, provvedendo anche sulle spese. L'ordinanza di estinzione è reclamabile ai sensi dell'art. 630, comma 3.

Se, invece, il giudizio di merito viene instaurato, i termini a comparire sono quelli di cui all'art. 163-*bis* o altri, se previsti, ridotti della metà e si conclude con **sentenza non impugnabile** (art. 618, comma 2), ma ricorribile per cassazione ai sensi dell'art. 111, comma 7, Cost. In base all'art. 186-*bis*, disp. att., il giudizio deve essere trattato da un magistrato diverso da quello che ha conosciuto degli atti avverso i quali è stata proposta l'opposizione.

Mentre l'accoglimento dell'opposizione all'esecuzione travolge il processo esecutivo, l'accoglimento dell'opposizione agli atti esecutivi comporta esclusivamente che l'atto è dichiarato nullo e, conseguentemente, può essere rinnovato, a meno che non venga accertata e dichiarata la nullità del titolo esecutivo o della sua notifica, perché, in tale ipotesi, il processo esecutivo deve riprendere dall'atto dichiarato nullo.

L'opposizione agli atti esecutivi sospende il decorso del termine previsto nell'art. 497 (art. 628): il pignoramento non diventa, dunque, inefficace nell'ipotesi in cui il creditore ritenga di non proseguire il processo, in attesa dell'esito del giudizio.

Giurisprudenza

*Ai sensi dell'art. 512 c.p.c., tutte le controversie distributive vanno introdotte e trattate nelle forme di cui all'art. 617 c.p.c., a prescindere dalla circostanza che la "causa petendi" sia costituita dalla denuncia di vizi formali del titolo esecutivo di uno dei creditori partecipanti alla distribuzione ovvero da qualsiasi altra questione — anche relativa ai rapporti sostanziali — che possa dedursi in tale sede. Pertanto, il giudizio introdotto ex art. 512 c.p.c. (con l'impugnazione del provvedimento del giudice dell'esecuzione) è destinato a concludersi in ogni caso con sentenza non appellabile (Cass. civ., sez. VI, 15 settembre **2020**, n. 19122).*

4. L'opposizione di terzo.

Anche il terzo, che ha subito un pignoramento che ritiene illegittimo, può proporre opposizione al fine di far accertare che il **diritto di proprietà** o **altro diritto reale** sui beni pignorati appartiene a lui e non al debitore (art. 619). La legittimazione compete dunque a colui che pretende di vedere attribuito il diritto sui beni pignorati; sono parti del processo il creditore procedente e il debitore esecutato in veste di litisconsorti necessari.

L'opposizione si propone con **ricorso** al giudice dell'esecuzione **prima che sia disposta la vendita o l'assegnazione dei beni**: il giudice fissa con decreto l'udienza di comparizione delle parti davanti a sé e il termine perentorio per la notificazione del ricorso e del decreto. Se all'udienza le parti raggiungono un **accordo**, il giudice ne dà atto con ordinanza adottando ogni altro provvedimento idoneo ad assicurare la prosecuzione del processo esecutivo ovvero ad estinguere lo stesso; in caso contrario, il giudice provvede ai sensi dell'art. 616: se è competente fissa un termine perentorio per l'introduzione del **giudizio di merito**; se non è competente, rimette la causa dinanzi all'ufficio giudiziario competente assegnando un termine perentorio per la riassunzione della causa può sospendere l'esecuzione essendo applicabile l'art. 624 (v. parte sesta, cap. IV, 2).

Il legislatore ha posto limiti oggettivi alla **prova testimoniale**: il terzo opponente non può provare per testimoni il suo diritto sui beni mobili pignorati nella casa o nell'azienda del debitore tranne quando l'esistenza del diritto stesso sia resa verosimile dalla professione o dal commercio esercitati dal terzo o dal debitore (art. 621): in buona sostanza, il terzo ha l'onere di provare i fatti costitutivi non solo della sua proprietà delle cose pignorate, ma anche dell'affidamento di esse al debitore, dimostrando non solo di averli acquistati con scrittura di data certa anteriore al pignoramento, ma, altresì, che i beni si trovavano presso il debitore per un titolo diverso da quello di proprietà, senza ricorrere alla prova testimoniale. L'ipotesi più comune di opposizione è quella del terzo che sostiene di aver venduto i mobili con patto di riservato dominio, risultante dal contratto scritto *ex* art. 1524 c.c. La giurisprudenza ritiene non sufficiente all'accoglimento dell'opposizione, l'esistenza di un contratto di locazione o comodato registrato in data anteriore al pignoramento in quanto lo stesso non fornisce la prova della proprietà del bene, ma soltanto dell'affidamento dei beni al debitore al fine di giustificare la permanenza degli stessi nel domicilio dell'esecutato.

A seguito della sentenza della *Corte costituzionale n. 143 del 15 dicembre 1967*, la quale ha dichiarato l'illegittimità costituzionale dell'art. 622, anche la moglie del debitore esecutato, con lo stesso convivente, può proporre opposizione al pignoramento eseguito sui beni mobili della casa coniugale ed è soggetta, come qualsiasi terzo, alla disciplina di cui all'art. 621. Pertanto, ha l'onere di provare documentalmente, essendo esclusa la prova per testimoni e presunzioni, di avere acquistato la proprietà dei beni medesimi in data anteriore al pignoramento.

Norma di chiusura è quella contenuta nell'art. 620: sia che il giudice abbia ritenuto di non sospendere la vendita dei beni mobili sia che l'opposizione sia stata proposta dopo la vendita, i diritti del terzo, riconosciuti con la sentenza di accoglimento, si fanno valere sulla somma ricavata.

Giurisprudenza

*In tema di espropriazione presso terzi, il soggetto, diverso dal terzo pignorato, che contesti l'appartenenza del credito all'esecutato è tenuto a far valere l'illegittimità della espropriazione con l'opposizione di terzo ex art. 619 c.p.c., restando esclusa, in quanto non sottoposto direttamente all'esecuzione, la sua legittimazione a proporre opposizione ex art. 617 c.p.c. avverso gli atti del processo (Cass. civ., sez. III, 6 febbraio **2020**, n. 2868).*

SCHEMA 97 Le opposizioni

- **ALL'ESECUZIONE**
  - MOTIVI
    - **difetto originale** del titolo esecutivo
    - **difetto sopravvenuto** del titolo esecutivo
    - **contestazioni** del credito
    - **impignorabilità** dei beni
  - ESECUZIONE NON INIZIATA
    - si contesta la **pignorabilità** dei beni
    - si propone con atto **di citazione** davanti al giudice competente per materia o valore e per territorio secondo le regole ordinarie
  - ESECUZIONE INIZIATA
    - si contesta il **diritto** della parte istante a procedere
    - si propone con **ricorso** al giudice dell'esecuzione
    - se competente per la causa è l'ufficio giudiziario cui appartiene il giudice dell'esecuzione questi **fissa un termine** per l'introduzione del giudizio di merito
    - se non è competente per la causa l'ufficio giudiziario cui appartiene il giudice dell'esecuzione questi **rimette la causa** all'ufficio giudiziario competente assegnando un termine per la riassunzione
    - l'**accoglimento dell'opposizione** travolge il processo esecutivo
- **AGLI ATTI ESECUTIVI**
  - MOTIVI
    - irregolarità formale del titolo esecutivo
    - irregolarità formale del precetto
    - irregolarità della notifica del titolo esecutivo
    - irregolarità della notifica del precetto
    - irregolarità dei singoli atti di esecuzione
  - ESECUZIONE NON INIZIATA
    - si propone con **atto di citazione** al giudice competente per l'esecuzione
    - l'atto di citazione deve essere notificato entro il termine perentorio di **20 giorni dalla notifica** del titolo esecutivo o del precetto
  - ESECUZIONE INIZIATA
    - si propone con **ricorso** al giudice dell'esecuzione
    - il giudice fissa con decreto **l'udienza di comparizione** delle parti e il termine perentorio per la notifica del ricorso e del decreto alle parti interessate
    - all'udienza si applica il **rito camerale** il giudice emana i provvedimenti indilazionabili e fissa un termine perentorio per l'introduzione del giudizio di merito
    - l'**accoglimento dell'opposizione agli atti esecutivi** comporta la nullità dell'atto che può essere rinnovato
- **DI TERZO**
  - LEGITTIMAZIONE
    - del **terzo** che ha subito un pignoramento che ritiene illegittimo al fine di fare accertare che il diritto di proprietà o altro diritto reale sui beni pignorati appartiene a lui e non al debitore
  - ATTO INTRODUTTIVO
    - si propone con **ricorso al giudice dell'esecuzione prima che** sia disposta la vendita o l'assegnazione dei beni
  - PROCEDIMENTO
    - il giudice fissa con decreto l'udienza di comparizione delle parti e il termine perentorio per la notifica del ricorso e del decreto alle parti interessate
    - se competente per la causa è l'ufficio giudiziario cui appartiene il giudice dell'esecuzione questi **fissa un termine** per l'introduzione del giudizio di merito
    - se non è competente per la causa l'ufficio giudiziario cui appartiene il giudice dell'esecuzione questi **rimette la causa** all'ufficio giudiziario competente assegnando un termine per la riassunzione

CAPITOLO V

LA SOSPENSIONE E L'ESTINZIONE DEL PROCESSO

1. La sospensione del processo.

La sospensione del processo esecutivo consiste nella **sospensione dell'esecuzione** che, in virtù della disposizione generale contenuta nell'art. 623, non può essere attuata se non in forza di un provvedimento:

- **del giudice dell'esecuzione** (ad esempio, in caso di opposizione all'esecuzione e in caso di opposizione di terzo, il giudice dell'esecuzione, concorrendo gravi motivi, può sospendere, su istanza di parte, il processo con cauzione o senza *ex* art. 624);
- **del giudice davanti al quale è impugnato il titolo esecutivo** (ad esempio, disposta dal giudice di appello in caso di accoglimento dell'inibitoria *ex* art. 283);
- o **nei casi previsti dalla legge**.

Il giudice provvede con **ordinanza**, dopo aver sentito le parti o con decreto in caso di urgenza (art. 625); durante il periodo di sospensione nessun atto esecutivo può essere compiuto, salvo diverse disposizioni del giudice dell'esecuzione (art. 626), così come avviene per l'ipotesi di sospensione del processo di cognizione.

Venuta meno la ragione di sospensione, il processo esecutivo deve essere **riassunto** con ricorso nel termine perentorio fissato dal giudice dell'esecuzione e, in ogni caso, non oltre il termine di sei mesi dal passaggio in giudicato della sentenza di primo grado o dalla comunicazione della sentenza di appello che rigetta l'opposizione (art. 627): il ricorso può essere presentato dal creditore procedente o dai creditori intervenuti muniti di titolo esecutivo ovvero dal debitore, se interessato.

L'art. 624-*bis* prevede l'ipotesi di sospensione **su istanza delle parti**: se tutti i creditori, muniti di titolo esecutivo, ne fanno richiesta, il giudice dell'esecuzione, sentito il debitore, può sospendere il processo fino a ventiquattro mesi. L'istanza può essere proposta, sia in forma scritta sia in forma verbale in udienza

- **nell'espropriazione immobiliare**: fino a venti giorni prima della scadenza del termine per il deposito delle offerte di acquisto o, se la vendita senza incanto non ha luogo, fino a quindici giorni prima della vendita con incanto;

- **nell'espropriazione mobiliare**: non oltre la fissazione della data di asporto dei beni ovvero fino a dieci giorni prima della data della vendita e, comunque, prima dell'effettuazione della pubblicità commerciale ove disposta;
- **nell'espropriazione presso terzi**: prima della dichiarazione del terzo.

La sospensione può essere disposta per **una sola volta** e l'ordinanza è revocabile in qualsiasi momento, anche su richiesta di un solo creditore (ad es. a seguito della inadempienza del debitore agli obblighi assunti in via stragiudiziale), dopo aver sentito il debitore.

Entro dieci giorni dalla scadenza del termine di sospensione (ma il termine non è perentorio), la parte interessata deve presentare istanza per la fissazione dell'udienza al fine della prosecuzione del processo.

Giurisprudenza

La proposizione al giudice dell'opposizione a precetto di un'istanza di sospensione dell'efficacia esecutiva del titolo ai sensi dell'art. 615, primo comma, c.p.c., preclude all'opponente — per consumazione del potere processuale — di richiedere al giudice dell'esecuzione, per le medesime ragioni, la sospensione della procedura esecutiva ex art. 624 c.p.c., ancorché il giudice dell'opposizione a precetto non si sia ancora pronunciato (Cass. civ., sez. III, 17 ottobre 2019, n. 26285).

2. L'estinzione del processo.

L'estinzione naturale del processo esecutivo avviene con la distribuzione della somma ricavata dall'espropriazione, con la consegna o il rilascio o con l'adempimento dell'obbligo di fare o di non fare, e, dunque, con il raggiungimento del suo scopo. Altra ipotesi di estinzione è quella in cui viene accolta l'opposizione all'esecuzione.

Vi sono però, anche nel processo di esecuzione, modi di estinzione **anormali ed eccezionali**, così come avviene nel processo di cognizione e cioè:

- per **rinunzia agli atti del giudizio**;
- per **inattività delle parti**;
- per **mancata comparizione all'udienza**;
- per **infruttuosità dell'espropriazione forzata**;
- per **omesso deposito** della documentazione;
- per **omessa pubblicità** sul portale delle vendite pubbliche.

2.1. *Per rinunzia agli atti del giudizio.*

Il processo si estingue per rinunzia se, prima dell'aggiudicazione o dell'assegnazione, il creditore procedente e i creditori intervenuti muniti di titolo esecutivo, **rinunciano agli atti** (art. 629, comma 1). La norma non distingue tra creditori intervenuti tempestivamente e creditori intervenuti tardivamente, ma indica esclusivamente i creditori intervenuti muniti di titolo esecutivo: quelli che ne sono privi non hanno infatti un interesse giuridicamente rilevante a dolersi dell'estinzione. La giurisprudenza ha precisato che occorre, comunque, la rinuncia anche dei creditori intervenuti tardivamente, in quanto, gli stessi, hanno la facoltà di provocare i singoli atti di esecuzione.

Se invece è già avvenuta la vendita, il processo si estingue se rinunciano tutti i creditori concorrenti, anche quelli non muniti di titolo esecutivo: se solo alcuni rinunciano, la rinunzia non ha effetto nei confronti dei creditori che non hanno aderito e, conseguentemente, la somma ricavata è distribuita esclusivamente a favore di questi ultimi.

La rinunzia deve essere effettuata dalla parte personalmente o dal procuratore speciale con atto sottoscritto e depositato o verbalmente in udienza; non occorre l'accettazione del debitore, in quanto la sua volontà è irrilevante non avendo alcun interesse alla prosecuzione del processo. Il giudice dichiara l'estinzione del processo esecutivo con **ordinanza**, avverso la quale è proponibile reclamo ai sensi dell'art. 630.

2.2. *Per inattività delle parti.*

Altra ipotesi di estinzione del processo esecutivo è quella conseguente alla inattività delle parti, per **mancata prosecuzione o riassunzione** del processo nel termine perentorio stabilito dalla legge o dal giudice (art. 630). Si tratta, ad esempio, dei casi previsti dagli artt. 562 e 497 (eseguito il pignoramento il creditore non ha richiesto l'assegnazione o la vendita nel termine di novanta giorni), dall'art. 549 (con sentenza è stata accertata l'esistenza del diritto del debitore nei confronti del terzo, ma il creditore non ha proseguito il processo nel termine perentorio fissato dal giudice) e dall'art. 567 (il creditore non ha depositato la documentazione ipo-catastale nel termine previsto).

L'estinzione opera di diritto ed è dichiarata anche d'ufficio con ordinanza dal giudice dell'esecuzione non oltre la prima udienza successiva al verificarsi della stessa; è comunicata alle parti se pronunciata fuori udienza (art. 630, comma 2)

Contro l'ordinanza che dichiara l'estinzione o rigetta l'eccezione relativa, è possibile esperire **reclamo** nel termine perentorio di venti giorni dall'udienza o dalla comunicazione dell'ordinanza nelle forme di cui all'art. 178, commi 3, 4 e 5. Il collegio provvede in camera di consiglio con sentenza, avverso la quale è ammesso **appello** ai sensi dell'art. 130 disp. att. (art. 630, comma 3).

Giurisprudenza

*I provvedimenti con i quali venga dichiarata l'estinzione del processo esecutivo in ipotesi diverse da quelle tipizzate dal codice sono impugnabili esclusivamente con l'opposizione agli atti esecutivi e non già col reclamo ex art. 630 c.p.c., il quale, ove proposto, deve essere dichiarato inammissibile anche d'ufficio (Cass. civ., sez. III, 29 aprile **2020**, n. 8404).*

2.3. *Per mancata comparizione all'udienza.*

Anche nel processo di esecuzione la mancata comparizione delle parti all'udienza comporta l'estinzione del processo (art. 631). Le parti devono disertare **due udienze consecutive**: a fronte della mancata comparizione all'udienza, il giudice fissa una successiva udienza, di cui il cancelliere dà comunicazione alle parti; se neppure a questa nuova udienza le parti si presentano, il giudice dell'esecuzione dichiara con **ordinanza** l'estinzione del processo esecutivo. L'estinzione è dichiarata, dunque, d'ufficio.

Avverso l'ordinanza è esperibile **reclamo** al collegio, così come per la dichiarazione di estinzione per inattività delle parti.

2.4. *Per infruttuosità dell'espropriazione forzata.*

L'art. 164-*bis* disp. att. prevede una ipotesi di "estinzione atipica" della procedura esecutiva. La norma stabilisce che quando risulta che non è più possibile conseguire un ragionevole soddisfacimento delle pretese dei creditori, anche tenuto conto dei costi necessari per la prosecuzione della procedura, delle probabilità di liquidazione del bene e del presumibile valore di realizzo, è disposta la **chiusura anticipata** del processo esecutivo.

La norma si presta, pertanto, ad interpretazioni strettamente discrezionali da parte del giudice, con incertezza anche sui possibili rimedi a disposizione avverso l'ordinanza, non avendo il legislatore previsto le forme e le modalità di impugnazione. La giurisprudenza ritiene che l'ordinanza di chiusura anticipata del processo esecutivo è impugnabile con l'opposizione agli atti esecutivi e non con il ricorso per cassazione *ex* art. 111 Cost., in quanto non è un provvedimento definitivo (*Cass. civ., sez. VI, 28 marzo 2018, n. 7754*).

Giurisprudenza

*In tema di espropriazione immobiliare, la peculiare ipotesi di chiusura anticipata della procedura ai sensi dell'art. 164-bis disp. att. c.p.c. ricorre nell'ipotesi in cui il giudice dell'esecuzione abbia applicati o tentati ovvero motivatamente esclusi tutti gli istituti processuali volti alla massima possibile fruttuosità della vendita del bene pignorato e nondimeno risulti, in base ad un giudizio prognostico basato su dati obiettivi anche raccolti nell'andamento pregresso del processo, che il bene sia in concreto invendibile o che la somma ricavabile nei successivi sviluppi della procedura possa dar luogo ad un soddisfacimento soltanto irrisorio dei crediti azionati ed a maggior ragione se possa consentire soltanto la copertura dei successivi costi di esecuzione (Cass. civ., sez. III, 10 giugno **2020**, n. 11116).*

2.5. *Per omesso deposito della documentazione.*

L'art. 567, comma 2, stabilisce che il creditore che richiede la vendita dell'immobile pignorato deve provvedere entro sessanta giorni dal deposito dell'istanza di vendita al deposito della documentazione catastale nonché dei certificati delle iscrizioni e trascrizioni effettuate nei venti anni anteriori alla trascrizione del pignoramento. Il termine può essere prorogato solo una volta; così pure il giudice assegna al creditore un termine di sessanta giorni quando lo stesso ritiene che la documentazione già depositata debba essere completata. Se la proroga non è richiesta o non è concessa oppure se la documentazione non è integrata, il giudice, anche d'ufficio, dichiara l'inefficacia del pignoramento relativamente all'immobile per il quale non è stata depositata la prescritta documentazione ovvero l'estinzione se non vi sono altri beni pignorati.

2.6. *Per omessa pubblicità sul portale delle vendite pubbliche.*

Il d.l. 27 giugno 2015, n. 83 ha introdotto il **portale delle vendite pubbliche**, disciplinato dall'art. 490, comma 1, sul quale deve essere data pubblicità degli avvisi in tutti i casi in cui la legge dispone che di un atto esecutivo sia data pubblica notizia; le modalità di pubblicazione sono disciplinate dall'art. 161-*quater* disp. att.

La mancata pubblicazione nel termine stabilito dal giudice, per causa imputabile al creditore pignorante o al creditore intervenuto munito di titolo esecutivo, comporta una nuova causa di estinzione del processo, disciplinata espressamente dall'art. 631-*bis*. L'estinzione è dichiarata con ordinanza dal giudice: il richiamo all'art. 630, commi 2 e 3, comporta la declaratoria d'ufficio e l'impugnabilità con reclamo al collegio.

3. Gli effetti dell'estinzione.

Conseguenze naturali dell'estinzione sono:

- la **cancellazione della trascrizione** del pignoramento;
- la **liquidazione delle spese** sostenute dalle parti, se richiesto;
- la **liquidazione dei compensi** spettanti all'eventuale delegato ai sensi dell'art. 591-*bis* e all'ufficiale giudiziario ai sensi dell'art. 122 d.p.r. 15 dicembre 1959, n. 1229 cui è dovuto un ulteriore compenso in talune ipotesi espressamente disciplinate.

Il giudice dell'esecuzione quando pronuncia ordinanza di estinzione, deve, infatti, dare questi provvedimenti, in funzione di quanto previsto dall'art. 632, comma 1.

Per quanto riguarda le spese del processo estinto, le stesse rimangono a carico delle parti che le hanno anticipate; non è applicabile l'art. 95 (in base al quale le spese sono poste a carico del soggetto che subisce l'esecuzione) in quanto tale norma disciplina la diversa ipotesi della normale conclusione fruttuosa dell'esecuzione. La giurisprudenza ritiene, infatti, che l'art. 632 consente la liquidazione in favore del creditore solo se debitore e creditore, di comune accordo, richiedano, con l'estinzione, l'accollo totale o parziale delle spese a carico del primo, mentre, se l'estinzione è richiesta dal solo creditore, il giudice non può procedere alla liquidazione in suo favore, ostandovi l'espresso richiamo all'art. 310.

L'estinzione del processo esecutivo rende **inefficaci** gli atti compiuti se si verifica prima della aggiudicazione o dell'assegnazione; quando si verifica dopo, gli atti compiuti rimangono validi e conseguentemente la somma ricavata deve essere consegnata al debitore.

In forza dell'art. 187-*bis* disp. att., restano fermi, nei confronti dei **terzi aggiudicatari o assegnatari**, gli effetti dell'aggiudicazione e dell'assegnazione, in tutti i casi di estinzione o di chiusura anticipata del processo esecutivo che avvenga dopo l'aggiudicazione, anche provvisoria, o l'assegnazione. Dopo il compimento di tali atti, non è più consentito al debitore presentare l'istanza di conversione del pignoramento di cui all'art. 495, da considerarsi, pertanto, non più procedibile.

SCHEMA 98 La sospensione e l'estinzione del processo

- LA SOSPENSIONE
  - QUANDO → può essere disposta **una sola volta**
  - REVOCABILITÀ → in qualsiasi momento
  - PROSECUZIONE → con **istanza** della parte interessata entro 10 giorni dalla scadenza del termine di sospensione
  - IN FORZA DI UN PROVVEDIMENTO →
    - del giudice dell'esecuzione
    - del giudice avanti il quale è impugnato il titolo esecutivo nei casi previsti dalla legge
  - SU ISTANZA DELLE PARTI →
    - nell'**espropriazione immobiliare** non oltre la data di asporto dei beni
    - nell'**espropriazione mobiliare** fino a 20 giorni prima della scadenza del termine per il deposito delle offerte di acquisto
    - nell'**espropriazione presso terzi** prima della dichiarazione del terzo
- L'ESTINZIONE
  - PER RINUNZIA AGLI ATTI DEL GIUDIZIO →
    - prima dell'aggiudicazione o dell'assegnazione il creditore procedente e i creditori intervenuti muniti di titolo esecutivo **rinunziano agli atti**
    - dopo la vendita tutti i creditori concorrenti rinunciano agli atti
  - PER INATTIVITÀ DELLE PARTI →
    - il processo **non è stato proseguito** o riassunto nel termine perentorio stabilito dalla legge o dal giudice
    - opera di diritto ed è rilevabile anche d'ufficio; è dichiarata con **ordinanza** dal giudice dell'esecuzione
    - contro l'ordinanza è ammissibile **reclamo al collegio** che decide con sentenza in camera di consiglio
    - avverso la sentenza di reclamo è ammissibile **l'appello**
  - PER MANCATA COMPARIZIONE ALL'UDIENZA →
    - è dichiarata con ordinanza dal giudice dell'esecuzione se la parte non compare a **due udienze** consecutive
    - contro l'ordinanza è ammissibile **reclamo al collegio**
  - PER INFRUTTUOSITÀ DELL'ESPROPRIAZIONE → il giudice dispone la **chiusura anticipata** del processo esecutivo quando risulta che non è più possibile conseguire un **ragionevole soddisfacimento** delle pretese dei creditori
  - GLI EFFETTI →
    - cancellazione della **trascrizione**
    - liquidazione delle **spese**
    - liquidazione dei **compensi**

PARTE SETTIMA

L'ARBITRATO

CAPITOLO I

LA CONVENZIONE E GLI ARBITRI

1. Considerazioni generali.

A seguito della novella recata dal d.lgs. 2 febbraio 2006 n. 40, il legislatore ha introdotto una serie di norme che confermano l'attribuzione alla giustizia arbitrale di una funzione sostitutiva della giustizia ordinaria, regolando i rapporti tra il procedimento arbitrale ed il processo ordinario in termini di "competenza". Si è quindi verificata la **giurisdizionalizzazione dell'arbitrato** il quale non si differenzia dal giudizio che si svolge davanti agli organi statali della giurisdizione, anche per quanto riguarda la ricerca e l'interpretazione delle norme applicabili alla fattispecie (*Corte Costituzionale, 19 luglio 2013, n. 223*). Anche se l'arbitrato rituale resta un fenomeno che comporta una rinuncia alla giurisdizione pubblica, esso mutua da quest'ultima alcuni meccanismi al fine di pervenire ad un risultato di efficacia sostanzialmente analoga a quella del *dictum* del giudice statale. Pertanto, nell'ambito di un ordinamento che riconosce espressamente che le parti possano tutelare i propri diritti anche ricorrendo agli arbitri la cui decisione (ove assunta nel rispetto delle norme del codice di procedura civile) ha l'efficacia propria delle sentenze dei giudici, lo stabilire se una controversia spetti alla cognizione dei primi o del secondo si configura come **questione di competenza**, mentre il sancire se una lite appartenga alla competenza giurisdizionale del giudice ordinario e, in tale ambito, a quella sostitutiva degli arbitri rituali, ovvero a quella del giudice amministrativo o contabile, dà luogo ad una questione di giurisdizione (*Cass. civ.,* ***sez. un.****, 7 dicembre 2016, n. 25045*). L'eccezione di competenza arbitrale costituisce una eccezione in senso stretto, in quanto rimessa alla iniziativa esclusiva della parte che intende avvalersi della clausola compromissoria e, come tale, deve essere formulata nei termini di decadenza previsti per le eccezioni processuali non rilevabili *ex officio* secondo la disciplina discendente dagli artt. 38, comma 1-167, comma 2 e 819-*ter*, comma 1 (*Cass. civ., sez. I, 22 settembre* ***2020****, n. 19823*).

L'eccezione di arbitrato, comportando l'individuazione del giudice competente, deve essere, pertanto, decisa in via prioritaria: tutte le volte che la stessa viene sollevata, il giudice è chiamato a verificare, in via preliminare, la propria *potestas decidendi*, quale passaggio logico-giuridico strumentale ed indispensabile alla realizzazione dello scopo cui tende il processo, volto ad assicurare in tempi ragionevoli la tutela del diritto controverso mediante una decisione intesa al definitivo consolidamento della situazione sostanziale, direttamente od indirettamente, dedotta in giudizio.

Le parti, affidando la soluzione della lite agli arbitri, rinunciano all'azione giudiziaria potendo contare sulla pronuncia di un lodo, comunque suscettibile di esecutività, emesso al termine di un procedimento modellato dal legislatore sulla struttura del processo giurisdizionale, la cui disciplina è contenuta nel titolo ottavo del libro quarto del codice.

Non tutte le controversie possono essere oggetto di arbitrato (*Cass. civ., sez. VI, 31 ottobre 2018, n. 27736*): salvo espresso divieto di legge, sono arbitrabili le controversie aventi per oggetto **diritti disponibili** (art. 806); le controversie di cui all'art. 409 possono essere decise da arbitri (v. parte quarta, cap. I, 2).

Giurisprudenza

In tema di arbitrato, configurandosi la devoluzione della controversia agli arbitri come rinuncia all'esperimento dell'azione giudiziaria ed alla giurisdizione dello Stato, attraverso la scelta di una soluzione della controversia con uno strumento di natura privatistica, la relativa eccezione dà luogo ad una questione di merito, riguardante l'interpretazione e la validità del compromesso o della clausola compromissoria, e costituisce un'eccezione propria e in senso stretto (riservata esclusivamente alla parte), in quanto avente ad oggetto la prospettazione di un fatto impeditivo dell'esercizio della giurisdizione statale, con la conseguenza che deve essere proposta dalle parti nei tempi e nei modi propri delle eccezioni di merito. e soggetta alle preclusioni e alle decadenze proprie del rito (Cass. civ., sez. I, 17 marzo ***2020****, n. 7399).*

2. La convenzione di arbitrato.

Per far decidere dagli arbitri le controversie già insorte o insorgende, le parti devono stipulare un negozio, la convenzione di arbitrato, che può risultare da:

- **compromesso**, cioè dal patto col quale si accordano per rimettere in arbitri una **controversia già insorta** e nel quale la stessa deve essere determinata. Requisito di validità del compromesso è la forma scritta, richiesta a pena di nullità, che si intende rispettata anche quando la volontà delle parti è espressa per telegrafo, telescrivente, telefacsimile o messaggio telematico nel rispetto della normativa, anche regolamentare, concernente la trasmissione e la ricezione dei documenti teletrasmessi (art. 807);
- **clausola compromissoria**, cioè dal patto col quale si accordano per rimettere in arbitri **controversie eventuali e future**, non ancora insorte. Requisito di validità della clausola compromissoria è la forma scritta che deve risultare dal contratto che le parti stipulano o in un atto separato e nel quale stabiliscono che le controversie nascenti dal contratto siano decise da arbitri purché si tratti di con-

troversie che possono formare oggetto di convenzione di arbitrato (art. 808, comma 1). Se la clausola compromissoria è inserita in un contratto per adesione o contratto tipo, deve essere specificamente approvata per iscritto ai sensi dell'art. 1341 c.c. Il legislatore ha specificato che quando la clausola è contenuta in un contratto la sua validità deve essere valutata in modo autonomo rispetto al contratto al quale si riferisce; tuttavia, il potere di stipulare il contratto comprende il potere di convenire la clausola compromissoria (art. 808, comma 2): ciò significa che la validità della clausola compromissoria deve essere valutata in modo autonomo rispetto al contratto e che la stipulazione della stessa non richiede poteri diversi e più ampi rispetto a quelli necessari per la stipula del contratto.

In forza di quanto previsto dall'art. 808-*bis* è possibile deferire ad arbitri la risoluzione di controversie future riguardanti **rapporti non contrattuali**, purché si tratti di rapporti chiaramente determinati e la convenzione risulti da atto avente la forma richiesta per il compromesso.

La convenzione di arbitrato, nel dubbio (art. 808-*quater*), deve essere interpretata in modo estensivo e cioè in modo da includervi tutte le controversie che derivano dal contratto o dal rapporto cui essa si riferisce (*Cass. civ., sez. I, 8 febbraio 2019, n. 3795*). Se le parti, dunque, vogliono escludere qualche controversia dall'ambito del contratto o della convenzione, debbono dichiararlo espressamente, in quanto, in mancanza, tutte le controversie sono devolute agli arbitri.

Il legislatore ha ancora voluto disciplinare:

- l'**efficacia della convenzione** di arbitrato (art. 808-*quinquies*): se il procedimento arbitrale si conclude senza giungere ad una pronuncia sul merito, la convenzione di arbitrato rimane efficace;
- l'**arbitrato amministrato**: la convenzione di arbitrato può fare rinvio a un regolamento arbitrale precostituito e, conseguentemente, all'arbitrato, se le parti non hanno convenuto in modo diverso, si applicheranno le norme del regolamento in vigore al momento in cui il procedimento arbitrale ha inizio (art. 832); si tratta del procedimento arbitrale gestito dalle camere di commercio o dalle camere arbitrali presso gli organi professionali o da altre istituzioni.

Giurisprudenza

La clausola compromissoria costituisce un contratto ad effetti processuali a sé stante, sia rispetto al contratto in cui sia inserita, sia rispetto al contratto successivo che costituisca attuazione degli obblighi assunti con il primo negozio, visto anche l'art. 808 c.p.c., comma 3 (come novellato dalla legge n. 25/1994), che dispone che la validità della clausola compromissoria deve essere valutata in modo autonomo rispetto al contratto al quale essa si riferisce. In ragione di tale autonomia, la clausola contenuta nel preliminare non viene meno per effetto della conclusione del definitivo, a prescindere dalla sua mancata riproduzione in tale ultimo contratto, rilevando, ai fini della sua operatività, che la specifica controversia rientri tra quelle che le parti abbiano inteso rimettere al giudizio degli arbitri (Cass. civ., sez. VI, 22 gennaio ***2020****, n. 1439).*

3. Gli arbitri.

I soggetti privati (purché non siano privi in tutto o in parte della capacità di agire come stabilisce l'art. 812), chiamati a decidere la controversia, sono denominati arbitri: l'art. 813, comma 2 prevede espressamente che agli arbitri non compete la qualifica di pubblico ufficiale o di incaricato di pubblico servizio. Ciò significa che gli stessi sono **mandatari**, in quanto legati da un contratto di diritto privato che comporta la necessità della nomina da parte del mandante e dell'accettazione da parte del mandatario.

Gli stessi, infatti, hanno **diritto al rimborso** delle spese e all'onorario per l'opera prestata (se non vi hanno rinunciato al momento dell'accettazione o con atto scritto successivo) e le parti sono tenute in solido al pagamento nei confronti degli arbitri, salvo rivalsa tra loro (art. 814, comma 1). Gli arbitri provvedono direttamente alla liquidazione delle spese e dell'onorario: se le parti non accettano la liquidazione, gli arbitri possono chiedere la determinazione del compenso al presidente del tribunale, utilizzando il procedimento speciale previsto dall'art. 814, commi 2 e 3, che si conclude con ordinanza soggetta a reclamo alla Corte d'appello e, quindi, a ricorso straordinario in cassazione (*Cass. civ.,* ***sez. un.****, 7 dicembre 2016, n. 25045*).

Poiché sono nominati dalle parti, gli arbitri sono **responsabili** anche dei danni cagionati alle parti (art. 813-*ter*, commi 1 e 2) quando ricorrono le seguenti ipotesi:

- quando, con dolo o colpa grave, l'arbitro ha **omesso o ritardato atti dovuti** e per questo motivo è stato dichiarato decaduto o ha rinunciato all'incarico senza giusto motivo;
- quando, con dolo o colpa grave, ha **omesso o impedito** la pronuncia del lodo entro il termine previsto;
- in tutte le ipotesi in cui sussista la **responsabilità dei magistrati** di cui all'art. 2, commi 2 e 3 della legge 13 aprile 1988, n. 117.

Ciascun arbitro risponde solo del fatto proprio. L'azione di responsabilità e la misura del risarcimento sono espressamente disciplinate dall'art. 813-*ter*, commi 3, 4, 5 e 6.

Giurisprudenza

Il diritto dell'arbitro di ricevere il pagamento dell'onorario sorge per il fatto di avere effettivamente espletato l'incarico, senza che, nella sommaria procedura di liquidazione apprestata dall'art. 814 c.p.c., esperibile allorché il lodo sia stato pronunciato, al presidente del tribunale sia consentita alcuna indagine sulla validità del compromesso e del lodo e sulla regolarità della nomina degli arbitri, materie comprese nella previsione dell'art. 829 c.pc. e riservate alla cognizione del giudice dell'impugnazione indicato dal precedente art. 828 c.p.c. (Cass. civ., sez. I, 7 agosto 2019, n. 21058).

4. La nomina.

Il collegio arbitrale normalmente è composto da tre arbitri. L'art. 809, peraltro, prevede che gli arbitri possono essere uno o più, purché in **numero dispari** e che la nomina degli arbitri oppure il numero di essi e il modo di nominarli deve risultare dalla convenzione di arbitrato. Elemento fondamentale è, pertanto, che il numero degli arbitri sia dispari: è per questo motivo che, in caso di indicazione di un numero pari di arbitri, l'ulteriore arbitro, se le parti non hanno diversamente convenuto, è nominato dal presidente del tribunale. Se manca l'indicazione del numero degli arbitri e le parti non si accordano al riguardo, il legislatore ha previsto che gli arbitri siano in **numero di tre**: in mancanza di nomina, se le parti non hanno diversamente convenuto, provvede, anche in tal caso, il presidente del tribunale.

La **nomina** dell'arbitro, in quanto atto negoziale, deve essere effettuata personalmente dalla parte o da un procuratore appositamente autorizzato. Il procedimento di nomina è disciplinato dall'art. 810:

- ciascuna parte, con atto notificato per iscritto, rende noto all'altra parte l'arbitro o gli arbitri che nomina, con invito a procedere alla designazione dei propri;
- la parte alla quale è rivolto l'invito deve notificare, per iscritto, nei venti giorni successivi, le generalità dell'arbitro o degli arbitri da essa nominati;
- se la parte non provvede, la parte che ha fatto l'invito, può chiedere al presidente del tribunale nel cui circondario è la sede dell'arbitrato, la nomina dell'arbitro; se le parti non hanno ancora determinato la sede, il ricorso è presentato al presidente del tribunale del luogo in cui è stata stipulata la convenzione di arbitrato oppure, se tale luogo è all'estero, al presidente del tribunale di Roma. Il presidente del tribunale provvede alla nomina salvo che la convenzione di arbitrato risulti manifestamente inesistente o preveda un arbitrato estero.

Nell'ipotesi in cui la legge o la stessa convenzione di arbitrato demandano la nomina degli arbitri all'autorità giudiziaria o a un terzo, si applica il medesimo procedimento.

L'art. 34, comma 2 del d.lgs. n. 5/2003 prevede l'arbitrato derivante da clausola compromissoria contenuta nello statuto o nell'atto costitutivo di società, affidando il potere di nomina degli arbitri a un soggetto estraneo alla società. In tale ipotesi è demandata ad un terzo la nomina degli arbitri: se il soggetto designato non provvede, la nomina è richiesta al presidente del tribunale del luogo in cui la società ha la sede legale. La norma è vigente, in quanto non oggetto di provvedimenti abrogativi.

Effettuata la nomina degli arbitri, questi devono **accettare** in forma scritta: l'accettazione può risultare dalla sottoscrizione del compromesso o del verbale della prima riunione (art. 813, comma 1). Con l'accettazione si perfeziona la **costituzione** dell'organo giudicante e si instaura il procedimento arbitrale.

Anche nei confronti dell'arbitro, così come per il giudice, vi può essere **ricusazione** (art. 815) nei seguenti casi:

- se non ha le qualifiche espressamente convenute dalle parti;
- se l'arbitro, o un ente, associazione o società di cui sia amministratore, ha interesse nella causa;
- se l'arbitro o il coniuge è parente fino al quarto grado o è convivente o commensale abituale di una delle parti, di un rappresentante legale di una delle parti o di alcuno dei difensori;
- se l'arbitro o il coniuge ha causa pendente o grave inimicizia con una delle parti, con un suo rappresentante legale o con alcuno dei suoi difensori;
- se l'arbitro è legato ad una delle parti, a una società da questa controllata, al soggetto che la controlla o a società sottoposta a comune controllo, oppure da un rapporto di lavoro subordinato o da un rapporto continuativo di consulenza o di prestazione d'opera retribuita, ovvero da altri rapporti di natura patrimoniale o associativa che ne compromettono l'indipendenza;
- se l'arbitro è tutore o curatore di una delle parti;
- se l'arbitro ha prestato consulenza, assistenza o difesa ad una della parti in una precedente fase della vicenda o vi ha deposto come testimone.

La parte non può ricusare l'arbitro che ha nominato o contribuito a nominare, a meno che abbia avuto conoscenza dei motivi di ricusazione dopo la nomina.

Il procedimento di ricusazione avviene mediante ricorso al presidente del tribunale entro il termine perentorio di dieci giorni dalla notificazione della nomina o dalla sopravvenuta conoscenza della causa di ricusazione; l'arbitro ricusato viene sentito, vengono assunte, quando occorre, sommarie informazioni e, quindi, il presidente pronuncia ordinanza non impugnabile. Nel caso di manifesta inammissibilità o infondatezza, la parte che ha proposto la ricusazione è condannata al pagamento in favore dell'altra parte di una somma determinata dal presidente del tribunale.

Le norme sulla ricusazione ribadiscono e garantiscono il **principio dell'imparzialità** dell'organo giudicante e della sua neutralità, tanto che il lodo eventualmente pronunciato, se effetto di dolo, può essere revocato, in quanto l'art. 831 fa riferimento espressamente all'art. 395, n. 6.

In caso di accoglimento della ricusazione e, comunque, ogni qualvolta, per qualsiasi motivo vengano a mancare tutti o alcuni degli arbitri nominati, le parti debbono provvedere alla loro sostituzione (art. 811), con le stesse modalità previste nella convenzione di arbitrato per la nomina.

Sono diverse le ipotesi in cui si deve procedere alla sostituzione dell'arbitro. Può accadere che l'arbitro sia colpito da un evento naturale o da sopravvenuta incapacità legale, oppure che l'arbitro non abbia accettato oppure che sia stata dichiarata la sua decadenza, quando omette o ritarda di compiere un atto relativo alle sue funzioni (art. 813-*bis*).

Giurisprudenza

La nomina dell'arbitro in sede giudiziale, ai sensi dell'art. 810 c.p.c., comma 2, va effettuata, in assenza di ragioni impeditive, tenendo conto della volontà manifestata dalle parti nella clausola compromissoria con intervento del presidente del tribunale in funzione integrativo-sostitutivo della volontà negoziale, ove questa non sia contra legem o non più concretamente attuabile. Per tale ragione è inammissibile il ricorso straordinario per cassazione ai sensi dell'art. 111 Cost., avverso il decreto di nomina o di sostituzione di un arbitro, trattandosi di un provvedimento privo di carattere decisorio e insuscettibile di produrre effetti sostanziali o processuali di cosa giudicata (Cass. civ., sez. VI, 9 giugno ***2020****, n. 10985).*

SCHEMA 99 La convenzione di arbitrato e gli arbitri

LA CONVENZIONE

COMPROMESSO	è il negozio giuridico con il quale le parti rinunciano alla giurisdizione dello stato e per la soluzione della controversia **già insorta** ricorrono a **giudici privati**
CLAUSOLA COMPROMISSORIA	è il negozio giuridico con il quale le parti rinunciano alla giurisdizione dello stato e per la soluzione di una controversia **eventuale** o **futura non ancora insorta** ricorrono a **giudici privati**
OGGETTO	• diritti disponibili • controversie *ex* art. 409 se espressamente previsto dalla legge o nei contratti o accordi collettivi di lavoro • rapporti **non contrattuali** chiaramente determinati
CONTENUTO	• modalità di nomina degli arbitri • numero dispari degli arbitri da nominare • termine per la pronuncia del lodo
INTERPRETAZIONE	estensiva
EFFICACIA	sopravvive nell'ipotesi di **conclusione del procedimento** arbitrale senza pronuncia sul merito
ARBITRATO AMMINISTRATO	la controversia rinvia ad un regolamento arbitrale **precostituito** e il procedimento è gestito dalle camere di commercio o delle camere arbitrali presso gli organi professionali o da altre istituzioni

GLI ARBITRI

REQUISITI	• soggetti **privati** capaci di agire • privi di qualifica di **pubblico ufficiale** o incaricato di pubblico servizio • **mandatari** legati da contratto di diritto privato • diritto al rimborso delle spese e all'**onorario**
RESPONSABILITÀ	• con dolo o colpa grave l'arbitro omette o ritarda **atti dovuti** • rinuncia all'incarico senza **giusto motivo** • con dolo o colpa grave l'arbitro omette o impedisce la **pronuncia del lodo** entro il termine • in tutte le ipotesi in cui sussiste la responsabilità dei **magistrati**
NOMINA	compete alle **parti personalmente** o a mezzo procuratore espressamente autorizzato ovvero al presidente del tribunale o a terzi espressamente indicati nella convenzione
ACCETTAZIONE	obbligatorietà della **forma scritta** può risultare dalla sottoscrizione del compromesso o del verbale della **prima riunione**
RICUSAZIONE	• se l'arbitro non ha le **qualifiche** espressamente convenute dalle parti • se l'arbitro ha interesse nella causa • se l'arbitro ha **rapporti di parentela** o commensalità con una delle parti • se l'arbitro ha una causa pendente o grave inimicizia con una delle parti • se l'arbitro è legato ad una delle parti da **rapporto di lavoro subordinato**, consulenza o prestazione d'opera • se l'arbitro è **tutore** o curatore di una delle parti • se l'arbitro ha prestato consulenza, assistenza o difesa ad una delle parti

CAPITOLO II

IL PROCEDIMENTO ARBITRALE

1. Considerazioni generali.

L'arbitrato è un **processo convenzionale**: le regole le dettano le parti e, in mancanza, sono stabilite dagli arbitri. Le parti determinano la sede dell'arbitrato; le parti stabiliscono le norme e la lingua che gli arbitri debbono osservare. Requisito fondamentale è che le regole devono risultare da **atto scritto** e, quindi, o dalla convenzione arbitrale oppure da altro atto separato, purché anteriore all'inizio del giudizio arbitrale, ma nel rispetto dei seguenti principi:

- le regole non devono essere **incompatibili** con il procedimento arbitrale;
- non possono essere affidati agli arbitri poteri **in contrasto** con i principi generali dell'ordinamento;
- deve essere osservato il **principio del contraddittorio**, il quale ha carattere inderogabile: l'art. 816-*bis*, prevede che il principio è rispettato concedendo alle parti ragionevoli ed equivalenti possibilità di difesa (*Cass. civ., sez. I, 4 aprile 2018, n. 8331*). L'omessa osservanza del contraddittorio non è un vizio formale, ma di attività, sicché la nullità che ne scaturisce *ex* art. 829, comma 1, n. 9, implica una concreta compressione del diritto di difesa della parte processuale: deve, cioè, aversi riguardo al modo in cui le parti hanno potuto confrontarsi in giudizio in relazione alle pretese ivi esplicate, giacché il vizio di violazione del contraddittorio consegue alla concreta menomazione del diritto di difesa. Tale principio implica che alle parti del giudizio arbitrale deve essere assicurata la possibilità di esercitare su di un piano di eguaglianza le facoltà processuali loro attribuite, nel rispetto della regola *audiatur et altera pars* (*Cass. civ., sez. I, 21 gennaio 2016, n. 1099*).

Non vi è l'obbligo della difesa ma il **diritto alla difesa**: le parti possono stare in arbitrato personalmente o avvalersi dell'opera di un difensore, il quale, in mancanza di espressa limitazione risultante dalla procura, può compiere qualsiasi atto processuale, ivi compresa la rinuncia agli atti e la determinazione o proroga del termine per la pronuncia del lodo.

La giurisprudenza ritiene che il procedimento si instaura con la notificazione della domanda di accesso all'arbitrato, e non anche con la costituzione del collegio arbitrale (*Cass. civ., sez. II, 8 agosto 2019, n. 21177*).

Giurisprudenza

*In tema di giudizio arbitrale, la questione della violazione del contraddittorio deve essere esaminata non sotto il profilo formale ma nell'ambito di una ricerca volta all'accertamento di una effettiva lesione della possibilità di dedurre e contraddire, onde verificare se l'atto abbia egualmente raggiunto lo scopo di instaurare un regolare contraddittorio e se, comunque, l'inosservanza non abbia causato pregiudizio alla parte; ne consegue che la nullità del lodo e del procedimento devono essere dichiarate solo ove nell'impugnazione, alla denuncia del vizio idoneo a determinarle, segua l'indicazione dello specifico pregiudizio che esso abbia arrecato al diritto di difesa (Cass. civ., sez. I, 7 settembre **2020**, n. 18600).*

2. Le vicende del processo.

Nell'arbitrato le parti possono sollevare eccezioni e questioni pregiudiziali. Il legislatore ha disciplinato espressamente:

- l'**eccezione di incompetenza**: gli arbitri decidono sulla propria incompetenza se una delle parti contesta nel corso dell'arbitrato la validità, il contenuto o l'ampiezza della convenzione d'arbitrato o la regolare costituzione degli arbitri. L'eccezione deve essere sollevata nella prima difesa: in difetto, la parte non può impugnare il lodo per questo motivo. La decadenza non opera ove la controversia non sia arbitrabile (art. 817);
- l'**eccezione di litispendenza**: la competenza degli arbitri non è esclusa dalla pendenza della stessa causa davanti al giudice ordinario né dalla connessione tra la controversia deferita agli arbitri e una causa pendente davanti al giudice ordinario. L'eccezione di incompetenza del giudice in ragione della convenzione di arbitrato deve essere proposta, a pena di decadenza, nella comparsa di risposta. La sentenza del giudice ordinario (che afferma o nega la propria competenza in relazione alla convenzione di arbitrato) è impugnabile con regolamento di competenza (art. 819-*ter*, comma 1);
- l'**improponibilità delle domande giudiziali**, in pendenza del procedimento arbitrale (art. 819-*ter*, comma 3), aventi ad oggetto l'invalidità o l'inefficacia della convenzione di arbitrato (*Cass. civ., sez. VI, 28 maggio 2019, n. 14476*);
- l'**eccezione di compensazione**: gli arbitri sono competenti a conoscere delle eccezioni di compensazione, nei limiti del valore della domanda, anche se il controcredito non è compreso nell'ambito della convenzione di arbitrato (art. 817-*bis*);
- l'**inammissibilità della tutela cautelare**: gli arbitri non possono concedere sequestri né altri provvedimenti cautelari, salva diversa disposizione di legge (art. 818);
- le **questioni pregiudiziali di merito**, rilevanti per la decisione della controversia, anche se vertono su materie che non possono essere oggetto di convenzione di arbitrato, sono risolte dagli arbitri senza autorità di giudicato, salvo che per legge debbano essere decise con efficacia di giudicato. Su domanda di parte,

se le questioni pregiudiziali vertono su materie che possono essere oggetto di convenzione, possono essere decise con efficacia di giudicato; se vi è l'istanza di tutte le parti, possono essere decise anche quelle non comprese nella convenzione, con efficacia di giudicato (art. 819);

- l'**ammissibilità dell'intervento dei terzi**: l'intervento volontario e la chiamata di un terzo sono ammessi solo con l'accordo del terzo e delle parti e con il consenso degli arbitri; è sempre ammesso l'intervento adesivo dipendente e l'intervento del litisconsorte necessario, senza consenso delle parti e degli arbitri. Il successore a titolo particolare nel diritto controverso può intervenire od essere chiamato nel giudizio arbitrale, senza il consenso delle parti (art. 816-*quinquies*).

In caso di **morte**, **estinzione o perdita di capacità** della parte, gli arbitri assumono le misure idonee a garantire l'applicazione del contraddittorio ai fini della prosecuzione del giudizio; gli arbitri possono sospendere il processo e se nessuna delle parti ottempera alle disposizioni degli arbitri per la prosecuzione, gli arbitri possono rinunciare all'incarico (art. 816-*sexies*).

Giurisprudenza

In tema di arbitrato rituale, affinché l'eccezione di incompetenza degli arbitri (per inesistenza, invalidità o inefficacia della convenzione d'arbitrato) possa ritenersi tempestivamente sollevata nella prima difesa utile successiva all'accettazione dell'incarico da parte degli arbitri, come richiesto dall'art. 817, comma 2, c.p.c., non è sufficiente invocare una qualunque ragione invalidità della convenzione arbitrale, ossia svolta indipendentemente dal profilo giuridico in base al quale la contestazione viene formulata, atteso che è proprio l'illustrazione delle ragioni poste a fondamento della dedotta invalidità a qualificare la questione fatta valere e a distinguerla da altre possibili che possono risultare non fondate o inammissibili (Cass. civ., sez. I, 15 febbraio ***2021****, n. 3840).*

3. La sospensione del procedimento arbitrale.

Per espressa disposizione non si applica la sospensione necessaria del processo di cui all'art. 295 (art. 819-*ter*). Le ipotesi di sospensione del processo arbitrale sono **tassative** e sono le seguenti:

- per sopravvenuta **incapacità** della parte (art. 816-*sexies*, comma 1);
- per **pregiudizialità penale**, cioè quando ricorrono le ipotesi dell'art. 75 c.p.p. (art. 819-*bis*, comma 1, n. 1);
- per **pregiudizialità su materia che non può essere oggetto di convenzione** di arbitrato e che per legge deve essere decisa con autorità di giudicato (art. 819-*bis*, comma 1, n. 2);
- per **pregiudizialità costituzionale**, cioè quando gli arbitri sollevano questione di legittimità costituzionale di leggi e di atti aventi forza di legge, che sono chiamati ad applicare (art. 819-*bis*, comma 1, n. 3).

La sospensione del processo è disposta dagli arbitri con ordinanza: successivamente se nessuna parte deposita presso gli arbitri istanza di prosecuzione entro il termine fissato o, in difetto, entro un anno dalla cessazione della causa di sospensione, il procedimento **si estingue**. Nel caso di pregiudiziale su materia che non può essere oggetto di convenzione e che per legge deve essere decisa con autorità di giudicato, il procedimento si estingue, altresì, se entro novanta giorni dall'ordinanza nessuna parte deposita presso gli arbitri copia autentica dell'atto con il quale è stata proposta la questione davanti all'autorità giudiziaria.

4. L'anticipazione delle spese.

Poiché gli arbitri hanno diritto ad ottenere il rimborso delle spese e l'onorario per l'opera prestata, gli stessi possono subordinare la prosecuzione del procedimento al versamento anticipato delle spese prevedibili (art. 816-*septies*). Salvo diverso accordo delle parti, gli arbitri determinano la misura dell'anticipazione a carico di ciascuna parte: se una delle parti non provvede, l'altra può anticipare la totalità delle spese; se nessuna delle parti provvede nel termine fissato, le parti stesse non sono più vincolate alla convenzione di arbitrato con riguardo alla controversia che ha dato origine al procedimento arbitrale. Secondo la dottrina si verifica, in questo caso, lo **scioglimento del vincolo** compromissorio.

5. L'istruzione probatoria.

Il legislatore non ha disciplinato in modo organico l'istruzione probatoria: con l'art. 816-*ter* si è limitato a prevedere:

- la possibilità che l'istruttoria o i singoli atti di istruzione possono essere **delegati** dal collegio ad uno degli arbitri;
- la possibilità per gli arbitri di **assumere direttamente** la testimonianza ovvero di recarsi nell'abitazione o nell'ufficio del testimone, ove questi vi consenta, per l'assunzione;
- la possibilità per gli arbitri di richiedere al presidente del tribunale della sede dell'arbitrato che **ordini la comparizione** del testimone davanti a loro, quando ha rifiutato di comparire;
- la possibilità per gli arbitri di farsi assistere da uno o più **consulenti tecnici**, persone fisiche o enti;
- la possibilità per gli arbitri di chiedere alla pubblica amministrazione **informazioni scritte** relative ad atti e documenti che è necessario acquisire a giudizio.

Nel silenzio della norma, sono ritenuti ammissibili i seguenti mezzi di prova:

- l'**interrogatorio libero** delle parti, al fine di comprendere meglio le posizioni delle stesse e di esperire il tentativo di conciliazione;
- l'**interrogatorio** formale delle parti;
- il **giuramento decisorio**;

il **giuramento suppletorio** (ammesso dalla giurisprudenza, contraria la dottrina).

Si segnala infine che, in funzione dell'illegittimità costituzionale dell'art. 669-*quaterdecies*, dichiarata dalla *Corte Costituzionale* con *sentenza 28 gennaio 2010, n. 26*, è possibile proporre domanda di accertamento tecnico preventivo al giudice ordinario in base all'art. 669-*quinquies*.

SCHEMA 100 Il procedimento arbitrale

I PRINCIPI	REGOLE	devono risultare da **atto scritto** e non devono essere incompatibili con il procedimento arbitrale
	POTERI	non possono essere affidati agli arbitri poteri in contrasto con i **principi generali** dell'ordinamento
	CONTRADDITTORIO	deve essere osservato il principio del contraddittorio
LE VICENDE	ECCEZIONI	• incompetenza • litispendenza • compensazione
	IMPROPONIBILITÀ	domande giudiziali in pendenza del procedimento arbitrale
	INAMMISSIBILITÀ	tutela cautelare
	AMMISSIBILITÀ	• intervento del terzo • questioni pregiudiziali di merito
LA SOSPENSIONE	INCAPACITÀ	per sopravvenuta incapacità della parte
	PREGIUDIZIALITÀ	• penale • su materia civile che non può essere oggetto di convenzione arbitrale • costituzionale
L'ANTICIPAZIONE DELLE SPESE	PROSECUZIONE	gli arbitri possono **subordinare la prosecuzione** del procedimento al versamento anticipato delle spese prevedibili
L'ISTRUZIONE PROBATORIA	DELEGA	l'istruttoria o i singoli atti possono essere **delegati** ad uno degli arbitri che può assumere **direttamente** la testimonianza
	ORDINE	gli arbitri possono chiedere al presidente del tribunale l'**ordine di comparizione** del testimone avanti a loro
	CONSULENTI	gli arbitri possono farsi assistere da uno o più **consulenti** tecnici
	INFORMAZIONI	gli arbitri possono chiedere **informazioni scritte** alla P.A.
	MEZZI DI PROVA	• interrogatorio libero delle parti • interrogatorio formale delle parti • giuramento decisorio • giuramento suppletorio

CAPITOLO III

IL LODO

1. Il termine per la decisione.

Il giudice ordinario non ha termini prestabiliti per decidere la controversia (anche i termini entro i quali deve depositare la sentenza sono meramente ordinatori); gli arbitri, in quanto soggetti privati, chiamati a svolgere funzioni in base al contratto di mandato, debbono invece completare il procedimento arbitrale e pronunciare il lodo entro il **termine fissato dalle parti o**, in mancanza, **entro duecentoquaranta giorni** dall'accettazione (art. 820, comma 1). Il termine per la pronuncia della decisione (il lodo è l'equivalente della sentenza di merito che definisce il giudizio) è rimesso, dunque, alla determinazione consensuale delle parti, che deve essere espressa nella convenzione arbitrale o in altro atto successivo, purché anteriore all'accettazione degli arbitri.

Il termine per la pronuncia del lodo è sospeso nei casi di sospensione del procedimento arbitrale: dopo la ripresa, il termine residuo, se inferiore, è esteso a novanta giorni.

Il termine può essere **prorogato** nelle seguenti ipotesi:

- su **accordo delle parti**, senza limiti, purché l'accordo risulti da atto scritto;
- da parte del **presidente del tribunale** del luogo ove ha sede l'arbitrato, su istanza motivata di una delle parti o degli arbitri;
- ***ex lege***, se le parti non hanno disposto diversamente, di centottanta giorni e per non più di una volta nell'ambito di ciascuno dei seguenti casi:
  1. se debbono essere assunti mezzi di prova;
  2. se è disposta consulenza tecnica;
  3. se è pronunciato un lodo non definitivo o un lodo parziale;
  4. se è modificata la composizione del collegio o è sostituito l'arbitro unico.

Se il termine come sopra determinato non è rispettato, la parte prima della deliberazione del lodo è tenuta a notificare alle altre parti e agli arbitri che intende far valere la loro **decadenza**. Gli arbitri, verificato il decorso del termine, sono tenuti a dichiarare estinto il procedimento (art. 821). La norma prevede espressamente che, in mancanza della notifica della decadenza, la parte non può impugnare il lodo per nullità per decorso del termine.

Giurisprudenza

In tema di arbitrato, anche a seguito delle modifiche introdotte dal d.lgs. n. 40/2006, ai sensi dell'art. 829, comma 1, n. 6 c.p.c. il mero decorso del termine per la pronuncia del lodo non è, di per sé sufficiente a determinare la nullità, essendo necessaria, ai sensi dell'art. 821 c.p.c., una manifestazione della volontà diretta a far valere la decadenza la quale costituisce oggetto di un vero e proprio onere posto a carico della parte interessata il cui adempimento non si risolve in una mera eccezione da proporsi nell'ambito del procedimento arbitrale trattandosi, invece, di un atto di disposizione in merito alla nullità, in difetto del quale quest'ultima non può essere fatta valere (Cass. civ., sez. VI, 30 novembre ***2020****, n. 27364).*

2. I requisiti del lodo.

Il lodo è **deliberato a maggioranza** di voti con la partecipazione di tutti gli arbitri ed è redatto per iscritto: il criterio della maggioranza è garantito dal numero dispari degli arbitri. Non è necessario il requisito della conferenza personale: ciascun arbitro può, però, chiedere che il lodo, o una parte di esso, sia deliberato in tale modo (art. 823, comma 1).

Ai sensi dell'art. 823, comma 2, il lodo deve avere i seguenti **requisiti formali**:
- il nome degli arbitri;
- l'indicazione della sede dell'arbitrato;
- l'indicazione delle parti;
- l'indicazione della convenzione di arbitrato e delle conclusioni delle parti;
- l'**esposizione sommaria dei motivi**;
- il **dispositivo**;
- la **sottoscrizione** degli arbitri;
- la data delle sottoscrizioni.

Tre dei requisiti sopra riportati e cioè l'esposizione sommaria dei motivi, il dispositivo e la sottoscrizione, costituiscono un **requisito fondamentale** in quanto l'art. 829, n. 5 prevede che la loro mancanza può dar luogo a nullità del lodo.

In particolare la mancanza dell'esposizione sommaria dei motivi, non può essere costituita o sostituita dalla parte dispositiva della decisione: secondo la giurisprudenza il requisito si intende rispettato quando sia possibile risalire alla *ratio decidendi* che sottende il lodo (*Cass. civ., sez. I, 5 marzo 2018, n. 5122*). Al riguardo, occorre tenere presente che gli arbitri decidono secondo le norme di diritto, salvo che le parti abbiano disposto che la pronuncia avvenga **secondo equità** (art. 822): ciò significa che gli arbitri sono svincolati, nella formazione del loro giudizio, dalla rigorosa osservanza delle regole del diritto oggettivo, avendo facoltà di far ricorso a criteri, principi e valutazioni di prudenza e opportunità, che appaiano i più adatti e i più equi, secondo la loro coscienza, per la risoluzione del caso concreto. Peraltro, gli arbitri ben possono decidere secondo diritto, allorché essi ritengano che diritto ed equità coincidano, senza che sia per essi necessario affermare e spiegare tale coincidenza, che, potendosi considerare presente in via generale, può desumersi anche implicitamente.

Per quanto riguarda, invece, la sottoscrizione è sufficiente quella della maggioranza degli arbitri, se accompagnata dalla dichiarazione che il lodo è stato deliberato con la partecipazione di tutti e che gli altri non hanno voluto o non hanno potuto sottoscriverlo.

Dalla data dell'ultima sottoscrizione, il lodo ha gli **effetti della sentenza** pronunciata dall'autorità giudiziaria: l'art. 824-*bis* stabilisce, pertanto, una piena e chiara equiparazione.

3. Il deposito del lodo.

Gli arbitri sono tenuti a dare comunicazione del lodo a ciascuna parte, mediante **consegna** o spedizione in plico raccomandato, di un originale o di una copia attestata conforme dagli stessi arbitri entro dieci giorni dalla sottoscrizione del lodo (art. 824). La necessità che il lodo sia trasmesso alle parti, in originale o in copia conforme, sta nel fatto che la stessa è necessaria per il deposito del lodo. Infatti, per attribuire al lodo l'efficacia di titolo esecutivo occorre dare avvio al **procedimento di omologazione** previsto dall'art. 825: la parte deve proporre istanza al tribunale del circondario in cui ha avuto sede l'arbitrato, depositando il lodo, in originale o in copia conforme, insieme con l'atto contenente la convenzione di arbitrato. Il tribunale è tenuto ad accertare la sola **regolarità** formale del lodo, escluso qualsiasi altro giudizio di merito e se sussistente, lo **dichiara esecutivo** con decreto. Avverso il decreto che nega o concede l'esecutorietà, le parti possono proporre reclamo alla Corte d'appello, entro trenta giorni dalla comunicazione. La Corte, sentite le parti, provvede in camera di consiglio con ordinanza.

Il lodo reso esecutivo è soggetto a **trascrizione o annotazione** in tutti i casi in cui sarebbe soggetta a trascrizione o annotazione la sentenza avente il medesimo contenuto.

4. La correzione del lodo.

La correzione del lodo, che non è un mezzo di impugnazione, è possibile quando è necessario:

- correggere nel testo **omissioni** o errori materiali o di calcolo, anche se hanno determinato una divergenza, fra i diversi originali del lodo, pure se relativa alla sottoscrizione degli arbitri;
- **integrare** il lodo con uno degli elementi indicati nell'art. 823, n. 1, 2, 3 e 4 e, cioè, quando il lodo è privo di uno dei requisiti la cui mancanza non è sanzionata da nullità.

Se il lodo non è ancora stato depositato, la correzione entro un anno dalla comunicazione del lodo, deve essere richiesta **agli arbitri** i quali vi provvedono entro sessanta giorni (art. 826, commi 1 e 2).

Se il lodo è stato depositato, la correzione è richiesta **al tribunale** del luogo in cui è stato depositato così pure se gli arbitri non provvedono sull'istanza. Se, però, il lodo è stato impugnato o fatto valere, alla correzione può provvedere anche il giudice di questo procedimento (art. 826, commi 3 e 4).

5. L'impugnazione.

Il giudizio arbitrale non prevede un secondo grado di giudizio e neppure la possibilità di esperire il ricorso per cassazione *per saltum*. I mezzi di impugnazione sono quelli previsti dall'art. 827 (per nullità, per revocazione e per opposizione di terzo), esperibili **indipendentemente dal deposito** del lodo e, quindi, immediatamente dopo che il lodo è stato sottoscritto.

La norma fa una distinzione in ordine ai lodi che non definiscono il giudizio ai fini della loro impugnabilità:

- il lodo che decide **parzialmente il merito** della controversia è immediatamente impugnabile;
- il lodo che risolve **solo alcune delle questioni** insorte, è impugnabile solo unitamente al lodo definitivo.

È stato risolto (*Cass. civ.,* ***sez. un.****, 18 novembre 2016, n. 23463*) il contrasto insorto in giurisprudenza in relazione all'immediata impugnabilità del lodo che abbia deciso sull'esistenza di una valida clausola compromissoria giustificativa della competenza arbitrale, ritenendo la medesima una questione pregiudiziale di rito e che il lodo, che decide parzialmente il merito della controversia, immediatamente impugnabile a norma dell'art. 827, comma 3, è sia quello di condanna generica *ex* art. 278 sia quello che decide una o alcune delle domande proposte senza definire l'intero giudizio. Non sono conseguentemente immediatamente impugnabili i lodi che decidono questioni pregiudiziali o preliminari.

L'impugnazione del lodo è soggetta alla disciplina e ai principi che regolano il giudizio d'appello, in quanto compatibili (*Cass. civ., sez. I, 17 ottobre 2018, n. 26008*).

5.1. *Per nullità.*

I casi in cui è ammessa l'**impugnazione per nullità** sono stabiliti dall'art. 829 con elencazione ritenuta tassativa dalla giurisprudenza e cioè:

- se la convenzione di arbitrato è invalida, salvo quanto stabilito dall'art. 817, comma 3 (e cioè se l'eccezione è stata sollevata nel corso del procedimento arbitrale);
- se gli arbitri non sono stati nominati con le forme e nei modi prescritti, purché la nullità sia stata dedotta nel giudizio arbitrale;
- se il lodo è stato pronunciato da chi non poteva essere nominato arbitro a norma dell'art. 812;
- se il lodo è pronunciato fuori dai limiti della convenzione di arbitrato (se

l'eccezione è stata proposta nel corso del procedimento) o ha deciso il merito della controversia in ogni altro caso in cui il merito non poteva essere deciso;

- se il lodo non ha i requisiti indicati nei numeri 5, 6 e 7 dell'art. 823 (e cioè mancanza della motivazione, o del dispositivo o della sottoscrizione);
- se il lodo è stato pronunciato dopo la scadenza del termine stabilito (se la parte si è avvalsa della decadenza prevista dall'art. 821);
- se nel procedimento non sono state osservate le forme prescritte dalle parti sotto espressa sanzione di nullità e la nullità non è stata sanata (cioè la parte ha eccepito nella prima istanza o difesa successiva la violazione della regola);
- se il lodo è contrario ad altro precedente lodo non più impugnabile o a precedente sentenza passata in giudicato tra le parti, purché tale lodo o tale sentenza sia stata prodotta nel procedimento;
- se non è stato osservato il principio del contraddittorio;
- se il lodo conclude il procedimento senza decidere il merito della controversia e questo doveva essere deciso dagli arbitri;
- se il lodo contiene disposizioni contraddittorie;
- se il lodo non ha pronunciato su alcuna delle domande ed eccezioni proposte dalle parti in conformità alla convenzione di arbitrato.

Poiché si tratta di motivi specifici, la dottrina qualifica l'**impugnazione in senso stretto** (e cioè "a critica vincolata") e non come gravame (e cioè "a critica libera", di cui è espressione tipica l'appello). L'impugnazione **è esclusa** per la parte che ha dato causa a un motivo di nullità, o vi ha rinunciato o che non ha eccepito nella prima istanza o difesa successiva, la violazione di una regola che disciplina lo svolgimento del procedimento arbitrale: non può pertanto impugnare il lodo per questo motivo.

L'impugnazione per **violazione delle regole di diritto** relative al merito della controversia è sempre ammessa, ma solo se espressamente prevista dalle parti o dalla legge; è ammessa senza limiti l'impugnazione delle decisioni per **contrarietà all'ordine pubblico** e cioè alle norme fondamentali dell'ordinamento.

Altre ipotesi in cui l'impugnazione per violazione delle regole di diritto è sempre ammessa sono:

- nelle controversie previste dall'art. 409, anche per violazione dei contratti e accordi collettivi;
- se la violazione delle regole di diritto riguarda la soluzione di questione pregiudiziale su materia che non può essere oggetto di convenzione di arbitrato.

L'impugnazione per nullità si propone davanti alla Corte d'appello nel cui distretto è la sede dell'arbitrato (art. 828), mediante atto di citazione nel termine:

- **breve**: di novanta giorni dalla notificazione del lodo;
- **lungo**: di un anno dalla data dell'ultima sottoscrizione.

Se è proposta istanza per la correzione del lodo, il termine per l'impugnazione non si sospende; tuttavia il lodo può essere impugnato relativamente alle parti corrette nei termini ordinari (novanta giorni), a decorrere dalla comunicazione dell'atto di correzione (e non dunque dalla notificazione della pronuncia di correzione).

Il giudizio di impugnazione si compone di due fasi, la prima rescindente, finalizzata all'accertamento di eventuali nullità del lodo e che si conclude con l'annullamento del medesimo, la seconda rescissoria, che fa seguito all'annullamento e nel corso della quale il giudice ordinario procede alla ricostruzione del fatto sulla base delle prove dedotte. Nella prima fase non è consentito alla Corte d'appello procedere ad accertamenti di fatto, dovendo limitarsi all'accertamento delle eventuali nullità in cui siano incorsi gli arbitri; solo in sede rescissoria al giudice dell'impugnazione è attribuita la facoltà di riesame del merito delle domande, comunque sempre nei limiti del "*petitum*" e delle "*causae petendi*" dedotte dinanzi agli arbitri, con la conseguenza che non sono consentite né domande nuove rispetto a quelle proposte agli arbitri, né censure diverse da quelle tipiche individuate dall'art. 829 (*Cass. civ., sez. I, 3 aprile* ***2020****, n. 7681*).

All'esito del giudizio la Corte d'appello può, pertanto, dichiarare l'impugnazione inammissibile o improcedibile oppure rigettarla oppure accoglierla dichiarando la nullità del lodo e, ricorrendone le condizioni, pronuncia sul merito.

La Corte d'appello **può** sospendere con ordinanza l'efficacia del lodo, su istanza di parte e quando ricorrono gravi motivi (art. 830, comma 4).

Giurisprudenza

Nell'impugnativa del lodo arbitrale per nullità, ai sensi degli artt. 828 e ss. c.p.c., la Corte di appello non può rilevare d'ufficio motivi non dedotti con l'atto di impugnazione — salvo la nullità del compromesso e della clausola compromissoria — trattandosi di un gravame rigorosamente limitato e vincolato, nell'effetto devolutivo, al giudice che ne è investito, sia in astratto, dalla tipicità dei vizi deducibili, sia in concreto, da quelli espressamente e specificamente dedotti (Cass. civ., sez. I, 10 dicembre ***2020****, n. 28191).*

5.2. *Per revocazione e per opposizione di terzo.*

Il lodo, nonostante qualsiasi rinuncia, è soggetto ad **impugnazione per revocazione** nei soli casi indicati nei numeri 1, 2, 3 e 6 dell'art. 395 e cioè per revocazione straordinaria (v. parte terza, cap. IX, 3), nei termini e nelle forme stabiliti per questo giudizio. Se, però, è già in corso il giudizio di impugnazione per nullità, il termine per la proposizione della domanda di revocazione è sospeso fino alla comunicazione della sentenza che abbia pronunciato sulla nullità (art. 831, commi 1 e 2).

È altresì proponibile l'**opposizione di terzo** sia ordinaria sia revocatoria e cioè quella disciplinata dall'art. 404 (v. parte terza, cap. X, 2-3).

Entrambi i mezzi di impugnazione si propongono davanti alla Corte d'appello nel cui distretto ha sede l'arbitrato, la quale può riunire le impugnazioni proposte (per nullità, per revocazione e per opposizione di terzo) nello stesso processo, se lo stato della causa preventivamente proposta consente l'esauriente trattazione e decisione delle altre cause (art. 831, commi 3 e 4).

SCHEMA 101 Il lodo

IL TERMINE

- FISSATO DALLE PARTI
- STABILITO DALLA LEGGE IN 240 GIORNI DALL'ACCETTAZIONE

può essere prorogato
- su **accordo delle parti**
- da parte del **presidente** del tribunale
- dalla **legge** se devono essere assunti mezzi di prova, disposta consulenza tecnica d'ufficio, pronunciato lodo non definitivo o parziale, se è modificata la composizione del collegio o sostituito l'arbitro unico

I REQUISITI

- **nome degli arbitri** ed indicazione della **sede dell'arbitrato**
- indicazione delle **parti** e della **convenzione di arbitrato**
- indicazione delle **conclusioni delle parti** e l'esposizione sommaria dei **motivi**
- **dispositivo, sottoscrizione** degli arbitri **e data** della sottoscrizione

IL DEPOSITO

gli arbitri devono comunicare il lodo alle parti mediante **consegna o spedizione di un originale** o di una copia conforme entro dieci giorni dalla sottoscrizione

LA CORREZIONE

- omissioni o errori materiali o errori di calcolo
- integrazione del lodo con uno dei requisiti la cui mancanza non è sanzionata da nullità

L'IMPUGNAZIONE

- PER NULLITÀ
- PER REVOCAZIONE
- PER OPPOSIZIONE DI TERZO

- il lodo decide parzialmente il merito è immediatamente impugnabile
- il lodo risolve solo alcune questioni è impugnabile solo unitamente al lodo definitivo

CAPITOLO IV

LE ALTRE FIGURE

1. Il lodo straniero.

Il lodo straniero, estraneo all'ordinamento italiano, può essere **riconosciuto** nello Stato italiano secondo la procedura prevista dagli artt. 839 e 840, che recepiscono le convenzioni internazionali. Il procedimento è di tipo monitorio: chi vuol far valere un lodo straniero deve proporre ricorso al presidente della Corte d'appello nella cui circoscrizione risiede l'altra parte o alla Corte d'appello di Roma se questa non risiede in Italia. Il ricorrente deve produrre il lodo con traduzione certificata conforme (artt. 839, commi 1, 2 e 3). Il presidente della Corte d'appello, accertata la **regolarità formale** del lodo, dichiara con decreto l'efficacia del lodo straniero nella Repubblica, tranne che:

- la controversia non potesse formare oggetto di compromesso, secondo la legge italiana;
- il lodo contenga disposizioni contrarie all'ordine pubblico.

La parte interessata può proporre **opposizione** contro il decreto, mediante atto di citazione dinanzi alla Corte d'appello, da proporsi entro trenta giorni dalla notificazione del decreto che dichiara l'efficacia o dalla comunicazione del decreto che la nega. Il giudizio si svolge secondo le forme e le modalità previste dagli artt. 645 e ss., in quanto applicabili; termina con sentenza impugnabile per cassazione. Con l'opposizione si può lamentare la mancanza di una serie di ulteriori requisiti, espressamente elencati nell'art. 840, comma 3. La Corte d'appello può, in ogni caso, rifiutare il riconoscimento o l'esecuzione del lodo straniero, se accerta che la controversia non poteva formare oggetto di compromesso secondo la legge italiana o se il lodo contiene disposizioni contrarie all'ordine pubblico.

Giurisprudenza

In tema di riconoscimento del lodo arbitrale estero, la produzione del compromesso, in originale o in copia autentica, contestualmente alla proposizione della domanda, prescritta dall'art. 4 della Convenzione di New York del 10 giugno 1958 (resa esecutiva con la l. n. 62/1968) e dall'art. 839 c.p.c., configura non già una condizione dell'azione ma un presupposto processuale necessario per la valida instaurazione del giudizio che deve pertanto sussistere, quale requisito formale di procedibilità della domanda al momento dell'instaurazione del procedimento, e deve essere rilevato d'ufficio dal giudice (Cass. civ., sez. I, 5 agosto ***2020****, n. 16701).*

2. L'arbitrato irrituale.

La distinzione tra arbitrato rituale e irrituale, avendo entrambi natura privata, per anni si è imperniata sul rilievo che, nel primo, le parti tendevano a una decisione sul piano giurisdizionale, mentre, con quello irrituale, si producevano effetti esclusivamente negoziali; l'incertezza interpretativa della clausola veniva risolta nel senso che le parti avevano inteso prevedere l'arbitrato irrituale, in considerazione del favore accordato alla competenza del giudice ordinario.

L'istituto è stato **completamente modificato** in quanto l'art. 808-*ter*, introdotto dal d.lgs. n. 40 del 2006 prevede che l'arbitrato irrituale è un **istituto atipico**, derogatorio dell'istituto tipico dell'arbitrato rituale.

La norma, infatti, prevede la possibilità per le parti di stipulare per iscritto una convenzione di arbitrato che, **in deroga** a quanto disposto dall'art. 824-*bis* (e cioè che il lodo abbia gli effetti della sentenza giudiziaria), preveda che la controversia sia definita dagli arbitri mediante determinazione contrattuale.

In buona sostanza, in mancanza di una volontà derogatoria chiaramente desumibile dal compromesso o dalla clausola compromissoria, il deferimento ad arbitri della soluzione di determinate controversie costituisce normalmente espressione della volontà delle parti di fare riferimento all'istituto tipico dell'arbitrato (*Cass. civ., sez. II, 10 maggio 2018, n. 11313*).

L'arbitrato deve pertanto definirsi irrituale, esclusivamente, quando le parti, nel compromesso o nella clausola compromissoria, abbiano escluso, in forma scritta e in modo certo, che al lodo conseguano gli effetti della sentenza pronunciata dall'autorità giudiziaria, perché, come prevede espressamente l'art. 808-*ter*, comma 1, "*altrimenti si applicano le disposizioni del presente titolo*" e cioè le disposizioni sull'arbitrato rituale. Con l'arbitrato irrituale, le parti devolvono, pur sempre agli arbitri la decisione di una controversia, ma accettando che la stessa sia una **determinazione contrattuale** *(Cass. civ., sez. I, 13 marzo 2019, n. 7198)* e, cioè, una decisione privata che non può ottenere il riconoscimento e l'esecutività.

Poiché le parti hanno escluso l'efficacia del lodo (art. 824-*bis*) e poiché non si applica l'art. 825 (il lodo contrattuale non può essere depositato e diventare titolo esecutivo), all'arbitrato irrituale **non si applicano** le norme sull'impugnazione del lodo. Infatti, l'art. 808-*ter*, comma 2, stabilisce che il lodo contrattuale è **annullabile** dal giudice competente secondo le disposizioni del libro primo (e cioè il tribunale in primo grado) per i seguenti motivi:

- se la convenzione d'arbitrato è invalida o gli arbitri hanno pronunciato su conclusioni che esorbitano dai limiti della convenzione e la relativa eccezione è stata sollevata nel procedimento arbitrale;

- se gli arbitri non sono stati nominati con le forme e nei modi stabiliti dalla convenzione arbitrale;
- se il lodo è stato pronunciato da chi non poteva essere nominato arbitro a norma dell'art. 812;
- se gli arbitri non si sono attenuti alle regole imposte dalle parti come condizione di validità del lodo;
- se non è stato osservato nel procedimento arbitrale il principio del contraddittorio.

Secondo accreditata dottrina, nel silenzio della norma, il termine per l'esercizio dell'azione di annullamento del lodo contrattuale, sarebbe di cinque anni in applicazione della norma sostanziale di cui all'art. 1442 c.c., dettata, appunto, per l'azione di annullamento del contratto.

Giurisprudenza

*La P.A. non può avvalersi, per la risoluzione delle controversie derivanti da contratti conclusi con privati (nella specie, un contratto di affitto agrario), dello strumento del cd. arbitrato irrituale o libero poiché, in tal modo, il componimento della vertenza verrebbe ad essere affidato a soggetti (gli arbitri irrituali) che, oltre ad essere individuati in difetto di qualsiasi procedimento legalmente determinato e, pertanto, senza adeguate garanzie di trasparenza e pubblicità della scelta, sarebbero pure destinati ad operare secondo modalità parimenti non predefinite e non corredate dalle dette garanzie (Cass. civ., sez. III, 8 aprile **2020**, n. 7759).*

3. L'arbitraggio e la perizia contrattuale.

Mentre le parti con l'esperimento dell'arbitrato rituale o irrituale tendono alla definizione di una controversia, con la figura dell'**arbitraggio**, invece, conferiscono ad un terzo (arbitratore) l'incarico di determinare, di regola secondo equità, **uno degli elementi** di un negozio in formazione, non ancora perfezionato per la mancanza di quell'elemento, cioè l'incarico di svolgere un'attività da cui esula qualsiasi contenuto decisorio su questioni controverse. In buona sostanza, con la clausola di arbitraggio, inserita in un negozio incompleto in uno dei suoi elementi, le parti demandano ad un terzo arbitratore la determinazione della prestazione, impegnandosi ad accettarla. Il terzo arbitratore, a meno che le parti si siano affidate al suo "mero arbitrio", deve procedere con **equo apprezzamento** alla determinazione della prestazione, adottando cioè un criterio di valutazione ispirato all'equità contrattuale, che, in questo caso, svolge una funzione di ricerca in via preventiva dell'equilibrio mercantile tra prestazioni contrapposte e di perequazione degli interessi economici in gioco.

Diversa è la figura della **perizia contrattuale**, che ricorre quando le parti deferiscono ad uno o più soggetti, scelti per la loro particolare competenza tecnica, il compito di formulare un **accertamento tecnico** che esse, preventivamente, si impegnano ad accettare come diretta espressione della loro volontà contrattuale (*Cass. civ., sez. III, 8 novembre 2018, n. 28511*). La perizia contrattuale costituisce fonte di integrazione del contratto, ma essa si distingue dall'arbitraggio, perché l'arbitro-perito non deve ispirarsi alla ricerca di un equilibrio economico, secondo un criterio di equità mercantile, ma deve attenersi a norme tecniche ed ai **criteri tecnico-scientifici** propri della scienza, arte, tecnica o disciplina, nel cui ambito si iscrive la valutazione che è stato incaricato di compiere. Sulla base di questa distinzione la giurisprudenza ritiene che, nel caso di perizia contrattuale è esclusa l'esperibilità della tutela tipica prevista dall'art. 1349 c.c. per manifesta erroneità o iniquità della determinazione del terzo, trattandosi di rimedio circoscritto all'arbitraggio, in quanto presuppone l'esercizio di una valutazione discrezionale e di un apprezzamento secondo criteri di equità mercantile, inconciliabili con l'attività strettamente tecnica dell'arbitro-perito.

Giurisprudenza

Nell'assicurazione contro i danni, la previsione della perizia contrattuale, rendendo inesigibile il diritto all'indennizzo fino alla conclusione delle operazioni peritali, sospende fino a tale momento la decorrenza del relativo termine di prescrizione ex art. 2952, comma 2, c.c., sempre che, tuttavia, il sinistro sia stato denunciato all'assicuratore entro il termine di prescrizione del diritto all'indennizzo, decorrente dal giorno in cui si è verificato, in questo modo potendosi attivare la procedura di accertamento del diritto ed evitandosi che la richiesta del menzionato indennizzo sia dilazionata all'infinito (Cass. civ., sez. VI, 15 maggio ***2020****, n. 8973).*

SCHEMA 102 Le altre figure: il lodo straniero, l'arbitrato irrituale, l'arbitraggio e la perizia contrattuale

- IL LODO STRANIERO
  - RICONOSCIMENTO: può essere riconosciuto nello Stato italiano secondo la procedura di cui agli artt. 839 e 840
  - ECCEZIONI:
    - la controversia non può formare oggetto di compromesso secondo la legge italiana
    - il lodo contiene disposizioni contrarie all'**ordine pubblico**
- L'ARBITRATO IRRITUALE
  - NATURA: istituto **atipico** derogatorio dell'arbitrato rituale
  - CONVENZIONE: la convenzione scritta prevede che la controversia sia definita mediante **determinazione contrattuale**
  - LODO: al lodo non conseguono gli effetti della sentenza giudiziaria in quanto la decisione ha carattere **privato** e non può ottenere il riconoscimento e l'esecutività
  - IMPUGNAZIONE: **non si applicano** le norme sull'impugnazione del lodo
- L'ANNULLABILITÀ DEL LODO
  - COMPETENZA: tribunale
  - MOTIVI:
    - invalidità della convenzione
    - decisione oltre i limiti della convenzione
    - irregolarità della nomina degli arbitri
    - incapacità del soggetto arbitro a pronunciarsi
    - violazione delle regole di validità del lodo previste dalle parti
    - violazione del principio del contraddittorio
- L'ARBITRAGGIO
  - MODALITÀ: le parti conferiscono ad **un terzo** (arbitratore) l'incarico di determinare **secondo equità** uno degli elementi di un negozio in formazione, **non ancora perfezionato** per mancanza di quell'elemento impegnandosi ad **accettare** la decisione
  - TUTELA: è esperibile la tutela tipica di cui all'art. 1349 c.c. per **manifesta erroneità** o iniquità della determinazione del terzo
- LA PERIZIA CONTRATTUALE
  - MODALITÀ: le parti deferiscono ad uno o più soggetti scelti per la loro **particolare competenza** il compito di **formulare un accertamento tecnico** integrativo del contratto, impegnandosi preventivamente **ad accettarlo**
  - TUTELA: **non è esperibile** la tutela tipica di cui all'art. 1349 c.c. per **manifesta erroneità** o iniquità della determinazione del terzo

PARTE OTTAVA

DOMANDE E RISPOSTE COMMENTATE

I. - PROFILI GENERALI

I. - L'ATTIVITÀ GIURISDIZIONALE

1. Cosa si intende per giurisdizione?

La giurisdizione è una delle tre attività fondamentali dello Stato e cioè quella volta ad applicare la norma giuridica nel caso concreto.

2. Quale tutela è demandata alla giurisdizione civile?

Lo Stato assicura la tutela dei diritti soggettivi dei privati e degli enti pubblici. Ha natura sostitutiva in quanto gli organi ai quali è devoluta l'attività giurisdizionale si sostituiscono ai soggetti per realizzare la protezione degli interessi lesi o l'accertamento degli stessi.

3. Quando il processo può essere considerato giusto?

Secondo l'art. 111 Cost., comma 2, il processo è giusto quando si svolge nel contraddittorio tra le parti, in condizioni di parità davanti ad un giudice terzo ed imparziale ed ha una ragionevole durata.

4. Come è sorto il principio della ragionevole durata del processo?

Il principio trova la sua fonte nell'art. 6, comma 1 della Convenzione europea per la salvaguardia dei diritti dell'uomo in base al quale ogni persona ha diritto ad una equa e pubblica udienza, in un termine ragionevole, davanti ad un tribunale indipendente e imparziale.

5. Come è stato regolato il principio nel nostro ordinamento?

La legge 24 marzo 2001 n. 89, modificata nel 2015, ha determinato il termine ragionevole del processo in anni tre per il primo grado di giudizio, in anni due per il secondo grado e in un anno per il giudizio di legittimità. Sono termini non assoluti, nel senso che non si tiene conto del tempo in cui il processo è sospeso e di quello intercorso prima dell'impugnazione. La Corte Costituzionale con la sentenza n. 88/2018 ha accolto la questione di legittimità nella parte in cui non prevede che la domanda, una volta maturato il ritardo, possa essere proposta anche in pendenza del procedimento.

6. È nulla la decisione che interviene oltre il termine ragionevole?

Assolutamente no. L'inosservanza del principio non determina alcuna ragione di nullità del provvedimento giurisdizionale; può essere fonte di responsabilità disciplinare del magistrato e consente alla parte interessata di presentare domanda per l'equa riparazione.

7. Per l'art. 24 della Costituzione, la difesa è diritto inviolabile: cosa significa?

Il principio costituzionale sancisce che tutti possono agire in giudizio per la tutela dei propri diritti e interessi legittimi, in ogni stato e grado. La violazione del diritto di difesa è rilevabile d'ufficio dal giudice.

8. Cosa si intende per principio del contraddittorio?

Il principio, già enunciato dall'art. 101 Cost., è ora consacrato nell'art. 111 Cost. quale articolazione del giusto processo. L'instaurazione del contraddittorio garantisce l'effettiva partecipazione delle parti al processo per poter esercitare il diritto di difesa. Il principio deve realizzarsi durante tutto il processo nella piena effettività: se violato, la legge stabilisce la nullità del procedimento civile e della sentenza.

9. È lecita la sentenza della "cd. terza via"?

Per "terza via" si intende la pronuncia che definisce, a sorpresa, una questione senza che la stessa sia stata sottoposta alle parti, ove comporti sviluppi della lite non presi in considerazione dalle parti o una modificazione del quadro fattuale del giudizio. Per la giurisprudenza della Cassazione, la sentenza cd. della "terza via" viola il principio del contraddittorio.

10. Cosa significa che nel processo attore e convenuto hanno "parità delle armi"?

Le parti, nel processo, hanno una posizione di uguaglianza formale: ciascuna di esse può esporre e far valere le proprie ragioni, può conoscere le ragioni dell'altra parte e replicarvi potendo in questo modo influenzare l'esito del giudizio.

11. Per quale motivo il giudice deve essere terzo e imparziale?

È un principio che è enunciato dall'art. 111, comma 2, Cost.. Il giudice è soggetto soltanto alla legge, è indipendente da ogni altro potere, è precostituito per legge e quindi deve essere terzo rispetto alle parti ovvero equidistante dagli interessi delle parti.

12. Per quale motivo tutti i provvedimenti giurisdizionali devono essere motivati?

Lo stabilisce l'art. 111, comma 6, Cost.. La motivazione è obbligatoria, deve essere adeguata e coerente, priva di ambiguità e contraddizioni per consentire al lettore del provvedimento di seguire il ragionamento che ha portato il giudice alla decisione.

13. Qual è la differenza tra giudice ordinario e giudice speciale?

La giurisdizione civile è esercitata dai giudici ordinari che, in base all'art. 1 ord. giud., sono il giudice di pace, il giudice unico, il tribunale ordinario, la Corte d'appello e la Corte di Cassazione. Sono giudici speciali quelli che non appartengono all'autorità giudiziaria ordinaria come, ad esempio, il Consiglio di Stato e la Corte dei Conti.

14. Le sezioni speciali in materia di impresa rientrano tra i giudici speciali?

No. Sono organi che, nell'ambito dell'ufficio giudiziario ordinario, sono strutturati e caratterizzati da una particolare composizione, così come le sezioni specializzate agrarie, i tribunali per i minorenni, i tribunali regionali delle acque.

15. Il giudice dello Stato può chiedere alla Corte di giustizia l'interpretazione del diritto?

Sì. Si tratta del rinvio pregiudiziale comunitario. Il giudice nazionale può e, in alcuni casi, deve rinviare alla Corte di giustizia le questioni di interpretazione del diritto comunitario primario e derivato o le questioni di validità degli atti comunitari derivati, se rilevanti ai fini della decisione. In questo modo, è garantita la coerenza e l'unità nell'interpretazione del diritto dell'Unione.

16. In quale momento si determina la giurisdizione?

L'art. 5 prevede che la giurisdizione e la competenza si determinano con riguardo alla legge vigente e allo stato di fatto esistente al momento della proposizione della domanda; i successivi mutamenti della legge o dello stato di fatto non hanno rilevanza. È questo il principio della *perpetuatio iurisdictionis*.

17. In quale momento si individua la proposizione della domanda?

Nel processo ordinario di cognizione, nel momento in cui la domanda viene portata a conoscenza della controparte con la notificazione dell'atto introduttivo; nel processo esecutivo, con la notificazione del pignoramento; nei procedimenti che si introducono con ricorso, con il deposito dell'atto.

18. Il difetto di giurisdizione del giudice ordinario è rilevabile d'ufficio?

Il difetto di giurisdizione del giudice ordinario nei confronti della pubblica amministrazione o dei giudici speciali, ai sensi dell'art. 37, è rilevato anche d'ufficio in qualunque stato e grado del processo, fino a quando sul punto non si sia formato il giudicato esplicito o implicito.

19. Le parti hanno un termine per eccepire il difetto di giurisdizione?

Le parti possono sollevare l'eccezione fino a quando la causa non sia stata decisa nel merito in primo grado; possono impugnare la sentenza d'appello soltanto se sul punto non si sia formato il giudicato esplicito o implicito.

20. Se è eccepito e rilevato il difetto di giurisdizione, come si individua il giudice che ne è munito?

Il giudice che dichiara il proprio difetto di giurisdizione è tenuto ad indicare, se esistente, il giudice nazionale che ritiene munito di giurisdizione. Se le parti, entro tre mesi dal passaggio in giudicato della pronuncia, ripropongono la domanda al giudice indicato, rimangono vincolate a tale indicazione.

21. Sono obbligate le parti a proporre il regolamento di giurisdizione?

In base al comma 1 dell'art. 41, ogni parte può chiedere alle sezioni unite della Corte di cassazione che risolvano la questione di giurisdizione ma solo finché la causa non sia decisa nel merito in primo grado. Il regolamento non è un mezzo di impugnazione in quanto, in presenza di una contestazione di giurisdizione, il regolamento si pone in funzione preventiva: non si attende la pronuncia del giudice e si previene in questo modo l'impugnazione.

22. Il regolamento di giurisdizione può essere proposto d'ufficio dal giudice?

No. La legittimazione spetta solo a tutte le parti del giudizio di primo grado ed è esclusa la proponibilità d'ufficio.

23. Per proporre il regolamento di giurisdizione, l'avvocato deve essere iscritto all'albo speciale?

Certamente. Il ricorso deve essere sottoscritto da un avvocato iscritto nell'apposito albo speciale per il patrocinio davanti alle giurisdizioni superiori e deve essere munito di procura speciale, pena l'inammissibilità.

24. La Corte di cassazione, sul regolamento di giurisdizione, pronuncia sentenza o ordinanza?

La Corte pronuncia ordinanza in camera di consiglio come è previsto dall'art. 375 n. 4.

25. Se la Corte riscontra il difetto di giurisdizione, cosa succede?

Si verifica la *translatio iudicii* dal giudice ordinario al giudice speciale. Il giudizio prosegue secondo le regole processuali del giudice davanti al quale il processo deve proseguire.

26. L'art. 41, comma 2, prevede il regolamento di giurisdizione chiamato "straordinario". Di cosa si tratta?

È un regolamento straordinario in quanto è volto a regolare i conflitti di attribuzione: la pubblica amministrazione, che non è parte in causa, può chiedere, in ogni stato e grado del processo, che sia dichiarato il difetto di giurisdizione del giudice ordinario a causa dei poteri attribuiti dalla legge alla amministrazione stessa.

II. - IL PROCESSO CIVILE

27. Quale principio stabilisce l'art. 99 del codice?

L'art. 99 consacra il principio dispositivo: chi vuol far valere un diritto in giudizio deve proporre domanda al giudice competente ed è correlato con l'art. 2907 c.c. in base al quale alla tutela giurisdizionale dei diritti provvede l'autorità giudiziaria su domanda di parte. Il principio trova origine negli antichi brocardi *nemo iudex sine actore* e *ne procedat iudex ex officio*.

28. Vi sono ipotesi in cui il giudice può procedere d'ufficio?

Si tratta di ipotesi eccezionali e cioè quando l'attività giurisdizionale risponde all'esigenza di tutela di interessi generali come, ad esempio, nel campo della volontaria giurisdizione.

29. Per quale motivo l'interesse ad agire è considerato una condizione dell'azione?

L'art. 100 stabilisce che per proporre una domanda o per contraddire alla stessa è necessario avervi interesse; secondo la giurisprudenza, l'interesse sussiste ogni qualvolta l'esercizio dell'azione tende ad un risultato conseguibile se non attraverso l'attività giudiziaria stessa.

30. La carenza della legittimazione ad agire è rilevabile d'ufficio?

È dovere del giudice verificare, in ogni stato e grado del procedimento, l'esistenza della legittimazione attiva e passiva che consiste nella titolarità del potere e del dovere di promuovere o subire un giudizio in ordine al rapporto sostanziale dedotto in causa. Va tenuta distinta la titolarità della situazione giuridica sostanziale, attiva e passiva, vantata in giudizio la cui carenza è rilevabile d'ufficio dal giudice se risultante dagli atti di causa.

31. In quali casi si può far valere in nome proprio un diritto altrui?

I casi sono tipici e sono individuati dalla legge: ad esempio, l'assunzione della causa dal garante in luogo del garantito prevista dall'art. 108 oppure il potere riconosciuto dall'art. 2900 c.c. al creditore di esercitare l'azione surrogatoria.

32. Qual è il significato del principio di corrispondenza tra il chiesto e il pronunciato?

In base all'art 112, il giudice deve pronunciare *iuxta petita* e cioè su tutta la domanda e non oltre i limiti di essa e non può pronunciare d'ufficio su eccezioni che possono essere proposte soltanto dalle parti.

33. In quali casi il giudice incorre in ultrapetizione?

Secondo la giurisprudenza, il giudice incorre in ultrapetizione quando, interferendo nel potere dispositivo delle parti, alteri gli elementi dell'azione e, sostituendo i fatti costitutivi della pretesa, emetta un provvedimento diverso da quello richiesto ovvero attribuisca o neghi un bene della vita diverso da quello conteso.

34. In quali casi il giudice incorre in extrapetizione?

Secondo la giurisprudenza, il giudice incorre in extrapetizione quando attribuisce alla parte un bene non richiesto perché non compreso neppure implicitamente o virtualmente nelle deduzioni o allegazioni, ad esempio, a fronte di una domanda di rilascio di terreno per occupazione *sine titulo* accerta l'esistenza di una servitù di passaggio.

35. Come si distinguono le eccezioni?

In due categorie: processuali o di rito e di merito o eccezioni in senso lato. Le prime sono quelle con le quali si deduce il difetto di un presupposto del provvedimento, ad esempio, l'incompetenza del giudice; le seconde sono quelle che riguardano l'inefficacia dei fatti posti a fondamento del diritto fatto valere in giudizio ovvero i fatti estintivi, modificati o impeditivi.

36. Le eccezioni in senso lato possono essere rilevate d'ufficio dal giudice?

La giurisprudenza ha ritenuto corretta la tesi che ammette la possibilità di rilevare d'ufficio tali eccezioni, anche in appello, sempre che risultano documentate *ex actis*, indipendentemente da specifica allegazione di parte.

37. Quando si verte nell'ipotesi di eccezione in senso stretto?

Sono le eccezioni riservate per legge all'iniziativa della parte. Ad esempio, l'eccezione di compensazione prevista dall'art. 1242 c.c. oppure l'eccezione di prescrizione come stabilisce l'art. 2937 c.c.. Sono considerate eccezioni processuali in senso stretto quelle che incidono sul processo come, ad esempio, l'incompetenza territoriale semplice ovvero l'eccezione di nullità della citazione per inosservanza dei termini minimi a comparire.

38. Il giudice deve decidere sempre secondo diritto oppure può applicare anche l'equità?

Nel pronunciare sulla causa, il giudie deve seguire le norme del diritto, salvo che la legge attribuisca il potere di decidere secondo equità. Il giudizio di equità è, infatti, consentito in ipotesi espressamente previste come, ad esempio, se riguarda diritti disponibili delle parti e queste ne fanno concorde richiesta come prevede l'art. 114 oppure davanti al giudice di pace nelle cause il cui valore non eccede € 1.100,00 ma con i limiti previsti dall'art. 113, II comma.

39. Qual è il significato del brocardo *iura novit curia*?

Il giudice è libero, in applicazione di tale brocardo, di individuare e interpretare il diritto da applicare alla fattispecie in quanto sul giudice grava la presunzione assoluta di conoscenza della norma di legge.

40. Quali sono le prove che il giudice può porre a fondamento della decisione?

Solamente quelle che sono proposte dalle parti o dal pubblico ministero nonché, in base all'art. 115, i fatti non specificatamente contestati dalla parte costituita. Senza bisogno di prova, può porre a fondamento per la decisione le nozioni di fatto che rientrano nella comune esperienza.

41. Vi sono casi nel quale il giudice può esercitare il potere inquisitorio?

Vi sono alcune norme che derogano al principio dispositivo, attribuendo al giudice poteri officiosi di iniziativa istruttoria come, ad esempio, il potere di disporre d'ufficio l'interrogatorio non formale delle parti oppure nella richiesta di informazioni alla pubblica amministrazione.

42. Qual è la differenza tra fatti pacifici e fatti notori?

I fatti pacifici sono quelli allegati da una parte e non contestati in modo specifico dall'altra parte, se costituita in giudizio; i fatti notori sono le nozioni di fatto cioè i fatti acquisiti alle conoscenze della collettività e, come tali, conosciuti dal giudice e dalle parti.

43. Qual è la differenza tra prove legali e prove libere?

Le prove legali sono la confessione, il giuramento decisorio, l'atto pubblico, la scrittura privata autenticata o riconosciuta: al giudice è precluso qualunque apprezzamento diverso dovendo attenersi alle risultanze della prova. Le prove libere sono quelle non predeterminate dalla legge e che, come tali, sono rimesse al prudente apprezzamento del giudice: il giudice attinge il proprio convincimento dalle prove che ritiene più attendibili ed idonee.

44. Come si identifica la parte soccombente?

La parte soccombente va identificata alla stregua del principio di causalità, sul quale si fonda la responsabilità del processo, nella parte che, lasciando insoddisfatta una pretesa che viene riconosciuta fondata o azionando una pretesa che viene riconosciuta infondata, ha dato causa alla lite. La parte interamente vittoriosa non può essere condannata, neppure per una minima quota, al pagamento delle spese.

45. Quali sono i casi in cui il giudice può applicare il principio della soccombenza virtuale?

Il giudice applica questo principio in caso di cessazione della materia del contendere: deve delibare il fondamento della domanda valutando le probabilità di accoglimento.

46. Come avviene la regolamentazione delle spese in caso di conciliazione della causa?

L'art. 92, comma 3 prevede che, in caso di conciliazione della causa, le spese sono sempre compensate, a meno che le parti abbiano trovato un accordo diverso dandone atto nel verbale di conciliazione.

47. Il processo civile è improntato all'oralità: come si concilia con il processo scritto?

Il legislatore ha fissato con l'art. 180 il principio di oralità come regola generale in quanto la discussione in pubblica udienza assicura l'immediatezza, il diritto di difesa e la pubblicità del processo. Oggi trova esplicazione negli artt. 281 *quinquies* e *sexies* e cioè quando la fase decisoria avviene con trattazione mista o orale.

48. Quali sono le azioni di cognizione?

Rientrano tra le azioni di cognizione quelle di mero accertamento, quelle di condanna e quelle costitutive. Le prime si chiudono con la sentenza che accerta la sussistenza o meno di un rapporto giuridico; le seconde hanno un connotato ulteriore destinato a costituire un titolo esecutivo idoneo ad introdurre l'esecuzione forzata; quelle costitutive si chiudono con una sentenza che costituisce, modifica o estingue un rapporto giuridico, come prevede l'art. 2908 c.c.

49. Qual è la differenza tra azione esecutiva e azione cautelare?

L'azione esecutiva è diretta alla tutela giurisdizionale mediante esecuzione forzata mentre l'azione cautelare è diretta alla tutela giurisdizionale mediante cautela con funzione strumentale. Con l'azione esecutiva si promuove un processo di esecuzione ed occorre un titolo esecutivo; con l'azione cautelare si introduce, in un processo di cognizione, un provvedimento che mira ad assicurare gli effetti del futuro titolo esecutivo, attraverso la tecnica della conservazione ovvero della anticipazione.

III. - LA COMPETENZA

50. In quale momento si determina la competenza?

La competenza, intesa come riparto della giurisdizione tra i diversi giudici ordinari, si determina al momento della domanda, con riferimento alla legge vigente e allo stato di fatto esistente in quel momento.

51. Quali sono i criteri di distribuzione della competenza?

Il legislatore ha distribuito la competenza verticalmente tra giudici di tipo diverso ed orizzontalmente tra diversi giudici dello stesso tipo, in base alla loro dislocazione sul territorio. Il codice individua infatti i criteri di determinazione della competenza tramite quella per valore, quella per materia e quella per territorio.

52. La competenza per valore si basa sul valore economico della causa: come si determina tale valore?

In base all'art. 10, il valore si determina al momento della domanda; le domande proposte nello stesso processo contro la medesima persona si sommano tra loro; gli interessi scaduti, le spese e i danni anteriori alla proposizione della domanda si sommano con il capitale. In alcune situazioni tale valore è di difficile individuazione: il legislatore ha introdotto alcuni correttivi, affiancando il criterio per materia, in alcuni casi, e, in altri casi, affidando le cause di valore indeterminabile direttamente alla competenza di un giudice.

53. Il convenuto può contestare il valore come dichiarato dall'attore?

La contestazione del valore, come dichiarato dall'attore o presunto (se non dichiarato), può essere contestato soltanto nella prima difesa in quanto l'art. 38 prevede che l'incompetenza per valore del giudice deve essere eccepita, a pena di decadenza, nella comparsa di risposta tempestivamente depositata. Non è sufficiente una semplice eccezione ma è necessaria una specifica impugnativa tesa a dimostrare che il valore della causa non rientra nella competenza del giudice adito.

54. Se devo introdurre un giudizio di divisione, come determino il valore della causa?

Il secondo comma dell'art. 12 stabilisce che il valore delle cause per divisione si determina in base al valore della massa attiva da dividersi, se il giudizio ha ad oggetto un patrimonio o una quota patrimoniale. Il valore dei beni componenti la massa è determinato secondo i criteri fissati dagli artt. 14 e 15; in particolare, se si tratta di beni immobili occorre prendere come riferimento il reddito dominicale del terreno e la rendita catastale del fabbricato moltiplicandolo per il coefficiente previsto dalla norma.

55. Come si distribuisce la competenza per valore tra i diversi giudici ordinari?

Il giudice di pace è competente per le cause relative a beni mobili di valore non superiore ad € 5.000,00 se non attribuite dalla legge alla competenza di un altro giudice e per le cause di risarcimento del danno prodotto dalla circolazione di veicoli e natanti fino ad un valore di € 20.000,00. Il tribunale è competente per ogni causa di valore indeterminabile e comunque per tutte le cause che non sono di competenza di altro giudice.

56. I giudizi di opposizione in materia di codice della strada sono di competenza del giudice di pace o del tribunale?

La legge sula semplificazione dei riti ha attribuito la competenza esclusiva generale al giudice di pace nei giudizi di opposizione in materia di codice della strada e nei giudizi di opposizione all'ordinanza-ingiunzione a sanzioni amministrative.

57. In quali casi è competente il tribunale delle imprese?

Il tribunale delle imprese è stato istituito con legge del 2012 con attribuzione della competenza in materia di proprietà industriale e concorrenza sleale, diritto d'autore, antitrust e concorrenza, rapporti societari e azioni di responsabilità. Diventerà competente anche per le azioni di classe.

58. Il tribunale delle imprese si trova in ogni circoscrizione?

No. La sezione specializzata è stata istituita presso i tribunali e le Corti d'appello aventi sede nel capoluogo di ogni regione. Fanno eccezione la Valle d'Aosta (competente tribunale e Corte d'appello di Torino), la Lombardia (regione in cui è stata istituita anche presso il tribunale e la Corte d'appello di Brescia), la Sicilia (regione in cui è stata istituita anche presso il tribunale e la Corte d'appello di Catania) e il Trentino-Alto Adige (regione in cui è stata istituita anche presso il tribunale di Bolzano e la Corte d'appello di Trento - sezione distaccata di Bolzano).

59. Come avviene la distribuzione della competenza tra giudici dello stesso tipo?

Il codice prevede le regole dirette a determinare la scelta del luogo nel quale può essere svolto il processo, predeterminando tra giudici dello stesso tipo, quale di essi è competente a decidere la causa. Gli artt. 18 e ss. individuano il foro generale delle persone fisiche, delle persone giuridiche e delle associazioni non riconosciute quindi fori alternativi, fori esclusivi e fori sussidiari.

60. Per le cause relative a diritti di obbligazione il codice individua il foro facoltativo: come funziona?

L'attore può scegliere di incardinare il processo davanti al giudice del luogo in cui è sorta o deve eseguirsi l'obbligazione dedotta in giudizio, anziché davanti al giudice del luogo di residenza del convenuto (se persona fisica) o del luogo della sede del convenuto (se persona giuridica). Si tratta di due fori facoltativi e alternativi.

61. Vi sono casi in cui un solo giudice è competente territorialmente: quali sono i più ricorrenti?

Per alcune materie il legislatore ha determinato il foro esclusivo prevedendo che vi è un solo giudice competente per territorio. Per esempio, per le cause in materia di locazione e comodato di immobile è competente solo il giudice del luogo dove è posto l'immobile; per le cause ereditarie è competente solo il giudice del luogo dell'aperta successione; per le cause tra condomini i tra condomini e condominio è competente solo il giudice del luogo dove si trovano i beni comuni.

62. La competenza per territorio può essere derogata?

In base all'art. 28, la competenza per territorio può essere derogata per accordo delle parti, che deve risultare da atto scritto e deve riferirsi ad uno o più affari determinati. La norma però stabilisce che, per alcune cause, la competenza per territorio è inderogabile e cioè quelle in cui deve intervenire in causa il pubblico ministero, quelle di esecuzione forzata e di opposizione alla stessa, quelle relative a procedimenti cautelari, possessori e in camera di consiglio e per ogni altro caso in cui l'inderogabilità è disposta espressamente dalla legge.

63. Cosa succede se la stessa causa è radicata dalle parti davanti a giudici diversi?

Se la causa è stata radicata davanti a giudici diversi, si verifica il fenomeno della litispendenza e, per stabilire quale giudice è competente, opera il criterio della prevenzione in base al Qual è competente il giudice avanti il Qual è stato radicato il primo giudizio, momento che si stabilisce o con la notificazione della citazione o con il deposito in cancelleria del ricorso. Il giudice successivamente adito, in qualunque stato e grado del processo, dichiara con ordinanza la litispendenza e dispone la cancellazione della causa dal ruolo. La litispendenza opera anche nel caso in cui le cause, aventi ad oggetto la medesima domanda, si trovino in gradi diversi.

64. Cosa succede, invece, se la stessa causa è proposta davanti allo stesso giudice?

In questo caso è tutto più semplice: si procede con la riunione delle due cause, seguendo quanto stabilito dall'art. 273. La norma sulla litispendenza opera, infatti, solo nel caso in cui i giudici sono diversi.

65. In cosa si differenzia la continenza dalla litispendenza?

La continenza è un'ipotesi di litispendenza parziale e ha contorni incerti. Per la giurisprudenza, la continenza ricorre quando due cause siano caratterizzate da identità di soggetti e di titolo e da una differenza quantitativa dell'oggetto e, anche, quando fra le cause sussista un rapporto di interdipendenza nonché quando le questioni dedotte con la domanda anteriormente proposta costituiscano il necessario presupposto per la definizione del giudizio successivo.

66. Quando opera la connessione?

Le cause si definiscono connesse quando più cause pendono tra le stesse parti (connessione soggettiva) oppure quando più cause sono collegate dal *petitum* o dalla *causa petendi* (connessione oggettiva). In questo caso, la legge concede la possibilità che le cause siano trattate nello stesso processo.

67. Vi è un termine per eccepire la connessione?

La connessione non può essere eccepita dalle parti né rilevata d'ufficio dopo la prima udienza e, in ogni caso, non può essere ordinata la rimessione quando lo stato della causa principale o preventivamente proposta non consente l'esauriente trattazione e decisione delle cause connesse.

68. Quale provvedimento emette il giudice quando rileva la connessione?

Ai sensi dell'art. 40, comma 1, il giudice fissa con ordinanza alle parti un termine perentorio per la riassunzione della causa accessoria davanti al giudice della causa principale e, negli altri casi, davanti a quello preventivamente adito.

69. Se le cause sono soggette a riti diversi, quale rito è applicabile?

I commi 3 e 4 dell'art. 40 disciplinano il rito applicabile. Nei casi di cause accessorie, cause di garanzia, accertamenti incidentali, eccezione di compensazione e cause riconvenzionali, le stesse devono essere trattate e decise con il rito ordinario a meno che una di tali cause rientri fra quelle indicate negli artt. 409 e 442 per le quali si applica il rito speciale. Se le cause connesse sono assoggettate a differenti riti speciali, la trattazione simultanea deve avvenire con il rito previsto per la causa per la Qual è stata determinata la competenza o, in subordine, con il rito previsto per la causa di maggior valore.

70. Il convenuto può sempre proporre una domanda riconvenzionale?

Il convenuto può proporre domanda riconvenzionale quando la contro-domanda che egli intende introdurre nel processo dipende dal titolo già dedotto in giudizio dall'attore o da quello che già appartiene alla causa come mezzo di eccezione, purché non eccedano la sua competenza per materia o valore. La domanda riconvenzionale deve essere proposta, a pena di decadenza, con la comparsa di risposta tempestivamente depositata.

71. In cosa si differenzia l'eccezione riconvenzionale?

L'eccezione riconvenzionale è una mera difesa la quale amplia il tema della controversia senza tendere ad altro fine che non sia quello della reiezione della domanda; viene opposto al diritto fatto valere dall'attore un diritto idoneo a paralizzarlo. L'eccezione riconvenzionale non sposta la competenza.

72. Vi è un termine preclusivo per eccepire l'incompetenza del giudice?

L'incompetenza per materia, l'incompetenza per valore e l'incompetenza per territorio devono essere eccepite dal convenuto, a pena di decadenza, nella comparsa di risposta depositata tempestivamente e cioè non oltre i termini di decadenza e preclusione previsti dalle varie norme in base ai diversi riti processuali.

73. In caso di eccezione di incompetenza per territorio, il convenuto ha particolari oneri?

Il convenuto, eccependo l'incompetenza per territorio, deve indicare anche il giudice che ritiene competente, analizzando tutte le ipotesi di foro facoltativo. La giurisprudenza, infatti, ritiene che, in caso contrario, l'eccezione si ha per non proposta. Infatti, soltanto se l'eccezione è specifica e completa, si evita che la competenza del giudice adito rimanga radicata in base al criterio non contestato.

74. In quali casi il giudice può rilevare d'ufficio l'incompetenza?

Il giudice può rilevare l'incompetenza per materia, l'incompetenza per valore e l'incompetenza per territorio ma nel solo caso previsto dall'art. 28 e cioè quando la competenza è derogata per accordo delle parti. Il giudice deve rilevarla però non oltre l'udienza di cui all'art. 183, pronunciando ordinanza che ha natura decisoria perché statuisce sulle spese del procedimento.

75. Può l'attore aderire all'eccezione di incompetenza sollevata dal convenuto?

L'attore può aderire solamente all'eccezione di incompetenza territoriale derogabile e dunque al di fuori dei casi previsti dall'art. 28. In tal caso, la competenza del giudice indicato rimane ferma se la causa è riassunta entro tre mesi dalla cancellazione dal ruolo.

76. Il regolamento di competenza è un mezzo di impugnazione?

Sì, perché ha la funzione di investire la Corte di cassazione del potere di individuare definitivamente il giudice competente. L'ordinanza che decide soltanto questioni di competenza può essere impugnata solamente con il regolamento di competenza che, in tal caso, è definito necessario. Sono impugnabili con il regolamento di competenza anche le ordinanze con le quali il giudice dichiara la litispendenza, la continenza, la connessione nonché al provvedimento che dispone la sospensione necessaria del processo ai sensi dell'art. 295.

77. L'art. 43 prevede il regolamento facoltativo di competenza: di cosa si tratta?

Quando il provvedimento del giudice pronuncia sulla competenza insieme con il merito, la parte può impugnare il medesimo con l'istanza di regolamento di competenza oppure con i mezzi ordinari. È per questo che si chiama regolamento facoltativo di competenza. Se la parte sceglie di proporlo, chiede alla Corte di cassazione la verifica immediata della sola pronuncia sulla competenza.

78. Può il giudice richiedere d'ufficio il regolamento di competenza?

L'art. 45 prevede tale possibilità al giudice davanti al Qual è riassunta la causa a seguito dell'ordinanza con il quale il primo giudice si è dichiarato incompetente per materia o per territorio nei casi di cui all'art. 28. Il secondo giudice, se a sua volta ritiene di essere incompetente, può richiedere alla cancelleria della Corte di cassazione, disponendo la rimessione del fascicolo d'ufficio, affinché la Corte risolva il conflitto negativo virtuale di competenza. In questo caso, il regolamento d'ufficio non rientra tra i mezzi d'impugnazione.

79. Come si propone in Corte di cassazione il regolamento necessario o facoltativo di competenza?

La parte deve proporre ricorso alla Corte di cassazione e l'avvocato deve essere munito di procura speciale e deve essere abilitato al patrocinio avanti le giurisdizioni superiori. Il ricorso deve essere notificato a tutte le parti del processo nel termine perentorio di trenta giorni. Nei cinque giorni successivi il proponente deve chiedere alla cancelleria di trasmettere il fascicolo d'ufficio alla Corte di cassazione e nei venti giorni dalla notificazione deve depositare il ricorso con i documenti necessari. Il procedimento è assoggettato al rito camerale.

80. La Corte di cassazione, sul regolamento di competenza, pronuncia ordinanza o sentenza?

La Corte pronuncia ordinanza, in camera di consiglio, adottando il rito camerale e statuendo esclusivamente sulla competenza esaurendo la questione sotto tutti i possibili profili ed impartisce i provvedimenti necessari per la prosecuzione del processo davanti al giudice che dichiara competente.

81. Come avviene la prosecuzione del processo davanti al giudice ritenuto competente?

La parte deve procedere con la riassunzione del processo nel termine fissato dalla Corte oppure, in mancanza, entro tre mesi dalla comunicazione, da parte della cancelleria, dell'ordinanza. Il processo continua così davanti al nuovo giudice.

IV. - LE PARTI E I DIFENSORI

82. Cosa si intende per capacità processuale?

Significa la capacità di stare in giudizio che, ai sensi dell'art 75, spetta a tutte le persone che hanno il libero esercizio dei diritti che intendono azionare; in difetto, possono stare in giudizio tramite colui che le rappresenta o le assiste. Le persone giuridiche, le associazioni e i comitati stanno in giudizio per mezzo di chi le rappresenta a norma della legge o dello statuto.

83. Sono validi gli atti compiuti da chi è privo di legittimazione processuale?

Il difetto di legittimazione processuale comporta la nullità degli atti compiuti ed è rilevabile anche d'ufficio ma la questione deve essere coordinata con il sistema di preclusioni, in forza del quale l'assenza dei poteri rappresentativi, in primo grado, va contestata non oltre l'udienza di trattazione mentre, in appello, può essere inserita tra i motivi di impugnazione. Il vizio può essere sanato, con efficacia retroattiva, per effetto della spontanea costituzione del soggetto dotato dell'effettiva rappresentanza della parte.

84. Può essere conferita ad un procuratore generale la rappresentanza processuale?

L'art. 77 prevede che il procuratore generale e quello preposto a determinati affari possono stare in giudizio per il preponente se tale potere viene conferito per iscritto. La giurisprudenza ritiene che deve essere conferita anche la rappresentanza sostanziale e cioè il potere di disporre del diritto in contesa.

85. In quali casi deve essere nominato il curatore speciale?

Quando manca la persona a cui spetta la rappresentanza o l'assistenza e vi sono ragioni di urgenza, può essere nominato all'incapace, alla persona giuridica o all'associazione non riconosciuta un curatore speciale che lo rappresenti o assista finché subentri colui al quale spetta la rappresentanza o l'assistenza. Si procede altresì alla nomina di un curatore speciale al rappresentato quando vi è conflitto di interessi con il rappresentante.

86. A chi compete la nomina del curatore speciale?

L'istanza, ai sensi dell'art. 80, si propone al giudice di pace o al presidente dell'ufficio giudiziario davanti al quale si intende proporre la causa. Il giudice assunte le opportune informazioni e sentite possibilmente le persone interessate, provvede con decreto. L'istanza può essere presentata dal pubblico ministero, dalla persona che deve essere rappresentata o dai suoi prossimi congiunti, dal rappresentante, in caso di conflitto di interessi e da qualunque altra parte in causa che vi abbia interesse.

87. Quando ricorre l'ipotesi di litisconsorzio necessario?

In base all'art. 102 se la decisione non può pronunciarsi che in confronto di più parti, queste debbono agire o essere convenute nello stesso processo. Si verte in tal caso nell'ipotesi di litisconsorzio necessario con la conseguenza che se il processo è promosso da alcune o contro alcune soltanto di esse, il giudice ordina l'integrazione del contraddittorio in un termine perentorio da lui stabilito. Se il termine non viene osservato il processo si estingue o comunque la domanda deve essere dichiarata improcedibile.

88. In quali casi invece si incorre nell'ipotesi di litisconsorzio facoltativo?

Ricorre l'ipotesi di litisconsorzio facoltativo, disciplinato dall'art. 103, quando sussiste connessione oggettiva propria o impropria. Nel primo caso le cause sono connesse per l'oggetto o per il titolo oppure quando, nell'unicità del fatto storico, permane l'autonomia dei rispettivi titoli del rapporto giuridico e della *causa petendi*; nel secondo caso, in mancanza di una vera e propria connessione, è opportuno che identiche questioni siano decise in un unico processo per ragioni di economia processuale e di uniformità delle decisioni.

89. Il terzo, interessato al giudizio, può intervenire in un processo pendente?

I terzi possono intervenire in un processo già in corso tra altre parti, per far valere un diritto in conflitto con esse o con alcune di queste o per sostenere le ragioni di una o più parti. L'intervento può essere principale o litisconsortile quando colui che interviene fa valere, attraverso una domanda proposta nei confronti di tutte le altre parti un proprio diritto autonomo e prevalente rispetto a quello dedotto in giudizio; può essere adesivo autonomo quando colui che interviene fa valere un proprio diritto autonomo attraverso una domanda proposta nei confronti di una sola delle parti; può essere adesivo dipendente quando colui che interviene non fa valere alcun diritto proprio, ma ha solo interesse a sostenere le ragioni di una delle parti.

90. C'è un termine per effettuare l'intervento?

L'intervento può aver luogo sino a che non vengono precisate le conclusioni. Ha sempre la facoltà di formulare domande nei confronti delle altre parti anche se sia ormai spirato il termine di cui all'art. 183 per la fissazione del *thema decidendum*, ma, dovendo accettare il processo nello stato in cui si trova, non può dedurre, ove sia già intervenuta la relativa preclusione, nuove prove.

91. Una parte può chiamare un terzo in causa?

L'intervento su istanza di parte è disciplinato dall'art. 106 il quale prevede che ciascuna parte può chiamare nel processo un terzo al quale ritiene comune la causa o dal quale pretende essere garantita. È questa l'ipotesi più frequente, come ad esempio quando il convenuto chiama in giudizio il proprio assicuratore.

92. Al di fuori delle ipotesi di litisconsorzio necessario, il giudice può ordinare l'intervento di un terzo?

Il giudice ha il potere discrezionale di ordinare alle parti di chiamare in causa un terzo quando ritenga sussistere la comunanza di causa. Si tratta però di ipotesi di scarsa applicazione pratica.

93. Se la parte nel corso del processo muore, la causa può proseguire nei confronti degli eredi?

Quando la parte muore il processo è proseguito dal successore universale o nei suoi confronti. La norma che stabilisce questo principio deve essere coordinata con il fenomeno dell'interruzione del processo, disciplinato dagli artt. 299 e ss. in quanto la morte della parte comporta l'interruzione del processo, che riprende o con la costituzione spontanea da parte del successore o con la riassunzione del processo se effettuata dall'altra parte nei confronti del successore.

94. Per quale motivo la parte non può stare in giudizio da sola?

Il processo è tecnico e, conseguentemente, la parte deve essere rappresentata, assistita e difesa da un difensore abilitato. La scelta compiuta dal legislatore di consentire alla parte di stare in giudizio personalmente nei processi più semplici e comunque di modesto valore, come davanti al giudice di pace nelle cause di valore fino ad euro 1.100,00 e nelle cause di lavoro ogni volta che la causa non ecceda il valore di euro 129,11, nonché nei procedimenti di volontaria giurisdizione, nel procedimento di insinuazione al passivo del credito nelle procedure concorsuali e in alcuni procedimenti di opposizione a sanzioni amministrative, è stata avallata dalla Corte Costituzionale con la sentenza 16 marzo 1971, n. 47.

95. L'avvocato può difendere sé stesso?

Quando la parte o la persona che la rappresenta ha le qualità necessarie per esercitare l'ufficio di difensore con procura presso il giudice adito, può stare in giudizio senza il ministero di altro difensore, come stabilisce l'art. 86. Vi è in questo caso l'esenzione dall'onere del ministero del difensore e non è neppure necessaria una procura a sé stesso, essendo sufficiente la dichiarazione di possedere la qualifica professionale.

96. Qual è la differenza tra procura generale e procura speciale?

La procura generale alle liti (*ad lites*) si riferisce ad una serie indefinita di liti o a tutte le possibili liti che un cliente possa avere e deve essere conferita con atto pubblico o con scrittura privata autenticata, così come tassativamente stabilito dall'art. 83, comma 2; la procura speciale alle liti (*ad litem*) si riferisce ad una lite ben determinata e può essere conferita nelle forme sopra descritte o apposta anche in determinati atti processuali con sottoscrizione autenticata dal difensore. È quella che viene normalmente denominata "delega".

97. Quanti difensori può nominare la parte nel processo?

Non vi è alcuna limitazione numerica e la parte può rilasciare procura anche a più difensori, a differenza del processo penale dove invece l'imputato può essere assistito solo da due difensori e la parte civile da un solo difensore.

98. Quali poteri ha il difensore?

Ai sensi dell'art. 84 il difensore può compiere e ricevere, nell'interesse della parte, tutti gli atti del processo che dalla legge non sono ad essa espressamente riservati. Lo *ius postulandi* comporta il potere di rappresentare la parte in giudizio ma non certo di compiere, in nome e per conto della stessa, attività di tipo diverso da quelle strettamente processuali, ancorché strumentali al positivo esito della controversia.

99. Se la parte revoca la procura o il difensore rinuncia al mandato cosa succede?

Ai sensi dell'art. 85, la procura può essere sempre revocata e il difensore può sempre rinunciarvi, ma la revoca e la rinuncia non hanno effetto nei confronti dell'altra parte finché non sia avvenuta la sostituzione del difensore. La revoca e la rinuncia non danno luogo all'interruzione del processo, che si verifica solamente in caso di morte o di radiazione o cancellazione dall'albo.

100. Il difensore come deve comportarsi in giudizio?

L'art. 88 impone alle parti ed ai loro difensori di comportarsi in giudizio con lealtà e probità, dovere richiamato per l'avvocato tra i doveri fondamentali del codice deontologico. Nel corso del processo se il giudice riscontra la violazione del dovere da parte del difensore, deve riferirne alle autorità che esercitano il potere disciplinare su di esse affinché venga irrogata la sanzione disciplinare prevista dalla legge professionale.

101. Sono previste sanzioni per la parte che viola il dovere di probità e lealtà?

Quando la parte viola il dovere di lealtà e probità, il giudice può condannarla alle spese anche non ripetibili arrecate all'avversario, come previsto dall'art. 92.

102. Nel processo il giudice applica il principio della soccombenza: cosa significa?

Il giudice, quando chiude il processo davanti a lui con sentenza o con ordinanza, condanna la parte soccombente al rimborso delle spese a favore dell'altra parte e ne liquida l'ammontare insieme con gli onorari di difesa. In base a tale principio, la parte vittoriosa è sollevata dal carico delle spese che ha anticipato nel corso del processo.

103. In quali casi il giudice può compensare le spese?

Il giudice può compensare, parzialmente o per intero, le spese tra le parti quando vi è soccombenza reciproca e cioè in caso di rigetto della domanda principale e di quella riconvenzionale oppure quando vi è assoluta novità della questione trattata oppure quando vi è stato mutamento della giurisprudenza. Può compensare le spese anche quando sussistono gravi ed eccezionali ragioni che deve evidenziare nella motivazione. Compensa le spese anche quando le parti sono conciliate, salvo che le stesse abbiano diversamente stabilito.

104. A cosa va incontro la parte che agisce o resiste in giudizio in mala fede?

Se il giudice accerta che la parte soccombente ha agito o resistito in giudizio con mala fede o colpa grave, su istanza dell'altra parte, la condanna, oltre che alle spese, al risarcimento dei danni che liquida, anche di ufficio, con la sentenza o l'ordinanza con cui chiude il processo.

105. La parte che non ha tenuto nel processo un comportamento prudente può essere sanzionata?

Anche in questo caso può essere sanzionata per responsabilità aggravata per difetto di normale prudenza: l'art. 96, comma 2 stabilisce, infatti, che il giudice che accerta l'inesistenza del diritto per cui è stato eseguito un provvedimento cautelare o trascritta domanda giudiziaria o iscritta ipoteca giudiziale oppure iniziata o compiuta l'esecuzione forzata, su istanza della parte danneggiata, condanna al risarcimento dei danni l'attore o il creditore procedente, che ha agito senza la normale prudenza.

106. Il difensore ha qualche strumento per avere il rimborso delle spese da lui anticipate?

Il legislatore ha previsto l'istituto della distrazione delle spese, in base al quale il difensore può chiedere che il giudice, nella stessa sentenza in cui condanna alle spese, distragga in favore suo e degli altri difensori gli onorari non riscossi e le spese che dichiara di aver anticipato. Non sono previste forme ed oneri particolari da rispettare per l'istanza e, in caso di accoglimento, il difensore acquisisce un titolo autonomo nei confronti dell'altra parte.

V. - Il PUBBLICO MINISTERO

107. Quale ruolo svolge il pubblico ministero nel processo civile?

Svolge un compito istituzionale e ha un ruolo di controllo, in assoluta indipendenza da qualsiasi altro organo. Svolge altresì una funzione di tutela dei diritti ed interessi di rilevanza pubblica; rappresenta la collettività in quanto ai sensi dell'art. 73 ord. giud., veglia all'osservanza delle leggi, alla pronta e regolare amministrazione della giustizia, alla tutela dei diritti dello Stato, delle persone giuridiche e degli incapaci, richiedendo, nei casi di urgenza, i provvedimenti cautelari che ritiene necessari.

108. Il pubblico ministero può esercitare l'azione civile?

L'art. 69 prevede che il pubblico ministero esercita l'azione civile nei casi stabiliti dalla legge e cioè, per esempio, può presentare l'istanza per la dichiarazione di fallimento, può presentare l'istanza al tribunale per la nomina di un curatore dello scomparso e per l'interdizione o l'inabilitazione di un minore o di un maggiore di età.

109. L'intervento del pubblico ministero nel processo civile è sempre obbligatorio?

I casi di intervento obbligatorio sono elencati dall'art. 70 e sono: nelle cause che egli stesso potrebbe proporre; nelle cause matrimoniali; nelle cause riguardanti lo stato e la capacità delle persone; negli altri casi previsti dalla legge e davanti alla Corte di cassazione. Il legislatore ha previsto anche ipotesi di intervento facoltativo in ogni altra causa in cui il pubblico ministero o il giudice ravvisa un pubblico interesse.

110. La legge prevede la nullità se il processo si svolge senza l'intervento del pubblico ministero?

L'art. 158 assimila il vizio per mancato intervento del p.m. a quelli relativi alla costituzione del giudice. Si tratta di una nullità insanabile, rilevabile d'ufficio, in ogni stato e grado, in quanto vizio attinente alla regolare costituzione del rapporto processuale.

111. A chi spetta l'onere di far intervenire il pubblico ministero?

L'onere non è in capo alle parti ma al giudice, davanti al Qual è proposta la causa, che deve ordinare la comunicazione degli atti al p.m. Non vi sono forme particolari da osservare per la comunicazione, in quanto è sufficiente la materiale trasmissione degli atti.

112. Quali poteri può esercitare il pubblico ministero nel processo?

Nelle cause che egli avrebbe potuto proporre, può formulare domande, proporre eccezioni di carattere processuale e sostanziale, produrre documenti, dedurre prove, assumere conclusioni, proporre impugnazione.

113. Il pubblico ministero può proporre impugnazione?

L'art. 72, comma 3 e 4, attribuisce al p.m. il potere di proporre impugnazione contro le sentenze relative a cause matrimoniali e contro le sentenze che dichiarino l'efficacia o l'inefficacia di sentenze straniere relative a cause matrimoniali, in entrambi i casi, salvo che per quelle di separazione personale dei coniugi. La facoltà di impugnazione spetta tanto al p.m. presso il giudice che ha pronunciato la sentenza quanto a quello presso il giudice competente a decidere sull'impugnazione.

114. L'obbligo di astensione opera anche nei confronti del pubblico ministero?

Ai sensi dell'art. 73, ai magistrati ed al p.m. che intervengono nel processo civile si applicano le disposizioni relative all'astensione dei giudici, ma non quelle relative alla ricusazione. L'inosservanza del dovere di astensione implica responsabilità disciplinare, in quanto violazione di un dovere di ufficio.

VI. - IL GIUDICE E I SUOI AUSILIARI

115. Tutte le città sono sede di tribunale? Come si compone?

Il tribunale ordinario ha sede non in ogni città, ma in ogni capoluogo determinato nell'apposita tabella annessa all'ordinamento giudiziario; è diretto dal presidente del tribunale e ad esso sono addetti più giudici, uno o più presidenti di sezione e giudici onorari. È giudice di primo grado. È giudice di appello avverso le sentenze del giudice di pace.

116. In quali casi il tribunale giudica in composizione collegiale?

Il tribunale giudica in composizione collegiale nelle cause previste dall'art. 50-*bis*. Le più ricorrenti sono le cause nelle quali è obbligatorio l'intervento del p.m., nelle cause devolute alle sezioni specializzate, nelle cause di omologazione del concordato fallimentare e del concordato preventivo, nelle cause di impugnazione dei testamenti e nei procedimenti in camera di consiglio.

117. Nei giudizi di appello avverso le sentenze del giudice di pace, il tribunale giudica in composizione collegiale o monocratica?

Il giudizio di appello avverso le sentenze del giudice di pace appartiene al tribunale in composizione monocratica.

118. Se una causa di competenza del tribunale in composizione collegiale è decisa dal giudice monocratico, la sentenza è nulla?

Eventuali vizi derivanti dalla mancata osservanza delle disposizioni relative alla composizione dell'organo giudicante non sono vizi attinenti alla costituzione del giudice e non determinano nullità insanabili, ma nullità sanabili in base al principio della conversione in motivi di gravame stabilito dall'art. 161, comma 1. La nullità deve essere fatta valere con l'impugnazione della sentenza.

119. Dove ha sede e come è composta la Corte d'appello?

La Corte d'appello ha sede nel capoluogo dei distretti indicati nell'apposita tabella annessa all'ordinamento giudiziario. È suddivisa in sezioni; il presidente presiede la prima sezione e può presiedere anche le altre sezioni; le sezioni sono presiedute da presidenti di sezione; i giudici delle Corti d'appello hanno il titolo di consiglieri. La Corte d'appello giudica col numero invariabile di tre votanti.

120. La Corte di cassazione è organo supremo della giustizia. Cosa significa?

La Corte di cassazione assicura l'esatta osservanza e l'uniforme interpretazione della legge, l'unità del diritto oggettivo nazionale, il rispetto dei limiti delle diverse giurisdizioni; regola i conflitti di competenza e di attribuzioni ed adempie gli altri compiti ad essa conferiti dalla legge. È per questo motivo che è considerato l'organo supremo.

121. A chi compete presiedere la Corte di cassazione a sezioni unite?

La Corte di cassazione è costituita in sezioni e composta da un primo presidente, da presidenti di sezione e da consiglieri. Il primo presidente presiede le udienze a sezioni unite e le adunanze solenni e può presiedere le udienze delle singole sezioni.

122. La Corte di cassazione giudica nel numero di cinque o nove votanti?

La Corte giudica in ciascuna sezione col numero invariabile di cinque votanti; giudica a sezioni unite col numero invariabile di nove votanti.

123. Quando il giudice ha l'obbligo di astenersi?

L'obbligo di astensione è garanzia di imparzialità. I casi di obbligo di astensione sono disciplinati dall'art. 51 e sono molteplici. I più comuni sono quelli in cui ha interesse nella causa o in altra vertente su identica questione di diritto oppure se egli stesso o il coniuge è parente fino al quarto grado o legato da vincoli di affiliazione o è convivente o commensale abituale di una delle parti o di alcuno dei difensori; oppure in caso di rapporti di credito o debito con una delle parti o alcuno dei suoi difensori. Il giudice è tenuto a darne immediata notizia al capo dell'ufficio.

124. Vi sono anche casi di astensione facoltativa?

I casi di astensione facoltativa non sono predeterminati. Il giudice in ogni altro caso in cui esistono gravi ragioni di convenienza, può richiedere al capo dell'ufficio l'autorizzazione ad astenersi.

125. Se il giudice non si astiene, quale strumento ha a disposizione la parte?

Quando è fatto obbligo al giudice di astenersi, ogni parte può proporne la ricusazione mediante ricorso contenente i motivi specifici e i mezzi di prova da depositarsi in cancelleria due giorni prima dell'udienza, se al ricusante è già noto il nome dei giudici che sono chiamati a trattare o a decidere la causa; in caso contrario, prima dell'inizio della trattazione o discussione. Il termine è considerato perentorio.

126. A quale giudice spetta la decisione sull'istanza di ricusazione?

Sull'istanza di ricusazione decide il presidente del tribunale se è ricusato un giudice di pace; il collegio se è ricusato uno dei componenti del tribunale o della Corte. La giurisprudenza ha avuto modo di precisare che qualora venga ricusato l'intero collegio, competente a decidere è lo stesso collegio, ma in diversa composizione; ove venga comunque meno il numero legale per decidere sull'istanza, si dovrà ricorrere all'istituto della supplenza o dell'applicazione di altri magistrati.

127. Come si conclude il procedimento di ricusazione?

Il procedimento si conclude con ordinanza non impugnabile. L'ordinanza che accoglie il ricorso designa il giudice che deve sostituire quello ricusato, mentre l'ordinanza di inammissibilità o di rigetto provvede sulle spese e può condannare la parte che l'ha proposta a una pena pecuniaria.

128. La parte può agire nei confronti del magistrato per il risarcimento del danno?

L'art. 2 della legge 13 aprile 1988, n. 117, come modificata dalla legge 18/2015, prevede che chi ha subito un danno ingiusto per effetto di un comportamento, di un atto o di un provvedimento giudiziario, posto in essere dal magistrato, con dolo o colpa grave nell'esercizio delle sue funzioni ovvero per diniego di giustizia, può agire contro lo Stato per il risarcimento del danno. Se invece il danno è stato subito in conseguenza di un fatto costituente reato, commesso dal magistrato nell'esercizio delle sue funzioni, il danneggiato può agire non solo contro lo Stato, ma anche contro lo stesso magistrato.

129. Per quale motivo il codice inserisce il cancelliere e l'ufficiale giudiziario tra gli ausiliari del giudice?

Il cancelliere è considerato un ausiliare del giudice in quanto ha quale compito primario quello di provvedere alla documentazione degli atti e di assistere il giudice in tutti gli atti nei quali deve essere formato processo verbale. Gli atti redatti dal cancelliere, o formati con il suo concorso, costituiscono atti pubblici. L'ufficiale giudiziario è un ausiliario in quanto organo deputato alle notificazioni a richiesta delle parti del processo, del giudice e del pubblico ministero. È organo esecutivo dei provvedimenti del giudice.

130. Il giudice nomina il consulente tecnico in tutti i processi?

Il giudice può farsi assistere da un consulente di particolare competenza tecnica solo quando è necessaria la sua presenza per aiutarlo nella valutazione di elementi acquisiti al processo o nella soluzione di questioni di fatto che presuppongano cognizioni di ordine tecnico.

131. Come avviene la scelta del consulente tecnico?

La scelta del consulente tecnico deve essere normalmente fatta tra le persone iscritte in un albo speciale che è istituito presso ogni tribunale. L'albo è diviso in categorie in base ai settori di competenza. Peraltro, la nomina di un consulente non iscritto nel relativo albo non produce nullità del processo in quanto le norme che disciplinano la figura del consulente hanno carattere ordinatorio e non cogente.

132. Per quale motivo il giudice all'atto del conferimento dell'incarico fa prestare al consulente tecnico il giuramento di bene e fedelmente adempiere?

Il consulente tecnico svolge nel processo una pubblica funzione nell'interesse generale e superiore della giustizia: per questo motivo ha l'obbligo di bene e fedelmente adempiere le funzioni affidategli con conseguente sua responsabilità penale, civile e disciplinare, applicandosi, secondo la previsione dell'art. 64, le disposizioni del codice penale relative ai periti.

133. Il codice prevede la figura del custode. Quali sono i suoi compiti?

Il custode è la figura cui sono affidati i compiti di conservazione e amministrazione dei beni pignorati o sequestrati. La qualità di custode si assume per legge nei casi espressamente previsti come, ad esempio, nell'espropriazione immobiliare, il debitore è nominato custode dei beni pignorati o per nomina, ad esempio, da parte dell'ufficiale giudiziario quando procede al sequestro conservativo mobiliare.

VII. - GLI ATTI DEL PROCESSO

134. Gli atti del processo possono essere formati in lingua straniera?

In tutto il processo deve essere utilizzata la lingua italiana e non può essere utilizzata la lingua straniera. La disposizione che lo prevede è interpretata dalla giurisprudenza nel senso che l'obbligo dell'uso della lingua italiana è prescritto solo per gli atti processuali in senso stretto e non anche per le dichiarazioni probatorie raccolte nel processo oppure per i documenti allegati dalle parti potendo essere nominato dal giudice un traduttore.

135. Il processo civile è ormai diventato telematico. Vi sono casi in cui la parte può depositare l'atto ancora in formato cartaceo?

Nel caso di atto introduttivo o primo difensivo avanti al tribunale e alla Corte d'appello il deposito può avvenire in modo telematico o ancora cartaceo a scelta della parte.

136. In quale momento l'atto telematico si considera tempestivamente depositato?

Il deposito telematico degli atti processuali si perfeziona con la ricevuta di avvenuta consegna e cioè con la seconda PEC generata dal sistema entro la fine del giorno di scadenza, con proroga di diritto se il termine scade in un giorno festivo, ovvero di sabato.

137. La legge ha predeterminato i requisiti indispensabili degli atti processuali?

In base al codice alcuni atti quali la citazione, il ricorso, la comparsa, il controricorso, il precetto devono contenere alcuni requisiti ritenuti indispensabili e cioè l'ufficio giudiziario, le parti, l'oggetto, le ragioni della domanda, le conclusioni o l'istanza. L'atto deve essere sottoscritto.

138. Quali sono le conseguenze in caso di mancata sottoscrizione dell'atto?

La giurisprudenza è ormai concorde nel ritenere che se manca la sottoscrizione sull'originale dell'atto, si verifica la nullità insanabile: la sottoscrizione attiene allo *ius postulandi* e cioè alla proposizione della domanda al giudice; conseguentemente, neppure la costituzione in giudizio dell'altra parte può sanare la nullità. La mancanza della sottoscrizione nella copia dell'atto introduttivo del giudizio notificata al convenuto, invece, non ne comporta la nullità, quando dalla copia notificata sia possibile desumere, sulla scorta degli elementi in essa contenuti, la provenienza da procuratore abilitato munito di mandato.

139. Per quale motivo in ogni udienza viene predisposto un verbale?

Il verbale d'udienza contiene la documentazione dell'attività svolta dalle parti in modo orale di fronte al giudice. Il codice prevede che lo stesso sia formato e firmato dal cancelliere che assiste il giudice in udienza ma la norma non è più applicata in quanto la giurisprudenza ha statuito che l'omessa sottoscrizione, così come la mancata assistenza all'udienza, non determinano nullità né dell'atto né del processo; così pure la mancanza della data in un verbale di udienza non è causa di nullità in quanto la data è sempre e comunque desumibile dal ruolo d'udienza.

140. Le udienze del processo civile sono pubbliche o si svolgono a porte chiuse?

Il principio di pubblicità delle attività processuali è espressione di civiltà giuridica ed è sancito dall'art. 6 della Convezione Europea per la salvaguardia dei diritti e delle libertà fondamentali dell'uomo e dall'art. 14 del patto internazionale dei diritti civili e politici. È pubblica solamente l'udienza di discussione, a pena di nullità; il giudice che la dirige può disporre che si svolga a porte chiuse, se ricorrono ragioni di sicurezza dello stato, di ordine pubblico o di buon costume.

141. Che cosa si intende per termini processuali e come si classificano?

Per termine processuale si intende il periodo di tempo per compiere validamente i singoli atti del processo. Secondo la definizione dell'art. 152 i termini sono legali, quando stabiliti dalla legge e giudiziari, quando stabiliti dal giudice. La distinzione più importante è, però, quella tra perentori e ordinatori. Sono perentori i termini che sono dichiarati dalla legge, la cui inosservanza determina l'estinzione del processo o la decadenza da una facoltà processuale; sono ordinatori quelli dettati per regolare l'attività processuale, senza che la loro scadenza comporti automaticamente decadenza.

142. Il termine perentorio può essere prorogato?

I termini perentori non possono essere abbreviati o prorogati, nemmeno sull'accordo delle parti. Se però la parte può chiedere di essere rimessa in termini qualora dimostri di essere incorsa in decadenze per causa ad essa non imputabile.

143. Come si computano i termini?

Se si tratta di termini a mesi o ad anni, si osserva il calendario comune, prescindendo dal numero dei giorni di cui è composto ogni singolo mese od anno:

la scadenza del termine coincide con lo spirare del giorno numericamente corrispondente a quello di decorrenza del termine. Nel computo dei termini a giorni o ad ore, si escludono il giorno o l'ora iniziali. I giorni festivi si computano sempre nel termine, tranne nel caso in cui sia festivo quello di scadenza: in tal caso, la scadenza è prorogata di diritto al primo giorno seguente non festivo. La proroga di cui sopra si applica anche ai termini per il compimento degli atti processuali svolti fuori dell'udienza che scadono nella giornata del sabato.

144. Alcune norme stabiliscono termini a ritroso: come si calcolano?

Il calcolo dei termini a ritroso è più complesso: ad esempio, l'art. 166 stabilisce che il convenuto deve costituirsi in giudizio almeno venti giorni prima dell'udienza di comparizione fissata nell'atto di citazione. In tali casi, non si calcola il giorno dell'udienza (*dies a quo*), ma deve conteggiarsi l'ultimo giorno utile per il compimento dell'atto (*dies ad quem*).

145. La sospensione feriale dei termini si applica a tutte le cause?

La sospensione feriale dei termini non si applica a tutta una serie di cause espressamente individuate dalla legge le quali, per le loro caratteristiche di urgenza, devono essere trattate anche durante questo periodo. Ad esempio, la sospensione non opera nella fase sommaria dei procedimenti cautelari, nelle cause di sfratto, nelle cause di opposizione all'esecuzione, nelle cause in materia di lavoro e previdenza.

146. Come si distinguono le sentenze a seconda del contenuto?

Le sentenze si distinguono in sentenze di merito, che possono essere di accoglimento o di rigetto della domanda, e in sentenze di rito e cioè quelle incidenti solamente sul processo. Comunemente in dottrina si individuano in sentenze di mero accertamento, quando viene accertato il diritto di una delle parti che era contestato; sentenze di condanna, quando oltre ad accertare il diritto, la parte può ricevere tutela mediante l'esecuzione forzata; sentenze costitutive, quando l'accertamento del diritto comporta una modificazione giuridica.

147. Qual è la differenza tra sentenza definitiva e non definitiva?

Sono sentenze definitive quelle che definiscono il giudizio e non definitive quelle con cui, pur non concludendo il giudizio, il giudice decide una parte della controversia, ad esempio, una questione di merito o una o più questioni pregiudiziali.

148. È affetta da nullità la sentenza priva della sottoscrizione del giudice?

La sottoscrizione del giudice costituisce requisito inderogabile cui consegue, in caso di difetto assoluto, la nullità insanabile della sentenza, rilevabile anche d'ufficio dal giudice del gravame.

149. La sentenza emessa dal collegio deve essere sottoscritta da tutti i giudici?

La sentenza emessa dal giudice collegiale è sottoscritta soltanto dal presidente e dal giudice estensore; se il presidente non può sottoscrivere per morte o per altro impedimento, la sentenza deve essere sottoscritta dal componente più anziano del collegio, purché prima della sottoscrizione sia menzionato l'impedimento; se l'estensore non può sottoscrivere la sentenza per morte o altro impedimento è sufficiente la sottoscrizione del solo presidente, purché prima della sottoscrizione sia menzionato l'impedimento.

150. In quale momento si considera pubblicata una sentenza?

La pubblicazione della sentenza coincide con il deposito: si realizza nel momento in cui il cancelliere procede al deposito ufficiale con l'inserimento nell'elenco cronologico.

151. In quali casi il giudice provvede con ordinanza anziché con sentenza?

L'ordinanza è il provvedimento tipico con il quale il giudice istruisce la causa ed è il più ricorrente nel corso del processo; il giudice dispone con ordinanza quando deve emanare provvedimenti ordinatori (ad esempio l'ammissione di prove, la riunione di cause, la sospensione del processo) o deve risolvere provvisoriamente questioni o difficoltà sorte nel corso del processo o deve decidere soltanto questioni di competenza.

152. Le ordinanze emesse dal giudice devono sempre essere comunicate dal cancelliere alle parti?

Il cancelliere deve darne comunicazione alle parti solamente quando l'ordinanza è pronunciata fuori udienza. Se, infatti, è resa in udienza è già conosciuta dalle parti presenti e da quelle che dovevano comparirvi. L'omissione della comunicazione ad una delle parti costituite determina la nullità del provvedimento qualora la parte non sia comparsa all'udienza successiva.

153. Il decreto deve essere motivato?

Il decreto è il provvedimento ordinatorio che non richiede, di regola, alcuna motivazione: è considerato il provvedimento giudiziale più semplice; è pronunciato generalmente in assenza di contraddittorio e anche d'ufficio.

154. Come deve essere eseguita la notificazione di un atto ad una persona fisica?

La notificazione al destinatario persona fisica deve essere eseguita mediante consegna della copia conforme dell'atto nelle mani proprie del destinatario presso la casa di abitazione oppure, se ciò non è possibile, ovunque l'ufficiale giudiziario lo trovi, nell'ambito della circoscrizione dell'ufficio giudiziario al Qual è addetto. Se il destinatario rifiuta di ricevere la copia, l'ufficiale giudiziario ne dà atto nella relazione e la notificazione si considera come effettuata a mani proprie.

155. Se la persona è irreperibile quali incombenti deve effettuare l'ufficiale giudiziario?

In caso di irreperibilità o di rifiuto l'ufficiale giudiziario, previa descrizione delle infruttuose ricerche del destinatario, deve provvedere alle formalità previste dall'art. 140 e cioè depositare la copia nella casa del comune dove la notificazione deve eseguirsi, affiggere avviso dell'avvenuto deposito alla porta dell'abitazione e darne notizia mediante raccomandata con avviso di ricevimento. La notifica si perfeziona per il notificante nel momento in cui vengono completate le attività sopra descritte mentre, per il destinatario, decorsi dieci giorni dalla spedizione della raccomandata o comunque dall'effettivo ricevimento della raccomandata informativa, se avvenuto prima dei dieci giorni.

156. Se la residenza della persona è sconosciuta, come deve essere eseguita la notifica?

Se non sono conosciuti la residenza, la dimora e il domicilio del destinatario l'ufficiale giudiziario deve provvedere alle formalità previste dall'art. 143, mediante deposito di copia dell'atto nella casa comunale dell'ultima residenza o, se questa è ignota, in quella del luogo di nascita.

157. Se la notificazione deve essere effettuata ad una società, quali regole si devono seguire?

La notificazione alle persone giuridiche si esegue nella loro sede legale risultante dall'atto costitutivo e come tale dichiarata al registro delle imprese oppure presso la sede effettiva e cioè nel luogo nel quale si svolge la preminente attività direttiva ed amministrativa dell'impresa, cioè il posto stabilmente utilizzato per l'accentramento degli organi e degli uffici societari.

158. La notificazione può essere effettuata a mezzo posta?

La notificazione, secondo quanto dispone l'art. 149, può effettuarsi anche a mezzo postale raccomandato. La legge 20 novembre 1982, n. 890 integra la disposizione del codice, disciplinando le modalità di spedizione e nello specifico la consegna del plico da parte dell'agente postale. Si tratta di disposizioni modificate più volte nel corso degli anni.

159. In quale momento si perfeziona la notifica a mezzo posta?

L'art. 149 stabilisce che la notifica si perfeziona, per il soggetto notificante, al momento della consegna del plico all'ufficiale giudiziario e, quindi da tale data si considera assolto l'onere della notificazione ad ogni effetto di legge, come ad esempio per evitare una decadenza o interrompere una prescrizione; per il destinatario la notifica si perfeziona, invece, dal momento in cui lo stesso ha la legale conoscenza dell'atto.

160. L'avvocato può notificare un atto a mezzo posta?

La facoltà di notificazione è stata riconosciuta all'avvocato dalla legge 21 gennaio 1994, n. 53, come modificata dal d.l. 24 giugno 2014, n. 90. L'avvocato, munito di procura alle liti, può eseguire la notificazione di atti in materia civile, ma è necessaria l'autorizzazione del consiglio dell'Ordine per le notificazioni a mezzo del servizio postale ai soggetti interessati e per le notificazioni mediante consegna diretta se il destinatario sia un altro avvocato, che abbia la qualità di domiciliatario di una parte e sia iscritto nello stesso albo del notificante. In tal caso, l'originale e la copia dell'atto devono essere previamente vidimati e datati dal consiglio dell'Ordine, nel cui albo entrambi gli avvocati sono iscritti.

161. L'avvocato può notificare a mezzo posta elettronica certificata?

In questo caso l'avvocato non necessita di alcuna autorizzazione preventiva da parte del Consiglio dell'ordine e può effettuare la notifica a mezzo della posta elettronica certificata, se possiede un indirizzo PEC, risultante da pubblici elenchi, se è munito di dispositivo di firma digitale, se è munito di procura alle liti e se il destinatario ha un indirizzo PEC, risultante da pubblici elenchi.

162. Qual è il principio generale in materia di nullità degli atti del processo?

Il principio fondamentale è quello della tassatività delle ipotesi di nullità. In base all'art. 156, comma 1, non può essere infatti pronunciata la nullità per inosservanza di forma di alcun atto del processo, se la nullità non è comminata dalla legge e se l'atto ha raggiunto lo scopo a cui è destinato (comma 3). Può tuttavia essere pronunciata quando l'atto manca dei requisiti formali indispensabili per il raggiungimento dello scopo (comma 2).

163. Le nullità si distinguono in assolute e relative. Qual è la differenza?

Sono nullità assolute quelle previste dalla legge e che, come tali, possono anche essere pronunciate d'ufficio. Sono relative quelle che possono essere pronunciate solo su istanza di parte e nella prima istanza o difesa successiva all'atto o alla notizia di esso.

164. In quali casi può ravvisarsi la nullità della notificazione?

Sussiste la nullità della notificazione ogni qualvolta manchi un requisito formale necessario al raggiungimento dello scopo; quando, ad esempio, non sia stato rispettato il luogo in cui è da eseguire la notifica oppure quando manchi l'avviso di ricevimento della lettera raccomandata contenente la copia dell'atto o comunque in tutte quelle ipotesi di difformità del modello legale.

165. Qual è la differenza tra nullità e inesistenza della notificazione?

La fattispecie dell'inesistenza della notificazione non è tipizzata dal codice, ma è stata elaborata dalla giurisprudenza per le ipotesi residuali e radicali, ad esempio, oltre che nell'ipotesi di mancanza materiale dell'atto da notificare, nelle sole ulteriori ipotesi in cui venga posta in essere un'attività priva degli elementi costitutivi essenziali, ad esempio in caso di notificazione richiesta da soggetto privo di mandato.

166. Cosa significa sanatoria della nullità per raggiungimento dello scopo?

La nullità può essere sanata, e non può più essere pronunciata, quando la notificazione ha raggiunto lo scopo cui era destinata, ossia la conoscenza dell'atto notificato al destinatario, oppure quando è stato rinnovato l'atto da notificare. La sanatoria ha efficacia retroattiva ed esclude ogni decadenza.

167. In quali casi si può ravvisare la nullità della sentenza?

La sentenza può essere viziata da una nullità derivata e cioè per nullità di atti precedenti che la sentenza presuppone, ripercuotendosi fino alla sentenza stessa, oppure può essere viziata da nullità propria, conseguente la violazione delle regole sulla formazione della sentenza. Il legislatore ha previsto il principio di conversione dei vizi di nullità in motivi di impugnazione e cioè la nullità della sentenza, soggetta ad appello e a ricorso per Cassazione, può essere fatta valere soltanto nei limiti e secondo le regole proprie di questi mezzi di impugnazione.

168. Quando invece la sentenza può considerarsi inesistente?

Se la sentenza manca della sottoscrizione del giudice, e non è neppure firmata digitalmente, la sentenza è considerata inesistente, essendo affetta da nullità insanabile.

II. - LA NEGOZIAZIONE ASSISTITA E LA MEDIAZIONE

I. - PROFILI GENERALI

169. Quali sono gli strumenti alternativi al processo finalizzati a raggiungere in via amichevole un accordo?

La mediazione e la negoziazione assistita. La mediazione è un procedimento in cui due o più parti tentano, con l'assistenza di un mediatore, terzo ed imparziale, di giungere alla conciliazione di una controversia tra le stesse insorta. La negoziazione assistita è un procedimento in cui le parti, tramite l'assistenza di avvocati convengono di cooperare in buona fede e con lealtà per risolvere in via amichevole la controversia.

Ulteriori strumenti sono rappresentati dalle negoziazioni volontarie e paritetiche relative alle controversie civili e commerciali e alle procedure di reclamo previste dalle carte dei servizi.

170. L'avvocato è obbligato ad informare il cliente della procedura di mediazione e di negoziazione assistita?

Sì. Le norme in materia prevedono l'obbligo per l'avvocato di informare il proprio assistito della possibilità di avvalersi del procedimento di mediazione e delle agevolazioni fiscali relative, nonché della possibilità di ricorrere alla convenzione di negoziazione. L'obbligo di informazione da parte dell'avvocato è, altresì, un dovere deontologico, la cui inosservanza può dar luogo all'instaurazione di un procedimento disciplinare con le relative sanzioni; dal punto di vista civilistico, l'inosservanza può dar luogo all'annullabilità del contratto di patrocinio.

II. - LA NEGOZIAZIONE ASSISTITA

171. La negoziazione assistita è sempre obbligatoria ai fini della procedibilità della domanda giudiziale?

No. La legge ha previsto l'obbligatorietà dell'esperimento nei casi in cui si intende esercitare in giudizio una richiesta di risarcimento danni da circolazione di veicoli e natanti e nei casi in cui si intende proporre una domanda di pagamento, a qualsiasi titolo, di somme di denaro inferiori ad euro cinquantamila, a meno che la controversia sia già assoggettata a mediazione obbligatoria. La condizione di procedibilità della domanda giudiziale si considera avverata se l'invito rivolto all'altra parte non è seguito da adesione o rifiuto, entro trenta giorni dalla sua ricezione oppure quando è decorso il termine, fissato dalle parti nella convenzione stessa, per la sua conclusione.

172. In che modo viene attivato il procedimento di negoziazione assistita?

L'avvocato della parte, in forma scritta, invita la controparte a stipulare la convenzione. L'invito deve contenere l'oggetto della controversia e l'avvertimento che la mancata risposta entro trenta giorni o il rifiuto, può essere valutata dal giudice ai fini delle spese del giudizio; il legale, altresì, dovrà certificare l'autografia della firma del proprio assistito apposta sull'invito.

173. La convenzione di negoziazione assistita è un accordo tra le parti?

Sì, nel senso che, una volta ricevuto l'invito e comunicata l'adesione al procedimento di negoziazione, gli avvocati delle parti stipulano la convenzione, in forma scritta, a pena di nullità, con indicazione di un termine concordato che non può essere inferiore ad un mese né superiore a tre, dell'oggetto della controversia, che non deve riguardare diritti indisponibili o vertere in materia di lavoro e deve essere sottoscritta dalle parti con autografia certificata dagli avvocati medesimi.

174. Come si conclude il procedimento di negoziazione assistita?

Il procedimento si conclude con la dichiarazione di mancato accordo, che deve essere certificata dagli avvocati delle parti ovvero con la stipula del testo dell'accordo che compone la controversia. Il testo dovrà essere sottoscritto dalle parti e dagli avvocati, i quali certificano l'autografia delle firme dei propri assistiti e la conformità dell'accordo alle norme imperative e all'ordine pubblico e ne trasmettono copia al consiglio dell'Ordine circondariale del luogo ove l'accordo è stato raggiunto ovvero a quello di appartenenza.

III. - LA MEDIAZIONE

175. Quanti tipi di mediazione sono stati previsti dal legislatore?

Tre. La mediazione obbligatoria, in quanto imposta per determinate materie, espressamente individuate, a pena di improcedibilità della domanda giudiziale; quella facoltativa, in quanto liberamente scelta dalle parti e quella giudiziale o delegata, in quanto disposta dal giudice nel corso del processo.

176. Le parti sono obbligate a partecipare alla mediazione?

Se la parte invitata alla mediazione non partecipa, il giudice, nel successivo giudizio, se ritiene che la mancata partecipazione non è giustificata, può desumere argomenti di prova ai sensi dell'art. 116, comma 2 e può condannare la parte stessa al versamento a favore dello Stato di una somma pari al contributo unificato dovuto. Se aderisce alla mediazione, la giurisprudenza ha precisato che la parte deve partecipare personalmente oppure con un rappresentante munito di procura sostanziale, assistito dall'avvocato.

177. Il mediatore è sempre tenuto ad avanzare una proposta di conciliazione?

È obbligato solamente quando le parti ne fanno concorde richiesta; altrimenti, se le parti non raggiungono l'accordo, egli ha facoltà di avanzare una proposta, ma deve informare preventivamente le parti delle conseguenze previste in caso di rifiuto.

178. Il verbale di conciliazione è titolo esecutivo?

Sì. In caso di inadempimento, la parte adempiente può avvalersi del verbale di accordo in sede esecutiva. Se l'accordo conciliativo è sottoscritto da tutte le parti e dai rispettivi avvocati, il verbale costituisce titolo esecutivo, senza necessità di ulteriori atti; negli altri casi, l'accordo deve essere omologato, su istanza di parte, dal presidente del Tribunale.

179. Vi sono conseguenze per la parte che rifiuta la proposta del mediatore?

La parte che rifiuta la proposta, anche se vittoriosa nel successivo giudizio, può avere delle conseguenze in materia di spese del processo. La legge prevede tutta una serie di modalità di regolamentazione delle spese da parte del giudice con la sentenza che definisce il giudizio.

III. - IL PROCESSO ORDINARIO DI COGNIZIONE

I. - LA FASE DI INTRODUZIONE

180. Come si introduce la domanda in un giudizio?

Mediante un atto giudiziario che, a seconda del rito previsto, può assumere la forma della citazione ovvero del ricorso.

181. In quale momento il processo si considera "pendente"?

Da quando risulta perfezionata la notificazione dell'atto di citazione ovvero da quando avviene il deposito del ricorso.

182. Come deve essere strutturato l'atto di citazione?

Deve essere intestato mediante indicazione del tribunale dinanzi al quale la domanda è proposta; deve contenere i dati delle parti, la determinazione della cosa oggetto della domanda e le sue ragioni (cc.dd. *petitum* e *causa petendi*), le conclusioni, l'indicazione dei mezzi di prova e dei documenti, la chiamata in giudizio della controparte (c.d. *vocatio in ius*), comprensiva degli inviti e avvertimenti prescritti.

183. La data dell'udienza indicata nell'atto di citazione è fissata dal giudice?

No. Quando l'attore notifica l'atto di citazione indica l'udienza ma deve osservare i termini minimi per la comparizione del convenuto che sono di novanta giorni, se il luogo della notificazione si trova in Italia e centocinquanta giorni, se si trova all'estero. I termini devono essere liberi, nel senso che per il loro computo si esclude il *dies a quo* (giorno del perfezionamento della notificazione) sia il *dies ad quem* (giorno dell'udienza di comparizione).

184. In quale modo il giudice viene a conoscenza della pendenza del processo?

Con la nota di iscrizione a ruolo della causa, con la quale la parte deposita il proprio fascicolo, contenente l'atto giudiziario e i documenti offerti in comunicazione.

185. Con quale atto la parte convenuta nel giudizio fa valere le proprie difese?

Con la comparsa di costituzione e risposta, che è l'atto, a mezzo del quale, il convenuto prende posizione sui fatti dedotti dall'attore, contestandoli specificatamente, indica i mezzi di prova e i documenti offerti in comunicazione, nonché propone, a pena di decadenza, le eventuali domande riconvenzionali, le eccezioni di incompetenza per materia, per valore e per territorio, indicando il giudice ritenuto territorialmente competente e le eccezioni processuali e di merito non rilevabili d'ufficio.

186. A quale scopo parte convenuta svolge una domanda riconvenzionale?

Lo scopo è quello di ottenere un provvedimento positivo che sia sfavorevole all'attore che va oltre il rigetto della domanda principale.

187. Il convenuto può costituirsi in udienza?

La costituzione deve avvenire almeno venti giorni prima, dieci in caso di abbreviazione dei termini, pena la decadenza dalle domande riconvenzionali e dalle eccezioni processuali e di merito non rilevabili d'ufficio. Se si costituisce in udienza incorre nelle preclusioni e può svolgere mere difese.

188. Che cosa deve fare il convenuto che intende chiamare un terzo in giudizio?

Il convenuto deve farne dichiarazione espressa nella comparsa di risposta depositata, a pena di decadenza, almeno venti giorni prima dell'udienza e deve chiedere al giudice lo spostamento dell'udienza.

189. L'attore può ancora chiamare un terzo in giudizio?

Se, a seguito delle difese svolte dal convenuto, sorge la necessità per l'attore di chiamare un terzo in giudizio, deve chiedere l'autorizzazione al giudice istruttore, a pena di decadenza, nella prima udienza.

190. Con quale atto si chiama in giudizio un terzo?

Con l'atto di citazione sia che ciò avvenga da parte del convenuto sia da parte dell'attore o per ordine del giudice.

191. Entro quale termine deve costituirsi il terzo chiamato?

Il terzo chiamato deve rispettare i termini previsti per la costituzione del convenuto, con le medesime decadenze.

II. - LA TRATTAZIONE E L'ISTRUZIONE PROBATORIA

192. Nella prima udienza di comparizione il giudice può richiedere alle parti chiarimenti?

Non solo può, in base ai fatti allegati, richiedere chiarimenti, ma può altresì indicare le questioni rilevabili d'ufficio delle quali ritiene opportuna la trattazione.

193. Nella prima udienza di comparizione quali sono le attività difensive che le parti possono compiere?

L'attore deve proporre le domande e le eccezioni che sono conseguenza della domanda riconvenzionale o delle eccezioni proposte dal convenuto; può chiedere di essere autorizzato a chiamare un terzo in causa se l'esigenza è sorta dalle difese del convenuto. Tutte le parti possono precisare e modificare le domande, le eccezioni e le conclusioni già formulate.

194. Che cosa succede al processo, se le parti non compaiono alla prima udienza?

Se nessuna delle parti compare alla prima udienza, il giudice fissa una nuova udienza e, se nessuna parte si presenta nuovamente, ordina la cancellazione della causa dal ruolo.

195. Se una sola delle parti non si costituisce, il processo prosegue ugualmente nei suoi confronti?

Certo. In tal caso si applicano le norme del procedimento in contumacia. La parte, rimasta contumace, può costituirsi in ogni momento, fino all'udienza di precisazione delle conclusioni; in tal caso, però le sue facoltà processuali sono ridotte a causa delle preclusioni che si sono già verificate nel processo.

196. L'udienza per il tentativo di conciliazione deve essere sempre disposta dal giudice?

Non sempre. Il giudice è tenuto a disporla se vi è richiesta congiunta delle parti; altrimenti ha facoltà di disporla in qualunque momento, così come prevede l'art. 117.

197. Le parti sono tenute a comparire personalmente all'udienza fissata per il tentativo di conciliazione?

Le parti hanno facoltà di farsi rappresentare da un procuratore generale o speciale, il quale, però, deve essere a conoscenza dei fatti di causa, in quanto la mancata conoscenza, senza giustificato motivo, viene valutata dal giudice come argomento di prova.

198. Qual è lo scopo delle memorie previste dall'art. 183, comma 6?

Con la prima memoria ciascuna parte può esercitare lo *ius poenitendi*, precisando o modificando le domande, le eccezioni e le conclusioni già proposte; con la seconda memoria può replicare alle domande ed eccezioni nuove o modificate dall'altra parte e può proporre le eccezioni che sono conseguenza delle domande e delle eccezioni medesime e per l'articolazione di mezzi di prova e produzione di documenti e con l'ultima può replicare alle prove dedotte dalle controparti, indicando le prove contrarie.

199. Il giudice quando provvede sulle istanze istruttorie dedotte dalle parti?

Allo scadere dei termini concessi per il deposito delle memorie ex art. 183, comma 6.

200. Il giudice può rimettere la causa a decisione senza assunzione delle prove?

Sì. Il giudice istruttore, se ritiene che la causa non abbia necessità dell'assunzione di mezzi di prova e sia matura per la decisione di merito, rimette le parti davanti al collegio (se in materia per il Qual è attribuita la competenza del tribunale collegiale) ovvero davanti a sé stesso (art. 187).

201. Vi sono altre questioni che richiedono la rimessione della causa a decisione in assenza di istruttoria?

La rimessione della causa a decisione viene disposta ogni qualvolta vi siano questioni in cui la loro decisione può definire il giudizio, quali ad esempio l'eccezione di prescrizione o di difetto di legittimazione ad agire ovvero una questione attinente alla giurisdizione e tutte quelle ritenute pregiudiziali, quali ad esempio le questioni di capacità o di legittimità processuale.

202. Quali poteri ha il giudice in ordine all'ammissione delle prove formulate dalle parti?

Ammette le prove che ritiene ammissibili e rilevanti, e cioè quelle per cui sussistono le condizioni previste dalla legge per il loro esperimento (ad es. che non sussistono le condizioni di esclusione o limitazione previste dagli artt. 2721 e ss. c.c.) e quando le circostanze di fatto che costituiscono l'oggetto della prova sono utili al processo e rilevanti per il giudizio finale.

203. Il giudice può disporre d'ufficio i mezzi di prova?

Vige nel processo il principio dispositivo e, conseguentemente, il giudice ha limitati poteri di disporre d'ufficio mezzi di prova come, ad esempio, il giuramento suppletorio, l'ispezione di cose o l'interrogatorio libero.

204. Le parti o i loro difensori possono assumere i mezzi di prova?

No. L'assunzione dei mezzi di prova è attività riservata al giudice. Le parti possono solo assistere.

205. Se il mezzo di prova deve assumersi fuori dalla circoscrizione del tribunale, il giudice può delegare altro giudice?

Quando si verifica questa ipotesi, il giudice può delegare il giudice del luogo in cui deve essere assunta la prova, disponendo la prova delegata. Il giudice ha, al riguardo, un potere di valutazione discrezionale, fondata su considerazioni relative al miglior reperimento della prova o a ragioni di economia e speditezza; perciò il giudice, anche in caso di espressa richiesta di parte, ha la facoltà e non l'obbligo di disporre l'assunzione per delega di alcuni mezzi di prova e, così pure, il provvedimento di delega può essere pronunciato anche d'ufficio.

206. Il giudice delegato all'assunzione della prova è investito direttamente dal giudice delegante?

No. È la parte interessata la quale, mediante ricorso, deve chiedere al giudice delegato di fissare, con ordinanza, l'udienza per l'assunzione del mezzo di prova nel termine fissato dal giudice delegante.

207. Per quale motivo la parte richiede l'ordine di esibizione?

Per far acquisire nel processo una prova documentale di cui non ha la disponibilità.

208. Quali sono i presupposti affinché l'ordine di esibizione venga disposto dal giudice?

Occorre innanzitutto l'istanza di una delle parti, non rientrando lo stesso nell'ambito delle iniziative probatorie del giudice e che i documenti da esibirsi contengano la prova di uno o più fatti controversi della causa e che siano ritenuti indispensabili.

209. La richiesta di informazioni può essere avanzata nei confronti delle parti private?

No. Il giudice può richiedere informazioni solo alla pubblica amministrazione, relative agli atti e documenti dell'amministrazione stessa, che è necessario acquisire nel processo. Si tratta di un potere discrezionale concesso al giudice, che può esercitare d'ufficio, ma solamente quando sia necessario acquisire informazioni relative a dati o documenti che la parte sia impossibilitata a fornire e dei quali solo la p.a. sia in possesso proprio in relazione all'attività da essa svolta.

210. L'autenticità di una scrittura privata può essere disconosciuta in un giudizio?

Sì. Dalla parte nei confronti della quale è stata prodotta.

211. Cosa può fare la parte che ha prodotto il documento che è stato disconosciuto dalla controparte?

Può scegliere se rinunciare ad avvalersene (la scrittura infatti rimane priva di efficacia probatoria) oppure può domandarne la verificazione.

212. Cosa succede nel processo a seguito della proposizione dell'istanza di verificazione?

Si apre un procedimento incidentale di verificazione della scrittura disconosciuta.

213. Il documento disconosciuto rimane nella disponibilità della parte?

No. Il giudice istruttore è tenuto a disporre le cautele opportune per la custodia del documento, affidandolo al cancelliere dopo averlo espunto dal fascicolo di parte, nel quale era stato prodotto dalla parte. Il documento viene normalmente conservato in busta chiusa dal cancelliere.

214. Quando deve essere proposta la querela di falso?

Quando la parte intende contestare le risultanze di un atto pubblico o della scrittura privata riconosciuta, autenticata o verificata.

215. La querela di falso può essere proposta in qualsiasi momento?

Sì, tanto in via principale quanto in corso di causa, in qualunque stato e grado del giudizio, fino a che la verità del documento non sia stata accertata con sentenza passata in giudicato.

216. La querela di falso può essere proposta da chiunque?

No. Solo dalla parte personalmente oppure a mezzo di procuratore speciale.

217. Come si propone la querela di falso?

Si propone con atto di citazione o con dichiarazione da unirsi al verbale di udienza.

218. Chi decide sulla querela di falso?

Decide sempre il collegio con sentenza.

219. La parte può chiedere il proprio interrogatorio formale?

No. L'interrogatorio formale è il mezzo istruttorio col quale una parte intende provocare la confessione giudiziale dell'altra parte su un fatto a questi sfavorevole. Non è un mezzo di difesa propria e ovviamente la parte non può chiedere il proprio interrogatorio, ma solo quello della parte avversa, affinché questi faccia confessione nel processo.

220. Chi assume l'interrogatorio formale?

È il giudice che assume l'interrogatorio sui fatti formulati nei capitoli. Il giudice può sempre chiedere i chiarimenti opportuni sulle risposte date. Le parti possono formulare domande solo se il giudice le ritiene utili.

221. La parte è obbligata a rendere l'interrogatorio formale o può rifiutarsi di rispondere?

La parte non è obbligata ma se non si presenta o, se si presenta, rifiuta di rispondere senza giustificato motivo, il giudice, valutato ogni altro elemento di prova, può ritenere come ammessi i fatti dedotti nell'interrogatorio.

222. Il nostro ordinamento contempla diversi tipi di giuramento?

Sì, tre. Uno è il giuramento decisorio, quando viene deferito da una parte all'altra per farne dipendere la decisione totale o parziale della causa. Il secondo è il giuramento suppletorio, quando è deferito dal giudice d'ufficio ad una delle parti al fine di decidere la causa quando la domanda o le eccezioni non sono pienamente provate, ma non del tutto sfornite di prova. Da ultimo vi è il giuramento estimatorio, quando serve ad accertare il valore della cosa domandata e non è possibile accertarlo altrimenti.

223. Come deve essere deferito il giuramento decisorio?

Il giuramento decisorio può essere deferito mediante dichiarazione fatta all'udienza dalla parte personalmente o dal suo procuratore speciale o con atto sottoscritto dalla parte. Deve essere formulato in articoli separati, in modo chiaro e specifico.

224. Su cosa deve vertere il giuramento decisorio?

Deve avere ad oggetto circostanze dalle quali dipende la decisione di uno o più capi della domanda ovvero deve riguardare anche solo un punto particolare della controversia dotato di propria autonomia.

225. Come si deve comportare la parte a cui è stato deferito il giuramento?

Può prestarlo oppure astenersi oppure riferirlo, cioè sfidare l'altra parte a giurare il fatto contrario a quello proposto.

226. Come si presta il giuramento?

Dinanzi al giudice il quale ammonisce il giurante sull'importanza morale dell'atto e sulle conseguenze penali delle dichiarazioni false e quindi lo invita a giurare.

227. Cosa succede se la parte non si presenta a rendere il giuramento?

Se non si presenta senza giustificato motivo o compare, ma rifiuta di prestarlo, la parte soccombe rispetto alla domanda o al punto di fatto relativamente al quale il giuramento è stato ammesso.

228. Tutti i fatti possono essere oggetto di prova testimoniale?

No. Vi sono norme che richiedono la forma scritta *ad probationem*, nel senso che il fatto contenuto nell'atto può essere provato solo con la produzione del documento, ma non per testimoni. I fatti oggetto della prova per testimoni devono essere specifici e obiettivi, in quanto il testimone non può esprimere apprezzamenti tecnici o giuridici né dare una interpretazione soggettiva.

229. Come si deduce la prova per testimoni?

La prova per testimoni deve essere dedotta mediante indicazione specifica dei fatti, formulati in articoli separati e delle persone da interrogare, al fine di fissare i termini precisi della testimonianza.

230. Quali poteri ha il giudice in ordine all'ammissione della prova per testimoni?

Il giudice esclude le prove testimoniali in contrasto con le norme di diritto sostanziale e con il requisito della specificità; può correggere i capitoli, non per ampliare l'oggetto delle deduzioni, ma solo per escludere quelli inammissibili. Compete al giudice, altresì, il potere di riduzione delle liste dei testimoni sovrabbondanti e il potere di escludere i testimoni che non possono essere sentiti per legge.

231. In quali casi il testimone è dichiarato incapace a rendere testimonianza?

Quando il testimone ha un interesse nella causa, inteso come interesse giuridico, personale, concreto ed attuale che comporta o una legittimazione principale a proporre l'azione ovvero una legittimazione secondaria ad intervenire nel giudizio già proposto, è dichiarato incapace. La deposizione resa da un teste incapace dà luogo ad una nullità relativa, sanata per acquiescenza, se l'eccezione di incapacità non è dedotta in modo tempestivo.

232. Il testimone è intimato dal giudice o dal cancelliere?

Da nessuno dei due. È onere della parte interessata intimare i testimoni di comparire all'udienza fissata per l'espletamento della prova.

233. L'intimazione al testimone può avvenire per telefono?

No. Occorre avere la prova dell'intimazione del testimone e, quindi, è necessario un atto notificato da parte dell'ufficiale giudiziario oppure dal difensore attraverso l'invio di copia dell'atto mediante lettera raccomandata o mezzo telefax o posta elettronica certificata.

234. Il difensore che non intima il testimone incorre in decadenze?

Certamente. L'intimazione deve essere notificata almeno sette giorni prima dell'udienza e, in caso di omessa citazione, senza giustificato motivo, la parte viene dichiarata decaduta dalla prova, anche d'ufficio, salvo che l'altra parte dichiari di avere interesse all'audizione.

235. Quando si verifica una testimonianza *de relato*?

Quando il teste depone su fatti non da lui percepiti direttamente ma che gli sono stati riferiti da altre persone: il fatto riferito dal teste, come a lui narrato da un terzo, risulta pertanto in via puramente indiretta.

236. Quale rilevanza probatoria ha la deposizione di un teste che riferisce su fatti "*de relato actoris*"?

Sostanzialmente nulla, in quanto vertente sul fatto della dichiarazione di una parte del giudizio e non sul fatto oggetto dell'accertamento, che costituisce il fondamento storico della pretesa.

237. Quale rilevanza probatoria ha la deposizione di un teste che riferisce su fatti "*de relato*" in genere?

La rilevanza della deposizione è attenuata in quanto indiretta; ciò nonostante può assumere rilievo ai fini del convincimento del giudice nel concorso di altri elementi oggettivi e concordanti che ne suffragano la credibilità.

238. L'ispezione giudiziale è considerata un mezzo di prova?

Sì. È uno dei mezzi di prova che il giudice può disporre d'ufficio. Può essere reale (se ha per oggetto una cosa, mobile o immobile) o personale (se ha per oggetto il corpo di una persona).

239. Quando viene disposto l'ordine di rendimento dei conti?

Quando è necessaria la presentazione dei dati contabili e dei risultati finali dell'attività compiuta da una parte (ad es. un tutore, un custode, un curatore fallimentare, un amministratore di società di persone), affinché questa dia spiegazione di tutti gli elementi di fatto funzionali alla individuazione ed al vaglio delle modalità di esecuzione dell'incarico, al fine di stabilire se l'operato sia stato adeguato o meno a criteri di buona amministrazione.

240. La consulenza tecnica è un mezzo di prova?

No. È un mezzo di indagine o istruttorio, la cui finalità propria è quella di aiutare il giudice nella valutazione degli elementi acquisiti o nella soluzione di questioni che comportino specifiche conoscenze.

241. La relazione del consulente nominato dalla parte ha valore probatorio?

No. Si tratta di una semplice allegazione difensiva di contenuto tecnico che il giudice può disattendere anche se può trarne spunto per argomentazioni o per ricavare argomenti indiziari o per valutare l'opportunità di rinnovare la consulenza.

242. Il processo verbale di conciliazione delle parti dinanzi il consulente tecnico d'ufficio ha efficacia di titolo esecutivo?

Solo nelle ipotesi in cui il consulente tecnico ha ricevuto l'incarico dell'esame contabile. Negli altri casi, la convenzione ha natura di transazione conclusa tra le parti al di fuori del processo.

243. Il nostro ordinamento consente l'ingresso nel processo di prove non specificatamente regolamentate?

Non vi è una norma di chiusura sulla tassatività dei mezzi di prova. Il giudice può porre a fondamento della propria decisione anche prove non tipizzate, da esaminare unitamente a quelle espressamente previste e già raccolte nel medesimo processo.

244. Qualche esempio di prova atipica?

La prova raccolta in un altro processo civile, le sentenze civili rese in un altro giudizio, sentenze penali o atti di altri procedimenti penali, perizie stragiudiziali e consulenze tecniche di parte, scritture provenienti da terzi, scritture contenenti dichiarazioni provenienti dalla parte, certificazioni amministrative, verbali della pubblica amministrazione.

245. È ammessa la prova scientifica nel processo civile?

In diverse situazioni il giudice fa ricorso alla prova scientifica, ad esempio con il test del DNA quando si tratta di accertare l'identità di un soggetto come nei casi di attribuzione della paternità oppure quando dispone una consulenza sulle condizioni mentali di una persona per stabilire se un soggetto sia o meno capace di intendere e di volere.

246. L'ordinanza per il pagamento di somme non contestate può essere emessa in qualsiasi momento del processo?

Il giudice, su istanza della parte, può disporla sino al momento della precisazione delle conclusioni.

247. Tale ordinanza conserva efficacia anche in caso di estinzione del giudizio?

Sì, ma non costituisce titolo per l'iscrizione dell'ipoteca giudiziale.

248. In quali ipotesi la parte può chiedere, nel corso del giudizio, che il giudice emetta il provvedimento di ingiunzione di pagamento o di consegna?

Quando ricorro i presupposti per ottenere il decreto ingiuntivo ed in particolare quando ricorrono i presupposti di cui all'articolo 633, primo comma, numero 1) e secondo comma, e di cui all'articolo 634.

249. L'ordinanza ingiunzione è immediatamente esecutiva?

No, ma può essere dichiarata provvisoriamente esecutiva. Se la parte contro cui è pronunciata l'ingiunzione è contumace, l'ordinanza deve essere notificata entro sessanta giorni dalla pronuncia con l'avvertimento che ove la parte non si costituisca entro venti giorni dalla notifica, diverrà esecutiva.

250. Esaurita l'istruzione della causa, può essere emessa ordinanza di condanna al pagamento di somme ovvero consegna o rilascio di beni?

Sì, siamo nell'ipotesi prevista dall'art. 186-*quater* e si tratta di un provvedimento che è potenzialmente conclusivo del primo grado del processo. Il provvedimento è ammesso in tutti i casi in cui la domanda attiene alla domanda di condanna al pagamento di somme o alla consegna o al rilascio di beni.

251. L'ordinanza emessa ai sensi dell'art. 186-*quater* può assumere efficacia di sentenza?

In due soli casi e cioè se il processo si estingue e se la parte intimata non notifica, entro trenta giorni, ricorso con il quale chiede che sia pronunciata la sentenza.

III. - LA FASE DI DECISIONE

252. Quando è fissata l'udienza di precisazione delle conclusioni?

Quando è esaurita l'istruzione ovvero quando il giudice ritiene la causa matura per la decisione, senza necessità dell'assunzione di mezzi di prova, ovvero quando ritiene che debba essere decisa separatamente una questione preliminare, idonea a definire il giudizio, ovvero una questione di giurisdizione o altre pregiudiziali, invita le parti a precisare le conclusioni.

253. In sede di precisazione delle conclusioni le parti possono modificare le domande o le eccezioni o le conclusioni già formulate?

No. Le parti, in tale sede, possono esclusivamente rinunciare ad alcune delle conclusioni già formulate, ridurre la domanda e, al limite, possono effettuare la c.d. *emendatio libelli*, se la stessa consiste in una migliore precisazione.

254. Cosa succede se una delle parti non si presenta all'udienza ovvero omette di precisare?

Si ritiene che si debba fare riferimento alle conclusioni già formulate e che, in ogni caso, ciò non comporti nullità.

255. Precisate le conclusioni, le parti hanno a disposizione termini per memorie finali?

L'art. 190 stabilisce che le parti devono depositare le comparse conclusionali entro sessanta giorni e le memorie di replica entro i venti giorni successivi. Il termine per le comparse conclusionali può anche essere ridotto dal giudice ma non può essere inferiore a venti giorni.

256. Nelle comparse conclusionali possono essere affrontate nuove questioni?

No. Le parti possono esclusivamente illustrare le domande e le eccezioni proposte, le loro ragioni in fatto e in diritto, anche con nuovi argomenti e nuovi riferimenti dottrinali e giurisprudenziali, ma non possono affrontare questioni non precedentemente dedotte.

257. Si può chiedere la discussione orale della causa?

Sì. Ogni parte, nel precisare le conclusioni, può chiedere che la causa sia discussa oralmente. Alla scadenza del termine per il deposito delle memorie di replica deve essere riproposta la richiesta in forma scritta.

258. Come decide il collegio?

Il collegio delibera la decisione in segreto, in camera di consiglio, sotto la direzione del presidente, a maggioranza di voti. Il primo a votare è il relatore, quindi l'altro giudice ed infine il presidente. L'art. 276 prevede che gradatamente sono decise le questioni pregiudiziali e quindi il merito, ma la giurisprudenza ha elaborato il principio della "ragione più liquida" in forza del quale la causa può essere decisa sulla base della questione ritenuta di più agevole soluzione.

259. Quali sono le forme di decisione che può adottare il tribunale in composizione monocratica?

Oltre a quella tradizionale scritta e cioè dopo il deposito di conclusionale e repliche, la decisione può avvenire anche a seguito di trattazione mista e cioè con lo scambio delle sole comparse conclusionali e, quindi, con fissazione dell'udienza di discussione orale ovvero a seguito di trattazione orale e cioè con la discussione orale della causa nella stessa udienza o, su istanza di parte, in un'udienza successiva.

260. In quali casi il giudice pronuncia condanna generica?

Quando è stato instaurato un giudizio per ottenere la condanna del convenuto e il giudice ritiene che vi sia la sussistenza del diritto ma che la quantità della prestazione dovuta sia ancora controversa, pronuncia, su richiesta della parte, sentenza con condanna generica.

261. In caso di condanna generica, il processo prosegue?

Certo. Il giudice dispone, con ordinanza, che il giudizio prosegua per la liquidazione.

262. Come deve essere redatta la nota spese?

Devono essere indicati, in modo distinto e specifico, gli onorari e le spese, con riferimento all'articolo della tariffa vigente al momento della prestazione.

263. Il giudice nel liquidare il compenso deve attenersi alla nota spese?

Se intende determinare le spese in misura inferiore rispetto a quella della nota prodotta, il giudice ha l'onere di darne adeguata motivazione.

264. Tutte le sentenze di primo grado sono provvisoriamente esecutive?

No. La giurisprudenza ritiene che solo le sentenze di condanna godono di tale principio; non quelle di mero accertamento né quelle costitutive. Peraltro, la sentenza di primo grado può comunque venire utilizzata come titolo esecutivo per le statuizioni condannatorie ivi contenute, sia che essa abbia a presupposto un'azione di condanna, sia che essa abbia a presupposto un'azione costitutiva.

265. Al fine della decorrenza del termine breve per l'impugnazione, a quale soggetto deve essere notificata la sentenza?

Deve essere notificata al procuratore della parte o alla parte presso il procuratore, nel domicilio eletto o nella residenza dichiarata. Se invece la parte è contumace, la sentenza si notifica alla parte stessa.

266. La notificazione della sentenza al fine della decorrenza del termine breve ha efficacia anche nei confronti del notificante?

Sì, il termine decorre anche nei confronti del notificante dalla data in cui la notifica viene eseguita nei confronti del destinatario.

267. In quali casi è possibile richiedere la correzione delle sentenze e delle ordinanze irrevocabili?

Quando contengono errori che attengono alla formazione dell'atto o del documento, la cui semplice lettura rende palese e rilevabile *ictu oculi* la divergenza tra l'idea e la rappresentazione. Sono ritenuti tali quelli che consistono in una mera disattenzione o svista e, cioè, ad esempio, l'inserimento nell'intestazione della sentenza del nominativo di un magistrato diverso da quello indicato nel verbale di udienza ovvero dei dati anagrafici di una delle parti o dei loro difensori.

268. A quale giudice è rivolto il procedimento di correzione?

Allo stesso giudice che ha emesso il provvedimento viziato. Se avverso il provvedimento è già stato proposto appello, il potere di correzione spetta al giudice di secondo grado, il quale provvederà nel corso del giudizio stesso o con la sentenza che pronuncia sull'impugnazione.

269. Quando viene riscontrato un errore materiale, il giudice può procedere alla correzione d'ufficio?

No. Il procedimento deve essere azionato sempre su istanza di parte.

IV. - GLI EVENTI PARTICOLARI DEL PROCESSO

270. In quali casi può essere disposta la sospensione del processo?

Quando è necessario risolvere una controversia dalla cui definizione dipende la decisione della causa (sospensione c.d. necessaria) ovvero quando è richiesta da tutte le parti costituite (sospensione c.d. concordata) ovvero quando si ha una pronuncia di non manifesta infondatezza dell'eccezione di illegittimità costituzionale di una norma di legge (sospensione c.d. impropria).

271. Terminata la causa di sospensione in che modo il processo prosegue?

Se non è stata fissata l'udienza per la prosecuzione da parte del giudice, occorre che una delle parti presenti istanza entro il termine perentorio di tre mesi dalla cessazione della causa di sospensione di cui all'art. 3 c.p.p. o dal passaggio in giudicato della sentenza che definisce la controversia civile o amministrativa. Nel caso di sospensione concordata dalle parti, l'istanza di prosecuzione deve essere proposta dieci giorni prima della scadenza del termine di sospensione.

272. Cosa succede al processo sospeso?

Rimane in una fase di quiescenza temporanea e durante la sospensione non possono essere compiuti atti del procedimento. La sospensione interrompe i termini in corso.

273. Quando si verifica l'interruzione del processo?

In caso di morte di una parte o della perdita della sua capacità di stare in giudizio o in caso di dichiarazione di fallimento di una delle parti ovvero in caso di morte, radiazione o sospensione del procuratore della parte o in caso della sua cancellazione volontaria dall'albo.

274. Il procuratore della parte, che è stata colpita dall'evento interruttivo, è obbligato a dichiararlo?

No. L'evento non è causa immediata dell'interruzione, ma conseguente alla scelta del rappresentante tecnico della parte il quale ha il potere di valutare l'opportunità o meno di far interrompere il processo. La dichiarazione del procuratore costituisce, pertanto, elemento indispensabile ed insostituibile: gli eventi acquistano rilevanza solamente se dichiarati. La dichiarazione di fallimento interrompe automaticamente il processo.

275. La morte del procuratore deve essere notificata o comunicata?

No. L'evento determina l'interruzione automatica del processo.

276. Come si prosegue il processo interrotto?

La prosecuzione del processo interrotto può avvenire su iniziativa della parte colpita dall'evento interruttivo o del suo successore, o direttamente all'udienza o mediante costituzione in giudizio. Se non è fissata alcuna udienza, la parte può chiedere con ricorso al giudice (o in mancanza al presidente del tribunale) la fissazione dell'udienza. In tal caso, ricorso e decreto sono notificati alle altre parti a cura dell'istante. Se, invece, non avviene la prosecuzione del processo e cioè la parte colpita dall'evento non si attiva, è onere dell'altra parte procedere con la riassunzione del processo.

277. Il processo interrotto non proseguito o riassunto cosa determina?

Nel caso in cui il processo interrotto non venga proseguito o riassunto entro il termine perentorio di tre mesi dall'interruzione, si estingue.

278. In quali altri casi il processo si estingue?

Quando vi è rinuncia agli atti del giudizio e vi è accettazione delle parti costituite oppure in caso di inattività delle parti e cioè quando le stesse omettono di compiere gli atti nei termini prestabiliti.

279. L'estinzione del processo estingue anche l'azione?

No. L'azione può essere riproposta in un nuovo processo ma gli atti compiuti nel processo estinto sono inefficaci.

V. - IL PROCEDIMENTO DAVANTI AL GIUDICE DI PACE

280. Quali sono le particolarità del procedimento dinanzi il giudice di pace?

In linea generale il procedimento è regolato dalle norme relative al procedimento dinanzi il tribunale, in composizione monocratica, salve le specifiche disposizioni previste in materia. Ad ogni modo, il procedimento è caratterizzato dalla semplicità, concentrazione delle attività processuali delle parti alla prima udienza e snellezza del rito.

281. Cosa succede alla prima udienza?

Il giudice di pace interroga liberamente le parti e tenta la loro conciliazione: se questa riesce, se ne redige processo verbale; se non riesce, il giudice di pace invita le parti a precisare i fatti che ciascuna parte pone a fondamento delle proprie domande, difese ed eccezioni, a produrre i documenti e a richiedere i mezzi di prova da assumere. Vi è pertanto una concentrazione dell'attività processuale e il giudice di pace potrà rinviare la causa a un'udienza successiva solamente quando, in relazione all'attività svolta, risultino necessarie ulteriori produzioni o richieste di prova.

282. Nel procedimento dinanzi il giudice di pace vi sono delle preclusioni?

Sì. Sono le medesime che sono previste per il procedimento dinanzi il tribunale e non sono derogabili nemmeno da parte del giudice di pace, il quale non può rinviare la prima udienza al fine di consentire alle parti l'espletamento di attività precluse, quali la proposizione di domande nuove o richiedere l'ammissione di nuove prove.

VI. - LE IMPUGNAZIONI

283. Qual è la differenza tra cosa giudicata formale e cosa giudicata sostanziale?

Se la sentenza non è impugnata o non è più impugnabile, si verifica il fenomeno di "cosa giudicata formale", dal quale discende l'ulteriore effetto disciplinato dall'art. 2909 c.c. e cioè di "cosa giudicata sostanziale": il giudicato fa stato tra le parti, loro eredi ed aventi causa, essendo stato appunto accertato in modo incontrovertibile.

284. Vi è un'ulteriore distinzione tra giudicato interno ed esterno. Qual è la differenza?

Per giudicato interno si intende quello che si forma all'interno dello stesso processo, su un capo autonomo della sentenza e la cui formazione può essere rilevata d'ufficio anche in sede di legittimità; per giudicato esterno si intende, invece, quello che si è formato in un diverso processo tra le medesime parti.

285. Tutte le parti possono impugnare una sentenza?

Non tutte le parti possono esercitare il potere di impugnazione in quanto occorre che sussista in capo alla parte l'interesse ad impugnare, considerato quale interesse ad ottenere la modifica in tutto o in parte di un provvedimento insoddisfacente ed in base al quale la parte è risultata soccombente; l'interesse deve sussistere non soltanto al momento dell'impugnazione, ma anche successivamente fino alla decisione della causa.

286. Quali sono e come si distinguono i mezzi di impugnazione?

Anche se il codice non lo prevede, i mezzi di impugnazione si distinguono in ordinari e straordinari. Sono ordinari l'appello, il ricorso per cassazione, il regolamento di competenza ad istanza di parte e la revocazione ordinaria (cioè quella prevista dall' art. 395 ai numeri 4 e 5) che hanno l'effetto di impedire alla sentenza di passare in giudicato e si propongono a un giudice diverso da quello che ha reso la sentenza stessa; sono straordinari la revocazione disciplinata dall'art. 395 ai numeri 1, 2, 3 e 6, l'opposizione di terzo prevista dall'art. 404, i quali sono esperibili anche nei confronti di una sentenza passata formalmente in giudicato che si propongono allo stesso giudice che ha reso la sentenza impugnata.

287. I termini per impugnare sono perentori?

La proposizione dell'impugnazione è soggetta a termini perentori, in quanto, scaduti gli stessi, si verifica la decadenza e, quindi, l'impugnazione è inammissibile perché la sentenza è passata in giudicato.

288. Quali sono i termini per i mezzi di impugnazione ordinari?

I termini cambiano a seconda che sia o meno stata notificata la sentenza. Nel primo caso decorre il termine breve che è di trenta giorni per proporre l'appello e di sessanta giorni per proporre ricorso per cassazione. Nel secondo caso, e cioè se non è stata notificata la sentenza, si applica il termine lungo di sei mesi dalla data di pubblicazione della sentenza.

289. Quali sono i termini per i mezzi di impugnazione straordinari?

I termini per i mezzi di impugnazione straordinari non possono decorrere da un momento predeterminato ma solo dal giorno in cui è stato scoperto il dolo o la falsità o la collusione o è stato recuperato il documento o è passata in giudicato la sentenza di cui al n. 6 dell'art. 395 o il pubblico ministero ha avuto conoscenza della sentenza nel caso di cui all'art. 326.

290. Cosa si intende per acquiescenza?

Per acquiescenza si intende l'accettazione della sentenza che si esplicita mediante un atto di volontà dopo che la sentenza è stata pubblicata. L'acquiescenza può essere espressa e cioè se disposta in un atto unilaterale non recettizio e non ritrattabile trattandosi di un istituto esclusivamente processualistico; è tacita quando l'interessato abbia posto in essere atti dai quali sia possibile desumere, in maniera precisa ed univoca, il proposito di non contrastare gli effetti giuridici della pronuncia ovvero quando gli atti stessi siano assolutamente incompatibili con la volontà di avvalersi dell'impugnazione. Se vi è stata acquiescenza, le impugnazioni non sono più proponibili.

291. A chi deve essere notificata l'impugnazione?

Le regole sono dettate dall'art. 330. Se la parte che ha notificato la sentenza, nell'atto di notificazione, indica la propria residenza o elegge il domicilio nella circoscrizione del giudice che ha emesso la decisione, la notifica dell'impugnazione deve essere eseguita in via esclusiva nella residenza dichiarata o nel domicilio eletto; se non è stata notificata la sentenza o se nella sentenza non è stato eletto un diverso domicilio, la notifica dell'impugnazione deve essere eseguita, ai sensi dell'art. 170, presso il procuratore costituito o nella residenza dichiarata o nel domicilio eletto per il giudizio. Vi sono ulteriori regole residuali in caso di morte della parte avvenuta dopo la notificazione della sentenza e quando deve essere effettuata alla parte personalmente.

292. Quali sono le parti che devono partecipare al processo nei gradi successivi al primo?

Se al processo di primo grado hanno partecipato più parti, il giudizio deve rimanere unitario anche nei gradi successivi. È per questo motivo che il codice prevede che al giudizio di impugnazione devono partecipare tutte le parti e che tutte le impugnazioni devono essere proposte nello stesso processo. Vi sono però ipotesi particolari a seconda che si tratti di cause inscindibili o scindibili. Le prime sono le cause nelle quali, nel primo grado, più parti hanno partecipato in forza di litisconsorzio necessario o per ordine del giudice o per successione di più persone ad una delle parti; le seconde sono le cause nelle quali, nel primo grado, più parti hanno partecipato in forza di litisconsorzio facoltativo e che, quindi, sono separabili. In tal caso nulla vieta che la sentenza passi in giudicato nei confronti di solo alcune delle parti.

293. Cosa significa impugnazione incidentale?

Le parti sono tenute a proporre, a pena di decadenza, le loro impugnazioni in via incidentale nello stesso processo. Lo scopo della norma è quello di mantenere l'unitarietà del processo e rendere possibile la decisione simultanea. La forma e i termini entro i quali debbono essere proposte le impugnazioni incidentali sono disciplinate distintamente per il giudizio di appello e per il giudizio di cassazione.

294. Se le parti hanno proposto distinte impugnazioni, cosa succede?

L'art. 335 prevede che tutte le impugnazioni proposte separatamente contro la stessa sentenza debbono essere riunite anche d'ufficio in un solo processo. L'impugnazione principale è considerata quella notificata per prima.

VII. - L'APPELLO

295. L'appello è un mezzo di impugnazione a critica libera o vincolata?

L'appello è un mezzo d'impugnazione a critica libera costituente gravame in senso stretto. Al giudice di appello le parti chiedono un nuovo esame della causa, ma nei limiti dei motivi dedotti: si verifica in questo modo il cosiddetto effetto devolutivo dell'appello.

296. Tutte le sentenze di primo grado sono appellabili?

Non tutte le sentenze di primo grado sono appellabili. Sono inappellabili, per disposizione di legge, le sentenze pronunciate secondo equità a norma dell'art. 114 e cioè su concorde richiesta delle parti; le sentenze rese dal giudice del lavoro in una controversia di valore non superiore ad euro 25,82; le sentenze rese nei giudizi di opposizione agli atti esecutivi, a norma dell'art. 618; le sentenze emesse dalla Corte d'appello nei giudizi di impugnazione per nullità del lodo. Le sentenze del giudice di pace pronunciate secondo equità sono appellabili solo per i motivi espressamente previsti dalla legge.

297. Entro quale termine può essere proposto l'appello?

L'appello può essere proposto entro il termine di trenta giorni che decorre dalla data della notificazione della sentenza di primo grado o, in mancanza, entro il termine lungo di sei mesi decorrente dalla data di pubblicazione della sentenza.

298. Contro quali sentenze la parte può fare riserva d'appello?

Contro le sentenze contenenti condanna generica e contro le sentenze non definitive la parte può fare riserva d'appello, differendo in tal modo l'impugnazione della sentenza con quella definitiva. La dichiarazione di riserva deve essere effettuata entro il termine per appellare e, in ogni caso, non oltre la prima udienza successiva alla comunicazione della sentenza stessa.

299. Qual è il giudice competente a decidere l'appello?

È competente il giudice superiore a quello che ha reso la sentenza di primo grado e cioè il tribunale se viene impugnata la sentenza del giudice di pace, la Corte d'appello se la sentenza di primo grado è del tribunale.

300. Se la sentenza del giudice di pace viene impugnata davanti alla Corte d'appello, l'impugnazione è inammissibile?

L'errata proposizione dell'appello davanti a un giudice diverso per territorio o grado non determina l'inammissibilità ma, attraverso il meccanismo della *translatio iudicii*, si instaura regolarmente il rapporto processuale. Se invece lo strumento processuale è inidoneo, ad esempio, se la sentenza del tribunale è impugnata davanti ad un giudice di pari grado, l'appello è inammissibile.

301. Le parti possono proporre domande nuove?

Nel giudizio di appello non possono proporsi domande nuove, in applicazione del principio del doppio grado di giurisdizione. Può essere però prospettata una diversa ragione giuridica, potendo il giudice d'appello conferire al rapporto in contestazione una qualificazione giuridica diversa, sempre che rimanga inalterato il *petitum* e la *causa petendi*.

302. Le parti possono proporre nuove eccezioni?

Sono ammissibili solamente le eccezioni rilevabili d'ufficio e quelle riguardanti mere difese; per le altre, vige il divieto.

303. I nuovi mezzi di prova sono consentiti?

Nel giudizio di appello non sono ammessi nuovi mezzi di prova e non possono essere prodotti nuovi documenti, salvo che la parte dimostri di non aver potuto proporli o produrli in primo grado per causa non imputabile. Può sempre deferirsi il giuramento decisorio.

304. Le domande e le eccezioni non accolte nella sentenza di primo grado devono essere riproposte?

È onere della parte di riproporle espressamente in quanto, in mancanza, si intendono rinunciate.

305. L'art. 342 indica i requisiti che l'atto deve possedere per essere ammissibile: quali sono?

La parte deve indicare nell'atto di appello le parti del provvedimento che intende appellare, le modifiche richieste alla ricostruzione del fatto rispetto a quella compiuta dal giudice di primo grado, le circostanze da cui deriva la violazione di legge e la loro rilevanza. La giurisprudenza ritiene che oltre alla parte volitiva occorre anche una parte argomentativa tesa a confutare e contrastare le ragioni addotte dal primo giudice.

306. Quali sono i termini per la costituzione dell'appellante?

L'appellante deve costituirsi, chiedendo l'iscrizione della causa a ruolo, entro dieci giorni dalla notificazione dell'atto d'appello. Il termine decorre dalla prima notifica in caso di pluralità di appellati.

307. Entro quale termine l'appellato deve costituirsi in giudizio?

L'appellato deve depositare la comparsa di risposta nei termini di cui all'art. 166, e cioè venti giorni prima dell'udienza di comparizione o dieci in caso di abbreviazione dei termini, proponendo tutte le sue difese e l'eventuale appello incidentale.

308. In quali casi l'appellato, vittorioso in primo grado, deve proporre appello incidentale?

L'appello incidentale deve essere proposto solo se l'appellato è rimasto soccombente su una domanda, esaminata e rigettata, anche implicitamente dal primo giudice e di cui intende ottenere l'accoglimento, pena il formarsi del giudicato sul rigetto della stessa. Se pienamente vittorioso, può limitarsi a riproporre le domande e le eccezioni non accolte.

309. Un terzo che non ha partecipato al giudizio di primo grado può intervenire in appello?

Il terzo può intervenire solamente se titolare del potere di opposizione di cui all'art. 404. Deve essere titolare di un diritto autonomo la cui tutela non sia compatibile con la situazione giuridica accertata o costituita dalla sentenza di primo grado. È ammesso l'intervento del litisconsorte necessario nonché del successore a titolo particolare nel diritto controverso.

310. Quali norme si applicano nel giudizio di appello?

Stante la norma di rinvio contenuta nell'art. 359, nel giudizio di appello si osservano le norme dettate per il procedimento di primo grado davanti al tribunale, se non incompatibili con quelle espressamente previste per il giudizio di appello. La trattazione in Corte d'appello è collegiale; in tribunale si svolge davanti al giudice monocratico.

311. In quale momento il giudice d'appello decide l'istanza di sospensione dell'efficacia esecutiva della sentenza di primo grado?

Se è stata proposta istanza di inibitoria nell'atto d'appello o nella comparsa di risposta contenente l'appello incidentale, la stessa è discussa e decisa alla prima udienza. La parte può però chiedere che la discussione dell'istanza avvenga in data anteriore presentando apposita istanza per la discussione anticipata.

312. L'ordinanza che decide l'istanza di inibitoria può essere impugnata?

L'ordinanza non è impugnabile neppure con ricorso straordinario per cassazione ai sensi dell'art. 111 Cost. stante l'assenza del presupposto di decisorietà.

313. In cosa consiste il c.d. "filtro in appello"?

In sede di prima udienza, il giudice, prima di procedere alla trattazione, è tenuto, in base agli artt. 348 *bis* e *ter*, a dichiarare l'inammissibilità dell'appello quando l'impugnazione non ha una ragionevole probabilità di essere accolta. In tal caso, dopo aver sentito le parti, emette ordinanza succintamente motivata.

314. L'ordinanza di inammissibilità dell'appello può essere impugnata?

Se è pronunciata ordinanza di inammissibilità, la parte può proporre, nei sessanta giorni dalla comunicazione o dalla sua notificazione se anteriore, il ricorso per cassazione avverso il provvedimento di primo grado, facendo espressa analitica menzione dei motivi di appello. Se invece l'ordinanza ha pronunciato l'inammissibilità per ragioni processuali ovvero è affetta da vizi propri, la stessa è impugnabile con il ricorso ex art. 111 Cost.

315. Le parti possono chiedere la discussione orale della causa?

Ogni parte può chiedere la discussione orale con istanza formulata in sede di precisazione delle conclusioni. Il giudice d'appello può però ordinare la discussione orale ai sensi dell'art. 281-*sexies* anche alla prima udienza.

316. Possono essere assunte prove in grado d'appello?

Nel giudizio d'appello può svolgersi una fase istruttoria quando il giudice, decidendo alcune delle questioni senza definire il giudizio, con ordinanza dispone l'assunzione di una prova oppure la rinnovazione totale o parziale della prova già assunta in primo grado, può esaminare i testimoni già escussi per chiarire le loro deposizioni e può disporre d'ufficio i mezzi istruttori nei limiti di cui all'art. 345.

317. In quali casi il giudice annulla la sentenza e rimette le parti davanti al giudice di primo grado?

I casi di rimessione della causa al primo giudice sono tassativamente previsti dalla legge; può avvenire, ad esempio, per ragioni di giurisdizione oppure per nullità della notifica dell'atto di citazione oppure per nullità della sentenza per mancanza di sottoscrizione.

VIII. - IL RICORSO PER CASSAZIONE

318. In che cosa consiste la funzione c.d. di nomofilachia che svolge la Corte di cassazione?

In forza di quanto previsto dall'art. 65 ord. giud., la Corte di cassazione assicura l'esatta osservanza e l'uniforme interpretazione della legge, l'unità del diritto oggettivo nazionale e il rispetto dei limiti delle diverse giurisdizioni. Le massime enunciate e raccolte da un apposito ufficio (il massimario) costituiscono pertanto precedenti che, benché non vincolanti, orientano comunque i giudici nell'interpretazione della legge da applicarsi nelle singole fattispecie.

319. Quali altri compiti sono assegnati alla Corte di cassazione?

La Corte ha anche il compito di assicurare il rispetto dei limiti delle diverse giurisdizioni, funzione che svolge decidendo i regolamenti di giurisdizione, i ricorsi ordinari *ex* art. 360, n. 1, i ricorsi contro le sentenze del Consiglio di Stato, della Corte dei conti e degli altri giudici speciali, nonché decidendo i conflitti di giurisdizione, i conflitti negativi di attribuzione tra pubblica amministrazione e giudice ordinario. Così pure è chiamata a determinare gli ambiti di competenza dei giudici ordinari, decidendo i ricorsi ordinari *ex* art. 360, n. 2 e i regolamenti di competenza.

320. Il ricorso per cassazione ha effetto devolutivo?

No. Il ricorso per cassazione è un mezzo di impugnazione ordinario ma, diversamente dal giudizio di appello, non ha effetto devolutivo in quanto non comporta una rinnovazione del giudizio stesso ma solamente la verifica della sussistenza di eventuali errori che si siano verificati nello svolgimento del giudizio (*errores in procedendo*) o di eventuali errori che si siano verificati nell'applicazione del diritto sostanziale (*errores in judicando*). Tali errori devono essere specificamente enunciati nel ricorso stesso.

321. Quali provvedimenti possono essere impugnati con ricorso per cassazione?

Sono ricorribili per cassazione le sentenze pronunciate in grado di appello (cioè quelle della Corte d'appello o del tribunale che hanno deciso rispettivamente gli appelli avverso le sentenze di primo grado emesse dal tribunale o dal giudice di pace), le sentenze pronunciate in unico grado (cioè quelle per le quali non è ammesso l'appello), le sentenze pronunciate dal tribunale di primo grado se le parti sono d'accordo per omettere l'appello (ma solo nelle ipotesi di violazione o falsa applicazione di norme di diritto). È impugnabile anche ogni altro provvedimento, avente natura decisoria, emesso in forma diversa dalla sentenza, ai sensi dell'art. 111, comma 7, Cost. e che incida su diritti soggettivi e non sia altrimenti impugnabile così come è ricorribile per cassazione l'ordinanza emanata ai sensi dell'art. 348-*ter* che abbia pronunciato l'inammissibilità dell'appello per ragioni processuali.

322. È prevista la facoltà per la parte di formulare riserva di ricorso così come per la riserva d'appello?

Sì, ma esclusivamente contro le sentenze di condanna generica *ex* art. 278 e contro le sentenze che decidono una o alcuna delle domande senza definire l'intero giudizio. In questi casi il ricorso per cassazione può essere differito qualora la parte soccombente ne faccia riserva, a pena di decadenza, entro il termine per la proposizione del ricorso e, in ogni caso, non oltre la prima udienza successiva alla comunicazione della sentenza. Il ricorso dovrà poi essere proposto unitamente a quello contro la sentenza che definisce il giudizio o con quello che venga proposto dalla stessa o da altra parte contro altra sentenza successiva non definitiva del giudizio. Come per la riserva d'appello, la riserva non può farsi (e se già fatta rimane priva di effetto) quando contro la stessa sentenza, da alcuna delle parti, è stato proposto immediatamente ricorso.

323. Quali sono i motivi per i quali si può ricorrere per cassazione?

I motivi per i quali si può proporre ricorso per cassazione sono esclusivamente quelli indicati nell'art. 360. In via generale si distinguono in motivi che lamentano errori che si sono verificati nello svolgimento del giudizio ed errori che si sono verificati nell'applicazione delle norme di diritto sostanziale. Il giudizio di cassazione è infatti un giudizio a critica vincolata e non libera: i motivi di ricorso devono, pertanto, necessariamente rientrare tra quelli espressamente previsti dalla legge.

324. Che cosa si intende per violazione o falsa applicazione di norme di diritto?

È il principale dei motivi di ricorso per cassazione ed è anche quello che garantisce il principio di nomofilachia. L'errore di diritto può consistere nell'erronea individuazione della norma da applicare alla fattispecie ovvero nell'errato accostamento alla fattispecie di una norma. Tale ipotesi si verifica anche quando si applica una norma ad una fattispecie diversa da quella in essa prevista ma l'errore è rilevabile solo se dà luogo ad una decisione erronea o ingiusta. Nell'accertare la violazione di diritto, la Corte di cassazione deve applicare il diritto vigente e, se questo si è modificato, il diritto sopravvenuto; deve inoltre tenere conto delle decisioni della Corte Costituzionale e verificare la compatibilità del diritto interno con quello comunitario.

325. L'art. 360 n. 4 prevede, quale motivo di ricorso, la nullità della sentenza o del procedimento. Che cosa significa?

Il motivo di cui all'art. 360 n. 4 va collegato all'art. 159, in forza del quale, in mancanza di sanatoria, la nullità di un atto si estende a quelli successivi che ne siano dipendenti. Poiché le nullità del giudizio di primo grado devono essere fatte valere coi motivi di gravame, non possono proporsi in sede di ricorso per cassazione doglianze relative al procedimento o alla decisione di primo grado, in quanto la decisione di appello assorbe totalmente quella impugnata. Sono ricondotti a questo motivo il vizio di omessa pronuncia (configurabile soltanto in mancanza di una decisione in ordine a una domanda o ad un assunto che richieda una statuizione di accoglimento o di rigetto) e le violazioni di ultrapetizione ed extrapetizione (che ricorrono quando il giudice pronuncia oltre i termini delle pretese e delle eccezioni formulate dalle parti ovvero su questioni estranee all'oggetto del giudizio e non rilevabili d'ufficio).

326. In cosa consiste il motivo di ricorso di cui all'art. 360, n. 5 (omesso esame circa un fatto decisivo per il giudizio che è stato oggetto di discussione tra le parti)?

Il motivo è ravvisabile nell'ipotesi di omesso esame da parte del giudice di un fatto storico, principale o secondario, la cui esistenza risulti dal testo della sentenza o dagli atti processuali, che abbia costituito oggetto di discussione tra le parti e che abbia carattere decisivo, vale a dire che, se esaminato, avrebbe determinato un esito diverso della controversia.

327. Quali sono gli elementi essenziali del ricorso per cassazione?

Il ricorso deve contenere, a pena di inammissibilità, gli elementi previsti dall'art. 366 e cioè l'indicazione delle parti (ricorrente e resistente), l'indicazione della sentenza o della decisione impugnata, l'esposizione sommaria dei fatti della causa, indispensabile per consentire alla Corte di valutare le censure sollevate senza dover ricorrere ad altre fonti o ad altri atti del processo. Deve inoltre indicare i motivi per i quali si chiede la cassazione del provvedimento impugnato con le norme di diritto su cui gli stessi si fondano. Deve contenere la specifica indicazione degli atti processuali, dei documenti e dei contratti o accordi collettivi sui quali il ricorso si fonda, l'indicazione della procura, nonché l'elezione di domicilio e la sottoscrizione di un avvocato abilitato.

328. Il ricorso per cassazione può essere sottoscritto da qualunque avvocato?

No. Deve essere sottoscritto da un avvocato necessariamente iscritto all'apposito albo speciale degli avvocati abilitati al patrocinio avanti le giurisdizioni superiori. L'avvocato "c.d. cassazionista" deve inoltre essere munito di procura speciale conferita dal cliente, la quale deve richiamare specificamente il giudizio di cassazione cui si riferisce. La procura deve essere rilasciata in data posteriore alla data di pubblicazione della sentenza impugnata e in data anteriore alla notifica del ricorso, a pena di inammissibilità del ricorso.

329. Quali sono i termini per la proposizione del ricorso e per il suo deposito?

Il ricorso per cassazione deve essere notificato entro il termine di sessanta giorni dalla notifica della sentenza oggetto dell'impugnazione, se questa è stata notificata. Diversamente, se la sentenza non è stata notificata, la notifica del ricorso deve avvenire entro il termine lungo di sei mesi dalla pubblicazione della sentenza oggetto dell'impugnazione. Il successivo deposito del ricorso nella cancelleria della Corte di cassazione può avvenire direttamente nel termine perentorio di giorni venti dall'ultima notificazione ovvero anche a mezzo posta, in piego raccomandato. In tal caso il deposito si ha per avvenuto alla data di spedizione del plico (art. 134 disp. att.).

330. La parte che riceve il ricorso, ove intenda contraddire, mediante quale tipo di atto deve farlo?

La parte contro la quale il ricorso è diretto, qualora intenda esercitare la facoltà di contraddire e dunque di difendersi, dovrà farlo mediante il c.d. controricorso, da notificarsi al ricorrente e quindi depositarsi nella cancelleria della Corte di cassazione. Anche il controricorso deve essere sottoscritto da un avvocato iscritto all'albo speciale e munito di una procura speciale conferita in calce o a margine del controricorso o con atto separato, purché in data successiva alla data di pubblicazione della sentenza impugnata. Il controricorso deve avere i medesimi contenuti e i medesimi requisiti previsti per il ricorso principale. In particolare, è inammissibile il controricorso privo dell'esposizione sommaria dei fatti.

331. Che cosa si intende per ricorso incidentale?

La parte contro la quale il ricorso è diretto (resistente), mediante il controricorso, può anche proporre ricorso incidentale quando intende, a sua volta, impugnare la medesima sentenza per motivi diversi da quelli per i quali è stata impugnata dal ricorrente. Il ricorso incidentale, in ragione della sua autonomia rispetto a quello principale, deve contenere anch'esso l'esposizione sommaria dei fatti della causa e tutti i requisiti prescritti per il ricorso.

332. Entro quali termini deve essere notificato il controricorso?

Il controricorso, contenente eventualmente anche il ricorso incidentale, deve essere notificato al ricorrente, nel domicilio da questi eletto, entro venti giorni dalla scadenza del termine stabilito per il deposito del ricorso, vale a dire entro quaranta giorni dalla notifica del ricorso principale.

333. La parte contro la quale il ricorso è diretto, se non notifica il controricorso, può partecipare alla discussione?

Sì. La parte destinataria del ricorso può anche scegliere di non contraddire e quindi non notificare alcun controricorso. Ciò nonostante può decidere di partecipare esclusivamente alla discussione orale ma anche in tale ipotesi il difensore dovrà essere munito di procura speciale.

334. Il ricorso per cassazione ha effetti sospensivi sulla sentenza impugnata?

No. Come per l'appello, anche il ricorso per cassazione non sospende l'esecuzione della sentenza oggetto di impugnazione. È prevista tuttavia la possibilità di chiedere la c.d. *sospensiva* della sentenza ma tale istanza non deve essere rivolta alla Corte di cassazione bensì al giudice che ha emesso la sentenza.

335. Come si svolge il giudizio avanti la Corte di cassazione?

Il ricorso viene assegnato ad una apposita sezione della Corte, denominata "*sezione filtro*", la quale verifica se sussistono i presupposti per una pronuncia immediata di inammissibilità ovvero di accoglimento o di rigetto per manifesta fondatezza o infondatezza. In caso positivo, il presidente fissa l'adunanza della Corte con decreto che deve essere notificato ai difensori delle parti i quali hanno facoltà di depositare memorie. Nel procedimento avanti la sezione filtro non è previsto l'intervento del pubblico ministero e i difensori non hanno la possibilità di partecipare all'adunanza.

336. Se la sezione filtro non fissa l'adunanza, cosa succede?

In caso negativo, gli atti sono rimessi alla sezione semplice ed il giudizio si svolge in camera di consiglio nelle forme del rito camerale. Gli avvocati possono depositare memorie ed il pubblico ministero conclusioni scritte ma né i difensori, né il pubblico ministero possono partecipare alla discussione. Nella sola ipotesi in cui sussista una questione di diritto di particolare rilevanza viene fissata l'udienza pubblica di discussione.

337. È prevista la possibilità per la parte di rinunciare al ricorso principale o a quello incidentale?

Sì, la parte che lo ha presentato può rinunciare sia al ricorso principale, sia al ricorso incidentale. La rinuncia deve essere effettuata con atto sottoscritto dalla parte personalmente e dal suo difensore ovvero solo da quest'ultimo se munito di procura comprendente espressamente i poteri di rinuncia. Sulla rinuncia provvede la Corte se è già stata fissata la data della decisione, diversamente provvede direttamente il presidente. Non è necessaria l'accettazione delle altre parti alla rinuncia tuttavia se le controparti vi aderiscono, con il provvedimento che dichiara l'estinzione, la Corte non può condannare la parte rinunciante alle spese.

338. A chi compete l'assegnazione del ricorso alle sezioni unite?

L'assegnazione del ricorso alle sezioni unite compete al primo Presidente ed è obbligatoria nei casi di cui all'art. 360, n. 1 (motivi attinenti alla giurisdizione) e di cui all'art. 362 (conflitti positivi o negativi di giurisdizione tra giudici speciali o tra questi e i giudici ordinari ovvero conflitti negativi di attribuzione tra la pubblica amministrazione e il giudice ordinario).

339. In quali altri casi la Corte pronuncia a sezioni unite?

Il ricorso può inoltre essere assegnato alle sezioni unite, sempre su disposizione del primo presidente, nel caso di ricorso che presenta una questione di diritto già decisa in senso difforme dalle sezioni semplici, nel caso di ricorso che presenta questioni di massima di particolare importanza oppure in accoglimento dell'istanza di una parte che ritiene di competenza delle sezioni unite un ricorso già assegnato ad una sezione semplice. Infine, l'assegnazione può avvenire - su disposizione della sezione semplice - quando la sezione semplice ritiene di non condividere un principio di diritto enunciato dalle sezioni unite oppure in accoglimento dell'istanza del pubblico ministero.

340. Come si svolge il procedimento avanti la Corte a sezioni unite?

La regola è che il procedimento si svolge in camera di consiglio senza l'intervento del pubblico ministero e dei difensori delle parti, concludendosi con ordinanza. La pronuncia a seguito di fissazione di udienza pubblica di discussione è ipotesi del tutto marginale e residuale.

341. Che cosa succede quando la Corte di cassazione accoglie il ricorso?

Nel caso di accoglimento del ricorso può verificarsi l'ipotesi di cassazione con rinvio ovvero l'ipotesi di cassazione senza rinvio. Nel primo caso, la Corte rinvia la causa ad altro giudice di grado pari a quello che ha pronunciato la sentenza cassata, nel secondo la causa non viene rinviata ad altro giudice e la Corte provvede direttamente.

342. In quali casi si verifica l'ipotesi della cassazione con rinvio?

Si verifica quando la Corte accoglie il ricorso per motivi diversi da quelli di giurisdizione e competenza e sono necessari ulteriori accertamenti di fatto ovvero quando riscontra una nullità in base alla quale il giudice di appello avrebbe dovuto rimettere le parti al primo giudice. In tal caso, la Corte rinvia la causa direttamente al giudice di primo grado. Inoltre, si verifica l'ipotesi della cassazione con rinvio quando la Corte accoglie il ricorso "*per saltum*" e quindi rinvia la causa al giudice che avrebbe dovuto pronunciare sull'appello al quale le parti hanno rinunciato. Infine, quando la Corte accoglie il ricorso proposto avverso il provvedimento di primo grado (nel caso di ordinanza di inammissibilità pronunciata dal giudice di appello) rinviando la causa al giudice che avrebbe dovuto pronunciarsi sull'appello.

343. In quali casi si verifica l'ipotesi della cassazione senza rinvio?

Si verifica quando la Corte, decidendo una questione di giurisdizione, riconosce che né il giudice del quale era stato impugnato il provvedimento né qualsiasi altro giudice, hanno giurisdizione in quella materia (difetto assoluto di giurisdizione). Inoltre si verifica quando la domanda non poteva essere proposta o il processo non poteva essere proseguito. Infine, quando la Corte decide direttamente la causa nel merito non essendo necessari ulteriori accertamenti di fatto.

344. Quando la Corte è chiamata ad enunciare il principio di diritto?

La Corte enuncia il principio di diritto quando decide il ricorso proposto, a norma dell'art. 360, n. 3, per violazione o falsa applicazione di norme di diritto e dei contratti e accordi collettivi nazionali di lavoro e in tutti gli altri casi in cui, decidendo su altri motivi di ricorso, risolve una questione di diritto di particolare importanza. Il principio di diritto viene pronunciato sia in ipotesi di cassazione con rinvio, ed in tal caso il giudice di rinvio è tenuto ad uniformarsi, sia in ipotesi di rigetto del ricorso o di cassazione senza rinvio; la finalità è infatti quella di rafforzare la funzione c.d. di *nomofilachia* della Corte di cassazione.

345. Come si svolge il giudizio di rinvio?

Il giudizio di rinvio è introdotto, da una delle parti, con atto di citazione o ricorso (a seconda del rito) in riassunzione avanti il giudice indicato dalla Corte di cassazione nel provvedimento stesso di rinvio, non oltre tre mesi dalla pubblicazione della sentenza e cioè dalla data del suo deposito in cancelleria. Poiché rappresenta una fase autonoma di giudizio, l'atto introduttivo deve essere notificato personalmente a tutte le parti e non ai loro procuratori già costituiti. La sentenza che conclude il giudizio di rinvio è nuovamente soggetta ai mezzi di impugnazione previste per legge.

346. Cosa succede se, dopo la decisione della Corte di cassazione, il giudizio di rinvio non viene iniziato?

Se nessuna delle parti provvede, entro il termine previsto, ad introdurre avanti il giudice di rinvio il relativo giudizio, l'intero procedimento si estingue e l'estinzione travolge tutto il processo con conseguenti obblighi restitutori per le parti che si siano avvalse delle disposizioni contenute nelle precedenti sentenze provvisoriamente esecutive. La decisione della Corte di cassazione che contempla il rinvio conserva tuttavia il proprio effetto vincolante anche nell'eventuale nuovo processo che venga successivamente instaurato con riproposizione della medesima domanda. L'estinzione del processo, pur operando di diritto, anche nel giudizio di rinvio non può essere dichiarata d'ufficio ma deve essere eccepita dalla parte interessata.

347. Le decisioni della Corte di cassazione possono essere impugnate?

Le sentenze e le ordinanze rese dalla Corte, in via generale, non sono impugnabili. Sono previste tuttavia alcune eccezioni che riguardano il vizio di inesistenza (che consente la proposizione dell'*actio nullitatis*), l'opposizione di terzo e la revocazione ai sensi dell'art. 391-*bis*. Quest'ultima norma disciplina la richiesta di correzione di eventuali errori materiali contenuti nella sentenza o nell'ordinanza e consente di introdurre il giudizio di revocazione delle decisioni della Corte viziate da errori di fatto risultanti dagli atti o dai documenti della causa, come espressamente indicato nell'art. 395 n. 4.

IX. - LA REVOCAZIONE

348. La revocazione costituisce un mezzo di impugnazione?

La revocazione – che può essere ordinaria o straordinaria - è unanimemente considerata un mezzo di impugnazione a carattere eccezionale che concorre o si aggiunge all'appello o al ricorso per cassazione ed investe la giustizia del provvedimento impugnato.

349. Quali vizi possono essere fatti valere con la revocazione ordinaria ed entro quale termine?

La revocazione ordinaria attiene ai vizi che possono essere rilevati sulla base della sola sentenza e cioè quando la stessa è l'effetto di un errore di fatto risultante dagli atti o dai documenti della causa ovvero quando la sentenza è contraria ad altra precedente avente fra le parti autorità di cosa giudicata, a condizione che non abbia pronunciato sulla relativa eccezione. Il termine per proporre la revocazione ordinaria è di trenta giorni dalla notificazione della sentenza.

350. Quali vizi possono essere fatti valere con la revocazione straordinaria ed entro quale termine?

Con la revocazione straordinaria possono essere fatti valere tutti quei vizi c.d. *occulti* e cioè non rilevabili immediatamente dalla sentenza ma scoperti solo in un successivo momento. Per questo motivo la revocazione straordinaria può essere fatta valere anche oltre i limiti temporali previsti per il passaggio in giudicato della sentenza quando la sentenza è effetto del dolo di una delle parti in danno dell'altra (art. 395, n. 1), quando si è giudicato sulla base di prove riconosciute o dichiarate false dopo la sentenza (art. 395, n. 2), quando dopo la sentenza sono stati trovati documenti decisivi che la parte non aveva potuto produrre in giudizio per causa di forza maggiore o per fatto dell'avversario (art. 395, n. 3), quando la sentenza è effetto del dolo del giudice (art. 395, n. 6). Il termine per proporre la revocazione straordinaria è di trenta giorni dal giorno in cui sono stati scoperti il dolo o la falsità o la collusione oppure dal giorno in cui si è verificato uno degli altri fatti previsti dagli artt. 395 - 396.

351. Il pubblico ministero può proporre la revocazione?

Sì, la revocazione può essere proposta anche dal pubblico ministero ma esclusivamente nelle cause in cui il suo intervento è obbligatorio (art. 70, comma 1) quando la sentenza è stata pronunciata senza che il P.M. sia stato sentito o quando la sentenza risulti essere l'effetto della collusione posta in opera dalle parti per frodare la legge.

X. - L'OPPOSIZIONE DI TERZO

352. Che cosa è l'opposizione di terzo? Qual è la sua peculiarità?

L'opposizione di terzo è un ulteriore mezzo di impugnazione considerato dalla dottrina un mezzo di impugnazione di carattere straordinario. La sua peculiarità consiste nella proponibilità nonostante l'avvenuto passaggio in giudicato della sentenza, nonché nel fatto che è proponibile da qualunque soggetto terzo, che non abbia assunto la qualità di parte nel giudizio che ha condotto alla sentenza impugnata. L'opposizione di terzo è generalmente qualificata come un "*rimedio facoltativo*" nel senso che la mancata proposizione non impedisce al terzo di far valere le sue ragioni ricorrendo a strumenti diversi, ossia attraverso l'eccezione di inopponibilità della sentenza pronunciata *inter alios* oppure mediante un'autonoma azione di accertamento diretta a dichiarare tale inopponibilità e la sussistenza del diritto del terzo.

353. Quali soggetti possono svolgere l'opposizione di terzo c.d. *ordinaria*?

Possono svolgere l'opposizione ordinaria, contro la sentenza passata in giudicato o comunque esecutiva pronunciata tra altri soggetti, esclusivamente coloro che non hanno assunto la qualità di parte nel processo che ha condotto alla decisione opposta, che fanno valere un diritto proprio ed autonomo e che hanno subito un pregiudizio dalla decisione stessa, intendendosi come tale il c.d. danno da esecuzione.

354. Quali soggetti possono proporre l'opposizione di terzo c.d. *revocatoria*?

Solamente gli aventi causa e i creditori di una delle parti possono proporre l'opposizione revocatoria alla sentenza, quando la stessa è l'effetto di dolo o collusione a loro danno. Tale rimedio tende infatti ad eliminare (a differenza di quello ordinario) del tutto la sentenza opposta e, per questo motivo, è esperibile solo nei casi eccezionali di dolo o collusione tra le parti. Legittimati a proporre l'opposizione di terzo revocatoria sono tutti i creditori, anche quelli soggetti a termine o condizione e gli aventi causa a titolo particolare. Non sono invece considerati legittimati gli eredi, i quali hanno a disposizione ulteriori rimedi per la reintegra della quota.

IV. - I PROCEDIMENTI SPECIALI (DI COGNIZIONE ORDINARIA)

I. - IL PROCESSO DEL LAVORO

355. Quali sono le principali peculiarità del procedimento applicabile alle controversie individuali di lavoro?

Si tratta di un particolare procedimento che, pur essendo ordinario, è speciale per quanto riguarda la trattazione delle questioni controverse. Il rito è molto celere, improntato ai principi dell'oralità, della concentrazione e dell'immediatezza.

356. Il tentativo di conciliazione nelle controversie soggette al rito del processo del lavoro è obbligatorio?

No, si tratta di una facoltà che - nell'ipotesi di esito positivo - consente alle parti di risolvere la controversia in modo rapido ed effettivo, prima di proporre la relativa domanda giudiziale. Ove invece, il tentativo non abbia esito positivo, ciascuna delle parti sarà libera di adire la competente autorità giudiziaria.

357. Le parti possono devolvere alla commissione di conciliazione la risoluzione della controversia?

Sì. La risoluzione della controversia può essere oggetto di arbitrato con mandato alla commissione di conciliazione di definire la stessa. In alternativa, le parti possono anche devolvere la controversia ad un collegio di conciliazione e arbitrato irrituale il quale decide con un lodo avente gli effetti del contratto ma nella sola ipotesi in cui l'arbitrato irrituale risulti espressamente inserito preventivamente in un contratto.

358. Dinanzi a quale giudice si radicano le controversie soggette al rito del processo del lavoro?

La competenza per materia spetta inderogabilmente al tribunale, in composizione monocratica, in funzione di giudice del lavoro. Quanto alla competenza per territorio è prevista la possibilità per il ricorrente di scegliere, alternativamente, il foro in cui è sorto il rapporto e cioè ove è stato stipulato il contratto di lavoro, il foro ove si trova l'azienda, intendendosi per tale il luogo, non necessariamente coincidente con la sede legale, in cui si accentrano i poteri di direzione ed amministrazione dell'impresa ovvero il foro ove si trova la dipendenza dell'azienda alla quale il lavoratore è addetto o era addetto alla fine del rapporto. Per le controversie previste dal n. 3 dell'art. 409 (rapporti di agenzia ecc.) è competente per territorio il giudice nella cui circoscrizione si trova il domicilio dell'agente, rappresentante di commercio, ecc.. Per le controversie relative ai rapporti di lavoro alle dipendenze delle pubbliche amministrazioni è competente per territorio il giudice nella cui circoscrizione ha sede l'ufficio al quale il dipendente è addetto o era addetto all'atto della cessazione del rapporto.

359. La competenza, così come determinata dall'art. 413, può essere derogata?

No. La competenza è da intendersi esclusiva e funzionale, in quanto la norma stessa (art. 413) stabilisce espressamente la nullità di eventuali clausole derogative. È previsto inoltre che si applicano le disposizioni dell'art. 18, inteso come richiamo ai fori generali, solamente quando non trovino applicazione le disposizioni dei primi commi.

360. Come si introducono le cause soggette al rito del processo del lavoro?

Le cause soggette al rito del lavoro devono essere introdotte mediante ricorso con l'assistenza tecnica obbligatoria di un difensore. L'atto introduttivo deve contenere tutti gli elementi previsti dall'art. 414 con la particolarità che sussiste l'onere di indicare in modo specifico tutti i mezzi di prova e di produrre tutti i documenti, onere inteso come vera e propria preclusione. Il giudice, nei cinque giorni successivi il deposito del ricorso, fissa con decreto l'udienza di discussione. Ricorso e decreto devono quindi essere notificati al convenuto, a cura del ricorrente, nei termini previsti.

361. Come si perfeziona la costituzione in giudizio del convenuto?

Il convenuto deve costituirsi depositando una memoria difensiva nel termine di almeno dieci giorni prima dell'udienza di discussione. Nella memoria il convenuto è tenuto, a pena di decadenza, a proporre le eventuali domande in via riconvenzionale, le eccezioni di incompetenza e quelle processuali e di merito non rilevabili d'ufficio. Deve inoltre prendere posizione, in maniera precisa e non limitata ad una generica contestazione, in relazione a tutti i fatti affermati dall'attore a fondamento della domanda, proporre tutte le sue difese in fatto e in diritto ed indicare specificamente, a pena di decadenza, i mezzi di prova dei quali intende avvalersi. La decadenza prevista dall'art. 416 ha carattere assoluto ed inderogabile e deve essere rilevata d'ufficio dal giudice.

362. A quali incombenti è tenuto il convenuto che formula domanda riconvenzionale?

Nel momento in cui il convenuto, costituendosi in giudizio, propone la domanda riconvenzionale è tenuto, a pena di decadenza, a formulare istanza al giudice, affinché differisca il giorno dell'udienza già fissata ad una data successiva. L'istanza può essere formulata nella stessa memoria di costituzione ovvero anche in un atto separato, purché depositato nel termine perentorio previsto per la proposizione della domanda riconvenzionale. In assenza dell'istanza, il giudice non ha il potere di fissare d'ufficio la nuova udienza e la domanda riconvenzionale deve essere dichiarata inammissibile. La memoria costitutiva e il decreto di fissazione della nuova udienza devono essere notificati al ricorrente, a cura dell'ufficio.

363. Come si svolge la prima udienza di discussione?

La prima udienza costituisce il fulcro del processo del lavoro: l'art. 420 prevede, infatti, che, nella stessa si svolga e si definisca l'intero procedimento attraverso una fase preliminare, una fase istruttoria ed una fase decisoria. Nella pratica, tuttavia, ciò non si verifica sostanzialmente mai ed anche il processo del lavoro si snoda, di fatto, in più udienze. La prima è normalmente dedicata alla sola fase preliminare ed all'ammissione delle prove. Il Giudice verifica la costituzione delle parti, ordina l'eventuale integrazione del contraddittorio, dispone l'eventuale riunione delle cause, pronuncia l'eventuale ordinanza di mutamento del rito, effettua l'interrogatorio libero delle parti presenti ed esperisce il tentativo di conciliazione, formulando una proposta transattiva o conciliativa, autorizza le parti - se ricorrono gravi motivi - a modificare le domande, eccezioni e conclusioni già formulate.

364. Il giudice nel rito del lavoro può disporre d'ufficio mezzi istruttori?

Sì. Nel rito del processo del lavoro, in considerazione della particolare natura dei diritti controversi, il giudice può disporre d'ufficio mezzi istruttori nell'esercizio del potere di ricerca della verità reale. Il giudice, tuttavia, non può, in alcun caso, sopperire alle carenze probatorie imputabili alle parti.

365. Nel rito del lavoro possono essere emesse ordinanze anticipatorie di condanna?

Sì. Su istanza di parte, il giudice può disporre, con ordinanza, il pagamento delle somme non contestate. Parimenti, su istanza del lavoratore, può disporre con ordinanza il pagamento di una somma a titolo provvisorio quando ritenga il diritto accertato e nei limiti della quantità per cui ritiene già raggiunta la prova.

366. Nel rito del lavoro è previsto per le parti il deposito delle comparse conclusionali?

No. Il processo del lavoro è concentrato sull'oralità e sull'immediatezza. Non è quindi consentito il deposito di memorie o note scritte ad eccezione di quelle espressamente previste dall'art. 420, comma 6, che debbono comunque sempre essere autorizzate dal giudice. Anche nella fase conclusiva, il giudice – solo se richiesto dalle parti e se ritenuto necessario - può autorizzare il deposito di note difensive cui segue sempre la discussione orale della causa.

367. È obbligatoria la lettura del dispositivo della sentenza?

Sì. La lettura costituisce un requisito indispensabile, in quanto la sua omissione comporta la nullità della sentenza ai sensi dell'art. 156, comma 2. Il giudice nel rito del lavoro deve inoltre, contestualmente, dare lettura dell'esposizione delle ragioni di fatto e di diritto della decisione, salvo che ritenga la controversia di particolare complessità, nel qual caso deve fissare il termine, non superiore a sessanta giorni, per il deposito della sentenza completa.

368. Entro quali termini può essere proposto appello nel rito del lavoro?

Se la sentenza è stata notificata, il termine è di trenta giorni dalla data di notifica; diversamente, il termine è di sei mesi dalla data del deposito della sentenza. Non si applica la sospensione feriale dei termini. Ai fini della tempestività dell'impugnazione è determinante la data del deposito del ricorso in cancelleria in quanto la notifica costituisce un elemento estraneo alla fase introduttiva del giudizio di appello. L'inammissibilità dell'appello tardivo è rilevabile d'ufficio e non può dirsi sanata dalla costituzione dell'appellato.

369. Quali sono i requisiti dell'appello?

L'atto di appello deve avere la forma del ricorso e deve contenere tutte le indicazioni prescritte dall'art. 414. Deve essere motivato e, a pena di inammissibilità, deve contenere l'indicazione delle parti del provvedimento che si intende appellare, le modifiche che vengono richieste alla ricostruzione del fatto compiuta dal giudice di primo grado e l'indicazione delle circostanze da cui deriva la violazione della legge e della loro rilevanza ai fini della decisione impugnata.

370. Si può appellare una sentenza con riserva dei motivi?

Sì. Poiché il lavoratore può procedere all'esecuzione con la sola copia del dispositivo della sentenza di primo grado (art. 431, comma 2), il codice consente alla parte soccombente di proporre l'appello con riserva dei motivi, ove l'esecuzione sia iniziata prima della notificazione della sentenza. In tal caso, i motivi dovranno poi essere presentati nei termini di cui all'art. 434 e l'appello con riserva non comporta la fissazione dell'udienza di discussione ma ha la sola finalità di investire il giudice dell'impugnazione dell'istanza di sospensione dell'esecuzione.

371. Possono essere formulate nuove domande o eccezioni in appello?

Nel giudizio d'appello non sono ammesse nuove domande, né eccezioni: trattasi di un divieto di ordine pubblico, la cui violazione va rilevata anche d'ufficio e per la quale non è ammessa sanatoria, neppure in presenza di accettazione del contraddittorio.

372. Sono consentiti nuovi mezzi di prova?

Neppure sono ammessi nuovi mezzi di prova ad eccezione del giuramento estimatorio. È fatta salva la sola ipotesi in cui il collegio, anche d'ufficio, li ritenga indispensabili ai fini della decisione della causa. Può sempre essere deferito il giuramento decisorio.

373. Quali sono i termini entro i quali il convenuto in appello deve costituirsi?

La costituzione del convenuto in appello deve avvenire almeno dieci giorni prima dell'udienza mediante deposito di una memoria in quanto, in mancanza, la parte decade dalla possibilità di proporre l'appello incidentale. L'eventuale appello incidentale deve essere notificato, a cura dell'appellato, alla controparte nello stesso termine di almeno dieci giorni prima dell'udienza a pena di improcedibilità.

374. L'art. 348-*bis* è applicabile anche nel rito del processo del lavoro?

Sì. L'art. 436-*bis* stabilisce che si applicano espressamente anche nel processo del lavoro le disposizioni di cui agli articoli 348-*bis* e *ter*. Il giudice dell'appello può quindi dichiararne l'inammissibilità con ordinanza quando l'impugnazione non ha una ragionevole probabilità di essere accolta, così come previsto per il rito ordinario.

375. Cosa si intende con l'espressione "controversie previdenziali"?

Si intendono le controversie derivanti dall'applicazione delle norme riguardanti le assicurazioni sociali, gli infortuni sul lavoro, le malattie professionali, gli assegni familiari, nonché ogni altra forma di previdenza e di assistenza obbligatoria. Rientrano tra le controversie definite "previdenziali" anche quelle relative all'inosservanza degli obblighi di assistenza e previdenza derivanti da contratti e accordi collettivi.

376. In quali tipi di controversie è obbligatorio esperire prima della causa l'accertamento tecnico preventivo?

L'art. 445-*bis* prevede l'obbligatorietà dell'accertamento tecnico preventivo in tutta una serie di controversie in materia di invalidità ed inabilità, espressamente indicate dalla norma. Si tratta di una vera e propria condizione di procedibilità della domanda. Il giudice - disposta la consulenza - fissa un termine, di carattere perentorio, entro il quale le parti devono dichiarare se intendono contestare o meno le conclusioni del perito. Solo in caso di contestazione, la parte è tenuta a depositare il ricorso introduttivo del giudizio di merito.

377. Quale rito si applica alle controversie in materia locatizia?

Alle controversie in materia di locazione e di comodato di immobili urbani e in materia di affitto di azienda, a seguito dell'introduzione dell'art. 447-*bis*, si applica il rito del lavoro. La norma prevede, tuttavia, l'applicabilità delle sole norme del processo del lavoro espressamente richiamate, in quanto applicabili.

378. Qual è il giudice competente?

Il giudice competente è sempre il tribunale del luogo ove è posto l'immobile o l'azienda; si tratta di competenza inderogabile, in quanto l'art. 447-*bis* stabilisce espressamente la nullità di eventuali clausole in deroga.

379. Quale rito si applica alle controversie agrarie?

A tutte le controversie in materia di contratti agrari - in virtù dell'entrata in vigore della legge sulla semplificazione dei riti - si applicano le norme dettate per il rito del lavoro. Tali controversie devono essere trattate dalla sezione specializzata agraria istituita presso il tribunale, composta anche da componenti non togati.

380. Come è strutturato il rito speciale per l'impugnativa dei licenziamenti?

Il rito è strutturato in due fasi, una necessaria ed una eventuale. La prima ha carattere di urgenza ed il giudice si pronuncia con ordinanza; la seconda è rimessa all'iniziativa del soggetto interessato il quale può proporre opposizione all'ordinanza. In tal caso il giudice pronuncia sentenza, suscettibile di reclamo avanti la Corte d'appello.

II. - I PROCEDIMENTI IN MATERIA DI FAMIGLIA

381. Come si propone la domanda di separazione giudiziale dei coniugi?

La domanda di separazione giudiziale si propone con ricorso che deve contenere l'esposizione dei fatti sui quali la domanda è fondata, l'indicazione dei figli di entrambi i coniugi, l'indicazione del provvedimento che si richiede venga adottato dal tribunale. Il presidente del tribunale fissa con decreto la data di udienza per la comparizione personale dei coniugi avanti a sé con il termine per la notifica a controparte del ricorso e del decreto, nonché il termine entro il quale il convenuto deve provvedere alla costituzione in giudizio.

382. Qual è il giudice competente a conoscere la causa di separazione?

La competenza per materia appartiene in via inderogabile e funzionale al tribunale del luogo dell'ultima residenza comune dei coniugi ovvero, in mancanza, del luogo in cui il coniuge convenuto ha la residenza o il domicilio. Se il coniuge convenuto è residente all'estero o risulta irreperibile, la competenza appartiene al tribunale del luogo di residenza o di domicilio del ricorrente; se anche questi è residente all'estero, a qualunque tribunale della Repubblica.

383. In cosa consistono i provvedimenti provvisori emessi al termine della fase presidenziale?

Il presidente, dopo aver sentito i coniugi e i rispettivi difensori, emana con ordinanza i provvedimenti temporanei ed urgenti che ritiene opportuni nell'interesse della prole e dei coniugi. I provvedimenti in ordine alla prole sono emessi anche d'ufficio, tenendo presente le norme di diritto sostanziale contenute nel codice civile. In particolare, il presidente dispone l'affidamento dei figli minori, assegna la casa familiare, fissa la misura e il modo con cui i genitori devono contribuire al mantenimento, alla cura, all'istruzione e all'educazione dei figli, compresi i figli maggiorenni non indipendenti economicamente; autorizza, infine, i coniugi a vivere separati.

384. L'ordinanza presidenziale può essere impugnata?

Le parti possono impugnare l'ordinanza proponendo reclamo alla Corte di appello nel termine perentorio di dieci giorni dalla notificazione del provvedimento, qualora lamentino errori di valutazione da parte del presidente. Le parti possono, altresì, richiedere al giudice istruttore, nel prosieguo del giudizio, la modifica o la revoca dell'ordinanza nell'ipotesi in cui vengano allegate circostanze nuove, ovvero non conosciute, oppure nuovi fatti emergenti da una successiva attività istruttoria.

385. Come prosegue il giudizio di separazione a seguito dei provvedimenti presidenziali?

Esaurita la fase presidenziale, il procedimento di separazione personale dei coniugi entra nella fase di cognizione ordinaria avanti il giudice istruttore. Il ricorrente ha l'onere di depositare, nel termine fissato dal presidente, la memoria integrativa, con possibilità di introdurre domande nuove. Il convenuto ha parimenti l'onere di costituirsi in giudizio, nei termini e con le forme previste dagli artt. 166 e 167, comma 1 e 2, mediante il deposito di comparsa di risposta nella quale deve proporre tutte le proprie difese e sollevare le relative eccezioni processuali e di merito non rilevabili d'ufficio.

386. Come si propone la separazione consensuale?

Quando i coniugi raggiungono l'accordo in ordine a tutte le condizioni della loro separazione, possono presentare ricorso congiunto al tribunale territorialmente competente. Il presidente fissa l'udienza di comparizione personale dei coniugi avanti a sé e tenta la conciliazione. Se i coniugi confermano avanti il presidente il consenso alla separazione ed alle relative condizioni, il tribunale emana il decreto di omologazione. Tuttavia, qualora l'accordo dei coniugi, relativamente all'affidamento e al mantenimento dei figli, appaia in contrasto con l'interesse degli stessi, il tribunale convoca nuovamente i coniugi a comparire, indicando loro le modificazioni da adottare nell'interesse della prole. Nell'ipotesi di inidonea soluzione, il tribunale può rifiutare l'omologazione, non potendo procedere a modifiche d'ufficio delle clausole pattizie. Ottenuta l'omologazione, la separazione consensuale acquista efficacia (art. 711, comma 4).

387. I provvedimenti riguardanti il coniuge ed i figli possono essere modificati?

I coniugi, in qualunque momento possono chiedere la modifica dei provvedimenti conseguenti la separazione riguardanti il coniuge e la prole, anche quando la separazione è stata consensuale. Questi provvedimenti infatti, in qualunque sede disposti, sono emanati *rebus sic stantibus* e non passano mai in giudicato. La domanda di modifica può tuttavia essere esperita solo dopo che si sia formato il giudicato sulla separazione, dovendo altrimenti le parti chiedere la modifica al giudice istruttore nel corso della causa o alla Corte di appello, mediante proposizione dell'appello.

388. Quando può essere proposta la domanda di scioglimento del matrimonio ovvero la domanda di dichiarazione di cessazione degli effetti civili del matrimonio?

Quando sussiste uno dei requisiti previsti dall'art. 3 della legge 898/1970, istitutiva del divorzio, ciascuno dei coniugi può domandare lo scioglimento del matrimonio, se questo è stato contratto a norma del codice civile, ovvero la dichiarazione di cessazione degli effetti civili del matrimonio, se questo è stato celebrato con rito religioso e regolarmente trascritto.

389. Come si conclude il procedimento di divorzio?

Il processo si chiude comunque con sentenza definitiva, anche nell'ipotesi in cui il tribunale abbia pronunciato, preliminarmente, sentenza non definitiva relativamente allo *status* dei coniugi ed il processo sia quindi proseguito per la definizione delle questioni di carattere economico. La sentenza definitiva è impugnabile da ciascuna delle parti e dal pubblico ministero, limitatamente agli interessi patrimoniali dei figli minori o legalmente incapaci. La sentenza che pronuncia lo scioglimento o la cessazione degli effetti civili del matrimonio, quando sia passata in giudicato, deve essere trasmessa in copia autentica a cura del cancelliere del tribunale o della Corte che l'ha emessa, all'ufficiale dello stato civile del comune in cui il matrimonio fu trascritto per le annotazioni e le ulteriori incombenze.

390. Da quale momento il divorzio produce effetti?

Solo dal giorno della trascrizione della sentenza hanno efficacia, a tutti gli effetti civili, lo scioglimento o la cessazione. Deve, pertanto, intendersi che la sentenza di divorzio, passata in giudicato, spiega i suoi effetti immediatamente tra le parti interessate mentre nei confronti dei terzi, poiché la sentenza modifica lo *status dei coniugi erga omnes*, la sentenza è opponibile solamente una volta esaurite le formalità della trascrizione.

391. Per proporre la domanda congiunta di scioglimento o di cessazione degli effetti civili del matrimonio è necessaria l'assistenza tecnica dell'avvocato?

Sì, i coniugi devono necessariamente farsi assistere dal difensore in quanto l'assistenza tecnica è necessaria e non facoltativa, avendo il provvedimento del giudice carattere decisorio.

392. Dopo la sentenza che ha pronunciato lo scioglimento o la cessazione degli effetti civili del matrimonio possono essere modificate le disposizioni concernenti l'affidamento dei figli?

Sì, così come per la separazione, anche nel procedimento di divorzio - quando sopravvengano giustificati motivi - è prevista la possibilità di chiedere sia la revisione delle disposizioni concernenti l'affidamento dei figli sia di quelle relative alla misura e alle modalità dei contributi da corrispondere all'altro coniuge.

393. In quali casi l'accordo di separazione può essere concluso davanti all'ufficiale dello stato civile?

A tale forma semplificata di separazione, possono ricorrere i coniugi che non hanno figli minori o maggiorenni incapaci o portatori di handicap grave o economicamente non autosufficienti. L'accordo inoltre non deve contenere patti di trasferimento patrimoniale.

394. La convenzione di negoziazione assistita può essere stipulata per gli accordi di separazione?

Sì. I coniugi possono concludere una particolare convenzione di negoziazione assistita al fine di raggiungere una soluzione consensuale non solo di separazione, ma anche di divorzio o di modifica di condizioni già esistenti. I coniugi devono essere assistiti da almeno un avvocato per parte. L'accordo deve essere trasmesso al procuratore della Repubblica e quindi obbligatoriamente trasmesso nei successivi dieci giorni – in copia conforme - all'ufficiale dello stato civile del Comune in cui il matrimonio è stato iscritto o trascritto.

III. - I PROCEDIMENTI DI INTERDIZIONE, INABILITAZIONE E AMMINISTRAZIONE DI SOSTEGNO

395. A quale giudice deve essere presentata la richiesta di nomina di un amministratore di sostegno?

Il giudice competente è il giudice tutelare del luogo in cui il beneficiario ha la residenza o il domicilio. Il ricorso può essere proposto dallo stesso beneficiario e dai soggetti espressamente elencati dall'art. 417 c.c. e cioè dal coniuge del beneficiario, dalla persona con lui stabilmente convivente, dai parenti entro il quarto grado, dagli affini entro il secondo grado, dal tutore o curatore, ovvero dal pubblico ministero.

396. Il decreto del giudice tutelare di apertura dell'amministrazione di sostegno è impugnabile?

Il decreto, motivato ed immediatamente esecutivo, è impugnabile con reclamo avanti alla Corte d'appello nelle forme e nei termini previsti per i procedimenti in camera di consiglio (art. 739). Avverso il decreto della Corte d'appello può essere proposto ricorso per cassazione.

397. Come si propone la domanda per la dichiarazione di interdizione o di inabilitazione?

La domanda si propone con ricorso al tribunale del luogo in cui la persona da dichiarare interdetta o inabilitata ha la residenza o il domicilio. Il ricorso può essere proposto dai soggetti elencati dall'art. 417 c.c. e deve essere sottoscritto da un difensore munito di procura, essendo obbligatoria l'assistenza tecnica di un avvocato.

398. È obbligatorio l'intervento del pubblico ministero?

Sì. Il presidente ordina, infatti, la comunicazione del ricorso al pubblico ministero, il quale deve obbligatoriamente intervenire all'udienza in cui si svolge l'esame dell'interdicendo o inabilitando.

399. È prevista la possibilità di nomina di un tutore provvisorio?

Sì. Nel corso del giudizio, il giudice, compiuto l'esame dell'interdicendo o inabilitando, se ritiene l'opportunità di anticipare gli effetti della sentenza, può nominare con decreto un tutore o un curatore provvisorio, salvo poi confermarlo o revocarlo con la sentenza. La nomina provvisoria può essere revocata anche d'ufficio nel corso del procedimento fino a che non venga pronunciata la sentenza.

400. La sentenza dichiarativa di interdizione o di inabilitazione è impugnabile?

Sì. Avverso la sentenza può essere proposta impugnazione nei modi ordinari da tutti coloro che avrebbero avuto diritto di proporre la domanda, anche se non hanno partecipato al giudizio. L'impugnazione può essere proposta anche dal tutore o curatore nominato con la stessa sentenza o dallo stesso interdetto o inabilitato.

IV. - IL GIUDIZIO DI DIVISIONE

401. In quali casi si instaura il giudizio di divisione?

Il giudizio di divisione si instaura tutte le volte che i coeredi chiedono la divisione dell'eredità (art. 713 c.c.) ed in tutti i casi in cui uno o alcuni dei partecipanti alla comunione ne domandano lo scioglimento (art. 1111 c.c.).

402. Qual è il giudice competente?

Il giudice territorialmente competente è quello del luogo di apertura della successione ereditaria ovvero quello del luogo in cui si trovano i beni comuni o la maggior parte di essi. È sempre competente il tribunale in composizione monocratica. La domanda si propone con atto di citazione.

403. Nei confronti di chi deve svolgersi il giudizio di divisione?

Il giudizio di divisione si deve svolgere nei confronti di tutti i partecipanti alla comunione, e cioè nei confronti di tutti gli eredi, comproprietari o condomini. Si tratta, infatti, di un'ipotesi litisconsorzio necessario, il cui difetto è rilevabile in qualunque stato e grado del giudizio, anche d'ufficio. Sono litisconsorti necessari del giudizio di divisione anche i creditori opponenti (art. 784) in quanto hanno notificato a tutti i partecipanti alla comunione un'opposizione prima della domanda di divisione.

404. I creditori iscritti possono intervenire nel giudizio di divisione?

I creditori iscritti e cioè coloro che vantano un diritto di prelazione risultante dai pubblici registri, nonché coloro che hanno acquistato diritti sull'immobile oggetto del giudizio di divisione, in virtù di atti trascritti, hanno diritto di intervenire nella divisione ma non ne sono parti necessarie. Devono pertanto essere chiamati in causa dai comunisti per i quali la chiamata costituisce un onere.

405. Chi predispone il progetto di divisione?

Il progetto di divisione è predisposto dal giudice istruttore o da un notaio da questi delegato in cui vengono individuate le quote e gli eventuali conguagli. Se non vi sono contestazioni in ordine alle attribuzioni da parte dei condividenti e dei creditori intervenuti, il progetto è dichiarato esecutivo. Se sorgono contestazioni, il giudice provvede con sentenza decidendo la questione.

406. In quali casi si può ricorrere al procedimento di cui all'art. 791-*bis*?

Quando non sussiste controversia sul diritto alla divisione, né sulle quote o su altre questioni pregiudiziali, le parti possono – con ricorso congiunto al tribunale territorialmente competente – chiedere, ai sensi dell'art. 791-*bis*, la nomina di un notaio o di un avvocato al quale siano attribuite tutte le operazioni di divisione.

V. - I PROCEDIMENTI SPECIALI (DI COGNIZIONE SOMMARIA)

I. - IL PROCEDIMENTO DI INGIUNZIONE

407. Quali sono le caratteristiche del procedimento di ingiunzione?

Si tratta di un procedimento speciale suddiviso in due fasi: la prima è caratterizzata dall'assenza di contraddittorio e dalla sommarietà della cognizione, in quanto consente al creditore di conseguire in tempi rapidi il titolo esecutivo. La seconda fase è eventuale, in quanto si apre solo su iniziativa del debitore ingiunto e dà luogo all'instaurazione di un giudizio ordinario.

408. In quali casi si può ricorrere al decreto ingiuntivo?

Quando la parte è titolare di un diritto di credito costituito da una somma liquida di denaro o da una determinata quantità di cose fungibili oppure quando la parte ha diritto alla consegna di una cosa mobile determinata, può chiedere al giudice ingiunzione di pagamento o di consegna.

409. Quali sono le prove che il creditore deve fornire per ottenere l'ingiunzione?

Il credito deve risultare da una prova scritta idonea. È ritenuta tale quella risultante da qualsiasi documento proveniente dal debitore o da un terzo che abbia intrinseca legalità, anche se priva di efficacia probatoria assoluta, in quanto la completezza sarà oggetto di accertamento nell'eventuale successivo giudizio di opposizione.

410. Il codice ne elenca qualcuna?

Tra le prove scritte vengono individuate le promesse unilaterali per scrittura privata (ad esempio la promessa di pagamento e la ricognizione di debito). In caso di crediti relativi a somministrazioni di merci o prestazioni di servizi, sono considerate prove scritte idonee gli estratti autentici delle scritture contabili prescritte dal codice civile o dalle leggi tributarie.

411. Lo Stato può richiedere un decreto ingiuntivo?

Certamente. L'art. 635 prevede questa possibilità stabilendo che sono prove idonee i libri e i registri della pubblica amministrazione.

412. Come si introduce il procedimento monitorio?

Con un ricorso che deve contenere l'indicazione delle prove che giustificano la ragione di credito con relativa allegazione oltre ai requisiti essenziali previsti dall'art. 125.

413. Qual è il giudice competente ad emettere un decreto ingiuntivo?

Il decreto ingiuntivo può essere emesso dal giudice di pace o dal tribunale in composizione monocratica che sarebbero competenti ove la domanda fosse proposta in via ordinaria. Per quanto concerne la competenza per territorio trovano applicazione le regole ordinarie di cui agli artt. 18, 19 e 20 e i fori esclusivi. Per la determinazione della competenza per valore, si sommano con il capitale, gli interessi scaduti fino al giorno del deposito del ricorso in cancelleria.

414. Come si conclude la fase di cognizione sommaria?

A seguito del deposito del ricorso, il giudice può rigettare il ricorso ove lo ritenga inammissibile per carenza dei presupposti processuali o per incompetenza ovvero può chiedere l'integrazione probatoria qualora ritenga non sufficientemente giustificata la domanda. Nel caso in cui accolga la domanda, emette decreto con il quale ingiunge all'altra parte di pagare la somma o di consegnare la cosa nel termine di quaranta giorni, con l'espresso avvertimento che nello stesso termine può essere fatta opposizione e che, in mancanza, si procederà ad esecuzione forzata.

415. Se il giudice rigetta la domanda, la parte può riproporla?

Sì. Il rigetto non costituisce una pronuncia di accertamento negativo, in quanto il provvedimento non assume efficacia di cosa giudicata, tanto che non è impugnabile, neppure con ricorso in cassazione *ex* art. 111 Cost. Il ricorrente, in caso di rigetto, può, pertanto, riproporre la domanda con altro ricorso oppure in via ordinaria.

416. Entro quale termine il creditore deve notificare il decreto ingiuntivo concesso?

Il ricorrente deve notificare il ricorso e il decreto in copia autentica al debitore ingiunto, entro sessanta giorni dalla pronuncia, se la notifica deve avvenire nel territorio della Repubblica ovvero entro novanta giorni negli altri casi. In mancanza di notificazione nei termini, il decreto diventa inefficace. Il termine decorre dalla data del deposito del provvedimento in cancelleria da parte del giudice.

417. In quali casi può essere chiesta la provvisoria esecutorietà del decreto?

Il ricorrente, con il ricorso può chiedere che il decreto ingiuntivo sia dichiarato provvisoriamente esecutivo, quando ricorrono le ipotesi previste dall'art. 642 e cioè quando il ricorso sia fondato su atti aventi una particolare efficacia quali, ad esempio, su cambiale, su assegno, su atto ricevuto da notaio oppure se sussiste pericolo di grave pregiudizio nel ritardo ovvero in caso di documentazione sottoscritta dal debitore comprovante il diritto fatto valere.

418. Quando il decreto ingiuntivo diventa definitivo?

Se il debitore non propone opposizione nel termine di quaranta giorni dalla notifica, il decreto ingiuntivo diventa definitivo e il creditore può chiedere al giudice che lo ha emesso che dichiari il medesimo esecutivo. Il decreto acquista efficacia di cosa giudicata.

419. Il debitore come deve proporre opposizione al decreto ingiuntivo?

L'opposizione si propone con atto di citazione davanti all'ufficio giudiziario al quale appartiene il giudice che ha emesso il decreto. L'atto di citazione deve essere notificato entro quaranta giorni dalla data di notifica del decreto ingiuntivo al creditore presso il procuratore costituito o nel domicilio eletto. Se riguarda una delle materie di cui agli artt. 409 e 442 deve essere proposta con ricorso da depositarsi nel termine di quaranta giorni dalla notifica del decreto.

420. L'opponente può chiamare un terzo in giudizio?

La giurisprudenza ha precisato che l'opponente non può citare direttamente il terzo, ma deve chiedere al giudice, nell'atto di opposizione, di essere a ciò autorizzato, in quanto egli mantiene la posizione di convenuto.

421. Come può il debitore chiedere la sospensione della provvisoria esecutorietà del decreto?

L'istanza di sospensione può essere contenuta nell'atto di citazione in opposizione oppure in atto diverso e successivo, ma deve essere comunque giustificata dalla sussistenza di gravi motivi riguardanti soprattutto la probabile fondatezza dell'opposizione e l'incertezza probatoria sui fatti costitutivi del diritto azionato.

422. Può essere concessa l'esecuzione provvisoria del decreto in pendenza di opposizione?

Nell'ipotesi in cui l'opposizione non sia fondata su prova scritta o di pronta soluzione, il giudice, su istanza del creditore, può concedere la provvisoria esecuzione del decreto in prima udienza con ordinanza non impugnabile (e dunque né revocabile né modificabile).

423. A chi spetta l'onere di attivare la mediazione obbligatoria?

Nelle controversie soggette a mediazione obbligatoria, una volta instaurato il relativo giudizio di opposizione e decise le istanze di concessione o sospensione della provvisoria esecuzione del decreto, l'onere di attivare il procedimento di mediazione è a carico della parte opposta. In caso di mancata attivazione, il giudice dovrà pronunciare l'improcedibilità del giudizio di opposizione con conseguente revoca del decreto ingiuntivo.

424. Come si conclude il giudizio di opposizione?

Il giudizio di opposizione a decreto ingiuntivo è destinato a chiudersi con sentenza, avverso la quale sono esperibili gli ordinari mezzi di impugnazione.

425. Quando può essere proposta opposizione tardiva al decreto?

Quando il debitore ingiunto sia in grado di provare di non aver avuto tempestiva conoscenza del decreto ingiuntivo per irregolarità della notificazione, per caso fortuito o per forza maggiore, può proporre opposizione tardiva al decreto ingiuntivo anche dopo la scadenza del termine. L'opposizione però non è più consentita se sono decorsi dieci giorni dal primo atto di esecuzione.

II. - IL PROCEDIMENTO PER CONVALIDA DI SFRATTO

426. Quali sono le caratteristiche del procedimento per convalida di sfratto?

Si tratta di un procedimento speciale di condanna a cognizione sommaria, nel quale vige il rispetto del contraddittorio; è un procedimento a carattere facoltativo, in quanto la parte può far valere lo stesso diritto sostanziale anche con l'instaurazione di un procedimento ordinario nelle forme del rito locatizio.

427. In quali casi si può ricorrere al procedimento per convalida di sfratto?

Il procedimento può essere utilizzato esclusivamente per la locazione immobiliare, al fine di far valere il diritto al rilascio, in forza di un contratto tipico (art. 657) ovvero quando la locazione costituisce elemento accessorio e secondario di un contratto d'opera o di lavoro subordinato (art. 659).

428. Quando si può intimare la licenza per finita locazione e quali ne sono gli effetti?

Il locatore può intimare al conduttore, licenza per finita locazione, prima della scadenza del contratto, con la contestuale citazione per la convalida. Nel caso in cui il contratto a scadere sia a tempo determinato l'intimazione spiega gli effetti di evitare la tacita rinnovazione; nel caso invece in cui il contratto a scadere sia a tempo indeterminato, l'intimazione ha effetti sostanzialmente analoghi a quelli della disdetta, apponendo così al contratto un termine finale, di cui diversamente è privo. Il locatore, in questo modo, si precostituisce un titolo anticipatamente rispetto alla data di scadenza per garantirsi il diritto di riottenere il bene.

429. Quando si può intimare lo sfratto per finita locazione?

Il locatore può intimare lo sfratto per finita locazione solamente dopo la scadenza del contratto, se, in virtù del contratto stesso o per effetto di atti o intimazioni precedenti, è esclusa la tacita riconduzione.

430. Quando si può intimare lo sfratto per morosità?

Il locatore può intimare lo sfratto per morosità nell'ipotesi di mancato pagamento del canone di affitto alle scadenze esercitando, in questo modo, nelle forme speciali, un'azione costitutiva di risoluzione del contratto per inadempimento.

431. Il creditore può, con l'intimazione di sfratto, chiedere anche ingiunzione di pagamento?

L'art. 658 consente espressamente al locatore di chiedere ed ottenere, oltre al rilascio del bene, anche la condanna del conduttore al pagamento dei canoni scaduti, nelle forme proprie del decreto ingiuntivo. Nell'ipotesi in cui il locatore, tuttavia, agisca esclusivamente per il rilascio, omettendo di richiedere il pagamento dei canoni scaduti, la pronuncia sullo sfratto risolverà il contratto di locazione, ma lascerà impregiudicata ogni questione relativa ai canoni (art. 669).

432. Qual è il giudice competente nel procedimento per convalida di sfratto e come viene introdotto il procedimento?

Il giudice competente è il tribunale del luogo in cui si trova la cosa locata (art. 661); si tratta di una ipotesi di competenza funzionale e territoriale inderogabile che resta ferma sia nella fase di convalida sia nell'eventuale successivo giudizio di merito instaurato con l'opposizione. Il procedimento si introduce con atto di citazione, contenente l'intimazione di licenza o di sfratto e contestualmente la citazione, da notificarsi al conduttore ai sensi dell'art. 137 e ss., con esclusione della notificazione presso il domicilio eletto.

433. Quali sono i requisiti dell'atto di citazione per la convalida?

Deve contenere la dichiarazione del locatore della propria residenza o l'elezione del proprio domicilio nel comune dove ha sede il giudice adito. Diversamente, le notificazioni di eventuali opposizioni e di qualsiasi altro atto del giudizio, potranno essergli effettuate presso la cancelleria. L'atto deve inoltre avere i requisiti di cui all'art. 125 ad eccezione di quelli previsti dall'art. 163, n. 7: deve contenere, infatti, l'invito al convenuto a comparire all'udienza indicata e l'avvertimento che se non compare o, comparendo, non si oppone, il giudice convaliderà la licenza o lo sfratto ai sensi dell'art. 663 (art. 660, comma 3).

434. Che cosa accade se il locatore non compare alla prima udienza?

Gli effetti processuali dell'intimazione cessano pur restando salvi quelli di carattere sostanziale (resta impedita, ad esempio, la rinnovazione tacita del contratto). Il giudice deve dichiarare l'estinzione del procedimento di convalida.

435. Che cosa accade se l'intimato non compare alla prima udienza?

Il giudice, se risulta o appare probabile che l'intimato non abbia avuto conoscenza della citazione o non sia potuto comparire per caso fortuito o forza maggiore, dispone la rinnovazione della citazione. In caso contrario, convalida la licenza o lo sfratto e dispone, con ordinanza in calce alla citazione, l'apposizione della formula esecutiva, che ha effetto decorsi trenta giorni.

436. Che cosa accade se l'intimato compare alla prima udienza e non si oppone?

Il giudice convalida la licenza o lo sfratto e dispone l'apposizione della formula esecutiva.

437. Che cosa accade se l'intimato compare alla prima udienza e svolge opposizione?

Se l'intimato, comparendo alla prima udienza, propone opposizione, informalmente ed anche personalmente, viene meno la possibilità per il giudice di pronunciare immediatamente il provvedimento di convalida. Se le eccezioni non sono fondate su prova scritta, il giudice pronuncia ordinanza non impugnabile di rilascio con riserva delle eccezioni del convenuto.

438. Come prosegue il giudizio di opposizione?

Il procedimento prosegue nelle forme ordinarie e da procedimento speciale si trasforma in un procedimento a cognizione piena con le forme del rito locatizio.

439. Il conduttore nel procedimento di sfratto per morosità può sanare la morosità stessa?

L'art. 55 della legge 392/1978 concede espressamente al conduttore la possibilità di sanare la morosità in sede giudiziale, versando l'importo dovuto per capitale, interessi e spese in sede di prima udienza ovvero nel termine di grazia concesso dal giudice, in presenza di comprovate condizioni di difficoltà del conduttore e con ciò escludendo la risoluzione del contratto.

440. A che cosa è subordinata la convalida dello sfratto per morosità?

All'attestazione, da parte del locatore, che la morosità del conduttore persiste al momento dell'udienza di comparizione. L'attestazione di persistenza deve essere dichiarata dal locatore nel corso dell'udienza e deve riguardare la morosità dedotta nell'intimazione: se, infatti, il conduttore, nelle more, ha sanato la morosità e si tratta di locazione abitativa, il giudice non può convalidare lo sfratto. La sanatoria, se avvenuta, deve essere completa.

441. È ammessa l'opposizione tardiva alla convalida?

Sì, l'art. 668 consente all'intimato di presentare opposizione tardiva alla convalida quando l'intimazione sia stata convalidata in sua assenza e fornendo la prova di non averne avuto tempestiva conoscenza per irregolarità della notificazione o per caso fortuito o forza maggiore. L'opposizione tardiva deve essere proposta avanti il tribunale, nel termine perentorio di dieci giorni dall'esecuzione e nelle forme prescritte per l'opposizione al decreto ingiuntivo, in quanto applicabili.

III. - I PROCEDIMENTI CAUTELARI

442. Qual è la funzione dei procedimenti cautelari?

I procedimenti cautelari hanno lo scopo di consentire alla parte di ottenere una tutela immediata quando il tempo occorrente per far valere il diritto nel processo a cognizione piena può vanificare il diritto stesso. La tutela cautelare rappresenta, pertanto, lo strumento azionabile per soddisfare tempestivamente e con immediatezza la parte che necessita di tutela immediata, a garanzia dell'effettività del diritto di azione e della tutela giurisdizionale.

443. Quali sono i presupposti per poter ricorrere ai procedimenti cautelari?

Sono il c.d. *fumus boni iuris* e cioè l'approssimativa e ragionevole probabilità circa l'esistenza del diritto ed il c.d. *periculum in mora* e cioè la sussistenza del pericolo nel ritardo dell'emanazione del provvedimento definitivo.

444. Come si introduce il procedimento cautelare?

Il procedimento cautelare si introduce con ricorso da depositarsi nella cancelleria del giudice competente (art. 669-*bis*) che deve contenere tutti gli elementi tipici di cui all'art. 125. In particolare, deve essere individuato il diritto sostanziale a cautela del quale si richiede il provvedimento e devono essere esposti i fatti costitutivi del diritto stesso, ai fini della valutazione del *fumus boni iuris*. Devono inoltre essere indicati il *periculum in mora* nonché gli elementi probatori da cui è dato desumerne la sussistenza.

445. A quale giudice deve essere proposta la domanda?

Prima dell'inizio della causa di merito, la domanda si propone al giudice competente a conoscere il merito stesso. Tuttavia, se per la causa di merito è competente il giudice di pace, la domanda deve essere proposta al tribunale. Quando la causa è già pendente per il merito, la domanda deve essere proposta al giudice della stessa. Tuttavia, se la causa pende avanti al giudice di pace, la domanda deve essere proposta al tribunale. In pendenza dei termini per proporre l'impugnazione, la domanda si propone al giudice che ha pronunciato la sentenza.

446. Come si svolge il procedimento cautelare?

Il procedimento è caratterizzato dalla snellezza e dalla rapidità; è omessa ogni formalità non essenziale al contraddittorio ed il giudice procede nel modo che ritiene più opportuno agli atti di istruzione indispensabili in relazione ai presupposti e ai fini del provvedimento richiesto.

447. Con quale tipo di provvedimento si conclude il procedimento?

Il procedimento si conclude con ordinanza di accoglimento o di rigetto della domanda, a seguito della convocazione delle parti ovvero con ordinanza di conferma, modifica o revoca del provvedimento, già emanato con decreto *inaudita altera parte*, nell'ipotesi di contraddittorio differito.

448. Che cosa accade quando il giudice accoglie la domanda?

Se l'ordinanza di accoglimento è pronunciata su domanda proposta prima dell'inizio della causa di merito, gli effetti sono diversi a seconda che il provvedimento cautelare sia di natura conservativa o anticipatorio. Nel primo caso l'art. 669-*octies*, comma 1, prevede che la parte interessata deve instaurare il giudizio di merito entro il termine perentorio, fissato dal giudice con ordinanza, o comunque entro quello di giorni sessanta, decorrente dalla pronuncia dell'ordinanza se avvenuta in udienza ovvero dalla comunicazione del deposito in cancelleria se l'ordinanza è stata emessa fuori udienza. Nel secondo caso l'inizio della causa di merito non è obbligatorio ma ogni parte ha la facoltà di iniziare o meno il giudizio.

449. Il provvedimento cautelare può essere impugnato?

Sì, contro l'ordinanza con la quale è stato concesso o negato il provvedimento cautelare, è possibile proporre reclamo nel termine perentorio di quindici giorni dalla pronuncia in udienza ovvero dalla comunicazione dell'ordinanza stessa se è stata pronunciata fuori udienza ovvero dalla data della notificazione dell'ordinanza se avvenuta in data anteriore rispetto alla comunicazione da parte del cancelliere (art. 669-*terdecies*, comma 1). Avverso i provvedimenti del giudice monocratico, il reclamo si propone al tribunale in composizione collegiale; avverso i provvedimenti della Corte di appello, il reclamo si propone ad altra sezione della medesima Corte o in mancanza alla Corte di appello più vicina.

450. Il provvedimento cautelare può essere revocato o modificato?

Sì, il provvedimento può essere revocato o modificato se si verificano mutamenti nelle circostanze o se si allegano fatti anteriori di cui si sia acquisita conoscenza successivamente al provvedimento cautelare, di cui l'istante è onerato della relativa prova (art. 669-*decies*).

451. In quali casi il provvedimento cautelare perde efficacia?

Il provvedimento perde efficacia nelle ipotesi previste dall'art. 669-*novies*, ad esempio quando il procedimento di merito non è iniziato nel termine perentorio di sessanta giorni fissato dall'art. 669-*octies* ovvero se - successivamente al suo inizio - il procedimento si estingue ovvero nel caso in cui non sia stata versata la cauzione disposta dal giudice con il provvedimento cautelare di accoglimento (art. 669-*novies*, comma 3).

452. Esistono tipologie diverse di sequestro?

Sì. Il codice individua il sequestro giudiziario, il sequestro di prove, il sequestro conservativo e il sequestro cd. liberatorio. I più ricorrenti sono il sequestro giudiziario che può essere concesso quando è controversa la proprietà o il possesso di un bene mobile o immobile, di aziende o altre universalità di beni ed è opportuno provvedere alla loro custodia o alla gestione temporanea ai fini di una fruttuosa esecuzione diretta e il sequestro conservativo che può essere autorizzato su beni mobili o immobili del debitore o sulle somme a lui dovute, quando il creditore ha fondato timore di perdere la garanzia del proprio credito.

453. Quando può essere autorizzato il sequestro di prove?

Il sequestro di prove può essere autorizzato su libri, registri, documenti, modelli, campioni e su ogni altra cosa da cui si pretende desumere elementi di prova, quando è controverso il diritto all'esibizione o alla comunicazione ed è opportuno provvedere alla loro custodia temporanea.

454. Il provvedimento di sequestro può perdere efficacia?

Sì, il sequestro perde efficacia qualora non venga eseguito entro il termine di trenta giorni dalla pronuncia. Il termine decorre dalla data di emanazione del provvedimento di autorizzazione e non già dalla comunicazione.

455. Quali sono le azioni di nunciazione e come si propone la relativa domanda?

Sono le azioni preordinate a difesa sia della proprietà o di altro diritto reale, sia del semplice possesso e sono l'azione di nuova opera e l'azione di danno temuto disciplinate dal codice civile. La domanda si propone con ricorso al giudice del tribunale del luogo nel quale è avvenuto il fatto denunciato, mentre, se vi è già causa pendente per il merito, la domanda si propone al giudice della stessa. Anche ai provvedimenti nunciativi si applica il principio della c.d. strumentalità attenuata e, conseguentemente, è facoltativa (e non obbligatoria) per le parti l'instaurazione o meno del giudizio di merito.

456. Quale funzione hanno i procedimenti di istruzione preventiva?

I procedimenti di istruzione preventiva sono preordinati all'efficienza della cognizione e, in particolare, dell'istruzione probatoria. Hanno la funzione di anticipare l'assunzione della prova quando per esempio vi sia il timore che venga a mancare la possibilità di escutere alcuni testimoni in un processo ovvero vi sia la necessità di far verificare con urgenza lo stato di luoghi o la qualità o condizione di cose.

457. Si può fare ricorso a questi procedimenti in corso di causa?

Si può far ricorso ai procedimenti di istruzione preventiva anche in corso di causa e durante l'interruzione o la sospensione del giudizio. Normalmente però, il ricorso viene proposto prima dell'introduzione della causa di merito e può avere per oggetto l'assunzione di testimoni, l'accertamento tecnico preventivo e l'ispezione giudiziale, la consulenza tecnica preventiva ai fini della composizione della lite.

458. Quando si può ricorrere al procedimento ai sensi dell'art. 700?

I procedimenti di urgenza disciplinati dall'art. 700 sono caratterizzati dalla atipicità, nel senso che i presupposti per la concessione non sono predeterminati, né riguardo al *periculum in mora*, né riguardo al *fumus boni iuris*, né per quanto attiene al provvedimento richiesto. Sono inoltre caratterizzati dalla residualità, nel senso che si può fare ricorso a tale tipo di procedimento solamente quando non sono previsti altri tipi di procedimento cautelare, espressamente individuati, per tutelare il diritto.

IV. - I PROCEDIMENTI POSSESSORI

459. I procedimenti possessori rientrano tra quelli cautelari?

No. I procedimenti possessori rientrano nella fattispecie dei procedimenti speciali, ma non in quelli cautelari, non solo perché il legislatore li ha disciplinati in un apposito capo, ma anche perché, in funzione di quanto previsto dall'art. 703, comma 2, si applicano le norme del procedimento cautelare solo in quanto compatibili. Le norme dettate per il procedimento possessorio si applicano per le azioni a tutela del possesso disciplinate, sotto il profilo sostanziale, dagli artt. 1168-1170 c.c.

460. Chi può esercitare in giudizio l'azione di spoglio o di reintegrazione?

L'azione di spoglio o di reintegrazione può essere esercitata da colui che è stato violentemente od occultamente spogliato del possesso, entro l'anno dal sofferto spoglio, al fine di chiederne la reintegrazione. La legittimazione attiva compete pertanto, a colui che sia possessore al momento dello spoglio, nonché al detentore qualificato, ossia a colui che detenga il bene, in virtù di un rapporto obbligatorio (affitto, comodato, locazione, appalto, ecc.) e che eserciti il potere di fatto sulla cosa con *animus detinendi*.

461. Chi può esercitare in giudizio l'azione di manutenzione?

L'azione di manutenzione può essere esercitata da colui che è stato molestato nel possesso di un immobile, di un diritto reale sopra un immobile o di un'universalità di mobili, entro l'anno dalla turbativa, al fine di chiedere la manutenzione del possesso. La legittimazione attiva compete, pertanto, solamente al possessore il quale abbia posseduto ininterrottamente il bene per oltre un anno.

462. Contro chi può essere fatta valere l'azione di spoglio o di manutenzione?

Il soggetto legittimato passivo nell'azione di spoglio o di manutenzione è l'autore dello spoglio o della molestia denunziati. Quando gli atti siano riferibili a più soggetti, ciascuno di essi è individualmente responsabile del fatto illecito e non ricorre alcuna ipotesi di litisconsorzio necessario, neppure quando si è in presenza di un autore morale e di un autore materiale; entrambi sono, infatti, singolarmente legittimati dal lato passivo.

463. Come si instaura il procedimento possessorio?

La domanda si propone con ricorso al giudice competente a norma dell'art. 21 e, dunque, al tribunale del luogo in cui si è verificato il fatto denunciato.

464. Come si articola il procedimento?

Il procedimento è strutturato in due fasi: la prima a cognizione sommaria (destinata a concludersi con ordinanza reclamabile) e la seconda, facoltativa, a cognizione piena (destinata a concludersi con sentenza soggetta ai normali mezzi di impugnazione. La prosecuzione del giudizio di merito (per tale intendendosi il merito possessorio) dopo la prima fase non è più necessaria ed automatica come in passato, ma subordinata alla richiesta di una delle parti. La prosecuzione (seconda fase) avviene, pertanto, solo a seguito di un atto di impulso proveniente da una delle parti, entro 60 giorni dalla comunicazione dell'ordinanza o del reclamo.

465. Quali sono le sorti dell'ordinanza di reintegrazione o di manutenzione emessa a conclusione della prima fase?

Se viene instaurata la seconda fase e il processo si chiude con sentenza che dichiara esistente il diritto a cautela del quale era stato concesso il provvedimento di reintegrazione o di manutenzione, la sentenza stessa assorbe gli effetti dell'ordinanza. Se invece il processo si chiude con sentenza che dichiara inesistente il diritto a cautela del quale era stato concesso il provvedimento di reintegrazione o di manutenzione, l'ordinanza diventa inefficace. Se nessuna delle parti chiede la prosecuzione del giudizio, l'ordinanza possessoria mantiene la propria efficacia.

466. Qual è il giudice competente per la tutela possessoria in pendenza di un giudizio petitorio?

Per la tutela possessoria, attivata in relazione a fatti che avvengono in pendenza del giudizio petitorio, è competente il medesimo giudice del giudizio petitorio. I provvedimenti possessori, emessi dal giudice del petitorio, hanno carattere puramente incidentale e sono destinati, quindi, a venire assorbiti dalla sentenza che decide sulla controversia petitoria.

467. Le azioni petitorie e possessorie possono essere cumulate?

No. Il convenuto nel giudizio possessorio non può proporre azioni di carattere petitorio, finché il primo giudizio non sia definito e la decisione non sia stata eseguita. La ragione del divieto è giustificata dall'esigenza di rafforzare la tutela possessoria, trattandosi di un principio di ordine pubblico. La violazione può essere rilevata anche d'ufficio dal giudice ed il divieto viene meno solo quando il giudizio possessorio è definito e la decisione sia stata eseguita, vale a dire quando il ricorrente sia stato reintegrato o manutenuto nel possesso.

V. - I PROCEDIMENTI DI GIURISDIZIONE VOLONTARIA

468. Che cosa si intende per giurisdizione volontaria?

Si intende l'attività di tipo amministrativo affidata ad organi giurisdizionali per la trattazione di affari non contenziosi. I relativi procedimenti seguono le norme dettate per i procedimenti in camera di consiglio.

469. Quali sono gli elementi che caratterizzano questi tipi di procedimento?

La domanda si propone con ricorso al giudice competente, in base alla materia e al territorio, secondo le disposizioni specifiche dettate. Le parti devono essere necessariamente assistite da un difensore, salvo deroghe espressamente previste dalla legge. I provvedimenti emessi dal giudice hanno la forma del decreto, con obbligo di motivazione a meno che quest'ultima non sia espressamente esclusa.

470. I decreti del giudice tutelare possono essere impugnati?

Avverso i decreti del giudice tutelare, è ammesso il reclamo mediante ricorso al tribunale che pronuncia in camera di consiglio. Avverso i decreti del tribunale può essere proposto reclamo mediante ricorso alla Corte di appello che pronuncia anch'essa in camera di consiglio. Il reclamo può essere proposto anche dal pubblico ministero. Effetto tipico dei provvedimenti del giudice tutelare è quello che possono essere in ogni tempo modificati o revocati, salvo ovviamente che disposizioni specifiche di legge non ne prescrivano l'irrevocabilità.

VI. - IL PROCEDIMENTO SOMMARIO DI COGNIZIONE

471. Per quali cause può essere utilizzato il processo sommario di cognizione?

Questo procedimento non può essere utilizzato per ogni tipo di causa, ma solo per quelle nelle quali il tribunale giudica in composizione monocratica. Sono escluse, dunque, dall'applicabilità del rito sommario le controversie nelle quali il tribunale giudica in composizione collegiale, quelle assoggettate ad altro rito speciale e quelle di competenza del giudice di pace.

472. Con quale atto si introduce il processo?

Il processo si introduce con ricorso che deve contenere i medesimi elementi dell'atto di citazione, tranne la data dell'udienza. È il giudice infatti che fissa l'udienza di comparizione delle parti, assegnando il termine per la costituzione del convenuto. Il ricorso, unitamente al decreto di fissazione dell'udienza, deve essere notificato al convenuto almeno trenta giorni prima della data fissata per la sua costituzione.

473. Quali sono i termini entro i quali il convenuto deve provvedere alla costituzione in giudizio?

La costituzione in giudizio del convenuto deve avvenire non oltre dieci giorni prima della data dell'udienza, mediante deposito in cancelleria della comparsa di risposta, contenente tutte le difese, i mezzi di prova, i documenti e, a pena di decadenza, le eventuali domande riconvenzionali e le eccezioni processuali e di merito non rilevabili d'ufficio.

474. Come si svolge la prima udienza?

Nella prima udienza sono concentrate le attività del procedimento sommario che, essendo alternativo a quello a cognizione piena, è improntato alla celerità e alla definizione in tempi rapidi. Ove il giudice non ritenga tale strumento idoneo per la trattazione della causa può infatti optare per la trasformazione del rito in quello ordinario. In particolare, già nella prima udienza, il giudice, oltre a compiere le attività preliminari tipiche, se ritiene che le difese svolte dalle parti richiedono un'istruzione non sommaria, emette ordinanza non impugnabile con la quale fissa l'udienza di cui all'art. 183, con applicazione delle disposizioni sul rito ordinario. Allo stesso modo, se ritiene che la causa relativa alla domanda riconvenzionale richieda un'istruzione non sommaria, emette ordinanza con la quale ne dispone la separazione.

475. Quali poteri ha il giudice?

Se il giudice ritiene di procedere con il rito sommario (per l'intera causa o per la sola domanda principale), dopo aver sentito le parti, omessa ogni formalità non essenziale al contraddittorio, procede nel modo che ritiene più opportuno agli atti di istruzione rilevanti in relazione all'oggetto del provvedimento richiesto.

476. Con quale provvedimento si chiude il procedimento sommario di cognizione?

Il procedimento si definisce con ordinanza che può essere di accoglimento o di rigetto della domanda. L'ordinanza, che deve contenere anche la pronuncia sulle spese, è provvisoriamente esecutiva e costituisce titolo per l'iscrizione dell'ipoteca giudiziale e per la trascrizione. Il legislatore ha espressamente previsto che l'ordinanza, se non è appellata, produce gli effetti di cui all'art. 2909 c.c. e, dunque, è destinata al passaggio in giudicato, al pari della sentenza.

477. L'ordinanza resa all'esito del procedimento sommario di cognizione è impugnabile?

Sì, avverso l'ordinanza resa all'esito del procedimento sommario di cognizione, le parti possono proporre appello nel termine di trenta giorni dalla notificazione o dalla comunicazione, se effettuata in data anteriore alla notificazione. L'appello si propone esclusivamente con atto di citazione e non con ricorso.

478. Nel giudizio di appello valgono le stesse regole del rito ordinario?

Diversamente da quanto previsto per l'appello nel rito ordinario, in questo caso sono ammessi nuovi mezzi di prova e nuovi documenti se il collegio li ritiene indispensabili ai fini della decisione ovvero se la parte dimostra di non aver potuto proporli nel corso del procedimento sommario di primo grado per causa ad essa non imputabile.

VII. - L'AZIONE DI CLASSE E I PROCEDIMENTI COLLETTIVI

479. Quando è possibile promuovere un'azione di classe?

L'art. 140-*bis* cod. consumo prevede che per una classe, e cioè un certo numero di consumatori o utenti, singoli o riuniti, è possibile promuovere un'azione di classe, anche mediante associazioni o comitati, per ottenere l'accertamento della responsabilità, ovvero la condanna al risarcimento del danno e alle restituzioni, nei confronti di una stessa impresa o produttore o fornitore di servizi.

480. Qual è il giudice competente?

La domanda si propone al tribunale, in composizione collegiale, avente sede nel capoluogo della regione in cui ha sede l'impresa convenuta, ma con alcune particolarità. Il tribunale di Torino è competente per la Valle d'Aosta, quello di Venezia per il Trentino Alto Adige e il Friuli Venezia Giulia, quello di Roma per Marche, Umbria, Abruzzo e Molise, quello di Napoli per la Basilicata e la Calabria.

481. Come si svolge il procedimento?

La domanda si propone con atto di citazione che deve essere notificato all'impresa chiamata in giudizio ed al pubblico ministero presso il tribunale adito. Alla prima udienza il collegio deve decidere, con ordinanza, l'ammissibilità della domanda. Questa è dichiarata inammissibile quando è manifestamente infondata, quando sussiste conflitto di interessi, quando non vi è omogeneità dei diritti individuali tutelabili e, infine, quando il proponente non è in grado di curare l'interesse della classe. Il tribunale emette ordinanza con la quale fissa termini e modalità della pubblicità affinché gli appartenenti alla classe possano aderire tempestivamente; inoltre specifica i criteri per essere inclusi nella classe e il corso della procedura.

482. Quali sono i soggetti che possono proporre la nuova azione di classe?

La nuova azione di classe, ora rubricata all'interno del codice di procedura civile, agli artt. 840-*bis* e segg., è esperibile da tutti i soggetti che intendono tutelare i diritti individuali omogenei e non più riservata ai soli consumatori e utenti.

483. Come si articola il nuovo procedimento?

Il nuovo procedimento si articola in tre fasi: ammissibilità della domanda, decisione sul merito e liquidazione delle somme a favore degli aderenti della classe. Si propone con ricorso alla sezione specializzata in materia di impresa, competente per il luogo ove ha sede la parte resistente. Il procedimento è regolato dal rito sommario di cognizione ma è definito con sentenza, anziché con ordinanza.

484. Chi può esperire l'azione inibitoria collettiva?

L'art. 840-*sexiesdecies* stabilisce che chiunque ha interesse alla pronuncia di una inibitoria di atti e comportamenti, posti in essere in pregiudizio di una pluralità di individui o enti, può chiedere alla sezione specializzata in materia di impresa l'ordine di cessazione o il divieto di reiterazione della condotta.

VI. - IL PROCESSO DI ESECUZIONE

I. - TITOLO ESECUTIVO E PRECETTO

485. A cosa è diretto il processo esecutivo?

È diretto a far valere il diritto di realizzare ciò che è già stato oggetto di accertamento giurisdizionale. Infatti, colui che ha un diritto certo, liquido ed esigibile, consacrato in un titolo esecutivo, può promuovere un processo di esecuzione.

486. Quando si ha un titolo esecutivo?

Si ha un titolo esecutivo in presenza di un accertamento giurisdizionale di un diritto sostanziale esistente e suscettibile di esecuzione forzata. Il titolo esecutivo è la condizione necessaria e sufficiente a dare luogo all'azione esecutiva.

487. La legge individua i titoli esecutivi?

Sì. Sono considerati tali le sentenze, i provvedimenti e gli atti ai quali la legge attribuisce espressamente efficacia esecutiva, le scritture private autenticate, relativamente a somme di denaro in esse contenute, le cambiali e gli altri titoli di credito ai quali la legge attribuisce espressamente efficacia esecutiva, gli atti ricevuti da notaio o da altro pubblico ufficiale autorizzato dalla legge a riceverli, il titolo esecutivo europeo per i crediti non contestati.

488. Quali atti necessitano della formula esecutiva per valere come titolo per l'esecuzione forzata?

Le sentenze e gli altri provvedimenti dell'autorità giudiziaria; inoltre gli atti ricevuti da notaio o da altro pubblico ufficiale.

489. La c.d. spedizione del titolo in forma esecutiva può rilasciarsi a chiunque?

No. Solamente alla parte a favore della quale è stato pronunciato il provvedimento o stipulata l'obbligazione, ovvero ai suoi successori.

490. Può essere rilasciata più di una copia in forma esecutiva?

La parte interessata può chiedere al capo dell'ufficio giudiziario che ha pronunciato la sentenza o al presidente nella cui circoscrizione l'atto è stato formato il rilascio di un'ulteriore copia in forma esecutiva ma solo ove sussista un giusto motivo.

491. Il precetto è un atto giudiziario?

No. Il precetto è considerato un atto stragiudiziale, preliminare all'esecuzione, tanto che può essere sottoscritto anche dal creditore personalmente. Consiste nell'intimazione di adempiere l'obbligo risultante dal titolo esecutivo entro un termine non minore di dieci giorni e nell'avvertimento al debitore che il mancato adempimento spontaneo comporterà l'inizio della esecuzione forzata.

492. Quando si può procedere ad esecuzione forzata?

Una volta notificati il titolo esecutivo e il precetto, l'esecuzione forzata può essere iniziata non prima che sia decorso il termine indicato nel precetto e, in ogni caso, non prima che siano decorsi dieci giorni dalla notificazione, salvo aver fissato un termine superiore.

493. L'atto di precetto ha una durata?

Sì, nel senso che diventa inefficace se l'esecuzione non è iniziata nel termine di novanta giorni dalla sua notificazione. In ogni caso, se scaduto, può essere redatto un nuovo atto di precetto e dunque rinnovata la sua notificazione.

II. – L'ESPROPRIAZIONE FORZATA

494. Quali sono i mezzi di espropriazione forzata previsti dalla legge?

I mezzi di espropriazione forzata sono: l'espropriazione mobiliare presso il debitore, l'espropriazione presso terzi e l'espropriazione immobiliare. Questi sono tutti cumulabili a favore del creditore nel senso che è facoltà dello stesso valersi cumulativamente dei diversi mezzi, ricorrendo contemporaneamente a mezzi diversi (ad esempio un'espropriazione presso terzi ed un'espropriazione immobiliare) oppure a mezzi omogenei (ad esempio diverse espropriazioni presso terzi).

495. Con quale atto inizia l'espropriazione forzata?

Con l'atto di pignoramento ossia mediante l'ingiunzione che l'ufficiale giudiziario fa al debitore di astenersi da qualunque atto diretto a sottrarre alla garanzia del credito i beni specificamente individuati ed i loro frutti.

496. Il pignoramento è un atto di parte?

È un atto ad impulso del creditore ma, fatte salve le particolarità proprie di ciascuna espropriazione forzata, il pignoramento è un atto dell'ufficiale giudiziario. Il creditore infatti, dopo aver notificato il titolo esecutivo ed il precetto, entro novanta giorni deve chiedere all'ufficiale giudiziario di procedere al pignoramento.

497. Il pignoramento deve contenere particolari requisiti?

In linea generale, il pignoramento deve contenere l'invito al debitore ad effettuare la dichiarazione di residenza o l'elezione di domicilio perché, in mancanza, le successive notifiche o comunicazioni a lui dirette saranno effettuate presso la cancelleria del giudice dell'esecuzione. Deve contenere l'avvertimento al debitore che può chiedere la conversione del pignoramento e che l'opposizione è inammissibile se proposta dopo che è stata disposta la vendita o l'assegnazione e deve contenere l'invito al debitore a indicare i beni utilmente pignorabili, i luoghi in cui si trovano ovvero le generalità dei terzi debitori, quando i beni pignorati appaiono insufficienti a soddisfare il credito. Infine, deve essere anche formato processo verbale, sottoscritto dal debitore, nel quale sono raccolte le sue dichiarazioni.

498. Il creditore può formulare all'ufficiale giudiziario ulteriori richieste in sede di pignoramento?

Se il compendio già pignorato risulta insufficiente a seguito dell'intervento di altri creditori, il creditore pignorante può richiedere all'ufficiale giudiziario di procedere al pignoramento di ulteriori beni indicati dal debitore, oppure può richiedere di invitare il debitore, se imprenditore commerciale, ad indicare il luogo ove sono tenute le scritture contabili e, previa autorizzazione del presidente del tribunale, a seguito di apposita istanza, può richiedere di ricercare i beni da pignorare con modalità telematiche mediante collegamento alle banche dati delle pubbliche amministrazioni.

499. L'atto di pignoramento perde di efficacia?

Sì, in due casi. Il primo, se non è effettuata l'iscrizione a ruolo nel termine perentorio di 15 o 30 giorni, a seconda del tipo di esecuzione, dalla consegna del verbale da parte dell'ufficiale giudiziario. Il secondo se non è presentata istanza di assegnazione o vendita nel termine di 45 giorni; quest'ultimo termine decorre da momenti diversi a seconda dei vari tipi di espropriazione.

500. Il debitore può evitare la vendita o l'assegnazione dei beni pignorati?

Sì, richiedendo la conversione del pignoramento e cioè chiedendo di sostituire alle cose o ai crediti pignorati una somma di denaro. Si tratta di un diritto soggettivo del debitore alla conservazione dei propri beni, che, però, può esercitare una sola volta. Il debitore è tenuto a depositare, contestualmente all'istanza di conversione, a pena di inammissibilità, una somma non inferiore ad un sesto dell'importo del credito in forza del quale è stato eseguito il pignoramento e dei crediti indicati dai creditori intervenuti nei rispettivi atti di intervento.

501. In che modo viene determinata la somma da sostituire ai beni?

La somma da sostituire ai beni pignorati è rappresentata dal credito del creditore pignorante e di quelli intervenuti, comprensivi del capitale, degli interessi e delle spese sostenute da ciascun creditore. La somma viene determinata all'udienza a tal fine fissata dal giudice con ordinanza.

502. Cosa accade se il debitore provvede al versamento della somma?

Se il debitore provvede al versamento della somma determinata, i beni pignorati sono liberati dal pignoramento. I creditori, conseguentemente, si soddisfano mediante l'assegnazione delle somme depositate, anziché mediante la vendita dei beni già oggetto di pignoramento.

503. Cosa accade se il debitore non provvede al versamento della somma?

In tal caso, il debitore decade dal beneficio della conversione. Conseguentemente, le somme già versate in sede di istanza sono acquisite al pignoramento e il giudice dispone la vendita dei beni pignorati.

504. Vi sono soggetti che hanno diritto di avere notizia dell'inizio dell'espropriazione forzata?

Sì, deve essere data notizia ai creditori che sui beni pignorati hanno un diritto di prelazione risultante da pubblici registri e cioè i creditori ipotecari (mobiliari ed immobiliari), i creditori con ipoteca automobilistica, i creditori che hanno attuato un sequestro conservativo sui beni stessi. Deve inoltre essere data notizia anche ai titolari di diritti di servitù, uso, usufrutto e abitazione sui beni immobili pignorati in quanto, con l'espropriazione, vedono estinguersi i loro diritti.

505. Chi può intervenire nel processo esecutivo?

Possono intervenire tutti i creditori che, nei confronti del debitore, hanno un credito fondato su titolo esecutivo o, che al momento del pignoramento, hanno eseguito un sequestro sui beni pignorati o hanno un diritto di pegno o un diritto di prelazione risultante da pubblici registri o sono titolari di un credito di somma di denaro risultante dalle scritture contabili di cui all'art. 2214 c.c.

506. Come interviene un creditore nel processo esecutivo?

Mediante il deposito di un ricorso prima che sia tenuta l'udienza in cui è disposta la vendita o l'assegnazione. In questo caso l'intervento è tempestivo. Se effettuato dopo tale termine, l'intervento è tardivo con la conseguenza che i creditori tempestivi sono soddisfatti con preferenza rispetto ai tardivi. Questa preferenza opera tuttavia solamente tra creditori chirografari in quanto i creditori privilegiati sono sempre preferiti, benché tardivi, in quanto titolari del privilegio.

507. Il creditore privo di titolo esecutivo può intervenire nel processo esecutivo?

Sì, ma deve notificare al debitore, entro i dieci giorni successivi al deposito in cancelleria, copia del ricorso di intervento, nonché copia dell'estratto autentico notarile attestante il credito. Il debitore è tenuto a comparire all'udienza successiva e a dichiarare quali crediti intenda riconoscere in tutto o in parte: se non compare o comparendo riconosce il credito, si intendono riconosciuti tutti i crediti in forza dei quali è stato fatto l'intervento; se invece, comparendo non riconosce il credito, il creditore intervenuto è tenuto ad instaurare l'azione necessaria per munirsi del titolo esecutivo, dimostrando al giudice dell'esecuzione di aver proposto la stessa nei trenta giorni successivi all'udienza. Ciò determina il diritto per il creditore intervenuto senza titolo all'accantonamento delle somme in sede di distribuzione della somma ricavata.

508. Entro quale termine occorre presentare l'istanza di vendita o di assegnazione e che cosa succede se non viene presentata nel termine?

Il creditore può presentare l'istanza di assegnazione o di vendita dei beni pignorati entro 45 giorni dal compimento del pignoramento, previa osservanza del termine dilatorio di dieci giorni dall'avvenuto pignoramento. Se l'istanza non viene presentata nel termine prescritto, il pignoramento perde di efficacia.

509. Come viene distribuita la somma ricavata quando vi è un solo creditore?

In caso di creditore unico, il giudice dell'esecuzione dispone a favore dello stesso il pagamento di quanto gli spetta per capitale (e cioè il credito più gli interessi scaduti, più le spese sino al precetto), interessi (maturati in data successiva al precetto) e spese (e cioè le spese vive, i diritti e gli onorari relativi al processo di esecuzione). L'imputazione avviene *ex* art. 1194 c.c. prima alle spese, poi agli interessi e quindi al capitale.

510. Come viene distribuita la somma ricavata quando vi sono più creditori?

In caso di pluralità di creditori, il giudice dell'esecuzione distribuisce la somma ricavata tra i creditori, rispettando il principio della *par condicio creditorum* e delle cause legittime di prelazione. In primo luogo vengono soddisfatte le spese di giustizia, cioè quelle effettuate nell'interesse comune dei creditori, in prededuzione. Quindi vengono accantonate le somme spettanti ai creditori intervenuti privi di titolo esecutivo i cui crediti non siano stati in tutto o in parte riconosciuti dal debitore. Si soddisfano quindi i creditori privilegiati, secondo l'ordine previsto dal codice civile, e a seguire i creditori chirografari tempestivi, quelli tardivi, compresi quelli intervenuti tempestivamente, ma che non hanno esteso il pignoramento o non ne hanno anticipato le spese *ex* art. 499, comma 4. Se residuano somme, queste sono rimborsate al debitore o al terzo che ha subito l'espropriazione.

511. Possono sorgere controversie in sede di distribuzione della somma?

Sì. In questo caso vi provvede il giudice dell'esecuzione all'udienza fissata per la discussione del progetto di distribuzione. Se del caso, il giudice può anche sospendere in tutto o in parte la distribuzione della somma ricavata.

512. Da chi viene eseguito il pignoramento mobiliare presso il debitore?

Dall'ufficiale giudiziario, il quale, munito del titolo esecutivo e del precetto, ricerca le cose da pignorare nella casa del debitore, negli altri luoghi a lui appartenenti, sulla persona del debitore, osservando le opportune cautele per il rispetto del decoro.

513. Il debitore può scegliere i beni da sottoporre a pignoramento?

No. È l'ufficiale giudiziario a scegliere i beni da pignorare che, in base alla sua valutazione, ritiene di più facile e pronta liquidazione, nel limite del presumibile valore di realizzo e, ovviamente, in considerazione all'importo del credito precettato, ma aumentato della metà, affinché le spese dell'esecuzione abbiano adeguata copertura.

514. Il pignoramento di veicoli può essere eseguito con altre forme oltre a quelle tradizionali?

Sì, mediante notificazione al debitore e successiva trascrizione di un atto avente i requisiti previsti dall'art. 521-*bis* e contenente l'intimazione a consegnare entro dieci giorni i beni pignorati, nonché i titoli e i documenti relativi alla proprietà e all'uso dei medesimi, all'istituto vendite giudiziarie.

515. Il creditore può chiedere l'assegnazione dei beni pignorati?

Non sempre. Il codice, all'art. 529, comma 2, prevede che il creditore può avanzare istanza di assegnazione solo se sono stati pignorati titoli di credito o altre cose il cui valore risulta da listino di borsa o di mercato. Diversamente il creditore non può far altro che chiedere la vendita.

516. Quando si utilizza la forma del pignoramento presso terzi?

Quando il creditore intende pignorare crediti che il debitore ha nei confronti di un terzo o intende pignorare beni mobili del debitore che sono in possesso di un terzo.

517. Quali crediti possono essere oggetto di pignoramento presso terzi?

Qualsiasi credito che il debitore abbia verso i terzi, sia che derivi da un rapporto di lavoro, sia che costituisca oggetto di un deposito bancario, sia che derivi da un diverso contratto, purché si verta nell'ipotesi del *debitor debitoris*.

518. Come si effettua il pignoramento presso terzi?

Mediante notifica di un atto complesso al terzo e al debitore, contenente i requisiti di cui all'art. 543. L'atto deve contenere, in particolare, la citazione del debitore a comparire davanti al giudice competente, nonché l'invito al terzo a comunicare la propria dichiarazione al creditore procedente entro dieci giorni a mezzo lettera raccomandata o a mezzo posta elettronica certificata. L'atto deve inoltre contenere l'avvertimento che, in caso di mancata comunicazione della dichiarazione, il terzo dovrà comparire ad apposita udienza, che verrà fissata e che, in mancanza di comparizione, il credito o il possesso di cose si considereranno non contestati.

519. Qual è il tribunale territorialmente competente ai fini dell'espropriazione forzata di crediti?

Quello del luogo di residenza del debitore, a meno che il debitore sia una pubblica amministrazione, nel quale caso è competente quello del luogo di residenza del terzo debitore.

520. A chi è demandata la scelta del bene da pignorare nel caso dell'espropriazione immobiliare?

Al creditore, il quale predispone un atto in cui, nella prima parte, di competenza dello stesso, vengono indicati esattamente i beni e i diritti immobiliari che si intendono sottoporre ad esecuzione; nelle restanti parti, di competenza dell'ufficiale giudiziario, viene intimato al debitore di non sottrarre il bene alla garanzia del credito e segue la relazione di notifica al debitore dell'atto stesso.

521. In quale momento l'atto di pignoramento acquista valore nei confronti dei terzi?

Con la trascrizione dell'atto alla competente conservatoria dei registri immobiliari. Gli atti traslativi o costitutivi di diritti sui beni pignorati, compiuti successivamente alla trascrizione, sono infatti inefficaci nei confronti del creditore procedente e dei creditori intervenuti.

III. - L'ESECUZIONE IN FORMA SPECIFICA

522. Dove trova regolamentazione l'esecuzione forzata in forma specifica nel nostro ordinamento?

In parte nel codice civile, nel quale sono indicati i principi di carattere generale, e in parte nel codice di procedura civile nel quale vengono regolamentate le forme e i modi dell'esecuzione.

523. Quanti tipi di esecuzione in forma specifica sono previsti dall'ordinamento?

Due. L'esecuzione per consegna o rilascio e l'esecuzione forzata di obblighi di fare o non fare. Alla prima si ricorre quando non è adempiuto l'obbligo di consegnare una cosa determinata, mobile o immobile e l'avente diritto può ottenere, in questo modo, la consegna o il rilascio forzato. Alla seconda si ricorre invece se non è adempiuto un obbligo di fare o di non fare. Nel primo caso l'avente diritto può ottenere che l'obbligo sia eseguito a spese dell'obbligato, nel secondo caso può ottenere che sia distrutto, a spese dell'obbligato, ciò che è stato fatto in violazione dell'obbligo.

524. Quando si può promuovere l'esecuzione forzata per consegna o per rilascio?

Quando non viene adempiuto l'obbligo, accertato da un titolo esecutivo, di consegnare una cosa determinata, mobile o immobile.

525. In che modo si ottiene la consegna di cose mobili?

Deve essere notificato l'atto di precetto con il quale si intima la consegna o il rilascio entro un determinato termine e dunque, decorso inutilmente tale termine, occorre rivolgersi all'ufficiale giudiziario che, munito di titolo esecutivo e precetto, si reca nel luogo in cui si trovano le cose e le consegna al creditore.

526. In che modo si ottiene il rilascio forzato di beni immobili?

L'ufficiale giudiziario notifica il preavviso, con il quale comunica, almeno dieci giorni prima, alla parte tenuta al rilascio, il giorno e l'ora in cui procederà all'esecuzione e dunque, decorso inutilmente il termine concesso, munito di titolo esecutivo e precetto, si reca nel luogo dell'esecuzione ed immette l'istante nel possesso dell'immobile, ingiungendo agli eventuali detentori di riconoscere il nuovo possessore.

527. A chi occorre rivolgersi se sorgono difficoltà nel corso dell'esecuzione?

Sia l'ufficiale giudiziario, sia le parti possono chiedere al giudice dell'esecuzione, anche verbalmente, i provvedimenti temporanei occorrenti, al fine di risolvere, non questioni giuridiche, ma le modalità per poter procedere in modo fruttuoso all'esecuzione.

528. In forza di quale titolo si può procedere all'esecuzione forzata di obblighi di fare e di non fare?

In via di principio, si può procedere solamente in forza di una sentenza di condanna; tuttavia, è ammesso come titolo esecutivo anche il verbale di conciliazione giudiziale.

529. A chi occorre rivolgersi per procedere all'esecuzione?

La parte deve chiedere, con ricorso rivolto al giudice dell'esecuzione, che siano determinate le modalità dell'esecuzione. Il giudice provvede dopo aver sentito la parte obbligata e quindi designa, con ordinanza, l'ufficiale giudiziario che deve procedere all'esecuzione e le persone che debbono provvedere al compimento dell'opera non eseguita o alla distruzione di quella compiuta.

IV. - LE OPPOSIZIONI

530. Per quali motivi si svolge opposizione all'esecuzione?

Per contestare il diritto della parte istante a procedere ad esecuzione forzata. In particolare, i motivi dell'opposizione possono consistere nel difetto originale del titolo esecutivo, nel difetto sopravvenuto del titolo esecutivo, in contestazioni del credito, nell'impignorabilità dei beni.

531. Con quale atto si introduce l'opposizione all'esecuzione?

Se l'esecuzione non è ancora iniziata, viene introdotto con atto di citazione dinanzi al giudice competente per materia o valore e per territorio. Se l'esecuzione è già iniziata, il giudizio di opposizione si introduce con ricorso al giudice dell'esecuzione, il quale fissa con decreto l'udienza di comparizione delle parti davanti a sé.

532. Il giudice può sospendere l'esecuzione?

Sì, ma solo se ricorrono gravi motivi. Nel caso di cui all'art. 615, comma 1, il giudice, concorrendo gravi motivi, può sospendere l'efficacia esecutiva del titolo. Se il diritto della parte istante è contestato solo parzialmente, il giudice procede alla sospensione solo in relazione alla parte contestata. Negli altri casi, è il giudice dell'esecuzione che ha il potere di sospendere l'esecuzione, sempre se concorrono gravi motivi, con cauzione o senza.

533. Per quali motivi si svolge opposizione agli atti esecutivi?

Per contestare la legittimità dello svolgimento dell'azione esecutiva attraverso il processo. Con l'opposizione agli atti esecutivi, la parte fa valere i vizi formali degli atti e dei provvedimenti svolti o adottati nel corso del processo esecutivo e di quelli preliminari all'azione esecutiva, come il titolo esecutivo ed il precetto, nonché i vizi della notifica di essi. Qualunque irregolarità è considerata, pertanto, sufficiente per fondare l'opposizione agli atti esecutivi.

534. Con quale atto si introduce l'opposizione agli atti esecutivi?

Se l'esecuzione non è ancora iniziata, viene introdotto con atto di citazione dinanzi al giudice competente per l'esecuzione, da notificarsi entro il termine perentorio di venti giorni dalla notificazione del titolo esecutivo o del precetto. Se invece l'esecuzione è già iniziata, il giudizio di opposizione si introduce con ricorso al giudice dell'esecuzione nel termine perentorio di venti giorni dal primo atto di esecuzione, se riguarda il titolo esecutivo o il precetto, oppure dal giorno in cui i singoli atti sono stati compiuti.

535. Quando si propone l'opposizione di terzo?

Quando il terzo, che ha subito un pignoramento, lo ritiene illegittimo e ciò al fine di far accertare che il diritto di proprietà o altro diritto reale sui beni pignorati appartiene a lui e non al debitore. La legittimazione compete, dunque, a colui che pretende di vedersi attribuito il diritto sui beni pignorati.

536. Con quale atto viene introdotto il giudizio di opposizione di terzo?

Il giudizio viene introdotto con ricorso al giudice dell'esecuzione prima che sia disposta la vendita o l'assegnazione dei beni. Il giudice fissa l'udienza di comparizione delle parti avanti a sé con il termine perentorio per la notifica dl ricorso e del decreto.

V. - LA SOSPENSIONE E L'ESTINZIONE DEL PROCESSO

537. In quali casi il processo esecutivo può essere sospeso?

La sospensione del processo esecutivo consiste sostanzialmente nella sospensione dell'esecuzione che può essere disposta in forza di un provvedimento del giudice dell'esecuzione oppure del giudice davanti al quale è impugnato il titolo esecutivo oppure in alcuni altri casi espressamente previsti dalla legge od ancora su istanza delle parti. Il giudice provvede con ordinanza dopo aver sentito le parti. In caso di urgenza, il giudice può disporre con decreto la sospensione e contestualmente fissare l'udienza di comparizione delle parti. All'udienza provvederà sempre con ordinanza, sentire le parti. Durante il periodo di sospensione, nessun atto può essere compiuto.

538. In che modo il processo prosegue?

Venuta meno la ragione di sospensione, il processo esecutivo deve essere riassunto con ricorso nel termine perentorio fissato dal giudice dell'esecuzione e, in ogni caso, non oltre il termine di sei mesi dal passaggio in giudicato della sentenza di primo grado o dalla comunicazione della sentenza di appello che rigetta l'opposizione.

539. Quando si ha l'estinzione naturale del processo?

Quando il processo esecutivo ha raggiunto il suo scopo e cioè con la distribuzione della somma ricavata dall'espropriazione, con la consegna o il rilascio o con l'adempimento dell'obbligo di fare o di non fare. Il processo si estingue inoltre nei casi in cui venga accolta l'opposizione all'esecuzione.

540. Esistono dei modi di estinzione del processo considerati eccezionali?

Sì. Nei casi di rinunzia agli atti del giudizio, di inattività delle parti, di mancata comparizione all'udienza per infruttuosità dell'espropriazione forzata, di omesso deposito della documentazione ed, infine, di omessa pubblicità sul portale delle vendite pubbliche.

541. L'estinzione per inattività delle parti può essere rilevata d'ufficio?

Sì, l'art. 630, comma 2, prevede che l'estinzione per inattività delle parti opera di diritto ed è dichiarata, anche d'ufficio, con ordinanza dal giudice dell'esecuzione.

542. Quale provvedimento emette il giudice per dichiarare l'estinzione del processo esecutivo?

Il giudice dell'esecuzione pronuncia l'estinzione con ordinanza con la quale dispone la cancellazione della trascrizione del pignoramento e liquida le spese, se richiesto.

VII. - L'ARBITRATO

I. - LA CONVENZIONE E GLI ARBITRI

543. Nel nostro ordinamento esistono forme alternative alla giurisdizione pubblica?

Sì. Le parti possono, nell'ambito della loro autonomia privata, devolvere la controversia a soggetti privati e con ciò rinunciano all'azione giudiziaria potendo contare sulla pronuncia di un lodo, comunque suscettibile di esecutività, emesso al termine di un procedimento modellato dal legislatore sulla struttura del processo giurisdizionale. Il procedimento trova la sua disciplina nel titolo ottavo del libro quarto del codice.

544. Tutte le controversie possono essere oggetto di arbitrato?

Non tutte le controversie possono essere oggetto di arbitrato, in quanto la legge dispone che sono arbitrabili le controversie aventi per oggetto diritti disponibili, salvo espresso divieto di legge.

545. Qual è la differenza tra compromesso e clausola compromissoria?

Il compromesso è il patto col quale le parti si accordano per rimettere in arbitri una controversia già insorta; la clausola compromissoria è il patto col quale le parti si accordano per rimettere in arbitri controversie eventuali e future, non ancora insorte. In entrambi i casi il patto deve risultare da forma scritta a pena di nullità.

546. All'interno di un contratto come deve essere interpretata la convenzione di arbitrato?

Nel dubbio deve essere interpretata in modo estensivo e cioè in modo da includervi tutte le controversie che derivano dal contratto o dal rapporto a cui si riferiscono. Se le parti intendono escludere qualche controversia dall'ambito del contratto o della convenzione, debbono dichiararlo espressamente, in quanto, in mancanza, tutte le controversie sono devolute agli arbitri.

547. In quali casi si ha un arbitrato amministrato?

Quando la convenzione di arbitrato rinvia a un regolamento arbitrale precostituito. In tal caso all'arbitrato, se le parti non hanno convenuto in modo diverso, si applicano le norme del regolamento in vigore al momento in cui il procedimento arbitrale ha inizio. Si tratta del procedimento arbitrale gestito dalle camere di commercio o dalle camere arbitrali presso gli organi professionali o da altre istituzioni.

548. Gli arbitri nominati sono pubblici ufficiali o incaricati di pubblico servizio?

No. Sono soggetti privati, nominati dalle parti e sono chiamati a decidere la controversia. I medesimi infatti hanno diritto al rimborso delle spese e all'onorario per l'opera prestata e le parti sono tenute in solido al pagamento nei loro confronti. Proprio perché nominati dalle parti, gli arbitri sono responsabili anche dei danni cagionati alle stesse.

549. Possono essere nominati più arbitri in uno stesso procedimento?

È la convenzione d'arbitrato che deve contenere le modalità di nomina degli arbitri oppure stabilire il numero di essi e il modo di nominarli. Gli arbitri possono essere uno o più, purché in numero dispari. Il collegio arbitrale normalmente è composto da tre arbitri.

550. Se la nomina dell'arbitro è rimessa alla parte, come si procede?

La nomina dell'arbitro, in quanto atto negoziale, deve essere effettuata personalmente dalla parte o da un procuratore appositamente autorizzato. La parte, con atto notificato, rende noto all'altra parte l'arbitro o gli arbitri che nomina, con invito a procedere alla designazione dei propri; la parte alla quale è rivolto l'invito deve notificare nei venti giorni successivi, le generalità dell'arbitro o degli arbitri da essa nominati.

551. E se la parte chiamata in arbitrato non provvede alla nomina?

Se la parte non provvede, la parte che ha fatto l'invito può chiedere al presidente del tribunale nel cui circondario è la sede dell'arbitrato, la nomina dell'arbitro; se le parti non hanno ancora determinato la sede, il ricorso è presentato al presidente del tribunale del luogo in cui è stata stipulata la convenzione di arbitrato oppure, se tale luogo è all'estero, al presidente del tribunale di Roma.

552. L'incarico di arbitro necessita di accettazione?

Sì. Una volta effettuata la nomina, gli arbitri devono accettarla in forma scritta e può risultare dalla sottoscrizione del compromesso o del verbale di prima riunione. Con l'accettazione si perfeziona la costituzione dell'organo giudicante e si instaura il procedimento arbitrale.

II. - IL PROCEDIMENTO ARBITRALE

553. Quali regole procedimentali si seguono nell'arbitrato?

L'arbitrato è un processo convenzionale e quindi le regole le dettano le parti e, in mancanza, sono stabilite dagli arbitri. Requisito fondamentale è che le regole devono risultare da atto scritto e, quindi, o dalla convenzione arbitrale oppure da altro atto separato purché anteriore all'inizio del giudizio arbitrale, ma nel rispetto dei seguenti principi: le regole non devono essere incompatibili con il procedimento arbitrale; non possono essere affidati agli arbitri poteri in contrasto con i principi generali dell'ordinamento; deve essere osservato il principio del contraddittorio, il quale ha carattere inderogabile.

554. Le parti in arbitrato devono essere assistite da un difensore?

Non necessariamente. Nell'arbitrato non vi è l'obbligo di difesa, ma il diritto di difesa. Le parti possono infatti stare in arbitrato personalmente o avvalersi dell'opera di un difensore, il quale, in mancanza di espressa limitazione risultante dalla procura, può compiere qualsiasi atto processuale, ivi compresa la rinuncia agli atti e la determinazione o proroga del termine per la pronuncia del lodo.

555. In sede arbitrale possono essere sollevate eccezioni e questioni pregiudiziali?

Certamente. Alcune eccezioni sono state espressamente disciplinate dal legislatore. È possibile sollevare l'eccezione di incompetenza, di litispendenza, di improponibilità delle domande giudiziali, di compensazione, nonché questioni pregiudiziali di merito.

556. Gli arbitri possono concedere sequestri o altri provvedimenti cautelari?

No. La tutela cautelare è di competenza del giudice ordinario, salva diversa disposizione di legge.

557. È consentito l'intervento di terzi nel giudizio arbitrale?

L'intervento volontario e la chiamata di un terzo sono ammessi solo con l'accordo del terzo e delle parti e con il consenso degli arbitri; è sempre ammesso l'intervento adesivo dipendente e l'intervento del litisconsorte necessario, senza consenso delle parti e degli arbitri. Il successore a titolo particolare nel diritto controverso può intervenire o essere chiamato nel giudizio arbitrale, senza il consenso delle parti.

III. - IL LODO

558. Che cosa è il lodo?

È la pronuncia della decisione, che è l'equivalente della sentenza di merito che definisce il giudizio.

559. Gli arbitri sono soggetti al rispetto di termini per la pronuncia del lodo?

Sì. Gli arbitri, in quanto soggetti privati, chiamati a svolgere funzioni in base al contratto di mandato, debbono completare il procedimento arbitrale e pronunciare il lodo entro il termine fissato dalle parti o, in mancanza, entro duecentoquaranta giorni dall'accettazione. Il termine per la pronuncia della decisione è rimesso, dunque, alla determinazione consensuale delle parti, che deve essere espressa nella convenzione arbitrale o in altro atto successivo, purché anteriore all'accettazione degli arbitri.

560. Possono essere disposte proroghe per la pronuncia del lodo?

Il termine può essere prorogato in alcune ipotesi. Innanzitutto su accordo delle parti, senza limiti, purché l'accordo risulti da atto scritto. Può essere prorogato da parte del presidente del tribunale del luogo ove ha sede l'arbitrato, su istanza motivata di una delle parti o degli arbitri. Infine, se le parti non hanno disposto diversamente, il termine è prorogato ex lege di centottanta giorni e per non più di una volta, se debbono essere assunti mezzi di prova oppure se è disposta consulenza tecnica o se è pronunciato un lodo non definitivo o un lodo parziale. La proroga è automatica anche se è modificata la composizione del collegio o è sostituito l'arbitro unico.

561. Cosa accade in mancanza del rispetto del termine di pronuncia della decisione?

Se il termine non è rispettato, la parte prima della deliberazione del lodo è tenuta a notificare alle altre parti e agli arbitri che intende far valere la loro decadenza. Gli arbitri, verificato il decorso del termine, sono tenuti a dichiarare estinto il procedimento. La norma prevede espressamente che, in mancanza della notifica, la parte non può impugnare il lodo per nullità per decorso del termine.

562. Come viene deliberato il lodo?

Il lodo è deliberato a maggioranza di voti con la partecipazione di tutti gli arbitri ed è redatto per iscritto: il criterio della maggioranza è garantito dal numero dispari degli arbitri. Non è necessario il requisito della conferenza personale: ciascun arbitro può, però, chiedere che il lodo, o una parte di esso, sia deliberato in tale modo.

563. Cosa comporta la mancanza dell'esposizione sommaria dei motivi nel lodo?

La nullità del lodo. La mancanza dell'esposizione sommaria dei motivi non può essere costituita o sostituita dalla parte dispositiva della decisione: secondo la giurisprudenza il requisito si intende rispettato quando sia possibile risalire alla *ratio decidendi* che sottende il lodo.

564. Gli arbitri decidono secondo diritto o secondo equità?

Gli arbitri decidono secondo le norme di diritto, salvo che le parti abbiano disposto che la pronuncia avvenga secondo equità. In quest'ultimo caso, gli arbitri sono svincolati, nella formazione del loro giudizio, dalla rigorosa osservanza delle regole del diritto oggettivo, avendo facoltà di far ricorso a criteri, principi e valutazioni di prudenza e opportunità, che appaiano i più adatti e i più equi, secondo la loro coscienza, per la risoluzione del caso concreto.

565. Quando il lodo acquista efficacia di titolo esecutivo?

Per attribuire al lodo l'efficacia di titolo esecutivo è necessario il procedimento di omologazione previsto dall'art. 825: la parte deve proporre istanza al tribunale del circondario, in cui ha avuto sede l'arbitrato, depositando il lodo, in originale o in copia conforme, insieme con l'atto contenente la convenzione di arbitrato. Il tribunale è tenuto ad accertare la sola regolarità formale del lodo, escluso qualsiasi altro giudizio di merito e, se sussistente, lo dichiara esecutivo con decreto. Il lodo reso esecutivo è soggetto a trascrizione o annotazione in tutti i casi in cui sarebbe soggetta a trascrizione o annotazione la sentenza avente il medesimo contenuto.

566. In quali casi il lodo può essere impugnato?

Il lodo è soggetto ad impugnazione per nullità, per revocazione e per opposizione di terzo. Il giudizio arbitrale non prevede un secondo grado di giudizio e neppure la possibilità di esperire il ricorso per cassazione *per saltum*.

567. Entro quali termini il lodo può essere impugnato?

Può essere impugnato immediatamente dopo la sua sottoscrizione, specificando la norma che i mezzi di impugnazione sono esperibili indipendentemente dal deposito del lodo. La norma fa una distinzione in ordine ai lodi che non definiscono il giudizio ai fini della loro impugnabilità: il lodo che decide parzialmente il merito della controversia è immediatamente impugnabile; il lodo che risolve solo alcune delle questioni insorte senza definire il giudizio, è impugnabile solo unitamente al lodo definitivo.

568. I motivi di impugnazione per nullità sono indicati tassativamente dalla legge?

La giurisprudenza ritiene l'elencazione contenuta nell'art. 829 tassativa. Si tratta di motivi specifici e, quindi, l'impugnazione non è un gravame a critica libera, ma a critica vincolata.

569. Chi decide sull'impugnazione per nullità?

La Corte di appello situata nel distretto ove è la sede dell'arbitrato. L'impugnazione deve essere proposta entro novanta giorni dalla notificazione del lodo o nel termine lungo di un anno dalla data dell'ultima sottoscrizione.

IV. - LE ALTRE FIGURE

570. Come viene riconosciuto nel nostro ordinamento un lodo straniero?

Il procedimento è di tipo monitorio: chi vuol far valere un lodo straniero deve proporre ricorso al presidente della Corte di appello, nella cui circoscrizione risiede l'altra parte o alla Corte di appello di Roma se questa non risiede in Italia. Il ricorrente deve produrre il lodo, con traduzione certificata conforme. Il presidente della Corte di appello, accertata la regolarità formale del lodo, dichiara con decreto l'efficacia del lodo straniero nella Repubblica, tranne nel caso in cui la controversia non potesse formare oggetto di compromesso, secondo la legge italiana oppure che il lodo contenga disposizioni contrarie all'ordine pubblico.

571. Quando si può parlare di arbitrato irrituale?

È un istituto atipico, derogatorio dell'istituto tipico dell'arbitrato rituale. L'art. 808 ter prevede la possibilità per le parti di stipulare per iscritto una convenzione di arbitrato che preveda che la controversia sia definita dagli arbitri mediante determinazione contrattuale. L'arbitrato deve definirsi irrituale, esclusivamente, quando le parti, nel compromesso o nella clausola compromissoria, abbiano escluso, in forma scritta e in modo certo, che al lodo conseguano gli effetti della sentenza pronunciata dall'autorità giudiziaria. Con l'arbitrato irrituale, le parti devolvono pur sempre agli arbitri la decisione di una controversia, ma accettando che la stessa sia una determinazione contrattuale e, cioè, una decisione privata che non può ottenere il riconoscimento e l'esecutività.

572. Che cosa si intende per arbitraggio?

Si utilizza il termine arbitraggio quando le parti conferiscono ad un terzo (arbitratore) l'incarico di determinare, di regola secondo equità, uno degli elementi di un negozio in formazione, non ancora perfezionato per la mancanza di quell'elemento. L'incarico affidato non ha l'intento di dirimere una questione controversa, ma, con l'inserimento della clausola di arbitraggio in un negozio incompleto nei suoi elementi, le parti demandano ad un terzo arbitratore la determinazione della prestazione, impegnandosi ad accettarla.

573. Quando si ha una perizia contrattuale?

Quando le parti deferiscono ad uno o più soggetti, scelti per la loro particolare competenza tecnica, il compito di formulare un accertamento tecnico che esse, preventivamente, si impegnano ad accettare come diretta espressione della loro volontà contrattuale. La perizia contrattuale costituisce fonte di integrazione del contratto e l'arbitro-perito si attiene a norme tecniche ed ai criteri tecnico-scientifici propri della scienza, arte, tecnica o disciplina nel cui ambito si iscrive la valutazione che è stato incaricato di compiere.